PHILIPPIKA

Altertumswissenschaftliche Abhandlungen
Contributions to the Study
of Ancient World Cultures

Herausgegeben von / Edited by
Joachim Hengstl, Elizabeth Irwin,
Andrea Jördens, Torsten Mattern,
Robert Rollinger, Kai Ruffing, Orell Witthuhn

132

2019
Harrassowitz Verlag · Wiesbaden

Jutta Günther

Musik als Argument
spätantiker Kirchenväter

Untersuchungen zu Laktanz, Euseb, Chrysostomos und Augustinus

2019

Harrassowitz Verlag · Wiesbaden

Bis Band 60: Philippika. Marburger altertumskundliche Abhandlungen.

Dieses Werk stellt die leicht überarbeitete Fassung einer Dissertation zur Erlangung des akademischen Grades eines Doktors der Philosophie dar, die am 1. Juni 2018 an der Philosophischen Fakultät der Universität des Saarlandes eingereicht und am 28. Oktober 2018 vor dem Promotionsausschuss verteidigt wurde.

Das Werk wurde mit dem „Philippika-Preis" des Jahres 2017 ausgezeichnet.

Bibliografische Information der Deutschen Nationalbibliothek
Die Deutsche Nationalbibliothek verzeichnet diese Publikation in der Deutschen Nationalbibliografie; detaillierte bibliografische Daten sind im Internet über http://dnb.dnb.de abrufbar.

Bibliographic information published by the Deutsche Nationalbibliothek
The Deutsche Nationalbibliothek lists this publication in the Deutsche Nationalbibliografie; detailed bibliographic data are available in the internet at http://dnb.dnb.de.

Informationen zum Verlagsprogramm finden Sie unter
http://www.harrassowitz-verlag.de

Gedruckt auf alterungsbeständigem Papier.
Druck und Verarbeitung: Hubert & Co., Göttingen
Printed in Germany
ISSN 1613-5628
ISBN 978-3-447-11199-7

Inhalt

Vorwort

Dieses Buch stellt die leicht überarbeitete Version meiner Dissertationsschrift dar, die ich am 1. Juni 2016 vor dem Promotionsausschuss der Philosophischen Fakultät der Universität des Saarlandes vorgelegt und am 28. Oktober 2016 verteidigt habe. In der Zwischenzeit erschienene Literatur konnte nur in Ausnahmefällen berücksichtigt werden.

Am Anfang dieser Arbeit stand der Wunsch, meinen beiden Neigungen, Musik und Geschichte, nachzugehen und das praktische Wissen meines Musikstudiums mit meinen althistorischen Studien zu verbinden. Diesen Wunsch haben unzählige Personen unterstützt, denen ich im folgenden meinen Dank aussprechen möchte:

Die hier vorliegende Arbeit wäre in dieser Form wohl nicht entstanden, wenn es nicht meinen Doktorvater Prof. Dr. Heinrich Schlange-Schöningen gegeben hätte, der mich in jahrelanger Förderung immer wieder durch anregende Gespräche, vorbildhafte Gelehrsamkeit und unendliche Geduld unterstützt, gelenkt und für die Spätantike begeistert hat. Ihm sei von Herzen für seine wissenschaftliche und immer wohlwollende Begleitung gedankt! Auch meinem Zweitbetreuer Prof. Dr. Christoph Kugelmeier sei mein herzlichster Dank ausgesprochen, da er sich, angeregt von einem Vortrag über Johannes Chrysostomos und die Musik, begeistert dem Gegenstand gewidmet hat und mir aus philologischer Sicht viele wertvolle Anregungen gegeben hat.

Ein ganz besonderer Dank gilt den Gutachtern des PHILIPPIKA-Preises für herausragende interdisziplinäre altertumswissenschaftliche Dissertationen des Harrassowitz Verlags, den Herausgebern der Reihe PHILIPPIKA – Altertumswissenschaftliche Abhandlungen sowie dem Harrassowitz Verlag Wiesbaden als Stifter des Preises für die Auszeichnung meiner Arbeit. Besonders Dr. Barbara Krauß, Prof. Dr. Thorsten Mattern und M.A. Orell Witthuhn haben den Abend der Preisverleihung im März 2018 in Trier unvergesslich werden lassen. Prof. Dr. Kai Ruffing hat mir freundlicherweise die wertvollen Anregungen des unbekannten Gutachters zukommen lassen. Ihnen beiden sei an dieser Stelle dafür gedankt.

Viele Kollegen und Freunde haben mich während der Entstehung der Dissertation unterstützt. An dieser Stelle sei besonders Prof. Dr. Hartmut Leppin Dank ausgesprochen, der mich in Frankfurt so herzlich willkommen geheißen hat und mir die Gelegenheit gab, meine Arbeit im Lehrstuhlkolloquium einem an der Spätantike interessierten Publikum vorzustellen. Dort habe ich wertvolle Anregungen erhalten. Marius Kalfelis, Simone Mehr, Matthias Kuta und David Weidgenannt, die mich über mehrere Kontinente hinweg mit Material und Anregungen unterstützen, bin ich für ihren positiven Zuspruch sehr dankbar. Auch Prof. Dr. Alexander Weiß, Dr. Roland Färber und Dr. Viktoria Färber sei in diesem Sinne gedankt. Meine Heidelberger Kolleginnen haben mir über Jahre hinweg auf zahlreiche Weise Unterstützung zuteil werden lassen, ich danke Dr. Francisca Feraudi-Gruénais, Dr. Laura Willer und besonders Dr. Alexandra Eppinger, die mich schon viele Jahre freundschaftlich begleitet. Dr. Arnd Adje Both und Olga Sutkowska haben meine Perspektive auf die Musikarchäologie erweitert und mich um viele interessante Kontakte bereichert. Dr. Babette Pütz und Dr. Susann Liebich haben mir wertvolle philologische und historische Anregungen zuteil werden lassen. Daneben muss allen Korrekturlesern gedankt werden, die sich die Mühe gemacht haben, meine Arbeit zu begleiten und zu verbessern, namentlich sei Martin Bittl, Janna Dinkel und besonders Melina Wack für ihre erheiternden Anregungen gedankt. Mein Gruß gilt den unbekannten Psalmensängern des theologischen Seminars der Universität Heidelberg. Einen Abend in der Woche haben mir ihre Gesänge die Arbeit in der herrlichen Seminarbibliothek ganz leicht von der Hand gehen lassen.

Ulrike Melzow vom Harrassowitz Verlag hat mich jederzeit geduldig und hilfsbereit in allen Belangen der Drucklegung unterstützt, dafür sei ihr an dieser Stelle herzlich gedankt.

Dies alles wäre aber so nicht möglich gewesen, hätten mich nicht meine Eltern, Hubert und Hildegard Müller-Apothekers, sowie meine Geschwister Claudia, Gregor und Juliane über all die Jahre hinweg in jeglicher Hinsicht gefördert, aber auch gefordert, und mich immer bedingungslos unterstützt. Ich danke euch von Herzen. Iut af iut!

Mein tiefster Dank gilt aber meinem Ehemann Stefan und meinem Sohn Lasse, die mir all die Jahre Liebe und Geborgenheit zuteil haben werden lassen, und mit mir die schönen, aber auch schweren Phasen mit Humor und Zuversicht gemeistert haben. Euch sei dieses Buch gewidmet.

Wellington, im Juli 2019
Jutta Günther

1 Einleitung

1.1 Einführung in das Thema

Am Ende des vierten Jahrhunderts hält der Bischof Nicetas von Remesiana (†414) in der Provinz Moesia superior, dem heutigen südöstlichen Serbien, für seine Gemeinde eine engagierte Predigt über den Nutzen von Hymnen:

> Das sind die Lieder, die die Kirche Gottes singt! Dies sind die Lieder, die unsere Versammlung hier auch mit dem Klang der Stimme vollzieht. Sie entfesseln nicht den Sänger, sondern halten ihn vielmehr im Zaum, sie wecken nicht die Zügellosigkeit, sondern bringen sie zum Erlöschen. Sieh zu, ob daran ein Zweifel möglich ist, dass diese Lieder Gott gefallen, in denen doch alles, was darin geschieht, auf die Verherrlichung des Schöpfers ausgerichtet ist.[1]

Freudig benennt der Bischof Nicetas die Gesänge der Gemeinde, die nicht nur dort in Remesiana, sondern überall in der Kirche Gottes gesungen werden. Stark betont der Bischof den durch die Stimme hervorgebrachten Klang, der sich besänftigend auswirke, um die Seele nicht in Aufruhr zu bringen. Damit diene der Gesang selbst dem Ziel, den Sänger zu beruhigen, damit er sich nicht in Zügellosigkeit verliere. Der Inhalt der Lieder aber diene der frommen Verherrlichung Gottes. Diesem von Nicetas getroffenen Lobpreis auf den Gesang ging ein Streit voraus, der nicht nur die kleine Gemeinde von Remesiana, sondern die ganze Christenheit dieser Zeit in Atem hielt, und der sich um die Frage drehte, ob der Christ im Gottesdienst musizieren und seine Stimme zu Gott erheben darf und soll. In dieser Predigt will Nicetas die Gegner der Psalmodie widerlegen und die Gemeinde darin bestärken, dass die Lieder gottgefällig und ergötzend seien.[2] Der Vorwurf der Zügellosigkeit, der den Liedsängern von der anderen Seite gemacht wurde, steht dabei dominant im Vordergrund: Nicetas will bewusst darauf aufmerksam machen, dass diese Art des Singens, die in der Gemeinde praktiziert wird, nicht zügellos, nicht destabilisie-

---

1 Nicet. psalm 7: haec sunt cantica quae dei canit ecclesia: haec sunt quae hic noster conuentus sono etiam uocis exercet: haec non soluunt cantorem sed potius stringunt, non luxuriam suscitant sed extingunt. uide an dubitari possit quod haec carmina placeant deo, ubi totum quod agitur expectat gloriam creatoris. Der Abdruck des Textes befindet sich im Journal of theological studies 24 (1923), 233–241 = PLS 3,191–198. (Übers. H. J. Sieben (2011), 142).

2 Vgl. Nicet. psalm. 11–12.

rend wirkt, sondern erbaulich und unterstützend, und verwendet somit die Musik als Argument für ein gottgefälliges Leben.

Mit dem Vorwurf der Zügellosigkeit wird die Musik in der Antike stets in Verbindung gebracht. Die ihr innewohnende Dichotomie von Ernst und Heiterkeit, von kontemplativer Versenkung und aufputschender Verführungskraft, sorgt schon in der griechischen Antike für eine rege Auseinandersetzung mit der Wirkung der Musik auf Seele, Körper und Geist. Sie birgt die Möglichkeit einer intensiven sinnlichen Erfahrung, die den Menschen gänzlich ergreifen und gefangen nehmen kann. Das Wesen der Musik ist zweigestaltig. Um Anlage und Wirkung der Musik wusste schon Platon, weshalb er nach Zweckmäßigkeit zwischen guter und schlechter Musik unterschied. Dabei spielte es zunächst keine Rolle, ob die Musik als Gesang oder als Instrumentalkunst in Erscheinung trat. In der Antike ist der Mensch mit Musik stark verbunden, da sie in jeglichen Kontexten seines Lebens eine Rolle spielt. Menschen erzählen sich ihre Mythen und Legenden mit und durch Musik, sie wenden sie als Medium im Rahmen engster Erfahrungen an, die das Individuum betreffen. Sie stellt eine wesentliche Kulturtechnik des Menschen jeder Zeit dar, da sich in ihr transverbale Werte, Kontexte, Überzeugungen und Äußerungsmöglichkeiten bieten, die zu Nähe, Gemeinschaft, geistiger Erbauung und religiösem Erleben führen. Auch der Mensch der Antike musiziert, um sich auszudrücken. Dabei ist die Musik nicht losgelöst von ihrem gesellschaftlich-kulturellen Kontext zu begreifen, sondern steht in einer Tradition, die sich aus verschiedenen Strängen speist.

In der Spätantike hält diese Tradition ungebrochen an, denn auch die Menschen dieser Zeit denken über Musik nach, praktizieren sie und diskutieren ihren Stellenwert in der Gesellschaft. Sie ist aufgrund ihrer Vielseitigkeit und der Gefahr der emotionalen Entgleisung ein Zankapfel, der immer wieder erneuter Begutachtung und Beurteilung bedarf. Da mit der Spätantike eine Epoche stärkster Umbrüche und Umwälzungen begegnet, verwundert es nicht, dass auch die Musik dieser Zeit in die gesellschaftliche Auseinandersetzung Eingang findet. Somit denken die Kirchenväter über den Stellenwert und den Nutzen von Musik nach und können dies nicht, ohne sie im Rahmen ihrer Religion bewerten und beurteilen zu wollen.

Ähnlich wie Platon in der klassischen Zeit kommen auch die Kirchenväter zu dem Schluss, dass es eine gute und eine schlechte Musik geben müsse, und stellen in reger Diskussion darüber moralische Parameter als Paradigmen auf. Sie werden von der Frage geleitet, ob es generell als Christ statthaft sei, zu musizieren und welcher Art diese Musik sein solle, um rechtmäßig zu sein. Da die Welt voller Klang ist und dieser dem spätantiken Menschen in Form von Unterhaltungsmusik, religiöser Verehrung, Alltagsmusik, im Rahmen von Bildung und Erziehung und vielen anderen Bereichen andauernd begegnet, beginnen die Christen, die Musik ihrer heidnischen Umgebung zu hinterfragen, sie zunächst als schlecht zu brandmarken und nur ihre verführerische Seite zu fürchten. Die Auseinandersetzung, die die Christen generell mit ihrer heidnischen Umwelt führen, vollzieht sich somit auch im Bereich der Musik. Dabei lässt sich dieser Konflikt nicht gesondert von der Religionszugehörigkeit verstehen, da das Selbstbild des spätantiken Menschen aufs stärkste von Religion, Kult und Mythos bestimmt ist, in welchem die Musik eine wichtige Rolle im Rahmen der göttlichen Verehrung und Kommunikation einnimmt. So wird sie ein Indikator für die rechtmäßige Anwendung und verspricht somit Orientierung, Halt und Identität. Dieses Bedürfnis, sich in der Religion aufgehoben zu wissen und sich zu positionieren, drückt der Bischof Nicetas aus, indem er die Kritiker der Psalmodie diffamiert und äußert: „Doch solches sind Einfälle von Häretikern; während sie sich doch nach etwas ganz anderem sehnen, weisen sie die Lieder spitzfindig zurück."[3] Die Frage nach der Verortung der Musik im Rahmen der christlichen Diskussionen um Tradition, Gebrauch, moralischer und gesellschaftlicher Zugehörigkeit stellt den Ausgangspunkt dieser Untersuchungen dar.

1.2   Musik zwischen Antike und Christentum: Zum Forschungsstand[4]

1.2.1   Allgemeine kulturgeschichtliche Positionierung der Musik in der Spätantike

Für die Spätantike lässt sich eine Darstellung der Musik nur dann sinnvoll abhandeln, wenn sie als Teilbereich der Kulturgeschichte aufgefasst wird, sich also an der Schnittstelle von alltäglicher Lebenspraxis zu allgemeinen Kulturtechniken des spätantiken Menschen bewegt. Der Kulturbegriff der Spätantike spannt sich zwischen den Polen von Heiden- und Christentum in Ost und West auf und fragt nach interdependenten Entwicklungsprozessen aus der Perspektive des Christianisierungs- sowie des Hellenisierungsbegriffes. Kurz: Wurde das Römische Reich in der Spätantike christianisiert oder hat sich das Christentum hellenisiert? Beide Perspektiven entspringen der Sichtweise, die jeweils andere Seite als Indikator der Veränderung für sich in Anspruch nehmen zu wollen. Überwogen zu Beginn der modernen Erforschung der Spätantike im 18. und 19. Jahrhundert mit dem Namen Edward Gibbon verknüpfte Vorstellungen von Niedergang, Verfall und Dekadenz der römischen Kultur auch aufgrund des Christentums,[5] die

---

3   Nicet. psalm. 2: sed haec talia hereticorum commenta sunt. dum enim aliud languent, subtiliter cantica respuunt. Der Abdruck des Textes befindet sich im Journal of theological studies 24 (1923), 233–241 = PLS 3,191–198. (Übers. H. J. Sieben (2011), 142).

4   Die Zitation der Sekundärliteratur wird in diesem Kapitel immer vollständig mit Autor, Titel, Jahr, aber ohne Reihentitel erscheinen, damit das Leseverständnis erleichtert wird und kein unnötiges Umblättern den Lesefluss behindert. Anders die sonstige Zitation, vgl. die Angaben zu den Formalia in Kapitel 1.3 (Zur Handreichung), 19–20.

5   Vgl. Edward Gibbon: History of Decline and Fall of the Roman Empire. London 1776–1789. Zur Dekadenz und Verfallstopik der Spätantike sei an dieser Stelle nicht im Detail auf die ersten historischen Einzeluntersuchungen von Gibbon, Seeck u.a. verwiesen, sondern auf die pointierten Überblicke zum Beginn der Erforschung der Spätantike bei Alexander Demandt: Die Spätantike. Römische Geschichte von Diocletian bis Justinian 284–565 n. Chr. München 2007, XV–XXI sowie dem Aufsatz von Therese Fuhrer: Das Interesse am menschlichen Scheitern – Antike Konstruktionen des ‚Niedergangs' einer Kultur. In: Décadence. "Decline and Fall" or "Other Antiquity"? Hrsg. v. Marco Formisano und Therese Fuhrer. Heidelberg 2014, 19–33, die verschiedene Konzepte in der

im 20. Jahrhundert zu dem Schluss führten, die Spätantike als „Zeitalter der Angst" zu deklarieren,[6] sieht die heutige Forschung die Spätantike vielmehr als Epoche einer Synthese verschiedener kultureller und religiöser Identitäten, die mit den Begriffen von Assimilation oder Akkulturation konzeptuell erfasst werden sollen.[7]

Spätantike selbst und ihrer Rezeptionsgeschichte des 18. und 19. Jh. zusammenfasst. Auch im letzten Jh. gab es immer noch Veröffentlichungen, die sich in diese Topik und Thematik eingliedern, so z. Bsp. Joseph Vogt: Der Niedergang Roms. Metamorphose der antiken Kultur von 200 bis 500. Zürich 1965, und auch Henri-Irénée Marrou: Augustinus und das Ende der antiken Kultur. München 1995, XXIX–XXXIV, der in der Einleitung seiner Dissertation die Spätantike als Epoche „des Verfalls und des Endes der antiken Kultur" bezeichnet und die Epochenbezeichnung als „Ende der antiken Welt" oder „Anfang des Mittelalters" etikettiert. Die Aufsatzsammlung vornehmlich aus den 1930er Jahren, die von Paul Egon Hübinger (Hrsg.): Kulturumbruch oder Kulturkontinuität im Übergang von der Antike zum Mittelalter. Darmstadt 1968, vorlegt wurde, überträgt deutlich die Niedergangsstimmung der damaligen Zeit auf die Spätantike. Auch der Aufsatz von Arnaldo Momigliano: Das Christentum und der Niedergang des Römischen Reiches. In: Der Untergang des Römischen Reiches. Hrsg. von Karl Christ. Darmstadt 1970, 404–424 bewegt sich in diesem Gedankenbild. Auf diesem Nährboden entstanden die Paradigmen von Hellenisierung und Christianisierung. Zum Hellenisierungsbegriff für die Auseinandersetzung in der Spätantike vgl. Matthias Lutz-Bachmann: Hellenisierung des Christentums? In Spätantike und Christentum. Hrsg. von Carsten Colpe u.a. Berlin 1992, 77–98, hier bes. 79–83 und 91–97.

6   Vgl. Eric Robertson Dodds: Heiden und Christen in einem Zeitalter der Angst. Aspekte religiöser Erfahrung von Mark Aurel bis Konstantin. Frankfurt 1985, der den privaten Rückzug der Menschen der Spätantike und die Geringschätzung des Weltlichen als Flucht in das Religiöse sieht, die durch Schuldgefühle verursacht worden sei.

7   Erstmals hat sich Franz Joseph Dölger unter dem Begriffspaar „Antike und Christentum" dem Bereich genähert, jedoch keine eigene Forschungsmethode aufgestellt, vgl. Jochen Walter: Pagane Texte und Wertvorstellungen bei Lactanz. Göttingen 2006, 12. Angeregt von den Forschungen Dölgers entsprang das „Reallexikon zu Antike und Christentum" (RAC) und die „Jahrbücher für Antike und Christentum" mit Supplementbänden. Im Anschluss an Dölger kamen einerseits die Begriffe Transformation und Metamorphose auf, um kulturelle Diffusionsprozesse zu beschreiben, andererseits stand die Frage nach Kontinuität oder Bruch im Vordergrund, vgl. z. Bsp. Peter Brown: Welten im Aufbruch: Die Zeit der Spätantike von Mark Aurel bis Mohammed. Bergisch-Gladbach 1980 oder Robin Lane Fox: Pagans and Christians. London 1986, der aus der vergleichenden Perspektive beider Seiten schreibt und mit dem Begriff *transition* operiert. Der Synthese-Begriff wird nicht eigens als Forschungsansatz methodisch verschlagwortet, taucht aber immer wieder in den Veröffentlichungen zur spätantiken Kulturgeschichte auf, vgl. Antonie Wlosok s.v. Lactantius in TRE 20 (1990), 373 und Carl Andresen: s.v. Antike und Christentum in TRE 3 (1978), 50–99; Werner Beierwaltes: Platonismus im Christentum. Frankfurt 2014, 7–20 und Hans Dieter Betz: s.v. Antike und Christentum in RGG 1 (1998). Vgl. auch Michele R. Salzmann: Pagans and Christians. In: The Oxford Handbook of Early Christian Studies. Ed. by Susan A. Harvey and David G. Hunter. Oxford 2008, 189–194, die mit den Begriffen *accomodation* und *assimilation* in vor- und nachkonstantinischer Zeit operiert. Neuerdings wird auch von einer „Verzauberung der Welt" gesprochen, vgl. Jörg Lauster: Die Verzauberung der Welt. Eine Kulturgeschichte des Christentums. München 2014, der allerdings sehr oberflächlich-deskriptiv bleibt.

„Christentum ist auch Antike" postulierte Jacques Fontaine in einem Aufsatz von 1982,[8] und verwies damit auf die starke Verankerung des christlichen Geistesgutes in seiner heidnischen Umwelt, auf die auch Henri-Irénée Marrou verwiesen hatte, der die Christen als Kinder ihrer Zeit und Umwelt darstellte.[9] Im Gegensatz dazu berief sich vor allem Alfred Heuß auf die Notwendigkeit, die Epoche der Spätantike nicht nur als abhängig von der römischen Tradition begreifen zu wollen, sondern die für den Osten anschließende byzantinische Zeit mit ins Blickfeld zu rücken.[10] Die Forschung hat in diesem Rahmen unterschiedliche Problemfelder in der christlich-heidnischen Auseinandersetzung untersucht. Da die heidnische Kultur alle Bereiche von Bildung, Erziehung, philosophischer Tradition, Religion und Alltagskultur als Reibungspunkte für die Christen umfasst, finden die neuzeitlichen (Forschungs-)Konzepte von Assimilation, Akkulturation und dem „rechten Gebrauch" Eingang in die Auswertung des Quellenmaterials. Man fragte danach, wie sich die Christen in die heidnische Gesellschaft eingliedern und welchen Umgang sie mit den kulturellen Gütern der Heiden pflegten. Hier wurde den unterschiedlichen Anforderungen Rechnung getragen, denen sich die vorkonstantinischen Christen im Vergleich zur Reichskirche des vierten Jahrhunderts ausgesetzt sahen. Die Reaktion der frühen Väter auf die heidnische Bildung und Kultur ist gänzlich vom Pauluswort geprägt, das in naher Parusieerwartung jegliche weltliche Bildungsnotwendigkeit für nichtig erklärte.[11] Ohne diesen Nährboden ist die totale Abwendung jeglicher Weltlichkeit unter Verwendung stärkster Invektive, die Tatian, Arnobius, Tertullian und andere frühe Apologeten zeigen, nicht zu erklären. Für die Erforschung der frühchristlichen Apologie dominieren somit deutlich die Begriffe Konflikt, Ablehnung oder Weltflucht, um die Einstellung der frühen Christen zu ihrer Umwelt zu skizzieren.[12] Diese Konfrontation mit der heidnischen Kultur in der frühen Apologie bedingte eine tiefe

---

8 Vgl. Jacques Fontaine: Christentum ist auch Antike. In: Jahrbücher für Antike und Christentum 25 (1982), 5–21.

9 Vgl. Henri-Irénée Marrou: Augustinus und das Ende der antiken Kultur. Paderborn 1995.

10 Vgl. Alfred Heuß: Römische Geschichte. 10. Aufl. Paderborn 2007, 601–611, der deutlich gemacht hat, dass man die Epoche der Spätantike aus beiden Richtungen, sowohl aus der vorangehenden römischen Zeit als auch aus der folgenden byzantinischen Zeit durchdringen muss um sie rechtmäßig zu begreifen. Es sei für die Kulturgeschichte vor allem auf Hans-Wilhelm Haussig: Kulturgeschichte von Byzanz. Stuttgart 1959, bes. XII–XVI zur Verwebung der Traditionen aus Byzanz, Antike und Abendland verwiesen sowie die vorzügliche Veröffentlichung von Herbert Hunger: Die hochsprachliche profane Literatur der Byzantiner. Zwei Bände. München 1978 (= HdAW XII,5,1–2) unter Berücksichtigung aller freien Künste.

11 Vgl. 1 Kor 1,18–25.

12 Im Zusammenhang mit den frühchristlichen Väteraussagen von Tertullian u.a. vgl. Ernst Dassmann: Weltflucht oder Weltverantwortung. Zum Selbstverständnis frühchristlicher Gemeinden und zu ihrer Stellung in der spätantiken Gesellschaft. In: JBTh 7 (1992), 189–208, bes. 189–197 sowie die Aufsatzsammlung von Jochen Martin und Barbara Quint (Hg.): Christentum und antike Gesellschaft. Darmstadt 1990, mit Einzelbeiträgen zu verschiedenen Konfliktfeldern oder auch zugespitzt Wolfgang Speyer: Frühes Christentum im antiken Strahlungsfeld. Band 1. Tübingen 1989, der das Verhältnis der Christen zur antiken Kultur sogar als ein „antikes Strahlungsfeld" bezeichnet.

Auseinandersetzung mit ihren Bildungsinhalten, die im nachkonstantinischen Christentum einen entscheidenden Faktor für die Missionierung darstellte. Die Anforderungen an die Christen des vierten Jahrhunderts, sich innerchristlich auf eine orthodoxe Haltung zu einigen, zeigt sich im äußeren auch im gemäßigteren Umgang mit den heidnischen Bildungsgütern. Alexander Demandt prägte dafür den Begriff der „Kulturchristen", die den Nutzen der heidnischen Bildung anerkennen und sie gezielt verwenden, um ihren Einflussbereich auf die gebildeten heidnischen Schichten auszuweiten.[13] Demnach sind die Arbeiten, die zur Geistesgeschichte der Christen des vierten Jahrhunderts entstanden sind, einerseits geprägt von philosophisch-literarischen Fragestellungen und andererseits den innerchristlichen Auseinandersetzungen und der jeweiligen Identitätsfrage gewidmet.[14]

In neuerer Zeit haben sich vor allem Christoph Markschies, Christine Mühlenkamp und Karen Piepenbrink mit Fragen zur Assimilation und Akkulturation der frühen Christen mit der heidnischen Kultur beschäftigt. Sie verfolgen den Ansatz, aus der Lebenswelt der Christen nach ihren Bezügen und Berührungspunkten zur heidnischen Kultur zu fragen. Dabei hat Christoph Markschies den Christen als „zwischen den Welten" wandernd beschrieben und diese Verwandlung über den Erlebnishorizont des Individuums und seine Einbindung in äußere Sozialstrukturen skizziert.[15] Christine Mühlenkamp hat sich mit dem frühen vorkonstantinischen Christentum beschäftigt und Karen Piepenbrink allgemeiner das Christsein aus der Bewertung der Zeitgenossen heraus reflektiert.[16] Peter Gemeinhardt hingegen untersuchte den Zusammenhang von heidnischer *paideia* und christlicher Bildungsorientierung in antiken Denkmustern im lateinischen Westen und reiht sich damit ein in die Erforschungen zur spätantiken Bildung, die bereits von

---

13 Vgl. Demandt (2007), 490f. und 510, der vorwiegend auf Clemens, Basilius und Origenes verweist.
14 Vgl. z. Bsp. Peter Brown: Die letzten Heiden. Eine kleine Geschichte der Spätantike. Berlin 1986, bes. 27–30, der verschiedene soziale Interaktions- und Kommunikationsstile postulierte. Demnach hatten die Veränderungen der äußeren Rahmenbedingungen für die Christen lediglich eine veränderte Kommunikation zur Folge, damit sie sich in der Welt zurechtfinden konnten. Zu Fragen nach der Identität der frühen Christen vgl. bes. Maijastina Kahlos: Debate and Dialogue. Christian and Pagan Cultures c. 360–430. Hampshire 2007, bes. 55–92 und A. J. Droge: Self-definition vis-à-vis the Graeco-Roman World. In: The Cambridge History of Christianity. Volume I. Origins to Constantine. Edited by Margaret M. Mitchell and Frances M. Young. Cambridge 2006, 230–244 sowie zur Unterscheidung der christlichen Gruppierungen untereinander: David Brakke: Self-differentation among Christian Groups: the Gnostics and their Opponents. In: The Cambridge History of Christianity. Volume I. Origins to Constantine. Edited by Margaret M. Mitchell and Frances M. Young. Cambridge 2006, 245–260.
15 Vgl. Christoph Markschies: Zwischen den Welten wandern. Strukturen des antiken Christentums. Frankfurt 1997; jetzt unter dem Titel: Das antike Christentum. Frömmigkeit, Lebensformen, Institutionen. München 2006 in geringfügiger Überarbeitung.
16 Vgl. Christine Mühlenkamp: „Nicht wie die Heiden". Studien zur Grenze zwischen christlicher Gemeinde und paganer Gesellschaft in vorkonstantinischer Zeit. Münster 2008 und Karen Piepenbrink: Christliche Identität und Assimilation in der Spätantike. Probleme des Christseins in der Reflexion der Zeitgenossen. Frankfurt 2005.

Olof Gigon, Henry Chadwick, Werner Jaeger und Manfred Fuhrmann für den lateinischen Westen unternommen worden waren.[17]

Entstanden die neueren Studien von Mühlenkamp, Piepenbrink und Gemeinhardt unter der Bezugnahme auf das alltägliche Leben und die Perspektive des Einzelnen, wollten sie sich auch dem Konzept entgegenstellen, welches Christian Gnilka für die kulturellen Adaptionen von Inhalten erarbeitet hatte. Gnilka stellte die Kirchenväter als maßgebliche Größe für den Einzelnen dar. Seine Erforschung der spätantiken Geisteshaltung und deren Eingang in frühchristliches Denken basiert auf einer quellenorientierten Methode, in deren Zentrum die Frage nach dem „rechten Gebrauch" steht. In der Erklärung seiner Methode machte er darauf aufmerksam, dass das geistige Konzept des „rechten Gebrauchs", der ΧΡΗΣΙΣ, schon seit der klassischen griechischen Zeit in den Schriften Platons, Aristoteles, der Stoa und anderer Denkströmungen existiert und auch für die frühen Christen ein Modell im Umgang mit der heidnischen Umwelt darstellt. Da die christliche Grundannahme, dass die Welt als sinnvolle göttliche Schöpfung an sich ein guter Ort ist, sich im alltäglichen Umgang mit den Heiden als problembehaftet darstellt, sucht der Christ nach Möglichkeiten, dem Missbrauch der göttlichen Schöpfung durch die Heiden zu entgehen. Gleichfalls aber kann er sich nicht aus der Umwelt, der er als Mensch der Antike angehört, lösen. Letztlich geht es um die Fähigkeit zur *distinctio*, zur Unterscheidung dessen, was unter moralischen Gesichtspunkten gut und schlecht ist. Wenn der Christ dieser Differenzierungsfähigkeit nachkommt, lebt er ein gottgefälliges Leben. Unter diesem Prinzip des „rechten Gebrauches", so Gnilka, können die Kirchenväter den Konflikt auflösen, den das Leben in einer nicht-christlichen Umwelt ihnen auferlegt und sich aktiv gegen den Missbrauch der Schöpfungsgüter entscheiden. An diesem Konzept soll auch die Bildung und Kultur der Heiden gemessen werden, die es dem Christen ermöglichen, ihre eigene Geisteshaltung durch die Mittel der Heiden unter rechtem moralischen Gebrauch darzulegen und zu verbreiten.[18] Letztlich gilt es auch im

---

17 Vgl. Peter Gemeinhardt: Das lateinische Christentum und die antike pagane Bildung. Tübingen 2007 sowie Olof Gigon: Die antike Kultur und das Christentum. Gütersloh 1966; Henry Chadwick: Early Christian Thought and the Classical Tradition. Studies in Justin, Clement, and Origen. Cambridge 1984; Werner Jaeger: Das frühe Christentum und die griechische Bildung. Berlin 1963; Manfred Fuhrmann: Rom in der Spätantike. Porträt einer Epoche. Zürich 1994.

18 Besonders anschaulich hat Gnilka dieses Konzept in dem Aufsatz zum *usus iustus* dargelegt, vgl. Christian Gnilka: *Usus iustus*. Ein Grundbegriff der Kirchenväter im Umgang mit der antiken Kultur. In: ABG 24 (1980), 34–76. Nachfolgend entstanden mehrere Bände unter dem Titel Chrêsis, die im Detail darlegen, auf welche Art die frühen Väter diesen Begriff anwenden. Der erste Band führt letztlich den kürzeren Aufsatz detaillierter aus, vgl. Ders.: *Chrêsis*. Die Methode der Kirchenväter im Umgang mit der antiken Kultur. Bd. 1: Der Begriff des „rechten Gebrauchs". Basel und Stuttgart 1984. Der zweite Band widmet sich Fragen aus Kultur und Konversion, vgl. Ders.: *Chrêsis*. Die Methode der Kirchenväter im Umgang mit der antiken Kultur. Bd. 2: Kultur und Conversion. Basel und Stuttgart 1993. Zum Umgang der Väter mit Musik bes. 159–162.

Rahmen dieser Arbeit der Frage nachzuspüren, ob sich Spuren dieses Konzeptes auch hinsichtlich der Musik finden lassen.[19]

Über die Auseinandersetzung der frühen Christen mit der heidnischen Bildung, deren Erziehungstraditionen und -empfehlungen, aber auch über die Haltung zu Philosophie, Literatur, Geistesgeschichte, Religion, Mythos und Kultgeschehen gelangt die Musik in das Blickfeld der Christen, die sich den überkommenen Traditionen der jüdischen Musikkultur ebenso gegenübersehen wie den heidnischen Musiktraditionen in Ost und West.

In der kulturhistorischen Forschung ist das Gebiet der antiken bzw. spätantiken Musikkultur noch jung. Zwar findet man in einigen Kulturgeschichten der späten Kaiserzeit inzwischen auch ein Kapitel über den Stellenwert der Musik,[20] aber dennoch scheint sie immer noch als Ägide der Patristik oder Musikwissenschaft zu gelten. Dabei ist der Stellenwert der Musik in der Spätantike längst kein diskutierter Faktor mehr, wie beispielsweise die Lexikondarstellungen im RAC, in DNP oder in der MGG zeigen. Im folgenden Abschnitt soll die Verwobenheit des Themas in den unterschiedlichen Forschungszweigen dargestellt werden.

1.2.2 Die Rezeption von christlicher Musik und antiker Kultur in der Erforschung der Spätantike

Die ersten neuzeitlichen Bestrebungen zur Erforschung der spätantiken Musikkultur lassen sich in das späte 19. Jahrhundert einordnen. Mit den Theologen Franz Joseph Dölger und Adolf von Harnack beginnt im Rahmen der Spätantikenforschung auch die Erforschung der urchristlichen Vokalkultur.[21] Dabei wurde neben der Bedeutung der frühchristlichen Vokalpraxis schon früh auf die Auseinandersetzung der frühen Christen mit

---

19 Vgl. Gemeinhardt (2007), bes. 15–20, der insbesondere darauf verweist, dass nicht alle Quellen „eine bewusste Distanznahme gegenüber antiken Kulturgütern" äußern und darüber hinaus den Kirchenvätern eine normative Bedeutung zukommt.

20 So zum Bsp. bei Carl Schneider: Geistesgeschichte des antiken Christentums. Zweiter Band. München 1954, 73–85 (allerdings größtenteils veraltet) oder in The Early Christian World, edited by Philip F. Esler. London 2000, 773–790 (McKinnon). Die Cambridge Ancient History (CAH) verzeichnet im 14. Band „Late Antiquity" kein eigenes Kapitel zur Musik, setzt aber gelegentliche Verweise. In der Reihe ANRW ist der Band zur Spätantike noch nicht erschienen, dort ist immer noch das Kapitel von Günter Wille: Aufstieg und Niedergang der Römischen Musik. In: ANRW I,4 (1973), 971–997 zur Kaiserzeit dominant.

21 Beide Forscher denken die Musik, im Sinne des humboldtschen Ideals des Universalgelehrten, als Teilbereich spätantiker Kultur selbstverständlich mit. Sie widmen ihr kein eigenes Kapitel, ziehen aber gleichwohl Rückschlüsse auf Bedeutung und Stellenwert der Musik im Rahmen der frühchristlichen Identitätsbildung. Vgl. Franz Joseph Dölger: Sol Salutis. Gebet und Gesang im christlichen Altertum. Mit besonderer Rücksicht auf die Ostung in Gebet und Liturgie. Münster 1920. Auch zeigt sich das generelle Interesse für Musik und deren liturgische Verwendung in dessen Aufsatz: Klingeln, Tanz und Händeklatschen im Gottesdienst. In: Antike und Christentum 4 (1934), 245–265. Adolf von Harnack: Die Mission und Ausbreitung des Christentums in den ersten drei Jahrhunderten. Band 2. Leipzig 1924, bes. 662 zu Antiochien als Ausgangspunkt der Verbreitung

der sie umgebende Kultur aufmerksam gemacht. Der Musikwissenschaftler Hermann Abert untersuchte um die Jahrhundertwende die Musikanschauungen der hohen Kaiserzeit bis zu den Vätern, um die Bedeutung der antiken Grundlage für das Mittelalter sichtbar zu machen.[22] Der Einfluss der römischen Musikkultur auf die frühen Christen wurde erstmals systematisch in den dreißiger Jahren von dem Theologen Johannes Quasten dargestellt, der in einer sorgfältig gearbeiteten Untersuchung die griechischen und römischen Quellen zur patristischen Auseinandersetzung mit Musik in der Spätantike erörterte.[23] In den Altertumswissenschaften blieb die Musik der römisch-christlichen Spätantike nicht unbeachtet, fand aber erst mit Ludwig Friedländer im Rahmen der Sittengeschichte Roms Eingang in die Forschungsgeschichte. Dieser aber negierte jegliches römisches Musikleben selbst: „Eine römische Musik, insofern damit eine Kunst im höheren Sinne des Worts gemeint ist, hat es nie gegeben, sondern nur eine auf römischen Boden verpflanzte griechische"[24] und bereitete dadurch den Nährboden für eine abschätzige Haltung der römischen Musikkultur gegenüber. Zwar hatte die griechische Musikkultur unter der Lesart des Humanismus bereits vorher großes Interesse erfahren und spielte auch in der Bildungskonzeption des humanistischen Gymnasiums eine beträchtliche Rolle, aber dennoch führten die Forschungen zur römischen Musikkultur bis in die sechziger Jahre ein Schattendasein. War sie bis dahin immer nur als Kopie ihrer griechischen Schwester behandelt worden, trat die *musica romana* mit der Monumentalschrift Günter Willes nun selbstbewusst in Erscheinung und konnte sich als selbstständiges Forschungsfeld im Rahmen der kulturwissenschaftlichen Forschung der Antike etablieren.[25] Damit schuf Wille die Akzeptanzgrundlage für eine eigenständige Auseinandersetzung mit der römischen Musikkultur und ihren frühchristlichen Gegenkonzepten. In der Fol-

---

des Kirchengesangs sowie Ders.: Geschichte der altchristlichen Litteratur bis Eusebius. Leipzig 1893, bes. 185–186 (zu Ephraem).

22 Vgl. Hermann Abert: Die Musikanschauung des Mittelalters und ihre Grundlagen. Halle 1905, bes. 19–128.

23 Vgl. Johannes Quasten: Musik und Gesang in den Kulten der heidnischen Antike und christlichen Frühzeit. Münster 1930, der sich vornehmlich den musikalischen Unterschieden zwischen heidnischer und christlicher Kultpraxis widmet. Die Neuauflage von 1973 ist lediglich um einen geringfügigen Änderungsapparat erweitert.

24 Friedländer Bd. 2 (1922), 163. Dennoch widmet Friedländer der Musik der Kaiserzeit ein eigenes, wenngleich häufig abschätzig formuliertes Kapitel, vgl. Ludwig Friedländer: Darstellungen aus der Sittengeschichte Roms. Band 2. Leipzig 1922, 163–190 und räumt dabei auch der Musik der christlichen Spätantike einen kleinen Beitrag ein, vgl. Ders. Bd.2 (1922), 188–190. Darüber hinaus findet die Musik immer wieder Eingang in die Darstellung, vgl. bspweise Ders. Bd. 2 (1922), 127f. (Musik bei Schauspielen) oder in Band 1 (1922), 174 (Berufsstand Musiker).

25 Vgl. Günther Wille: Musica Romana. Zur Bedeutung der Musik im Leben der Römer. Amsterdam 1967, der mit über 4000 Einzelbelegen bis heute die umfassendste Darstellung der römischen Musikkultur vorgelegt hat. Gleichwohl ist sie in ihrer Bewertung abhängig von dem Musikverständnis zu Willes Zeit, so zum Beispiel in Hinblick auf die Bedeutung der Volksmusik, und untersteht allgemein dem Ziel, die römische Musik der griechischen als gleichwertig gegenüberzustellen, weshalb hier und dort die Quellenbelege in ihrer Bedeutung überbewertet werden. Zur christlichen Musikpraxis vgl. Wille (1967), 367–405, der vornehmlich den lateinischen Westen beleuchtet.

ge erschienen mehrere Einzeldarstellungen, die sich mit den Kirchenvätern und der Musikkultur beschäftigten. Im englischsprachigen Raum dominieren nach wie vor die Veröffentlichungen von James McKinnon, der abgesehen von seiner Quellensammlung zur spätantiken Musikkultur im Schrifttum der Väter in vielen Einzelpublikationen auf die Zusammenhänge der Musikkultur von Juden- und Christentum sowie zur frühchristlichen Musik selbst aufmerksam gemacht hatte.[26] Auch das kleine Büchlein von Edward Foley zur Musik im vorkonstantinischen Christentum ist aufschlussreich für den Einfluss der jüdischen Musikpraxis auf das frühe Christentum.[27] Im französischsprachigen Raum entstanden mehrere wichtige Arbeiten zur Musik im Spannungsfeld von Christentum und römischer Musikkultur, beginnend bei Theodore Gérold, Solange Corbin und Alan Michel.[28] In der modernen französischsprachigen Forschung hat sich unterdessen der Blickwinkel verschoben auf die organologischen und archäologischen Zusammenhänge der Musikinstrumente des römischen Reiches in ihrer Inszenierung, ihren Kontexten und nur noch teilweise in ihrem Einfluss auf die Christen. Besonders Christophe Vendries, Valérie Péché und Annie Bélis haben dazu bedeutende Beiträge geleistet.[29]

---

26 Vgl. James W. McKinnon: Music in Early Christian Literature. Cambridge 1987. (Quellensammlung spätantike Musik) und Ders.: Music. In: The Early Christian World. Vol. II. Edited by Philip F. Esler. London/New York 2000, 773–790 (prägnanter, aktueller Überblick über die Musik bei den frühen Christen). Zur frühchristlichen Instrumentenpolemik: Ders.: The Meaning of the Patristic Polemic against Musical Instruments. In: Current Musicology, Jan 1 (1965), 69–82. Spezialabhandlung zur Psalmodie bei Augustinus: Ders.: Liturgical Psalmody in the Sermons of St. Augustine: An Introduction. In: The Study of Medieval Chant. Paths and Bridges, East and West. In Honor of Kenneth Levy. Edited by Peter Jeffery. Cambridge 2001, 7–24. Zu den Formen Jubilus und Alleluia: Ders.: The Patristic Jubilus and the Alleluia of the Mass. In: Cantus Planus. Papers read at the Third Meeting Tihany, Hungary, 19–24 September 1988, Budapest 1990, 61–70. Zur Verwendung von Instrumenten in der Synagoge: Ders.: The Exclusion of Musical Instruments from the Ancient Synagogue. In: Proceedings of the Royal Musical Association, Vol. 106 (1979/80), 77–87.

27 Vgl. Edward Foley: Foundations of Christian Music. The Music of pre-constantinian Christianity. Collegsville 1996.

28 Vgl. Théodore Gérold: Les Pères de l'Église et la Musique. Paris 1931, bes. 28–53 (zu den christlichen Gesängen bis ins 4. Jh.) und 135–147 (über die musikalische Ästhetik der Kirchenväter) sowie Ders.: La Musique en moyen Âge. Paris 1932, bes. 1–14 (zur Musik in den ersten christlichen Jahrhunderten) und Solange Corbin: L'Église à la Conquête de sa Musique. Paris 1960, bes. 52–70 (jüdische Musikkultur) und 71–171 (zur frühchristlichen Musikpraxis zw. Heiden- und Christentum bis ins 6. Jh.). und Alan Michel: In hymnis et canticis. Culture et Beauté dans l'Hymnique chrétienne latine. Louvain et Paris 1976, bes. 26–93 (Tertullian, Ambrosius, Augustinus und die Hymnendichtung). Auch Marrou lässt der Musik im Rahmen seiner großen Darstellung der antiken Bildungs- und Erziehungsgeschichte einen großen Raum zukommen, vgl. Henri-Irénée Marrou: Geschichte der Erziehung im klassischen Altertum. Freiburg 1957, bes. 197–208 (zur hellenistischen Musikerziehung).

29 Vgl. Christophe Vendries et Valérie Péché: Musique et Spectacles à Rome et dans l'Occident romain: sous la République et le Haute-Empire. Paris 2001 (mit sehr gutem Bildmaterial) und Christophe Vendries: Instruments à cordes et Musiciens dans l'Empire Romain: Étude historique et archéologique (IIe siècle av. J.-C./Ve siècle ap. J.-C.). Paris 1999, bes. 19–100 (Organologie von Lyra und Kithara) und 193–284 (Stellung der Saiteninstrumente in Kulten und Spielen von der Republik bis zum Ende der Kaiserzeit) und 285–368 (soziale Stellung der Musiker sowie Spielkontexte). Ei-

Die deutschsprachige Forschung zur spätantiken Musikkultur hat sich lange Zeit mit der Frage nach den jüdischen Wurzeln der frühchristlichen Vokalpraxis beschäftigt. Franz Leitner veröffentlichte schon 1906 seine Studie über den Gesang im jüdischen und christlichen Altertum.[30] Im Anschluss daran entstanden die Veröffentlichungen von Bruno Stäblein, der sich den Ursprüngen der christlichen Vokalformen widmete und dabei besonders die mittelalterlichen Grundformen der Hymnen, der Messe und des gregorianischen Chorals untersuchte. Richtungsweisend bleiben, trotz Neuauflage der MGG, immer noch dessen Artikel in der alten MGG zu Alleluia, Hymnus, Psalmus und frühchristlicher Musik.[31] Im gleichen Zug müssen Helmut Hucke sowie Peter Wagner genannt werden, die sich ebenso mit der christlichen Vokalpraxis der Frühzeit auseinandergesetzt haben.[32] Erst ab den sechziger Jahren entstanden im Anschluss daran Veröffentlichungen von Anton Arens über den Stellenwert der Psalmodie im Synagogalgottesdienst und von Karl Grözinger zum jüdischen Psalmengesang.[33] In diesen

---

nen klaren Überblick gibt auch der Artikel in Handbuch der Archäologie und Ikonographie, vgl. Christophe Vendries: Musique romaine. In: ThesCRA II (2004), 397–416 mit sehr anschaulichem Abbildungsmaterial. Allgemein zum Stellenwert der Musik zu Ehren der Götter (sowohl Gesang als auch Instrumentalmusik) vgl. den Sammelband von Christophe Vendries und Pierre Brulé: Chanter les Dieux. Musique et Religion dans l'Antiquité greque et romaine. Rennes 2001. Bélis hat sich hauptsächlich mit Aristoxenos von Tarent beschäftigt, aber auch eine Überblicksdarstellung zu den Musikern in der Antike herausgebracht: Annie Bélis: Les Musiciens dans l'Antiquité. Paris 1999.

30 Vgl. Franz Leitner: Der gottesdienstliche Volksgesang im jüdischen und christlichen Altertum. Ein Beitrag zur jüdischen und christlichen Kultgeschichte. Freiburg 1906.

31 Zu den Artikeln der alten MGG vgl. Stäblein s.v. Alleluia in: MGG1, Bd. 1 (1949–51), 331–350, s.v. Frühchristliche Musik in: MGG1, Bd. 4 (1955), 1036–1064, s.v. Gemeindegesang, A: Mittelalter in: MGG1, Bd. 4 (1955), 1636–1649, s.v. Gloria in: MGG1, Bd. 5 (1956), 302–320, s.v. Hymnus, B: Der lateinische Hymnus in: MGG1, Bd. 6 (1957), 993–1018, s.v. Psalm, B: Lateinischer Psalmengesang im Mittelalter in: MGG1, Bd. 10 (1962), 1676–1690. Weiterhin Bruno Stäblein: Lateinischer Psalmengesang im Mittelalter. In: Musikalische Gattungen in Einzeldarstellungen. Band 2: Die Messe. Kassel 1985, 152–171; bes. 152–56 und Bruno Stäblein: Musik und Geschichte im Mittelalter. Gesammelte Aufsätze. Göppingen 1984, bes. 1–18 (Einführung in die abendländische Musik der Frühzeit).

32 Dabei liegt der Schwerpunkt der Arbeit Huckes auf ihrem umspannenden Konzept, welches die Vokalpraxis der Anfänge in ihrer Auswirkung auf die heutige Zeit betrifft. Einen prägnanten Überblick seiner Position gibt Helmut Hucke: Die Entwicklung des christlichen Kultgesangs zum Gregorianischen Gesang. In: RQ 48 (1953), 147–194. Auch Peter Wagner betrachtet die frühchristliche Vokalpraxis unter dem Blickwinkel des später entstandenen gregorianischen Chorals, vgl. Peter Wagner: Einführung in die gregorianischen Melodien. 3 Bände. Hier: Band I: Ursprung und Entwicklung der liturgischen Gesangsformen bis zum Ausgang des Mittelalters. Leipzig 1911, bes. 6–40 (Psalmodie im christlichen Altertum) und 41–48 (zu den Hymnen von Ephraem, Hilarius, Ambrosius, Prudenz).

33 Vgl. Anton Arens: Die Psalmen im Gottesdienst des Alten Bundes: eine Untersuchung zur Vorgeschichte des christlichen Psalmengesanges. Trier 1961, bes. 55–110 (Psalmengesang im Nachexil in Tempel und Synagoge) und 160–202 (Entstehung des kanonischen Psalters im Sabbatgottesdienst) sowie Karl Erich Grözinger: Musik und Gesang in der Theologie der frühen jüdischen Literatur. Tübingen 1982, bes. 8–280 (zum Stellenwert des Gesanges und seinem Zweck in den Schriften von Talmud und Midrasch). Grözinger stellt keine Verbindung zu den frühchristlichen Gesängen her, dennoch ist seine Studie unter dem Aspekt der verschiedenen Zwecke von Musik in ihrer Bedeutung

Forschungsbereich zwischen Juden- und Christentum fällt auch die klassische Studie des Musikwissenschaftlers Eric Werner, der sich intensiv mit der Interdependenz von jüdischen Synagogalgesängen und frühchristlichen Psalmengesängen auseinandersetzte. Bis heute ist dieses Werk richtungsweisend für den Umgang mit diesen Fragen, da Werner die Musik als „sacred bridge" im Sinne eines Transfers von moralischen Konzepten und liturgischen Formen zwischen Juden- und Christentum darstellt.[34] Der große Raum, den Werner zeitlich und geographisch aufreißt, wird auch von Alfred Seidel, Joachim Braun und dem Byzantinisten Egon Wellesz zum Anlass genommen, das Verständnis der frühchristlichen Musikkultur durch einen Ansatz zu erhellen, der von dem einem oder dem anderem Ende der Tradition her gedacht wird: Seidel und Braun beschäftigen sich mit der Musikkultur Altisraels in ihrer instrumentalen und vokalen Ausprägung von der Frühzeit bis ins vierte nachchristliche Jahrhundert.[35] Egon Wellesz hingegen zieht aufgrund der ab dem Hochmittelalter verschriftlichten Vokalgattungen der byzantinischen Kirche einen Rückschluss auf die frühchristliche Vokalpraxis, und hat damit eine starke Kontroverse nach sich gezogen. Aus einer neutraleren Perspektive beschreibt Christian Hannick die byzantinische Musikkultur späterer Zeit.[36] Im Rahmen der musikwissenschaftlichen Forschung haben sich besonders Egert Pöhlmann und Günter Fleischhauer um die Denkmäler der Zeit gekümmert: Pöhlmanns Sammlung der musikalischen Denkmäler

---

für den religiösen Menschen richtungsweisend, da die Zusammenhänge von Schöpfung, Gesang als Gotteslob und Gesang der Engel in weiten Teilen von den Kirchenvätern aufgegriffen werden.

34 Vgl. Eric Werner: The sacred Bridge. The Interdependence of Liturgy and Music in Synagoge and Church during the first Millenium. London 1959. Werner untersucht diese Interdependenz auf zwei Säulen: Zum einen durch den Vergleich der liturgischen Ähnlichkeiten und Unterschiede, zum anderen anhand der musikalischen Bezüge zueinander.

35 Seidel und Braun bieten einen Gesamtüberblick von den Ursprüngen bis in die römische Zeit, an dieser Stelle sei nur auf die Bezüge zur hellenistisch-römischen Zeit verwiesen, vgl. Hans Seidel: Musik in Altisrael: Untersuchungen zur Musikgeschichte und Musikpraxis Altisraels anhand biblischer und außerbiblischer Texte. Frankfurt 1989, bes. 197–208 (zur jüdischen Musik in hellenistisch-römischer Zeit). Joachim Braun: Die Musikkultur Altisraels, Palästinas: Studien zu archäologischen, schriftlichen und vergleichenden Quellen. Freiburg 1999, bes. 28–63 (musikhistorische Aspekte der hellenistisch-römischen Zeit und biblische Musikinstrumente) und 145–218 (Instrumentarium der hellenistisch-römische Zeit) sowie Ders: On Jewish Music: Past and Present. Frankfurt 2006, bes. 36–81 (zur hellenistisch-römischen Epoche mit einem Überblick der verwendeten Instrumente).

36 Vgl. Egon Wellesz: Die Musik der byzantinischen Kirche. Köln 1959, bes. 5–9. So postulierte Wellesz einen Zusammenhang zwischen dem Hymnenfund des Oxyryhnchos-Papyros (3. Jh.) mit dem byzantinischen Troparion. Ähnlich auch Egon Wellesz: Eastern Elements in Western Chant: Studies in the early History of ecclesiastical Music. Boston 1947. Diese Darstellung konnte erfolgreich von der musikwissenschaftlichen Forschung widerlegt werden. Dagegen sehr reichhaltig und gut geeignet für einen Überblick: Egon Wellesz: A History of byzantine Music and Hymnography. Oxford 1961. Die ausführliche Darstellung bei Christian Hannick: Byzantinische Musik. In: Herbert Hunger: Die hochsprachliche profane Literatur der Byzantiner. Zweiter Band. München 1978, 181–219 geht vornehmlich von den musiktheoretischen Gegebenheiten in Byzanz aus und vergleicht diese teilweise mit der griechisch-römischen Musikkultur. Neuerdings auch in anschaulicher Form von der Frühzeit an: Christian Hannick: Byzantinische Musik. In: Geschichte der Kirchenmusik. Band I. Hrsg. von Wolfgang Hochstein und Christoph Krummbacher. Laaber 2011, 70–85.

des Altertums ist bis heute die wichtigste Sammlung aller bis in die 70er Jahre entdeckten Funde zu notierter Musik. Eine Erweiterung dieser Ausgabe um weitere Papyrifunde liegt seit 2001 vor.[37] Fleischhauer versuchte hingegen, die archäologischen und organologischen Überreste zu sammeln. Dessen Veröffentlichung zu Rom im Rahmen der Reihe „Musikgeschichte in Bildern" stellt bis heute eine Fundgrube für die musikalischen Kontexte und die Inszenierung von Musik im Rahmen der spätantiken Medien dar.[38] Die einschlägigen Lexika zur Musik (MGG) und zur Spätantike (RAC) verzeichnen jeweils mehrere Artikel zu den Bereichen der frühchristlichen und der spätrömischen Musikpraxis. Die Erforschung der Musiktheorie der römischen Antike hingegen lässt sich am Besten in der „Geschichte der Musiktheorie" unter der Herausgabe von Frieder Zaminer nachverfolgen, die eine Auswertung des antiken Quellenmaterials bis Boethius bietet.[39] Darüber hinaus hat es die Musik der Spätantike, mit Ausnahme von Jacques Handschin[40] und der New Oxford History of Music,[41] bis heute nicht in die großen Darstellungen zur Musikgeschichte geschafft.[42]

---

37 Vgl. Egert Pöhlmann: Denkmäler altgriechischer Musik: Sammlung, Übertragung und Erläuterung aller Fragmente und Fälschungen. Nürnberg 1970. Ders: Documents of ancient Greek Music: the extant Melodies and Fragments. Edited and transcribed with Commentary by Egert Pöhlmann and Martin L. West. Oxford 2001. Generell hat sich Pöhlmann um die griechische Musik besonders aus musikologisch-philologischer Perspektive verdient gemacht.

38 Vgl. Günter Fleischhauer: Etrurien und Rom. 2. ergänzte Auflage. Leipzig 1978.

39 Vgl. Konrad Volk: Vom Mythos zur Fachdisziplin: Antike und Byzanz. Darmstadt 2006 und Michael Bernhard: Rezeption des antiken Fachs im Mittelalter. Darmstadt 1990.

40 Vgl. Jacques Handschin: Musikgeschichte im Überblick. Wilhelmshaven 1981, bes. 87–118 (zur christlichen Musik der Spätantike). Handschin verfolgte mit seiner Anlage ein neues Konzept, welches erstmals in der Musikwissenschaft der Zeit vor 1800 einen ebenso großen Raum einräumte.

41 Vgl. The New Oxford History of Music. Volume I. Ancient and Oriental Music. Edited by Egon Wellesz. London 1957, bes. 303–312 (Musik im NT und frühen Christentum) und 404–420 (Römische Musik ohne Spätantike) sowie The New Oxford History of Music. Volume II. The Early Middle Ages to 1300. Edited by Richard Crocker and David Hiley. Oxford 1990, bes. 3–25 (Christl. Gesänge in Syrien, Armenien, Nordafrika) und 26–35 (Anfänge byzantinischer Musik). Richard Crocker allerdings postuliert in der Einleitung (vgl. bes. XVII–XIX), dass es vor dem 4. Jh. im Raum der Kirche keine eigentliche Vokalpraxis gegeben habe. Dies ist so nicht haltbar und wird in folgender Darstellung widerlegt.

42 Zwar verzeichnet der erste Band in der von Carl Dalhaus herausgegebenen Reihe „Das Neue Handbuch der Musikwissenschaft" den Titel „Die Musik des Altertums", allerdings liegt auch hier das Hauptaugenmerk auf der Musik der altägyptischen, altisraelischen und griechischen Antike. Das Kapitel von Albrecht Riethmüller zur Musik zwischen Hellenismus und Spätantike (207–319) ist ausschließlich auf die Musiktheoretiker, ausgehend von Aristoteles über Aristoxenos zu Aristeides Quintilianus ausgerichtet. Vgl. Die Musik des Altertums. Hrsg. von Albrecht Riethmüller und Frieder Zaminer. Laaber 1989. Hans Heinrich Eggebrecht grenzt diese Epoche in seiner „Musik im Abendland" unverständlicherweise komplett aus, was an sich durch den gewählten Titel des Werkes konterkarierend wirkt, er aber mit persönlichen Interessen und dem Auswahlverfahren begründet. Darüber hinaus sieht er erst in der Musikpraxis des 9. Jh. eine „fruchtbare Verbindung von Christentum und Antike" für gegeben (sic!), vgl. Ders. (1991), 13–17, hier 17. Dies wurde von der älteren Forschung noch anders gehandhabt, wie beispielsweise die Veröffentlichung von Besseler bereits 1931 im „Handbuch der Musikwissenschaft" zeigt. Er schrieb ein sehr klares Kapitel zur frühchrist-

Anders stellt sich die Situation in der Kirchenmusikforschung dar, die sich aus dem Bereich der Gregorianik an die Vorläufer der Spätantike heranwagt. Aus älterer Zeit sind Otto Ursprung und Karl Gustav Fellerer zu nennen,[43] sowie die aktuellen Veröffentlichungen von Albert Gerhards, die sich aus der Perspektive der Ursprünge der Gregorianik an das Thema annähern.[44]

Aus dem Bereich der Patristik, Liturgik und der Hymnologie liegen zahlreiche Einzeldarstellungen zur frühchristlichen Vokalpraxis vor, insbesondere die aktuellen und äußerst lesenswerten Arbeiten von Ansgar Franz untersuchen die Musik im Schrifttum der Kirchenväter in ihrer Umwelt in Hinblick auf liturgische Fragen der frühen christlichen Kirche.[45] Auch Reiner Kaczynski, Martin Hengel, Christoph Markschies und Martin Klöckener beschäftigen sich unter unterschiedlichen Fragestellungen mit dem Stellenwert der Vokalpraxis im Rahmen der frühen christlichen Gemeindestruktur.[46] Grundlegend für das Verständnis und die Verortung der Musik im Rahmen der Litur-

---

lichen Psalmodie, welches unter Berücksichtigung der Schriftquellen zu klugen Schlüssen kommt, vgl. Heinrich Besseler: Die Musik des Mittelalters und der Renaissance. Potsdam 1931, 25–54. Dennoch gilt bis heute der Verlust von Notationen aus der Antike der Musikwissenschaft als Anlass und Grund, diese Epoche aus musikwissenschaftlichen Forschungsfragen auszuschließen, wenngleich der Bereich der Ästhetik, Systematik, Klangpsychologie und der Erforschung von musikalischen Kontexten gerade aus dieser Zeit ausreichend Material bereitstellt.

43 Vgl. Otto Ursprung: Die Katholische Kirchenmusik. Potsdam 1931, 1–23 (Frühzeit bis Gregorianik). Hinsichtlich der Verbindung von christlicher Musik mit antikem Geist hat Ursprung die Musik als „kulturelle Rettungstat" bezeichnet, vgl. Ders. (1931), 4. Maßgeblich ist immer noch Karl Gustav Fellerer: Geschichte der katholischen Kirchenmusik. Band I. Von den Anfängen bis zum Tridentinum. Kassel u.a. 1972, bes. 15–53 (Frühchristentum), 57–164 (Ostkirche).

44 An dieser Stelle sei auf zwei aktuelle Artikel von Albert Gerhards verwiesen: „Die Entstehung und Ausbreitung des Christentums. Liturgische Entwicklung und Herausbildung gottesdienstlicher Formen." In: GdKM I (2011), 21–26 und „Orte der Kirchenmusik". in: Der Gottesdienst und seine Musik in zwei Bänden. Hrsg. v. Albert Gerhards und Matthias Schneider. Band I. Laaber 2014, 51–61.

45 Vgl. Ansgar Franz: Die Alte Kirche. In: Kirchenlied und Gesangbuch. Quellen zu ihrer Geschichte. Ein hymnologisches Arbeitsbuch. Hrsg. von Christian Möller. Tübingen, Basel 2000, 1–28. Ders.: Tradition und Innovation in der Liturgie der Alten Kirche, dargestellt am Beispiel des liturgischen Gesanges. In: Martin Klöckener und Benedikt Kranemann (Hg.): Liturgiereformen. Historische Studien zu einem bleibenden Grundzug des christlichen Gottesdienstes. Teil I.: Biblische Modelle und Liturgiereformen von der Frühzeit bis zur Aufklärung. Münster 2002, 97–120 sowie der stark quellenorientierte Artikel in der RAC: Johannes Eberhardt und Ansgar Franz: s.v. Musik II (Vokalmusik). In: RAC 25 (2013), 247–283. In seiner Dissertation untersuchte Franz die vier Tagzeitenhymnen des Ambrosius, vgl. Ders.: Tageslauf und Heilsgeschichte. Untersuchungen zum literarischen Text und liturgischen Kontext der Tagzeitenhymnen des Ambrosius von Mailand. St. Ottilien 1994, bes. 1–38 (zu dem Entstehungsumfeld der Hymnen des Ambrosius).

46 Vgl. Reiner Kaczynski: Das Wort Gottes in Liturgie und Alltag der Gemeinden des Johannes Chrysostomos. Freiburg 1974, bes. 89–111; 258–270; 335–352 (zur Musik in der Liturgie des 4. Jh. am Bsp. Chrysostomos) und Christoph Markschies: Die Herausbildung des christlichen Liedes im Kontext der antiken Musik- und Religionspraxis. In: Berliner Theologische Zeitschrift 28 (2011), 211–229. Martin Hengel: Das Christuslied im frühen Gottesdienst. In: Weisheit Gottes – Weisheit der Welt. Band 1. Festschrift für Joseph Kardinal Ratzinger zum 60.Geburtstag. Hrsg. Von Walter

gie sind immer noch Josef Andreas Jungmann und Aimé Georges Martimort, die einen fundierten, wenngleich jedoch aufgrund des weit gespannten Zeitrahmens für die frühe Kirche hier und da zu oberflächlichen Überblick über die Verwendung der Musik im Gottesdienst geben.[47] Eine Einzeldarstellung von Winfried Kurzschenkel zur theologischen Verwendung von Musik bezieht sich zum einen auf die Frühzeit der Kirche mit besonderem Schwerpunkt auf Augustinus und zum anderen auf die theologische Deutung der Musik bei Luther.[48] Gerda Laube-Przygodda beschäftigt sich mit den verschiedenen Musikstilen von Altem und Neuem Testament, und stellt insbesondere den Unterschied des vokalen Gotteslobes dem instrumentalen Gotteslob in den biblischen Schriften und deren Rezeption gegenüber.[49] Damit stellt sie sich in die Nachfolge der bedeutenden Veröffentlichung von Helmut Giesel, der sich mit der Allegorie und Allegorese der Musikinstrumente bei den frühen Kirchenvätern beschäftigt hat. Sein Buch stellt nach wie vor das Standardwerk zur Musikinstrumentensymbolik dar.[50] Im Bereich der Musikpädagogik liegt am aktuellsten die Veröffentlichung von Karl Heinrich Ehrenforth vor, der Fragen der musikalischen Bildung und Erziehung seit der Antike nachgeht und der christlichen Erziehungstradition durch Psalmengesang einen besonderen Stellenwert an der Schwelle von Spätantike zu Mittelalter zuschreibt.[51]

Neben diesen Studien, die vornehmlich das schriftliche Quellenmaterial zur Grundlage haben, entsteht derzeit ein neues Forschungsfeld, das sich „Musikarchäologie" nennt. So haben sich in mehreren internationalen Studiengruppen zur antiken Musik interessierte Wissenschaftler aus vielen verschiedenen Disziplinen zusammengeschlossen, um die Kontexte und den Stellenwert der Musik in der Antike zu untersuchen. Hervorzuheben seien an dieser Stelle insbesondere die Gruppe MOISA mit einem breiten Blickwinkel auf jegliche griechisch-römische Musikpraxis und -theorie mit Stärkung der philologischen Perspektive, sowie die ICTM Study Group on Music Archaeology und deren

Baier. St. Ottilien 1987, 357–404. Martin Klöckener: s.v. Alleluia in: AL 1 (1994), 239–241 und s.v. Hymnus. In: AL 3 (2004), 456–463. (zu musikalischen Fragen bei Augustinus).

47 Vgl. Josef Andreas Jungmann: Missarum sollemnia: eine genetische Erklärung der römischen Messe. Zwei Bände. Wien u.a. 1958 (4. Aufl.). In Band 1 sei bes. auf die Gesänge im Rahmen der Messe verwiesen (414–461) sowie auf die Zwischengesänge im Lesegottesdienst (539–565) und in Band 2 bes. auf den Kommuniongesang (486–496) sowie Aimé Georges Martimort: Handbuch der Liturgiewissenschaft. Zwei Bände. Freiburg 1963–1965. Vornehmlich der erste Band von 1963 behandelt das Verhältnis von gottesdienstlicher Musik und Liturgie.

48 Vgl. Winfried Kurzschenkel: Die theologische Bestimmung der Musik: neuere Beiträge zur Deutung und Wertung des Musizierens im christlichen Leben. Trier 1971, bes. 73–150 (zur theologischen Bestimmung der Musik anhand der Bibel und den Äußerungen Augustins).

49 Vgl. Gerda Laube-Przygodda: Das alttestamentliche und neutestamentliche musikalische Gotteslob in der Rezeption durch die christlichen Autoren des 2. bis 11. Jahrhunderts. Regensburg 1980.

50 Vgl. Helmut Giesel: Studien zur Symbolik der Musikinstrumente im Schrifttum der alten und mittelalterlichen Kirche (von den Anfängen bis zum 13. Jahrhundert). Regensburg 1978.

51 Vgl. Karl Heinrich Ehrenforth: Geschichte der musikalischen Bildung: eine Kultur-, Sozial- und Ideengeschichte in 40 Stationen. Von den antiken Hochkulturen bis zur Gegenwart. Mainz 2005, bes. 96–110 (jüdisch-christliche Wurzeln), 111–130 (christliche Musikkultur).

Dachorganisation ISGMA, die sich aus dem Bereich der Archäologie und Organologie an die Musikpraxis der Menschheit von der Steinzeit bis zur Spätantike annähert.[52]

Somit lassen sich viele verschiedene Zugänge erkunden, die die frühchristliche Musikkultur und deren Standort in der Alten Welt aus unterschiedlichen Blickwinkeln und Perspektiven untersuchen. Je nach Fragestellung begreifen sie die Musik dieser Zeit als Aspekt der spätantiken Geisteshaltung (so in den Altertumswissenschaften und der Kulturgeschichte), als Beginn der mittelalterlichen Musikkultur (besonders die Musikwissenschaft auf Basis der verschriftlichen Gattungen und teilweise auch die Patristik), als Gegenstand der theologischen Forschung zur Alten Kirche (Patristik) oder als Grundlage der späteren byzantinischen Vokalgattungen (Byzantinistik). Diese Scharnierstellung an der Zeitenwende von antiker Geisteshaltung zu christlichem Abendland verleiht dem Thema eine besondere Note und lässt großen Raum, die Quellen selbst sprechen zu lassen.

1.3   Historischer Kontext und Vorgehen der Arbeit

Diese Arbeit fragt nach dem Wesen, der Bewertung und dem Bedeutungshorizont der Musik im frühchristlichen Diskurs. Dabei ist es notwendig, neben der Rolle, die der Musik in der frühen Christenheit selbst zukommt, auch die Einflüsse der spätantiken Geisteswelt und der jüdischen Traditionen zu betrachten, um eine Standortbestimmung der Musik unternehmen zu können. Der große Zeitraum der Spätantike soll begrenzt werden auf das späte dritte und das vierte Jahrhundert, da in dieser Zeit aus christlicher Sicht die stärksten Umbrüche stattfinden. Es gilt, zwischen dem vor- und nachkonstantinischen Christentum zu unterscheiden. So ist in beiden zeitlichen Stadien die Suche nach Identität kennzeichnend, die sich, je nach Zeitpunkt, mehr nach außen oder nach innen richtet.[53] Generell muss in Hinblick auf die Identitätsfrage betont werden, dass die christliche

---

52 Vgl. die Homepage von MOISA: www.moisasociety.org Letzter Abruf 10.7.2019. Die ICTM Study Group on Music Archaeology ist momentan unter der Leitung von Prof. Dr. Ricardo Eichmann (FU Berlin) angesiedelt und wurde ursprünglich von Ellen Hickmann ins Leben gerufen. Im zweijährlichen Turnus finden große Tagungen statt, die durch die Veröffentlichungen von Sammelbänden dokumentiert werden, vgl. Homepage ICTM: www.ictmusic.org/group/music-archaeology und ISGMA: http://www.musicarchaeology.org. Letzter Abruf 10.7.2019.

53 Zum Kreieren von Identitäten vgl. Kahlos (2007), 55–57, die betont, dass die Christen auf die heidnische Umwelt angewiesen waren, um ihre erste Identität herausbilden zu können. Darüber hinaus verdeutlicht sie die Variabilität dieser Identitätsdefinitionen. Ähnlich schon Markus (1980), bes. 1–3, der die ersten Identitätsversuche der frühen Christen darstellt. Auch Droge (2006), 230 benennt die Notwendigkeit von sozialen Kategorien, wenngleich alle aufgestellte Kategorien wie Christ, Jude, Grieche, Römer an sich aufgrund ihrer Polyvalenz problembehaftet sind. Lieu (2006), 214–215 hingegen unterscheidet für den Prozess der Selbstdefinition der Christen vorwiegend zwischen jüdischer Matrix und der griechisch-römischen Welt, so dass sich die Christen als *third race* begreifen konnten.

Gemeinde den identitätsstiftenden Faktor stärker darstellt als der einzelne Christ in einer isolierten Lebenswirklichkeit. Die Gemeinde gilt dem frühen Christen als Orientierungspunkt, als Rückzugsort und als Insel in einer hinsichtlich der Geisteshaltung fremden Umwelt. Christine Mühlenkamp hat diese Inseln als „Binnenbereich" bezeichnet, der die Abschottung nach außen und nach innen für den Einzelnen gewährleisten kann und nach Art eines Auffangnetzes Sicherheit gegenüber der heidnischen Umwelt bietet.[54] Die hohe Bedeutung dieses Raumes zeigt sich letztlich innerhalb der Entwicklung der frühen Gemeinden hin zu einer Reichskirche unterschiedslos – sie bleibt ein stabiler Faktor für Orientierung und Identität. Dennoch lässt sich ein Wechsel der äußeren Bedingungen konstatieren, der zu unterschiedlichen Methoden und Mechanismen im Umgang mit der Außenwelt führt. Ist das vorkonstantinische Christentum damit beschäftigt, sich nach innen zu formieren und nach außen ein Gesicht zu geben, speisen sich die Konflikte der nachkonstantinischen Zeit eher aus innerchristlichen Problemkreisen. Kurz gesagt: Nachdem die frühen Christen aufgrund einer instabilen Lebensumwelt sich abgrenzend zum Heidentum konstituieren, kämpfen die Christen nach dem Konzil von Nicaea (325) stärker mit den parallel bestehenden christlichen Gruppierungen, deren abweichende Glaubensauffassungen in Abgrenzung vom theologischen Bekenntnis des Konzils aufblühen. Dabei geht es zusätzlich zu den Fragen nach Bekenntnis, Dogmatik und Gemeindegestaltung immer auch um die Kreierung einer anders gearteten, christlichen Identität, die die alleinige Wahrheit für sich beansprucht. Somit verändern sich die Themen, die von den frühen Christen diskutiert werden, eminent. Die frühe Zeit der Apologie gilt während und nach den Verfolgungen dem Kampf gegen das Heidentum, welcher mit allen Mitteln leidenschaftlich geführt wird. Nach der Festigung des christlichen Glaubens und der Unterstützung von staatlicher Seite aber entspannt sich die Lage, so dass sich der Fokus auf den weiteren Ausbau einer kirchlichen Ordnung und Missionierung der christlichen Religion verschiebt.

In diesem Spannungsfeld muss danach gefragt werden, ob die Musik diese zeitlichen und gesellschaftlichen Phänomene auch widerspiegelt und welcher Art ihre Rolle dabei ist. Gilt sie den Christen wirklich als Argument gegenüber den Heiden, den Juden und anderen christlichen Gruppierungen? Inwiefern ist sie ein stabilisierender Faktor, eine Stütze oder ein vieldiskutierter Gegenstand? Diesen Fragen kann nur anhand einer Detailanalyse einzelner Autoren auf den Grund gegangen werden, da sie auf besondere Weise in ihren Schriften und Homilien eigene Wertungen und Erlebnisse mit zeitgeschichtlichen Ereignissen, generellen Haltungen und Traditionen verbinden. Die Auswahl jeweils zweier Autoren aus Ost und West aus vergleichbaren Zeiträumen wird dafür einen Raum eröffnen, das Phänomen Musik im Rahmen einer unterschiedlichen Kulturgenese und Sozialisation zu begreifen, die sich aus jeweils anderen Problemkreisen speist. Um möglichst nah an die Alltagswelt des Einzelnen heranzutreten, ist es zudem von Vorteil, wenn die untersuchten Autoren einen Praxisbezug aufweisen, der die diskutierten Fragen zur

---

54 Vgl. Mühlenkamp (2008), 9, die besonders hervorhebt, dass die heidnischen Kultvereine diesen geschützten Bereich für ihre Mitgläubigen nicht aufweisen konnten.

Musik erhellen kann. Darüber hinaus aber ist es von Bedeutung, besonders diejenigen
Autoren zu untersuchen, die sich selbst durch einen hohen Bildungsgrad auszeichnen
und somit in der Lage sind, neben den Fragen alltäglicher Praxis auch die Beziehung zu
der sie umgebenden Geisteswelt und ihren Traditionen herstellen zu können. Aus diesem
Grund wurden vier spätantike Persönlichkeiten ausgewählt, die zum einen diese oben
genannten Aspekte in sich vereinen, zum anderen aber aufgrund ihrer Bedeutung in ihrer
eigenen Zeit und der Rezeption eine wesentliche Rolle spielen.

So stellen für das späte dritte Jahrhundert Laktanz und Euseb zwei bedeutende Persönlichkeiten dar, die, ausgelöst durch das Ereignis der Christenverfolgung, zu einem
Lebenswandel angeregt werden. Beide zeichnen sich dadurch aus, dass sie eine hohe Position in der spätantiken Gesellschaft bekleiden und im Rahmen von Lehrtätigkeit und
Gemeindebetreuung nah an der Lebenspraxis stehen. Der Heide Lakanz (†325) legt aufgrund der Christenverfolgungen seine Lehrtätigkeit nieder und beginnt, als Befürworter
des Christentums zu schreiben. Dabei bleibt er aber stark der antiken Tradition verhaftet
und schreibt aus spätantikem Geist heraus Werke der Verteidigungen des Christentums
auf heidnischem Bildungsniveau. Sein Wirkungsraum befindet sich zunächst in Nordafrika, dann im Osten in Nikomedien, später wird er zum Prinzenerzieher am kaiserlichen
Hof in Trier in Gallien. Auch Euseb von Caesarea (†339/340) ist Augenzeuge der Christenverfolgungen im Osten des Reiches. Er genießt im hellenistisch geprägten Caesarea in
Palästina eine breit angelegte Ausbildung. Insbesondere hinsichtlich der Schlüsselrolle,
die er Kaiser Konstantin für die Geschichte des Christentums zuweist, sollte er für die
Rezeptionsgeschichte bedeutsam werden. Er ist der erste Christ, der durch das Abfas-
sen seiner Kirchengeschichte eine neue christliche literarische Gattung begründet. Seine
Wirkungsstätte befindet sich hauptsächlich in Caesarea, wo er das Bischofsamt bekleidet.
Allerdings reist er durch die Verbindung zum Kaiserhaus auch nach Nikomedien und
Konstantinopel, wo er bedeutende Reden auf den Kaiser hält, die dem Herrscherlob ge-
widmet sind.

Für das vierte Jahrhundert wurden Johannes Chrysostomos und Aurelius Augustinus
als bedeutende Kirchenväter ihrer Zeit ausgewählt, die aufgrund ihrer zentralen Stellung
und ihres breit angelegten Œuvres über ihre Zeit hinaus von großer Bedeutung für die
christliche Kirche bleiben sollten. Beide haben mit den starken innerchristlichen Auseinandersetzungen um die Arianer und Donatisten ein Problemfeld zu bestellen, das sie
Zeit ihres Lebens beschäftigt. Johannes Chrysostomos (†407), der „Goldmund", trägt als
herausragender Redner und Prediger nicht nur an seinen lokalen Wirkungsstätten Antiochien und Konstantinopel zur Verbreitung der christlichen Lehre bei, sondern stellt darüber hinaus eine wertvolle Quelle zu Liturgie und Alltag in der christlichen Gemeinde
dar. In seinen Predigten, die die Menschen von weither anzogen und ihm großen Ruhm
aufgrund seiner Eloquenz einbrachten, zeigt er alle Facetten auf, die die Menschen seiner
Zeit und Gemeinde bewegten. Darüber hinaus gelangt er aufgrund seiner starken moralischen Überzeugungen immer wieder in diverse Konflikte mit der Obrigkeit und wird
dadurch auch zur wichtigen Stimme der Kirchenpolitik. Augustinus (†430) hingegen ist
auch aufgrund seiner aufwühlenden Biographie eine Schlüsselfigur des vierten Jahrhunderts, die sich zwischen den Polen von Heiden- und Christentum, von Philosophie, Geis-

teswelt und Alltagspraxis bewegt und auf nahezu allen Gebieten ein Schriftwerk vorlegt hat. Er ist eine zentrale Persönlichkeit, deren unschätzbarer Quellenwert auch darin liegt, dass er sich an der Schwelle von der Praxis zur Theorie bewegt. Neben Einblicken in die Gemeindeführung und Liturgie Nordafrikas und Italiens zeigt er in seinen Schriften eine gut fundierte Ausbildung in den Künsten. Gerade seine späte Bekehrung und seine starke Verwurzelung im Heidentum machen seine Schriften so reizvoll. Gleichzeitig nimmt er für die Musik eine wichtige Rolle ein, da er, selbst von Klang und Musik stark fasziniert, mit ihr sowohl praktisch als auch theoretisch eine tiefe Auseinandersetzung pflegt. Somit wird er auch in liturgisch-musikalischen Fragen maßgeblich für das frühe Mittelalter.

Die Vorgehensweise dieser Arbeit begründet sich auf der Darbietung und Auswertung jeglicher Schriftstellen der vier genannten Autoren, die sich mit dem Gegenstand der Musik beschäftigen. Dabei sollen die sich aus den Schriftquellen ergebenden Befunde in den größeren Rahmen der Zeit eingebettet werden. So soll diskutiert werden, inwiefern die Musikpraxis der die Autoren umgebenden Alltags- und Geisteswelt auf die Gestaltung, Beurteilung und Rezeption einer eigenen christlich-musikalischen Identität einwirkt. Darüber hinaus sollen aber auch musiktheoretische und philosophische Fragen einbezogen werden, um zu verstehen, inwiefern die christlichen Autoren die Musik der spätantiken Geisteswelt zwischen den verschiedenen Feldern aus Philosophie, Literatur, Bildung und Erziehung einordnen, und welche Inhalte gegebenenfalls abgelehnt, übernommen oder instrumentalisiert werden. Neben diesen beiden Komplexen muss immer wieder die moralästhetische Dimension in den Blick genommen werden: So soll danach gefragt werden, inwiefern die vier hier untersuchten Autoren den sinnlich-erlebbaren Gegenstand der Musik im Rahmen einer Moralästhetik wahrnehmen und beurteilen, und welchen Umgang sie letztlich damit finden. Anhand dieser Themenkreise soll in Anlehnung an Alexander Demandt's These von der Geschichte als Argument erarbeitet werden, ob und inwiefern auch die Musik bei den hier untersuchten Vätern als Argument verwendet wird.[55]

Zur Handreichung
Die Quellenzitation erfolgt im Rahmen der jeweiligen Kapitel im Sinne einer Materialsammlung immer zweisprachig. Im Original wurde, sofern möglich, die neueste Edition zitiert. Die Übersetzer sind in Klammern hinter dem Text vermerkt. Wenn es sich um meine eigenen Übersetzungen handelt, wurde das nicht extra vermerkt. Auch die

---

55 Demandt stellt in seiner Abhandlung eine Untersuchung vor, die darauf abzielt, bei drei antiken Autoren die Verwendung von Geschichte als Argument nachzuweisen. Dabei geht es ihm darum, zunächst die Beweisabsicht der jeweiligen Autoren herauszufinden und diese logisch zu deuten und zu beurteilen. Es sollen die jeweiligen Vorstellungen von Geschichte aus der Zeit selbst heraus dargestellt werden sowie die Argumentationsweise der Autoren in den Blick genommen werden. Als Leitfaden gilt ihm, nicht aus der Geschichte „Wertungen zu erstellen, sondern aus vorhandenen Wertungen die Konsequenzen zu ziehen." Vgl. Demandt (1972), 13. Zur Begründung der These vgl. Ders. (1972), 9–17 und bes. 41–53 zum Fortschrittkonzept bei Ambrosius.

Korrektur einzelner musikologischer oder organologischer Termini in den verwendeten Übersetzungen wurde stillschweigend vorgenommen; der eigentliche Übersetzer bleibt in Klammern weiterhin angeführt. Die Zitation der Quellen erfolgt nach den gängigen Angaben aus DNP. Lediglich bei den kleineren Werken von Johannes Chrysostomos und Augustinus wurde auf die jeweiligen detaillierten Werkverzeichnisse aus dem Augustinus-Lexikon oder aus Brändle (1995) zurückgegriffen. Diese sind in den jeweiligen Kapiteln vermerkt. Die Zitation der Sekundärliteratur erfolgt in allen Kapiteln des Hauptteiles unter der Angabe des Autors, des Veröffentlichungsjahres und den jeweiligen Seitenangaben. Lediglich für den Bereich der Forschungsgeschichte wurde die Literatur aufgrund der einfacheren Handhabung zugunsten eines besseren Leseflusses in Gänze angegeben. Die Zitation der Psalmen erfolgt, sofern sich die Bearbeitung aus der Quelle selbst ergibt, nach den Richtlinien des jeweiligen Autors; generell aber nach hebräischem Text. Zum besseren Verständnis der Zählweise befindet sich im Anhang der Arbeit ein Überblick der Zählweisen von LXX, Vulgata und masoretischem Text, der vornehmlich der heutigen Zählweise zugrunde liegt (Anhang 1: Zur Zählweise der Psalmen). Die Begriffe „heidnisch" und „pagan" werden in dieser Arbeit, wie in der modernen Forschung aufgrund der Ermangelung an besseren Alternativen üblich, im Gegensatzpaar heidnisch/pagan-christlich angewendet. Dass es sich dabei um Einheit suggerierende Konstruktionen handelt, die der Pluralität der spätantiken Lebensformen keinesfalls gerecht werden, und die letztlich die christliche Perspektive abwertend in sich tragen, ist offenbar und muss mit aller Vorsicht vom Leser in den Bezeichnungen mitgedacht werden.[56]

---

56 Zur vertieften Darstellung des terminologischen Problems in der Forschung vgl. die exzellente Darstellung bei Eppinger (2015), 7–18.

2 Zur Terminologie der christlichen Musikpraxis: Von Hymnen, Psalmen und geistlichen Liedern

In der zweiten Hälfte des ersten Jahrhunderts, vermutlich zwischen 70 und 90 nach Christus, schreibt der Apostel Paulus einen Brief an die Gemeinde in Ephesos und fordert sie auf: „Redet untereinander in Psalmen und Lobgesängen und geistlichen Liedern, singt und spielt dem Herrn in eurem Herzen."[1] Auch im Brief an die Kolosser wiederholt Paulus diese Aufforderung, die für den frühchristlichen Umgang mit musikterminologischen Fragen einen ersten Anhaltspunkt bietet.[2] Die frühen Christen singen ihrem Gott Lob mit Hymnen, Psalmen und geistlichen Liedern.[3] Sehr früh schon ist in der Forschung die Frage danach aufgekommen, inwiefern diese drei Begriffe voneinander abzugrenzen seien. Stehen sie für verschiedene vokale Stile oder Gattungen? Handelt es sich bei diesen Termini um gesungene Sprache, kantillierendes Sprechen oder letztlich aufgrund der Aufforderung zum Singen im Herzen über gar keine nach außen dringende akustische Verbalisierung?[4] Neben der paulinischen[5] Benennung dieser Termini stellte die zunehmend variable Terminologie der frühen Kirchenväter in den ersten Jahrhunderten die Forschung darüber hinaus vor größere Probleme. So kamen für die Vokalpraxis der frühen Christen, teilweise in Anlehnung an antike Termini, verschiedene moderne

---

1 Eph 5,19: λαλοῦντες ἑαυτοῖς ψαλμοῖς καὶ ὕμνοις καὶ ᾠδαῖς πνευματικαῖς, ᾄδοντες καὶ ψάλλοντες τῇ καρδίᾳ ὑμῶν τῷ κυρίῳ. (Text Rahlfs).

2 Vgl. Kol 3,16: ἐν πάσῃ σοφίᾳ διδάσκοντες καὶ νουθετοῦντες ἑαυτούς, ψαλμοῖς ὕμνοις ᾠδαῖς πνευματικαῖς ἐν τῇ χάριτι ᾄδοντες ἐν ὑμῶν τῷ θεῷ. (Text Rahlfs). „Lehrt und ermahnt euch selbst in aller Weisheit mit Psalmen, Lobgesängen und geistlichen Liedern und singt Gott dankbar in euren Herzen."

3 Einführend zu den beiden Stellen bei Paulus vgl. Delling (1990), 501–502 und Thraede (1994), bes. 919–922 mit der Bezeichnung der Termini als „hymnologische Synonyme" in Anlehnung an Lattke bzw. „als plerophore Umschreibung des prinzipiell Gleichen". Lohse (1977), 217 sieht darin „die Fülle des vom Geist getragenen Gesanges". Zu terminologischen Fragen dieser Passagen vgl. auch Lattke (1991), 228–230. Zur theologischen Grundlage dieser Aussagen vgl. Söhngen (1961), 1–15.

4 Einen knappen Überblick in die Problemstellung liefern Thraede (1994), 919–922 und 935–941 sowie Söhngen (1967), 12–25. Einführend zur Idee des Nebeneinander von Sprechen und Singen von Hymnen in röm. Zeit vgl. Hahn (2007), 235–248, bes. 236.

5 Die Verfasserschaft des Briefes an die Epheser ebenso wie an die Kolosser durch Paulus oder einen oder mehrere Schüler des Apostels (= deuteropaulinisch) ist ein vieldiskutierter Gegenstand in der theologischen Forschung. Einen eingängigen Überblick über die verschiedenen Forschungspositionen und Abhängigkeiten der Briefe voneinander ausgehend vom Epheserbrief bietet Sellin (2008), 54–57.

Zuschreibungen auf: Sie wurde als Psalmodie oder Psalmengesang[6], Hymnengesang,[7] Hymnodie und Hymnodik,[8] liturgischer Gesang[9] oder einfach als Gemeinde-, Kirchen-, Kult- oder Volksgesang[10] bezeichnet.

Der Bedeutungshorizont eines antiken musikalischen Terminus erschließt sich gewöhnlich aus seinem Verwendungskontext. So wird diese Arbeit keine hymnologische Analyse literarischer oder liturgischer Hymnen leisten, sondern vielmehr die Quellenbegriffe, die die antiken Autoren selbst benennen, aufgreifen und, wenn möglich, zu deuten versuchen. Es geht nicht darum, die nur wenigen überlieferten christlichen Hymnen, Psalmen und Lieder auf Stil, Sprache und Metrum hin zu untersuchen,[11] sondern um die Verortung der Begriffe in ihrem musikpraktischen oder musiktheoretischen Kontext. Dabei soll das Bewusstsein des heutigen Lesers dafür geschärft werden, dass die antiken Kirchenväter zwar dem Gesang einen sehr hohen Stellenwert einräumen, es ihnen aber nicht daran gelegen ist, ihn nach Art unserer Zeit terminologisch zu bestimmen oder stilistisch voneinander abzugrenzen. Jeder spätantike Kirchenvater benennt den Gesang als Säule der liturgischen Praxis und des Gotteslobes; welcherart sich aber ein Hymnus im praktischen Sinn von einem Psalmus unterscheidet, wird, außer von Augustinus – und

---

6 Der Begriff Psalmodie wird überaus häufig verwendet, so beispielsweise bei McKinnon (2001); McKinnon (2000); Leeb (1967); Wille (1967), der diesen unterscheidet von Hymnengesang; Gérold (1932), und in den gängigen Lexika zur Musikgeschichte. Den Begriff *Psalmengesang* verwenden beispielsweise Wagner (1911), mit *Hymnen* als literarischem Sonderfall; Dohmes (1938); Arens (1961). Dieser Term entstammt der christlichen Antike, vgl. die Nachweise bei Lampe, s. v. ψαλμῳδία. Auch die vorliegende Abhandlung wird aufgrund der Quellennähe hauptsächlich mit diesem Term operieren.

7 So beispielsweise Hucke (1953).

8 Vgl. Jenny/Lipphardt (1996) unter dem Stichwort *Hymnodie* sowie Franz (2000). Kroll (1968) verwendet Hymnodik für jegliches gesungene Gotteslob. Handschin (1981), 100 unterscheidet terminologisch zwischen *Psalmodie* als Gesang der Psalmen und *Hymnodie* für neugedichtete Texte. Ähnlich, aber differenzierter vgl. Stäblein (1955a), 1045-1056. Auch Wille (1967) benennt neben der Psalmodie den christlichen Hymnengesang, meint damit aber vorrangig die ambrosianische Hymnendichtung.

9 So Franz (2002) in der Überschrift, im Text aber dominiert der Begriff *Hymnodie*.

10 Gemeindegesang bei Schneider (1954); Kultgesang bei Hucke (1953) und Leeb (1967); Kirchengesang bei Harnack (1924) und Bardy (1988); Volksgesang bei Leitner (1906). Caspari (1908) verwendet sowohl Kirchenlied als auch Psalmodie nebeneinander.

11 Dies wurde schon vielfach unternommen. Einen aktuellen Überblick über den Stand der Forschung bietet Vollenweider (2010), 208-231, hier bes. 218-228 zu Hymnen im AT und NT mit weiterführender Literatur sowie Thraede (1996), 935-941 (zu den Definitionen der Hymnen der christlichen Zeit in der Forschung). Zu den biblischen Christus- bzw. Gotteshymnen vgl. Deichgräber (1967), bes. 60-196 sowie Martin (1997), 17-23 (mit tabellarischer Klassifikation der Hymnen des NT) und 97-283 (Analyse von Philipp 2,5-11). Zu den 24 alttestamentlichen Oden Salomos vgl. Lattke (1998), 4 Bde., sowie die von ihm angefertigte Übersetzung mit Kommentar in drei Bänden (1999/2001/2005), die die Rolle der Hymnen auch für die christliche Gnosis aufzeigen. Auch Delling (1990), 498-501 bietet einen guten Überblick über die Rolle der Lieder des AT und in 501-505 über die Lieder des NT. Generell zu den verschiedenen Feldern der hymnologischen Wissenschaft vgl. Jenny/Lipphardt (1996) sowie ausführlicher mit historischer Entwicklung, Forschungszweigen und -desideraten für die Zukunft vgl. Jenny (1986) und neuerdings besonders Brucker (2013), 52f.

auch da nicht konsequent – in der frühen Kirche nicht weiter definiert.[12] Letztlich entspricht es nicht der Denkweise der Zeit, und zwar der Spätantike ebenso wenig wie der klassischen Antike, Begriffe und Formen aus dem Gebiet der Musikpraxis definieren zu wollen. Dies zeigt sich nicht nur für die Vokalpraxis der Christen, sondern ebenso für die Instrumentalpraxis der Heiden und Juden. Auch die Definition von Instrumenten in den antiken Quellen kann aus organologischer Sicht recht willkürlich erscheinen. Insbesondere die Benennungen der Saiteninstrumente, die zwar aus instrumentenkundlicher Sicht deutlich voneinander abzugrenzen sind, sind im Sprachgebrauch häufig austauschbar, wie es sich beispielsweise bei der sprachlichen Verwendung von Lyra und Kithara zeigt.[13]

Dennoch soll in der Analyse des Quellenmaterials der Terminologie Rechnung getragen werden. So lässt sich in den Schriften der Kirchenväter des dritten und vierten Jahrhunderts anhand der Häufigkeit der Verwendung ein vokalpraktisches Vokabular eruieren. Im griechischen Sprachraum dominieren klar die Begriffe ψαλμός und ὕμνος. Beide entstammen unterschiedlichen Traditionen: So ist ψαλμός etymologisch zurückzuführen auf den hebräischen Sprachgebrauch und die Psalmen des Alten Testaments und kann auch als ψαλμῳδία in Erscheinung treten. Dabei entspringt das Verb ψάλλειν respektive ψαλμῳδεῖν der engen Verbindung mit dem Saitenspiel und meinte ursprünglich den vom Saitenspiel begleiteten Gesang, zu dem die Psalmen des Alten Testaments regelmäßig auffordern.[14] ὕμνος hingegen entstammt der heidnischen Geisteswelt und beinhaltet in klassischer Zeit die Bedeutungen des Lobpreises bzw. Lobgesanges. Das Verb ὑμνεῖν bezeichnete in der griechischen Frühzeit allgemein *singen* und wurde im Laufe der Zeit um die Bedeutung des gesungenen Gotteslobes erweitert.[15] Neben diesen domi-

---

12   Dass die Psalmenexegese davon ausgeschlossen ist, versteht sich von selbst. Vgl. dazu die jeweiligen Kapitel bei Chrysostomos und Augustinus.

13   Dies zeigt sich besonders in der Überlieferung der in den Psalmen genannten Instrumente. Vgl. dazu die tabellarische Auflistung der Terminologie der Instrumente in den Psalmen in Kapitel 4.3.1 (Das Instrumentarium im Buch der Psalmen), 123–129, sowie die Untersuchungen zur allegorischen Auslegung der Instrumente in Kapitel 5.3 (Chrysostomos über Wirkung und Funktion bestimmter Musikinstrumente), 194–212, und Kapitel 6.4 (Gottes Stimme klingt), 302–314.

14   Vgl. LSJ, s.v. ψαλμός bzw. ψάλλειν. Das Verb ψαλμῳδεῖν erscheint erst in nachklassischer Zeit und ist im LSJ nicht aufgelistet, vgl. Lampe, s.v. ψαλμῳδέω. Generell zu ψάλλειν vgl. Seidel (1997), 1853–1862, bes. 1858.

15   Zur Bedeutung von ὑμνεῖν in klassischer Zeit vgl. die einschlägigen Artikel in LSJ und für die nachklassische Zeit in Lampe. Einen lexikalischen Überblick geben Thraede (1994); Furley (1998), bes. 788–790; Pöhlmann (1996), 464–472 (von griechischer Frühzeit bis ins 3. Jh. n. Chr.); Hannick (1986), bes. 762–765 (orthodoxe Kirche); Fuhrer (1998), 794–796 (christliche Zeit); und Delling (1990), 493–494. Eine hymnologische Materialsammlung für die klassische Antike bietet Lattke (1991), 13–90 (Griechenland und Rom) sowie 227–371 (für die christliche Zeit) und für die griechischen Hymnen sei auf die Ausgabe von Furley/Bremer (2001), bes. 1–64 hingewiesen, deren Einleitung einen exzellenten Einstieg in die Problematik des Hymnenbegriffes und seine Kontexte in griechischer Zeit gibt. An dieser Stelle sei besonders auf Eduard Norden verwiesen, der die Charakteristika der antiken Hymnen erforscht hat. Er konnte nachweisen, dass sie in der Regel dreiteilig angelegt sind (*invocatio* – *pars epica* mit „Du" oder „Er"-Stil in der Anrede – *precatio*) und sich diese

nanten Begriffen, die das Spannungsfeld skizzieren, in welchem sich die christliche Vokalpraxis zwischen Heiden-, Juden- und Christentum bewegt, findet sich auch die ᾠδή,
die gemeinhin mit *Lied* übersetzt wird. Deren Verb in den verschiedenen Ausprägungen
(ᾄδω – ἀείδω – ἀοιδιάω) kann neben *singen* auch *hymnisches Singen* mit einer magischen
Konnotation bedeuten.[16] Auch kann der Term ᾆσμα sowie dessen Verb ᾀσματίζειν das
Lied als solches bezeichnen und wird in Anlehnung an die Aufforderung der Psalmen (Ps
98,1) zum gängigen Ausdruck für das neue Lied der Christen.[17] Der Term μέλος hingegen
wird in nachklassischer Zeit nicht mehr in seiner Bedeutung *Lied* verwendet, sondern
erscheint in der Bedeutung *Glied* im Sinne des paulinischen Wortes.[18] μελῳδία respektive
μελῳδέω wird weiterhin zur Beschreibung der Vokalpraxis verwendet. Selten erscheint ab
dem vierten Jahrhundert in Anlehnung an den Sprachgebrauch der *spectacula* im christo-
logischen Verwendungszweck der Terminus ἐπινίκιος (ὑμνεῖν), das Siegeslied.[19]

   Im lateinischen Sprachgebrauch bleibt der *psalmus* als griechischer Term bestehen.
Auch *hymnus* wird etwa ab dem vierten Jahrhundert in die christliche Terminologie für
die Musikpraxis übernommen.[20] Darüber hinaus ist aber die Bezeichnung für die Vokalpraxis im Lateinischen von den Begriffen *cantica*, *cantilena*, *carmina* und *canor* geprägt,

---

Form auch in den christlichen literarischen bzw. liturgischen Hymnen finden lässt, vgl. Norden
(1913), 143–176. Generell verweist er darauf, dass die christliche Doxologie die Aretalogie der heidnischen Hymnen ersetzt habe.

16   Zur Verwendung für den Gesang von Menschen und Vögeln in nachklassischer Zeit vgl. Lampe, s.v.
ᾠδή. Dieselbe Bedeutungsebene auch in klassischer Zeit mit der Erweiterung um die Zuschreibung
einer magischer Wirkung, vgl. LSJ, s.v. ᾠδή. Das Verb ᾄδω tritt seltener auf, vgl. Lampe, s.v. ᾄδω
und LSJ, s.v. ἀείδω. Grundlegend zu ᾄδω im NT vgl. Schlier (1933), 163–165. Den besten Überblick
zu ᾄδω im allgemeinen, besonders aber in der LXX bis hin zum frühchristlichen Gebrauch bietet
Brucker (2014), 6–15.

17   Vgl. Lampe, s.v. ᾆσμα bzw. ᾀσματίζω. Dabei wird das Substantiv wesentlich häufiger als das Verb
verwendet, welches offenbar nicht so geläufig war. Zur Wortbedeutung in klassischer Zeit vgl. LSJ,
s.v. ᾆσμα.

18   Anders in klassischer Zeit, vgl. LSJ, s.v. μέλος in der Bedeutung für Lied in Verbindung mit dem
Spielen eines Instrumentes. Lampe hingegen zeigt deutlich die ausschließliche Verwendung von
μέλος für die Glieder der Kirche auf, vgl. Lampe, s.v. μέλος.

19   Dieser Term wird relativ selten verwendet und erscheint erst im vierten Jahrhundert bei Gregor
von Nyssa, Johannes Chrysostomos und Theodoret, vgl. Lampe, s.v. ἐπινίκιος. Zur Verwendung
desselben in klassischer Zeit vgl. LSJ, s.v. ἐπινίκον (ᾆσμα). Einführend zu den griechischen Termini
der Vokalpraxis, wenngleich veraltet, vgl. Schlötterer (1953), der ins Zentrum seiner Untersuchung
die Quellenterminologie aus der Rückschau des byzantinischen Autors und Kaisers Konstantin
Porphyrogennetos (10. Jh.) stellt und diese unkritisch auf die Frühzeit projiziert. Die Chronologie
wird in dieser Arbeit sehr nachlässig behandelt und ist hinsichtlich der tatsächlich möglichen Vokalpraxis der Frühzeit ungenau.

20   Vgl. dazu v.a. ThesLL VI,3, s.v. hymnus. Dabei gilt es, auf die polyvalente Verwendung dieses Terms
aufmerksam zu machen, der sowohl für literarische, poetologische als auch philosophische und
eben musikalische Hymnen gleichermaßen verwendet wird, vgl. Thraede (1996), 927–935.

respektive der Verben *canere* und (*carmen*) *dicere*.[21] Daneben können auch die Begriffe *modus, melos, melodia* und das Verb *modulari* in den Texten auftreten.[22]

Alle genannten Termini finden auch bei den hier untersuchten Autoren Laktanz, Euseb, Chrysostomos und Augustinus einen Niederschlag. Es wird im Folgenden zu zeigen sein, inwiefern diese Termini in welcher Konsequenz und für welche Kontexte verwendet werden, um im Einzelfall ihre musikpraktischen Bezüge zur aktuellen Lebenswelt der vier genannten Autoren zu erhellen.

---

21 Vgl. die einschlägigen Artikel in ThesLL s.v. *canticum* (III,283–285), *cantilena* (III,285), *carmen* (III, 463–474), bes. Abschnitt I (463–468: *de carmine quod fit per uocem humanum*), *canor* (III,276–278); *cano, -ere* (III,263–272) sowie dieselben Lemmata im OLD II. Sehr lesenswert zur Entwicklungsgeschichte und den verschiedenen Bedeutungsebenen von *carmen* vgl. Quasten (1954), 901–910 mit dem Hinweis auf die mitschwingende Bedeutungsebene einer magischen Zauberformel. Für den lateinischen Westen, vornehmlich für Ambrosius und Augustinus, hat Leeb (1967), bes. 24–40 (zur Terminologie) eine wichtige Abhandlung vorgelegt, die über das vokalpraktische Vokabular bei beiden Autoren einen Überblick gibt.

22 Zu den genannten Termini vgl. ThesLL, s.v. *modus* (VIII,1255–1256), *melos* (VIII,625–627), *melodia* (VIII,624) *modulari* (s.v. modulatio VIII,1244) sowie OLD für selbige Lemmata. (für *modus* Abschnitt 7 und 8).

3 Laktanz an der Schwelle
zwischen heidnischer Rhetorik und christlicher Überzeugung: Die Rolle der Musik in seinen Schriften

atque ubi Sol pepulit fulgentis limina portae
et primi emicuit luminis aura leuis,
incipit illa sacri modulamina fundere cantus...

Und sobald Sol die Schwelle des glänzenden Tores
berührt und des ersten Lichtes leichter Schimmer hervorblinkt,
da fängt er an, Melodien heiligen Gesanges auszuströmen...
(Lact. Phoen. 43–45)

Im Jahr 256 verfasst der amtierende Bischof Cyprian († 258) im nordafrikanischen Karthago einen Traktat, in welchem er seine Gemeinde eindringlich vor den Folgen der Eifersucht und des Neides warnt, die die Kirche im Innern auseinanderrissen. Der Verursacher dieser negativen Gefühle, so Cyprian, sei der Teufel, der eine Freude daran habe, diese Gefühle zwischen den Menschen entstehen zu lassen und sich daran nähre:

> Er schleicht um jeden von uns herum, und wie ein Feind, der die wohlverwahrten Mauern [einer Stadt] belagert, forscht und sucht er, ob nicht vielleicht irgendein Teil unserer Glieder weniger stark und weniger zuverlässig ist, um hier Zugang zu finden und ins Innere einzudringen. Unseren Augen bietet er verführerische Bilder und lockende Genüsse dar, um durch ihren Anblick die Keuschheit zu zerstören. Die Ohren bezaubert er durch liebliche Musik, um durch das Anhören der allzu süßen Töne den starken christlichen Sinn zu entkräften und zu verweichlichen.[1]

Die Sinne will der Teufel bezaubern, um auf den Menschen Einfluss zu nehmen, die Sinne als diejenigen Instanzen im Menschen, die sein Erleben, Erfahren und seine Orientierung in der Welt am wesentlichsten bestimmen. Durch die Verführung der Sinne lässt sich die Welt des Menschen erschüttern und von einem harmonischen Miteinander abbringen. Den Ohren und Augen als Tor zur menschlichen Seele kommt in dieser Stelle eine besondere Rolle zu: Durch sie dringt der Teufel am leichtesten ein und nimmt von

---

[1] Cypr. zel. 2: circuit ille nos singulos et tamquam hostis clausos obsidens muros explorat et temptat an sit pars aliqua membrorum minus stabilis et minus fida, cuius aditu ad interiora penetretur. offert oculis formas inlices et faciles uoluptates, ut uisu destruat castitatem. aures per canora musica temptat, ut soni dulcioris auditu soluat et molliat christianum uigorem. (Text CCL 3A. Übers. J. Baer).

dem Menschen Besitz.[2] Cyprian benennt für seine Zeit die heidnischen Theateraufführungen und die Musik als Gefahren, vor denen der Christ sich in Acht nehmen müsse.

Diese von Cyprian geäußerte Haltung zum Wirken des Teufels zeigt sehr deutlich, worin die Bedenken der frühen Christen im Umgang mit den heidnischen Kulturgütern liegen. Nahezu alle vorkonstantinischen Apologeten sehen in der heidnischen Kultur eine Gefahr für Leib, Seele und Leben, wobei der Musik als Verführerin in diesem Diskurs eine besondere Rolle zufällt. Sie kann ein Zeichen des Teufels sein, für die heidnischen Dämonen stehen, moralische Entgleisung bewirken und die von den Christen stark gefürchtete sinnliche Hingabe herbeiführen. In diesem Kapitel soll untersucht werden, welchen Umgang der frühchristliche Apologet Laktanz (†325) mit der Musik pflegt, und inwiefern sie für ihn eine tragende Rolle im Umgang mit der heidnischen Kultur spielt. Lucius Caecilius Firmianus Lactantius, im folgenden einfach Laktanz, nimmt unter den frühen Apologeten eine Sonderstellung ein, da er, der *Cicero christianus*,[3] in seinem Werk eine Synthese aus heidnischer Tradition und neuen christlichen Werten herbeiführt und erstmals im großen Stil wohlwollend auf die heidnischen Bildungsgüter zurückgreift. Als erfolgreicher Rhetor wird er von Kaiser Diokletian auf den Lehrstuhl für Rhetorik an dessen Hof nach Nikomedia in Bithynien berufen. Dort erlebt er, schon dem Christentum zugeneigt, unter den Auswirkungen der antichristlichen Gesetzgebung den Beginn der Christenverfolgungen und legt daraufhin sein Amt nieder. Fortan versucht er, schreibend gegen die aktuellen Missstände vorzugehen und veröffentlicht in kurzer Folge protreptische und gleichwohl kryptochristliche Schriften, die sich in eloquenter Sprache sowohl an die Heiden als auch an die Christen richten. Auch nach der Beendigung der drohenden Verfolgungsgefahr durch das Toleranzedikt des Galerius (311) und die Mailänder Vereinbarung (313) bleibt Laktanz seiner sprachlichen Gewandtheit und mahnenden Grundhaltung treu, den Menschen als gottgewollte Schöpfung zu begreifen. Laktanz ist kein Priester und kein Bischof, auch wird er erst spät getauft. Er vertritt in einem dauernden Diskurs die Position, sich den Heiden durch ihre eigenen Kulturgüter zu nähern, um möglichst viele Menschen für den christlichen Glauben zu gewinnen. Ob er sich in diesem Sinne auch der Musik annähert, bleibt im Folgenden darzustellen.[4]

---

2   Das ist ein gängiger Gedanke bei den Kirchenvätern, der auch später in Kapitel 5.1.2.3 (Tugendförderung), 166–171 besprochen wird, vgl. dazu auch Basil. Caes. ad. adolescent. 9 (Text Fn. 100 in Kapitel 5), der davor warnt, dass Unzucht durch das Gehör in die Seele der Jugend dringen könne.

3   Diese Bezeichnung findet sich in der Frühen Neuzeit bei Giovanni Pico della Mirandola, einführend dazu mit Angabe des Quellentextes vgl. Kendeffey (2015), bes. 56–66, der ausführlich das ciceronische Vorbild in den Schriften des Laktanz aufzeigt.

4   Einführend zu Laktanz muss auf Antonie Wlosok und Eberhard Heck verwiesen werden, die sich seit den 1960er Jahren um die Textausgaben ebenso wie um die Erforschung des Laktanz'schen Schrifttums verdient gemacht haben. Zur ersten Orientierung vgl. Wlosok (1989a), 375–404, Heck/ Schickler (2001), 11–20 (Einführung zu epit.) und mit einem eingängigen kritischen Panorama der aktuellen Forschungsbeiträge v.a. Walter (2006), 16–28. Ein kurzer Überblick liegt auch von Kany (2012), 71–86 vor.

3.1   Zur physiologischen Beschaffenheit des Menschen und seinen musikalischen Möglichkeiten

3.1.1   Zur Sprache und Stimme des Menschen

Denn der Mensch allein besitzt Empfindung und die Fähigkeit zur Vernunft und kann darum Gott erkennen, seine Werke bewundern und seine Kraft und Macht betrachten. Deshalb ist er mit Einsicht, Geist und Klugheit ausgestattet, darum allein unter allen übrigen Lebewesen in aufrechter Leibeshaltung geschaffen, damit er deutlich zur Schau seines Vaters aufgefordert ist. Dafür hat allein er Sprache und Zunge, des Gedankens Dolmetsch (*cogitationis interpretem*), empfangen, dass er die Herrlichkeit seines Herrn verkünden kann. Schließlich ist deshalb ihm selbst alles übrige unterworfen, damit er selbst Gott, seinem Schöpfer und Bildner untertan sei.[5]

In diesem kurzen Ausschnitt aus der späten Schrift *De ira dei* zeigt Laktanz die Bedeutung der menschlichen Schöpfung durch Gott auf. Der Mensch unterscheidet sich aufgrund des ihm von Gott gegebenen Verstandes von allen anderen Wesen auf der Erde.[6] Dieser Unterschied ist auch äußerlich in der Konstruktion der Körperhaltung des Menschen sichtbar, der aufgerichtet steht und geht und dabei den Kopf zum Himmel erheben kann, um die Wohnstätte Gottes sehen zu können.[7] Auch andere körperliche Merkmale

---

5   Lact. ira 14,2: solus est enim qui sentiens capaxque rationis intellegere possit deum, qui opera eius admirari, uirtutem potestamque perspicere; idcirco enim consilio mente prudentia instructus est, ideo solus praeter ceteras animantes recto corpore ac statu fictus est, ut ad contemplationem parentis sui excitatus esse uideatur, ideo sermonem solus accepit ac linguam cogitationis interpretem, ut enarrare maiestatem domini sui possit, postremo idcirco ei cuncta subiecta sunt, ut fictori atque artifici deo esset ipse subiectus. (Text und Übers. Kraft/Wlosok).

6   Der Verstand dient dem Menschen als Waffe gegenüber den von Natur aus ausgerüsteten Tieren, vgl. Lact. opif. II,4; 6; 9. Damit widerlegt Laktanz die epikureische Überzeugung, dass der Mensch in seiner Schöpfung dem Tier unterlegen sei. Vgl. dazu auch Albrecht (2012), 1372 sowie Wlosok (1989a), 383.

7   Dieser platonische Gedanke entstammt dem Ende des Timaios, in welchem Platon den Menschen als ein himmlisches Geschöpf benennt, der im Gegenzug zu allen anderen Kreaturen aufrecht zum Himmel geschaffen wurde, vgl. Plat. Tim. 90a: ἐκεῖθεν γάρ, ὅθεν ἡ πρώτη τῆς ψυχῆς γένεσις ἔφυ, τὸ θεῖον τὴν κεφαλὴν καὶ ῥίζαν ἡμῶν ἀνακρεμαννὺν ὀρθοῖ πᾶν τὸ σῶμα. „Denn dort, wo die erste Erschaffung der Seele sich vollzog, gab die Gottheit unserem Kopf und unserer Wurzel einen festen Ort und verlieh so dem ganzen Körper seine aufrechte Haltung." (Text und Übers. Paulsen/Rehn). In der Anlehnung an Platon wird dieser Gedanke zu einem Topos der philosophischen Anthropologie, vgl. Wlosok (1960), 8–47, die im Rahmen ihrer Dissertation dem *rectus status* ein ganzes Kapitel widmet und die Geschichte dieser Tradition darstellt; sowie Sauer (2013), 139–142, der sehr überzeugend die Instrumentalisierung dieser der klassischen Tradition entstammenden *rectus-status*-Theorie durch Laktanz im zweiten Buch der *Divinae institutiones* aufzeigt und die Verbindung zu Ciceros *De legibus* darstellt. Auch der von Laktanz geschätzte frühchristliche Apologet Minucius

wie Sprache und Zunge wurden dem Menschen gegeben, um die Taten Gottes zu lobpreisen.[8] Deutlich streicht Laktanz heraus, dass die Sprache der Übertragung der geistigen
Inhalte dient, auf dessen Basis der Mensch als Mensch existiert. Die Benennung der Sprache in ihrer Funktion als Dolmetscher der Gedanken und Gefühle, und die der Zunge als
deren Ausführer beschreibt Laktanz auch in seinem Werk über die göttliche Schöpfung
De opificio dei (303/304)[9]:

> Die in seinem Innern befindliche Zunge, die die Stimme durch ihre Bewegungen
> in Worte teilt, ist der Dolmetsch des Geistes (*interpres animi*). Und doch kann diese
> nicht an sich ihrer Aufgabe entsprechen, wenn sie nicht mit ihrer Spitze am Gau-
> men anstößt, wenn sie nicht durch die entgegenstehenden Zähne oder durch das
> Zusammenpressen der Lippen unterstützt wird.[10]

Für Laktanz bildet die Sprache das Ergebnis des Stimmklanges, der durch die Sprechwerkzeuge Zunge, Lippen, Gaumen und Zähne ausgeführt wird. Der Zunge kommt
dabei die Vorrangstellung unter den Ausführenden zu, da sie die wichtigste Rolle bei
der Artikulation einnimmt.[11] Ohne die Bildung des Stimmklanges hingegen können die
Sprechwerkzeuge nicht genutzt werden. So nimmt die Beschäftigung mit Entstehung
und Verortung des Stimmklanges für Laktanz den größeren Raum in der Auseinandersetzung mit Stimme und Sprache ein. Den Atem als die Basis allen Klanges zeigt er in der
Bedeutung der Luftröhre auf, aus der er die Stimme kommend verortet:

> Indes hat die Luftröhre nicht bloß zur Nase, sondern auch zum Mund einen
> Zugang, ganz hinten am Gaumen, wo der Schlund nach dem Zäpfchen hin an-
> zuschwellen beginnt. Der Grund davon ist klar. Wir könnten nämlich nicht spre-
> chen, wenn die Luftröhre nur zur Nase einen Zutritt hätte wie die Speiseröhre zum

---

Felix verwendet die *rectus status* Idee in Oct. XVII,2+11. Einführend und sehr anschaulich zur Idee
des aufrechten Ganges von der Antike bis zur Gegenwart vgl. Bayertz (2012), bes. 11–253.

8 Vgl. Wlosok (1989a), 383, die darauf verweist, dass Laktanz den Körper als Gefäß für die menschliche Seele betrachtet, der von Gott deshalb gegeben wurde, damit der Mensch an die „ethisch-
religiöse Verpflichtung gegenüber seinem Schöpfer und wahren Vater" erinnert werde.

9 Einführend zu Lact. opif. vgl. Wlosok (1989a), 382–385; Roots (1987), bes. 471–483 (mit tabellari-
schen Gliederungsvorschlägen), Nickel (1999), 243 und die ausführliche Spezialuntersuchung von
Perrin (1979).

10 Lact. opif. X,13: lingua intus inclusa, quae uocem motibus suis in uerba discernit, et est interpres
animi nec tamen sola per se potest loquendi munus inplere, nisi acumen suum palato inliserit, nisi
adiuta uel offensione dentium uel conpressione labrorum. (Text Bakhouche 152. Übers. A. Hartl).

11 Dass die Zunge nicht nur für den Menschen eine besondere Rolle spielt, verdeutlicht Laktanz im
Vergleich zu den Vögeln, die auch über die Fähigkeit der Stimmäußerung durch die Verwendung
der Zunge verfügen, vgl. Lact. opif. X,15: sed haec ad hominem solum pertinent aut aues, in quibus
acuminata et uibrata certis motibus lingua innumerabiles cantuum flexiones et uarios sonorum
modos exprimit. (Text Bakhouche 152). „Doch betrifft dies nur die Menschen und die Vögel. Bei
den letzteren bringt die spitze und in gewisse vibrierende Bewegung versetzte Zunge unzählige Ge-
sangsmodulationen und verschiedene Töne hervor." (Übers. A. Hartl.).

Mund. Der göttliche Meister hat also für die aus der Luftröhre kommende Stimme
einen Weg geschaffen, damit die Zunge ihres Amtes walten und den ununterbrochenen Laut durch ihre Bewegungen in Worte zerschneiden könnte. Wäre dieser
Weg irgendwo abgeschnitten, so wäre Stummheit die notwendige Folge. Es irrt bestimmt, wer einen anderen Grund für das Stumm sein der Menschen annimmt.[12]

Konzeptionell berichtet Laktanz hier von einem ununterbrochenen Atem, der aus der
Luftröhre nach außen strömt und erst von der Zunge und ihrer Bewegung in Worte um-
geformt wird. Ohne den ununterbrochenen Atem stünde dem Menschen die Fähigkeit
zur Sprache nicht zur Verfügung. Die Stimmentstehung verortet Laktanz im Inneren des
Körpers, in der Brust des Menschen und nicht im Mundraum.[13] In Abgrenzung zur Position der Grammatiker und Philosophen, die die Stimme als *aer spiritu uerberatus*,[14] als
die vom Atem zerstoßene Luft definieren, benennt Laktanz den Kehlkopf als das wesentlichste Organ zur Stimmentwicklung:

> Nicht nämlich entsteht die Stimme außerhalb des Mundes, sondern innerhalb und
> daher ist jene Meinung wahrscheinlicher, dass der zusammengepresste Atem (*sti-
> patum spiritum)*, wenn er am Hindernis des oberen Schlundes (*obstantia faucium)*
> angestoßen ist, den Klang der Stimme herauspresst, wie wenn wir den Atem in eine

---

12 Lact. opif. XI,9–11: tamen haec fistula spiritalis non tantum ad nares, uerum ad os quoque interpatet
in extrimis palati regionibus, ubi se tolles faucium spectantes uuam tollere incipiunt in tumorem.
cuius rei causa et ratio non obscura est. loquendi enim facultatem non haberemus, si ut gulae iter ad
os tantum, ita gurgulio ad nares tantum pateret. aperuit igitur uiam uoci diuina sollertia ex illa fistula spiritali, ut posset lingua ministerio suo fungi et uocis ipsius inoffensum tenorem pulsibus suis
in uerba concidere. qui meatus si aliquo modo intersaeptus sit, mutum faciat necesse est: errat enim
profecto quisquis aliam causam putat cur homines muti sint. (Text Bakhouche 158. Übers. A. Hartl).
13 Vgl. Lact. opif. XV,3–4: uidetur enim non ab ore, sed ab intimo pectore uox oriri. denique et ore clau-
so ex naribus emittitur sonus qualis potest. praeterea et maximo spiritu quo anhelamus uox non efficitur et leui ac non coartato spiritu quotiens uolumus efficitur. (Text Bakhouche 170). „So scheint
es wohl, dass die Stimme nicht im Mund sondern im Innersten der Brust entsteht. Schließlich ist es
auch möglich, bei geschlossenem Mund aus der Nase einen derartigen Laut auszustoßen. Ferner wird
auch durch unser größtmögliches Schnaufen kein Ton hervorgebracht; dagegen kommt durch einen
leichten, nicht gepressten Hauch ein solcher zustande, so oft wir nur wollen." (Übers. A. Hartl).
14 Lact. opif. XV,1: de uoce autem quam rationem reddere possumus? grammatici quidem ac philo-
sophi uocem esse definiunt aerem spiriti uerberatum, unde uerbe sint nuncupata; quod perspicue
falsum est. (Text Bakhouche 168). „Wie können wir nun das Wesen der Stimme feststellen? Die
Grammatiker zwar und die Philosophen definieren die Stimme als die vom Hauche erschütterte
Luft, wovon der Begriff „uerba" [Wörter] stamme. Das ist offenbar falsch." (Übers. A. Hartl). Der
Ausdruck *aer spiritu uerberatus* – „vom Atem zerstoße Luft" ist mit der Vorstellung verbunden,
dass der menschliche Atem beim Ausströmen aus dem Mund die umgebende Luft erschüttert, oder
vielmehr zerstößt oder auch schlägt, damit ein Laut entstehen kann. Vgl. dazu die hervorragende
Studie von Schulz (2014), bes. 38–42 (Ansichten der Stoiker zur Stimmentwicklung) und 66–73
(Ansichten der Grammatiker zur Stimmentwicklung). Auch der Textkommentar von Bakhouche
verweist darauf, dass diese Theorie in der antiken Welt weit verbreitet war, vgl. Bakhouche (2009),
217 Fn. 220 mit Stellenangaben. Ähnlich schon Perrin (1974), 379–380 (SC) mit Stellenangaben.

offene und unter die Lippe gehaltene Rohrpfeife herabsenken. Und dieser [Atem] streift, von der Höhlung der Rohrpfeife widerhallend und vom Grund zurückkehrend, bei seinem Entgegenkommen unterdessen den herabsteigenden Atem, [und dieser Atem] erzeugt einen Ton, indem er, zum Ausgang strebend und von dem tönenden Atem abprallend, durch sich selbst zu einem bewegten Hauch wird.[15]

Laktanz beschreibt hier die Entstehung des Stimmklanges, der an mehrere Hauche geknüpft ist. So äußert er in vielleicht wichtigster Abgrenzung zu den Stoikern, dass die Stimme nicht durch den Austausch der Luft mit außen zustande komme, sondern sich gänzlich im Inneren des Menschen entwickeln würde. Er führt das Hindernis am oberen Schlund (*obstantia faucium*) als stimmbildend an, mit welchem offenbar der Kehlkopf gemeint ist. Diesen vergleicht er mit dem Ansatz einer Rohrpfeife: Erst durch den zusammengepressten Atem kann sich die durch das Rohr strömende Luft zu einem Luftbündel kanalisieren und durch den Druck eine gewisse Tonhöhe erzeugen. Die von Laktanz beschriebenen unterschiedlichen Hauche treffen also, um beim Bild der Pfeife zu bleiben, im Rohr aufeinander und drängen nach außen. Dieses Phänomen der Schallwelle wird auf die menschliche Luftröhre übertragen. Dort wird der Atem aus dem Inneren zum äußeren Ende der Luftröhre, zum Kehlkopf gebracht, der den Laut, verstärkt durch die Eigenschwingung (Resonanz), durch die Stimmlippen hervorbringt.

In der Forschung hat diese Stelle lange für Kontroversen gesorgt, da sie – in übereinstimmender Meinung – verworren und unklar erscheine.[16] Diese Meinung bildete sich vornehmlich deshalb heraus, da die Stimmentwicklung, die Cicero in *De natura deorum II,149* definiert, in der Forschung immer als zugrunde liegendes Material für die von Laktanz angeführte Stelle zur Erklärung hinzugezogen wurde.[17] Cicero stellt die Stimmentwicklung folgendermaßen dar:

Denn erstens verläuft von den Lungen bis zum innersten Teil des Mundes die Luftröhre, durch die die Stimme, die ihren Ursprung vom Denkorgan aus nimmt, hier aufgenommen und hervorgebracht wird. Dann liegt, von den Zähnen begrenzt, im Munde die Zunge. Sie formt und bestimmt die noch unartikulierte Stimme

---

15   Lact. opif. XV,1–2: non enim uox extra os gignitur, sed intra et ideo similior ueri est illa sententia, stipatum spiritum cum in obstantia faucium fuerit inlisus, sonum uocis exprimere, ueluti cum in patentem cicutam labroque subiectam demittimus spiritum et is cicutae concauo repercussus ac reuolutus a fundo dum descendentem occursu suo radit, ad exitum nitens sonum gignit et in uocalem spiritum resiliens per se uentus animatur. (Text Bakhouche 168/170).

16   So besonders bei Bakhouche (2009), 217 Fn. 221 und Perrin (1974), 380 („passage difficile") in den Kommentaren zum Text. Dabei verweisen beide darauf, dass der Vergleich der Stimme zu einem Blasinstrument von Laktanz einen falschen Eindruck suggerieren würde und verweisen auf die größere Stimmigkeit des ciceronischen Vergleiches zu einem Saiteninstrument in Bezug zu den Stimmlippen. Besonders Perrin argumentiert, dass die Schriften Ciceros auch für diese Stelle Laktanz als Vorbild und Vorlage gedient haben sollen.

17   So benennt v. a. Perrin (1974), 380 (SC) die Cicero-Stelle, fehl gehend, als eine sehr eindeutige und verständliche Erklärung der Stimmbildung.

und erzielt dabei ihre deutlich voneinander unterschiedenen und genau begrenzten Laute, indem sie gegen die Zähne und die anderen Teile des Mundes anschlägt; deshalb sagt man bei uns ja auch, die Zunge ähnele dem Plektrum, die Zähne den Saiten und die Nase den Hörnern der Lyra, die beim Klang der Saiten als Verstärker mitschwingen.[18]

Auch für Cicero ist die Luftröhre der Ort der Stimmentwicklung. Er führt zudem Zunge, Zähne und Nase als an der Stimmbildung beteiligte Akteure an. Die Stimme wird insgesamt vom Gehirn aus gesteuert, wie auch Laktanz annimmt. Für Cicero formt die Zunge die Worte und bringt so den Klang nach außen. Neben der Zunge, die im Bild der Lyra mit dem Plektrum gleichgesetzt wird, wird außergewöhnlich noch die Nase berücksichtigt, die Cicero als Resonator anführt. Die Zähne werden mit den Saiten verglichen und sollen derartig klangproduzierend schwingen. Über den Kehlkopf und seine Funktion hingegen hat Cicero keinerlei Kenntnis. Nach dem Vergleich beider Stellen erscheint es recht unwahrscheinlich, dass Laktanz ausschließlich die Erklärung Ciceros zur Stimmentstehung hinzugezogen haben soll. Zwar gibt es hohe Übereinstimmungen im ersten Teil beider Ausführungen, der Schluss aber, indem Cicero die Lyra mit dem Stimmapparat vergleicht, wird von Laktanz nicht nachvollzogen. Dessen Wissen geht über die ciceronische Theorie hinaus und stellt den Kehlkopf ins Zentrum der Tonerzeugung, der gemeinsam mit dem Atem aus der Luftröhre den Klang produziert. Cicero hingegen sieht nur den Atem in der Luftröhre als verantwortlich für die Stimmbildung an. Auch das Bild der Rohrpfeife, welches Laktanz der Atemtheorie zugrunde legt, wird bei Cicero nicht verwendet. Vielmehr scheint Laktanz weiterführend über die Funktionsweise und den Zweck des Kehlkopfes unterrichtet worden zu sein. Tatsächlich benennt Laktanz den Kehlkopf als zentrale Instanz der Stimmentstehung mit dem Begriff *obstantia faucium*. Das griechische Wort λάρυγξ bedeutet Kehle; auch *faux, faucis* kann neben der Bedeutung Schlund mit Kehle übersetzt werden.[19] Er verweist darauf, dass der Atem den Kehlkopf durchläuft und vergleicht diesen Vorgang mit der Funktionsweise der Rohrpfeife. Es bleibt nach dem Einfluss zu fragen, unter dem Laktanz diesen Vergleich zu einem Aerophon entwickelt haben könnte. Bei Hieronymus lässt sich nachlesen, dass Laktanz am Hof in Nikomedia gemeinsam mit dem Grammatiker Flavius einen Lehrauftrag innehatte, von dem er vermutlich sein Wissen über die Stimme bezieht. Hieronymus

---

18 Cic. nat. deor. II,149: primum enim a pulmonibus arteria usque ad os intimum pertinet, per quam uox principium a mente ducens percipitur et funditur. deinde in ore sita lingua est finita dentibus; ea uocem inmoderate profusam fingit et terminat atque sonos uocis distinctos et pressos efficit, cum et dentes et alias partes pellit oris; itaque plectri similem linguam nostri solent dicere, chordarum dentes, nares cornibus his, quae ad neruos resonant in cantibus. (Text und Übers. Gerlach/Bayer). Vgl. zu diesem Ausschnitt auch Schulz (2014), 39–40, die zu Recht betont, dass die Vorstellung Ciceros zur Funktionsweise der Stimme im Vergleich von Plektrum und Zähnen schief ist.

19 Zu λάρυγξ vgl. LSJ (1968), 1031 (Bedeutung Kehle, oberer Teil der Luftröhre, Hinweis auf Verwechslung mit Pharynx bei den Dichtern). Zu *faux, faucis* vgl. ThesLL VI, 392–400; Georges (2013), 2084 (beide mit Erstbedeutung Schlund, Kehle) und OLD (1968), 680 (mit physiologischer Unterscheidung von Pharynx und Luftröhre bzw. Kehle als Ursprung der Stimme).

benennt die heilkundliche Gelehrsamkeit des Flavius, der ein medizinisches Handbuch verfasst habe, welches sich nicht erhalten hat.[20] Wenn man den medizinischen Standard der Zeit zur Stimmentwicklung betrachtet, stößt man unweigerlich auf den Arzt Galenus von Pergamon (129–215), der neben einer eigenen Abhandlung über die Stimme (Περὶ φωνῆς), die sich leider nur fragmentarisch erhalten hat, auch in *De usu partium* über die Stimmwerkzeuge und deren Zusammenspiel berichtet.[21] Galen war der erste antike Mediziner, der sich mit der Erforschung der Stimme und ihrer Werkzeuge im Detail beschäftigt hat. Diese Vorrangstellung unter den Zeitgenossen zeigt sich auch in der häufigen Selbstzitation der Schrift über die Stimme und deren hohe Wertschätzung, die *De usu partium* durchziehen.[22] Um den Kehlkopf zu erforschen, unternahm Galen unter anderem Sezierungen von Schweinen.[23] Über die Zusammensetzung des Kehlkopfes berichtet Galen, dass dieser aus drei verschiedenen Knorpelschichten bestünde, die von ihm als Schildknorpel (*cartillago thyreoides*), Ringknorpel (*cartillago cricoides*) und Stellknorpel (*cartillago arytaenoides*) identifiziert werden.[24] Nach einer ausführlichen Erläuterung dieser Knorpel erfolgt ein Vergleich mit einer Pfeife:

---

20 Hier. vir. ill. 80,1: Firmianus, qui et Lactantius, [...] sub Diocletiano principe accitus cum Flavio grammatico, cuius *De medicinalibus* uersu compositi extant libri, Nicomediae rhetoricam docuit... „Firmianus, auch Laktanz genannt, [...] wurde unter dem Herrscher Diokletian gemeinsam mit dem Grammatiker Flavius, von dem die metrisch abgefassten Bücher *Über heilkundliche Fragen* stammen, berufen und unterrichtete Rhetorik in Nikomedia...“ (Text und Übers. C. Barthold).

21 Die Lebensdaten Galens beziehen sich auf die ermittelte Datierung von Schlange-Schöningen (2003), 60–64; 148. Zu Vita und Werk unter sozialgeschichtlicher Perspektive vgl. Schlange-Schöningen (2003), bes. 1–15 (Kurzüberblick), 61–99 (Ausbildung), 101–136 (Pergamon), 137–221 (Wirken in Rom). Die Sammlung und Auswertung aller Testimonien der benannten Schrift Περὶ φωνῆς wurde von H. Baumgarten unternommen, der die Fragmente vor allem aus Galens eigener Schrift *De usu partium*, aber auch aus dem Exzerpt des Oribasius, eines spätantiken Arztes, zusammenträgt. Zur Auswertung der Testimonien vgl. Baumgarten (1962), 76–98.

22 So z. Bsp. in UP I,300 (VI,2 May); UP I,379 (VII,4 May); UP I,381 (VII,5 May); UP I,403 (VII,11 May); UP I,407 (VII,12 May); UP I,408 (VII,13 May). Vgl. dazu auch den Index der Testimonien aus UP bei Baumgarten (1962).

23 Dies lässt sich aus der Beschreibung der Knorpel des Kehlkopfes schließen, die eine besondere, türähnliche Form aufweist, vgl. May (1968), 352 Fn. 32 mit weiterführender Literatur. Schulz (2014), 45 verweist auf Vivisektionen in Rom, die Galens Bekanntheitsgrad erweiterten. Baumgarten (1962), 196–224 betont, dass Galen Sektionen generell an toten als auch an lebendigen Tieren vorgenommen habe. Zur Stimmerforschung aber, so benennt es Galen selbst, habe er das Schwein anderen Tieren vorgezogen, da die Ergebnisse für den Untersuchungswert am besten waren, vgl. Ders. 198, Fn. 199 mit Verweisen (Vergleich von Affen und Schweinen für die Sektion der Stimmorgane).

24 Vgl. Gal. UP I,401 (VII,11 May): λεκτέον δ'ἂν ἐφεξῆς εἴη περὶ τῶν τοῦ λάρυγγος. ἔστι γὰρ καὶ οὗτος ὄργανον πνεύματος, [...] σύγκειται μὲν οὖν ἐκ τριῶν μεγάλων χόνδρων [...] μέγιστος μὲν οὖν ἐστιν αὐτοῦ τῶν χόνδρων· ὁ ἔμπροσθεν, οὕπερ καὶ ψαύομεν, ἔξωθεν μὲν κυρτός. [...] καὶ τοὔνομά γε τῷ χόνδρῳ κατὰ τὴν πρὸς τοῦθ' ὁμοιότητα τοῖς ἀνατομικοῖς ἀνδράσιν ἐτέθη καλέσασιν αὐτὸν θυρεοειδῆ. δεύτερος δ' ἕτερος τούτου χόνδρος, ὅσον ἐλάττων τούτου, τοσοῦτον τοῦ τρίτου μείζων, ἐκ μὲν τῶν ἔνδον τέτακται μερῶν. (Text Helmreich) „Ich sollte wohl der Reihe nach über die Bestandteile des Kehlkopfes sprechen. Dieser ist nämlich auch ein Instrument der Atmung. [...] Er ist folglich zusammengesetzt aus drei großen Knorpeln. Der größte von den Knorpeln ist zugleich der vorangestellte, gerade dort, wo wir, wenn wir an die Wölbung (Kehlkopf) fassen, ihn berühren. [...] Und die Bezeichnung des

Die Vertiefung aber dieser Knorpel ist zum Gang der Atmung hin gebogen, so dass das Zusammengesetzte aus den drei Knorpeln derartig zu einer Rohrpfeife (αὐλός) wird. Innen aber in diesem Teil des Kehlkopfes befindet sich eine Struktur (σῶμα), ähnlich der einer Zunge der Rohrpfeife (αὐλοῦ γλώττῃ).[25]

Galen beschreibt also die Anlage der Knorpel im Vergleich mit der Pfeife als eine hohle Röhre, in der die Glottis wie eine Pfeifenzunge liegt. Anders als heutzutage bezeichnet die Glottis bei Galen die gesamte innere Struktur des Kehlkopfes.[26] Etwas später in der Schrift greift Galen diesen Gedanken erneut auf und verweist auf seine Schrift über die Stimme:

> Dass der Aulos folglich getrennt von der Zunge nutzlos ist, lehrt wohl selbst das Offensichtliche. Es ist nicht notwendig, dass man sich in dieser vorliegenden Abhandlung wünscht, mehr über die Ursache zu hören. Dies nämlich hatte ich bereits in meiner Schrift ‚Über die Stimme‘ gesagt, dass das Entstehen der Stimme nicht möglich ist, ohne dass der Durchgang verengt worden ist.[27]

Die hier beschriebene Pfeifenzunge, die den Stimmklang dadurch produziere, dass sie sich verengt, wird von Galen als einzigartig im menschlichen Körper benannt.[28] Generell

---

Knorpels wurde von den Anatomisten aufgrund dieser Ähnlichkeit (zu einem Schild, vgl. vorhergehender Abschnitt) *thyreoid* genannt. Der zweite von diesen Knorpeln ist kleiner als dieser (erste), größer aber als der dritte, und ist von den Anteilen innen angeordnet worden.“ Bemerkenswert deutlich ist hier die nicht eindeutige Bezeichnung der Knorpel zwei und drei, wie sie für Galens Terminologie typisch ist. Diese von Galen unternommene Kennzeichnung der drei Knorpel für die Funktion des Kehlkopfes stimmt mit der heutigen gängigen Lehrmeinung überein. Zur besseren Anschaulichkeit vgl. die Abbildung des Stimmapparates bei Wendler (2005), 73. Zur Darstellung der Knorpel bei Galen vgl. auch Baumgarten (1962), 118–121 mit ausführlicher Erläuterung der terminologischen Probleme bei Galen. Vgl. auch Schulz (2014), 79–83, die einen Überblick über die moderne Stimmphysiologie mit weiterführender Literatur gibt.

25 Gal. UP I,402 (VII,11 May): ἔστραπται δὲ καὶ τούτου τοῦ χόνδρου τὸ κοῖλον εἰς τὸν τοῦ πνεύματος πόρον, ὥσθ᾽ οἷον αὐλόν τινα γίγνεσθαι τὸ συγκείμενον ἐκ τῶν τριῶν. ἔνδον δ᾽ ἐν αὐτῷ τῷ πόρῳ τοῦ λάρυγγος ἔγκειται σῶμα τῷ σχήματι μὲν αὐλοῦ γλώττῃ παραπλήσιον,... (Text Helmreich). Vgl. dazu auch Baumgarten (1962), 121 und 164–165.

26 Vgl. dazu auch May (1968), 357 Fn. 41.

27 Gal. UP I,408 (VII,13 May): ὅτι μὲν οὖν χωρὶς τῆς γλώττης ἄχρηστος ὁ αὐλός, αὐτὸ δείκνυσι τὸ φαινόμενον. αἰτίαν δ᾽ οὐ χρὴ ποθεῖν ἀκούειν ἐν τῷ παρόντι λόγῳ. λέλεκται γὰρ ἐν τῇ Περὶ φωνῆς πραγματείᾳ, καθ᾽ ἣν καὶ τοῦτ᾽ εὐθὺς ἀποδέδεικται, τὸ μὴ δύνασθαι γενέσθαι φωνὴν ἄνευ τοῦ στενωθῆναι τὴν διέξοδον. (Text Helmreich).

28 Vgl. Gal. UP I,407 (VII,13 May): κατὰ τὴν ἔνδον χώραν αὐτοῦ, δι᾽ ἧς εἴσω καὶ ἔξω τὸ πνεῦμα φέρεται, τέτακταί τι σῶμα, περὶ οὗ μικρὸν ἔμπροσθεν εἶπον, οὔτε τὴν οὐσίαν οὔτε τὸ σχῆμα παραπλήσιον ἑτέρῳ τινὶ τῶν καθ᾽ ὅλον τὸ ζῷον. (Text Helmreich). „In seiner inneren Kammer, durch welche der Atem hinein und hinaus strömt, ist eine Struktur angeordnet worden, über die ich schon vorher etwas gesprochen habe, und diese Struktur ist weder dem Ganzen noch irgend etwas anderem im ganzen Körper ähnlich.“ Ähnlich auch in Gal. UP I,402 (VII,11 May), worin Galen auf die besondere Substanz verweist, aus der die Glottis geformt sei (gleichzeitig membranartig, speckig und drüsig).

weist Galen dem Kehlkopf die wichtigste Funktion bei der Stimmbildung zu, wobei es zur Stimmentwicklung mehr als nur eine einfache Einatmung brauche, sondern auch den Ausstoß des Atems.[29]

Offensichtlich besteht eine Verbindung zwischen dem galenischen Wissen und der Darstellung des Laktanz, der den Ausführungen Galens zur Stimmentwicklung folgt und diese auch in Abhängigkeit von zwei Faktoren beurteilt: Von der Atemluft in der Luftröhre und dem Kehlkopf als Stimmbildner. Die Sprechwerkzeuge Zunge, Lippen und Zähne spielen in seiner Definition eine wichtige Rolle als Sprachgestalter und Ausführende des Stimmklanges. Sie formen und vollziehen die Artikulation und tragen sie somit hörbar nach außen. Die Stimme ist für Laktanz etwas gänzlich im Inneren des Körpers Vollzogenes, welches sich nicht durch die Vermischung der Luft von innen und außen ergibt, wie es die Stoiker darstellen. Deutlich sticht die Übernahme des galenischen Bildes einer Pfeife im Kehlkopf heraus, der auch die Verworrenheit der verschiedenen Hauche in *opif. XV,1–2* erklären kann. Im Vergleich zur ciceronischen Darstellung wirkt die Erklärung der Stimmentwicklung bei Laktanz besser begründet und bedarf deshalb dringend einer Rehabilitation von Seiten der Forschung.[30]

Neben den physiologischen Grundlagen zur Stimme liegt aber für Laktanz die überwiegende Funktion der Stimme als Sprachrohr in der Bedeutung des Geistes als Anreger. Nur der menschliche Verstand, der sich zu Gottes Lob äußern will, kann sich in der Stimme bemerkbar machen. Damit ist die Stimme und die Sprache zum Lobe Gottes konzipiert und letztlich von ihm in ihrer vom Menschen nicht gänzlich erfassbaren Form geschaffen.[31] Der kleine Schritt von der Sprache zum Singen, den Laktanz zwar für die

---

29   Vgl. Gal. UP I,382 (VII,5 May): τῷ μὲν λάρυγγι, διότι καλῶς ἀπεδείκνυτο τὸ πρῶτον τῆς φωνῆς ὑπάρχειν ὄργανον, τῇ δ’ ἀρτηρίᾳ, διότι τὸ μὲν χονδρῶδες αὐτῆς ὡς ὀργάνου φωνῆς ἐστι μόριον, τὸ δ’ ἄλλο πᾶν ὡς ἀναπνοῆς. (Text Helmreich). „Hinsichtlich des Kehlkopfes konnte ich auf schöne Art nachweisen: Erstens, dass der Kehlkopf das übergeordnete Instrument der Stimme ist, und zweitens, dass die Knorpel der Arterie ein Instrument der Stimme sind, und alles andere das Instrument der Atmung." Konkreter hinsichtlich der Tonproduktion vgl. Gal. UP I,384 (VII,7 May): φωνῆς μὲν ὄργανον ἔφαμεν ὑπάρχειν τὸν χόνδρον τῆς τραχείας ἀρτηρίας, ἀναπνοῆς δὲ τοὺς ὑμενώδεις δεσμούς, τὸ δ’ ἐξ αὐτῶν σύνθετον, τὴν ἀρτηρίαν, ἀναπνευστικόν θ’ ἅμα καὶ φωνητικὸν εἶναι μόριον ἑτέραν ἀμείνονα κατασκευὴν οὐδεμίαν ἔχειν ἔτι δυνάμενον, εἴ γε μήτε τὰ σκληρότερα χόνδρου μήτε τὰ μαλακώτερα βέλτιον ἦν ὑπηρετῆσαι γενέσει φωνῆς. (Text Helmreich). „Ich habe gesagt, dass der Knorpel der rauen Arterie ein Instrument der Stimme ist, und dass die membranartigen Bänder das Instrument des Atems sind, dass das, was beide miteinander verbindet, nämlich die Arterie, der Teil ist, der sowohl der Atmung als auch zugleich der Stimme dient; und dass es wohl keine andere Anordnung gibt, die dafür noch nützlicher wäre, da doch weder ein härterer Knorpel noch ein weicherer vorteilhafter wäre, um dazu zu dienen, den Stimmklang zu erzeugen."

30   Dies wurde endlich durch Schulz (2014), 73–74 unternommen. Lediglich die abschließende Zusammenfassung, dass Laktanz generell die Untersuchung der Stimmtheorie und -physiologie ablehne, geht ein wenig fehl, da sie nicht auf der Beurteilung der Stimmfunktion für Laktanz in der Schöpfung gründet.

31   Vgl. dazu Lact. opif. XV,4: non est igitur conprehensum quonam modo fiat aut quid sit omnino. (Text Bakhouche 170). „Es ist also noch nicht erforscht, wie die Stimme entsteht und was sie eigentlich ist." sowie Lact. opif. XV,3: quod quidem an uerum sit deus artifex uiderit. (Text Bakhouche 170). „Ob dies wahr ist, mag der göttliche Meister selbst entscheiden." Klar orientiert sich Laktanz

Vögel aufzeigt, wird von ihm aber im Zusammenhang mit der menschlichen Stimmentwicklung nicht gemacht und vollzieht sich erst im übergeordneten Gedanken, wenn es
um die Anbetung Gottes zu seinem Lob geht.[32]

3.1.2   Die Ohren

Um die Laute der Stimme auffangen zu können, bedarf es der elementaren Fähigkeit des
Hörens. Laktanz widmet den Ohren und ihrer Aufgabe in der Schrift *De opificio dei* ein
eigenes kleines Kapitel. Zunächst benennt er das Hören als einzigen Schöpfungssinn der
Ohren.[33] Darüber hinaus sind die Ohren aber aufgrund ihrer Zweizahl ein Abbild der von
Gott gegebenen innewohnenden Schönheit des menschlichen Körpers. Sie befinden sich
am Kopf und stellen aufgrund dieser übergeordneten Position am Körper für Laktanz
die Krone der göttlichen Schöpfung dar.[34] In der Schönheit der Zahl Zwei sieht Laktanz
die Perfektion der Schöpfung aufgezeigt, die sich dem Menschen auch beim Betrachten
der Ohren offenbart. Dabei spielt neben der Äußerlichkeit auch die Funktion eine Rolle:
Durch die Lage der Ohren auf beiden Seiten des Kopfes ist es möglich, die Geräusche
und Klänge der Umgebung aus unterschiedlichen Richtungen aufzunehmen.[35] Dieses

---

am Prinzip des göttlichen Demiurgen, der nach seinem Sinn und Willen den Menschen geformt hat,
sich diesem aber nicht in jedem Detail offenbart.

32   Zum Gesang der Vögel vgl. oben Fn. 11 (Lact. opif. X,15) sowie zur Verwendung des Gesanges zum
Gotteslob vgl. Kapitel 3.3.2 (Zur Musikpraxis der frühen Christen), 59–66.

33   Vgl. Lact. opif. VIII,9: in his audiendi tantum officium constitutum est sicut in oculis uidendi.
(Text Bakhouche 146). „Die Ohren haben nur die Aufgabe zu hören, wie die Augen die Aufgabe
haben zu sehen." (Übers. A. Hartl). Ähnlich auch Lact. opif. XIV,7: sicut igitur nos sentimus audire
auribus, oculis cernere, naribus odorari, ... (Text Bakhouche 168) „So wie wir also merken, dass wir
mit den Augen sehen, mit den Ohren hören, mit der Nase riechen, ..." (Übers. A. Hartl). Vgl. dazu
auch Perrin (1979), 79.

34   Vgl. Lact. opif. X,10: itaque ut pedes duo et item manus non tantum ad utilitatem aliquam usumque
uel gradiendi uel faciendi ualent, sed et habitum decoremque admirabilem conferunt, sit in capite,
quod totius diuini operis quasi culmen est, et auditus in duas aures et uisus in duas acies et odoratio
in duas nares a summo artifice diuisa est, quia cerebrum, in quo sentiendi ratio est, quamuis sit
unum, tamen in duas partes membrana interueniente discretum est. (Text Bakhouche 150/152).
„Denn wie beide Füße oder beide Hände nicht bloß zum bequemen Gehen und Arbeiten dienlich
sind, sondern auch eine schöne Zierde bilden, so verhält es sich auch mit den Organen am Kopf, der
sozusagen die Krone des göttlichen Schöpfungswerkes bildet. Es ist nämlich vom erhabenen Schöpfer das Gehör auf zwei Ohren, das Sehen auf zwei Augen, der Geruchsinn auf zwei Nasenflügel verteilt, da eben auch das Hirn, der Sitz der Wahrnehmung, wenngleich nur als ein Ganzes vorhanden,
doch durch eine dazwischen liegende Membrane in zwei Hälften zerfällt." (Übers. A. Hartl).

35   Vgl. Lact. opif. VIII,6: ...eos neque minus neque amplius quam duos esse uoluit, quod ad speciem
nullus est perfectior numerus quam duorum; sicut et aures duas: quarum duplicitas incredibile est
quantam pulchritudinem praeferat, quod cum pars utraque similitudine ornata est, tum ut ueni-
entes altrinsecus uoces facilius colligantur. (Text Bakhouche 144). „...so war es sein Wille, dass deren weder mehr noch weniger als zwei seien, weil es für das Auge nichts Vollkommeneres gibt als
die Zweizahl, sowie er auch wollte, dass es bloß zwei Ohren gebe. Es ist unglaublich, wie schön die

Auffangen der Klänge bildet für Laktanz die Grundlage der Bezeichnung der Ohren und verweist auf die Nähe, in der das Verb *haurire* zum Wort *aures* stehe. Diese Verbindung sieht er bereits von Vergil hergestellt und zitiert ihn als Autorität. Auch der griechische Terminus für das Ohr bzw. das Gehör (αὐδή) wird von ihm in der Wortverwandtschaft gekennzeichnet, wenngleich die Griechen seiner Meinung nach den Buchstaben d mit r verwechselt hätten.[36] Die Beschaffenheit der Ohren aus Knorpeln stellt für Laktanz die optimale Verbindung zwischen Weichheit und Steifheit dar: Weder die weiche Haut noch der feste Knochen hätten dem Hören dienlich sein können. Die Knorpel hingegen verschaffen den Ohren eine Mischung aus Festigkeit und Beweglichkeit, die für das Hören notwendig sei und darüber hinaus optisch als schön empfunden werden könne.[37] Die äußere Form und Bildung der Ohren hinsichtlich ihres Zweckes beschreibt Laktanz folgendermaßen:

> Auch die Bildung selber ist wunderbar, da die Höhlungen nach seinem Willen nicht frei und ungeschützt sein sollten. Dies letztere wäre sowohl nicht so schön als auch nicht so gut gewesen, weil der Laut an den einfachen engen Höhlungen leicht hätte vorbei streichen können, wenn ihn nicht die Muscheln, während er an dieselben anprallt, festhalten würden, infolgedessen er in den Gehörgang gelangen kann, wobei eine Ähnlichkeit mit jenen kleinen Gefäßen, die man aufsetzt, um Gefäße mit engem Halse zu füllen, sich herausstellt.[38]

Zweizahl ist, denn einerseits sind beide Teile sich ähnlich, andererseits sollten durch diese die von der einen oder von der anderen Seite kommenden Laute leichter aufgefangen werden können." (Übers. A. Hartl).

36   Vgl. Lact. opif. VIII,8: eas igitur aures – quibus est inditum nomen a uocibus hauriendis, unde Vergilius „uocemque his auribus hausi", aut, quia uocem ipsam Graeci αὐδήν uocant ab auditu, per inmutationem litterae aures uelut audes sunt nominatae... (Text Bakhouche 144). „Die Ohren also, die ihren Namen vom Auffangen der Laute erhalten haben, weshalb Vergil sagt: *ich habe die Stimme mit diesen Ohren aufgefangen*, oder weil die Griechen die Stimme selber αὐδή von auditus – durch Verwechslung der Buchstaben sind *aures* für *audes* geworden – genannt haben,...." (Übers. A. Hartl). Vgl. dazu auch Perrin (1979), 80 f., der darauf verweist, dass diese Überschneidung von Anatomie und Etymologie in *De opifico dei* (wie es das Beispiel *haurire – aures* darstellt), von Laktanz mehrfach hergestellt wird.

37   Vgl. Lact. opif. VIII,8: eas igitur aures [...] noluit deus artifex mollibus pelliculis informare, quae pulchritudinem demerent pendulae atque flaccentes, neque duris ac solidis ossibus, ne ad usum inhabiles essent immobiles ac rigentes; sed quod esset horum medium excogitauit, ut eas cartilago mollior adligaret et haberent aptam simul ac flexibilem firmitatem. (Text Bakhouche 144/146). „Die Ohren also [...] wollte der göttliche Künstler nicht aus weicher Haut bilden, die herabhängend und schlaff der Schönheit Eintrag getan hätte, auch nicht aus harten, festen Knochen, damit sie zum Gebrauche nicht untauglich, also unbeweglich und starr wären, sondern er dachte etwas aus, was zwischen beiden die Mitte innehielt, insofern er sie eben aus Knorpeln bildete, auf dass sie zugleich entsprechende Festigkeit und Beweglichkeit besäßen." (Übers. A. Hartl). Vgl. dazu auch Perrin (1979), 81.

38   Lact. opif. VIII,7: nam et forma ipsa mirandum in modum ficta, quod earum foramina noluit esse nuda et inobsaepta, quod et minus decorum et minus utile fuisset, quoniam simplicium cauernarum angustias praeteruolare uox posset, nisi exceptam per cauos sinus et repercussu retentam

Der Sinn der hier beschriebenen Trichterform der Ohren liegt im Auffangen der Laute und Geräusche, welches nur möglich ist, wenn die Ohrmuscheln den Klang weiterleiten. Auch der Aspekt des Schützens des empfindlichen Gehörganges wird von Laktanz in diesem Zusammenhang erwähnt. Über die Funktionsweise der im Ohr liegenden Organe hingegen berichtet Laktanz in dieser Abhandlung nicht. Die Ohren werden von Laktanz also hinsichtlich ihrer Anlage, Funktion, Beschaffenheit, äußeren Form und Wortbedeutung dargestellt. Anders als in der Darstellung der Stimme und des Sprechens versucht Laktanz sich nicht an einer Beschreibung des Hörvorgangs in Analogie zur Stimmentwicklung. Die musikalischen Möglichkeiten des Menschen liegen für ihn also im Nutzen der Stimmorgane zum Sprechen respektive Singen sowie der vorausgesetzten Fähigkeiten des Hörens mithilfe der Ohren.

3.2   Musik unter philosophischen Aspekten: Die Seelenlehre

Laktanz beschäftigt sich in seinen Schriften immer wieder mit der Frage nach dem ‚Sitz‘ der menschlichen Seele und deren Beziehung zum Körper. Seine eigene Position dazu lässt sich in den *Divinae institutiones* (304–311) fassen, in welchen er über die Zusammensetzung der Seele folgendes sagt:

> Denn wenn die Seele (*anima*) die Trennung vom Körper vollzogen hat, ist sie, wie derselbe Dichter sagt,
> „den leichten Winden gleich und ganz ähnlich einem geflügelten Schlaf“,
> weil sie ein Lufthauch (*spiritus*) ist und eben durch ihre Feinheit nicht erfassbar – allerdings nur für uns, die wir körperlich sind, für Gott aber, zu dem es gehört, alles zu vermögen, erfassbar.[39]

Laktanz vertritt also die Auffassung, dass die Seele ein Lufthauch ist, der letztlich nur von Gott erfasst werden kann. In seiner Abhandlung über das Schöpfungswerk Gottes und in den *Divinae institutiones VII* versucht Laktanz, die verschiedenen Ansichten der Philosophen über die menschliche Seele zu widerlegen, um sein eigenes, an Gott geknüpftes Ideal der menschlichen Seele zu bestärken. Dabei stellt er neben den Positionen der Stoiker und Platons auch die Seelenlehre des berühmten Musiktheoretikers Aristoxenos von Tarent aus dem vierten vorchristlichen Jahrhundert dar:

---

foramina ipsa cohiberent illis similia uasculis quibus inpositis solent angusti oris uasa compleri. (Text Bakhouche 144. Übers. A. Hartl).

39 Lact. inst. VII,20,11: anima enim cum diuortium fecit a corpore, est, ut ait idem poeta,
„par leuibus uentis uolucrique simillima somno“, (Verg. Aen. 6,702)
quia spiritus est et ipsa tenuitate incomprehensibilis, sed nobis, qui sumus corporales, deo autem, cui subiacet posse omnia, comprehensibilis. (Text Heck/Wlosok IV,713. Übers. St. Freund).

> Was ist mit Aristoxenos, der überhaupt leugnete, dass es irgendeine Seele (*anima*) gebe, auch dann, wenn sie im Körper lebt? Vielmehr, wie in der Lyra aus der Anspannung der Saiten ein übereinstimmender Ton und musikalischer Klang hervorgebracht werde, den die Musiker Harmonie nennen, so entstehe in den Körpern aus dem Gefüge der Organe und der Kraft der Glieder die Wahrnehmungsfähigkeit. Etwas Dümmeres als das kann man nicht behaupten.[40]

Die Überzeugung des Aristoxenos, dass der menschliche Körper durch das Zusammenspiel seiner Organe und Glieder nach Art eines Zusammenklanges verschiedener Saiten eines Instrumentes zu einer Harmonie finden würde, die die Wahrnehmungsfähigkeit des Menschen ausmacht, befindet Laktanz für lächerlich. Diese Theorie stellt er an zwei Stellen seines Schrifttums vor. Neben der bereits zitierten Stelle, die die Aristoxenische Seelenlehre relativ komprimiert benennt, geht er im 16. Kapitel von *De opificio dei* etwas ausführlicher vor:

> Davor aber hüte dich, die Behauptung des Aristoxenos jemals für wahrscheinlich zu halten, dass der denkende Geist (*mens*) überhaupt nichts Reelles sei, sondern dass, wie die Harmonie beim Saitenspiel, das Denken von der Körperbeschaffenheit und der Zusammensetzung der Organe abhänge. Die Musiker nämlich nennen das Zusammenklingen der Saiten in reiner Melodie ohne jede Missstimmung konsonantische Harmonie. Sie sind nämlich der Ansicht, dass der Geist (*animus*) im Menschen etwas Ähnliches sei wie die Harmonie beim Saitenspiel, in der Weise nämlich, dass die feste Verbindung der einzelnen Körperteile und die sich äußernde Harmonie aller Organe jene geistige Bewegung und somit den Geist (*animus*) hervorbringe, wie gestimmte Saiten den Einklang bewirken.[41]

Musikpraktisch lässt sich dieser Stelle zunächst entnehmen, dass der Zusammenklang im Rahmen einer Melodiebildung ohne Verstimmung der Saiten zu einer Harmonie führe. Ob es sich bei dieser Harmonie um die eines Ein- oder eines Mehrklanges handelt, wird

---

40   Lact. inst. VII,13,9: quid Aristoxenus, qui negauit omnino ullam esse animam, etiam cum uiuit in corpore? sed sicut in fidibus ex intentione neruorum effici concordem sonum atque cantum, quem musici harmoniam uocant, ita in corporibus ex compage uiscerum ac uigore membrorum uim sentiendi existere; quo nihil dici delirius potest. (Text Heck/Wlosok IV,692/3. Übers. St. Freund). Freund übersetzt *in fidibus* anachronistisch mit *Laute*, im eigentlichen Wortsinn als „beim Saitenspiel" gedacht, hier vom gängigsten Saiteninstrument aus als *Lyra* übersetzt.

41   Lact. opif. XVI,13–14: illud autem caue ne umquam simile ueri putaueris quod Aristoxenus dicit, mentem omnino nullam esse, sed quasi harmoniam in fidibus ex constructione corporis et conpagibus uiscerum uim sentiendi existere. musici enim intentionem concentumque neruorum in integros modos sine ulla offensione consonantium harmoniam appellant. uolunt igitur animum simili ratione constare in homine qua concors modulatio constat in fidibus, scilicet ut singularum corporis partium firma coniunctio membrorumque omnium consentiens in unum uigor motum illum sensibilem faciat animumque concinnet sicut nerui bene intenti conspirantem sonum. (Text Bakhouche 174).

aus beiden Stellen nicht ersichtlich und von Laktanz nicht näher erläutert. Die Verwendung der Begriffe *mens* und *animus* erfolgt scheinbar unterschiedslos nebeneinander.[42] Zur Widerlegung der Theorie führt Laktanz die Metapher von Aristoxenos auf das Ende des Klanges hin, welcher gleichbedeutend mit dem Tod des Menschen gesetzt wird:

> Und wie bei den Saiten das ganze Spiel aufhöre, wenn etwas gebrochen oder eine Saite zu locker gespannt sei, so gehe auch am Körper, wenn irgendwelche Organe Schaden genommen hätten, das Ganze zugrunde, und wenn alles dahin sei, so vergehe der Verstand (*sensus*), und das wird der Tod genannt.[43]

Der Tod, der in diesem Fall eine Auslöschung von Körper, Seele und Geist umfasst, komme durch die Dysfunktion der Organe oder Glieder zustande und wird, im übertragenen Sinn, Sache der schlecht funktionierenden, verstimmten oder gerissenen Saiten des Musikinstrumentes, die dadurch die gesamte Harmonie zugrunde richteten. Laktanz weist weiter auf einen wichtigen Aspekt hin, der seiner Meinung nach eine Lücke in der Argumentation des Aristoxenos darstellt:

> Indes, wenn dieser Mann nur ein bisschen Verstand (*mens*) gehabt hätte, so hätte er niemals die Harmonie der Saiten auf den Menschen übertragen. Denn die Saiten können nicht selber spielen, so dass hierin ein Vergleich mit einem Lebewesen stattfinden könnte; der Geist (*animus*) aber denkt sowohl als ist er auch tätig. Wenn es in uns etwas der Harmonie Ähnliches gebe, so würde es wohl durch äußeren Anstoß bewegt werden müssen, wie die Saiten von den Händen, die ohne das Spiel des Künstlers ruhen.[44]

Der Aspekt der Saiten, die von außen angeregt werden müssen, damit sie einen Klang oder gar eine Harmonie hervorbringen können, stellt für Laktanz den Beweis dar, dass die Aristoxenische Seelenlehre nicht haltbar ist. Sein Argument beruht darauf, dass der Geist des Menschen selbständig denkt und tätig ist und somit keinen äußeren Anstoß benötige. Generell will Laktanz dadurch die Idee einer Harmonie im Menschen negieren, die, dem Bild des Saitenspielers zufolge, von außen angeregt werden müsse, um zu erklingen. Damit trennt er den Körper vom Geist des Menschen, der in seiner Sicht wohl den

---

42 Vgl. dazu Bélis (1985), 240, die darauf hingewiesen hat, dass sowohl Cicero als auch Laktanz vier verschiedene Termini für die Seele oder den Geist benützen.

43 Lact. opif. XVI,15: et sicut in fidibus cum aliquid ut interruptum aut relaxatum est, omnis canendi ratio turbatur et soluitur, ita in corpore cum pars aliqua membrorum duxerit uitium, destrui uniuersa corruptisque omnibus atque turbatis occidere sensum eamque mortem uocari. (Text Bakhouche 174. Übers. A. Hartl).

44 Lact. opif. XVI,16–17: uerum ille si quicquam mentis habuisset numquam harmoniam de fidibus ad hominem transtulisset, non enim canere sua sponte fides possunt ut sit ulla in his conparatio ac similitudo uiuentis, animus autem sua sponte et cogitat et mouetur. quod si quid in nobis esset harmoniae simile ictu moueretur externo sicut nerui manibus, qui sine tractatu artificis pulsuque digitorum muti atque inertes iacent. (Text Bakhouche 174. Übers. A. Hartl).

Verstand darstellt, und gibt eine dritte Ebene hinzu, nämlich die der Seele (*anima*), die nur Gott erkennt.[45]

Die Rezeption dieser Stelle durch Laktanz ist ein wichtiger Baustein in der Rezeptionsgeschichte des Aristoxenos, dessen Seelenlehre nur noch von Cicero überliefert wird.[46] Die eigentlichen Schriften des Aristoxenos haben sich nicht erhalten und sind nur in kurzen Testimonien überliefert.[47] Cicero äußert sich zur Seelenlehre des Aristoxenos unter der Verwendung einer anderen musikalischen Metapher:

> Aristoxenos erfreute sich derartig an seinen Gesängen, dass er sie sogar auf die Seele zu übertragen suchte. Denn gewiss können wir eine Harmonie in den Intervallen der Töne erkennen, und die verschiedene Zusammensetzung der Töne erzeugt sogar mehrere Harmonien. Wie aber die Lage der Glieder und die Gestalt eines Körpers ohne Seele (*animus*) eine Harmonie zustande bringen soll, verstehe ich nicht.[48]

Cicero führt hier also nicht das Saitenspiel als Metapher an, sondern bezieht sich auf die musiktheoretischen Grundlagen der Harmonie, die sich aus der mathematischen Zusammensetzung der Intervalle ergibt. An früherer Stelle in den *Tusculanen* benennt Cicero die Seelenlehre des Aristoxenos dann aus musikpraktischer Sicht:

---

45 Vgl. weiter oben, Fn. 31 sowie auch Lact. opif. XIV,8–9: sed omnia quae ad motus animi animaeque pertineant, tam obscurae altaeque rationis esse arbitror, ut supra hominem sit ea liquido peruidere. id tamen certum et indubitatum esse debet, tot res, tanta uiscerum genera unum et idem habere officium ut animam contineant in corpore. sed quid proprie singulis muneris sit iniunctum, quis scire nisi artifex potest cui soli opus suum notum est? (Text Bakhouche 168). „Aber alles, was die Erregungen des Geistes und der Seele anbelangt, ist so dunkel und hehr, dass die Erkenntnis hiervon außer dem Bereiche des menschlichen Verstandes liegt. Das aber ist gewiss, dass so viele Dinge, so viele Organe die eine Aufgabe haben: nämlich die Existenz der Seele im Leibe zu ermöglichen. Die besondere Aufgabe eines jeden Organes jedoch, wer kann sie kennen als der Künstler, der allein sein Werk versteht?" (Übers. A. Hartl).

46 Vgl. Bakhouche/Luciani (2009), 220 mit weiteren Literaturverweisen sowie Bélis (1985), 239.

47 Eine stattliche Sammlung aller Fragmente des Aristoxenos in den Schriften zur Philosophie, Musik und Geschichte aus den vorchristlichen Jahrhunderten bis zum 12. Jh. n. Chr. findet sich bei Kaiser (2010). Zur Einführung in die Rezeption und die Wahrnehmung als Philosoph bzw. Musiktheoretiker vgl. Kaiser (2010), VII–VIII; XIII–XXVII.

48 Cic. Tusc. I,41: Aristoxeno [...] alter ita delectatur suis cantibus, ut eos etiam ad haec transferre conetur. harmoniam autem ex interuallis sonorum nosse possumus, quorum uaria compositio etiam harmonias efficit pluris; membrorum uero situs et figura corporis uacans animo quam possit harmoniam efficere, non uideo. (Text und Übers. O. Gigon). Gigon unterstreicht an dieser Stelle die Polemik, mit der Cicero Aristoxenos' Musikbegeisterung beschreibt und verweist auf die Nähe der Bemerkungen zu Aristoteles über die Pythagoreer, vgl. Gigon (1998), 467. Sowohl in Cic. Tusc. I,41 ebenso wie in Cic. Tusc. I,19 übersetzt Gogon *animus* stets mit „Seele". Dies bietet sich im Vergleich zu Laktanz auch dahingehend an, da Cicero selbst verschiede Termini für das gleiche Phänomen benennt, vgl. Cic. Tusc. I,19: Zenoni Stoico animus ignis uidetur. sed haec quidem, quae dixi, cor, cerebrum, animam, ignem uolo. reliqua fere singuli. „Für den Stoiker Zenon ist die Seele Feuer. Aber diese Bestimmungen, die ich nannte, als Herz, Gehirn, Hauch, Feuer sind allgemein geläufig. Die übrigen Meinungen sind zumeist diejenigen von Einzelnen." (Text und Übers. O. Gigon).

So haben Philosophen sehr alter Zeit und zuletzt Aristoxenos, ein Musiker und Philosoph zugleich, eine Art von Spannung des Körpers selbst als Seele bezeichnet, vergleichbar mit jener Harmonie, die sich im Gesang und beim Kitharaspiel findet; aus der gesamten Natur und Form des Körpers ergäben sich verschiedene Bewegungen wie die Töne beim Gesang. Aristoxenos ist dabei im Rahmen seiner Kunst geblieben; was aber der Sinn seiner Behauptung war, war längst zuvor von Platon ausgesprochen und untersucht worden.[49]

Auch in diesem Ausschnitt überwiegt die Idee, dass die verschiedenen Töne beim Singen die Harmonie ergeben. Zwar erwähnt Cicero das Saitenspiel (*in fidibus*), bezieht den metaphorischen Vergleich aber dennoch auf den Gesang. Deutlich fällt der Unterschied in der Auslegung dieser Stelle zwischen Laktanz und Cicero ins Auge. Beide Stellen bei Cicero gehen von der eigentlichen musiktheoretischen Konzeption aus, für die das Werk des Aristoxenos auch steht.[50] Insbesondere dessen Schriften über die Anordnung der Intervalle und die mathematischen Grundlagen der Musik scheint Cicero in dem Vergleich aufzugreifen und auszulegen. Der Harmoniebegriff, den Cicero bietet, baut auf den mathematischen Intervallbezügen zwischen den Tönen und deren gemeinsamem Klang auf. Laktanz hingegen greift das wesentlich eingängigere Bild des Saiteninstrumentes als Träger der Harmonie in der Metapher auf. Beide aber zweifeln an der Praktikabilität der Übertragung des Bildes auf den menschlichen Körper und seine Seele; Cicero versucht diese Theorie durch den Hinweis auf die Einseitigkeit des Aristoxenos in seiner Wissenschaft und den Verweis auf Platon zu entkräften, wohingegen Laktanz den Weg der Widerlegung durch den Hinweis auf spielpraktische Probleme wählt. Der Verweis auf die Seelenlehre Platons und dessen Fortleben in den Aussagen des Aristoxenos wird von Laktanz in dieser Form nicht überliefert, wenngleich die Widerlegung der Darstellung Platons recht nahe kommt.[51] Inwiefern das Bild der Kithara von Aristoxenos derartig überliefert wurde, lässt sich nicht nachvollziehen, da der Quellenbefund von Cicero und

---

49   Cic. Tusc. I,19: [...] ut multo ante ueteres, proxime autem Aristoxenus, musicus idemque philosophus, ipsius corporis intentionem quandam, uelut in cantu et fidibus quae harmonia dicitur; sic ex corporis totius natura et figura uarios motus cieri tamquam in cantu sonos. hic ab artificio suo non recessit et tamen dixit aliquid, quod ipsum quale esset, erat multo ante et dictum et explanatum a Platone. (Text und Übers. O. Gigon). Vgl. hier nochmals den Unterschied zwischen *animus* (Tusc. I,41) und *anima* in Tusc. I,19 (Fn. 48).

50   Vgl. dazu die Werkübersicht in der Rekonstruktion bei Kaiser (2010), X–XII. Speziell über die Musik schrieb Aristoxenos zwei Traktate zu Rhythmus und fünf über die Harmonie sowie eine bzw. zwei allgemeine Einführungen. Allgemein zu den Fragmenten mit Kommentar immer noch Wehrli (1945). Zu dem Traktat ‚Harmonische Elemente' vgl. Barker (1989), 119–184 (Übersetzung und Einbettung der El. Harm.), Neumaier (1986), 63–139 und einführend Gibson (2005).

51   Der Verweis auf die Seelenlehre Platons bei Cicero zielt vermutlich ab auf Plat. Phaid. 86aff. (vgl. Gigon (1951), 461) sowie auf Plat. Phaid. 85e–86e und 92a–93d sowie Aristot. anim. I,4,408a (vgl. Bakhouche/Luciani (2009), 219 Fn. 236). Vgl. dazu auch Bélis (1985), 244–246, die sich dafür stark macht, dass aufgrund des verwendeten Vokabulars bei Cicero und Laktanz die Nähe von Musik- und Medizinkenntnissen im Werk des Aristoxenos aufgezeigt werden kann.

Laktanz dazu weiter nichts enthält. Ob Laktanz diese Darstellung also von Aristoxenos übernommen oder selbstständig auf den Topos in Anlehnung an Cicero zurückgegriffen hat, lässt sich nicht mehr eruieren; deutlich wird aber die kluge Passung der Metapher zur Widerlegung der Seelenlehre.[52] Die Verwendung der Episode bei Laktanz lässt mehrere Rückschlüsse auf seine musikalische Bildung zu: Zum einen verfügt er über musikspezifisches Vokabular zum Instrumentarium, welches sich bei Cicero in der Darstellung der selben Episode in dieser Form nicht findet. Insbesondere das Verständnis für die *harmonia*, welche sich aus dem konsonanten Zusammenklang der Töne und einer ausreichenden Spannung der zusammenklingenden Saiten ergibt, erfordert ein grundlegendes musikalisches Verständnis für die Saiteninstrumente. Aus musiktheoretischer Sicht zeigt sich, dass Laktanz versteht, dass eine konsonante Harmonie bei einem Saiteninstrument nur durch die Pflege und Sorgfalt der Saitenspannung zustande kommen kann. Dass die Harmonie nur entsteht, wenn die Saiten von außen angeregt werden, bildet die Grundlage für die Auseinandersetzung des Laktanz mit der Darstellung der Aristoxenischen Seelenlehre. An diesen Aspekten wird deutlich, dass Laktanz die Deutung der Metapher der Kithara oder Lyra – denn um welches Saiteninstrument es sich handelt, ist mit *in fidibus* nicht eindeutig benannt[53] – gänzlich versteht und auf die musikpraktische Umgangsweise mit diesem Instrument übertragen kann. Darüber hinaus zeigt die Stelle, dass Laktanz genaue Vorstellungen zur Theorie der Seelenlehre entwickelt und sich dabei an den Vordenkern orientiert und abgearbeitet hat. Er stellt die Seele als Konstrukt in eine göttliche Schöpfungsabsicht hinein, die dem Menschen auf Erden nicht erkennbar ist. Erst durch die Aussicht auf das ewige Leben der Seele nach dem Tod bei Gott kann dieser sie als deren Schöpfer erkennen.

3.3   Äußerungen zur Musikpraxis bei Laktanz

3.3.1   Zur paganen Musikpraxis

3.3.1.1   Allgemeines zur paganen Musikkultur und deren Instrumentarium
Die häufigsten Äußerungen des Laktanz zur paganen Musikkultur finden sich in seinem Hauptwerk, den *Divinae institutiones* (304–311),[54] und dessen späterer Epitome,

---

52 Bélis (1985), 240–243 hingegen ist der festen Meinung, dass anhand der inhaltlichen Überlappung beider Stellen die Übernahme der aristoxenischen Theorie von Laktanz und Cicero evident sei, wenngleich weder Cicero noch Laktanz ihn im griechischen Original zitieren. Dafür stellt sie einen terminologischen Vergleich her, der nicht vollkommen überzeugt.

53 Laut ThesLL (Band VI,691–693) wird *fides* seit Horaz metonymisch verwendet für Kithara und Lyra, vgl. auch Georges (2013), 2121 (metonymische Bedeutung im Plural, in der Dichtung auch im Sg.), wohingegen das OLD (1968), 698 nur die Bedeutung Lyra verzeichnet.

54 Zum juristischen Hintergrund dieses Werktitels vgl. Heck (1987), 190.

die teilweise eine Ergänzung, aber hauptsächliche die Glättung des Materials darstellt.[55] Anders als in den frühen ‚kryptochristlichen'[56] Traktaten wendet sich Laktanz in den *Divinae institutiones* eindeutig in protreptischer Manier an die gebildeten Heiden, um sie von der Wahrhaftigkeit des christlichen Glaubens zu überzeugen. Statt aber den bisher eingeschlagenen Weg der frühchristlichen Apologie weiterzugehen, durch Angriff, Polemik und Zitation aus den biblischen Schriften überzeugen zu wollen, nähert sich Laktanz dieser Aufgabe aus einer gänzlich anderen Richtung: Er verwendet und zitiert in den sieben Büchern der Schrift überwiegend die kanonischen Schriften der Heiden; zum einen, um seine eigene Gelehrsamkeit für die richtige Sache ins Feld zu führen, zum anderen aber auch, um die heidnische Philosophie und Götterwelt durch das Aufzeigen ihrer argumentativen Schwächen zu entkräften. Die *Divinae institutiones* gliedern sich in eine Einführung in die pagane Philosophie und den Götterhimmel nebst Kritik (Buch 1–3) und der Widerlegung der heidnischen Lehren durch die Darstellung der christlichen Wahrheit (Buch 4–7).[57]

Die Äußerungen zur paganen Musikkultur in den *Divinae institutiones* beziehen sich überwiegend auf die Verbindung der Götter zur Musik. Hauptsächlich wird diese Verbindung in der Beschreibung der Kultpraxis dargestellt, sie kann sich aber auch lediglich in der Benennung der jeweiligen im Kult verwendeten Instrumente erschöpfen. Auch die Zuschreibungen von Erfindungen an göttliche Personen werden in einer Art Katalog präsentiert. Hinsichtlich musikalischer Innovationen benennt Laktanz insbesondere Merkur als Erfinder der Lyra.[58] In den *Divinae institutiones* und deren *Epitome* äußert sich Laktanz über dieses in seinen Augen zweifelhafte Verdienst drei Mal. Dabei stellt er die Lyra als Musikinstrument polemisierend neben die Ringkämpfe und gibt ihr einen Stempel der Nebensächlichkeit, da die Verehrung des Merkur letztlich an dessen frevelhafte Taten geknüpft sei und ihm die eher unbedeutende Erfindung des Instrumentes zum Status einer Gottheit verholfen habe. So will Laktanz die Wirkungsmächtigkeit der heidnischen Götter durch den Verweis auf ihre gering anmutenden Attribute dekonstruieren,

---

55 Vgl. dazu bes. Heck/Schickler (2001), 30–37 mit Skizze und Vergleich zu den inst. Dabei gehen beide davon aus, dass es sich bei der epit. um eine Verbesserung und Straffung des Materials der inst. handelt, die Laktanz vermutlich überarbeitet vorlegen wollte.

56 Der Terminus *kryptochristlich*, der ursprünglich aus der Archäologie und Kunstgeschichte stammt, wurde von Fontaine (1968), 98–121 anhand der Darstellung bei Minucius Felix für die Beschreibung christlicher Inhalte ohne christliches Aussehen auch für Texte nutzbar gemacht. Im Anschluss an die Veröffentlichung von Fontaine wurde der Terminus auch für andere frühchristliche Apologeten, die unter den Christenverfolgungen nicht öffentlich schreiben konnten, verwendet. Einführend zu den Beschreibungshorizonten als Tarnung christlicher Inhalte am Beispiel Laktanz vgl. Heck (2003), 514–517.

57 Vgl. zur Einführung in Absicht, Adressatenkreis und Methode der inst. v.a. Heck (1988), 161–169; Heck/Schickler (2001), 21–29 über den Stellenwert der inst. in der frühchristlichen Apologetik; Wlosok (1989a), 385–391 mit Detailangabe der einzelnen Bücher und weiterführenden Literaturverweisen; und in knapper, eingängiger Form Wlosok (1989b), 136–138; sowie Kany (2012), 74–75.

58 Merkur wird zwar im Römischen Reich häufig gleichgesetzt mit Hermes, der als Erfinder der Lyra gilt, dort aber wird ihm diese Erfindung eher selten zugeschrieben, vgl. Harrauer/Hunger (2006), 324 (zu Merkur) und 225–229 (zu Hermes).

da seiner Meinung nach ein Gott alle Attribute in sich vereinigen müsse, um mächtig sein zu können.[59] Tiefe Verachtung bringt Laktanz den Stoffen aus Theater und Bühne entgegen, die zum Bildungskanon zählen:

> Wie werden die ihre sexuellen Gelüste zügeln, die Iuppiter, Hercules, Liber, Apoll und die anderen anbeten, deren Ehebrüche und unzüchtige Verhaltensweisen gegenüber Männern und Frauen nicht nur den Gelehrten bekannt sind, sondern auch in Theatern ausgedrückt und besungen werden, so dass sie allen noch bekannter sind?[60]

---

59   Vgl. Lact. inst. I,10,7: fur ac nebulo Mercurius quid ad famam sui reliquit nisi memoriam fraudum suarum? caelo scilicet dignus, quia palaestram docuit et lyram primus inuenit. (Text Heck/Wlosok I,38/39). „Der Schurke und Schuft Merkur; was hat er zu seinem Ruhm zurückgelassen außer die Erinnerung an seine Frevel? Freilich ist er des Himmels würdig, weil er die Ringkämpfe lehrte und als Erster die Lyra erfand." Ebenso auch Lact. epit. 8,4: Mercurius, qui de supro Veneris genuit androgynum, deus esse meruit, quia lyram repperit et palaestram. „Merkur, der aus Unzucht mit Venus ein Mannsweib zeugte, erwarb sich das Verdienst, ein Gott zu sein, weil er Leier und Ringkampf erfand." (Text und Übers. E. Heck). Ähnlich auch in der Aufzählung der göttlichen Attribute, allerdings sind, wie schon Heck festgestellt hat, die Wirkungsfelder der Gottheiten hier ausgetauscht, so dass plötzlich Mars mit der Lyra in Verbindung gebracht wird, vgl. Lact. epit. 2,6–8: nullus igitur eorum poterit omnipotens nuncupari, quod est uerum cognomentum dei, quoniam id solum poterit, quod in ipso est, quod autem in aliis, nec audebit attingere. non Vulcanus sibi aquam uindicabit aut Neptunus ignem, non Ceres artium peritiam nec Minerua frugum, non arma Mercurius nec Mars lyram, non Iuppiter medicinam nec Asclepius fulmen; [...] si ergo singuli non possunt omnia, minus habent uirium, minus potestatis; is autem deus putandus est qui potest totum quam qui de toto minimum. „Also wird keiner von ihnen mit dem Namen ‚Allmächtiger' genannt werden können – wahrer Beiname ist dies nur für Gott – da er bloß das vermögen wird, was in ihm selber ist, das aber, was in anderen ist, auch nur anzurühren nicht wagen wird. Nicht wird Vulcan für sich das Wasser beanspruchen oder Neptun das Feuer, nicht Ceres die Erfahrenheit in den Künsten noch Minerva die in den Feldfrüchten, nicht Waffen Mercur noch Mars die Leier, nicht Iuppiter die Heilkunde, noch Aesculap den Blitz; [...] Wenn sie also je einzeln nicht alles vermögen, haben sie weniger an Kräften, weniger an Befugnis; der aber hat als Gott zu gelten, der die ganze Macht hat, eher als der, der von der ganzen nur einen winzigen Teil hat." (Text und Übers. E. Heck).

60   Lact. inst. V,10,16: quomodo libidines coercebunt qui Iouem Herculem Liberum Apollinem ceterosque uenerantur, quorum adulteria et stupra in mares et feminas non tantum doctis nota sunt, sed exprimuntur etiam in theatris atque cantantur, ut sint omnibus notiora? (Text Heck/Wlosok III,474–475. Übers. W. Winger). Ähnlich auch vgl. Lact. epit. 58,1–2: superest de spectaculis dicere, quae quoniam potentia sunt ad corrumpendos animos, uitanda sapientibus et cauenda sunt, tum, quod ad celebrandos deorum honores inuenta memorantur. nam munerum editiones Saturni festa sunt, scaena Liberi patris est, ludi uero circenses Neptuno dicati putantur, ut iam, qui spectaculis interst, relicto dei cultu ad profanos ritus transisse uideatur. „Es bleibt übrig, von den Schauspielen zu reden, da sie ja mächtig sind zum Verführen der Gemüter, müssen die Weisen sie meiden und sich vor ihnen hüten, zumal da sie, wie man erzählt, zum Begehen von Ehrenfesten für die Götter erfunden worden sind. Denn die Aufführungen von Gladiatorenspielen sind Feste Saturns, die Bühne ist eine Sache des Vaters Liber, die Zirkusspiele jedoch gelten als Neptun gewidmet, so dass nun, wer an den Schauspielen teilnimmt, die Verehrung Gottes verlassen zu haben und zu heidnischen Kultbräuchen übergangen zu sein scheint." (Text und Übers. E. Heck).

Die von Laktanz hergestellte Nähe der Theaterstoffe zu sexueller Zügellosigkeit und moralischer Verwerfung der heidnischen Götter stellt den Hauptvorwurf dieses Ausschnittes dar. Deutlich wird auch die allgemeine Ablehnung dieser Stoffe durch Laktanz im Rahmen der höheren Bildung. Aber auch ihre negativen Auswirkungen auf die Jugend im Rahmen der Erziehung werden thematisiert.[61] Durch die Verbreitung der Inhalte im Theater über das Medium der Musik vergrößert sich in seinen Augen die Demoralisierung aller. Hinsichtlich der allgemeinen kultischen Verehrung der heidnischen Götter äußert sich Laktanz auch über die Musik des Iuppiter-Kultes:

> Das Volk glaubt, dass Iuppiter im Himmel regiert; dieses steht sowohl für die Gelehrten gleichwie für die Ungelehrten fest, und deshalb zeigen sie auch in ihrer Religionsausübung die Gebete und Hymnen, und die Heiligtümer und Götzenbilder.[62]

Die Verehrung Iuppiters als höchsten Gott des heidnischen Götterhimmels geschieht auf der Basis von gesungenen Hymnen und Gebeten. Diese Aussage beinhaltet aber bezüglich der Musik keinerlei Wertung, sondern lediglich die Feststellung, dass auch zu Ehren Iuppiters gesungen wird. Laktanz verwendet die Benennung der Musik im Kult nicht zu einer Polemisierung der Beschreibung des Kultes, sondern befindet ganz allgemein die Verehrung Iuppiters als unrechtmäßig. Anders gestaltet sich die Darstellung der Kulte um Bacchus und Kybele, die beide zu den Mysterienreligionen gezählt werden. Generell greift Laktanz die Mysterienkulte in den *Divinae institutiones* und deren *Epitome* stark an. Zwar erfährt Bacchus bei Laktanz nur eine kurze Notiz hinsichtlich des Ortes der

---

61 Zur Gefährung der Jugend vgl. Lact. epit. 58,5–7: quid? scaena num sanctior, in qua comoedia de stupris et amoribus, tragoedia de incestis et parricidiis fabulatur? histrionum etiam impudici gestus, quibus infames feminas imitantur, libidines, quas saltando exprimunt, docent. nam mimus corruptelarum disciplina est, in quo fiunt per imaginem, quae pudenda sunt, ut fiant sine pudore, quae uera sunt. spectant haec adulescentes, quorum lubrica aetas, quae frenari ac regi debet, ad uitia et peccata his imaginibus eruditur. „Und? Ist die Bühne etwa untadeliger, auf der die Komödie Stücke über Unzuchten und Liebschaften, die Tragödie über Blutschändereien und Verwandtenmorde aufführt? Auch die schamlosen Gebärden der Schauspieler, mit denen sie Frauen von schlechtem Ruf nachahmen, lehren die Formen der Wollust, die sie durch Tanzen darstellen. Und das Possenspiel ist eine Lehranstalt für Verführungen: bei ihm geschieht im Bild, wessen man sich schämen muss, damit ohne Scham das geschehen kann, was wirklich ist. Dies schauen gerade junge Leute an, deren noch haltloses Alter, welches gezügelt und gelenkt werden müsste, zu Lastern und Verfehlungen durch diese Bilder erzogen wird." (Text und Übers. E. Heck). Damit bekennt sich Laktanz, wie die anderen Apologeten vor und nach ihm, ganz klar zu einer Ablehnung der Theaterstoffe, die zum einen aus ihrer Immoralität, zum anderen aus ihrer heidnischen Göttergrundlage resultiert. Zur kürzeren Beschreibung dieser Haltung in der frühen Apologie mit Quellenzitation vgl. Nat (1977), 213f. Auch in den anderen hier vorliegenden Kapiteln lässt sich diese Ablehnung deutlich fassen, vgl. bes. Kapitel 5.2.1 (Die Kritik an der Musik der Theater), 181–188, und Kapitel 6.2.2 (Die Heiden), 271–282.

62 Lact. inst. I,11,5: regnare in caelo Iouem uulgus existimat; id et doctis pariter et indoctis persuasum est, quod et religio ipsa et precationes et hymni et delubra et simulacra demonstrant. (Text Heck/ Wlosok I,41).

Verehrung,[63] der Kult der Kybele aber wird aufgrund seiner kultischen Praxis näher in den Fokus gerückt:

> Dasselbe zeigt auch das Kultfest für die Göttermutter auf. Denn weil damals die Korybanten durch Scheppern mit Helmen und Schlagen mit Schilden das Wimmern des Knaben verdeckt hatten, wird jetzt der Vorgang beim Kultfest bildlich wiedergegeben, aber statt der Helme schlägt man Zimbeln, statt der Schilde Tympana, damit Saturn den wimmernden Knaben nicht hören kann.[64]

Die beiden im Kult der Göttermutter verwendeten Perkussionsinstrumente, die Kymbala und die Tympana, spielen eine große Rolle in der Prozession, die an ihrem Festtag durchgeführt wird. Darüber berichten sowohl die literarischen als auch die ikonographischen Quellen in überwältigender Vielzahl.[65] Textlich bezieht sich Laktanz in der Beschreibung des Kybele-Kults auf Ovid, der in seinen *Fasti* das Kultgeschehen einprägsam beschrieben hat. Laktanz zitiert ihn in den *Divinae institutiones*:

> Soweit es Ovid in den *Fasti* dargestellt hat:
> „Lange schon hallt der schroffe Ida wider vom Klingklang:
>   Plärren kann da das Kind, ohne gefährdet zu sein.
> Hier sind es Schilde, auf die der Stock schlägt, dort sind es leere
>   Helme; Kureten sind hier, dort Korybanten am Werk.
> Das ging auch gut – inszeniert wird die alte Geschichte noch heute;
>   Erz bringt zum Tönen die Schar, setzt auch das Trommelfell ein.
> Zimbeln ersetzen die Helme und dröhnende Pauken die Schilde;
>   Phrygische Weisen, wie einst, spielt dann die Tibia dazu."[66]

---

63 So in Lact. inst. I,22,15: sacra Liberi patris primus Orpheus induxit in Graecia primusque celebrauit in monte Boeotiae Thebis ubi Liber natus est proximo; qui cum frequenter citharae cantu personaret, Cithaeron appellatus est. (Text Heck/Wlosok I,103). „Orpheus führte als Erster die geweihten Riten des Vaters Liber (Bacchus) in Griechenland ein und feierte sie auf dem Berg Thebis in Böothien, wo Liber in der Nähe geboren wurde; dieser wird, weil er häufig vom Klang der Kithara widerhallt, Kithaeron genannt."

64 Lact. epit. 18,11: idem etiam Matris Deum sacra demonstrat. nam quia tum corybantes galearum tinnitibus et scutorum pulsibus uagitum pueri texerant, nunc imago rei refertur in sacris, sed pro galeis cymbala, pro scutis tympana feriuntur, ne puerum uagientem Saturnus exaudiat. (Text und Übers. Heck/Wlosok/Schickler). Dazu auch Min. Fel. XXII,3 der allerdings über die Korybanten ausführt, dass sie ursprünglich mit dem Iuppitermythos in Verbindung stünden.

65 Dazu auch das folgende Kapitel bei Euseb, der den Kult der Kybele im Vergleich zu Laktanz noch stärker angreift. Dort auch weiterführende Informationen zum Kultgeschehen und zur Ikonographie, vgl. Kapitel 4.2.1 (Die Bewertung der paganen Kultmusik bei Euseb), 98–106.

66 Lact. inst. I,21,40: quod Ouidius exponit in Fastis (4,207–214):
    ardua iam dudum resonat tinnitibus Ide,
        tutus ut infanti uagiat ore puer.
    pars clipeos sudibus, galeas pars tundit inanes,
        hoc curetes habent, hoc corybantes opus.

Laktanz beschreibt anhand der Darstellung des Ovid die ursprüngliche Handlung, die das Kultgeschehen zu seiner Zeit nachstellt: Es handelt sich um die Täuschung des Vaters Saturn, der, angeregt von einem Orakel, das seinen Tod durch die Hand seines Sohnes vorhersagte, alle ihm geborenen Säuglinge vernichtete. Die Göttin aber ließ das Kind verstecken und durch den Lärm der Wächter und Leibgarde, den Kureten und Korybanten, die auf ihre Schilde und Helme schlugen, den Gott vom Geschrei des Säuglings ablenken. Ergänzend zu den bereits genannten Perkussionsinstrumenten wird die Tibia, ein Doppelrohrblattinstrument, gespielt. Diese imitiert die Klangsprache der aus Kleinasien stammenden Göttermutter und trägt einen großen Anteil an der klanglichen Demonstration der Fremdheit durch die Wahl des Kleinasien zugeordneten, vermutlich für heutige Ohren dorischen Modus.[67] Generell kritisiert Laktanz in diesem Fall die Gestaltung und den Mythos des Kybele-Kultes, der auf der Täuschung Saturns basiert und dessen göttliche Omnipotenz somit als nicht existent entlarvt:

> Als Ops jedoch den Iuppiter gebar, entfernte sie das Kind und schickte ihn heimlich nach Kreta um ihn großzuziehen. Noch einmal ist es nötig, eine derartige Ahnungslosigkeit zu rügen. Warum nämlich hieß er [Saturn] die Antwort [des Orakels] von jemand anderem vielmehr gut? Warum konnte er, im Himmel eingesetzt, nicht auf die Erde sehen? Warum täuschten ihn die Korybanten mit Zimbeln?[68]

Die Möglichkeit, dass ein omnipotenter Gott von dem Lärmen der Korybanten getäuscht worden sein könnte, befindet Laktanz für gänzlich absurd: Sie widerspricht seinem Gottesbild und dient dazu, den heidnischen Kult der Kybele zu dekonstruieren. Die benannten Kureten entstammen ursprünglich dem kretischen Sagenkreis um Zeus und Kronos, sowie die Korybanten dem Mythos um Iuppiter und Saturn in Phrygien zuzuschreiben sind. In beiden Mythen spielen die Kureten respektive Korybanten eine Rolle als mythische Wächterfiguren, die durch das Lärmen mit ihren Helmen und Schilden den jeweiligen zürnenden Gott vom weinenden Säugling ablenken. Dieses Motiv wurde im Laufe

---

res latuit priscique manent imitamina facti,
　　aera deae comites raucaque terga mouent.
cymbala pro galeis, pro scutis tympana pulsant,
　　tibia dat Phrygios ut dedit ante modos. (Text Heck/Wlosok I,98/99. Übers. Fasti: N. Holzberg). Holzberg übersetzt hier Tibia fälschlicherweise mit Flöte, vermutlich um das Vermaß nicht zu stören. Zur Rolle der *Fasti* bei Laktanz vgl. auch Messmer (1974), 126–130 sowie allgemeiner zum Stellenwert Ovids bei Laktanz vgl. Walter (2006), 124 und Ogilvie (1978), 17–18.

67 Ovid gibt an, dass die Göttermutter mit dem phrygischen Modus verehrt worden sei. Dieser stellt heutzutage den dorischen Modus dar und lässt sich bei der Rekonstruktion der Tibiafunde der Antike anhand der Bohrungen der Löcher feststellen. Einführend zur Organologie der Tibia vgl. Becker (1996), 129–147 sowie Sutkowska (2014) und bes. Moore (2012), 26–63.

68 Lact. inst. I,13,3–5: Ops autem cum Iouem peperisset, subtraxit infantem eumque nutriendum furtim misit in Cretam. rursus imprudentiam reprehendeam necesse est. cur enim responsum ab alio potius accepit? cur in caelo constitutus in terra non uidebat? cur eum corybantes cymbalis fefellerunt? (Text Heck/Wlosok I,58).

der Zeit auf die Anhänger des Dionysos und auf die Priester der Kybele übertragen. Damit benennt auch Laktanz in den *Divinae institutiones* unterschiedslos die Korybanten sowie die Kureten als lärmende Wächter, die sinnbildlich durch die Perkussionsinstrumente im Kybele-Kult dargestellt werden.[69]

Neben den Perkussionsinstrumenten und der Tibia, die Laktanz ausschließlich im Rahmen der Mysterienkulte erwähnt, benennt er allgemein auch die Trompete. Sie stellt in seinem Schrifttum ein eindeutig militärisch-apokalyptisch besetztes Symbol dar. In der Schilderung der Auseinandersetzung von Maximinus Daia und Licinius im Jahr 313 in Thrakien, die Laktanz in *De mortibus persecutorum* (316)[70] beschreibt, benennt er die Trompete als militärisches Klangsignal, welches vom römischen Heer eingesetzt wurde, um die Soldaten gegeneinander vorrücken zu lassen.[71] Im apokalyptischen Sinn stellt Laktanz die Trompete aufgrund der sibyllinischen Prophezeiungen dar:

> Auch werden die höchsten Berge einstürzen und den Ebenen gleichgemacht werden, das Meer wird sich als nicht mehr schiffbar erweisen. Und damit an den Übeln für die Menschen und Erde nichts fehle, wird vom Himmel eine Trompete zu hören sein. Dies kündigt die Sibylle in folgender Weise an:
> „Die Trompete wird vom Himmel einen leidvollen Klang ertönen lassen."
> Deshalb werden alle schaudern und auf jenen leidvollen Klang hin erzittern.[72]

Der hier vorhergesagte Untergang Roms wird von Laktanz eindeutig in den Kontext der biblischen Schriften gestellt: Er erkennt in der sibyllinischen Prophezeiung das göttliche Gericht, welches in der Offenbarung des Johannes auch durch den Klang der Trompeten

---

69 Ergänzend zu den bereits oben dargestellten Quellenzitaten zu den Korybanten benennt Laktanz auch die Kureten, vgl. Lact. inst. I,11,46. Allgemein zur mythischen Darstellung der Kureten bzw. Korybanten bei Saturn respektive Zeus vgl. Roscher II.1 (1978), 1587–1628, bes. 1611 zu Kybele sowie Harrauer/Hunger (2006), 282, 287–289. Zur Verwechslung der beiden Gruppierungen vgl. auch Poerner (1913), 354–378 (nur lateinisch). Aus neuerer Perspektive zum Tanz der Korybanten als Heilung für Wahnsinn vgl. auch Rohmann (2013), 140–143.

70 Einführend zu mort. pers. vgl. Wlosok (1989a), 394–398 sowie Stäbele (2003), 29–78 (mit historischer Einbettung) und Heck (1987), 208–217.

71 Vgl. Lact. mort. pers. 47,1: ergo propius acceditur, tubae canunt, signa procedunt. Liciniani impetu facto aduersarios inuadunt. „Also rückt man einander näher, die Trompeten erschallen, die Abteilungen rücken vor. Die Licinianer beginnen mit dem Angriff und dringen auf die Gegner ein." (Text und Übers. A. Städele). Generell dazu auch das ausführlichere Kapitel zum Symbol der Tuba respektive Salpinx bei Chrysostomos, vgl. Kapitel 5.3.1 (Die Salpinx), 195–205, mit Angaben zur Verwendung der Tuba im Römischen Heer und weiterführender Literatur.

72 Lact. inst. VII,16,11: montes quoque altissimi decident et planis aequabuntur, mare innauigabile constituetur. ac ne quid malis hominum terraeque desit, audietur e caelo tuba; quod hoc modo Sibylla denuntiat: σάλπιγξ οὐρανόθεν φωνὴν πολύθρηνον ἀφήσει. itaque trepidabunt omnes et ad luctuosum illum sonitum contremescent. (Text Heck/Wlosok IV,702/3).

aus dem Himmel eingeleitet wird und fortan den apokalyptischen Schriften als Symbol diente.[73]

In der Beschreibung der paganen Musikpraxis dominieren im Schrifttum bei Laktanz die Musikinstrumente über die Vokalpraxis, die nur bei der Beschreibung des Iuppiter-Kultes und im Rahmen der Theatergesänge erwähnt wird. Er benennt die Lyra respektive die Kithara, die Perkussionsinstrumente Tympana und Kymbala im Kybele-Kult, sowie die Blasinstrumente Tibia und Tuba vornehmlich im kultischen, im militärischen Kontext oder im Zusammenhang mit apokalyptischen Vorstellungen.

3.3.1.2 Die suavitas von Wort und Gesang im Rahmen der Rhetorik und Künste

> Aber da er nun, wie gesagt, aus zwei Bestandteilen zusammengesetzt ist, aus Seele und Leib, so sind in dem einen die Tugenden, im anderen die Laster enthalten und streiten miteinander. Denn die Güter der Seele, die in der Beherrschung der Begierden bestehen, widersprechen dem Leib, und die Güter des Leibes, die aus aller Art Vergnügen bestehen, sind der Seele feind.[74]

Diese strikte Trennung zwischen Körper und Seele, die Laktanz in der Schrift *De ira dei* aufstellt, bildet auch die Grundlage für seine Auseinandersetzung mit der Redekunst und der Musik. Die Seele wird dabei von ihm als Wohnort der menschlichen Tugenden definiert. Der Körper steht aufgrund seiner Begierden in einem Wettstreit mit der Tugend, so dass sich der Mensch in einem dauerhaften Konflikt befindet. Diese Begierden bestehen aus allen vorstellbaren und erfahrbaren Arten von Vergnügungen. Laktanz zählt dazu die sinnlichen Vergnügungen der Ohren, Augen, Nase, Mund und des Körpers im allgemeinen. Die *suavitas* der Gesänge kann beide Orte affizieren, und stellt somit sowohl für die Seele als auch für den Körper eine Gefahr dar:

---

73 Vgl. dazu Lact. inst. VII,15,18: Sibyllae tamen aperte „interituram esse Romam" loquuntur „et quidem iudicio dei, quod nomen eius habuerit inuisum et inimica iustitiae alumnum ueritatis populum trucidarit." (Text Heck/Wlosok IV,700). „Doch die Sibyllen reden offen davon, dass Rom untergehen werde, und zwar durch das Gericht Gottes, weil es seinem Namen Hass entgegenbrachte und als Feindin der Gerechtigkeit dasjenige Volk, das die Wahrheit gelehrig annahm, niedergemacht habe." An dieser Stelle sei mit Walter (2006), 182 darauf verwiesen, dass es sich bei den von Laktanz zitierten Sibyllinen um die *Oracula Sibyllina* handelt, also um die judaisierten bzw. christianisierten Sibyllina und nicht um die *libri Sibyllini*. Generell zur Bedeutung der sibyllinischen Orakel vgl. Walter (2006), 174–181 (zur Überlieferungsgeschichte) sowie 181–188 (Bedeutung der Sibyllinen im Schrifttum des Laktanz). Kürzer vgl. Ogilvie (1978), 28–33 und zur Verwendung und Bedeutung der frühchristlichen Prophetie und der Sibyllinen vgl. Hahn/Klein (2011), 170–175. Die Johannesoffenbarung beschreibt die sieben Trompeten der sieben Engel, die durch das Blasen der Trompeten das Übel auf die Welt bringen, vgl. Joh Offb 8,6–11,19; dazu auch Hahn/Klein (2011), 108–114.

74 Lact. ira 19,1–4: sed quoniam conpactus est, ut diximus, e duobus, animo et corpore, in altero uirtutes, in altero uitia continentur et inpugnant inuicem. animi enim bona, quae sunt in continendis libidinibus, contraria sunt corpori, et corporis bona, quae sunt in omni genere uoluptatum, inimica sunt animo. (Text und Übers. Kraft/Wlosok).

Wer sich aber vom Gehör hinreißen lässt – um zu schweigen von den Gesängen, die die innersten Empfindungen oft so betören, dass sie sogar den Geisteszustand durch Irrsinn verwirren –, lässt sich sicher durch wohlgesetzte Reden und rhythmische Lieder oder spitzfindige Erörterungen leicht zu gottlosen Verehrungsformen verleiten. Daher kommt es, dass den himmlischen Schriften, weil sie ungepflegt scheinen, diejenigen nicht leicht glauben, die entweder selber beredt sind oder lieber Beredtes lesen wollen; sie suchen nichts Wahres, sondern süß Klingendes – nein, vielmehr scheint ihnen das am wahrsten zu sein, was den Ohren schmeichelt. So weisen sie die Wahrheit zurück, während sie sich durch die Lieblichkeit der Rede fangen lassen.[75]

Die *suavitas* liegt folglich in den schön aufgeputzten Worten, die durch das Transportmittel des Gesanges unterstützt werden. Beide können in der Seele einen Zustand der Verwirrtheit hervorrufen, so dass der Mensch nicht mehr gewillt ist der Wahrheit zu folgen, sondern nur noch der Schönheit der Worte und Klänge. Dieser Schluss hat einen unmittelbaren Einfluss auf die Verbreitung des christlichen Glaubens: Die in einfacher Sprache notierten Schriften der Bibel enthalten aus rhetorisch stilistischer Sicht keinen ästhetischen Mehrwert und werden demnach von Gebildeten nicht rezipiert.[76] Diese daher rührende Ablehnung setzt Laktanz in unmittelbare Verbindung zur Verwirrung des Geistes. Aber neben der Seele kann auch der Körper in seiner Auseinandersetzung mit den unterschiedlichen Vergnügungen schwerlich die Laster abwehren, die ihn gänzlich für sich einnehmen. Dabei nimmt laut Laktanz die Lust am Hören eine besondere Stellung ein:

Die Lust bezüglich der Ohren, die natürlich so lasterhaft ist wie jene Ergötzungen der Augen, über die wir gesprochen haben, stellt sich mit dem süßen Klang der

---

75 Lact. epit. 57,6–7: qui autem rapitur auditu – ut taceam de cantibus, qui sensus intimos ita saepe deleniunt, ut etiam statum mentis furore perturbent –, compositis certe orationibus numerosisque carminibus aut argutis disputationibus ad impios cultus facile traducitur. inde est quod scriptis caelestibus, quia uidentur incompta, non facile credunt, qui aut ipsi sunt diserti aut diserta legere malunt; non quaerunt uera, sed dulcia, immo illis haec uidentur esse uerissima, quae auribus blandiuntur. ita respuunt ueritatem, dum sermonis suauitate capiuntur. (Text und Übers. E. Heck).

76 Dass dieses Problem der Unattraktivität der biblischen Sprache bis weit ins 4. Jh. besteht, zeigt ganz eindrücklich der dramatische Traum des Hieronymus, der sich vor dem Richterstuhl wiederfindet, da er stärker zur Sprache Ciceros als zu den biblischen Schriften hingezogen ist, vgl. Hier. ep. 22,30: cum subito raptus in spiritu ad tribunal iudicis pertrahor, ubi tantum luminis et tantum erat ex circumstantium claritate fulgoris, ut proiectus in terram sursum aspicere non auderem. interrogatus condicionem Christianum me esse respondi. et ille, qui residebat: ‚mentiris‘, ait, ‚Ciceronianus es, non Christianus. ubi thesaurus tuus, ibi et cor tuum‘. (CSEL 54,190). „Plötzlich fühlte ich mich im Geiste vor den Richterstuhl geschleppt. Dort umstrahlte mich so viel Licht, und von der Schar der den Richterstuhl Umgebenden ging ein solcher Glanz aus, dass ich zu Boden fiel und nicht aufzublicken wagte. Nach meinem Stande befragt, gab ich zur Antwort, ich sei Christ. Der auf dem Richterstuhl saß, sprach zu mir: Du lügst, du bist ein Ciceronianer, aber kein Christ. Wo nämlich dein Schatz ist, da ist auch dein Herz.“ Einführend zum Traum des Hieronymus und dessen Verortung in seiner Zeit vgl. Feichtinger (1991), bes. 54–60.

Stimmen und Gesänge ein. Wer nämlich glaubte nicht, dass derjenige verschwenderisch und leichtfertig ist, der die Theaterkünste zu Hause pflegt? [...] Es bleibt noch das eine, was von uns zu bezwingen ist, dass wir uns nämlich nicht von den Dingen gefangennehmen lassen, die in den innersten Sinn hineindringen. Denn all jene Dinge, die der Worte entbehren, d.h. die lieblichen Luft- und Saitenklänge, können leicht hintangesetzt werden, weil sie nicht haften bleiben und nicht aufgeschrieben werden können.[77]

Laktanz unterscheidet an dieser Stelle zwischen dem Hören textgebundener und textungebundener Musik. In der Rezeption der textungebundenen Instrumentalmusik der Blas- und Saiteninstrumente liege für den Menschen keine Gefahr, da die Klänge nicht im Gedächtnis des Menschen haften blieben. Diese Beurteilung baut darauf auf, dass die Instrumentalmusik nicht notierbar sei, weshalb die Fähigkeit, sie zu erinnern, deutlich schwächer ausgeprägt sei.[78] Die für den Menschen gefährliche und deshalb dringend zu vermeidende Musik hingegen sei die der Stimmklänge und Gesänge. In diese bezieht Laktanz sowohl die kunstvollen Reden der Rhetoren wie auch die Gesänge in unterschiedlichen Kontexten des Theaters und Kults ein:

Ob nicht auch die Verderbnis auf den Theaterbühnen noch lasterhafter ist, weiß ich nicht. Denn zum einen erzählen die Komödienstücke von der Unzucht junger

---

77 Lact. inst. VI,21,1–3: aurium uoluptas ex uocum et cantuum suauitate percipitur, quae scilicet tam uitiosa est quam oblectatio illa de qua diximus oculorum. quis enim non luxuriosum ac nequam putet eum, qui scaenicas artes domi habeat? atquin nihil refert, utrumne luxuriam solus domi an cum populo exerceas in theatro. [...] restat unum quod est nobis expugnandum, ne capiamur iis quae ad sensum intimum penetrant. nam illa omnia quae uerbis carent, id est aeris ac neruorum suaues soni possunt facile contemni, quia non adhaerent nec scribi possunt. (Text Heck/Wlosok III,619–620. Übers. W. Winger). Vgl. dazu auch van der Nat (1977), 222, der darauf hinweist, dass Laktanz offenbar „weniger in musikalischer als in literarischer Hinsicht sensibel war".

78 Diese Behauptung des Laktanz überrascht den heutigen Leser, lässt sich aber dadurch leicht erklären, dass die antike Musikpraxis wie die frühmittelalterliche oral tradiert wird und zumeist nicht notiert vorliegt. Isidor von Sevilla bestätigt diesen Sachverhalt und erläutert dreihundert Jahre später in Isid. orig. III,XV,2: quarum sonus, quia sensibilis res est, praeterfluit in praeteritum tempus, inprimiturque memoriae. [...] nisi enim ab homine memoria teneantur soni, pereunt, quia scribi non possunt. (Text W. M. Lindsay). „Weil der Ton der Musik eine fühlbare Sache ist, entschwindet er auch mit der vorübergehenden Zeit und wird nur in die Erinnerung eingeprägt. [...] Wenn die Töne nämlich nicht von einem Menschen in Erinnerung gehalten werden, vergehen sie, weil sie nicht aufgeschrieben werden können". (Übers. L. Möller). Zwar gibt es aus griechischer Zeit ein Notationssystem, welches allerdings nicht im abstrakten Sinn wie das heutige fungiert, sondern konkret Text mit ungefähren Notendauern und Tonhöhen durch die Kennzeichnung mit Buchstaben überschreibt. Es liegen aus der griechischen Antike wenige musikalische Denkmäler vor, allerdings keine Instrumentalwerke, sondern ausschließlich mit Notenangaben überschriebene Texte. Vgl. dazu Wille (1967), 489–491 (mit textlichen Quellenbelegen der römischen Zeit) und Pöhlmann (1970), 13–52 (Handschriften und Drucke), 54–76 (Inschriften), 78–139 (Papyri). Generell bietet Pöhlmann einen reichen Anhang mit Systematik und Abbildungen und stellt die griechische Notation in Umschrift dar.

> Frauen oder den Liebschaften der Dirnen, zum anderen gilt: Je sprachgewandter
> diejenigen sind, die jene Schandtaten erdichtet haben, desto mehr überzeugen sie
> durch die Eleganz ihrer Sätze, und desto leichter bleiben die rhythmischen und aus-
> geschmückten Verse im Gedächtnis der Zuhörer hängen.[79]

Deutlich wird also auch an dieser Stelle die Gefahr, die Laktanz den Worten selbst zuschreibt, und die von der Musik und dem Rhythmus ausgehende Gefahr des leichteren
Transports in die Seele und das Gedächtnis des Menschen. Dabei maximiert die Kunstfertigkeit des Sängers, Schauspielers und Rhetors den Schaden für die menschliche Seele,
in der sich die Stoffe einnisten. Die Lust am Hören wird als körperliches Laster aufgefasst, sobald ein die Seele schädigender Text sprechend oder singend vorgetragen wird.
Beide Arten des Textvortrags sind eine Gefahr für alle, die sich den einschmeichelnden
Klängen nicht entziehen können.[80] Verantwortlich für die verführerische Rede sieht Laktanz die Philosophen, Redner und Dichter, die durch ihre *suavitas* Gift zu den unbedach-
ten Menschen bringen. Neben der allgemeinen Gefahr für die Seele des Menschen gibt er
vor allem zu bedenken, dass die Wahrheit der göttlichen Schriften nicht aufgenommen
werden könnte. Da die wissenschaftlich gebildeten Menschen aufgrund ihrer Voreinge-
nommenheit und ihrer Erwartungshaltung an die *suavitas* der Rede die Inhalte der heiligen Schriften nicht schätzen könnten, versperre sich ihnen der Weg zur wahren Religion:

> Ein zusammengefügtes Lied aber und eine mit Lieblichkeit dahinfließende Rede
> nimmt die Sinne gefangen und treibt sie, wohin sie will. Daher glauben wissen-
> schaftlich gebildete Menschen, wenn sie sich der Religion Gottes genähert haben,
> nicht recht, wenn sie nicht von irgendeinem erfahrenen Lehrer gründlich unter-
> richtet wurden. Gewöhnt nämlich an die süßen und geschliffenen Reden und Lie-
> der, verschmähen sie die schlichte und gemeine Sprache der göttlichen Schriften
> als schmutzig. Sie suchen nämlich das, was ihren Sinn liebkost; es überzeugt sie

---

79 Lact. inst. VI,20,27: in scaenis quoque nescio an sit corruptela uitiosior. nam et comicae fabulae de
    stupris uirginum loquuntur aut amoribus meretricum, et quo magis sunt eloquentes qui flagitia illa
    finxerunt, eo magis sententiarum elegantia persuadent et facilius inhaerent audientium memoriae
    uersus numerosi et ornati. (Text Heck/Wlosok III,617. Übers. W. Winger).

80 Damit werden von Laktanz alle einfachen Gemüter benannt, vgl. Lact. inst. V,1,10: nam et in hoc
    philosophi et oratores et poetae perniciosi sunt, quod incautos animos facile inretire possunt sua-
    uitate sermonis et carminum dulci modulatione currentium. *mella sunt haec uenena tegentia.* (Text
    Heck/Wlosok III,438). „Denn auch darin sind die Philosophen, Redner und Dichter gefährlich,
    dass sie unvorsichtigere Gemüter leicht umgarnen können durch den süßen Klang ihrer Rede und
    die sanfte harmonische Rhythmik ihrer dahinfließenden Gedichte. *Honigtropfen sind das, das Gift
    überdeckend.*" (Übers. W. Winger). Vgl. dazu auch Messmer (1974), 7–11, der die *voluptas* der Ohren
    im Urteil des Laktanz aufzeigt und betont, dass das Wohlgefallen an der Dichtung im Menschen
    durch alles, was schön anzuhören ist, entsteht.

des weiteren, was immer lieblich ist, und tief im Herzen setzt es sich fest, indem es erfreut.[81]

Scharf kritisiert Laktanz die Gebildeten, die sich lieber an schönem Stil ergötzen wollen als sich der nüchternen Wahrheit zuzuwenden.[82] In den Gesängen sowie der Lieblichkeit der Rede sieht Laktanz eine Gefahr, da sie an die Sinne appellieren und Affekte hervorrufen können. Die göttliche Wahrheit der biblischen Schriften, die sich keines rhetorischen Ornats bedienen, bleibe für viele gut Gebildete unerreicht, da die einfache Sprache der Bibel den höher Gebildeten missfällt. Laktanz begründet die Einfachheit der biblischen Schriften damit, dass sich die Propheten aufgrund ihrer Adressaten im einfachen Volk einer einfachen, eingängigen Sprache bedient haben.[83] Zusätzlich dazu führt Laktanz den schlechten rhetorischen Ausbildungsstand der christlichen Prediger als Grund dafür an, dass die Gelehrten seiner Zeit der Bibel nicht offenkundig zugetan sind.[84] Gott aber habe diese Verhaltensweise des Menschen vorausgesehen und gerade deshalb seine Wahrheit in einfachen Worten ausgegeben, damit sie allen Menschen offen stehe.[85] Als Lösung für das

---

81　Lact. inst. VI,21,4–5: carmen autem compositum et oratio cum suauitate decurrens capit mentes et quo uoluerit impellit. inde homines litterati cum ad religionem dei accesserint, si non fuerint ab aliquo perito doctore fundati, minus credunt. adsueti enim dulcibus et politis siue orationibus siue carminibus diuinarum litterarum simplicem communemque sermonem pro sordido aspernantur. id enim quaerunt quod sensum demulceat, persuadet autem quidquid suaue est et animo penitus, dum delectat, insidit. (Text Heck/Wlosok III,620. Übers. W. Winger).

82　Vgl. dazu auch Lact. inst. V,1,17: adeo nihil uerum putant nisi quod auditu suaue est, nihil credibile nisi quod potest incutere uoluptatem; nemo rem ueritate ponderat, sed ornatu. (Text Heck/Wlosok III,439). „So halten sie nichts für wahr, es sei denn, es ist lieblich zu hören, nichts für glaubhaft, es sei denn, es kann die Lust anregen: Niemand bemisst eine Sache nach ihrem Wahrheitsgehalt, sondern nach ihrer Ausstaffierung." (Übers. W. Winger). Vgl. dazu auch Min. Fel. XIV,4, der auch die *suavitas* als solche anprangert, die Schuld aber vielmehr beim Zuhörer sucht, der sich bereitwillig von schönen Worten einlullen lassen will.

83　Vgl. Lact. inst. V,1,15: nam haec in primis causa est cur apud sapientes et doctos et principes huius saeculi scriptura sancta fide careat, quod prophetae communi ac simplici sermone ut ad populum sunt locuti. (Text Heck/Wlosok III,439). „Denn dies ist der Hauptgrund, warum die Heilige Schrift bei den Weisen, Gelehrten und führenden Männern in dieser Welt der Glaubwürdigkeit ermangelt: dass die Propheten in gemeiner und einfacher Sprache wie zum einfachen Volk gesprochen haben." (Übers. W. Winger).

84　Vgl. Lact. inst. V,1,18: non credunt ergo diuinis, quia fuco carent, sed ne illis quidem qui ea interpretantur, quia sunt et ipsi aut omnino rudes aut certe parum docti. nam ut plane sint eloquentes, perraro contingit; cuius rei causa in aperto est. (Text Heck/Wlosok III,439). „Nicht glauben sie also den göttlichen Schriften, weil sie ungeschminkt daherkommen, aber sie glauben auch nicht einmal denjenigen, die diese ausdeuten, weil auch diese selbst entweder gänzlich ungebildet sind oder mit Sicherheit nicht hinreichend gebildet sind. Denn dass sie wirklich über rhetorisches Geschick verfügen, kommt sehr selten vor: der Grund dafür ist offenkundig." (Übers. J. Walter (2006), 66). Zum Verhältnis des Laktanz zu seinen apologetischen Vorgängern vgl. auch Bender (1983), 171–173 (Tertullian), 173–174 (Cyprian), 174–177 (Minucius Felix).

85　Lact. inst. VI,21,6: num igitur deus et mentis et uocis et linguae artifex diserte loqui non potest? immo uero summa prouidentia carere fuco uoluit ea quae diuina sunt, ut omnes intellegerent quae ipse omnibus loquebatur. (Text Heck/Wlosok III,620). „Kann also etwa Gott, der Bildner des

Herantragen der biblischen Worte an die gebildeten Heiden verwendet Laktanz das Lukrezianische Honigbechergleichnis, indem er seine eigene stilistisch ansprechende Schrift mit dem Honig gleichsetzt, der die Aufnahme der bitteren Medizin erleichtern soll, um so die göttliche Wahrheit auf angenehme Weise zu verbreiten.[86] Damit zeigt er deutlich auf, dass sein apologetisches Ziel darin besteht, durch Gelehrsamkeit und Eloquenz zu unterrichten und zu verteidigen.[87]

Auch führt Laktanz die Konzeption des göttlichen Demiurgen an, der im Menschen durch die Anlage von Stimme, Sprache und Verstand alle musikalischen Möglichkeiten bereit gestellt habe.[88] Generell bewertet Laktanz die Redekunst aus einer ambivalenten Position heraus. Zum einen sieht er in ihr die Eitelkeit, die unabhängig von moralischen Normen die Selbstdarstellung über alles stelle:

> Die Beredsamkeit nämlich ist der Welt dienstbar, sie dürstet danach, sich stolz dem Volk zu präsentieren und auch in schlechten Dingen zu gefallen, sofern sie ja die Wahrheit öfter im Kampfe zu bezwingen versucht, um die eigene Macht aufzuzeigen: Sie will Besitz, begehrt Ehrenbezeugungen, fordert schließlich die höchste Würdenstellung.[89]

Geistes, der Stimme und der Sprache, nicht beredt sprechen? Nein, im Gegenteil: Die höchste Voraussicht wollte es, dass die Dinge der Schminke entbehren, die göttlich sind, so dass alle verstehen könnten, was er selbst immer wieder zu allen sagte. (Übers. W. Winger). Hieran wird das Konzept der *Synkatabasis* ersichtlich, das bei Johannes Chrysostomos noch von größerer Bedeutung sein wird, vgl. dazu Kap. 5.1.2 (Funktionen von Musik bei Johannes Chrysostomos), 159–171. Weiterführend zur *Synkatabasis* bei Chrysostomos und Laktanz vgl. Walter (1998), 40–42.

86 Das Honigbechergleichnis basiert auf Lucr. 1,935–950 und wird von Laktanz in Lact. inst. V,1,14 verwendet: circumlinatur modo poculum caeleste melle sapientiae, ut possint ab inprudentibus amara remedia sine offensione potari, dum inliciens prima dulcedo acerbitatem saporis asperi sub praetexto suauitatis occultat. „Ringsum bestrichen werden soll also der himmlische Becher mit dem Honig der irdischen Weisheit, damit von den Unkundigen die bittere Medizin ohne Widerwillen getrunken werden kann, während die zuerst geschmeckte Süße verführt und die Schärfe des bitteren Geschmacks unter dem Gewand des Angenehmen verbirgt." (Text und Übers. S. Gatzemeier (2010), 172). Zu dem häufig zitierten Gleichnis vgl. van der Nat (1977), 211; Heck (1988), 169; Gnilka (1988), 78–81; Althoff (1999), 42; Gatzemeier (2010), 172f. und ausführlicher mit schlüssiger Übersetzung Walter (2006), 65–68 sowie Gatzemeier (2013), 294–297.

87 Vgl. dazu bes. Walter (2006), 64–65 sowie Heck (2004), 222–229 mit dem Verweis auf den Stand der Apologie zur Zeit des Laktanz und dessen Haltung zu seinen Vorgängern Minucius Felix und Tertullian. Heck beruft sich besonders auf die Komponenten des *instituere* und des *defendere*, welche das Werk des Laktanz durchziehen, vgl. Heck (2004), 238–240 sowie Wlosok (1990b), 233–234 und 246–248, die auf den wesentlichen, produktionsästhetischen Wert der *aemulatio* in den inst. verweist.

88 Vgl. Kapitel 3.1.1 (Zur Sprache und Stimme des Menschen), 29–37.

89 Lact. inst. V,1,19: eloquentia enim saeculo seruit, populo se iactare et in rebus malis placere gestit, siquidem ueritatem saepius expugnare conatur, ut uim suam monstret, opes expetit, honores concupiscit, summum denique gradum dignitatis exposcit. (Text Heck/Wlosok III,439. Übers. W. Winger). Dieses Prinzip, die schwächere Rede zur stärkeren zu machen, wird der sophistischen Rhetorik zugeschrieben und in den Quellen durchweg negativ ausgelegt, vgl. dazu beispielsweise

Zum anderen aber, und das zeigt sein eigener, aus der Rhetorik herrührender Stil sehr deutlich, bringt er ihr eine Wertschätzung entgegen, die er gleichermaßen in seinen Schriften äußert. Ein Beispiel dafür zeigt sich in der starken Verurteilung des Kaisers Galerius, dem Laktanz literarische Bildungsferne und mangelndes Interesse an den Künsten vorwirft:

> Nun waren die Beredsamkeit ausgelöscht, Rechtsanwälte abgeschafft, Rechtsgelehrte verbannt oder hingerichtet, literarische Betätigung aber zu den verwerflichen Beschäftigungen gezählt, und wer darin bewandert war, wurde als Feind des Kaisers und des Staates misshandelt und verflucht.[90]

Auch in den *Divinae institutiones* zeigt Laktanz eine allgemeine Wertschätzung für die Künste auf, da es die Redekunst dem Menschen ermöglicht, die Anliegen des Geistes zu verstehen und auszudrücken. Diese Wertschätzung aber kommt versteckt daher, da Laktanz zunächst die Philosophie für nichtig erklärt, die niemals zu wahrer Weisheit führen kann. Allerdings baut er in dieses Argument ein, dass es für das Verständnis der Philosophie selbst nötig ist, vielerlei Kenntnisse anderer Disziplinen zu erwerben:

> Nicht einmal die Redekunst ist zu vernachlässigen, weil diese es ermöglicht, diejenigen Dinge hervorzubringen und vorzutragen, welche gelehrt wurden. Auch die Geometrie und die Musik und die Astrologie sind notwendig, weil diese Künste mit der Philosophie ziemliche Gemeinschaft haben.[91]

Aristoph. nub. 112–115: Εἶναι παρ' αὐτοῖς φασιν ἄμφω τὼ λόγω, / τὸν κρείττον, ὅστις ἐστί, καὶ τὸν ἥττονα. / τούτοιν τὸν ἕτερον τοῖν λόγοιν, τὸν ἥττονα, / νικᾶν λέγοντά φασι τἀδικώτερα. (Text N. G. Wilson). „Sie haben, wie man sagt, zwei Arten Reden, die starke und die sogenannte schwache. Die schwache, sagt man weiter, setzt sich durch, und wenn sie noch so sehr im Unrecht ist." (Übers. M. Fuhrmann). Weiterführend zur Macht der Rede, und der Kontextualisierung der Episode aus *Die Wolken* vgl. Dreßler (2014), bes. 103–118.

90 Lact. mort. pers. 22,4: iam †illa his leuia† fuerant eloquentia extincta, causidici sublati, iure consulti aut relegati aut necati, litterae autem inter malas artes habitae, et qui eas nouerant, pro inimicis hostibusque protriti et execrati. (Text und Übers. A. Städele). Städele (2003), 151 Fn. 82 weist darauf hin, dass die Klage über den Verlust der Rhetorik ein gängiger Verfalls-Topos gewesen sei, der schon bei Tacitus im Dialogus verwendet wurde. Er gibt zu bedenken, dass an dieser Stelle keinerlei Rückschlüsse auf persönliche Überzeugungen des Laktanz nachzuweisen sind. Sicherlich muss hinsichtlich des Topos zugestimmt werden, dennoch scheint diese Zuweisung insbesondere für Galerius fraglich, den Laktanz aufs Schärfste verurteilt. Allgemein zum Galerius-Bild bei Laktanz vgl. Kolb (1987), 131–139.

91 Lact. inst. III,25,11: ne oratoria quidem ignoranda est, ut ea quae didiceris proferre atque eloqui possis. geometria quoque ac musica et astrologia necessaria est, quod hae artes cum philosophia habent aliquam societatem. (Text Heck/Wlosok II,293). Das Argument wird in Lact. inst. III,25 eingeführt und folgt der Darstellung des Weges zur wahren Weisheit, die einzig in der Kenntnis Gottes liegt, vgl. Lact. inst. III,26.

Wesentlich im Umgang mit den Künsten im Allgemeinen und mit der Redekunst im Besonderen ist die Differenzierung der Inhalte, die das menschliche Gehör empfängt. Laktanz weiß um die Fähigkeit der Überzeugung durch Rhythmus, Melodie und Sprachgewalt und mahnt die Zeitgenossen, genau hinzuschauen, ob die vorgetragenen Inhalte der Seele des Menschen Gutes tun:

> Nichts sei beachtenswert, wenn nicht, was du gerecht, was du fromm geschehen siehst, nichts dem Gehör gefällig, wenn nicht, was deine Seele nährt und dich besser macht; und am meisten darf der Sinn nicht zum Laster hingedreht werden, der uns deshalb gegeben ist, damit wir die Lehre Gottes empfangen können.[92]

Immer geschieht die Beurteilung der Inhalte unter dem Aspekt der Gottesfurcht und der Erfüllung des göttlichen Schöpfungssinnes. Deutlich adressiert Laktanz in diesem Schluss eine Ermahnung an sein heidnisches Publikum. Das Bild des göttlichen Demiurgen ist auch hier die oberste Instanz: Nur durch die Schöpfung des Menschen und seiner Fähigkeit aus dem göttlichem Willen heraus ist es dem Menschen aufgrund seines Verstandes gegeben, die Künste auch zu beherrschen und zu schätzen. Deshalb muss der gottesfürchtige Mensch immer prüfen, ob seine Handlungen, sein Denken und eben auch seine Sprache und ihre Äußerungsmöglichkeiten mit dem göttlichen Willen vereinbar sind. Die Prüfung des eigenen Verhaltens, wenn es darum geht, vergnügliche Dinge zu unterlassen, bedingt die Aussichten des Menschen auf ein angenehmes Leben nach dem Tod:

> Die Lust der Augen wird empfangen aus der Schönheit von Dingen, die der Ohren aus klangvollen, lieblichen Stimmen, die der Nase aus angenehmem Duft, die des Geschmacks aus süßen Speisen. Denen allen muss die Tugend tapfer widerstreiten, damit unsere Seele nicht, im Netz dieser Verlockungen gefangen, vom Himmlischen zum Irdischen, vom Ewigen zum Zeitlichen, vom unsterblichen Leben zur dauernden Strafe herabgedrückt wird.[93]

Das ewige Leben kann also nur erreicht werden, wenn die menschliche Tugend den Körper und seine Begierden kontrolliert. Diese von Sauer als *uirtus-voluptas-Antithese* bezeichnete Forderung des Laktanz ruft den Menschen dazu auf, durch das tugendhafte Handeln dem Tod zu entrinnen, da nur die Gotteserkenntnis die Wahrheit darstellt, die

---

92 Lact. inst. VI,21,8: nihil aspectu gratum sit nisi quod iuste, quod pie fieri uideas, nihil auditu suaue nisi quod alit animam melioremque te reddit, maximeque hic sensus non est ad uitium detorquendus, qui nobis ideo datus est, ut doctrinam dei percipere possemus. (Text Heck/Wlosok III,621. Übers. W. Winger).

93 Lact. epit. 57,5: oculorum uoluptas percipitur ex rerum pulchritudine, aurium de uocibus canoris et suauibus, narium de odore iucundo, saporis de cibis dulcibus; quibus omnibus uirtus repugnare fortiter debet, ne his inlecebris inretitus animus a caelestibus ad terrena, ab aeternis ad temporalia, a uita immortali ad poenam perpetuam deprimatur. (Text und Übers. E. Heck).

das ewige Leben verspricht.[94] Darin liegt die wahre *voluptas*, das wahrhaftige Begehren des Menschen nach Gott begründet.

Laktanz rezipiert in seinen Schriften die Musik des heidnischen Kulturraumes aus unterschiedlichen Perspektiven. Die Praxis im Rahmen der heidnischen Kulte wird nur in wenigen, kurzen Äußerungen kommentiert, in deren Zentrum vornehmlich der Kybele-Kult steht. In diesem Rahmen benennt Laktanz auch die in den Kultprozessionen verwendeten Perkussionsinstrumente Kymbala und Tympanon. Die Trompete findet Eingang in seine Schriften als Instrument des römischen Heeres und in ihrer Funktion als apokalyptisches Symbol. Größeren Raum nimmt die Auseinandersetzung mit der Musik im Rahmen der Beredsamkeit ein. Die Fähigkeit des eloquenten Sprechens und Singens ist gefahrvoll für die menschliche Seele, da moralisch bedenkliche Dinge durch die ästhetisch schöne Art des Vortrags leichter im Gedächtnis hängen bleiben. Laktanz unterscheidet zum einen zwischen der musikalischen Ästhetik von Singen und Instrumentalmusik, wobei letztere durchaus einen erlaubten Genuss darstellen kann, da sie aufgrund mangelnder Memorierbarkeit von Melodien in den Augen des Laktanz keine Gefahr birgt. Die Rhetorik hingegen, verstärkt durch schöne Melodien und Gesänge, stellt eine Bedrohung für Leib und Seele dar, da die Vergnügungen für die Ohren durch einen gelungenen Vortrag unbemerkt in die Seele eintröpfeln können. Laktanz betrachtet die Musik in diesem Kontext als Transportmittel, welches schädigende Inhalte leichter zu einer Gefahr für den Körper und die Seele werden lassen kann. Allgemein aber lässt er den Künsten eine hohe Wertschätzung zuteil werden, da sie, bei rechtem Gebrauch, dem Menschen nützlich sind und Gottes Willen im Rahmen seiner Schöpfung aufzeigen. Diesen rechten Gebrauch möchte er durch seine eigene Schrift für die interessierten Heiden mahnend und ermunternd zugleich demonstrieren.

3.3.2   Zur Musikpraxis der frühen Christen

3.3.2.1 *David und die christlichen Hymnen*
Der Altersbeweis der christlichen Religion, den Laktanz in den *Divinae institutiones* und deren *Epitome* aufzeigen möchte, wird an die mythischen Könige Salomo und David geknüpft. Damit einher geht die Prophezeiung der Geburt Jesu Christi, die neben den biblischen Propheten auch die erythräische Sibylle vorher gesagt haben soll.[95] Die Erwähnung des biblischen Königs David wird von Laktanz unmittelbar mit dem Attribut verbunden, der Dichter der himmlischen Hymnen zu sein.[96] Immer wieder verweist Laktanz auf die

---

94   Vgl. dazu auch Sauer (2013), 130–131; 134–136, der darauf hinweist, dass dieser Aufruf bei Laktanz deutlich in der Abwendung von der Philosophie gipfelt, da diese für ihn kein Heilsbringer sein kann, und die Antipole bei Sallust und Cicero mit Textbeispielen beschreibt.

95   Einführend zur Bedeutung der erythräischen Sibylle im Vergleich zur Bibel bei Laktanz vgl. Walter (2006), 181–184.

96   Vgl. Lact. epit. 37,6–7: Sibylla ‹Erythraea› quoque „deum" dicit „ducem omnium a deo factum", et alia „deum dei filium esse noscendum", sicut ea quae in libris posui exempla declarant. hunc

von David geschriebenen Hymnen und zitiert sie unter dem Begriff *Psalmen*. Darüber hinaus aber lässt sich terminologisch keine Abgrenzung ziehen, da Laktanz den Begriff Psalm an keiner Stelle im musikpraktischen Sinn verwendet. Er berichtet nicht über den Gesang von Psalmen, sondern verwendet immer den Terminus *Hymnus*.[97] Dabei stellt er die Gesänge der Hymnen mit dem heidnischen Opfergedanken gleich:

> Geschenk ist die Unversehrtheit des Herzens, Opfer das Lob und der Preisgesang. Wenn nämlich Gott nicht gesehen werden kann, muss er also mit diesen Dingen geehrt werden, die nicht sichtbar sind. Folglich ist keine andere Religion wahr als die, die in Tugend und Gerechtigkeit besteht.[98]

Gott will also Hymnen statt eines blutigen Opfers, da diese ihm, dargebracht von einer integren Seele, zum Lobe gereichen. Anders als über die pagane Musikpraxis äußert sich Laktanz nicht so häufig über die Musik der Christen im Rahmen der Kultpraxis. Zählt er Stimme und Ohr zu denjenigen Teilen des Körpers, die durch die Süße der sie erreichenden Klänge gefährdet sein können, unterstreicht er dennoch ihren Wert, wenn beide zum rechten Gebrauch eingesetzt werden:

> Wenn es deshalb eine Lust ist, Gesänge und Lieder (*cantus et carmina*) zu hören, sei es angenehm, Gottes Lob zu singen (*dei laudes canere*) und zu hören. Dies ist die wahre Lust, die die Begleiterin und Gefährtin der Tugend ist, die nicht hinfällig ist

---

prophetae diuino spiritu pleni praedicauerunt. quorum praecipue Solomon in libro Sapientiae, item pater eius caelestium scriptor hymnorum, ambo clarissimi reges, qui Troiani belli tempora CLXXX annis antecesserunt, hunc ex deo natum esse testantur. „Auch die Sibylle von Erythrai sagt, er sei ‚Gott, Führer Aller, von Gott gemacht‘, und eine andere ‚man müsse Gott, Gottes Sohn erkennen‘, wie die Belege, die ich in meinen Büchern geboten habe, klarmachen. Ihn haben die Propheten, voll des göttlichen Geistes, verkündigt. Von ihnen bezeugen vornehmlich Salomo im Buch der Weisheit, ebenso sein Vater, der Schreiber himmlischer Hymnen – beide hochberühmte Könige, die der Zeit des Troianischen Krieges um 180 Jahre vorausgingen –, dass dieser aus Gott geboren ist." (Text und Übers. E. Heck). Ähnlich auch Lact. inst. IV,8,13–14: Solomonem patremque eius Dauid potentissimos reges fuisse et eosdem prophetas etiam iis fortasse sit notum, qui diuinas litteras non attigerunt. [...] huius pater diuinorum scriptor hymnorum... (Text Heck/Wlosok II,335). „Dass David und dessen Vater Solomon sehr mächtige Könige und sogar Propheten waren, ist auch von denjenigen zur Kenntnis genommen worden, die sich mit den göttlichen Schriften nicht befasst haben. [...] Dessen Vater, der Verfasser der heiligen Hymnen,..."

97   In dieser terminologischen Eindeutigkeit und der konsequenten Verwendung des Terminus *hymnus* für jegliche Formen der Vokalpraxis liegt ein großer Unterschied zu allen anderen hier untersuchten Kirchenvätern. Es lässt sich daraus der Schluss ableiten, dass Laktanz auch sprachlich den alten Begrifflichkeiten verhaftet bleibt, insbesondere um den Adressatenkreis der *Divinae institutiones* anzusprechen.

98   Lact. inst. VI,25,7: donum est integritas animi, sacrificium laus et hymnus; si enim deus non uidetur, ergo his rebus coli debet quae non uidentur. nulla igitur alia religio uera est nisi quae uirtute ac iustitia constat. (Text Heck/Wlosok III,638. Übers. W. Winger).

und kurzlebig – wie jene Lüste, die diejenigen anstreben, welche dem Körper wie das Vieh dienen –, sondern ewig und ergötzend ohne jede Unterbrechung.[99]

Die wahre Ergötzung liegt für Laktanz im Singen und Hören der Lobgesänge Gottes, da Singen und Hören an sich eine Lust darstellt. Das Singen des Gotteslobes aber steht bei weitem über den *cantus et carmina*, da Gott selbst dem Menschen Stimme und Zunge gegeben hat, um ihm zu lobsingen.[100] Grundsätzlich setzt Laktanz die Gesänge der Hymnen mit dem Gedanken des Lobes gleich; eine Verbindung, wie sie in der heidnischen Gedankenwelt fest verankert ist. So wird auch nach der erfolgreichen Beendigung der Christenverfolgungen die Dankbarkeit an Gott durch Jubelgesänge angezeigt:

> Wo sind denn nun jene hochtrabenden und unter den Heiden berühmten Beina-
> men Jovier und Herkulier geblieben, die sich zuerst Diokles und Maximian voller
> Selbstüberschätzung zulegten und die dann, auf ihre Nachfolger übertragen, im
> Schwange waren? Ja, getilgt hat sie der Herr und ausgemerzt auf der Erde. Feiern
> wir also den Triumph Gottes unter Jauchzen, begehen wir den Sieg des Herrn fest-
> lich mit Lobpreisungen, verherrlichen wir ihn mit Gebeten bei Tag und Nacht,
> verherrlichen wir ihn, damit er den Frieden den er seinem Volk nach zehn Jahren
> gewährt hat, erhalte in Ewigkeit![101]

Das Singen der christlichen Gesänge und Lobpreisungen wird also von Laktanz nur im Rahmen des Lobgesangs benannt. Generell verwendet Laktanz den Begriff *Hymnus* zur Beschreibung der Lobgesänge. Zwar verweist er auf eine Substitution des heidnischen Tieropfers durch die Hymnengesänge, schweigt sich aber weiterhin über die Verwendung von Gesängen im Rahmen der kirchlichen Liturgie aus. Dass der Gesang in Kombinati-on mit dem Hören von Klängen eine Lust darstellt, ist für Laktanz insbesondere dann gegeben, wenn der Gesang aus der rechten Überzeugung und im rechten Gebrauch der Musik zum Lobpreis Gottes erfolgt. Über das Singen der Psalmen äußert sich Laktanz nicht, wenngleich er David als den Dichter der heiligen Hymnen deutlich benennt und

---

99 Lact. inst. VI,21,9–10: itaque si uoluptas est audire cantus et carmina, dei laudes canere et audire iucundum sit. haec est uoluptas uera, quae comes est et socia uirtutis, haec non est caduca et breuis ut illae, quas appetunt qui corpori uelut pecudes seruiunt, sed perpetua et sine ulla intermissione delectans. (Text Heck/Wlosok III,621. Übers. W. Winger).

100 Vgl. auch Lact. ira 14,2: ideo sermonem solus accepit ac linguam cogitationis interpretem, ut enarrare maiestatem domini sui possit. „Dafür hat allein er Sprache und Zunge, des Gedankens Dolmetsch, empfangen, dass er die Herrlichkeit seines Herrn verkünden kann." (Text und Übers. Kraft/Wlosok. Vgl. auch Kapitel 3.1.1 (Zur Sprache und Stimme des Menschen), 29–37.

101 Lact. mort. pers. 52,3–4: ubi sunt modo magnifica illa et clara per gentes Iouiorum et Herculiorum cognomina, quae primum a Dioclete ac Maximiano insolenter adsumpta ac postmodum ad suc-cessores eorum translata uiguerunt? nempe deleuit ea dominus et erasit de terra. celebremus igitur trimphum dei cum exultatione, uictoriam domini cum laudibus frequentemus, diuernis nocturn-isque precibus celebremus, celebremus, ut pacem post annos decem plebi suae datam confirmet in saeculum- (Text und Übers. A. Städele).

diese Hymnen unter dem Terminus *Psalm* häufig in seinen Schriften als Beleg anführt oder zitiert.

3.3.2.2 Die Rolle des Gesanges in De ave Phoenice

Das Gedicht *De ave Phoenice* steht eindeutig in einer klassizistischen Dichtungstradition.[102] Zum Gegenstand hat es die alte Sage des mythischen Vogels Phoenix, der als Symbol der ewigen Erneuerung durch seinen Tod zur Wiederauferstehung gelangt. Schon die alten Ägypter erzählten eine solche Geschichte über den Vogel Benu oder Bennu (*bnw*). Die Sage verbreitete sich in den verschiedensten Kulturkreisen des Orients und wurde sowohl bei den Griechen als auch bei den Römern zu einem literarischen Topos.[103] Die Idee des aus sich selbst erstehenden Lebewesens wurde zu einem viel verwendeten Motiv, welches neben eindeutiger Verwendung bei religiösen Bezügen auch zum Symbol der Herrscherideologie der römischen Kaiser wurde. Deren politische Inszenierung immerwährender Herrschaft, die alle Zeiten und Krisen überdauert und aus sich selbst heraus neu erstehen kann, schlägt sich nieder in der häufigen Prägung des mythischen Vogels auf kaiserlichen Münzen sowie in Darstellungen der Sepulkralkunst.[104] Vornehmlich Hesiod, Herodot und Ovid verarbeiten den Stoff in ihrer Dichtung, aber auch die Christen vermögen den Wundervogel aufgrund seiner eschatologischen Motivik in ihren Sagenbestand aufzunehmen.[105] Grundsätzlich erscheint die Sage in zwei Fassungen, die die Wiedergeburt des legendären Vogels behandeln: eine Fassung lässt den Phoenix aus der Asche wiedererste-

---

102 Aus diesem Grund wurde es Laktanz in der modernen Forschung erst spät zugeschrieben, wenngleich die mittelalterliche Überlieferung es Laktanz kontinuierlich zuschrieb. Zu dieser Ablehnung trug auch die fehlende Erwähnung im Schriftenverzeichnis des Laktanz bei Hier. vir. ill. 80 bei. Einführend vgl. Wlosok (1989a), 398–401 mit Forschungsdiskussion und Darstellung des Tradierungsstranges. Zur Anlehnung des Gedichtes an die klassische Dichtung vgl. den Aufsatz von Delbey (1998). Der Text von *De ave Phoenice* ist in CSEL 27,1,135–147 abgedruckt.

103 Zur Sage über den Vogel Bennu (ausgesprochen: boin/boine nach Wlosok (1990a), 255) vgl. Schuster/Walla (1969), 1–50 und ausführlicher zur Entwicklung des Mythos in der antiken Welt inkl. Christentum vgl. Broek (1972), 393–422. Knapper, aber eingängig zusammengefasst vgl. Wlosok (1990a), 254–258. Auch in heutiger Zeit findet sich neben dem geflügelten Sprichwort *Wie der Phoenix aus der Asche* eine Rezeption des Phoenix-Mythos in der phantastischen Kinderbuchliteratur bei Harry Potter. Auch dort ist das wesentlichste Merkmal des Phoenix seine Fähigkeit zur Wiederauferstehung. Er steht stellvertretend für die vermeintliche Erlöserfigur der Geschichte und gilt dem kindlichen Helden zugleich als Retter, zeichnet sich aber darüber hinaus auch durch seinen besonderen Gesang aus, der dem Held Stärke verleiht. (vgl. bes. Harry Potter, Band 2: Chamber of Secrets und Band 4: Goblet of Fire, jeweils in der Kampfszene mit Lord Voldemort).

104 Zur Apotheose der Kaiser mit einer ornithologischen Inszenierung in Anlehnung an die Phoenix-Sage und zur Münzprägung der Kaiserzeit in Verbindung mit dem Phoenix vgl. Schuster/Walla (1969), 103–111, Wlosok (1990b), 241–242 sowie der Abbildungskatalog bei Broek (1972), mit vorangehenden Erläuterungen: Tafel VI–VIII (ksl. Münzprägungen von Hadrian bis Valentinian II.), Tafel IV–V (als Motiv in den Mysterienkulten), Tafel XII–XVII,2; XXII; XXIV–XXVIII (Sepulkralkunst, auch christlich).

105 Zur Umwandlung des Mythos durch die Christen vgl. auch Schuster/Walla (1969), 111–115 (Dogmatik); 116–118 (Sepulkralkunst und Numismatik der christlichen Kaiser) und Fontaine (1981),

hen, eine andere Fassung lässt ihn im Aromatennest vermodern und in Wurmgestalt die Metamorphose vollziehen.[106]

Die Fassung des Laktanz gliedert sich in sechs große Teile, das Gedicht selbst umfasst 85 elegische Distichen. So stellen neben Pro- und Epilog vier große Abschnitte den Hauptteil der Dichtung dar.[107] Besonders hervorgehoben ist die Verortung des Vogels an einem *locus amoenus*, einem lieblichen Ort fern von allen weltlichen Übeln. Dieser befindet sich in einem fernen östlichen Land, inmitten einer dem Menschen unerreichbaren Hochebene über einem Gebirge. Dort herrscht ein mildes Klima, welches durch erfrischende Quellen und schattige Bäume für ein angenehmes Leben sorgt. Auf dem höchsten Baum im schattigen Hain lebt der Vogel Phoenix in einer Umgebung, die immerwährende Heiterkeit ausstrahlt. Die Schilderung dieses magischen Ortes nimmt einen verhältnismäßig großen Rahmen im Gedicht des Laktanz ein. Die Anlage eines besonderen Schauplatzes für die Sage kommt damit einem Paradies gleich, welches sowohl aus christlicher als auch aus klassischer Tradition heraus mit den Beschreibungen der himmlischen Wohnstätten der Götter im Mythos oder des einen Gottes im himmlischen Paradies korrespondiert.[108] Der Lebenssinn des von Laktanz beschriebenen Vogels Phoenix besteht im Lob der Sonne. Ausgiebig bereitet er sich auf ihren Aufgang vor, indem er rituelle Bäder im Lebensquell nimmt, daraus trinkt und danach in Kontemplation versinkt. Sobald aber die ersten Strahlen der Sonne am Himmel sichtbar werden, stimmt er den schönsten Gesang an, den die Welt je gehört hat:

> atque ubi Sol pepulit fulgentis limina portae
>   et primi emicuit luminis aura leuis,
> 45 incipit illa sacri modulamina fundere cantus
>   et mira lucem uoce ciere nouam,
> quam nec aedoniae uoces nec tibia possit
>   musica Cirrhaeis adsimulare modis,
> sed neque olor moriens imitari posse putetur
> 50 nec Cylleneae fila canora lyrae.
> Postquam Phoebus equos in aperta effudit Olympi
>   atque orbem totum protulit usque means,
> illa ter alarum repetito uerbere plaudit
>   igniferumque caput ter uenerata silet.

58–59, der den Phoenix sogar als „un terrain de rencontre idéologique entre païens et chrétiens" bezeichnet.

106 Vgl. Broek (1972), 146–161 (mit sorgfältigen und weitreichenden Quellenbelegen) sowie Wlosok (1990a), 256–257.

107 Vgl. dazu Wlosok (1990a), 258–261 (Übersicht von Versen und Inhalt) und 262–264 (Detailanalyse).

108 Vgl. Lact. Phoen. 1–30. Schon Dölger (1920), 167–168 verweist auf die Parallele zum christlichen Paradies. Wlosok (1990a), 261–263 bietet eine Analyse der poetologischen Anlage mit einem Vergleich der Inszenierung des *locus felix* bei Vergil und Lukrez. In der Forschung dominiert das Bild einer kryptochristlichen Gestaltung des Gedichtes, vgl. Fontaine (1981), 60, der diesen Begriff in Anlehnung an die Kunstgeschichte auch geprägt hat, vgl. weiter oben Fn. 56.

> Und sobald Sol an die Schwelle des glänzenden Tores gestoßen hat
>   und des ersten Lichtes leichter Schimmer hervor blinkt,
> 45 da fängt er an, Melodien heiligen Gesanges auszuströmen
>   und mit einer so wunderbaren Stimme das neue Licht zu rufen,
>   dass ihr weder Nachtigallenstimmen noch kunstvolles Tibiaspiel
>   mit delphischen Weisen gleichkommen können,
>   sie aber auch – wie man meinen möchte – der sterbende Schwan nicht
> 50 nachahmen kann oder die klangvollen Saiten der cyllenischen Leier.
>   Nachdem Phoebus seine Rosse in den freien Himmelsraum hat traben
>   lassen und die ganze Scheibe emporgehoben hat, ständig steigend,
>   da huldigt der Vogel mit dreimal wiederholtem Flügelschlag und
>   nachdem er das feuertragende Haupt dreimal verehrt hat, schweigt er.[109]

Aus musikalischer Sicht betätigt sich der Phoenix hier vornehmlich als kunstvoller Solist, der über alle irdischen Maßstäbe hinaus vollkommene Klänge hervorbringt und diese zum Lob der Sonne einsetzt. Laktanz vergleicht die Schönheit seines Gesanges mit den Stimmen der Nachtigall, die in der Antike das Tier mit dem schönsten Gesang verkörpert, sowie mit den Klängen der von Merkur erfundenen Lyra[110] und der Tibia, die die schönsten Melodien hervorbringt, die zum Lob des Gottes Apoll gespielt wurden.[111] Unter allen dieser Welt gegebenen vollendeten Klängen kann auch der Schwanengesang, der sowohl als Metapher für den schönsten aber gleichwohl traurigen Gesang kurz vor dem Tod, als auch generell für den Dichter in der Antike steht, es nicht mit dem Gesang des Phoenix aufnehmen, der alle anderen vom Mensch und Tier gemachten Klänge überflügelt.[112] Der Gesang des Phoenix ist heilig: Er huldigt dem Sonnenaufgang mit der schönsten Musik der Erde. Damit stellt Laktanz den Gesang des Vogels in einen sakralen Kontext und bettet ihn gleichermaßen in die Zeremonie ein, die mit dem Baden und Trinken des Phoenix aus dem Lebensquell beginnt. Deutlich sticht die Parallele zu den christlichen Mysterien

---

109 Lact. Phoen. 43–54. (CSEL 27,1,137/8. Übers. A. Wlosok (1990c), 216). Es gibt unzählige Übersetzungen dieser Verse, überwiegend in Prosaform. An dieser Stelle sei bes. verwiesen auf Gärtner (1988), 160–161 (Prosa); Wlosok (1990a), 269 (Dichtung, nicht im Rhythmus angeglichen), Kraft (1966), 463 (Dichtung).

110 So spielt der Begriff kyllenisch auf die Verehrungsstätte des Gottes Merkur an, der auf dem Berg Kyllene in Arkadien geboren sei soll, vgl. dazu Gärtner (1988), 161 Fn. 6. Dass Merkur an sich für Laktanz als Erfinder der Lyra eine Rolle spielt, wurde weiter oben schon dargestellt, vgl. Kapitel 3.3.1.1 (Allgemeines zur paganen Musikkultur), 44–51.

111 Die hier als delphisch übersetzten *Cirrhaeis modis* – kirrhäischen Weisen – beziehen sich auf die Hafenstadt Kirrha im korinthischen Golf, die zum Tempelbezirk Delphi zählt. Somit benennen diese die schönsten Melodien im Heiligtum des Apoll, vgl. dazu Gärtner (1988), 160 Fn. 5.

112 Der Schwan ist in der Antike sinnbildlich gleichbedeutend mit dem schönen Gesang, den dieser im Angesicht seines nahenden Todes hervorbringt. Die Metapher des Schwanengesanges wird auch für den Dichter verwendet, und entspann sich in Anlehnung an die von Ovid erzählte Sage des König Kyknos (Ov. met. 2,367ff.), vgl. Demuth (2012), 100–102 und ausführlicher Chalatsi (1999). Auch bei Laktanz kann die Verwendung des Schwanengesanges als doppeldeutige Metapher gelesen werden.

der Taufe und der Eucharistie ins Auge, zu dem sich die Lobgesänge passend einfügen.[113] Damit wird die Anbetung des Sol zu einem Sinnbild der christlichen Gottesverehrung, welches der Phoenix in Anlehnung an den christlichen Ritus ausführt. Auch der Anschluss an die oben zitierten Verse zeigt diese Verbindung weiter auf:

> 55 atque eadem celeres etiam discriminat horas
> innarrabilibus nocte dieque sonis,
> antistes luci nemorumque uerenda sacerdos
> et sola arcanis conscia, Phoebe, tuis.

> Aber er trennt auch die schnellen Stunden
> bei Nacht und Tag durch unaussprechliche Laute,
> ein Priester deines Haines und ein ehrwürdiger Priester deines Heiligtums,
> der allein deine Geheimnisse kennt, Phoebus.[114]

Nach dem dreimaligem Flügelschlag verstummt der Phoenix, aber nur, um von diesem Zeitpunkt an jede Stunde, egal ob Tag oder Nacht, die Zeit zu verkünden. Deutlich bezeichnet ihn Laktanz als Priester des Heiligtums des Gottes Sol, der ihm ein stündliches Gebet darbringt.[115] Das Gedicht endet mit der Schilderung der Erneuerung, die der Vogel Phoenix nach dem Ablauf von 1000 Jahren begeht.[116] Zu diesem Zweck muss er das Paradies verlassen und auf die Erde in die ägyptische Sonnenstadt Heliopolis zurückkehren um sich zum Sterben auf die höchste Palme zu begeben.[117] Dort schafft er sich ein wohlduftendes Gewürz- und Aromatennest, in welchem er stirbt, und aus welchem er auch wieder aufersteht um in das Paradies zurückzukehren. Der Epilog des Gedichtes erinnert an die Mahnung eines Gleichnisses: Glücklich wähnt Laktanz den Vogel Phoenix, welcher den Verführungen der Venus entsagen kann, da er aus sich selbst wiedergeboren (*de se nasci*) werden kann, ohne der sexuellen Fortpflanzung unterworfen zu sein.[118]

---

113 So auch festgestellt von Wlosok (1990c), 215, die hierin eine „auffällige Analogie zu den beiden christlichen Hauptsakramenten Taufe und Eucharistie" sieht.

114 Lact. Phoen. 55–58. (CSEL 27,1,138. Übers. H. Kraft (1966), 463).

115 Vgl. dazu auch Wlosok (1990a), 264, die darin die christliche Praxis des Stundengebetes wiedererkennt.

116 Vgl. Lact. Phoen. 59 (CSEL 27,1,139). Es existieren in den Quellen mehrere Angaben zur Lebensspanne des Phoenix, die nicht zwingend an die Anzahl der Jahre sondern auch an die Sothis-Periode Altägyptens (1460/1 Jahre) gekoppelt sein können. Gängige Erwähnung aber finden 500 oder 1000 Jahre. Grundlegend dazu vgl. Broek (1972), 67–72 sowie Schuster/ Walla (1969), 41–50 (mit Diskussion der altägyptischen Forschung) und Merkelbach (1995), 111f.

117 Das Wort Palme hat eine doppelte Bedeutung, da die etymologische Bedeutung des Namen Phoenix neben Purpur und Phönizier auch Dattelpalme umfasst, vgl. Broek (1972), 51–66.

118 Schon Dölger (1920), 167–168 verweist auf die textliche Nähe der Sterbenspassage zum Lukasevangelium (Luk 23,46: Vater, in deine Hände empfehle ich meinen Geist.) in Lact. Phoen. 93: *animam commendare* – die Seele wird dem Gott empfohlen. Wlosok (1990a), 265 betont, dass diese Wendung das Signal für den christlichen Leser gewesen sei, da es sich eindeutig um Bibelsprache handelt, und ergänzt den Beleg aus Lukas mit einem Verweis auf Joh 10,17 und I Petr. 4,19. Ähn-

Antonie Wlosok hat darauf hingewiesen, dass der Gesang des Phoenix keineswegs konstituierend für die Sage an sich war. Sie führt einige Beispiele in der Dichtung an, die auf diesen Umstand verweisen.[119] Umso mehr muss es verwundern, warum Laktanz seinem Vogel Phoenix diesem Attribut so viel Raum und sprachliche Schönheit beigemessen hat. Deutlich steht nach der Darstellung des Materials vor Augen, dass Laktanz dem Gesang des mythischen Vogels eine tragende Rolle beim Gotteslob zuweist. So kann die besondere Schönheit des Gesanges alle anderen Künste und Fähigkeiten überwiegen, sofern sie zum rechten Zweck, nämlich dem Lobe Gottes, gebraucht wird. Eine große Rolle für die Auslegung des Gedichtes besteht in seiner doppelten Lesbarkeit, der kryptochristlichen Anlage: Dem christlichen Leser des Gedichtes muss die Parallele zum christlichen Hymnengesang vor Augen gestanden haben, der heidnische Leser hingegen dürfte die Betonung des Vokalen als rhetorisches Ornat rezipiert haben. Lediglich hätte er stutzig werden können, warum die Instrumentalmusik, die solch großen Raum in allen musikalischen Bereichen und besonders im Rahmen der Gottesverehrung seiner Zeit einnahm, dem Gesang unterlegen sein sollte. Dieser tiefe Gegensatz scheint von Laktanz eindringlich konzipiert worden sein, um den musikalischen Ritus der christlichen Kirche zu bejahen und darüber hinaus als Metapher zu instrumentalisieren. Der Vogel Phoenix steht für die christliche Kirche und mehr noch für Jesus Christus als ihrem Erneuerer, als ihrem Vertreter und Vorbild, der, im Gewand des priesterlichen Vogels Phoenix auch durch die Art seiner Verehrung die Überlegenheit über die heidnischen Kulte anhand der musikalischen Praxis ausdrückt. Mit diesem Gedicht hat Laktanz wahrhaft die Ära einer christlichen Dichtung eingeleitet, die mit Prudentius und Paulinus von Nola ihre erfolgreiche Fortführung findet.[120]

---

lich auch Fontaine (1981), 64–65 mit weiteren Belegen für die eindeutige christliche Lesbarkeit einzelner Wendungen. Die Besonderheit der Todeskomposition des Vogels Phoenix bei Laktanz analysiert Broek (1972), 182–184. Zum Vergleich mit Venus argumentiert Broek (1972), 365 stimmig, dass der Vogel Phoenix bei Laktanz über kein Geschlecht und keinen Geschlechtstrieb verfügt: Das Verlangen des Phoenix liegt einzig darin, dass er den Tod begehrt, der ihn zur Auferstehung führt. Zum Epilog vgl. auch Heck (2003), 517–522, der sich dieser These Broeks anschließt, dass Laktanz das Todessehnen des Vogels als *voluptas* benennt. Darüber hinaus aber erkennt Heck in der Auseinandersetzung mit Lukrez und den Epikureern eine ‚Kontrastimitation'.

119   Vgl. Wlosok (1990b), 246, Fn. 53 sowie besonders der Textanhang zu Wlosok (1990a), 274–278 mit Abdruck der Phoenix-Texte von Tertullian, Herodot, Ovid, Plinius, Tacitus und aus dem Physiologos.

120   Auch Wlosok (1990a), 268–269 kommt in ihrem Fazit zu dem Schluss, dass Laktanz, in Anschluss an die poetologische Tradition der Heiden mit dem Gedicht *De ave Phoenice* „ein Bekenntnis zum Wert des Ästhetischen, zur schönen sprachlichen Form und Gestaltung" gegeben hat, welches ein erstes Beispiel des neuen christlichen Dichtens darstelle. Als Abriss dazu vgl. auch Walter (2006), 110–111, der die Positionierung der Forschung zur These, ob das Gedicht des Laktanz als Instrumentalisierung der heidnischen Dichtungstradition oder als christliche Umdeutung gelten könne, anschaulich zusammenfasst. Zur christlichen Dichtung des Prudentius und Paulinus von Nola liegt eine Fülle an Literatur vor. An dieser Stelle sei nur auf den Stellenwert der Musik im Schaffen beider Autoren verwiesen, die sich, ähnlich wie Laktanz, dem Ästhetisch-Schönen der Sprache widmen und der Musik einen großen Raum geben. Einführend vgl. Fontaine (1981), 143–194; sowie zu

3.4   Fazit zur Rolle der Musik bei Laktanz

Die Rolle der Musik bei Laktanz lässt sich nicht eruieren, ohne dessen generelle Haltung zur heidnischen Bildung, Dichtung und Ästhetik darzustellen. Anhand der Darstellung der auf Musik begrenzten Quellenstellen lassen sich mehrere Faktoren im Schaffen des Laktanz beobachten: Zum einen zeigt sich deutlich die hohe Wertschätzung und Bejahung der heidnischen Literatur, Dichtung und Rhetorik in seinem Werk. Zum anderen nimmt Laktanz dadurch unter den frühchristlichen westlichen Apologeten eine Sonderstellung ein: Seine Haltung, Überzeugung und Umsetzung der Ideen zum christlichen Leben werden in einer sorgfältig ausgewählten Sprache präsentiert, die einen besonderen Adressatenkreis ansprechen soll. Letztlich liegt im Adressatenkreis und der rhetorischen Ausbildung des Laktanz der Schlüssel zu seinem Umgang mit den heidnischen Kulturgütern, und so wird die sogenannte Rhetorenstelle (*Lact. inst.* VI,21)[121] zur zentralen Quelle für das Verständnis seiner Haltung zu Musik und Rhetorik. Laktanz verfügt über ein ausgewogenes Verhältnis zu den heidnischen Kulturgütern, das von der Idee des rechten Gebrauches und der rechten Auswahl geleitet ist: Wenn der Christ aufgrund seiner Bildung in der Lage ist, zwischen guter und schlechter Musik und Rede zu unterscheiden, stellt sich die Rezeption von Sprache und Musik problemlos dar. Aus eben diesem Grund ist es notwendig, dass der Christ in seiner Sprachfähigkeit ausgebildet wird, damit er sowohl die Fähigkeit zur moralischen Beurteilung als auch die Kunst der eloquenten Dialektik beherrscht. Laktanz bedauert die schlechte Ausbildung der Christen in den freien Künsten und sieht besonders die Heidenmission kritisch, da keinerlei befähigte Redner und Prediger auf christlicher Seite existierten. Seine Vorgänger Tertullian, Minucius Felix und Cyprian werden in seinem Hauptwerk diesbezüglich negativ beurteilt, wobei die Nähe zu Minucius Felix und dessen christlicher Positionierung im *Octavius* aufgrund der Argumentationsstruktur sichtbar wird. Vielmehr greift Laktanz beherzt zu, um dieses gut angefangene Werk weiterzuführen: Er sieht seine Schriften als protreptische Anleitungen für Heiden und Christen gleichermaßen, die er im Geiste Ciceros anfertigen will. Diese Einstellung hat einen unmittelbaren Effekt auf die Art des Schreibens über die heidnischen Kulturgüter und auf die Beurteilung des heidnischen Kults. Die Polemik, die Laktanz an wenigen Stellen sorgsam einflicht, hat nicht generell den scharfen, verletzenden Tonfall eines Arnobius

---

Prudentius die deutsche Übersetzung des Gesamtwerkes von Fels (2011), in welchem die musikalische Praxis der Christen als Gegenstand der Dichtung selbst anhand musischer Metaphern oder als Nachdichtung der Psalmen gepriesen wird, vgl. bes. Praef. 34–42, Hymnen III,81–90; IV,70–75; V,121–124; IX,1–6,19–24 (Cathemerinon), die Verse 386–392 aus der Apotheosis, sowie aus dem Peristephanon die Hymnen I,7–9,118–120; V,309–324; VI,148–156; sowie bes. der Hymnus X. Einführend zu Prudentius vgl. auch Fuhrmann (1994), 232–257. Allgemeiner und einführend zur frühchristlichen Dichtung vgl. v.a. Fontaine (1980), bes. 131–212 (Aufsätze zu den Wurzeln christlicher Poesie) sowie 393–413 (zur Kithara in den Dichtungen des Paulinus von Nola), Charlet (1997), 495–564 und Evenepoel (1993), 35–60, der auch Laktanz berücksichtigt.

121   Vgl. Kapitel 3.3.1.2 (Die *suavitas* von Wort und Gesang im Rahmen der Rhetorik und Künste), 51–59, Text in Fn. 77 und 81.

oder Tertullians, der gegen die Heiden mit allen Mitteln wettert.[122] Dies zeigt sich auch an seinem Umgang mit der heidnischen Musikkultur: Hinsichtlich der musikalischen Praxis verfolgt Laktanz keine starke Unterscheidung von Instrumental- oder Vokalpraxis. Zwar spielt in *De ave Phoenice* der Gesang in der Welt eine eindeutig dominante Rolle, stellt sich doch die Stimme als Träger göttlicher Wahrheit und als Ausführende des göttlichen Willes neben dem Hörorgan als allen anderen Ausdrucksformen überlegen dar. Aber dennoch äußert sich diese Befürwortung von Stimme und Gesang nicht, wie bei Tertullian oder Clemens, in einer Abwertung der heidnischen Musikinstrumente oder gar einem Angriff auf die instrumentale Musikkultur.[123] Als ausgebildeter Rhetor verwendet Laktanz ganz natürlich die instrumentalen Topoi, die das Heidentum bereitgestellt hat, und zeigt ein tiefgreifendes Verständnis für die Funktionsweise von Kithara und Lyra. Er weist den Instrumenten keine Nähe zu Trunkenheit, Wollust oder Seelenverunreinigung zu – lediglich bewertet er den Nutzen und die Nähe zu Gott in der Vokalpraxis als höher, da sie von Gott selbst zu seinem Lobe gegeben wurde. Diese Hochschätzung zeigt sich am stärksten in der Darstellung des Vogels Phoenix, der als Gottesdiener der Sonne mit den schönsten Gesängen huldigt, die je auf der Erde erklungen sind. Dass damit der Primat des Gesanges deutlich manifestiert ist vor allen vom Menschen gemachten Musikinstrumenten, zeigt sich in der generellen Schönheit, die Laktanz in Sprache und Gesang erlebt. Das Erziehen zu einem Verständnis des Ästhetisch-Schönen mittels Sprache und Stimme ist Laktanz ein Anliegen, das er auch von den christlichen Predigern fordert. Er stellt den Gesang in ein kunstvolles Ornat hinein, in eine Szenerie, die das Schöne, nämlich die musikalische Vokalpraxis der Christen, hervorhebt. Diese wird von ihm aber an keiner Stelle seines Schrifttums konkret beschrieben, sondern bleibt immer abstrakt dem Gedanken des Ästhetisch-Schönen unterstellt, wie auch die Terminologie die Nähe zum Heidentum aufzeigt. Als Quelle für die musikalische Praxis in Liturgie und im Alltag ist Laktanz somit von keinerlei Nutzen. Als Vorkämpfer aber für die Idee des Musikalisch-Schönen spannt Laktanz von den hier gewählten Autoren einen großen Bogen bis hin zu Augustinus, in dessen Schriften das Denken über Musik und deren Wirkung großen Raum einnehmen. Die Aspekte der Musikkultur, auf die Laktanz im Rahmen seiner Schriften anspielt, spiegeln im Kleinen die großen Diskurse wider, die sich im späteren vierten Jahrhundert bei Johannes Chrysostomos und Augustinus wiederfinden lassen. Somit bezieht er eine sehr deutliche Position innerhalb der frühchristlichen Apologie, wählt dazu aber überaus geschickt eine ästhetische Form, die dem Heidentum verwandt ist, um protreptisch Einfluss nehmen zu können, und wirkt somit an der Schwelle von heidnischer Rhetorik zu christlicher Überzeugung.

---

122   Wenngleich er dazu fähig ist, vgl. den scharfen Tonfall von Lact. mort. pers.
123   So beispielsweise in Clem. Al. paid. II,IV,40,1+2 (Text Fn. 24 in Kapitel 5.1.1 (Musik beim Mahl) oder auch Clem. Al. paid. II,IV,41,1–3 oder bei Tert. spec. 10. Vgl. dazu auch die Sammlung der Quellenstellen, die sich explizit gegen die heidnischen Musikinstrumente aussprechen von Quasten (1930), bes. 45–58 und die jeweiligen Kapitel zur paganen Musikkultur dieses Buches.

4 Musikvorstellungen bei Euseb zwischen Geschichtsbegriff, Herrscherlob und Apologie

> *στίφη δ'οὖν πολυάνθρωπα*
> *κατὰ μέσας λεωφόρους καὶ ἀγορὰς*
> *ᾠδαῖς ψαλμοῖς τὸν θεὸν ἀνυμνοῦντα τὰ τῆς πορείας ἤνυεν,...*

> *Scharen um Scharen wanderten dahin,*
> *mitten auf Heerstraßen und Marktplätzen*
> *in Liedern und Psalmen Gott preisend...*
> (Eus. h.e. IX,1,11)

Im Jahr 311 bot sich den Bürgern des Römischen Reiches ein seltenes Schauspiel: Eine große Menge freigelassener, lauthals singender Zwangsarbeiter der Bergwerke kehrte in Scharen zurück in ihre alten Wohnstätten und pries auf ihrem Weg dorthin den Christengott durch Psalmengesänge und Lieder. Diese Prozession zerlumpter, ausgemergelter Menschen, die aus lauter Kehle ihre Dankgesänge darbrachten, ließ die umstehenden Heiden erstarren und sie die Größe des fremden Gottes erkennen, der offenbar auf den Kaiser Galerius eingewirkt hatte. In größter Freude verbanden sich daraufhin Heiden und Christen anlässlich dieses wundersamen Ereignisses.[1]

---

1 Vgl. Eus. h.e. IX,1,8;10–11: καὶ δὴ τούτων οὕτως ἐπιτελεσθέντων, ἀθρόως οἷόν τι φῶς ἐκ ζοφερᾶς νυκτὸς ἐκλάμψαν, κατὰ πᾶσαν πόλιν συγκροτουμένας παρῆν ὁρᾶν ἐκκλησίας συνόδους τε παμπληθεῖς καὶ τὰς ἐπὶ τούτων ἐξ ἔθους ἐπιτελουμένας ἀγωγάς· καταπέπληκτο δ' οὐ σμικρῶς ἐπὶ τούτοις πᾶς τις τῶν ἀπίστων ἐθνῶν, τῆς τοσαύτης μεταβολῆς τὸ παράδοξον ἀποθαυμάζων μέγαν τε καὶ μόνον ἀληθῆ τὸν Χριστιανῶν θεὸν ἐπιβοώμενος. (10.) εἶτα δὲ καὶ οἱ γενναῖοι τῆς θεοσεβείας ἀθληταὶ τῆς εἰς τὰ μέταλλα κακοπαθείας ἐλευθερούμενοι ἐπὶ τὰς αὐτῶν ἐστέλλοντο, γαῦροι καὶ φαιδροὶ διὰ πάσης ἰόντες πόλεως εὐφροσύνης τε ἀλέκτου καὶ ἣν οὐδὲ λόγῳ δυνατὸν ἑρμηνεῦσαι παρρησίας ἔμπλεοι. στίφη δ' οὖν πολυάνθρωπα κατὰ μέσας λεωφόρους καὶ ἀγορὰς ᾠδαῖς καὶ ψαλμοῖς τὸν θεὸν ἀνυμνοῦντα τὰ τῆς πορείας ἤνυεν,... „Und kaum war dies geschehen, da konnte man gleich einem Lichte, das plötzlich aus finsterer Nacht aufleuchtet, in allen Städten gefüllte Kirchen, zahlreich besuchte Zusammenkünfte und die hierbei üblichen Gottesdienste schauen. Die ungläubigen Heiden alle verwunderten sich darüber sehr und riefen, über diesen unerwarteten und gewaltigen Umschwung staunend: „Groß und allein wahr ist der Gott der Christen!...“ (10.) Da kehrten auch jene edlen Gottesstreiter, die von den schlimmen Leiden in den Bergwerken befreit worden waren, wieder in ihre Häuser zurück, froh und beglückt durch jede Stadt ziehend, voll von unsagbarer Freude und einer Zuversicht, die sich nicht in Worte fassen lässt. Scharen um Scharen wanderten dahin, mitten auf Heerstraßen und Marktplätzen in Liedern und Psalmen Gott preisend...“ (Text GCS 9,2. Übers. Haeuser/Gärtner).

So beschreibt Eusebios von Caesarea, der „Vater der Kirchengeschichtsschreibung",[2] in seiner *Historia ecclesiastica* die Beendigung der Christenverfolgung durch das sogenannte Toleranzedikt des Galerius. Der eindeutig christlich gefärbte Text, in welchem die heidnische Bevölkerung anlässlich der geschilderten Glaubenstreue der sehr großen Anzahl an Christen erstarrt und daraufhin die Befreiten gleichermaßen feiert, mag in seinem Wahrheitsgehalt durchaus überzogen sein, liegt doch die tiefergehende Bedeutung der Szene für Euseb mehr im Anzeigen des freudigen Ereignisses. Die Spontaneität der Befreiten, aus dem Stegreif Psalmen auf ihren Gott zu singen, zeigt gleichwohl die starke emotionale Beanspruchung der Freigelassenen auf: Die Musik dient hier als Ventil, um die erduldeten Qualen der Unterjochung und die Erleichterung über die Freiheit eindrucksvoll zum Ausdruck zu bringen. Diese Stelle ist aufgrund ihres außergewöhnlichen musikalischen Kontexts eine besondere: Der beschriebene Psalmengesang der Heimkehrer wird nicht in den Kirchen und Gottesdiensten verortet, die allerorten aus Dankbarkeit gefeiert werden, nein, er bricht seinen Weg nach außen in die Gesellschaft und schlägt Heiden und Christen gleichermaßen in seinen Bann. Dadurch gelangt er in die Repräsentation der christlichen Werte und Überzeugungen hinein und wird gleichsam zu ihrem Dolmetscher für die heidnische Umwelt.

Der Umgang mit Musik und Musikkultur unterliegt bei Euseb stark der von ihm gewollten Außendarstellung. Diese unterscheidet sich aufgrund der Variabilität von Adressatenkreis und Zielsetzung seiner Schriften mitunter enorm und eröffnet dadurch eine Vielfalt an musikalischen Räumen, die vielschichtige Kontexte aufdecken. Dies lässt Eusebs Schriften zu einem Angelpunkt für die Darstellung der frühchristlichen Musikkultur werden. An der Schnittstelle zum Umgang mit weltlicher Macht positioniert er sich eher uneindeutig und vage, wohingegen die Äußerungen in seinen apologetischen Schriften auch hinsichtlich der ihn umgebenden Musikkultur eindeutig und klar sind. Deshalb soll die Analyse des musikalischen Materials nicht nur terminologisch vollzogen werden, sondern die verschiedenen Sphären berücksichtigen, in denen Euseb die Musikkultur seiner Zeit wiedergibt. Zunächst wird dazu der weite Bereich der christlichen Vokalpraxis vorgestellt, der in den Schriften Eusebs sowohl für die christliche Vorzeit als auch in der Auseinandersetzung mit den häretischen Gruppierungen seiner Zeit behandelt wird. Da Euseb in den Geschichtswissenschaften vornehmlich als Biograph des Kaisers Konstantin wahrgenommen wurde, muss auch die von Euseb präsentierte Inszenierung des Kaisers mit Musik näher diskutiert werden. In einem zweiten Teil der Analyse soll Eusebs Umgang mit der paganen Musikkultur präsentiert werden. Dieser reicht aus musikpraktischer Sicht von der Analyse der Musikinstrumentensystematik zur Auseinandersetzung mit den Mysterienkulten und gipfelt in einer Synthese platonischer Vorstellungen zur

---

2   Die Vergabe des Ehrennamens in Anlehnung an Herodot als Vater der Geschichtsschreibung zeigt
     sich auch in der Forschung zu Euseb. So versieht Winkelmann (1991) seine Monographie über Euseb mit diesem Untertitel. Weitere Einführungen zu Eusebs Leben und Werk, vgl. Wallace-Hadrill
     (1960); Moreau (1966), 1052–1088; Bautz (1991), 1561–1564 (in der online-Fassung mit aktualisierter
     Bibliographie); und zur biographischen Verbindung von Euseb und Konstantin vgl. Barnes (1981).
     Zur Historiographie des Euseb, vgl. Studer (2004), 138–166 und Chesnut (1977), bes. 61–166.

Musikerziehung, die von Euseb kommentiert und teilweise auch übernommen werden. Der letzte Teil der Analyse soll das Material zum Umgang der Juden mit Musik und deren Rückschluss auf die musikalische Praxis der Christen aus der Sicht Eusebs wiedergeben.

4.1 Die Psalmodie im Schrifttum Eusebs – Ein konstituierendes Element schon bei den frühen Christen

4.1.1 Akteure

4.1.1.1 Die Christen in Bithynien zur Zeit der Christenverfolgungen (110/111)

Das zentrale, einigende Charakteristikum der frühen Christen liegt gemäß der Darstellung Eusebs in der Ausübung des Psalmengesanges. Diese Verknüpfung stellt Euseb an vielen Stellen seines Schrifttums, besonders deutlich aber in der *Historia ecclesiastica* her. Diese Schrift, welche in der Rezeption Eusebs wohl den größten Stellenwert einnimmt, wird von ihm über einen großen Zeitraum verfasst. Er beginnt 293 mit ihrer Abfassung und revidiert sie im Laufe seines Lebens parallel zur Entstehung weiterer Bände bis 325/26.[3] Sie reicht inhaltlich von den theologischen Grundlagen der Religion und der Darstellung ihres Stifters bis hin zum Ende der diokletianischen Verfolgung und dem daraus resultierenden Sieg der christlichen Kirche über das Heidentum.[4] Ein zentrales literarisches Gestaltungselement der *Historia ecclesiastica* liegt in der Zitation von Quellenauszügen älterer Autoren und Autoritäten als neues innovatives Element in der Historiographie.[5]

---

3 Zur h.e. vgl. Winkelmann (1991), 189f. Die Revisionen müssen unter dem jeweils aktuellen Zeitbezug verstanden werden; je nach politischer Lage veränderte sich die Bearbeitung, vgl. Kraft (1981), 32 und 75 (in der Einleitung der Ausgabe) mit Bezug auf die Ausgabe von Schwartz zur Textgeschichte (GCS). Euseb selbst berichtet in h.e. I,1,6 darüber, dass er schon in seiner Chronik einen kirchenhistorischen Zugang gewählt habe: ἤδη μὲν οὖν τούτων καὶ πρότερον ἐν οἷς διετυπωσάμην χρονικοῖς κανόσιν ἐπιτομὴν κατεστησάμην, πληρεστάτην δ' οὖν ὅμως αὐτῶν ἐπὶ τοῦ παρόντος ὡρμήθην τὴν ἀφήγησιν ποιήσασθαι. (Text GCS 9,1). „Bereits früher habe ich in meiner Chronik einen Auszug der Kirchengeschichte gegeben; nunmehr aber habe ich mich entschlossen, eine ausführliche Geschichte zu schreiben." (Übers. Haeuser/Gärtner). Letztere verweisen darauf, dass es sich wahrscheinlich um Tabellen gehandelt habe, vgl. Diess. (1981), 84, Fn. 2.

4 Vgl. Kraft (1981), 31 und einführend zur h.e. Barnes (1981), 126–147 sowie Liebeschuetz (2006), 151–163 (mit Ausblick auf die Wirkungsgeschichte der h.e. in der Spätantike). Immer noch aktuell zur Textgeschichte der h.e. bleibt die Ausgabe von Schwartz (1903) in der Reihe der GCS. Darauf basierend Laqueur (1929).

5 Vgl. Winkelmann (1991), 112, der betont, dass diese Methode der ‚Quellendokumentation' in den jüdisch-christlichen Kreisen aufgrund der besonderen Bedeutung des geschriebenen Wortes einen höheren Stellenwert einnähme als bei der (fiktiven) Rede, die in der paganen Historiographie üblich ist. Die besondere Bedeutung dieser Materialsammlung als Beweisführung für Andersgläubige oder Konvertiten habe insbesondere Euseb als frühem Vertreter der Apologie eine Vorbildfunktion

Das dritte Buch der *Historia ecclesiastica* behandelt die Verhaltensweisen und Merkmale der frühen Christen, welche den Beginn einer nachapostolischen christlichen Tradition kennzeichnen. So äußert Euseb darin, dass es nach dem Tod der Apostel aufgrund des entstehenden Vakuums erstmals zu Irrlehren unter den Christen kam. In diesem Zuge seien die harten Christenverfolgungen zu sehen, die aufgrund fehlender innerer Einheit die Christen umso härter trafen.[6] Euseb berichtet in diesem Zusammenhang von den Christenverfolgungen in der kleinasiatischen Provinz Bithynia et Pontus:[7]

> Damals wurden an mehreren Orten so harte Verfolgungen gegen uns verhängt, dass Plinius Secundus, einer der berühmtesten Statthalter, betroffen über die große Zahl der Märtyrer, an den Kaiser über die Menge derer, welche um des Glaubens willen ihr Leben lassen mussten, berichtete. Er teilte hierbei zugleich mit, dass nach seinen Erfahrungen die Christen nichts Gottloses und Gesetzeswidriges tun, dass sie nur gleich bei Sonnenaufgang nach dem Erwachen Christus als Gott in Lobliedern verehren (τὸν Χριστὸν θεοῦ δίκην ὑμνεῖν), dass sie aber Unzucht, Mord und dergleichen strafbare Verbrechen verabscheuen und in allem gesetzmäßig handeln.[8]

---

zukommen lassen. Vgl. Winkelmann (1977), bes. 196f. Die Verwendung dieser Technik durchzieht neben der h.e. auch die apologetische Hauptschrift der *Praeparatio evangelica*.

6 Vgl. Eus. h.e. III,32,8: ὡς δ' ὁ ἱερὸς τῶν ἀποστόλων χορὸς διάφορον εἰλήφει τοῦ βίου τέλος παρεληλύθει τε ἡ γενεὰ ἐκείνη τῶν αὐταῖς ἀκοαῖς τῆς ἐνθέου σοφίας ἐπακοῦσαι κατηξιωμένων, τηνικαῦτα τῆς ἀθέου πλάνης ἀρχὴν ἐλάμβανεν ἡ σύστασις διὰ τῆς τῶν ἑτεροδιδασκάλων ἀπάτης, οἳ καὶ ἅτε μηδενὸς ἔτι τῶν ἀοστόλων λειπομένου, γυμνῇ λοιπὸν ἤδη κεφαλῇ τῷ τῆς ἀληθείας κηρύγματι τὴν ψευδώνυμον γνῶσιν ἀντικηρύττειν ἐπεχείρουν. (Text GCS 9,1). „Als der heilige Chor der Apostel auf verschiedene Weise sein Ende gefunden hatte und jenes Geschlecht, welches gewürdigt worden war, mit eigenen Ohren der göttlichen Weisheit zu lauschen, abgetreten war, erhob sich zum ersten Male der gottlose Irrtum durch den Trug der Irrlehrer. Diese wagten nun, da keiner der Apostel mehr am Leben war, mit frecher Stirne der Lehre der Wahrheit eine falsche sogenannte Gnosis entgegenzusetzen." (Übers. Haeuser/Gärtner). Die Überzeugung, dass die Ursache für die Christenverfolgungen in der Orientierungslosigkeit der zerstrittenen christlichen Gruppierungen läge, ist entscheidend für die Haltung Eusebs, der der Gedanke der Einheit sowohl im Glauben als auch in der Herrschaft zugrunde liegt und die zentrale Vorstellung guter Lenkung als Garant für das Wohlergehen abbildet.

7 Die Provinz Bithynia et Pontus mit ihrer Hauptstadt Nikomedia liegt im nordwestlichen Kleinasien, heutige Türkei. Einen kurzen Überblick bietet Strobel (1997), 700–702. Der Name Bithynia für beide Regionen wird erst seit Diokletians Reformen verwendet. Zur Zeit Trajans ist die Provinz mit einem kaiserlichen Legaten ausgestattet. Dieses Amt bekleidet Plinius der Jüngere von 109–111, vgl. dazu Eus. h.e. III,33,1 sowie die Aufarbeitung der Datierung anhand der Inschriften bei Cook (2010), 143.

8 Eus. h.e. III,33,1: Τοσοῦτός γε μὴν ἐν πλείοσι τόποις ὁ καθ' ἡμῶν ἐπετάθη τότε διωγμός, ὡς Πλίνιον Σεκοῦνδον, ἐπισημότατον ἡγεμόνων, ἐπὶ τῷ πλήθει τῶν μαρτύρων κινηθέντα, βασιλεῖ κοινώσασθαι περὶ τοῦ πλήθους τῶν ὑπὲρ τῆς πίστεως ἀναιρουμένων, ἅμα δ' ἐν ταὐτῷ μηνῦσαι μηδὲν ἀνόσιον μηδὲ παρὰ τοὺς νόμους πράττειν αὐτοὺς κατειληφέναι, πλὴν τό γε ἅμα τῇ ἕῳ διεγειρομένους τὸν Χριστὸν θεοῦ δίκην ὑμνεῖν, τὸ δὲ μοιχεύειν καὶ φονεύειν καὶ τὰ συγγενῆ τούτοις ἀθέμιτα πλημμελήματα καὶ αὐτοὺς ἀπαγορεύειν πάντα τε πράττειν ἀκολούθως τοῖς νόμοις. (Text GCS 9,1. Übers. Haeuser/Gärtner).

Der Briefwechsel zwischen Plinius dem Jüngeren und Kaiser Trajan ist aufgrund der brisanten Thematik zu einem der bekanntesten Zeugnisse in der Rezeption der Christenverfolgungen geworden. Die Reaktion des Kaisers darauf wurde im Umgang mit den Christen bis zur Decischen Verfolgung kanonisch: So riet Trajan Plinius, die Christen nicht aktiv zu verfolgen, sondern sie nur bei zufälliger Festnahme zu verurteilen.[9] Dieselbe Stelle wird von Euseb auch im Wortlaut Tertullians angegeben, welchen er als Autorität begreift und dem Pliniusbrief vorzieht. So zitiert er in Übersetzung aus der Apologie des Tertullian:

> Nachdem nämlich Plinius Secundus als Statthalter einige Christen verurteilt und ihnen ihre Würden entzogen hatte, erstattete er, da ihn ihre große Menge so sehr beunruhigte, dass er nicht wusste, wie er sich weiterhin zu verhalten habe, dem Kaiser Trajan Bericht und teilte ihm mit, dass er nichts Gottloses an ihnen gefunden habe, außer dass sie sich weigerten, den Götzen zu opfern. Er meldete ihm auch, dass die Christen am frühen Morgen aufstehen, Christus als ihren Gott in Liedern verehren (τὸν Χριστὸν θεοῦ δίκην ὑμνεῖν), und dass sie, um ihre Sittenlehre zu beobachten, sich von Mord, Ehebruch, Habsucht, Diebstahl und anderen Verbrechen dieser Art fernhalten müssen.[10]

Auch in dieser Quelle führt Euseb den selben Wortlaut für die Tätigkeit des Singens der Christen an, nämlich τὸν Χριστὸν θεοῦ δίκην ὑμνεῖν. Das Verb ὑμνεῖν in Verbindung mit δίκην zeigt die inhaltliche Thematik des Lobes auf. Der griechische Terminus ὑμνεῖν kann wie das lateinische *dicere* neben der Bedeutung *einen Lobgesang singen* aber auch im Sinne von *preisen* oder *lobpreisen* verwendet werden, so dass aus dieser Übersetzung zwar höchstwahrscheinlich, aber nicht zwingend auf Gesang geschlossen werden kann.[11] Näheres erfährt man aus der Verwendung des Vokabulars bei Plinius und Tertullian. So schreibt Plinius in seinem Brief an den Kaiser Trajan folgendes über diesen Sachverhalt:

> Sie versicherten jedoch, ihre ganze Schuld oder ihr ganzer Irrtum habe darin bestanden, dass sie sich an einem bestimmten Tage vor Sonnenaufgang zu versam-

---

9 Vgl. Eus. h.e. III,33,2. Weiterführend zum Umgang Trajans mit den Christen, vgl. Cook (2010), 138–173 sowie Freudenberger (1967), 200–215 mit detaillierter Textanalyse der juristischen Terminologie des Reskript Trajans und Molthagen (1970), 13–27 zur Rechtslage der Christen im 2. Jh.

10 Eus. h.e. III,33,3: Πλίνιος γὰρ Σεκοῦνδος ἡγούμενος ἐπαρχίου κατακρίνας Χριστιανούς τινας καὶ τῆς ἀξίας ἐκβαλών, ταραχθεὶς τῷ πλήθει, διὸ ἠγνόει τί αὐτῷ λοιπὸν εἴη πρακτέον, Τραϊανῷ τῷ βασιλεῖ ἀνεκοινώσατο λέγων ἔξω τοῦ μὴ βούλεσθαι αὐτοὺς εἰδωλολατρεῖν οὐδὲν ἀνόσιον ἐν αὐτοῖς εὑρηκέναι· ἐμήνυεν δὲ καὶ τοῦτο, ἀνίστασθαι ἕωθεν τοὺς Χριστιανοὺς καὶ τὸν Χριστὸν θεοῦ δίκην ὑμνεῖν καὶ πρὸς τὸ τὴν ἐπιστήμην αὐτῶν διαφυλάσσειν κωλύεσθαι φονεύειν, μοιχεύειν, πλεονεκτεῖν, ἀποστερεῖν καὶ τὰ τούτοις ὅμοια. (Text GCS 9,1; Übers. Haeuser/Gärtner). Vgl. Tert. apol. 2,6 (Text Fn. 15).

11 Zur Begriffsgenese des Wortes *Hymnus* seit griechischer Zeit vgl. Thraede (1994), 916–919 sowie zur Bedeutung des Wortes im christlichen Umfeld Ders. (1994), 919–922 und 935–939, der in Einzelbelegen aufzeigt, dass die Mehrdeutigkeit der antiken Terminologie keine eindeutige formale Zuschreibung erlaubt. Ausführlicher vgl. Kapitel 2 (Zur Terminologie der christlichen Musikpraxis).

meln pflegten, im Wechselgesang ein Lied zu Christus gewissermaßen als ihrem Gott zu singen (*carmenque Christo quasi deo dicere secum inuicem*) und sich durch Eid nicht etwa zu irgendwelchen Verbrechen zu verpflichten, sondern keinen Diebstahl, Raubüberfall oder Ehebruch zu begehen, ein gegebenes Wort nicht zu brechen, eine angemahnte Schuld nicht abzuleugnen.[12]

Plinius verwendet den Terminus *carmen dicere* zur Beschreibung der morgendlichen Tätigkeit der Christen und versieht diesen Passus noch mit der aufführungspraktischen Information, dass die Gesänge *secum inuicem* durchgeführt werden, also *sich abwechselnd/wechselweise* oder besser: *einander abwechselnd*.[13] Damit offenbart Plinius als ‚neutrale‘ Person die früheste Beschreibung der Wechselgesänge, die für den christlichen Gesang so typisch werden sollten.[14] Tertullian aber, der von Euseb als Hauptquelle für diese Episode dient, verwendet in diesem Kontext ein anderes Verb:

> Als nämlich der Jüngere Plinius Statthalter einer Provinz war und verschiedene Christen verurteilt, verschiedene von ihrem Glauben abgebracht hatte, fragte er, weil ihre große Zahl ihn doch bestürzte, den damaligen Kaiser Trajan um Rat, was er weiter tun solle; er fügte hinzu, außer ihrer Weigerung zu opfern habe er nichts anderes von ihren Riten erfahren als dass sie vor Tagesanbruch sich versammelten, um Christus als ihrem Gott Lob zu singen (*ad canendum Christo ut deo*) und sich

---

12 Plin. ep. X,96,7: adfirmabant autem hanc fuisse summam uel culpae suae uel erroris, quod essent soliti stato die ante lucem conuenire, carmenque Christo quasi deo dicere secum inuicem seque sacramento non in scelus aliquod obstringere, sed ne furta ne latrocinia ne adulteria committerent ne fidem fallerent, ne depositum adpellati abnegarent. (Text und Übers. H. Kasten). Weiterführend zu Text und Gliederung des Briefes aus juristischer Sicht vgl. Freudenberg (1967), 41–46 mit daran anschließender juristischer Feinanalyse, 47–171.

13 Die nachklassische Bedeutung des Terminus *carmen* ist belegt als ein von der Stimme generiertes Lied, vgl. ThesLL, der die Plinius Stelle exemplarisch unter dem Überpunkt *II. de carmine quod fit per vocem humanam. A de variis generibus carminum – hebraea und christiana* anführt.

14 Ob dieser Begriff damit die responsoriale oder antiphonale Psalmodie abdeckt, kann daraus nicht geschlossen werden, da sich beide Formen unter dieser Aussage einfinden könnten: So kann die Gruppe einander abwechselnd Verse gesungen haben (antiphonal) oder kann antwortend eingestimmt haben in den Gesang (responsorial). Lattke (1991), 86 verweist in Ablehnung der Position Lietzmanns (Kirchengesang mit wechselnden Chören in Anlehnung an das Taufbekenntnis) darauf, dass diese Wendung vielmehr unter römischer Färbung gelesen werden müsse und erinnert an die Verwendung von Chören und Gesängen bei Horaz (Carm. III 28,9–6: *nos cantabimus inuecem... summo carmine...dicetur...*). Vgl. dazu auch Freudenberger (1967), 165f. mit weiterführender Literatur, der darauf verweist, dass der Vorwurf magischer *incantationes* durch die detaillierte Erklärung der Christen für Plinius entkräftigt wurde. Zu dieser Episode vgl. auch Hengel (1987), 382f., der die Bedeutung der Stelle vorrangig unter der Prämisse des Christusliedes bewertet und ebenso betont, dass die Verhörabsicht des Plinius dazu geführt habe, dass die Christen das Wechsellied auf Christus explizit in Abgrenzung zu Zaubersprüchen benannt hätten.

in ihrer Lehre zu befestigen, und dass man dabei Mord, Ehebruch, Betrug, Verrat und alle anderen Verbrechen verbiete.[15]

Die Versammlung der Christen, von der Tertullian berichtet, beschreibt auch die Tätigkeit des frühmorgendlichen Singens, enthält allerdings darüber hinaus keinerlei aufführungspraktische Informationen. Die Christen versammeln sich mit der Absicht *ad canendum Christo ut deo,* also Christus zu singen als ihrem Gott. Es erstaunt, dass Tertullian die von Plinius beschriebene Tätigkeit des wechselseitigen Singens nicht erwähnt – so enthält das Wort *canere* keinerlei weiterführende Bedeutungsebene hinsichtlich der Wechselgesänge.[16] Damit erschließt sich inhaltlich nur das *Was*, aber nicht das *Wie*. Die Umwandlung in den Terminus ὑμνεῖν durch Euseb lässt zwar einen größeren Interpretationsspielraum für die Aufführungspraxis, enthält aber auch keine konkrete Information darüber, ob die bithynischen Christen responsorial, antiphonal oder *una voce* gesungen haben.[17] Offenbar hat die Stelle Euseb nur durch die Lektüre Tertullians vorgelegen, so dass die zusätzliche Information verloren gegangen ist. Eine weitere lateinische Übersetzung des griechischen Euseb-Textes durch Rufinus schreibt eine vierte Variante *hymnos canere,*[18] welche damit eine Verbindung des Eusebtextes mit Tertullian herzustellen scheint. Abseits dieser aufführungspraktischen Detailfragen lässt sich dieser Stelle entnehmen, dass Euseb unter

---

15 Tert. apol. 2,6: Plinius enim Secundus, cum prouinciam regeret, damnatis quibusdam Christianis, quibusdam gradu pulsis, ipsa tamen multitudine perturbatus, quid de cetero ageret, consuluit tunc Traianum imperatorem, adlegans praeter obstinationem non sacrificandi nihil aliud se de sacramentis eorum comperisse quam coetus antelucanos ad canendum Christo ut deo et ad confoederandam disciplinam, homicidium adulterium fraudem perfidiam et cetera scelera prohibentes. (Text und Übers. C. Becker).

16 Zum Terminus *canere* vgl. die einschlägigen Einträge in ThesLL und OLD sowie Kapitel 2 (Zur Terminologie der frühchristlichen Musikpraxis). Für Tertullian scheint der Sachverhalt demnach etwas Selbstverständliches darzustellen, das der Erwähnung nicht weiter wert ist.

17 Dass die frühen Christen in dieser Episode aber singen, ergibt sich aus dem Quellenbefund ganz eindeutig. Hier muss Brucker (2016), 57f. vehement widersprochen werden, der in der Stelle lediglich einen Beweis dafür sieht, dass die Christen sich trafen und einander etwas sagten, ein Gebet, eine Bitte oder eben einen Gesang. Schon in seiner Monographie von (1998), 107–110 plädiert Brucker für eine terminologische Offenheit und argumentiert, dass sich Plinius mit der Wendung *carmen dicere* auf ein Wechselgebet oder Bittgebet, oder auf die Widerlegung der Zauberformel (siehe Kapitel 2, *carmen* als Verzauberung) bezöge, oder aber, dass lediglich ein gesprochenes Responsorium in Form einer bejahenden Formel (Alleluia, Amen etc.) von Plinius bezeugt worden wäre. Sicherlich kann zugestimmt werden, dass die Wortverbindung diesen Schluss zulässt und ein Responsorium wahrscheinlich scheint, aber dennoch muss der ausgeführten Tertullian-Stelle hier Rechnung getragen werden, bei der der Gesang als solches durch das *canere* deutlich wiedergegeben wird. Auch liegt die Verbindung zum kultischen Singen nahe; dass es sich deshalb aber keineswegs um einen spezifischen Christushymnus oder eine Psalm handeln muss, kann in diesem Sinne wie bei Brucker vertreten werden. Vgl. dazu auch Günther (2017), 62–65.

18 Vgl. Rufinus apud Eus. h.e. III,33,3: „…in quibus nihil omnino sceleris deprehenderetur admissum aut aliquid contrarium Romanis legibus gestum, solum quod antelucanos hymnos Christo cuidam canerent deo.“ (Text GCS 9,3). Darin kann man durchaus die Verbindung beider textlichen Konzepte zu dieser Stelle bei Euseb und Tertullian erkennen.

Verwendung der Aussagen Tertullians die gängige Praxis des frühmorgendlichen Singens der frühen Christen in Bithynien an einem Tag der Woche beschreibt.[19] Zeitlich fassbar ist diese Episode mit dem Jahr 110/111.[20] Damit handelt es sich um die bisher früheste Zuschreibung der Psalmodie zur christlichen Religion, die von Euseb überliefert wird.

4.1.1.2 Die Therapeuten

Im zweiten Buch der *Historia ecclesiastica* führt Euseb unter Bezugnahme auf Philon die Gruppierung der Therapeuten an, um das Alter der christlichen Religion aufzuzeigen.[21] Für diesen Altersbeweis greift er auf Philons Schrift Περὶ βίου θεωρητικοῦ – *De vita contemplativa* zurück, welche sich mit der Lebensführung und Musikpraxis der Therapeuten beschäftigt. In dieser Gruppierung will Euseb die frühen Christen erkennen und sucht dies anhand des Vergleiches mit aktuellen kirchlichen Vorschriften und Riten zu beweisen.[22] So führt er wiederholt diejenigen Merkmale der Gruppierung an, die den christlichen Riten seiner Zeit verbunden sind und die er ausschließlich bei den Christen erfüllt sieht: Dazu zählt er neben der Beteiligung von weiblichen Jungfrauen am Kultgeschehen die allegorische Auslegung der Schriften und die generellen gemeinschaftlichen

---

19 Zur Notwendigkeit der frühchristlichen Sonntagseucharistie in den frühen Morgenstunden vgl. Heinz (2007), 148, der darauf verweist, dass mit der Einführung der Sonntagsgesetzgebung durch Konstantin vom 3. Juli 321 (CJ 3,12,2) die Notwendigkeit der Christen, den Gottesdienst in den frühen Morgenstunden zu feiern, erlosch. Zur Sonntagsgesetzgebung vgl. Wallraff (2001), 96–102. Ein knapper, aber prägnanter Überblick zur Gesetzgebung Konstantins aus religionspolitischer Sicht bei Rist (2007), 55–60. Zur Uhrzeit der Eucharistiefeier ab 321 vgl. Jungmann I (1958), 320–329.

20 Hengel (1987), 382 datiert den Brief auf 111/112, Cook (2010), 146 vermutet 110/111, je nach Ankunftsdatum des Plinius in Bithynien. Hinsichtlich der Belege durch die Inschriften scheint diese Position plausibler. Vgl. Ders. (2010), 143.

21 Philon von Alexandria (15 v. Chr.–ca. 50 n. Chr.), genannt Philo Iudaeus, gilt als der „bedeutendste Repräsentant des griechisch-sprachigen Judentums von Alexandreia" (Runia (2000), 850). Er bildet neben Josephus die Hauptquelle Eusebs für jüdische Geschichte, Kult und Tradition. Euseb weist ihm sehr gute Kenntnisse der paganen Bildung und Philosophie zu, vgl. dazu Eus. h.e. II,4,3: καὶ περὶ τὰ φιλόσοφα δὲ καὶ ἐλευθέρια τῆς ἔξωθεν παιδείας οἷός τις ἦν. (GCS 9,1). „... dass er in der Philosophie und den feinen Bildung der Heiden bewandert war." Euseb sieht Philons Wirken gleichermaßen unter der Beeinflussung von Petrus, mit dem er in Rom persönlich verkehrt haben soll, vgl. Eus. h.e. II,17,1: ὃν καὶ λόγος ἔχει κατὰ Κλαύδιον ἐπὶ τῆς Ῥώμης εἰς ὁμιλίαν ἐλθεῖν Πέτρῳ, τοῖς ἐκεῖσε τότε κηρύττοντι. καὶ οὐκ ἀπεικὸς ἂν εἴη τοῦτό γε, ... (Text GCS 9,1). „Philon soll unter Claudius in Rom mit Petrus, als er damals den Bewohnern predigte, verkehrt haben. Dies dürfte nicht unwahrscheinlich sein..." (Übers. Haeuser/Gärtner). Zur Zitation Philons und dessen Stellenwert bei Euseb vgl. Runia (1993), 212–234, bes. aber 221f. zur Begründung der Legende des ‚Philo Christianus' durch die Verwendung der Therapeuten-Episode.

22 So zieht er direkt zu Beginn der Episode den Vergleich zur aktuellen rituellen Praxis, vgl. Eus. h.e. II,17,1: ἐπεὶ καὶ ὃ φαμεν αὐτὸ σύγγραμμα, εἰς ἔτι νῦν καὶ εἰς ἡμᾶς πεφυλαγμένους τῆς ἐκκλησίας περιέχει κανόνας· (Text GCS 9,1). „Denn die Schrift, von welcher wir sprechen und welche Philon später nach Jahren verfasst hat, enthält offenbar kirchliche Vorschriften, welche noch heute bei uns beobachtet werden." (Übers. Haeuser/Gärtner).

Zusammenkünfte.[23] Neben diesen steht für Euseb vor allem die asketische Lebensweise der Therapeuten im Vordergrund:

> In jedem Haus ist ein heiliges Gemach, welches Heiligtum und Einsamkeit genannt wird. Hier vollbringen sie in Abgeschlossenheit die Geheimnisse ihres würdigen Lebens. Nichts, weder Trank noch Speise noch sonst etwas, was für den Unterhalt des Leibes notwendig ist, nehmen sie mit sich hinein, sondern Gesetze, von Gott eingegebene Worte der Propheten, Gesänge (ὕμνους) und anderes, wodurch Weisheit und Frömmigkeit gefördert und vervollkommnet werden.[24]

Die Therapeuten, so bezeugt es Euseb anhand der Zitation Philons, leben abgewandt von allen weltlichen und körperlichen Dingen und beschäftigen sich in Einsamkeit hauptsächlich mit den prophetischen Schriften und den Hymnen. Über die Hymnen zitiert Euseb weiter, dass sie nicht nur gesungen, sondern auch neu gedichtet würden:

> Über ihre neuen Psalmen schreibt er sodann also: „Sie geben sich also nicht nur der Betrachtung hin, sondern verfassen auch Gesänge und Hymnen auf Gott in verschiedenen Versmaßen und Gesangsweisen; doch bedienen sie sich hierbei, wie notwendig, nur würdiger Maße."[25]

Die hier benannten Termini ᾄσματα καὶ ὕμνους führt Euseb im Wortlaut Philons an. Er selbst allerdings stellt dem Zitat voran, dass Philon περὶ τοῦ νέους αὐτοὺς ποιεῖσθαι ψαλμοί, also über die neu gedichteten Psalmen schreibe.[26] Damit verwendet Euseb erstmals den Terminus ψαλμός für die Gesänge und Dichtungen und gibt dadurch den benannten ᾄσματα καὶ ὕμνους eine andere inhaltliche, betont christliche Färbung. Auf die Musikpraxis der Therapeuten im Rahmen ihrer religiösen Übungen verweist Euseb an anderer Stelle besonders unter Bezugnahme auf die üblichen christlichen Nachtwachen zum Fest des Erlöserleidens:

---

23 Vgl. Eus. h.e. II,17,18–21.
24 Eus. h.e. II,17,9: ἐν ἑκάστῃ δὲ οἰκίᾳ ἐστιν οἴκημα ἱερὸν ὃ καλεῖται σεμνεῖον καὶ μοναστήριον, ἐν ᾧ μονούμενοι τὰ τοῦ σεμνοῦ βίου μυστήρια τελοῦνται, μηδὲν εἰσκομίζοντες, μὴ ποτόν, μὴ σιτίον, μηδέ τι τῶν ἄλλων ὅσα πρὸς τὰς τοῦ σώματος χρείας ἀναγκαῖα, ἀλλὰ νόμους καὶ λόγια θεσπισθέντα διὰ προφητῶν καὶ ὕμνους καὶ τἆλλα οἷς ἐπιστήμη καὶ εὐσέβεια συναύξονται καὶ τελειοῦνται. (Text GCS 9,1. Übers. Haeuser/Gärtner).
25 Eus. h.e. II,17,13: εἶτα πάλιν ἑξῆς περὶ τοῦ νέους αὐτοὺς ποιεῖσθαι ψαλμοὺς οὕτως γράφει· ὥστ' οὐ θεωροῦσι μόνον, ἀλλὰ καὶ ποιοῦσιν ᾄσματα καὶ ὕμνους εἰς τὸν θεὸν διὰ παντοίων μέτρων καὶ μελῶν ἀριθμοῖς σεμνοτέροις ἀναγκαίως χαράσσοντες. (Text GCS 9,1. Übers. Haeuser/Gärtner). Wesentlich zum Verständnis dieser Stelle ist auch die Bemerkung Hengels (1987), 366, der die Gruppierung der Therapeuten hinsichtlich ihres Umgangs mit Musik auch im jüdischen Umfeld als Außenseiter bezeichnet.
26 Dieser Sachverhalt wird im Ausdruck ‚neu', den Haeuser/Gärtner übersetzen, nicht ganz deutlich zum Ausdruck gebracht.

Diese Übungen beschreibt der erwähnte Schriftsteller genauso, wie sie einzig und allein bei uns noch heute beobachtet werden, in seiner Schrift. Er erwähnt die Nachtwachen mit den frommen Übungen am großen Fest und die bei uns üblichen Hymnen und berichtet, dass, während ein einziger nach dem Takt würdevoll vorsingt, die übrigen still zuhören und nur am Schluss der Gesänge mit einstimmen...[27]

Die Darstellung einer responsorialen Psalmodie, also des musikpraktischen Konzepts von Vorsänger und antwortender Gemeinde, wird hier von Euseb erstmals mit der christlichen Aufführungspraxis seiner Zeit gleichgesetzt. Dabei stellt sich allerdings die Frage, in welchem Rahmen die beschriebene responsoriale Psalmodie ausgeübt wird: Werden besagte bei den Christen übliche Hymnen lediglich in der Vigil vor der Passion[28] gesungen oder spielt Euseb auf einen generellen musikalischen Habitus der Christen im zeremoniellen Rahmen an? Die Darstellung der Musikpraxis der Therapeuten in *De vita contemplativa* führt zur Schilderung verschiedener Anlässe und Praktiken, die Euseb in der oben genannten Stelle zusammengefügt hat. In *De vita contemplativa* stellt Philon die Gestaltung des Nachtmahles dar, welches mit der Auslegung der Schriften und einem abschließenden Hymnus vorbereitet wird. Diesen Hymnus unmittelbar vor dem Mahl schildert Philon wie folgt:

> Dann erhebt sich der Vorsteher und singt einen Hymnus auf Gott, entweder einen neuen, den er selbst verfasst hat, oder einen alten, der von den Dichtern früherer Zeiten herrührt. [...] Danach singen auch die anderen der Reihe nach in der gebührenden Ordnung, wobei alle unter tiefem Schweigen zuhören, außer wenn sie den Schluss oder Refrain singen müssen. Dann nämlich erheben alle, Männer und Frauen, ihre Stimme.[29]

Deutlich ist hier aus aufführungspraktischer Sicht die Rede von einem Vorsänger, der sangeskundig einen Hymnus vorträgt, und der ihm lauschenden Gemeinde. Dabei obliegt es offenbar dem Vorsänger, den Hymnus zu bestimmen, da er die Wahl zwischen einem traditionellen Hymnus oder einem von ihm neu verfassten Hymnus hat. Die musikalische Fertigkeit des Vorsängers dominiert damit die klangliche Qualität bei der Gestaltung des Nachtmahles. Davon unabhängig aber gibt es formelhafte Schlüsse, die der

---

27 Eus. h.e. II,17,22: ...ἅπερ ἐπ' ἀκριβέστερον αὐτὸν ὄν καὶ εἰς δεῦρο τετήρηται παρὰ μόνοις ἡμῖν τρόπον ἐπισημηνάμενος ὁ δηλωθεὶς ἀνὴρ τῇ ἰδίᾳ παρέδωκεν γραφῇ, τὰς τῆς μεγάλης ἑορτῆς παννυχίδας καὶ τὰς ἐν ταύταις ἀσκήσεις τούς τε λέγεσθαι εἰωθότας πρὸς ἡμῶν ὕμνους ἱστορῶν, καὶ ὡς ἑνὸς μετὰ ῥυθμοῦ κοσμίως ἐπιψάλλοντος οἱ λοιποὶ καθ' ἡσυχίαν ἀκροώμενοι τῶν ὕμνων τὰ ἀκροτελεύτια συνεξηχοῦσιν... (Text GCS 9,1. Übers. Haeuser/Gärtner).

28 Zur Vigil zum Fest der Passion und dessen Entwicklung in Ost und West von apostolischer Zeit bis zu Konstantin vgl. Heinz (2007), 152–162.

29 Phil. Iud. Contempl. 80: Καὶ ἔπειτα ὁ μὲν αὐτὸς πεποιηκὼς ἢ ἀρχαῖον τινα τῶν πάλαι ποιητῶν [...], μεθ' ὃν καὶ οἱ ἄλλοι κατὰ τάξεις ἐν κόσμῳ προσήκοντι, πάντων κατὰ πολλὴν ἡσυχίαν ἀκροωμένων, πλὴν ὁπότε τὰ ἀκροτελεύτια καὶ ἐφύμνια ᾄδειν δέοι · τότε γὰρ ἐξηχοῦσι πάντες τε καὶ πᾶσαι. (Text Daumas/ Miquel. Übers. K. Bormann).

Gemeinde als Refrain oder als Antwort bekannt sind und offenbar an den Schluss des Hymnus oder an eine feste Stelle im musikalischen Ablauf angehängt werden. Deutlich betont Philon noch die Zusammensetzung der Sänger in der Gemeinde: Alle, sowohl Männer als auch Frauen nehmen daran teil. Anschließend schildert Philon das auf das Mahl folgende Fest, die musikalische Nachtfeier:

> Alle erheben sich gemeinsam, und in der Mitte des Speisesaals bilden sie zunächst zwei Chöre, den einen von Männern, den anderen von Frauen. Zum Führer und Vorsänger wird für jeden Chor der geachtetste und musikalischste gewählt. Dann singen sie Hymnen auf Gott, in vielen Versmaßen und Melodien abgefasst, wobei sie teils ihre Stimmen zusammen erschallen lassen, teils im Wechselgesang die Harmonie aufnehmen, die Hände zum Takt bewegen und tanzen; bald singen sie voller Begeisterung Lieder, die für feierliche Aufzüge bestimmt sind, bald Lieder, welche vom Chor vorgetragen werden, wenn er stillsteht, sowie die bei Wendung und Gegenwendung (στροφάς καὶ ἀντιστροφάς) im Chortanz üblichen Liedteile. [...] Damit ahmen sie den Chor nach, der vor langer Zeit am Roten Meer zusammentrat aufgrund der dort gewirkten Wunder.[30]

Philon präsentiert hier also zwei unterschiedliche musikalische Settings: Zum einen das andächtige Ritual einer Annahme der inhaltlich-theologischen Aussage der Schriften durch deren musikalische Bestätigung, die sich in der einmütigen musikalischen Antwort aller Teilnehmenden vollzieht. Diese Szene zeigt nur eine geringe musikalische Interaktion im zeremoniellen Rahmen auf, beruht aber im Falle eines kundigen Vorsängers auf einer musikalischen Neuschöpfung und stellt dadurch eine Innovation dar. Das zweite Setting hingegen zeichnet ein ganz anderes Bild, nämlich das einer ausgelassenen Feier und Inszenierung anhand bestimmter musikalischer Parameter: Der Rahmen wird durch die Teilung der Chöre und die Wahl der Chorleiter gesteckt; dann erfolgt das eigentliche musikalische Spiel, bei welchem der Auszug der Juden aus Ägypten szenisch-musikalisch nachgestellt wird. Verschiedene Darstellungsformen und musikalische Gattungen (*una voce*, responsorial) werden von den Chören umgesetzt, die sich nach Stimmfach unterscheiden.[31] Hinzu kommt die tänzerische Darstellung bei der Ausübung bestimmter mu-

---

30 Phil. Iud. Contempl. 83–85: ἀνίστανται πάντες ἀθρόοι, καὶ κατὰ μέσον τὸ συμπόσιον δύο γίνονται τὸ πρῶτον χοροί, ὁ μὲν ἀνδρῶν, ὁ δὲ γυναικῶν · ἡγεμὼν δὲ καὶ ἔξαρχος αἱρεῖται καθ' ἑκάτερον ἐντιμότατός τε καὶ ἐμμελέστατος. Εἶτα ᾄδουσι πεποιημένους ὕμνους εἰς τὸν θεὸν πολλοῖς μέτροις καὶ μέλεσι, τῇ μὲν συνηχοῦντες, τῇ δὲ καὶ ἀντιφώνοις ἁρμονίαις ἐπιχειρονομοῦντες καὶ ἐπορχούμενοι, καὶ ἐπιθειάζοντες τοτὲ μὲν τὰ προσόδια, τοτὲ δὲ τὰ στάσιμα, στροφάς τε τὰς ἐν χορείᾳ καὶ ἀντιστροφὰς ποιούμενοι. [...], μίμημα τοῦ πάλαι συστάντος κατὰ τὴν ἐρυθρὰν θάλασσαν ἕνεκα τῶν θαυματουργηθέντων ἐκεῖ. (Text Daumas/Miquel. Übers. K. Bormann).

31 Philon spricht von den dunklen Stimmen der Männer und den helleren der Frauen, vgl. Phil. Iud. Contempl. 88: ὁ τῶν θεραπευτῶν καὶ θεραπευτρίδων, μέλεσιν ἀντήχοις καὶ ἀντιφώνοις πρὸς βαρὺν ἦχον τῶν ἀνδρῶν ὁ γυναικῶν ὀξὺς ἀνακιρνάμενος, ἐναρμόνιον συμφωνίαν ἀποτελεῖ καὶ μουσικὴν ὄντως· πάγκαλα μὲν τὰ νοήματα, πάγκαλοι δὲ αἱ λέξεις, σεμνοὶ δὲ οἱ χορευταί · τὸ δὲ τέλος καὶ τῶν νοημάτων καὶ τῶν λέξεων καὶ τῶν χορευτῶν εὐσέβεια. (Text Daumas/Miquel). „Der Chor der Therapeuten aus

sikalischer Stile. Die gesamte Inszenierung untersteht dem Lobe Gottes, welches sich in Gesang, Tanz und Spiel ausdrückt.

Euseb hingegen vermittelt dem Leser seiner Therapeuten-Episode ein ganz anderes Bild, indem er aus musikalischer Sicht die Nachtwache mit dem eigentlichen zeremoniellen Nachtmahl vermischt, so dass in seiner Darstellung auf Basis der Aussagen Philons eigentlich nur die Musik im zeremoniellen Rahmen des Wandlungsrituals abgebildet wird. Dadurch soll der christliche Leser in der zitierten Musikpraxis der frühen Zeit die gängige Praxis einer responsorialen Psalmodie im Rahmen des Mahles wiedererkennen.[32] Deutlich zeigt die Inanspruchnahme der Therapeuten als Sinnbild der frühchristlichen Gemeinde und die wiederkehrende geäußerte Identifikation der geschilderten Bräuche mit den Bräuchen seiner Zeit die schon zu diesem frühen Zeitpunkt verbreitete musikalische Praxis der responsorialen Psalmodie im Rahmen der Mahlgestaltung auf – anders lässt es sich nicht erklären, dass Euseb die von Philon geschilderten, weiterführenden Aspekte der Musikpraxis der Therapeuten unerwähnt lässt. Sie können seiner Argumentationslinie nicht dienen und bilden die Musikpraxis seiner Zeit, die für Euseb ein zentraler Faktor der christlichen Identifikation ist, nicht ab; im Gegenteil, sie laufen ihr zuwider. So musste wohl insbesondere die Liebe der Therapeuten zu Tanz und szenischem Spiel aufgrund der aktuellen Brisanz diesem Thema gegenüber verschwiegen werden, da die Diskussionen der Gemeinden zur Gestaltung der Gottesdienste mit (Instrumental-) Musik und Tanz auch im späten dritten Jahrhundert noch nicht verebbt sind.[33] Auch die Frage nach der singenden Frau wird von Euseb nicht weiter berücksichtigt: Ob für ihn das Pauluswort in 1 Kor 14 bzw. 1 Tim 2 Gültigkeit hat, bleibt an dieser Stelle im Dunkeln.[34]

Männern und Frauen, kombiniert die hohe Stimme der Frauen mit der tiefen Stimme der Männer in Liedern, die einander respondieren und ein Echo bilden, und ein harmonisches und wahrhaft musikalisches Ensemble bilden. Die Gedanken und die Worte sind außerordentlich schön, die Chöre aber sind heilig. Zur Frömmigkeit streben sowohl diese Gedanken, als auch die Worte und die Chöre." Zur Umsetzung von Ex 15 bei Philon vgl. auch Brucker (2014), 9, der in der Darstellung der Therapeuten-Episode und der musikalischen Instrumentalisierung von Moses und Miriam auch Parallelen in anderen Schriften Philons erkennt, so z. Bsp. in Agr. 79–82; Conf. 35; Vit. Mos. 1,180 und 2,256.

32 Es ist nicht weiterführend bekannt, inwiefern dieser Ritus über die lokale Gegebenheit hinaus in dieser frühen Zeit schon derartig installiert ist, aber insbesondere die Inanspruchnahme der Therapeuten als frühchristliche Gruppierung legt die Vermutung nahe, dass die responsoriale Psalmodie bereits im Rahmen der Mahlgestaltung prominent war. Vgl. dazu auch Werner (1959), 137, der auch in dieser Episode bei Euseb den alexandrinisch-jüdischen Brauch erkennt.

33 Vgl. dazu besonders Andresen (2009), 91–137, der die Haltung der Christen zum Tanz akribisch aufgearbeitet hat sowie Quasten (1930), 51–55 zu Tanz und Musik bei Kybele. Einen guten Überblick bietet auch McKinnon (1965). Rohmann (2013), 125–130 weist darauf hin, dass der Christ auf Erden dem Tanz zu entsagen hatte, da diese Form des Ausdrucks dem himmlischen Reigen der Engel vorbehalten sei. Der Tanz auf Erden aber wurde als ein ein Zeichen des Heilsverlusts aufgefasst und als dämonisch diffamiert. Diese Spiritualisierung der negativ belegten Handlung aus der praktischen Perfomanz heraus entspricht auch dem Umgang der Kirchenväter mit den Musikinstrumenten des Psalters. Vgl. die jeweiligen Kapitel zur Musikinstrumentenallegorese bei Johannes Chrysostomos (Kapitel 5.3) und Augustinus (Kapitel 6.4).

34 Zwar äußert sich Euseb nicht eindeutig zu dieser Frage und überliefert auch keinerlei weiterführende Informationen zur Teilnahme der Frauen an den Gottesdienstgesängen, allerdings könnte die

Die Darstellung der Musikpraxis der Therapeuten unterliegt dem Ziel, die frühen Christen und ihre Erkennungsmerkmale darzustellen. Damit möchte Euseb einerseits das Alter der christlichen Religion belegen, andererseits die Alleinstellungsmerkmale der christlichen Religion hinsichtlich ihrer moralischen Grundlagen und rechten Lebensführung präsentieren. Im Vordergrund steht dabei die Überzeugung des Lesers mittels der Autoritätsfigur Philons. Über die praktischen Musiktraditionen, die Euseb den Christen zugeschrieben wissen möchte, erfährt der Leser mehrere Aspekte: Zum einen ist der Psalmengesang in seiner Anlage eine Tätigkeit zur Reinigung der Seele und zur Stärkung des Geistes. Der Psalmengesang hilft den Therapeuten, ihre Standhaftigkeit im Glauben zu beweisen, und fördert darüber hinaus ihre Weisheit. Zum anderen ist er ein Charakteristikum, welches den Christen in Eusebs Zeit ganz eindeutig zugeschrieben wird – er ist schon jetzt ein klares Erkennungs- und Alleinstellungsmerkmal. Darüber hinaus führt Eusebs gekürzte Version der musikalischen Tätigkeit der Christen vor Augen, welche Art der Psalmodie angemessen ist, nämlich die schweigend-zuhörende, die sich in der Bestätigung des Inhaltes durch eine musikalische Antwort aller findet. Es wird deutlich, dass Tanz und Ausgelassenheit, wie Philon sie im Ritual des nächtlichen Gesanges beschreibt, aufgrund deren Auslassung von Euseb als nicht angemessen für die Charakterisierung der frühen Christen empfunden werden. Auch beschreibt er keinerlei generelle Partizipation aller an den Gesängen, sondern schildert ein Modell des gebildeten Vorsängers, der der Situation angemessen den Hymnus würdevoll darbietet. Dieser ist je nach Qualifikation und künstlerischer Ausbildung dazu in der Lage, neue Psalmen zu dichten. Dieser Sachverhalt scheint durchaus gängig gewesen zu sein.[35]

4.1.1.3 Die Märtyrer in der Thebais

Ein weiteres, großes musikalisches Themenfeld präsentiert Euseb mit der Darstellung der Märtyrer, welche die musikalische Äußerungsform der Christen besonders stark nach außen tragen. Die Märtyrer in der Thebais, einer Provinz in Oberägypten,[36] sind Gegenstand des achten Buches der *Historia ecclesiastica*. Euseb beschreibt die schrecklichsten Bestrafungen und Todesvollstreckungen im Zuge der Christenverfolgungen. Viele der dortigen Christen wurden davon sogar angezogen, um so für ihren Glauben als Märtyrer einzustehen:

Episode aus Eus. h.e. VII,30 über Paulos von Samosata dahingehend gedeutet werden, dass auch Euseb das Pauluswort zur schweigenden Frau im Gottesdienst befürwortet. Zu dieser Episode vgl. Kapitel 4.1.2 (Merkmale der Psalmodie), 84–88. Generell zum Frauengesang in der Alten Kirche vgl. Quasten (1930), 111–132 und Franz (2002), 116–118.

35 Zur Neudichtung von Psalmen im häretischen Umfeld vgl. auch Kapitel 4.1.2 (Merkmale der Psalmodie), 84–88.

36 Die Thebais bezeichnet ein weites Gebiet um die Stadt Theben in Ägypten, das nach den territorialen Reformen Diokletians neben *Aegyptus Iovia* und *Agyptus Herculia* die dritte ägyptischen Provinz bildet. Weiterführend zu Ägypten in Römischer Zeit und der Spätantike vgl. Pink (2014), 13–28 und grundlegend: Heinen (1998), 37–45 (pol. Geschichte) und 49–54 (christlich). Einen religionsgeschichtlichen Überblick über die Entwicklung in der Thebais gibt Pfeiffer (2013), bes. 61–72.

Denn kaum war das Urteil gegen die einen gesprochen, da eilten schon von anderer Seite andere zum Richterstuhl und gaben sich als Christen an. Ohne Sorge angesichts der schrecklichen Qualen und verschiedenartigen Foltern bekannten sie sich unerschrocken und frei zu der Frömmigkeit gegen den Gott des Alls und nahmen freudig und lächelnd und wohlgemut schließlich das Todesurteil entgegen. Ja, sie jubelten und sangen dem Gott des Alls Lob- und Danklieder bis zum letzten Atemzuge.[37]

Der bereitwillige Gang in den Tod wird hier unter Jubel und Freude begangen, und dabei stellt der gemeinsame Gesang wie auch der einsame, stärkende Gesang bis in den Tod hinein wohl das deutlichste Merkmal dieser kurzen Episode dar. Die Märtyrer zeigen durch ihren Psalmengesang ihr Christsein und ihre Vergewisserung in Gott an. Wie befremdlich, aber gleichzeitig auch stark muss dies auf die Umgebung gewirkt haben!

Auch Kaiser Konstantin spricht in seiner *Rede an die Versammlung der Heiligen* über die Märtyrer. Im Anhang zum Panegyrikos *De vita Constantini* fügt Euseb die Reden Konstantins bei, aus denen auch der Umgang des Kaisers mit den Märtyrern deutlich wird.[38] Die Märtyrer werden in Konstantins Rede folgendermaßen geschildert:

Ein solches Leben hat nun schließlich eine dauerhafte Erinnerung und ewigen Ruhm zur Folge; ganz zu Recht, wenn sich erweist, dass der Märtyrer sein Leben ehrenhaft und eingedenk der Gebote Gottes geführt hat und dass auch sein Ende voller Tapferkeit und von edler Haltung war. Deshalb als Folge Hymnen, Psalter, Segenssprüche und Lobpreis an den Aufseher über alle.[39]

Der würdige Tod des Märtyrers ergibt sich aus Ergebenheit und Frömmigkeit und zeigt besondere Tapferkeit und rechte Gesinnung auf. Die Belohnung für den Märtyrertod sieht Konstantin in zweierlei Gestalt: Zum einen erfahren die Märtyrer den unmittelbaren Dank Gottes, der sie für das ewige Leben im Himmel erwartet. Zum anderen werden sie in der irdischen Welt dauerhaft in das menschliche Gedächtnis überführt, da ihnen

---

37 Eus. h.e. VIII,9,5: Ἅμα γοῦν τῇ κατὰ τῶν προτέρων ἀποφάσει ἐπεπήδων ἄλλοθεν ἄλλοι τῷ πρὸ τοῦ δικαστοῦ βήματι Χριστιανοὺς σφᾶς ὁμολογοῦντες, ἀφροντίστως μὲν πρὸς τὰ δεινὰ καὶ τοὺς τῶν πολυειδῶν βασάνων τρόπους διακείμενοι, ἀκαταπλήκτως δὲ παρρησιαζόμενοι ἐπὶ τῇ εἰς τὸν τῶν ὅλων θεὸν εὐσεβείᾳ μετά τε χαρᾶς καὶ γέλωτος καὶ εὐφροσύνης τὴν ὑστάτην ἀπόφασιν τοῦ θανάτου καταδεχόμενοι, ὥστε ψάλλειν, καὶ ὕμνους καὶ εὐχαριστίας εἰς τῶν ὅλων θεὸν μέχρις αὐτῆς ἐσχάτης ἀναπέμπειν ἀναπνοῆς. (Text GCS 9,2. Übers. Haeuser/Gärtner).

38 Vgl. Näf (2011), 23–25;53 unter Bezugnahme auf die gängigen Stellen der v.C. hinsichtlich Konstantins Umgang mit den Märtyrern. Vgl. dazu auch Baumeister (2009), 113–137.

39 Imp. Const. or. 12,4: διαδέχεται δὴ τόνδε τὸν βίον μνήμη διακρὴς καὶ αἰώνιος δόξα μάλα εἰκότως, εἴπερ ὅ τε βίος σώφρων τοῦ μάρτυρος καὶ τῶν παραγγελμάτων μνήμων, ἥ τε τελευτὴ πλήρης εὑρίσκεται μεγαλοψυχίας τε καὶ εὐγενείας. ὕμνοι δὴ μετὰ ταῦτα καὶ ψαλτήρια καὶ εὐφημίαι καὶ πρὸς τὸν πάντων ἐπόπτην ἔπαινος. (Text und Übers. K. M. Girardet). Zur Auslegung dieser Stelle vgl. auch Baumeister (2009), 122: „Das Martyrium wird also in agonistischer Sprache als moralischer Sieg in der Kraft Gottes gekennzeichnet und interpretiert."

zu Ehren Psalmen und Hymnen gedichtet werden. Diese dienen neben dem persönlichen Tatenlob vor allem dem andauernden Ruhm in der Nachwelt, und durch sie werden die Märtyrer zum Vorbild für alle Gläubigen. Die Rolle der vertonten Ehrgesänge kann an dieser Stelle nicht hoch genug eingeschätzt werden: Die Märtyrer werden hiermit auf eine göttliche Stufe gestellt, da es diesem allein neben ihnen gebührt, in Liedern gepriesen zu werden. Daran anschließend stellt Konstantin die Märtyrerverehrung durch Hymnen und Psalter auf eine Stufe mit dem Opfergedanken, distanziert sich aber deutlich von Blut und Gewalt des paganen Opfers:

> Eine solche Art von Dankopfer wird für diese Menschen dargebracht, unbefleckt von Blut, ohne Gewaltakt; auch Duft von Weihrauch wird gewiss nicht vermisst noch Feuerbecken, es genügt vielmehr ein reines Licht, das den Betenden als Beleuchtung dient.[40]

Die Substitution der paganen Opferriten durch die christlichen Gesänge steht hier im Zentrum des Vergleichs. Diesen Vergleichsduktus behält Konstantin bei, indem er daran anschließend auch die Gastmähler der Heiden und Christen miteinander vergleicht: Sind diese bei den Heiden mit Ausschweifung und Völlerei belegt, gestalten sie sich bei den Christen als maßvoll. Sie werden aus Mitleid für die Bedürftigen veranstaltet und dienen damit ausschließlich dem karitativen Gemeinsinn.[41] Inwiefern diese Worte tatsächlich dem Kaiser Konstantin in ihrer eindeutigen prochristlichen Positionierung zugeschrieben werden können, bleibt fraglich.[42] Deutlich aber ist, dass der christliche Gesang, der von Konstantin in seiner besonderen Intensität zunächst für die Märtyrer belegt ist, auch im Rahmen des christlichen Opfergedankens eine große Rolle spielt. Er steht stellvertretend als Anzeiger für die Reichweite des christlichen Glaubenszeugnisses und wird im Rahmen der Darstellung des Opfers als rein und unbefleckt inszeniert. Damit wird der Gesang losgelöst aus seiner rein musikalischen Funktion, erhebt sich als eindeutige christliche Eigenschaft über die umgebende Umwelt und wird so Sinnbild der Überlegenheit über das Weltliche, den Schmerz der Folter und vor allem den Tod. Dabei spielt die Äußerungsform durchaus eine Rolle: Singen die Märtyrer zur Unterstützung im Leid und als Ehrdarbietung ihre Gesänge unter der Folter, so strahlt dadurch ihre Glaubensfestigkeit

---

40 Imp. Const. or. 12,5: καὶ τοιαύτη τις εὐχαριστίας θυσία τοῖς ἀνδράσιν ἀποτελεῖται, ἁγνὴ μὲν αἵματος ἁγνὴ δὲ πάσης βίας, οὐδὲ μὴν ὀσμὴ λιβάνων ἐπιποθεῖται οὐδὲ πυρκαϊά, καθαρὸν δὲ φῶς ὅσον ἐξαρκέσαι τοῖς εὐχομένοις πρὸς ἔκλαμψιν,... (Text und Übers. K. M. Girardet).

41 Vgl. Imp. Const. or. 12,5. Diese Haltung allerdings entwickelt sich erst spät: Noch Paulus kritisiert in 1 Kor 11, dass die Christen die rechte Feier des Herrenmahls noch nicht angemessen zu feiern wissen: Jeder stürze sich gleich aufs Essen, und während der eine noch hungere, sei der andere schon betrunken.

42 An der Echtheit des Textes wird nicht gezweifelt, wohl aber an der Zuschreibung der christlichen Inhalte an Konstantin. Girardet verweist darauf, dass Konstantin ähnlich heutigen Politikern und Staatsmännern ein Stab von christlichen Beratern zur Abfassung der Rede zur Verfügung gestanden habe. Dennoch kommt er in Übereinstimmung mit Barnes zu dem Schluss, dass die Rede „eine authentische Aussage des Kaisers und als solche ein vollgültiges Selbstzeugnis" sei, vgl. Ders. (2013), 19.

umso heller nach außen. Der ihnen gewidmete Ehrengesang nach ihrem Tod dient neben ihrem Ruhm besonders als Vorbild für andere und bestärkt umso deutlicher den Stellenwert des Gesanges in dieser Ausnahmesituation: Er ist gleichermaßen Erinnerungskultur wie Selbstversicherung in Glaubensdingen und bestärkt darin sowohl den Einzelnen als auch die christliche Gemeinschaft.

4.1.2   Merkmale der Psalmodie:
Zur Dichtung und Funktion von Psalmen im häretischen Umfeld

Hatte Euseb bereits über die Therapeuten berichtet, dass sie der Dichtung von Psalmen und Hymnen kundig waren und diese Kenntnis als besonderes Merkmal der christlichen Musikkultur dargestellt,[43] begegnen in Nepos von Arsinoe und Paulos von Samosata zwei häretische Bischöfe, die ebenfalls durch die Dichtung von Psalmen und Hymnen zu Ruhm gelangten. Im siebten Buch der *Historia ecclesiastica* berichtet Euseb über die häretische Lehre des Bischofs Nepos von Arsinoe, dessen Lebensdaten ungewiss sind. Für seinen Bericht verwendet Euseb die beiden Schriften περὶ ἐπαγγελιῶν – *Über die Verheißungen* des Bischofs Dionysios von Alexandria (247/8–264/5),[44] die sich gegen die Lehre des Nepos richten. Diese chiliastisch geprägte Lehre hatte in Ägypten zu Spaltungen der Gemeinden geführt.[45] Weder die Schriften selbst noch die Erwiderungen des Nepos sind überliefert, so dass Eusebs Darstellungen in der *Historia ecclesiastica* neben wenigen Fragmenten der Rekonstruktion dienen: So soll Dionysios in den Schriften zunächst über die Irrlehre des Nepos berichtet und im zweiten Teil die Johannes-Apokalypse detailliert ausgelegt haben.[46] Nepos hatte ein tausendjähriges Reich sinnlicher Freude vorausgesagt und für die Auslegung der Johannes-Apokalypse nach jüdischer Art plädiert.[47] Euseb

---

43 Vgl. Kapitel 4.1.1.2 (Die Therapeuten), 76–81.

44 Die Datierung folgt DNP, der ebenso wie die RE mit 248–265 auf den Beginn des Bischofsamtes datiert, vgl. Rist (1997), 646. Dionysios spielt als Bischof von Alexandrien eine zentrale Rolle in der Auseinandersetzung mit den chiliastischen Strömungen des Nepos in Ägypten. Sein Name steht in Beziehung zu den Lehren des Origenes, dessen Schüler er gewesen sein soll und dessen Lehren er in der Katechetenschule als Nachfolger des Heraclas vermittelt habe. Inhaltlich weiterführend mit Sammlung des Quellenmaterials und großem Literaturapparat vgl. Bienert (1981), 767–771 sowie speziell über die Verwendung dieser Schrift bei Euseb vgl. Willing (2008), 68–71.

45 Vgl. Eus. h.e. VII,24,6. Euseb berichtet über die einberufene Synode in Arsinoe. So scheint die Lehre des Nepos auch hauptsächlich im Umfeld von Arsinoe verbreitet gewesen zu sein.

46 Zur Analyse der Johannes-Apokalypse von Nepos und Dionysios äußert sich Euseb in h.e. VII,25,1–27.

47 Vgl. Eus. h.e. VII,24,1: Ἐπὶ τούτοις ἅπασιν σπουδάζεται αὐτῷ καὶ τὰ Περὶ ἐπαγγελιῶν δύο συγγράμματα, ἡ δ᾽ ὑπόθεσις αὐτῷ Νέπως ἦν, ἐπίσκοπος τῶν κατ᾽ Αἴγυπτον, Ἰουδαϊκώτερον τὰς ἐπηγγελμένας τοῖς ἁγίοις ἐν ταῖς θείαις γραφαῖς ἐπαγγελίας ἀποδοθήσεσθαι διδάσκων καί τινα χιλιάδα ἐτῶν τρυφῆς σωματικῆς ἐπὶ τῆς ξηρᾶς ταύτης ἔσεσθαι ὑποτιθέμενος. (Text GCS 9,2). „Außer all den erwähnten Schriften verfasste Dionysius noch zwei Bücher ‚Über die Verheißungen‘. Sie wurden durch Nepos veranlasst, einen Bischof Ägyptens, welcher lehrte, man müsse die in der göttlichen

nimmt eine klare Haltung zu Nepos ein, indem er die dionysische Darstellung des Nepos wörtlich zitiert:

> In vielen anderen Dingen halte ich es mit Nepos, und ich schätze ihn wegen seines Glaubens, seines Fleißes, seiner Beschäftigung mit der Schrift und seiner zahlreichen geistlichen Lieder (τῆς πολλῆς ψαλμῳδίας), an welchen noch jetzt viele Brüder große Freude haben.[48]

Dieser Randnotiz zur Kompositionstätigkeit des Nepos kann man entnehmen, dass es Mitte des 3. Jahrhunderts in Ägypten nichts Ungewöhnliches darstellte, Psalmen und geistliche Lieder zu dichten. Auch die Pflege dieser Gesänge und deren Verbreitung über die lokale Gemeinde hinaus scheint an sich nichts Ungewöhnliches darzustellen. Die Einstufung des Nepos als Häretiker bleibt davon offenbar unberührt.[49]

Dieser neutrale Umgang mit gedichteten Liedern und Psalmen wird auch in der Episode über Paulos von Samosata sichtbar, welcher seit 260/61 in Antiochia das Bischofsamt bekleidete.[50] Die sehr lebhaft geschilderten Geschehnisse um Paulos von Samosata dürften in der *Historia ecclesiastica* die ersten sein, die Euseb persönlich miterlebt hat.[51] Aufgrund seiner untypischen Amtsführung, die mit ungewöhnlichen theologischen Vorstellungen einherging, wurden in Antiochien zwei Synoden (264 und 268) einberufen, nach deren Beendigung Paulos von Samosata als Häretiker vom Bischofsstuhl entfernt wurde.[52] Euseb benennt ihn als Anführer der antiochenischen Häresie.[53] Diese Synoden müssen im Vorfeld des Arianischen Streites gesehen werden, der zwischen Alexandria und Antiochien um das Wesen Christi entstand.[54] Dabei spielt es in theologischer Sicht für die Darstel-

---

Schrift den Heiligen gegebenen Verheißungen mehr nach jüdischer Art auslegen und behauptete, es würden tausend Jahre sinnlicher Freude auf dieser Erde kommen." (Übers. Haeuser/Gärtner).

48 Eus. h.e. VII,24,4: ἐν ἄλλοις μὲν πολλοῖς ἀποδέχομαι καὶ ἀγαπῶ Νέπωτα τῆς τε πίστεως καὶ τῆς φιλοπονίας καὶ τῆς ἐν ταῖς γραφαῖς διατριβῆς καὶ τῆς πολλῆς ψαλμῳδίας, ᾗ μέχρι νῦν πολλοὶ τῶν ἀδελφῶν εὐθυμοῦνται,... (Text GCS 9,2. Übers. Haeuser/Gärtner). Besonders sei an dieser Stelle auf die Terminologie verwiesen: Euseb benennt die geistlichen Lieder als Psalmodien!

49 Vgl. dazu auch Hengel (1987), 378, der neben Nepos auch Arius und Athanasius in den Kreis der ägyptischen Psalmendichtung mit hinein nimmt.

50 Damit folgte er Demetrianos als Bischof nach, vgl. Rist (2000), 428. Die Literatur zu Paulos von Samosata ist relativ beschränkt, da seine Lehre aufgrund der geringen Quellenlage schwer zu konstruieren ist. Einführend, wenngleich veraltet vgl. Loofs (1924) sowie klarer und eingängig Rist (2000), 428–429 und Uthemann (1994), 66–89.

51 Vgl. Kraft (1981), 11 in der Einführung zur h.e. sowie Willing (2008), 354–356, die sehr deutlich die Zäsur im Umgang Eusebs mit dem Quellenmaterial aufzeigt.

52 Vgl. Eus. h.e. VII,30,17. Als Nachfolger wird Domnus eingesetzt, allerdings berichtet Euseb, dass Paulos keineswegs die Kirchen freigeben wollte, so dass eine kaiserliche Intervention durch Aurelian notwendig wurde, vgl. Eus. h.e. VII,30,18–19.

53 Eus. h.e. VII,29,1: ὁ τῆς κατὰ Ἀντιόχειαν αἱρέσεως ἀρχηγός... (Text GCS 9,2). Vgl. dazu auch Rist (2000), 428–429.

54 Demandt (2007), 91 bezeichnet Paulos von Samosata als „arianischen Bischof". Diese Benennung geht sicherlich zu weit, da der Arianische Streit erst in den Anfängen stand. Demandt will wohl wie

lung des Paulos vermutlich die wesentlichste Rolle, dass er von einer menschlichen Natur Jesu Christi ausging, die der Lehrmeinung der antiochenischen Kirche entgegen stand.[55] In diesem Kontext führt Euseb auch den Häretiker Artemon an, welcher in einer anonymen Schrift des 3. Jahrhunderts angeklagt wurde, eine Irrlehre zu verbreiten, nach welcher Christus nur menschlicher Natur gewesen sei. Diese Lehre habe sich Paulos von Samosata in der jetzigen Zeit zu Eigen gemacht.[56] Diese Lehre sei schon längst von früheren Autoren widerlegt worden, insbesondere durch die Verehrung der Person Christi als Gott unter den frühesten Christen durch Psalmen und Lieder auf Christus.[57] Über die zweite Synode anlässlich der Irrlehre des Paulos von Samosata, die vermutlich in den Winter 268/9 datiert, berichtet Euseb im siebten Buch der *Historia ecclesiastica*.[58] Dabei zitiert er aus den

---

auch Rist (1997), 54 viel mehr auf die alten Streitigkeiten zwischen Alexandria und Antiochien aufmerksam machen. Ähnlich auch Slusser (1996), 161, der zur Lehre des Paulos vermutet, dass er „eine dynamistische Christologie des Aufstiegs" lehrte, die als Vorläufer des Arianismus gelten könne.

55 Vgl. Eus. h.e. VII,27,2: τούτου δὲ ταπεινὰ καὶ χαμαιπετῆ περὶ τοῦ Χριστοῦ παρὰ τὴν ἐκκλησιαστικὴν διδασκαλίαν φρονήσαντος ὡς κοινοῦ τὴν φύσιν ἀνθρώπου γενομένου,... (Text GCS 9,2). „Da dieser niedrige und unwürdige Anschauungen über Christus hatte und im Gegensatz zur kirchlichen Lehre behauptete, er sei seiner Natur nach ein gewöhnlicher Mensch gewesen... (Übers. Haeuser/ Gärtner). Sowie noch deutlicher Eus. h.e. VII,30,11: τὸν μὲν γὰρ υἱὸν τοῦ θεοῦ οὐ βούλεται συνομολογεῖν ἐξ οὐρανοῦ κατεληλυθέναι – ἵνα τι προλαβόντες τῶν μελλόντων γραφήσεσθαι θῶμεν, καὶ τοῦτο οὐ λόγῳ ψιλῷ ῥηθήσεται, ἀλλ᾽ ἐξ ὧν ἐπέμψαμεν ὑπομνημάτων δείκνυται πολλαχόθεν, οὐχ ἥκιστα δὲ ὅπου λέγει Ἰησοῦν Χριστὸν κάτωθεν. (Text GCS 9,2). „Während er nämlich nicht mit uns bekennen will, dass der Sohn Gottes vom Himmel herabgekommen ist – um etwas von dem, was schriftlich dargelegt werden soll, vorwegzunehmen; und das wird keine leere Behauptung sein, sondern erhellt aus vielen Stellen in den Akten, die wir absandten, nicht zuletzt aus seinem Worte ‚Christus ist von unten'..." (Übers. Haeuser/Gärtner). Zur theologischen Verortung des Paulos von Samosata vgl. Hauschild (2007), 22f., der ihn dem Adoptianismus zuordnet, und v.a. Slusser (1996), 161, der prägnant die verschiedenen Positionen der Forschung zur Theologie des Paulos zusammenstellt. Die Bandbreite der Zuschreibungen reicht vom ökonomisch-trinitarischen Monotheismus bis zum Monarchianismus. Vgl. dazu auch Ritter (1978), 695f., der den Begriff des Monarchismus im Rahmen der vornizänischen Theologie am Beispiel des Paulos von Samosata erläutert.

56 Vgl. Eus. h.e. V,28,1: Τούτων ἔν τινος σπουδάσματι κατὰ τῆς Ἀρτέμωνος αἱρέσεως πεπονημένῳ, ἣν αὖθις ὁ ἐκ Σαμοσάτων Παῦλος καθ᾽ ἡμᾶς ἀνανεώσασθαι πεπείραται, φέρεταί τις διήγησις ταῖς ἐξεταζομέναις ἡμῖν προσήκουσα ἱστορίαις. τὴν γάρ τοι δεδηλωμένην αἵρεσιν ψιλὸν ἄνθρωπον γενέσθαι τὸν σωτῆρα φάσκουσαν οὐ πρὸ πολλοῦ τε νεωτερισθεῖσαν διευθύνων, ἐπειδὴ σεμνύνειν αὐτὴν ὡς ἂν ἀρχαίαν οἱ ταύτης ἤθελον εἰσηγηταί... (Text GCS 9,1). „Einer dieser Männer verfasste gegen die Häresie des Artemon, welche in unserer Zeit Paulos von Samosata zu erneuern suchte, eine Schrift, in der eine Erzählung überliefert wird, die für unser Thema von Bedeutung ist. Die Schrift weist nach, dass die erwähnte Häresie, welche lehrt, der Erlöser sei ein bloßer Mensch gewesen, erst vor kurzem entstanden ist, während ihre Stifter ihr ein hohes Alter nachrühmen wollten." (Übers. Haeuser/Gärtner). Die Zuweisung dieser Schrift zu Hippolyt ist unsicher, vgl. Hengel (1987), 371.

57 Eus. h.e. V,28,5: ψαλμοὶ δὲ ὅσοι καὶ ᾠδαὶ ἀδελφῶν ἀπ᾽ ἀρχῆς ὑπὸ πιστῶν γραφεῖσαι τὸν λόγον τοῦ θεοῦ τὸν Χριστὸν ὑμνοῦσι θεολογοῦντες. (Text GCS 9,1). „Wie viele Psalmen und Lieder, die von Anfang an von gläubigen Brüdern geschrieben wurden, besingen Christus als das Wort Gottes und verkünden seine Gottheit!" (Übers. Haeuser/Gärtner). Vgl. dazu auch Hengel (1987), 371, der in diesem Passus den zentralen Beweis für das Christuslied in frühchristlicher Zeit sieht.

58 Vgl. Eus. h.e. VII,30,1–17.

Synodalschreiben, in denen die anwesenden Bischöfe über die Irrlehre berichten.[59] Dort ist zunächst davon die Rede, dass Paulos ein Betrüger sei, der sich als Anwalt für die Armen aufspiele, diese aber gleichzeitig ausnehme. Weiter stellen die Bischöfe insbesondere die Selbstinszenierung des Paulos in den Fokus ihrer Kritik: So präsentiere er sich mehr als weltlicher Herrscher und ‚Star‘, statt als würdiger Bischof:

> So ließ er für sich im Gegensatz zum Jünger Christi eine Tribüne und einen hohen Thron errichten. [...] Er schlägt mit der Hand an den Schenkel und stampft mit den Füßen auf die Tribüne. Und diejenigen, die ihm nicht Befall spenden und mit Tüchern zuwinken wie in den Theatern, nicht lärmen und aufspringen gleich seinem in solch ungebührlicher Weise ihm zuhörenden männlichen und weiblichen Anhang, welche vielmehr, wie es sich im Hause Gottes geziemt, in Würde und Ordnung lauschen, tadelt und beschimpft er.[60]

Die Synodalbischöfe vergleichen ihn polemisch mit einem „Sophisten und Marktschreier",[61] da das geschilderte Verhalten einem ehrwürdigen Bischof unangemessen sei. Neben dieser sich selbst überhöhenden Inszenierung als Beweis seiner Hybris kritisieren die Bischöfe insbesondere die von ihm zelebrierte Gottesdienstordnung. In diesem Zuge kommt der Psalmengesang ins Spiel, an dem sich der Streit entzündet:

> Die Psalmen (ψαλμοὺς) auf unseren Herrn Jesu Christus verbot er, weil sie zu neu und erst von neueren Dichtern verfasst wären, lässt auf sich selbst aber durch Frauen inmitten der Kirche am großen Ostertage Lieder singen (ψαλμῳδεῖν), bei deren Anhören man sich entsetzen möchte. Ein solches Gebaren duldet er auch bei den ihm schmeichelnden Bischöfen und Presbytern der benachbarten Dörfer und Städte in deren Predigten vor dem Volke.[62]

---

59 Die von Euseb zitierten Prozessakten und der verwendete Hymenaeusbrief sind in ihrer Echtheit umstritten, vgl. Rist (2000), 429.

60 Eus. h.e. VII,30,9: βῆμα μὲν καὶ θρόνον ὑψηλὸν ἑαυτῷ κατασκευάσμενος, οὐχ ὡς Χριστοῦ μαθητής, [...], παίων τε τῇ χειρὶ τὸν μηρὸν καὶ τὸ βῆμα ἀράττων τοῖς ποσὶν καὶ τοῖς μὴ ἐπαινοῦσιν μηδὲ ὥσπερ ἐν τοῖς θεάτροις κατασείουσιν ταῖς ὀθόναις μηδ' ἐκβοῶσίν τε καὶ ἀναπηδῶσιν κατὰ τὰ αὐτὰ τοῖς ἀμφ' αὐτὸν στασιώταις, ἀνδράσιν τε καὶ γυναίοις, ἀκόσμως οὕτως ἀκρωμένοις, τοῖς δ' οὖν ὡς ἐν οἴκῳ θεοῦ σεμνοπρεπῶς καὶ εὐτάκτως ἀκούουσιν ἐπιτιμῶν καὶ ἐνυβρίζων... (Text GCS 9,2. Übers. Haeuser/Gärtner).

61 Eus. h.e. VII,30,9: ...καὶ μεγαλορημονῶν περὶ ἑαυτοῦ, καθάπερ οὐκ ἐπίσκοπος ἀλλὰ σοφιστὴς καὶ γόης · (Text GCS 9,2). „...während er sich selbst in einer Weise überhebt, als wäre er nicht Bischof, sondern Sophist und Marktschreier." (Übers. Haeuser/Gärtner).

62 Eus. h.e. VII,30,10: ψαλμοὺς δὲ τοὺς μὲν εἰς τὸν κύριον ἡμῶν Ἰησοῦν Χριστὸν παύσας ὡς δὴ νεωτέρους καὶ νεωτέρων ἀνδρῶν συγγράμματα, εἰς ἑαυτὸν δὲ ἐν μέσῃ τῇ ἐκκλησίᾳ τῇ μεγάλῃ τοῦ πάσχα ἡμέρᾳ ψαλμῳδεῖν γυναῖκας παρασκευάζων, ὧν καὶ ἀκούσας ἄν τις φρίξειεν · οἷα καὶ τοὺς θωπεύοντας αὐτὸν ἐπισκόπους τῶν ὁμόρων ἀγρῶν τε καὶ πόλεων καὶ πρεσβυτέρους ἐν ταῖς πρὸς τὸν λαὸν ὁμιλίαις καθίησιν διαλέγεσθαι. (Text TLG. Übers. Haeuser/Gärtner).

Über die Psalmendichtung der orthodoxen Christen sagt dieser Abschnitt aus, dass die christlichen Psalmen neu gedichtet wurden, der zeitliche Rahmen allerdings bleibt unklar. Die Aussage, dass die gedichteten Psalmen zu jung oder zu neu seien, lässt sich kaum in eine Zeitvorstellung eingliedern; jedoch erscheint eine Verbindung der ablehnenden Haltung des Paulos mit den Inhalten der Christuspsalmen gegeben.[63] Dabei spielen sicherlich die genannten Vorstellungen zur Menschlichkeit Jesu Christi die dominierende Rolle, denn so berichten die Bischöfe weiter:

> Während er nämlich nicht mir uns bekennen will, dass der Sohn Gottes vom Himmel herab gekommen ist, [...] sagen die, welche Lieder auf ihn singen und vor dem Volke ihn verherrlichen, ihr gottloser Lehrer sei als Engel vom Himmel herabgekommen.[64]

Deutlich zeigt diese Stelle an, dass die präferierte musikalische Äußerungsform der Christen schon in der zweiten Hälfte des 3. Jahrhunderts im vokalen Bereich liegt – auch die christliche ,Gegenseite' nutzt diese Art der Musik im zeremoniellen Rahmen, um Lobpreis auszusprechen, wenn in diesem Fall auch der Lobpreis nicht auf Gott, sondern auf den gottähnlichen Bischof selbst verfasst worden sein soll. Diese Dichtungen werden in der Forschung unter dem sogenannten ,Hymnenfrühling' geführt, der für die vornicäische Zeit als charakteristisch angesehen wird.[65] Der Einsatz von Frauengesang, der von Euseb stark abwertend beschrieben ist, zeigt darüber hinaus auf, dass es offensichtlich schon oder vielmehr immer noch zur Zeit von Paulos von Samosata den Konsens gab, dass Frauengesang bei der gottesdienstlichen Gestaltung keinerlei Berücksichtigung finden sollte.[66]

---

63 Vgl. dazu Willing (2008), 357 und Hengel (1987), 369f.

64 Eus. h.e. VII,30,11: τὸν μὲν γὰρ υἱὸν τοῦ θεοῦ οὐ βούλεται συνομολογεῖν ἐξ οὐρανοῦ κατεληλυθέναι [...] οἱ δὲ εἰς αὐτὸν ψάλλοντες καὶ ἐγκωμιάζοντες ἐν τῷ λαῷ ἄγγελον τὸν ἀσεβῆ διδάσκαλον ἑαυτῶν ἐξ οὐρανοῦ κατεληλυθέναι λέγουσιν, ... (Text GCS 9,2. Übers. Haeuser/Gärtner). So soll Paulos von Samosata in seiner Lehre verkündigt haben, dass Jesus Christus ein gewöhnlicher Mensch war, der nicht vom Himmel, sondern „von unten" gekommen sei. (Text Fn. 55). Vgl. dazu auch Rist (2000), 429.

65 Zusammenfassend zum Begriff vgl. Franz (2000), 8–11 mit weiteren Literaturhinweisen sowie Brucker (2016), 575f., der auf die gedichteten Psalmen im Umfeld des NT anhand von drei Stellen hinweist und zu dem Schluss kommt, die Gemeindemitglieder bringen „eigene inspirierte Texte mit – der eine dies, der andere das, darunter auch selbst geschriebene Lieder" und generell auf einen starken Trend zur Neuschöpfung von Hymnen und Psalmen verweist. Auch Leonhard (2014), 180–189 hebt besonders den sympotischen Charakter der Zusammenkünft mit spontaner Improvisation hervor, ähnlich Löhr (2014), 168.

66 Vgl. dazu auch den hilfreichen Verweis bei Hengel (1987), 369 Fn. 43 auf Isidor von Pelusium, der in ep. I,90 schrieb, dass die Frauen zunächst an den Gesängen hätten teilnehmen dürfen, damit ihr Geschwätz den Fortgang nicht störe. Später allerdings sei die Verführung durch die Süße der Melodien so stark geworden, dass der Gesang den Frauen besser verboten worden sei. Die Basis dieser Äußerung liegt klar in 1 Kor 14, worin Paulus über die rechte Ordnung im Gottesdienst schreibt, dass die Frauen in der Versammlung schweigen sollen. Dieses Pauluswort wird auch in Eph 5,24 aufgegriffen. Zum Frauengesang in der Alten Kirche vgl. Fn. 34 mit weiterführender Literatur.

4.1.3 Die Psalmodie und der Kaiser:
Die Musik als Bestätigung der kaiserlichen Inszenierung bei Euseb

Genommen war nun von den Menschen jede Furcht vor denen, die sie einst bedrängt. In Glanz und Prunk begingen sie festliche Tage. Alles war von Licht erfüllt. Und die zuvor niedergeschlagen einander anblickten, sahen sich an mit freudelächelndem Antlitz und strahlenden Auges. In Reigen und Liedern (χορεῖαι δ'αὐτοῖς καὶ ὕμνοι) gaben sie in Städten wie auf dem Lande vor allem Gott, dem König der Könige, die Ehre, wie sie gelehrt wurden, sodann dem frommen Kaiser mit seinen gottgeliebten Söhnen.[67]

Mit diesen überschwänglichen Worten leitet Euseb das Ende der *Historia ecclesiastica* ein, indem er den Sieg Konstantins über Licinius im Jahr 324 als wunderbares Finale der Schrift komponiert.[68] Die dadurch errungene Alleinherrschaft Konstantins wird von Euseb als notwendige Befreiung der Menschen beider Reichsteile inszeniert, da durch sie endlich wieder Friede unter dem gottgegebenen Kaiser Konstantin eingekehrt sei. Dieser Konzeption der Einheit kommt als Grundgedanke bei Euseb höchste Priorität zu: So folgt die Einigung des Reiches unter der *einen* Person des göttlichen Kaisers dem *einen* Gott. Dass sich Sieg und Freude darüber auch musikalisch ausdrücken, zeigt die musikalische Omnipräsenz der gelehrten Gesänge in Stadt und Land. Sie fungieren in Eusebs Darstellung als Ausdruck der Freude, des Friedens und der Bestätigung Gottes und stellen einen wesentlichen Faktor für die Erzeugung einer grenzüberschreitenden Glaubensgemeinschaft dar.

Auch die später angefertigte Schrift *De vita Constantini* greift diese zentrale Episode im Wirken des Kaisers auf. Dem Ton nach hymnischer, betont sie noch stärker die Inszenierung des Sieges. Sie wurde von Euseb erst nach dem Tod des Kaisers als Nachruf auf ihn verfasst, wenngleich die Schrift die Biographie im Titel trägt.[69] Dabei dominieren Lichtmetaphern und das Bild der Sonne für die Herrschaft des Kaisers:

Und als die gottlosen Männer aus dem Weg geräumt worden waren, da waren die Sonnenstrahlen von der Tyrannenherrschaft rein und das ganze Reich unter römi-

---

67 Eus. h.e. X,9,7: ἀφῄρητο δ' οὖν ἐξ ἀνθρώπων πᾶν δέος τῶν πρὶν αὐτοὺς πιεζόντων, λαμπρὰς δ' ἐτέλουν καὶ πανηγυρικὰς ἑορτῶν ἡμέρας, ἥν τε φωτὸς ἔμπλεα πάντα, καὶ μειδιῶσι προσώποις ὄμμασί τε φαιδροῖς οἱ πρὶν κατηφεῖς ἀλλήλους ἔβλεπον, χορεῖαι δ'αὐτοῖς καὶ ὕμνοι κατὰ πόλεις ὁμοῦ ἀγρούς τὸν παμβασιλέα θεὸν πρώτιστα πάντων, ὅτι δὴ τοῦτ' ἐδιδάχθησαν, κἄπειτα τὸν εὐσεβῆ βασιλέα παισὶν ἅμα θεοφιλέσιν ἐγέραιρον,[...]. (Text GCS 9,2. Übers. Haeuser/Gärtner).

68 Dazu gilt es zu beachten, dass das zehnte Buch der h.e. erst nachträglich angehängt wurde, vgl. Wallraff (2013), 45.

69 Vgl. dazu v.a. Wallraff (2013), 45f., der die Vita sehr überzeugend als *epitaphios* mit der Richtlinie des *de mortuis nil nisi bene* belegt und damit die starke Positionierung Burckhardts entschärft, der Euseb als den widerlichsten aller Lobreder gebrandmarkt hatte, vgl. Burckhardt (1853), 346.

scher Herrschaft war wieder vereint, weil die Provinzen im Osten mit der anderen Reichshälfte eine Einheit bildeten.[70]

Der Aspekt der Vereinigung steht im Zentrum dieser Szene: Alle Bedrückung war von den Menschen gewichen, da unter der Herrschaft Gottes und der Monarchie des Kaisers eine goldene Zeit anbrach. Damit rückt Euseb die Herrschaft des Kaisers in eine Abhängigkeit von der göttlichen Herrschaft. Auch in der Darstellung der *De vita Constantini* feiern die Menschen des Reiches in den Provinzen und Städten mit Gesängen, Tänzen und unter Jubelrufen den Frieden unter dem Monarchen:

> Leuchtende Feste feierten die Menschen in allen Eparchien und Städten. Und dabei lächelten ihre Gesichter und die, die zuvor niedergeschlagen waren, schauten einander mit glänzenden Augen an. Mit Chören und Hymnen (χοροὶ δ'αὐτοῖς καὶ ὕμνοι) priesen sie den allmächtigen Gott zu allererst, sodann ehrten sie den Siegreichen und seine Söhne, die rechtschaffensten und gottgeliebten Caesares, durch unaufhörliche Jubelrufe.[71]

In der feierlichen Weihe der Kirchengebäude, die mit den Erneuerungsfesten anlässlich des Sieges über Licinius einher gingen, zeigt sich ein weiterer, hymnischer Themenkreis. Darin schildert Euseb die fröhliche Zusammenkunft aller Christen,[72] die sich durch Eintracht im Glauben und der Zugehörigkeit zu einem Glaubensvolk im Konzept der vollendeten Einheit widerspiegelt:

> Eine Kraft göttlichen Geistes durchdrang alle Glieder, alle waren eines Herzens und eines freudigen Glaubens, und alle sangen gemeinsam Gottes Lob (θεολογίας ὕμνος). Da walteten unsere Führer der makellosen Bräuche, und die Priester vollbrachten das Opfer. Gottgefällig waren die Satzungen der Kirche, hier in Psalmengesang und Lesung der übrigen von Gott uns geschenkten Worte, dort im Vollzug

---

70 Eus. v.C. 2,19,1: καὶ δὴ τῶν δυσσεβῶν ἀνδρῶν ἐκποδὼν ἡρμένων καθαραὶ λοιπὸν ἦσαν ἡλίου αὐγαὶ τυραννικῆς δυναστείας, συνήπτετό τε πᾶσα ὅση τις ὑπὸ Ῥωμαίους ἐτύγχανε μοῖρα, τῶν κατὰ τὴν ἑῴαν ἐθνῶν ἑνουμένων θατέρῳ μέρει, ... (Text und Übers. H. Schneider).

71 Eus. v.C. 2,19,3: λαμπρὰς δ' ἐπετέλουν ἑορτὰς οἱ κατὰ πάσας ἐπαρχίας καὶ πόλεις δῆμοι, μειδιῶσι τε προσώποις ὄμμασί τε φαιδροῖς οἱ πρὶν κατηφεῖς ἀλλήλοις ἐνέβλεπον, χοροὶ δ'αὐτοῖς καὶ ὕμνοι τὸν παμβασιλέα θεὸν πρώτιστα πάντων † ὄντα δὴ τοῦτον ἐδίδασκον †, κἄπειτα τὸν καλλίνικον παῖδάς τ' αὐτοῦ κοσμιωτάτους καὶ θεοφιλεῖς καίσαρας φωναῖς ἀσχέτοις ἐγέραιρον. (Text und Übers. H. Schneider). Schneider verweist darauf, dass der Winkelmann-Text mit *cruces desperationis* versehen wurde und somit umstritten ist.

72 Vgl. Eus. h.e. X,3,1: ἐπισκόπων ἐπὶ ταὐτὸν συνηλύσεις, τῶν πόρρωθεν ἐξ ἀλλοδαπῆς συνδρομαί, λαῶν εἰς λαοὺς φιλοφρονήσεις, τῶν Χριστοῦ σώματος μελῶν εἰς μίαν συνιόντων ἁρμονίαν ἕνωσις. (Text GCS 9,2). „Bischöfe kommen zusammen, aus fernen und fremden Ländern sammeln sich die Menschen, Volk grüßt in Freundschaft Volk, die Glieder des Leibes Christi verbinden sich zu vollendeter Eintracht." (Übers. Haeuser/Gärtner).

göttlichen und geheimnisvollen Dienstes. Es waren die unaussprechlichen Symbole des heilbringenden Leidens.[73]

Die Funktion der Musik liegt klar in der Einigung aller unterschiedlichen Menschen in einem gemeinsamen Gesang, welcher zum Lobe Gottes dargebracht wird. Die christliche Psalmodie wird von Euseb besonders dort als identitätstiftend dargestellt, wo es die Sprache oder die Unterschiedlichkeit der Völker trotz des einenden Glaubens nicht vermag, Gemeinsamkeit zu stiften. Sie ist Ausdruck des tiefsten Glaubens, der sich über Weltliches erhebt.

Auch in der bekannten Festrede über die Erbauung der Kirche in Tyrus dient die Psalmodie dem Lobpreis der Einheit. Nach eigenen Angaben hielt Euseb diese Rede im feierlichen Eröffnungsgottesdienst der neuerbauten Kirche.[74] Die Rede ist eine von drei überlieferten Panegyrici im Werk Eusebs und dem Bischof Paulinus von Tyrus gewidmet.[75] Euseb beginnt seinen Lobpreis auf die neu erbaute Kirche durch die Erwähnung der göttlichen Wundertaten, welche die Menschen durch die Darbringung von Liedern und Hymnen an Gott preisen dürften.[76] Diese sollen von den Menschen zu Ehren Gottes einheitlich, nämlich ganz im paulinischen Geist „eines Herzens und eines Sinnes"[77] dargebracht werden, damit sich die Einheit in Geist und Seele im Menschen verwirklichen kann, die Euseb als höchstes erreichbares Gut auf Erden erscheint. Erneut wird die Idee der Einheit, die er in der Kaiserideologie (*ein* Reich, *ein* Kaiser, *ein* Gott) wiederfindet, transportiert. Diese Trias zeigt sich auch in seiner Theologie: Einheit wird erzielt durch eine starke Führungsautorität, durch einen himmlischen Herrscher, der alle Völker und Menschen eint. Das passende Ausdrucksmittel dafür sieht Euseb im Psalmengesang, welcher die Herzen erhebt und Gottes Lob für alle einigend ausdrücken kann. Dabei ist der Aspekt der Ergebenheit, der Demut unter der Einheit Gottes von zentraler Bedeutung: Das Individuum tritt zugunsten des großen Ganzen zurück – jeder Einzelne darf sich als

---

73 Eus. h.e. X,3,3: μία τε ἦν θείου πνεύματος διὰ πάντων τῶν μελῶν χωροῦσα δύναμις καὶ ψυχὴ τῶν πάντων μία καὶ προθυμία πίστεως ἡ αὐτὴ καὶ εἷς ἐξ ἁπάντων θεολογίας ὕμνος, ναὶ μὴν καὶ τῶν ἡγουμένων ἐντελεῖς θρησκεῖαι ἱερουργίαι τε τῶν ἱερωμένων καὶ θεοπρεπεῖς ἐκκλησίας θεσμοί, ὧδε μὲν ψαλμῳδίαις καὶ ταῖς λοιπαῖς τῶν θεόθεν ἡμῖν παραδοθεισῶν φωνῶν ἀκροάσεσιν, ὧδε δὲ θείαις καὶ μυστικαῖς ἐπιτελουμέναις διακονίαις, σωτηρίου τε ἦν πάθους ἀπόρρητα σύμβολα. (Text GCS 9,2. Übers. Haeuser/Gärtner).

74 Vgl. Eus. h.e. X,4,1. Schott datiert diese Rede in das Jahr 315, vgl. Schott (2011), 178 und beruft sich auf Barnes (1981), 162–163. Generell zur Geschichte der Kirchenbaus von Tyrus vgl. Schott (2011), 179–184.

75 Euseb widmet das ganze zehnte Buch der h.e. dem Bischof Paulinus, vgl. h.e. X,1,1. Die Panegyrici sind von Euseb abgefasst als „Reden des christlichen Sieges und Triumphs" (Schott (2011), 177).

76 Vgl. Eus. h.e. X,4,5: ὕμνους εἰς θεὸν καὶ ᾠδὰς ἀναπέμπειν ἐξῆν λέγειν παιδευομένοις ὁ θεός, ἐν τοῖς ὠσὶν ἡμῶν ἠκούσαμεν,... „Und durften wir Hymnen und Lieder zu Gott emporsenden und sprechen wie man uns gelehrt: *O Gott, mit unseren Ohren haben wir es gehört...*" (Ps 43,2). (Text GCS 9,2. Übers. Haeuser/Gärtner). Auch hier folgt auf die Termini Hymnen und Lieder ein Psalm.

77 Eus. h.e. X,4,8: ἑνὶ πνεύματι καὶ μιᾷ ψυχῇ (Text GCS 9,2. Übers. Haeuser/Gärtner).

Teil einer Einheit begreifen und trägt mithilfe seiner Stimme einen Teil dazu bei. Deutlich wird dies auch im Appell an jeden Einzelnen, an den Gesängen zu partizipieren:

> Da der allgütige Gott uns durch die Gnade seines Eingeborenen in dieser Stadt versammelt hat, so singe, ja rufe ein jeder der Geladenen und spreche: *Ich freue mich darüber, dass man mir sagte: Wir wollen zum Hause des Herrn gehen!* (Ps 86,3) [...] Nicht nur jeder für sich, nein, alle zusammen wollen wir eines Herzens und eines Sinnes ihn ehren und in den Lobruf ausbrechen.[78]

Jeder kann also durch Bibelkenntnis, Sprache und Gesang an der Gnade und Güte Gottes teilhaben und Gast seines Hauses sein. Gleichzeitig bildet die Beschwörung der Einheit des Kirchenvolkes die Parallele zur Einheit aller Völker im Reich, die unter Konstantin wieder vereinigt wurden. Als Vorbild sollen dabei die himmlischen Chöre dienen, die Euseb mehrmals als Motiv in seine Rede integriert:

> Kein Sterblicher vermag nach Gebühr zu preisen das Land über den Himmeln, die dort ruhenden Urbilder der irdischen Dinge, das obere Jerusalem wie es genannt wird, den himmlischen Berg Sion und die überirdische Stadt des lebendigen Gottes, in der zahlreiche Chöre von Engeln und die Gemeinde der Erstgeborenen, die im Himmel eingeschrieben sind ihren Schöpfer und den obersten Lenker des Weltalls in göttlichen Gesängen, die für uns unaussprechlich und unbegreiflich sind, verherrlichen.[79]

Neben den Erwähnungen der Psalmodie als Mittel der Einheit im Rahmen der Festreden zur Befriedung und Kirchenweihe findet die Musik auch Eingang in die Schilderung der zwei zentralen Ereignisse in der Laufbahn Konstantins, die im Jahr 324 zum Erringen der Alleinherrschaft führten.

Dabei handelt es sich zum einen um die Ausrufung zum Augustus durch das Heer nach dem Tod des Vaters in Britannien 306, durch die eine erste Herrschaftsvoraussetzung geschaffen wurde, und zum anderen um die Schlacht an der Milvischen Brücke gegen Maxentius im Jahr 312, welche Konstantin die Alleinherrschaft im Westen sicherte. Beide Ereignisse werden von Euseb detailliert beschrieben. Der Tod des Vaters Constantius Chlorus ist ein Wendepunkt im Leben Konstantins: Noch während der Tote aufge-

---

78 Eus. h.e. X,4,7–8: ἐφ᾽ ἣν τοῦ παναγάθου συγκροτήσαντος ἡμᾶς θεοῦ διὰ τῆς τοῦ μονογενοῦς αὐτοῦ χάριστος, τῶν ἀνακεκλημένων ἕκαστος ὑμνείτω μόνον οὐχὶ βοῶν καὶ λέγων *εὐφράνθην ἐπὶ τοῖς εἰρηκόσιν μοι <εἰς οἶκον κυρίου πορευσόμεθα>* [...] καὶ μὴ μόνον γε ὁ καθεῖς, ἀλλὰ καὶ οἱ πάντες ἀθρόως ἑνὶ πνεύματι καὶ μιᾷ ψυχῇ γεραίροντες ἀνευφημῶμεν, ... (Text GCS 9,2. Übers. Haeuser/Gärtner).

79 Eus. h.e. X,4,70: τὸν δὲ ὑπερουράνιον χῶρον καὶ τὰ ἐκεῖσε τῶν τῇδε παραδείγματα τήν τε ἄνω λεγομένην Ἰερουσαλὴμ καὶ τὸ Σιὼν ὄρος τὸ ἐπουράνιον καὶ τὴν ὑπερκόσμιον πόλιν τοῦ ζῶντος θεοῦ, ἐν ᾗ μυριάδες ἀγγέλων πανηγύρεις καὶ ἐκκλησία πρωτοτόκων ἀπογεγραμμένων ἐν οὐρανοῖς ταῖς ἀρρήτοις καὶ ἀνεπιλογίστοις ἡμῖν θεολογίαις τὸν σφῶν ποιητὴν καὶ πανηγεμόνα τῶν ὅλων γεραίρουσιν, οὗτις θνητὸς οἷός τε κατ᾽ ἀξίαν ἡμνῆσαι... (Text GCS 9,2. Übers. Haeuser/Gärtner).

bahrt durch die Straßen getragen und betrauert wird, rufen die Soldaten Konstantin zum Augustus aus. Euseb berichtet von einem Trauerzug, einer *pompa funebris*, welche von Konstantin unter Begleitung enger Freunde des Vaters, des ganzen Volkes sowie der Soldaten und Leibwächter angeführt wurde. Dies geschah, so wie bei dieser Art der *pompae* üblich, unter lauten Bekundungen der Trauer:

> Konstantin schmückte sich mit dem kaiserlichen, vom Vater ererbten Purpur und trat aus dem väterlichen Haus heraus, als ob er allen zeigen wollte, dass die Kaiserherrschaft des Vaters durch ihn selbst wieder aufgelebt sei. Sodann führte er den Trauerzug an und gab seinem Vater – umringt von den Freunden des Vaters – das letzte Geleit. Unzählige Massen an Volk, Soldaten und Abteilungen von Doryphoren – die einen vorne an der Spitze, die anderen folgten hinten nach – geleiteten zusammen den Gottgeliebten mit aller gebührenden Ordnung und alle verehrten den Dreimalseligen mit Lobgesängen und Hymnen.[80]

Gegensätzlich zu dieser kaiserlichen *pompa funebris* führt Euseb als Beispiel einer heidnischen Trauerprozession in der *Historia ecclesiastica* die Ereignisse im Zusammenhang mit der Pest an. Die Pest selbst wird von Euseb als göttliche Strafe für den Hochmut des Maximinus aufgrund seiner Beschlüsse gegenüber den Christen aufgefasst.[81] Euseb zeichnet das lebhafte Bild einer todgeweihten Stadt mit unbestatteten, sich anhäufenden Pestleichen, die letztlich den Hunden zum Fraß werden. Dort beschreibt er auch die übliche pagane Musikpraxis der *pompa* unter Verwendung der klagenden Tibiae-Klänge und der Perkussionsinstrumente zur Austreibung der Dämonen vom Leichnam.[82] Steht zwar bei beiden *pompae* die Totenklage im Vordergrund, so unterscheidet sich dennoch die kaiserliche *pompa* deutlich von den heidnischen Trauerumzügen. Ein wesentlicher Bestandteil der heidnischen *pompae* ist neben den Ahnen der Einsatz von Klagefrauen, die sich die Haare raufen und lautstark ihre Trauer zum Ausdruck bringen. Diese sind in der Regel nicht persönlich betroffen, gehören aber in das Ensemble mit hinein. Dazu und meist hinter den Klagefrauen kommen die Tibiaspieler, die den Zug musikalisch beglei-

---

80 Eus. v.C. 1,22,1: ...αὐτῇ δ'ἁλουργίδι πατρικῇ Κωνσταντῖνος κοσμησάμενος τῶν πατρικῶν οἴκων προῄει, ὥσπερ ἐξ ἀναβιώσεως τὸν πατέρα βασιλεύοντα δι'ἑαυτοῦ δεικνὺς τοῖς πᾶσιν. εἶτα τῆς προκομιδῆς ἡγούμενος σὺν τοῖς ἀμφ'αὐτὸν πατρικοῖς φίλοις τὸν πατέρα προὔπεμπε· δήμων τε πλήθη μυρία στρατιωτῶν τε δορυφορίαι, τῶν μὲν ἡγουμένων τῶν δὲ κατόπιν ἑπομένων, σὺν παντὶ κόσμῳ τὸν θεοφιλῆ συνέπεμπον, εὐφημίαις τε καὶ ὕμνοις οἱ πάντες τὸν τρισμακάριον ἐτίμων. (Text und Übers. H. Schneider).

81 Dieser Hybris-Gedanke, den Euseb hier äußert, ist eine gängige Vorstellung in der alten Welt, da auf menschlichen Hochmut immer eine göttliche Strafe erfolgt.

82 Vgl. Eus. h.e. IX,8,11: πάντα δ'οὖν οἰμωγῶν ἦν ἀνάπλεα, κατὰ πάντας τε στενωποὺς ἀγοράς τε καὶ πλατείας οὐδ' ἦν ἄλλο τι θεωρεῖν ἢ θρήνους μετὰ τῶν συνήθων αὐτοῖς αὐλῶν τε καὶ κτύπων. „Alles war voller Wehklagen. Auf allen Gassen, Märkten und Straßen konnten man nichts anderes hören als Totenklagen mit den sie begleitenden Tibiae und Klappern." (Text GCS 9,2. Übers. Haeuser/Gärtner). Zum Einsatz von Musik in Rom als Hilfsmittel gegen Seuchen und allgemein zur Entsühnung vgl. Wille (1967), 443f.

ten.[83] Die kaiserliche *pompa* aber wird in der Darstellung Eusebs nicht mehr von Instrumentalisten begangen, sondern mit Gesang. Dieser stelle allerdings keinen Trauergesang dar, sondern Lobgesänge, εὐφημίαι, die in Anbetracht des erfolgreichen, abgeschlossenen Lebens auf Erden, aber viel mehr noch in Anbetracht des zu erwartenden ewigen Lebens im christlichen Himmel dargebracht würden.[84] Sicherlich waren diese in Anbetracht der Situation ehrwürdig und dadurch in ernstem, getragenen Ton gehalten, nicht in überschwänglicher Freude, was der Text ebenso wie die allgemeine christliche Haltung zu Freude und Ausgelassenheit im Rahmen ritueller Handlungen impliziert. Auch die gleichzeitige Ausrufung des Augustus wird bei Euseb positiv konnotiert:

> Den Toten ehrten die Jubelrufe durch die Lobgesänge auf den Sohn. Und den Sohn priesen sie, dass er sich als würdiger Nachfolger eines solchen Vaters erwiesen habe. Alle unter seiner Herrschaft stehenden Provinzen waren von Freude erfüllt und unsagbarem Jubel, denn nicht einmal für die Zeitspanne auch nur des kürzesten Augenblicks waren sie ohne die glückliche Ordnung eines Kaisers.[85]

Euseb malt hier in einer verchristlichten Form das Bild einer perfekten Herrschaftsübergabe, einer dynastischen Verbindung, die realpolitisch allerdings einer Usurpation durch die Soldaten gleichkommt. Er schließt diese politische Idylle mit dem Ausdruck tiefster Freude und Jubel im Angesicht der andauernden, ununterbrochenen Herrschaft durch Konstantin. Auch der siegreiche Einzug Konstantins in Rom nach der Schlacht an der Milvischen Brücke im Jahr 312 ging unter lauten Lobgesängen auf den Kaiser vonstatten. Euseb vergleicht den Sieg Konstantins mit dem Auszug Mose aus Ägypten und spricht mit dem Bibelwort *Wir wollen singen dem Herrn, ruhmvoll nämlich ist er verherrlicht worden, Pferd und Reiter hat er ins Meer geworfen; Helfer und Beschützer wurde er mir zum Heil* (Ex 15,1). Hymnen dieser Art soll Konstantin anlässlich seines Sieges beim Triumphzug durch Rom zunächst zu Ehren Gottes vom Volk gesungen haben lassen:

> Hymnen mit diesem und ähnlichem Inhalt (Ex 15,1) ließ Konstantin aufgrund dieser Werke auf den Führer des Universums und den Urheber des zur rechten Zeit

---

83 Vgl. dazu auch die Aufarbeitung der römischen *pompae* im Rahmen der literarischen Quellen zur römischen Beerdigungen bei Davies (1999), 139–154.

84 Diesen deutlichen Unterschied im Umgang mit Trauer bei Christen und Heiden zeigt Euseb auch in der Episode der Reaktionen auf Konstantins Tod auf: So folgen die Leibwächter und Doryphoren ebenso wie das Volk dem heidnischen Brauch der Klage (κραυγαῖς καὶ βοαῖς) als erste spontane Reaktion auf die Nachricht vom Tod des Kaisers, vgl. Eus. v.C. IV,65,1+3. Zum Umgang mit dem Tod mit begleitendem Hymnengesang bei Chrysostomos vgl. Kapitel 5.1.2.2 (Trost und Stärkung), 163–166.

85 Eus. v.C. 1,22,2: καὶ τὸν μὲν τεθνηκότα ἐκόσμουν αἱ βοαὶ ταῖς εἰς τὸν υἱὸν εὐφημίαις, τὸν δὲ παῖδα ἐμακάριζον τοιοῦδε πατρὸς διάδοχον ἀποδειχθέντα, πάντα δὲ τὰ ὑπὸ τὴν ἀρχὴν ἔθνη εὐφροσύνης ἐπληροῦτο καὶ ἀλέκτου χαρᾶς ὡς μηδὲ χρόνου βραχυτάτον ῥοπὴν χηρεύσαντα βασιλικῆς εὐκοσμίας. (Text und Übers. H. Schneider).

errungenen Sieges singen ebenso wie auf den großen Diener und zog unter Sieges-
gesängen (ἐπινικίων) in die Kaiserstadt ein.[86]

Das Volk, der Senat und andere hohe Persönlichkeiten empfingen den Kaiser mit großem
Jubel, „als ob sie aus ihren Käfigen freigelassen worden wären".[87] Weiter beschreibt Euseb, dass Konstantin, gepriesen von den Jubelrufe des Volkes, stürmisch gefeiert wurde.[88]
Konstantin hingegen brachte Gott gleich ein Dankgebet dar, statt in angemessener Weise
auf den Jubel des Volkes zu reagieren:

> Der aber besaß ein angeborenes Gefühl für die fromme Scheu Gott gegenüber und
> wurde wegen der Jubelrufe weder arrogant noch erhob er sich aufgrund der Lob-
> gesänge (τοῖς ἐπαίνοις). Weil er sich der Hilfe von Gott bewusst war, brachte er dem
> Urheber des Sieges sofort ein Dankgebet dar.[89]

Die Lobgesänge erfordern also die feierliche Entgegennahme des Gelobten. Durch das
Aufstehen markiert der Kaiser die Annahme des Lobes aus seiner Sakralität des Amtes
heraus, Konstantin aber, so stellt Euseb es dar, beuge sich aufgrund der Frömmigkeit diesem Brauch nicht.[90]

Abschließende Bemerkungen zur Musik im Umfeld des Kaisers vermittelt Euseb in
der Tricennalienrede,[91] die er im Jahr 336 anlässlich des dreißigjährigen Regierungsjubi-
läums des Kaisers hält. Dort dominieren hymnische Elemente, die sich musikalisch in die

---

86 Eus. v.C. 1,39,1: ταῦτα τε καὶ ὅσα τούτοις ἀδελφὰ Κωνσταντῖνος τῷ πανηγεμόνι καὶ τῆς νίκης αἰτίῳ
    κατὰ καιρὸν ὁμοίως τῷ μεγάλῳ θεράποντι ἔργοις αὐτοῖς ἀνυμνήσας, μετ' ἐπινικίων εἰσήλαυνεν εἰς τὴν
    βασιλεύουσαν πόλιν. (Text und Übers. H. Schneider). Vorausgehender Bezug zu den Hymnen, vgl.
    Eus. v.C. 1,38,5: ὧδέ πως ἀνυμεῖν καὶ λέγειν. Auch später bei Chrysostomos begegnet des Singen von
    Ex 15 bei der Märtyrertranslation unter der Führung der Eudoxia, vgl. Kapitel 5.1.1.3 (Die antipho-
    nalen Gesänge der Arianer und ihre Übernahme durch Chrysostomos), 151–159, bes. 158.
87 Eus. v.C. 1,39,2: ...ὥσπερ ἐξ εἱργμῶν ἠλευθερωμένοι... (Text und Übers. H. Schneider).
88 Vgl. Eus. v.C. 1,39,2.
89 Eus. v.C. 1,39,3: ὁ δ' ἔμφυτον τὴν εἰς τὸν θεὸν εὐσέβειαν κεκτημένος μήτ' ἐπὶ ταῖς βοαῖς χαυνούμενος
    μήτ' ἐπαιρόμενος τοῖς ἐπαίνοις, τῆς δ' ἐκ θεοῦ συνησθημένος βοηθείας, εὐχαριστήριον ἀπεδίδου
    παραχρῆμα εὐχὴν τῷ τῆς νίκης αἰτίῳ. (Text und Übers. H. Schneider). Zum kaiserlichen Beten vgl.
    auch Eus. l.C. 9,10.
90 Inwiefern es zu einem Brauch im Amt des Kaiser gehört, die Jubelrufe des Volkes durch Stehen an-
    zunehmen, ist nicht weiter bekannt. Eigentlich ist das (Auf-)Stehen des Kaisers eher ungewöhnlich,
    so verweist Euseb selbst in der v.C. IV,33 darauf, dass der Kaiser einer seiner Reden in Gänze stehend
    gehört habe, obwohl er mehrfach gebeten worden war, sich zu setzen. Dies wird aber als hohe Aus-
    zeichnung gewertet, vgl. dazu Kaniuth (1974), 51. Die Bewertung dieser Szene lässt sich auch unter
    dem Aspekt des Kaiserzeremoniells verstehen. Generell existieren aus dieser Zeit nur vereinzelte An-
    merkungen zur Gestaltung des Zeremoniells, erst ab dem 10. Jh. verdichtet sich mit dem Zeremo-
    nienbuch des Konstantinos Porphyrogennetos die Überlieferung der Zeremonie. Einführend zum
    Kaiserzeremoniell vgl. Whitby (2001), 1135–1177; Friedländer (1922), 90–103; Demandt (2007), 252
    und Schuberth (1968), bes. 18–25 (Anlässe, Orte), 29–39 (Formen) und 56–93 (zur Verwendung
    von Musikinstrumenten am Kaiserhof in Konstantinopel).
91 Drake (1976) datiert auf 25.7.336.

von Euseb dargestellte Kaiserideologie einfügen. Schon die Eröffnung der Rede beginnt mit einem musikalischen Bezug aus klassischer Zeit: Euseb bezeugt, dass er nicht vor den Kaiser tritt, um dessen Ohren mit Sirenengesängen zu betören, sondern um die sakrale, spirituelle Seite des Herrschers zu loben.[92] Dabei spielt zunächst das Lob Gottes eine übergeordnete Rolle, der den Kaiser so wohlwollend bedacht habe. Dass Konstantin durch das göttliche Zeichen selbst als Herold der göttlichen Botschaft fungiere, bezeichnet er lobpreisend als das größte Wunder.[93] So seien es eben nicht mehr irgendwelche gottlosen Männer, die regieren würden, sondern würdevolle Menschen, die Gott feiern und preisen in angemessenen Festen und unter Psalmengesang.[94] Der universelle Souverän, der eine und einzige Gott, wird von allen verherrlicht: so berichtet Euseb von Chören aller Art, die ihm die Ehre mit Siegesliedern erweisen. Dieser Jubel geht sogar so weit, dass der Mensch selbst, „wie ein Musikinstrument" seinen Körper dem göttlichen Lobpreis zur Verfügung stellt, er selbst wird ganz Hymnus und Gesang.[95] Dieses sei allein der verständigen Seele möglich, da sie selbst den Körper umhüllt und somit von ihrer Grundkonzeption schon ein passender und angemessener ὕμνος ist. Wieder wird die Einheit des Reiches beschworen: Die Völker von Ost und West werden in die Lehren Gottes gleichzeitig eingeführt, ebenso wie die Völker von Nord und Süd gemeinsam in einer harmonischen Melodie singen: um Gott zu preisen, um die Einheit zu feiern, um ein frommes, gottgefälliges Leben zu führen.[96] Die Funktion der Musik besteht dadurch in einem vereinenden Phänomen, welches gezielt genutzt wird, um auf einer nach außen gerichteten Ebene Einheit zu de-

---

92 Vgl. Eus. l.C. prol.I,1.

93 Vgl. Eus. l.C. X,4.

94 Vgl. Eus. l.C. X,5: καὶ δὴ μέσοις βασιλείων οἴκοις οὐκ ἔθ' ὡς τὸ πρὶν ἀνδρῶν ἀθέων φλήναφοι, ἱερεῖς δὲ καὶ θιασῶται θεοῦ βασιλικῆς ὕμνοις εὐσεβείας σεμνυνόμενοι πανηγυρίζουσιν... (Text GCS 7). „Und die königliche Kammer ist nicht mehr wie zuvor von dem unnützen Geschwätz ungläubiger Männer erfüllt, sondern von Priestern und Teilnehmern des Festzugs zu Ehren des prächtigen Gottes, die mit Hymnen die Frömmigkeit verherrlichend feiern."

95 Vgl. Eus. l.C. X,5: χοροί τε παντοῖοι ᾠδαῖς ἐπινικίοις γεραίρουσι, καὶ πᾶν τὸ θνητὸν συνηχεῖ γένος τοῖς κατ' οὐρανὸν ἀγγελικοῖς θιάσοις, ψυχαί τε λογικαὶ δι' ὧν περιβέβληνται σωμάτων ὥσπερ διὰ μουσικῶν ὀργάνων τοὺς πρέποντας ὕμνους αὐτῷ καὶ τὰς ὀφειλομένας ἀναπέμπουσι θεολογίας. (Text GCS 7). „Chöre jeglicher Art ehren ihn mit Siegesliedern, und die gesamte sterbliche Rasse fällt in die Tänze der Engel im Himmel mit ein. Gleichwie mit Musikinstrumenten senden die verständigen Seelen Hymnen an ihn durch ihre Körper, die sich umschließend den Hymnen und den Ehrbezeugungen anpassen."

96 Vgl. Eus. l.C. X,6: ὁμοῦ τε τοῖς κατ' ἀνατολὰς οἰκοῦσιν οἱ τὰ πρὸς δυσμὰς λαχόντες ὑπὸ μίαν καιροῦ ῥοπὴν τοῖς αὐτοῦ μαθήμασιν ἐκπαιδεύονται, τοῖς τε κατὰ μεσημβρίαν οἱ τὴν ἀρκτῴαν διειληφότες λῆξιν σύμφωνα κελαδοῦσι μέλη, τοῖς αὐτοῖς τρόποις τε καὶ λόγοις τὸν θεοσεβῆ μεταδιώκοντες βίον, καὶ ἕνα μὲν τὸν ἐπὶ πάντων θεὸν ἀνευφημοῦντες, ἕνα δὲ τὸν μονογενῆ σωτῆρα πάντων αἴτιον ἀγαθῶν ἐπιγραφόμενοι, ἕνα δὲ καὶ τὸν ἐπὶ γῆς διορθωτὴν βασιλέα παῖδάς τε τούτου θεοφιλεῖς γνωρίζοντες. (Text GCS 7). „Zugleich mit denen, die im Osten wohnen und denen im Westen, die in seiner Lehre zeitgleich ausgebildet werden; und mit denen, die im Süden und denen, die im Norden wohnen, lassen sie eine symphonische Melodie ertönen: nämlich, ein gottesfürchtiges Leben unter denselben Sitten und Gesetzen zu verfolgen, und den *einen* Gott zu preisen, der über allen steht, und sich den *einen* eingeborenen Retter fest einzuprägen, der verantwortlich für alles Gute ist, und den *einen* Herrscher, den Aufrichter der Erde anzuerkennen, und seine gottgeliebten Söhne."

monstrieren und auf der Mikroebene das Miteinander im Rahmen der christlichen Gesellschaft zu regulieren. Gleichzeitig geht Euseb aber an dieser Stelle im Speziellen noch ein Stück über seine bisherigen Interpretationen hinaus: Der Mensch selbst wird zum göttlichen Musikinstrument, welches nur zu dessen Ehre existiert, angerührt und gespielt wird in einer Weise, wie sie von Gott vorgegeben wurde. Diese Unterordnung unter den göttlichen Willen zeigt sich auch in der Vorrede zur Vita Constantini Eusebs im Jahr 337, in welchem der Wettstreit zwischen menschlichem Logos und panegyrischem Hymnus letztlich durch den göttlichen Logos aufgelöst wird.[97] Diese Kapitulation des menschlichen Logos vor der Größe Gottes erfolgt nach einer vierstufigen Erkenntnis über die Größe der Taten und Werke des verstorbenen Kaisers. Der menschliche Verstand erstarrt staunend in Anbetracht der friedlichen Einigung des ganzen Reiches, ja sogar des Himmels und der Erde durch Konstantin, der auch die Sicherung seiner Herrschaft durch eine dynastische Übertragung auf seine Söhne gewährleistet und seine Leistung dadurch nochmals überhöht. Das Fortbestehen der kaiserlichen Errungenschaften, welche sich in prachtvollen Gebäuden und Hymnen auf ihn äußern, gilt als weitere Ehrbezeugung für den menschlichen Verstand, der aber letztlich gegenüber dem göttlichen Logos, der dem Verstorbenen beigestanden habe, notwendigerweise verstummen müsse.

In der Darstellung Eusebs stellt die Psalmodie einen zentralen Bestandteil der kaiserlichen Feiern dar, wenngleich die praktische Ausübung der Psalmen durch den Kaiser selbst explizit nicht gegeben ist. Der Kaiser singt also nicht, aber ihm wird gesungen, zum einen zur Ehre, zum anderen, da er durch die Sakralität seines Amtes die Nähe Gottes auf Erden verkörpert. Auch lässt er Lobgesänge und Hymnen singen. Bei Konstantins eigener *pompa funebris* allerdings ist nicht die Rede von Gesängen, sondern nur von heiligen Gebeten.[98] Darüber hinaus aber werden die Darstellungen der Dankbezeugungen, Siegesfeiern und Feste von Psalmen- und Liedgesängen dominiert.

4.1.4 Die Psalmodie in der Darstellung Eusebs

Die Entwicklung der christlichen Psalmodie wird von Euseb mit den als Urchristen dargestellten Therapeuten beginnend über die Märtyrer hin zu einer sich durch den Gesang definierten christlichen Gemeinschaft gezeichnet. Die Exklusivität des Psalmengesanges ist demnach zunächst ein Grundgedanke der kleinen Christenheit: Die frühen Christen versicherten sich so, im Sinne der Therapeuten und der verfolgten Christen in Bithynien, ihres Glaubens und ihrer Treue zu Gott. Diese Exklusivität wurde aufgebrochen, als unter Kaiser Konstantin durch die Einigung des Reiches durch Kaiser und Gott der Psal-

---

97 Vgl. Eus. v.C.1,2,3: μηδεμίαν μὲν ἀφιεὶς φωνὴν τῆς δ'αὐτὸς αὐτοῦ κατεγνωκὼς ἀσθενείας, καὶ δὴ σιωπὴν καθ᾽ ἑαυτοῦ ψηφισάμενος τῷ κρείττονι καὶ καθόλου λόγῳ παραχωρεῖ τυγχάνειν τῆς τῶν ἐφαμίλλων ὕμνων ἀξίας. „Er [der Geist Konstantins] lässt keine Stimme verlauten, vielmehr verachtet er seine eigene Schwachheit, erlegt sich selbst Schweigen auf und überlässt dem allmächtigen Logos des Ganzen den Preis im Wettstreit der Hymnen." (Text und Übers. H. Schneider).

98 Vgl. Eus. v.C. IV,71,1.

mengesang zur Sprache aller wurde. In der Darstellung Eusebs wurde er somit ein Merkmal für ein in Christus und dem Kaiser geeintes Volk und Reich. Die Vorstellungen Eusebs zur perfekten Monarchie des gottgewollten Kaisers fügen sich somit auch hinsichtlich der musikalischen Präferenz zueinander. Damit hält Euseb in seinen Schriften folgende Aspekte zur Psalmodie fest: 1. Sie ist ein eindeutig kennzeichnendes Merkmal der christlichen Religion. Euseb beschreibt sie an vielen Stellen als das zentrale Äußerungsmittel der frühen Christen sowohl in Ägypten und dem Nahen Osten (Antiochia) als auch für die häretischen christlichen Gruppierungen. Diese Wahrnehmung deckt sich auch mit nicht christlichen Quellen, in diesem Fall Plinius. 2. Dank und Lobpreis sind die Gegenstände der Psalmodie aller christlichen Gruppierungen. Abgesehen von Paulos von Samosata wird Christus von allen genannten Gruppierungen als zentraler Gegenstand des Lobpreises verehrt. 3. Euseb verwendet schon hier die Psalmodie als Argument für das Alter der Christen, indem er die Therapeuten als frühchristliche Gruppierung umdeutet. Dieser Altersbeweis wird später noch in der Auswertung der *Praeparatio evangelica* eine Rolle spielen.[99] 4. Die Aufführungspraxis der Psalmodie vermittelt Euseb anhand anderer Autoren und zeigt, dass diese ein zentrales Moment in den Zusammenkünften und heiligen Riten der Christen darstellt. Er beschreibt anhand der Zitate Philons eine responsoriale Psalmodie, welche insbesondere im Rahmen des Mahles ausgeübt wird. Am Beispiel der Häresie des Paulos von Samosata zeigt sich, dass der Gesang von Frauen im kirchlichen Rahmen in Nachfolge der Empfehlung des Apostels Paulus von Euseb und den anderen Bischöfen seiner Zeit nicht befürwortet wurde. 5. Die Psalmodie ist eine dynamische musikalische Gattung, die sich durch innovative Neudichtungen von Psalmen vor allem im Osten des Reiches auszeichnet. Über die Verfasser dieser Psalmen berichtet Euseb lediglich, dass sie gebildet waren. 6. Im Rahmen der kaiserlichen Inszenierung verkörpert die *una voce* erklingende Psalmodie die perfekte Umsetzung der Reichs- und Religionsideologie. Euseb stellt den Kaiser Konstantin auch aufgrund seines Umgangs mit der Musik (Präferenz Vokalpraxis) als tugendhaften Kaiser dar.

4.2   Eusebs Auseinandersetzung mit der paganen Musikkultur

4.2.1   Die Bewertung der paganen Kultmusik bei Euseb: Kybele und die Mysterien

Maßgeblich für die Auseinandersetzung Eusebs mit den musikalischen Praktiken der heidnischen Kulte ist die apologetische Hauptschrift *Praeparatio evangelica* (312–325).[100] Die Zielsetzung der Schrift liegt für Euseb in der Unterweisung der gerade zum Christen-

---

99   Vgl. dazu insbesondere Kapitel 4.2.2 (Der Niederschlag der platonisch-musikalischen Erziehungskonzeption bei Euseb), 106–117.

100   Einführend zur p.e. vgl. bes. Strutwolf (1999), 62–86 (der mit sehr genauer Analyse und Auswertung des apologetischen Gesamtprogrammes auch die *Demonstratio evangelica* (d.e.) miteinbe-

tum konvertierten Heiden, die in den christlichen Glaubensfragen noch nicht bewandert sind. Er möchte durch die Präsentation der theologischen Grundsätze und Überlieferungen der Heiden und Juden aufzeigen, dass der christliche Glaube nicht ungeprüft und verworren sei, sondern eine Wahrheit transportiere, die im Gegensatz zu den Mythen anderer Religionen vorausgesagt und belegbar sei.[101] Um diese Vorhersehung zu beweisen, bedient er sich der Zitation von Auszügen aus den Schriften von Platon bis Clemens.[102] Das zweite Buch der *Praeparatio evangelica* behandelt die heidnische Götterwelt von der ägyptischen Frühzeit über Griechenland bis in die römische Zeit. In diesem Zuge erfährt der Leser von den ägyptischen Urgöttern und ihren Entsprechungen in der griechischen Welt.[103] Über die Mythologie findet auch die Musik Eingang in seine Dokumentation: So präsentiert Euseb sowohl Hermes als den Erfinder der Lyra[104] als auch die Musen, die entweder gemeinsam mit den Satyren oder im dionysischen Kontext mit Gesang, Melodien und Tanz vorgestellt werden.[105] Die von Euseb verwendete Quellengrundlage bildet dabei Diodor.[106] In dessen *Bibliotheca* sind auch die Mutter-Mythen der Basilea (Theia) und der Kybele gesammelt. Somit berichtet Euseb zunächst über Basilea, die Mutter von Selene und Helios. Diese wurde auch Meter genannt, da sie ihre zahlreichen Brüder, Söhne des Gottes Uranos, unter ihre mütterliche Aufsicht nahm und erzog.[107] Als die Kinder ihrer Schwester Rhea aus Eifersucht und Neid sowohl ihren Ehemann Hyperion als auch ihren Sohn Helios umbrachten, stürzte sich ihre Tochter Selene daraufhin aus Angst vor ihnen von einem Dach in den Tod. Über dieses Unglück verzweifelte die Mutter und verlor über ihren Verlust den Verstand, so dass sie unter den Klängen von Tympana und Kymbala mit wirrem Haar durch die Lande irrte.[108] Aus diesem Grunde wurden Selene und

---

zieht), sowie Inowlocki (2011), 199–223 (mit dem Blick auf die von Euseb verwendete heidnische Literatur) sowie Winkelmann (1991), 46–51.

101 Vgl. Eus. p.e. I,1,11f.: εἰκότως ἐπὶ τήνδε καθεὶς τὴν πραγματείαν τῆς εὐαγγελικῆς ἀποδείξεως, εἰς προκατασκευὴν τῆς ὅλης ὑποθέσεως ἡγοῦμαι δεῖν βραχέα προδιαλαβεῖν περὶ τῶν ζητηθέντων ἂν πρὸς ἡμᾶς εὐλόγως ὑπό τε Ἑλλήνων καὶ τῶν ἐκ περιτομῆς παντός τε τοῦ μετὰ ἀκριβοῦς ἐξετάσεως τὰ καθ᾽ ἡμᾶς διερευνωμένου. Ταύτῃ γάρ μοι δοκῶ τὸν λόγον ἐν τάξει χωρήσειν εἰς τὴν ἐντελεστέραν τῆς εὐαγγελικῆς ἀποδείξεως διδασκαλίαν εἴς τε τὴν τῶν βαθυτέρων δογμάτων κατανόησιν... (Text SC 206). „Aus solchen Gründen halte ich es für notwendig, da ich mir ja die Aufgabe des evangelischen Beweises vorgenommen habe, zur Vorbereitung des ganzen Unternehmens mich vorweg in Kürze mit den Fragen zu beschäftigen, die von den Griechen, den Juden und von jedem, der unseren Glauben einer genaueren Prüfung unterzieht, an uns gestellt werden. Auf diese Weise wird mein Werk Schritt für Schritt zu einer vollständigeren Unterweisung im evangelischen Beweis und zur Erkenntnis der grundlegenderen Lehren gelangen...“ (Übers. nach Winkelmann (1991), 47f.).

102 Zu einer Gesamtübersicht aller von ihm verwendeten Quellen vgl. Carriker (2003).

103 Vgl. Eus. p.e. II,1,2.

104 Vgl. Eus. p.e. II,1,8. Vgl. dazu auch Laktanz, der Merkur als Erfinder der Lyra deklariert, vgl. Kap. 3.3.1.1 (Allgemeines zur paganen Musikkultur), 44–51.

105 Vgl. Eus. p.e. II,1,11 und II,2,8.

106 Er zitiert hier wörtlich Auszüge aus der *Bibliotheca*, vgl. Carriker (2003), 145f.

107 Vgl. Eus. p.e. II,2,37.

108 Eus. p.e. II,2,39: τὴν δὲ Μητέρα ἐμμανῆ γενομένην πλανᾶσθαι κατὰ τὴν χώραν, λελυμένην μὲν τὰς τρίχας, διὰ τυμπάνων δὲ καὶ κυμβάλων ἐνθεάζουσαν, καὶ οὕτως ἀφανῆ καὶ αὐτὴν γενέσθαι. (Text SC

Helios zu Sternen in den Himmel erhoben und Meter als Göttin verehrt, deren Feste und
Ehrbezeugungen unter der Begleitung von Tympana und Kymbala begangen wurden.[109]
Einen ähnlichen Mythos überliefert Euseb von der phrygischen Göttin Kybele. Diese
wird von ihm zunächst als Erfinderin der Syrinx angeführt und durch die Bezeichnung
des Beinamens ‚Mutter der Berge‘ in einen naturbezogenen Kontext gerückt.[110] Der mit
ihr in Keuschheit zusammenlebende Marsyas wird als der Erste, der zwei Rohre zu einem
Aulos zusammenführte, vorgestellt.[111] Kybele aber verliebte sich in Attis und wurde von
ihm schwanger. Da ihr Vater diese Verbindung nicht duldete, ließ er den Attis ermorden.
Dadurch verlor Kybele den Verstand und irrte, ihren Verlust unter den Klängen des Tympanons beklagend, durch die Lande.[112] Marsyas begleitete sie dabei und stellte sich Apoll
zum musikalischen Wettbewerb. Da er diesen aber verlor, wurde ihm von dem Gott bei
lebendigem Leib die Haut abgezogen.[113] In diesem Zuge aber machte Apoll die Bekannt-
schaft der Kybele, verliebte sich in sie und verschaffte ihr den Rang einer Göttin. Er ließ
sie Attis finden und standesgemäß bestatten.[114] Diesen Mythos, so Euseb, nahmen die
Phryger jährlich zum Anlass, die Göttermutter Kybele zu feiern, indem ihre Geschichte
der Suche und des Verrücktwerdens über den Tod des Attis sowie dessen glückliches Auf-
finden und Bestatten am Ehrentag der Göttin nachgespielt wurde.[115]

Diese Motivik des Verrücktwerdens, welche sich im rastlosen Umherirren unter dem
ekstatischen Tanzen und Spielen des Tympanons ausdrückt, stellt das verbindende Element beider Mythen dar. Dabei nimmt das Tympanon als Ausdrucksmittel des Irrwahns
eine Sonderrolle ein – es wird zum Symbol der für Euseb irrationalen Mutterkulte, denen der Aspekt des Verrücktwerdens bereits innewohnt. Die Verwendung des Wortes
Tympanon wird von Euseb in seinen Schriften sehr häufig in diesem Kontext gewertet.[116]
Auch der Initiationsritus des Kybelekultes, der wie bei allen Mysterien ein wesentliches
Element im Kultgeschehen einnimmt, wird von Euseb unter der Verwendung der Mu-

---

228). „Dadurch verrückt geworden, irrte die Mutter durch die Lande, mit offenen, wallenden Haa-
ren, unter dem Klang der Tympana und Kymbala, bis sie selbst verschwand."

109 Vgl. Eus. p.e. II,2,40.

110 Vgl. Eus. p.e. II,2,41.

111 Vgl. Eus. p.e. II,2,41: Μαρσύαν δὲ τὸν Φρύγα [...] ἔχοντα πρῶτον αὐλοὺς συστήσασθαι, ... (Text SC
228). „Marsyas, der Phrygier, [...] hat als Erster die beiden Rohre des Aulos zusammengesetzt."

112 Vgl. Eus. p.e. II,2,42.

113 Vgl. Eus.p.e. II,2,43. Die Darstellung dieses musikalischen Wettkampfes ist als Topos auf vielen
Sarkophagen präsent, vgl. die Pariser Collectio Campana im Louvre. Einen prägnanten Überblick
zum Wettstreit zwischen Marsyas und Apoll gibt Wille (1967), 533–536 mit Quellen.

114 Vgl. Eus. p.e. II,2,44.

115 Zur Kultentstehung und -entwicklung in Kleinasien vgl. Vermaseren (1977), 13–32 sowie Giebel
(1990), 115–147 (zu Kybele und Attis). Zur Ikonographie der Kybele vgl. den reichen Katalog von
Naumann (1983), die die wesentlichsten archäologischen Zeugnisse bis zur römischen Zeit versammelt, sowie den Ausstellungskatalog von Hattler (2013).

116 Das Wort τύμπανον bzw. τύπανον ist nach TLG Recherche bei Euseb 34 Mal zu finden und wird
fast ausschließlich im Kontext der Mysterienkulte erwähnt. Daneben findet es nur noch Erwähnung im Rahmen der jüdischen Kultpraxis, vgl. Kapitel 4.3.2 (Die Musikinstrumente im Psalmenkommentar des Euseb), 129–136.

sikinstrumente des Kultes beschrieben. Anhand der Aussagen des Clemens berichtet Euseb über den Ausspruch eines Mysten, der aus dem Tympanon gegessen und aus dem Kymbalon getrunken habe, um die Aufnahme in den Kult zu vollziehen.[117] Über diese rituelle Verwendung berichtet auch Firmicus Maternus aus früherer Zeit.[118] Beide angeführten Stellen unterstreichen die hohe Bedeutung der Musikinstrumente im Kult der Kybele als heilige Gegenstände. Die Frage nach der realen Verwendung der Instrumente im Kultmahl hat in der Forschung zu verschiedenen Interpretationen geführt.[119] Von organologischer Seite aus kann die Verwendung vorsichtig bejaht werden: Je nach Tiefe der Instrumente ist es sowohl beim Tympanon als auch bei den kleineren Kymbala möglich, daraus zu essen oder zu trinken. Da sich die Tympana eher im Durchmesser und weniger in der Tiefe voneinander unterscheiden, bewegt sich die Annahme der Verwendung als ein heiliger Teller im Rahmen des Möglichen.[120] Problematischer sind die Unterschiede zwischen den Kymbala – diese können hinsichtlich der Tiefe je nach Fund oder Ikonographie stark voneinander abweichen. Die bekannten Reliefs der Kybele und ein Fund aus Pompeji scheinen ein Trinken aus den Kymbala schon aufgrund ihrer Lochbohrungen für die einhängenden verbindenden Kettenglieder nicht zu ermöglichen, wohingegen es durchaus Reliefs und ikonographische Abbildungen gibt, die diese Möglichkeit zumindest theoretisch eröffnen.[121] Letztlich wird aber die Frage nach einer realen Verwendung oder nach einer substituierten, metaphorischen Verwendung im Rahmen des Initiationsritus auch dadurch nicht beantwortet werden können, da hier nur die Schriftquellen des

---

117 Vgl. Eus. p.e. II,3,18: ἐκ τυμπάνου ἔφαγον, ἐκ κυμβάλου ἔπιον, ἐκερνοφόρησα, ὑπὸ τὸν παστὸν ὑπέδυν. (Text SC 228) „Ich aß aus dem Tympanon, ich trank aus dem Kymbalon, ich trug den Kernos [heilige Kultvase], ich bin in die Kammer [das Brautgemach] hinabgestiegen." Vgl. dazu auch Burkhardt (2003), 83, der den Pastos mit „Bettvorhang" wiedergibt, der in einer Verbindung zur Hochzeit steht. Dabei beruft er sich auf Clem. Al. prot. 15,3. Lampe benennt unter παστός die bridal chamber.

118 Vgl. Firm. err. 18,1: de tympano manducaui, de cymbalo bibi, et religionis secreta perdidici, quod graeco sermone dicitur: ἐκ τυμπάνου βέβρωκα, ἐκ κυμβάλου πέπωκα, γέγονα μύστης Ἄττεως. „Aus der Pauke habe ich gegessen, aus der Zimbel habe ich getrunken, und die Geheimnisse der Religion habe ich gründlich erlernt, was in griechischer Sprache lautet: Aus dem Tympanon habe ich gegessen, aus dem Kymbalon getrunken, ich bin ein Geweihter des Attis geworden." (Text und Übers. K. Ziegler).

119 Für einen einführenden Überblick über die Zusammenhänge zum Mahl der Kybele mit Analyse der Stellen bei Clemens und Firmianus vgl. Eckhardt (2015), 1784–1792.

120 Dieser Begriff wird auch durch das Wort selbst widergespiegelt, dessen Bedeutungshorizont auch „runde Scheibe" einschließen kann.

121 Zur Verdeutlichung dieser organologischen Unterschiede sei auf den Fund der Kymbala mit Kette aus Pompeji (Nationalmuseum Neapel) verwiesen (Trinken nicht möglich aufgrund der Löcher und flache Wölbung mit breitem Rand) und entgegengesetzt dazu auf das Relief der Tänzerin mit Kymbala (Rom, Villa Albani), bei dem es aufgrund der Tiefe der Kymbala durchaus vorstellbar wäre, dass daraus getrunken werden könnte. Interessant ist hier auch ein Fund aus Dittelsheim-Heßloch aus dem 3./4. Jh., der zwar die üblichen Lochbohrungen aufweist, deren Löcher allerdings durch eine Schraube stark verschlossen erscheinen, so dass es vielleicht auch möglich ist, eine Flüssigkeit darin zu halten. Zu den Kymbalafunden aus Pompeji und Dittelsheim vgl. die Abb. 129 und 130 in Hattler (2013) und für das Relief der Tänzerin vgl. Fleischhauer (1978), 83, Abb. 45.

Ritus Antworten geben könnten. Leider haben sich diese, vermutlich aufgrund des Geheimhaltungsaspekts der Mysterien, nicht erhalten.[122]

Auch die hohe Bedeutung des Kybele-Kults in Rom und deren Stellung in der römischen Götterwelt wird von Euseb wiedergegeben. Seine Quelle hierfür ist Dionysios von Halikarnassos. Er berichtet über die Feier zu Ehren der Kybele, bei welcher ein Priester und eine Priesterin unter Wehklagen und Rufen durch die Stadt ziehen, um so die Suche der Kybele nach Attis nachzuahmen. Dabei schlügen sie die Kymbala aneinander und würden von den anderen, ebenfalls nach Attis suchenden Kultanhängern unter dem Klang der Auloi (καταυλούμενοι) begleitet, welche die Hymnen bzw. Melodien der Göttermutter (τὰ μητρῷα μέλη) erklingen ließen.[123] Hinsichtlich der Bewertung des Kultgeschehens ist Euseb eindeutig: Er fordert seine Leserschaft auf, ruhig über diese Farce zu lachen, und fragt: „Sind diese Symbole nicht ein Frevel, sind die Mysterien nicht selbst eine Täuschung?"[124] Auch argumentiert er, dass es nicht klar sei, ob es sich bei den Göttern wirklich um den Gott selbst oder nur um Namen handeln würde. Er sagt:

> Und die Mysterien eines jeden Gottes, die Hymnen und Gesänge, die Geheimnisse
> der Initiationsriten – trägt all dies etwa die Symbole universeller Elemente oder
> nicht vielmehr die der sterblichen Menschen, die den Namen der Götter tragen?[125]

Er schließt den ersten Teil der Darstellung der griechischen Religion in ihren unterschiedlichen lokalen Ausprägungen damit, dass es nach seiner Darstellung der inkonsistenten Theologie der Griechen und Römer doch für jeden Leser deutlich sein müsse, wie schön die Lobpreisung des einen Gottes, des einzig wahren Schöpfers aller guten Dinge allein sei.[126] Daran anschließend möchte Euseb die aktuellen Bestrebungen der heidnischen Philosophie und Religion seiner Zeit betrachten, indem er sich Porphyrios und dessen Auslegungen zum Orakelwesen zuwendet.[127] Porphyrios aus Tyrus (234–305/10) in Phönizien,

---

122 Zum Unterschied von Mysterium und Geheimkult vgl. auch Burkert (2003), 14–18 sowie 58–60
     zum Schrifttum der Mysterien.
123 Vgl. Eus. p.e. II,8,8: …καταυλούμενοι πρὸς τῶν ἑπομένων τὰ μητρῷα μέλη καὶ τύμπανα κροτοῦντες.
     (Text SC 228). Zur detaillierten Beschreibung des Festverlaufs in Rom vgl. Erbeling (2013), 95–97.
     Das jährliche Frühlingsfest (hilaria Matris Deum) wurde im römischen Reich ab der frühen Kaiserzeit im März gefeiert (15.–27. März). Vgl. dazu Erbelding (2013), 95 sowie Vermaseren (1977),
     113–124 mit detaillierten Angaben zum Festverlauf unter den verschiedenen Kaisern.
124 Eus. p.e. II,3,18: Ταῦτα οὐχ ὕβρις τὰ σύμβολα; Οὐ χλεύη τὰ μυστήρια; (Text SC 228).
125 Eus. p.e. III,3,19: Τὰ δὲ καθ᾽ ἕκαστον θεὸν μυστήρια οἵ τε ὕμνοι καὶ αἱ ῷδαι καὶ τῶν τελετῶν τὰ
     ἀπόρρητα πότερον τῶν καθόλου στοιχείων ἢ τῶν πάλαι θνητῶν ἀνδρῶν τῶν τοῖς θεοῖς ὁμωνύμων
     ἐπάγονται τὰ σύμβολα; (Text SC 228). Dieser Vorwurf ist gängig im Rahmen der christlichen
     Apologie.
126 Vgl. Eus. p.e. III,6,6, worin erneut der Wunsch Eusebs nach Einheit sichtbar wird.
127 Vgl. Eus. p.e. III,6,7. Die Schrift des Porphyrios über das Orakelwesen (De philosophia ex oraculis
     haurienda lib 1.) ist nur noch fragmentarisch erhalten. Die Rekonstruktion der Anlage der Schrift
     lässt sich neben den Aussagen Eusebs nur noch durch die Augustinischen Dialoge von Cassiacum aufzeigen, darüber hinaus ist sie verloren gegangen, vgl. Wolff (1962), der eine Sammlung aller
     Fragmente vorlegt.

ein Schüler Plotins und einer der bedeutendsten Neuplatoniker, wird von Euseb regelmäßig zitiert. Diesen schärfsten Kritiker der Christen will Euseb widerlegen.[128] Im Zuge der
Analyse behandelt Euseb das Tympanon[129] erneut im Kontext der geistigen Verwirrung:
So bevorzuge die Göttermutter Rhea laut Porphyrios' Beschreibung den Klang der Auloi
und den dumpfen Klang der Tympana sowie der Frauen Schar, womit höchstwahrscheinlich Tänzerinnen oder Schauspielerinnen gemeint sind.[130] Diese zugeschriebene Vorliebe
rückt Euseb in das Licht der Maßlosigkeit. Da die besagte Göttin keinerlei Gefühl für Anstand habe, fordere sie ihre Anhänger auf, sich in oben genannten Tätigkeiten zu üben,
auch wenn dadurch alle anderen Tugenden vernachlässigt würden.[131] Bereits im vorangehenden Kapitel führt Euseb die Taten der Dämonen an, die von den Heiden gut genannt
werden, um sie als schlechte Götter zu entlarven, die menschlichen Verfehlungen unter-
liegen. Unter diesen befinden sich auch Dämonen, die die Musik lieben.[132] Die Panflöte
findet als weiteres Instrument Eingang in die Darstellung des Orakels der Branchiden in
Didyma in der Nähe von Milet. Sie wird von Euseb als Instrument des Todes dargestellt.
Generell stellt Euseb den Gott Pan als Diener des schrecklichen Dionysos dar, der, mit mit
goldenen Hörnern geschmückt, in der einen Hand den Hirtenstab und in der anderen
die schrille Flöte hält.[133] Das Spiel der Panflöte aber könne in zwei Richtungen wirken:

---

128 Porphyrios zeichnet sich durch eine „bemerkenswerte enzyklopädische Breite" aus, die sich sowohl
     in den philosophischen Schriften als auch in den Kommentaren zeigt. Auch die *artes liberales* wur-
     den von ihm bearbeitet, allerdings haben sich zumeist nur die Titel der Abhandlungen erhalten, vgl.
     M. Chase (2000), 175. Zu seiner Haltung zu den Christen vgl. O'Meara (1969), 5 und vor allem Car-
     riker (2003), 115–123, der acht Werke benennt, aus denen Euseb zitiert. An dieser Stelle sei nur kurz
     auf den aktuellen Diskurs um die Durchdringung der Thesen des Porphyrios in p.e. und d.e. hin-
     gewiesen, den vor allem Morlet (2011), bes. 148–150 und 119–124 anführt. Anders als Harnack und
     die ihm folgende Forschung geht Morlet nicht davon aus, dass es sich beim Gesamtwerk p.e./d.e. um
     eine Antwort auf Porphyrios' Schrift *Contra Christianos* handelt, wenngleich die guten Kenntnisse
     des Porphyrios bei Euseb für Morlet erkennbar seien und evtl. die Schrift motiviert haben können.

129 Erstaunlicherweise erscheint hier die Schreibweise des Wortes entgegen aller anderen üblichen
     Verwendung ohne das μ; also τύπανον. Generell existieren beide Schreibweisen nebeneinander, es
     überrascht nur, dass Euseb beide Formen in der gleichen Schrift verwendet, vermutlich handelt es
     sich um einen Abschreibfehler, da kein Bedeutungsunterschied feststellbar ist.

130 Vgl. Eus. p.e. V,7,5: Μητρὶ μὲν μακάρων μέλεται τιτηνίδι Ῥείη αὐλοὶ καὶ τυπάνων πάταγοι καὶ θῆλυς
     ὅμιλος. (Text SC 262) „Die glückliche Mutter, Rhea, die Titanin, bemühte sich um Auloi und
     lärmende Tympana und eine Versammlung von Frauen."

131 Vgl. Eus. p.e. V,7,6.

132 Vgl. Eus. p.e. V,6,4: Τοτὲ μὲν οὖν τινας τῶν ἀγαθῶν τούτων δαιμόνων γησὶν ἐρωτικαῖς ἡδυπαθείαις
     ὑπηρετεῖσθαι, τοτὲ δὲ ἑτέρους τυμπάνοις καὶ αὐλοῖς καὶ θηλειῶν πατάγοις χαίρειν, ... (Text SC 262).
     „Einige gute Dämonen sind den Spielereien der Liebe verfallen, andere lieben die Tympana, die
     Auloi und den Lärm der Frauenschar."

133 Eus. p.e.V,6,1: χρυσόκερως βλοσυροῖο Διωνύσου θεράπων Πὰν βαίνων ὑλήεντα κατ' οὔρεα χειρὶ
     κραταιῇ ῥάβδον ἔχεν, ἑτέρη δὲ λιγὺ πνείουσαν ἔμαρπτε σύριγγα γλαφυρήν, νύμφῃσι δὲ θυμὸν ἔθελγεν·
     „Mit goldenen Hörnern wanderte Pan, der schreckliche Diener des Dionysos, Wald und Berge hin-
     ab. In der starken Hand hielt er den Stab, mit der anderen aber ergriff er die gewölbte Pfeife, deren
     schrilles Spiel das Herz der Nymphen erfreute." Das Adjektiv γλαφυρός kann neben der Bedeu-
     tung „gewölbt" auch „hohl" bedeuten; allerdings erscheint hier aufgrund der beschriebenen Nähe

Porphyrios berichtet von einer Verzauberung der Nymphen durch die lieblichen Klänge, beschreibt aber gleichermaßen vom ‚panischen Schrecken‘,[134] welches das Spiel dieser Flöte auch ausgelöst habe. Dieser Schrecken führte den Tod von neun Menschen herbei.[135]

Zentral für die musikalische Repräsentation der Kulte ist für Euseb die Benennung des Aulos und der Perkussionsinstrumente Kymbala und Tympana. Das Tympanon aber nimmt in der Darstellung eine herausragende Stellung ein, da es mit dem Irrwahn und der Verwirrung als Folge emotionaler Destabilisierung gleichgesetzt wird. Es verwundert nicht, dass das Tympanon in dieser Darstellung eine große Rolle einnimmt: In der ikonographischen Repräsentation handelt es sich um ein das zentrale Attribut der Göttin Kybele. Nahezu alle Abbildungen unterschiedlichster Art zeigen die Göttin zusammen mit diesem Musikinstrument.[136] Durch das Herstellen einer irrealen Verbindung von Musikinstrument und Verwirrung reiht sich Euseb mit dieser Argumentationslinie in eine Tradition ein, die in frühchristlicher Zeit schon bei Tatian und Tertullian beginnt. Die ersten christlichen Apologien wenden sich, stellvertretend die Musikinstrumente angreifend, gegen die Mysterienkulte, welche mit ihren Instrumentarien und Klängen insbesondere von christlicher Seite aus rezipiert werden.[137] Dabei spielen in den Mysterienkulten vornehmlich folgende Instrumente eine Rolle: die phrygische Tibia[138] als zentrales Inst-

---

zu Dionysos die Wölbung des Instrumentes der Höhlung den Vorrang zu geben und auf das in den Mysterienkulten übliche gewölbte Instrument zu verweisen, wenngleich die Syrinx bestehen bleibt, die vielmehr im Hirtenumfeld eine Rolle spielt. Deutlich muss aber Abstand genommen werden von der Übersetzung in den SC: „Et dans l'autre une flûte champêtre percée de trous…" An keiner Stelle gibt der Text einen Bezug zu den Lochbohrungen des Instrumentes her.

134 Der Terminus ist πανικὸν δεῖμα. Dabei handelt es sich um eine „Erfahrung aus dem Hirtenleben, wenn die Herden plötzlich in heftigste Unruhe geraten" vgl. Holzhausen (2000), 222. Zur Verbindung von Pan und Panik vgl. auch Borgeaud (1988), 88–116, der für den griechischen Raum die wesentlichsten Quellen zusammengestellt hat, sowie Harrauer/Hunger (2006), 390–395 zur Sage und Rezeption des Gottes.

135 Vgl. Eus. p.e. V,6,1. Dazu auch Fontenrose (1988), 158: „The figure of Pan recalls the probably unauthentic R45 [hiermit ist die Antwort des Orakels aus Didyma gemeint, R = Responses], in which Apollo Didymeus as reputed speaker informs the inquirers that Pan, called Dionysos' servant, caused the death of nine peasants by bringing panic terror upon them – but he charmed the nymphs with his music."

136 So wird die Göttin auf Reliefs, Münzen und Statuetten zumeist mit dem Kymbalon dargestellt, dessen Größe stark variieren kann. Zum ikonographischen Material vgl. die beiden in der Fn. 115 angeführten Kataloge.

137 Zum Instrumentarium der Mysterienkulte vgl. Rühling (2013), 102f. sowie zur Auseinandersetzung der Kirchenväter mit diesem Instrumentarium bes. Quasten (1930), 78–83; McKinnon (1965); Giesel (1978).

138 Dabei handelt es sich um einen besonderen Typus, man findet ihn auch als „berecyntische Tibia" (vgl. Ovid, Fasti IV,179–186) benannt. Es handelt sich um ein Doppelrohrblattinstrument, welches an einem Rohrende mit einem Schallbecher (aus Horn) versehen ist und häufig T-förmige Aufsätze besitzt, welche zur Rohrverlängerung/-verkürzung dienen. Die Spielposition dieses Typus ist meist horizontal, der Spielkontext ist zumeist im Rahmen ausgelassener Feiern oder bei Szenen aus Dionysos und den anderen Mysterienkulten und manchmal auch im Theater darge-

rument aller römischen Kulte, besonders aber der Mysterienkulte,[139] und die Perkussions-instrumente Kymbala und Tympanon, also Zimbeln und Fellklinger, die gegensätzliche Klänge repräsentieren. So produzieren die Kymbala einen hellen Klang, der von den Zeitgenossen häufig als durchdringend empfunden wurde. Die Tympana hingegen bringen je nach Durchmesser und Bespannungsgrad einen dumpfen, dunklen Klang hervor. Die Verwendung dieser Instrumente als Ensemble begegnet hauptsächlich im Rahmen der Mysterienkulte. Sie spielen eine zentrale Rolle in Initiationsriten, wie beispielsweise bei der Deviration der Galli im Kybele-Kult. Darüber hinaus begleiten sie auch die feierlichen Prozessionen zu Ehren der jeweiligen Gottheit. Neben Kybele begegnet dieses Ensemble auch im Kult des Dionysos, es kann aber ebenso auch im Theater zur Tanzmusik eingesetzt werden. Der populäre Kult der Isis bringt aufgrund seiner Herkunft aus Ägypten ein anderes Instrumentarium mit, welches auch in den Kirchenväterschriften rezipiert wird. So ist die Verwendung der Querflöte im römischen Reich ausschließlich für Isis belegt.[140] Das zentrale Instrument aber der Göttin ist das Sistrum, ein Schüttelidiophon, welches von Apuleius mit einem hellen, klirrend-rasselndem Klang beschrieben wird.[141] Die Lautstärke und der fremde Klang dieser Instrumente, die in den Mysterienkulten an publikumswirksamer Stelle besonders eingesetzt wurden, veranlasste schon früh im römischen Reich eine Auseinandersetzung mit der Inszenierung der neuen Kulte.[142] Auch die Kirchenväter empfanden die Mysterienkulte als Bedrohung und setzten insbesondere im Rahmen der

---

      stellt. Zu Funden dieses Typus aus dem vierten vorchristlichen Jahrhundert bis zur Spätantike vgl. Sutkowska (2015), 412–421 (mit tabellarischem Anhang der Funde mit Fundort und Datierung).

139   Bis auf den Mithras-Kult scheint die Tibia in allen Mysterien gespielt worden zu sein. Für Mithras gibt es aber generell keine starke Verbindung zur Musik, es existiert ikonographisch lediglich eine Sistrum-Abbildung für den vierten Weihegrad auf einem Mosaik aus Ostia, vgl. Hattler (2013), 231.

140   Vgl. die Darstellung der Isis-Prozession bei Apuleius, worin neben der Tibia die *fistula* (hier: *calamus*) als Flöte benannt ist, vgl. Apul. met. 11,9,4: ibant et dicati magno Sarapi tibicines, qui per oblicum calamum ad aurem porrectum dexteram familiarem templi deique modulum frequentabant. „Es zogen auch einige dem Sarapis geweihte Flötisten einher, die auf ihrer zum rechten Ohr reichenden Querpfeife immerfort das Hausmotiv des Tempels und Gottes bliesen." (Text und Übers. Brandt/Ehlers). Ähnlich auch Apul. 11,9,6, wo Apuleius die dem Sarapis geweihten Querflötisten anführt. Weiterführend zur Verwendung der Querflöte in Griechenland und Rom mit tabellarischem Nachweis der Abbildungen und Funde vgl. Scheithauer (1996).

141   Vgl. Apul. met. 11,10: tunc influunt turbae sacris diuinis initiatae, uiri feminaeque omnis dignitatis et omnis aetatis, linteae uestis candore puro luminosi, illae limpido tegmine crines madidos obuolutae, hi capillum derasi funditus uerticem praenitentes, magnae religionis terrena sidera, aereis et argenteis, immo uero aureis etiam sistris argutum tinnitum constrepentes. „Dann wälzt sich ein Strom der in den heiligen Dienst Eingeweihten heran: Männer und Frauen jeden Standes und jeden Alters in leuchtend reinen weißleinenen Gewändern, die Frauen mit duftigen Schleierhüllen über parfümierten Locken, die Männer mit völlig abrasiertem Haar und blanker Glatze, irdische Wahrzeichen der großen Mondreligion, mit bronzenen und silbernen, ja gar auch goldenen Klappern klirrend, bimmelnd, rasselnd." (Text und Übers. Brandt/Ehlers).

142   Schon im Jahr 186 v. Chr. erregte der Bacchus-Kult aufgrund seiner orgiastischen Feiern unter Musik, Tanz und Trunkenheit einen derartigen Affront, dass ein SC verabschiedet wurde, der ihn zunächst verbot, vgl. CIL I^2 581. Überliefert ist die Passage auch bei Liv. 38,8–19, der wörtlich Ausschnitte des SC überliefert, darüberhinaus aber den größeren Kontext der Einführung des Kultes

frühen Apologie das Instrumentarium einer Polemik aus.[143] Auch der Umgang Eusebs mit den von ihm vorgebrachten Instrumenten folgt im Rahmen der *Praeparatio evangelica* den etablierten Gegebenheiten: Aufgrund ihres Symbolgehaltes lehnt Euseb alle diese Instrumente als Vertreter der von ihm dargestellten Kulte ab, wenngleich seine Polemik nicht den scharfen Tonfall des vorhergehenden Jahrhunderts aufweist.

4.2.2 Der Niederschlag der platonisch-musikalischen Erziehungskonzeption bei Euseb

4.2.2.1 *Musikpraxis in der Erziehung*

Eusebs Auseinandersetzung mit den Schriften Platons erfolgt vornehmlich in der *Praeparatio evangelica*. Eine wesentliche Triebfeder bildet dabei der Altersbeweis, mit dem Euseb nachweisen möchte, dass die Schriften der Hebräer, also vornehmlich das Alte Testament, den griechischen Philosophen an Wert und Alter überlegen seien. Dabei beschäftigt er sich intensiv mit Platon, dessen Leistung als überragender Philosoph und Universalgelehrter von Euseb durchaus geschätzt und bewundert wird.[144] Nicht nur hinsichtlich der Philosophie, sondern auch hinsichtlich der Musik ist es Euseb wichtig, die Überlegenheit der Hebräer aufgrund ihres Alters darzustellen. So hebt er deren rhythmische Dichtungen hervor, wie beispielsweise die Ode des Moses und den 118. Psalm Davids.[145] Weiter wird auch der mythische König Salomo herangezogen, welcher „3000 Verse und Lieder in der Zahl von ca. 5000"[146] gedichtet habe. Der zentrale Aspekt aber in der platonischen Auseinandersetzung mit Musik und ihrer Wirkung liegt für Euseb in der Erziehungsfunktion.

Diese diskutiert Platon intensiv in der Schrift *Die Gesetze*. Darin postuliert er, dass Erziehung auf dem Lenken der Kinder und Jugendlichen beruhe, welches sich notwendigerweise an den Prinzipien des Rechts orientiere. Da es für die Seelen der Kinder und Jugendlichen noch nicht angemessen sei, sich mit schwerem Tagwerk auseinander zu setzen, beschäftige man sie mit Spielen und Liedern. Platon zieht in diesem Zusammenhang den Vergleich zu Krankenpflegern, die den Kranken bei der Verabreichung von Medikamenten durch das Untermischen einer Süße helfen, das für sie Heilsame zu mögen und das sie Krankmachende zu meiden. Der Gesetzgeber verwende die gleiche Taktik, indem er die

---

und den daraus resultierenden Problemen berichtet. Allgemein zur Wahrnehmung der Musik der Mysterienkulte vgl. auch Günther (2015), 397–399 mit weiterführenden Angaben.

143 Den besten Überblick bietet dazu immer noch Giesel (1978) mit einer Anordnung der Quellenstellen nach Instrumenten.

144 Vgl. Eus. p.e. XI,3,3.

145 Vgl. Eus. p.e. XI,5,7: Εἶεν δ' ἂν αὐτοῖς καὶ ἔμμετροι ποιήσεις, ὡς ἡ μεγάλη Μωσέως ᾠδὴ καὶ τοῦ Δαβὶδ ὁ ριη´ Ψαλμός, τῷ καλουμένῳ παρ' Ἕλλησιν ἡρῴῳ μέτρῳ συντεταγμένοι. (Text SC 292). „Es gab selbst auch die metrischen Dichtungen, so wie die große Ode Moses und der 118. Psalm Davids, die in dem von den Griechen heroischen genannten Metrum komponiert wurden."

146 Eus. p.e. XI,7,4: Καὶ ἐλάλησε Σολομῶν τρισχιλίας παραβολάς, καὶ ἦσαν ᾠδαὶ αὐτοῦ πεντακισχίλιαι... (Text SC 292). Vgl. III Kge 5,12–14.

Dichter zur Verwendung einer richtigen Sprache anhalte. Euseb zitiert folgenden Absatz aus den Gesetzen Platons:

> Damit sich nun die Seele des Kindes nicht daran gewöhnt, mit ihrer Freude und ihrem Schmerz in Widerspruch zum Gesetz zu geraten [...], sondern damit sie mit ihnen übereinstimmt, indem sie über dieselben Dinge Freude oder Schmerz empfindet wie der Greis – deswegen also sind die Gesänge, wie wir sie nennen, in Wahrheit jetzt zu Zaubergesängen für die Seele geworden, die voller Ernst auf eine solche Übereinstimmung berechnet sind, wie wir sie andeuten. Da aber die Seelen der jungen Leute den Ernst nicht vertragen können, so werden sie als Spiele und Lieder bezeichnet und behandelt. [...] Dasselbe nun auch mit seiner schönen und rühmenswerten Sprache zu tun, dazu wird der Gesetzgeber auch den dichterisch Veranlagten überreden und wird ihn dazu zwingen, falls er ihn nicht überreden kann, in den Rhythmen die Bewegungen und in den Harmonien die Melodien der besonnenen und tapferen und in jeder Beziehung guten Männer darzustellen und damit richtig zu dichten.[147]

Die Dichtung und das Singen von Liedern dient damit also vorrangig dem Zweck, moralisch richtige Inhalte durch sinnstiftende Harmonien und gute Sprache zu vermitteln, damit die Kinder und Jugendlichen diese quasi im Vorübergehen ohne Anstrengung aufsaugen. Dabei ist es von hoher Bedeutung, die erste Begegnung mit den Inhalten derartig zu gestalten, dass zum Zwecke der Faszination mehrere Sinne gleichzeitig angesprochen werden. Als Träger der Information dienen Sprache, Rhythmus und Melodie. Euseb schließt an die Zitation dieser Stelle seine Überzeugung an, dass es deshalb gut und richtig sei, dass die Juden und damit auch die Christen ihre Kinder zum Singen der heiligen Gesänge anhielten.[148] Die Bestätigung der platonischen Idee zur moralischen Erziehung durch Musik zeigt sich auch darin, dass Euseb die hohe Bedeutung, die er dem textlichen Gehalt und der angemessenen Musik zuweist, durch folgende Zitation unterstreicht:

---

147 Plat. leg. II,659c–660a: οὖν ἡ ψυχὴ τοῦ παιδὸς μὴ ἐναντία χαίρειν καὶ λυπεῖσθαι ἐθίζηται τῷ νόμῳ [...] ἀλλὰ συνέπηται χαίρουσά τε καὶ λυπουμένη τοῖς αὐτοῖς τούτοις οἷσπερ ὁ γέρων, τούτων ἕνεκα, ἃς ᾠδὰς καλοῦμεν, ὄντως μὲν ἐπῳδαὶ ταῖς ψυχαῖς αὗται νῦν γεγονέναι, πρὸς τὴν τοιαύτην ἣν λέγομεν συμφωνίαν ἐσπουδασμέναι, διὰ δὲ τὸ σπουδὴν μὴ δύνασθαι φέρειν τὰς τῶν νέων ψυχάς, παιδιαί τε καὶ ᾠδαὶ καλεῖσθαι καὶ πράττεσθαι, [...] Ταὐτὸν δὴ καὶ τὸν ποιητικὸν ὁ ὀρθὸς νομοθέτης ἐν τοῖς καλοῖς ῥήμασι καὶ ἐπαινετοῖς πείσει τε, καὶ ἀναγκάσει μὴ πείθων, τὰ τῶν σωφρόνων τε καὶ ἀνδρείων καὶ πάντως ἀγαθῶν ἀνδρῶν ἔν τε ῥυθμοῖς σχήματα καὶ ἐν ἁρμονίαισιν μέλη ποιοῦντα ὀρθῶς ποιεῖν. (Text und Übers. K. Schöpsdau). Vgl. Eus. p.e. XII,20,2–3. Einführend zu Platons Haltung zur Musik vgl. Keil (2007), 13–20 mit den wesentlichen Quellenauszügen zur Musikästhetik in der *Politeia* und Ehrenforth (2005), 60–70.

148 Eus. p.e. XII,20,3: Εἰκότως ἄρα καὶ παρ' ἡμῖν τὰς ὑπὸ τῶν θείων προφητῶν πεποιημένας ᾠδὰς καὶ τοὺς εἰς θεὸν ὕμνους μελετᾶν οἱ παῖδες ἐθίζονται. (Text SC 307). „Deshalb ist es auch bei uns üblich, die Kinder daran zu gewöhnen, die von den göttlichen Propheten komponierten Gesänge und Hymnen an Gott auszuüben."

Das also vorzutragen, was ich da sage, dazu werdet ihr, denke ich, die Dichter bei euch überreden und zwingen und ferner auch dazu, diesen Lehren die angemessenen Rhythmen und Harmonien beizugeben und so eure jungen Leute zu erziehen.[149]

Euseb hängt dieser Aussage einen Abschnitt an, in dem er die Psalmen Davids mit den Aussagen Platons vergleicht und darauf verweist, dass die Angaben Davids älter seien:

Und diese Gedankengänge sind nicht fern von den Psalmen Davids, welche er unter göttlicher Eingabe vordem komponierte und in denen er in Liedern und Hymnen lehrt, wer der wahrhaft Gesegnete ist und wer das Gegenteil. Dieses zeigt letztlich den Gedanken auf, mit dem sein Buch beginnt, worin er sagt: „Ein gesegneter Mann ist derjenige, der nicht in der Versammlung der Ungläubigen weilt" und derartiges. Dieses aber ist es, was Platon verändert hat, als er sagte, dass „die Dichter sagen, dass der gute Mensch besonnen und gerecht ist, und deshalb glücklich und gesegnet sei; wenn er aber reich wäre, wohl aber ungerecht und unglücklich sei."[150]

Die Übertragung der Gedanken Platons auf die christliche Figur des David unterliegt der Absicht Eusebs, die Weisheit der Psalmen und die Tiefe der göttlichen Eingebung, die sich in den Liedern und Hymnen äußert, darzulegen. Darin zeigt sich, dass die Beschäftigung mit der Musik sowohl bei Platon als auch bei Euseb dem Ziel dient, durch musikalische Erziehung wahrhafte Tugend zu erreichen. Auch die Verfasser der Gesänge und Hymnen spielen dabei eine nicht unerhebliche Rolle, die Euseb in der Auseinandersetzung mit Platons Gesetzen aufzeigen möchte:

Was jedenfalls die Musik angeht, so ist es eine Tatsache und verdient Beachtung, dass es sich offensichtlich als möglich erwiesen hat, auf diesem Gebiet, wenn man nur mit Zuversicht zu Werke geht, durch Gesetze eine feste Regelung der Melodien zu treffen, die von Natur aus die richtige Beschaffenheit besitzen. Das dürfte aber das Werk eines Gottes oder eines göttlichen Wesens sein.[151]

---

149 Eus. p.e. XII,21,5 = Plat. leg. II,661c: Ταῦτα δὴ λέγειν, οἶμαι, τοὺς παρ' ὑμῖν ποιητάς, ἅπερ ἐγώ, πείσετε καὶ ἀναγκάσετε, καὶ ἔτι τούτοις ἑπομένους ῥυθμούς τε καὶ ἁρμονίας ἀποδιδόντας παιδεύειν οὕτω τοὺς νέους ὑμῶν. (Text und Übers. K. Schöpsdau).

150 Eus. p.e. XII,21,6: Οὐ πόρρω ταῦτα τυγχάνει τῶν τοῦ Δαβὶδ ψαλμῶν, οὓς προλαβὼν θείῳ, πνεύματι συνέταξε δι' ᾠδῶν καὶ ὕμνων τίς μὲν ὁ ἀληθῶς μακάριος, τίς δὲ ὁ τούτῳ ἐναντίος παιδεύσας · ἐντεῦθεν γοῦν αὐτῷ καὶ κατάρχεται ἡ βίβλος φήσαντι · Μακάριος ἀνὴρ ὃς οὐκ ἐπορεύθη ἐν βουλῇ ἀσεβῶν καὶ τὰ ὅμοια. Ἃ δὴ μεταβαλὼν ὁ Πλάτων φησὶ δεῖν τοὺς ποιητὰς λέγειν ὡς ὁ μὲν ἀγαθὸς ἀνὴρ σώφρων ὢν καὶ δίκαιος εὐδαίμων ἐστὶ καὶ μακάριος · ἐὰν δὲ ἄρα πλουτῇ, ᾖ δὲ ἄδικος, ἄθλιός ἐστιν. (Text SC 307).

151 Plat. leg. II,657a: τοῦτο δ' οὖν τὸ περὶ μουσικὴν ἀληθές τε καὶ ἄξιον ἐννοίας, ὅτι δυνατὸν ἄρα ἦν περὶ τῶν τοιούτων νομοθετεῖσθαι βεβαίως θαρροῦντα μέλη τὰ τὴν ὀρθότητα φύσει παρεχόμενα. Τοῦτο δὲ θεοῦ ἢ θείου τινὸς ἂν εἴη. (Text und Übers. K. Schöpsdau). Vgl. Eus. p.e. XII,22,1.

An dieser Stelle unterbricht Euseb, ohne dies kenntlich zu machen, seine Zitation mitten im zitierten Satz, der bei Platon auf die Göttin Isis verweist.[152] An die Stelle der Isis rückt Euseb den jüdischen Gott und führt aus:

> Mit gutem Grund wurde deshalb unter den Hebräern das Gesetz gegeben, dass weder andere Hymnen und Lieder als die, die unter den göttlichen Vorschriften oder die unter dem Einfluss des Heiligen Geistes von göttlichen oder prophetischen Männern gemacht worden waren, zugelassen werden sollten, und die dazugehörigen Melodien dem üblichen Brauch, wie sie unter ihnen gesungen wurden, entsprechen sollten.[153]

Aus dieser Passage lässt sich schließen, dass es nur unter dem Einfluss des göttlichen Geistes gewissen Menschen und Propheten zustand, Hymnen und Lieder zu verfassen und dass diese dem alten Brauch gemäß dargeboten und ausgeführt werden mussten. Die enge Verbindung von musikalischen Regelungen und moralischen Normen, welche bei Platon evident ist, damit eine natürliche Aufrichtung durch Musik bewirkt werden könne, wird von Euseb derart übernommen. Im folgenden Abschnitt erläutert Euseb anhand einer Passage aus Platon, wie und von wem die Musik zu beurteilen sei, die von oben genannten Personen verfasst wurde:

> So viel wenigstens räume nun auch ich der großen Menge ein, dass die Musik nach der Lust zu beurteilen ist, jedoch nicht nach der des ersten besten; sondern jene Muse, behaupte ich, ist wohl am schönsten, welche die Besten und ausreichend Gebildeten erfreut, ganz besonders aber die, welche den erfreut, der sich durch Tugend und Erziehung unter allen auszeichnet.[154]

Generell können also laut Platon alle Menschen an Musik Lust empfinden – die richtige Beurteilung aber des Wertes von Musik obliegt nur einigen wenigen, die sich durch Tugend und Bildung von den anderen abgrenzen. Euseb spinnt diesen Gedanken weiter und überträgt den Sachverhalt auf die alten Hebräer, denen es auch nicht genehmigt war, die Beurteilung der prophetischen Eingaben der geistgegebenen Lieder vorzunehmen. Dazu

---

152   Plat. leg. II,657a–b: ...καθάπερ ἐκεῖ φασιν τὰ τὸν πολὺν τοῦτον σεσωμένα χρόνον μέλη τῆς Ἴσιδος ποιήματα γεγονέναι. „...wie sie denn auch dort behaupten, die durch diese lange Zeit hindurch erhaltenen Lieder seien Schöpfungen der Isis." (Text und Übers. K. Schöpsdau).

153   Eus. p.e. XII,22,2: Εἰκότως ἄρα καὶ παρ' Ἑβραίοις νενομοθέτητο μηδὲ ἄλλους ὕμνους καὶ ᾠδὰς ἐν ταῖς θείαις διδασκαλίαις ἀποδέχεσθαι ἢ τὰς ὑπὸ τοῦ θείου πνεύματος διὰ τῶν θείων καὶ προφητῶν ἀνδρῶν πεποιημένας τά τε τούτοις κατάλληλα μέλη τῷ συνήθει παρ'αὐτοῖς ᾀδόμενα τρόπῳ. (Text SC 307).

154   Plat. leg. II,658e–659a: Συγχωρῶ δὴ τό γε τοσοῦτον καὶ ἐγὼ τοῖς πολλοῖς, δεῖν τὴν μουσικὴν ἡδονῇ κρίνεσθαι, μὴ μέντοι τῶν γε ἐπιτυχόντων, ἀλλὰ σχεδὸν ἐκείνην εἶναι Μοῦσαν καλλίστην ἥτις τοὺς βελτίστους καὶ ἱκανῶς πεπαιδευμένους τέρπει, μάλιστα δὲ ἥτις ἕνα τὸν ἀρετῇ τε καὶ παιδείᾳ διαφέροντα. (Text und Übers. K. Schöpsdau). Vgl. Eus. p.e. XII,23,1.

waren einige wenige ausgewählt, die selber an göttlichem Geist Teilhabe hatten.[155] Ihnen oblag also die Genehmigung und Weihe der prophetischen Bücher, aber auch der direkten Ablehnung der Bücher von Männern, die dem Namen eines Propheten nicht gerecht wurden. Diese Gesänge des göttlichen Geistes stehen laut Euseb unter einer Aufsicht und werden auch bei christlichen Festen dargeboten. So sagt er über die Gestaltung der christlichen Gastmähler:

> Mit Recht wurde es demnach auch von uns übernommen, bei unseren Symposien Lieder und auf Gott gedichtete Hymnen zu singen gemäß der schicklichen Ordnung der bei uns Sorge tragenden Wächter.[156]

Damit unterstreicht Euseb, dass es zum einen angemessen ist, Musik zugunsten des einen Gottes zu singen und zum anderen, dass es sinnvoll ist, diese Gesänge unter Aufsicht zu stellen. Die von ihm benannte Musik sind Hymnen und Lieder, die Gott zu Ehren komponiert wurden. Den christlichen Gastmählern hatte Euseb zuvor die Beschreibungen Platons über die heidnischen Gastmähler vorangestellt, die dringend der Aufsicht bedürften, da die Trunkenheit der Gäste die angemessene Abfolge des Festes verhindere.[157] An diese Episode anschließend fragt Euseb nach den Ausübenden der Musik, um im Rahmen der genannten Feste darzustellen, ob Musik zum Zwecke des Gotteslobes von allen in der Gesellschaft gemacht werden dürfe. Für seine Argumentation vermischt Euseb im folgenden mehrere Stellen aus Platons Schriften *Die Gesetze* und *Der Staat*. Dieser verwendete die Musik als Metapher für die Grundsätze des Staates und äußert dadurch deutlich, wer die Sänger sein sollen:

> Es ist die Pflicht, dass ein jeder, Erwachsener und Kind, Freier und Sklave, Frau und Mann, ja der ganze Staat dem ganzen Staat ohne Unterlass die von uns besprochenen Grundsätze als einen Zauber vorsingen muss, und zwar mit allen mögli-

---

155   Vgl. Eus. p.e. XII,23,4: Καὶ γὰρ Ἑβραίοις τὸ παλαιὸν οὐ τοῦ πλήθους ἦν τὸ κρίνειν τοὺς ἐκ θείου πνεύματος προφερομένους λόγους καὶ τὰς ἐνθέους ᾠδάς, ἀλλ' ἦσαν βραχεῖς καὶ σπάνιοι, μέτοχοι καὶ αὐτοὶ θείου πνεύματος διακριτικοῦ τῶν λεγομένων, οἷς καὶ μόνοις ἐξῆν ἐγκρίνειν καὶ ἀφιεροῦν τὰς τῶν προφητῶν βίβλους, τὰς δὲ τῶν μὴ τοιούτων ἀποδοκιμάζειν. (Text SC 307). „Denn auch bei den Hebräern in alten Zeiten war es nicht Sache der Mehrheit, die verkündeten Weissagungen aus göttlichem Geist und die gotterfüllten Lieder zu beurteilen, sondern sie waren wenige und seltene [Männer], Teilhaber und selbst teilhabend an den Weissagungen des göttlichen Geistes, denen es auch allein freistand, die prophetischen Bücher zuzulassen und zu weihen und diejenigen [Männer] nach vorhergegangener Prüfung als ungeeignet auszuschließen, die nicht derartig aufgestellt waren."

156   Eus. p.e. XII,24,5: Εἰκότως τοιγαροῦν καὶ ἡμῖν αὐτοῖς ἐν τοῖς συμποσίοις ᾠδὰς καὶ ὕμνους εἰς θεὸν πεποιημένους ᾄδειν παραδέδοται, τοῦ προσήκοντος κόσμου τῶν παρ' ἡμῖν φυλάκων ἐπιμελομένων. (Text SC 307).

157   Vgl. Plat. leg. II,671 a2–d6, worin Platon die lärmende Ausgelassenheit und die zügellose Redseligkeit beschreibt, welche beide zum Verlust der Kontrolle über die Seele führen. Der Betrunkene nämlich sei häufig nicht mehr in der Lage, der vorgegebenen Reihenfolge des Festes, bestehend aus dem Wechsel von Schweigen und Reden, Trinken und Singen, zu folgen, so dass der Gesetzgeber diese Gelage durch Regulierungen gut begrenzen müsse.

chen Abwandlungen und in der größten Mannigfaltigkeit, so dass daraus für die Sänger eine Art Unersättlichkeit nach Hymnen und Lust daran erwächst.[158]

Alle Menschen der Polis sollten also gemäß Platon teilhaben dürfen an den Gesängen und diese durch Modulationen und Variationen derartig gestalten, dass die Lust daran immer noch größer werde. Euseb schließt diesem Teil noch einen Absatz aus *Der Staat* an, der sich darum dreht, ob Mann und Frau wirklich gleichermaßen dazu in der Lage seien, diese Gesänge fortwährend darzubringen oder ob sie sich nicht aufgrund ihrer Natur darin unterschieden.[159] Nachdem Platon den Schluss gezogen hat, dass die Natur den Menschen mit verschiedenen Talenten ausgestattet hat, so dass ein jeder die Möglichkeit in sich selbst angelegt habe, die Gesänge darzubringen, endet Euseb diese Zitation damit, dass die Metapher der Zaubergesänge durch das Wort Gottes ersetzt werden könne:

> Mit Recht nämlich nimmt unser Wort in sich die göttliche *Paideia* und die Philosophie für das ganze Menschengeschlecht nicht nur der Männer, sondern auch der Frauen, und nicht nur der Freien und Sklaven, sondern sogar der Barbaren als auch der Griechen auf.[160]

Hier kommt Euseb also zu dem gleichen Schluss wie Platon, nämlich das das Wort bzw. bei Platon die Staatslehre eine Angelegenheit aller ist, und zuvor allen zugänglich gemacht wurde, so dass ein jeder dazu aufgefordert ist, dem Wort oder dem Staat Zaubergesänge für das Gemeinwohl darzubringen.[161]

Der gewünschte Umgang mit Musik orientiert sich bei Euseb recht stark an platonischen Ideen zum Stellenwert der Musik in der Erziehung. So kann Musik im Allgemeinen, wenn sie die Tugend durch Verwendung der richtigen Musik stützt, dem Menschen wertvoll sein bei seiner Erziehung. Sie ist – bei richtiger Verwendung – ein Garant für die Ausprägung einer moralisch-integren Seele und ein wertvoller Beitrag zur Formung der Gesellschaft. Weiter grenzt Euseb aber diejenige Musik ein, die für den christlichen Menschen gut ist: Es handelt sich dabei um die vertonten Dichtungen der alten Hebräer, die durch göttliche Eingebung oder Prophetie von Gott selbst die Musik empfingen. Diese selbst sind durch Gottes Schöpfung von Natur aus gut. Sie sind dem Menschen nützlich und können von einigen hochgestellten Persönlichkeiten, wie beispielsweise Pries-

---

158 Plat. leg. II,665 b10–c8: Τὸ δεῖν πάντα ἄνδρα καὶ παῖδα, ἐλεύθερον καὶ δοῦλον, θῆλύν τε καὶ ἄρρενα καὶ ὅλῃ τῇ πόλει ὅλην τὴν πόλιν αὐτὴν ἑαυτῇ ἐπᾴδουσαν μὴ παύεσθαί ποτε ταῦτα ἃ διεληλύθαμεν, ἀμωσγέπως ἀεὶ μεταβαλλόμενα καὶ πάντως παρεχόμενα ποικιλίαν, ὥστ᾿ ἀπληστίαν εἶναί τινα τῶν ὕμνων τοῖς ᾄδουσι καὶ ἡδονήν. (Text und Übers. K. Schöpsdau). Vgl. Eus. p.e. XII,32,1.

159 Vgl. Plat. rep. VII,455 c5–456 b3.

160 Eus. p.e. XII,32,7: Εἰκότως ἄρα καὶ ὁ παρ᾿ ἡμῖν λόγος ὑποδέχεται πᾶν γένος οὐ μόνον ἀνδρῶν, ἀλλὰ καὶ γυναικῶν, οὐδ᾿ ἐλευθέρων καὶ δούλων μόνον, ἀλλὰ καὶ βαρβάρων καὶ Ἑλλήνων εἰς τὴν κατὰ θεὸν παιδείαν τε καὶ φιλοσοφίαν. (Text SC 307).

161 Diese Stelle gibt zwar keinen weiterführenden Hinweis darauf, ob die Partizipation der Frau an den Gesängen im Gottesdienst von Euseb gewünscht ist, hinsichtlich der Auseinandersetzung aber mit dem göttlichen Wort stellt er diesbezüglich keinerlei Begrenzungen auf.

tern oder Bischöfen, die sich durch Eingebung des Heiligen Geistes auszeichnen, in ihrer moralischen Kraft und Wirkung beurteilt werden. Dabei macht es aber keinen Unterschied, dass alle Menschen an der moralisch richtigen Musik Freude und Lust empfinden können, wenngleich nicht alle, und damit wird der einfache Mensch kategorisch ausgeschlossen, über den Wert der Musik zu urteilen befähigt sind. Damit kann diese Stelle als eine Schlüsselstelle im Rahmen der größeren Diskussion um den sogenannten ‚Hymnenfrühling‘ gelten.[162] Weiter erfahren wir, dass die Christen und Juden Feste feiern, auf denen gesungen und musiziert wird – allerdings nur gottgefällige Musik und diese unter Aufsicht der oben genannten Männer. Als letzter Aspekt der Auseinandersetzung Eusebs mit Platons Erziehungsidealen steht der Adressat dieser Ideale: Erziehung und in diesem Fall musikpraktische Erziehung ist ein Gegenstand, der alle etwas angeht, wobei dieser Gedanke in Eusebs Argumentation konsequent aus der Verehrung Gottes entspringt.

4.2.2.2 Eusebs Haltung zur Musiktheorie im Erziehungsgang

Ein weiterer Aspekt der Auseinandersetzung Eusebs mit Platon beinhaltet die Sicht auf die mathematische Wissenschaft der Musik, der μουσικὴ τέχνη, als eine der sieben Künste. Diese wird von ihm bereits außerhalb des Platon-Diskurses im zehnten Buch der *Praeparatio evangelica* beschrieben. Dabei stellt er zunächst die Erfinderkataloge als Teil der Musikinstrumentensystematik vor, um danach die Inhalte der mathematischen Wissenschaft Musik bei Platon zu behandeln. So berichtet Euseb, dass die Griechen die Musik im Zuge der anderen Wissenschaften praktizieren, und listet konkret die Wissenschaften Geometrie, Arithmetik, Astronomie und Medizin auf.[163] Dabei ist es sein Interesse zu zeigen, dass diese Wissenschaften keine Erfindungen der Griechen seien, sondern immer auf andere Völker zurückgingen. So habe zum Beispiel Pythagoras, wie Euseb basierend auf Demokrit darstellt, all sein Wissen nur auf Reisen in Babylon, Persien und Ägypten erlernt, und seine Kenntnisse in Astrologie, Geometrie, Musik und Arithmetik von diesen

---

162 Ob es sich bei den hochgestellten Persönlichkeiten um Bischöfe, Priester oder Vorsänger handelt, wird von Euseb innerhalb des Textes nicht weiter spezifiziert; dass die genannten Persönlichkeiten aber einen besonderen Stellenwert innerhalb der Gemeinde haben, ist offensichtlich. Letztlich fügt sich diese Stelle in die größere Diskussion um den ‚Hymnenfrühling‘ ein: Ist es dem einfachen Christen dieser Zeit noch erlaubt, eigene Gesänge und Lieder zu dichten und in der Gemeinde vorzutragen? Geht doch offenbar das Ende des ‚Hymnenfrühlings‘ mit der Entwicklung kirchlicher Hierarchien einher. Dieser Prozess scheint mit der Synode von Laodicea 364 n. Chr. zu einem Schluss gekommen sein, bei der eine schon lang andauernde Entwicklung der freieren Dichtung im Gottesdienst nun auf Beschluss der Bischöfe eingegrenzt werden sollte, vgl. den berühmten Canon 59: ὅτι οὐ δεῖ ἰδιωτικοὺς ψαλμοὺς λέγεσθαι ἐν τῇ ἐκκλησίᾳ οὐδὲ ἀκανόνιστα βιβλία ἀναγινώσκεσθαι, ἀλλὰ μόνα τὰ κανονικὰ τῆς καινῆς καὶ παλαιῆς διαθήκης. (Text SEA 95). Auch wird hier die Aufgabe des Vorsängers ganz deutlich geregelt, vgl. Can. 15 und die Ausführungen darüber in den anschließenden Kapiteln. Die Rolle der Aufseher in Eusebs Text also, seien sie Vorsänger, Bischöfe oder Priester, zeigt ganz deutlich den innerkirchlichen Diskurs um eine Kanonisierung der Inhalte und Hierarchisierung der kirchlichen Struktur auf.

163 Vgl. Eus. p.e. X,1,2.

Völkern übernommen.[164] Durch dieses Wissen wurde er zum Lehrer der Griechen und sei ohne nennenswerte Eigenleistung zu einem großen Namen gekommen. In dieser Argumentation geht es Euseb darum, anhand der Darstellung der inkonsistenten und nicht genuinen Philosophie der Griechen die Überlegenheit der theologischen Lehren der Hebräer aufzuzeigen.[165] Dabei ist der Aspekt des Fremden von größter Bedeutung: Durch die Übernahme der fremden Riten und Rituale ebenso wie die von ihnen gebrachten und erlernten Hymnen und Lieder sei deshalb der Anteil an eigenen Lehren gering und das ihnen bekannteste älteste Gut gar nicht von ihnen.[166] Euseb beschreibt in diesem Kapitel viele mögliche Transferwege und Transformationsprozesse des Wissens der alten Völker, um die Dominanz der Griechen im Bildungsbereich zu bekämpfen. In diesem Zuge berichtet er unter Verwendung von Clemens auch über die Entwicklung der Musikinstrumente, die eben nicht ursprünglich von den Griechen angestoßen worden sei. Er verortet die Erfindungen und Entwicklungen der Instrumente in einem weit aufgestellten geographischen Raum, sehr häufig aber in Phrygien. So wird die Erfindung der Trompete in den etruskischen Raum verlegt und die des Aulos nach Phrygien. Die Nabla sei von den Kappadokiern und der Dichord von den Assyrern erfunden worden.[167] Weiter benennt Euseb beispielsweise den aus Mysia stammenden Olympos, der den lydischen Modus praktiziert habe, und das Leierinstrument der Sambyke, welches von dem Volk der Troglodytai erfunden worden sei.[168] Die Querflöte sei eine Erfindung des phrygischen Satyrs, wohingegen Agnis, der auch Phrygier war, den Trichord und den diatonischen Modus erfunden haben soll. Das Plektrum als Spielhilfe sei von Olympos dem Phrygier benutzt worden und Marsyas, auch ein Phrygier, habe den phrygischen, mixophrygischen und mixolydischen Modus gespielt, den dorischen Modus hingegen habe der Thraker Thamyris erfunden.[169] Die

---

164 Vgl. Eus. p.e. X,4,15.
165 Vgl. Eus. p.e. X,4,1.
166 Vgl. Eus. p.e. X,4,4.
167 Vgl. Eus. p.e. X,6,4 (= Clem. Al. Strom. I,74,6): Τυρρηναῖοι δὲ σάλπιγγα ἐπενόησαν καὶ Φρύγες αὐλόν · Φρύγες γὰρ ἦστην Ὄλυμπός τε καὶ Μαρσύας. (Text SC 369). „Die Tyrrhener erfanden die Trompete, die Phrygier den Aulos, da Olympos und Marsyas Phrygier waren." Und Eus. p.e. X,6,7 (= Clem. Al. Strom. I,74,6): Ἤδη δὲ καὶ ἄλλο ἔθνος Καππαδόκαι πρῶτοι εὗρον τὴν νάβλαν καλουμένην, ὃν τρόπον καὶ τὸ δίχορδον Ἀσσύριοι. (Text SC 369). „Die Kappadokier erfanden das Instrument der Nabla [eine Harfe], ebenso wie die Assyrer den Diachord [eine Leier aus zwei Saiten – dichordon]."
168 Vgl. Eus. p.e. X,6,10 = Clem. Al. Strom. I,76,4: Περί τε μουσικὴν Ὄλυμπος ὁ Μυσὸς τὴν λύδιον ἁρμονίαν ἐφιλοτέχνησεν · οἵ τε Τρωγλοδύται καλούμενοι σαμβύκην εὗρον, ὄργανον μουσικόν. (Text SC 369). „In der Musik bildete der Myser Olympos aus Kunstliebe die lydische Tonart aus, und die sogenannten Troglodyten erfanden die Sambyke, ein [leierartiges] Musikinstrument." (Übers. C. Andresen).
169 Vgl. Eus. p.e. X,6,11 = Clem. Al. Strom. I,76,5–6: Φασὶ δὲ καὶ τὴν πλαγίαν σύριγγα Σάτυρον εὑρεῖν τὸν Φρύγα · τρίχορδον δὲ ὁμοίως καὶ τὴν διάτονον ἁρμονίαν Ἄγνιν τὸν καὶ αὐτὸν Φρύγα · κρούματα δὲ Ὄλυμπον ὁμοίως τὸν Φρύγα, καθάπερ Φρύγιον ἁρμονίαν καὶ μιξοφρύγιον καὶ μιξολύδιον Μαρσύαν τῆς αὐτῆς ὄντα τοῖς προειρημένοις χώρας · καὶ τὴν Δώριον Θάμυριν ἐπινοῆσαι τὸν Θρᾷκα. (Text SC 369). „Ferner soll die Querpfeife der Phryger Satyros erfunden haben und ebenso das Trichordon (die dreisaitige Leier) sowie die diatonische Harmonie Agnis, der ebenfalls ein Phryger war. Ebenso soll der Phryger Olympos das Spielen auf Saiteninstrumenten erfunden haben, wie Marsyas, der

Sizilianer hätten die Phorminx, die der Kithara verwandt ist, erfunden, und die Krotala entworfen.[170] Deutlich erkennbar ist in dieser Darstellung der Erfindungen die von Euseb verwendete Quelle. Er zitiert aus Clemens, welcher in den *Stromateis* über die Ursprünge der Musikinstrumente berichtet[171] und sich dabei teilweise auf Plinius den Älteren[172] und andere Erfinderkataloge stützt.[173] Mit der Verwendung dieser Quelle will Euseb aufzeigen, dass er in der Systematik und der Entstehungsgeschichte der Musikinstrumente bewandert ist; wichtiger aber ist es ihm, den Beweis zu führen, dass die den Griechen zugeschriebenen Kulturgüter diesen fälschlicherweise zuerkannt wurden. Einen weiteren schwerwiegenden Fehler in der Vermittlung und dem Verständnis der mathematischen Wissenschaften aus griechischer Sicht sieht Euseb in der mangelnden Verbindung von Wissen um Gott und die Welt. Stark kritisiert er, dass die Griechen es für notwendig erachten würden, die freien Studien zu betreiben, um Göttliches in der Welt zu erkennen, wenngleich diese freien Studien noch nicht einmal von ihnen selbst stammen würden.[174] Mit dieser Kritik reagiert Euseb harsch auf die Vorwürfe der Griechen gegen die Christen, ungebildet zu sein:

---

    aus dem gleichen Land wie die Zuvorgenannten stammt, die phrygische, die mixophrygische und die mixolydische Tonart, und der Thraker Thamyris die dorische." (Übers. C. Andresen).

170 Vgl. Eus. p.e. X,6,13 = Clem. Al. Strom. I,76,8: Σικελοί τε οἱ πρὸς τῇ Ἰταλίᾳ πρῶτοι φόρμιγγα εὗρον οὐ πολὺ τῆς κιθάρας λειπομένην καὶ κρόταλα ἐπενόησαν. (Text SC 369). „Die Sikeler, die nahe bei Italien wohnen, erfanden zuerst die Phorminx, die sich nicht viel von der Kithara unterscheidet, und die Klapper." (Übers. C. Andresen).

171 Einführend zur Haltung des Clemens zur Musik vgl. den Aufsatz von Cosgrove (2006), der die Äußerungen zur Musik des Clemens von Alexandria detailliert untersucht und auswertet.

172 So zum Bsp. Plin. nat. hist. VII,204: musicam Amphion, fistulam et monaulum Pan Mercuri, obliquam tibiam Midas in Phrygia, geminas tibias Marsyas in eadem gente; Lydios modulos Amphion, Dorios Thamyras Thrax, Phrygios Marsyas Phryx, citharam Amphion, ut alii, Orpheus, ut alii, Linus. septem chordis primum cecinit III ad IV primas additis Terpander, octauam Simonides addidit, nonam Thimotheus. cithara sine uoce cecinit Thamyris primus, cum cantu Amphion, ut alii, Linus; citharoedica carmina conposuit Terpander. cum tibiis canere uoue Troezenius Ardalus instituit. „Die Musik erfand Amphion, die Rohr- und die einfache Hirtenflöte Pan, der Sohn des Merkur, die Querflöte Midas in Phrygien, die Doppeltibia Marsyas im gleichen Volke; die lydische Tonart lehrte Amphion, die dorische der Thraker Thamyras, die phrygische der Phryger Marsyas, die Kithara Amphion, nach anderen Orpheus oder Linos. Auf sieben Saiten spielte zuerst Terpander, indem er drei zu den ursprünglichen vier hinzufügte, eine achte Saite gab Simonides hinzu, eine neunte Timotheos. Auf der Kithara ohne Gesang spielte zuerst Thamyris, Amphion mit Gesang, nach anderen Linos; Lieder zur Kithara komponierte zuerst Terpander. Den Gesang mit Flöten zu begleiten unternahm zuerst Ardalos aus Troizen." (Text und Übers. R. König).

173 Vgl. Clem. Al. Strom. I,77,1 worin Clemens über von ihm verwendete Erfinderkataloge berichtet. Er führt wörtlich Skamon von Mytilene, Theophrastos von Eresos, Kydippos von Mantinea, Antiphanes, Aristodemos und Aristoteles, Philostephanos und den Peripatetiker Straton an.

174 Vgl. Eus. p.e. XIV,10,10: Πρῶτον δ' ἐπειδὴ περιφέρουσιν ἄνω καὶ κάτω θρυλοῦντες τὰ μαθήματα, δεῖν ἐξ ἅπαντος φάσκοντας τοὺς μέλλοντας ἐν πείρᾳ τῆς τοῦ ἀληθοῦς καταλήψεως γίγνεσθαι μετελθεῖν ἀστρονομίαν, ἀριθμητικήν, γεωμετρίαν, μουσικήν, αὐτὰ δὴ τὰ παρὰ βαρβάρων εἰς εὑτοὺς ἥκειν ἀποδειχθέντα – τούτων γὰρ ἄνευ μὴ δύνασθαι λόγιον ἄνδρα καὶ φιλόσοφον ἀποτελεσθῆναι, ἀλλ' οὐδὲ τῆς τῶν ὄντων ἀληθείας ψαῦσαι, μὴ τούτων ἐν ψυχῇ τῆς γνώσεως προτυπωθείσης. (Text SC 338). „Zunächst aber gehen sie überall herum und feiern ihre mathematischen Wissenschaft, und sie sagen, dass es notwendig ist, für alle, die versuchen ein Verständnis der Wahrheit zu erlangen, die Studien

Und dann sind sie stolz auf ihr Wissen in den Fächern, die ich erwähnt habe, sie denken, dass sie über alles erhaben sind und beinahe über den Äther laufen, als ob sie Gott selbst mit sich führten in ihrer Arithmetik. Und weil wir diese Studien nicht betreiben, denken sie, dass wir nichts besseres als Vieh sind, und sagen, dass wir weder Gott noch irgendetwas anderes Großes kennen könnten.[175]

Die starke Polemik, die Euseb an der Verbindung der mathematischen Künste und der Philosophie im Rahmen der griechischen Bildung äußert, dient ihm im folgenden dazu, den Nutzen und die Inhalte der kritisierten Bildung darzustellen. In diesem Zuge fragt er auch danach, welche Vorzüge der Kunst der Musik in diesem System zukämen. So zeigt er durch die Zitation einer Platon-Stelle auch die Haltung des Sokrates zur Musik auf, der der Musik eine besänftigende und beruhigende Wirkung zuschrieb, die heiter stimme:

Sie [die Musik] erzog durch Gewöhnung unsere Wächter, mittels des Wohlklanges eine gewisse Wohlgestimmtheit, nicht Wissenschaft, ihnen einflößend und mittels des Zeitmaßes die Wohlgemessenheit, woneben sie in Reden noch anderes diesem Ähnliches hatte, mochten es nun die fabelhafteren sein oder die der Wahrheit verwandteren; eine Wissenschaft aber, die zu demjenigen [Kriegerischen] gut ist, was du jetzt suchst, war wohl gar nicht in ihr.[176]

Sokrates schreibt der Musik eine Friedfertigkeit zu, die sich auch durch die Süße ihrer Klänge und das Maß ihrer Längen einstelle. Auch Platons Sicht auf die Wissenschaft der Musik wird von Euseb durch lange Zitationen aus *Der Staat* dargelegt, selten aber von ihm kontextualisiert oder erklärt. Zentral ist die Darstellung der Musiktheoretiker gegenüber den Musikpraktikern, wobei Platon deutlich macht, welcher Kunst seiner Meinung nach der Vorrang gebühre:

Wenn sie [unsere Zöglinge] nämlich die wirklich gehörten Akkorde und Töne gegeneinander messen, mühen sie sich eben wie die Sternkundigen mit etwas ab, womit sie nicht zustande kommen.

---

der Astronomie, Arithmetik, Geometrie und Musik zu unternehmen – wahrhaft diese Dinge, von denen nachgewiesen wurde, dass sie von den Barbaren kamen – und dass ohne diese Studien niemand in der Philosophie und der Dialektik ausgebildet werden könne, nicht einmal die Wahrheit dieser Dinge berühren könne, ohne dass dieses Wissen entschlossen in seine Seele geprägt würde."

175 Eus. p.e. XIV,10,10: εἶτ᾽ ἐπανατεινάμενοι τῇ μαθήσει τῶν εἰρημένων ἐπ᾽ αὐτοῦ μονονουχὶ τοῦ αἰθέρος βαίνειν μετέωροι ἀρθέντες οἴονται, ὡς δὴ τὸν θεὸν αὐτὸν ἐν τοῖς ἀριθμοῖς περιφέροντες, ἡμᾶς τε, ὅτι μὴ τὰ ὅμοια ζηλοῦμεν, βοσκημάτων κατ᾽ οὐδὲν διαφέρειν ἡγοῦνται, ταύτῃ δέ φασι μηδὲ θεὸν μηδέ τι τῶν σεμνῶν ἡμᾶς δύνασθαι εἰδέναι · φέρε τοῦτο πρῶτον οὐκ ὀρθῶς ἔχον ἀπευθύνωμεν, τὸν ἀληθῆ λόγον ἀντὶ φωτὸς αὐτοῖς παραβαλόντες. (Text SC 338).

176 Plat. rep. VII,522a: Ἀλλ᾽ ἄρα ἐκείνη γ᾽ [...] ἔθεσι παιδεύουσα τοὺς φύλακας, κατά τε ἁρμονίαν εὐαρμοστίαν τινά, οὐκ ἐπιστήμην, παραδιδοῦσα, καὶ κατὰ ῥυθμὸν εὐρυθμίαν, ἔν τε τοῖς λόγοις ἕτερα τούτων ἀδελφὰ ἔθη ἄττα ἔχουσα, καὶ ὅσοι μυθώδεις τῶν λόγων καὶ ὅσοι ἀληθινώτεροι ἦσαν· μάθημα δὲ πρὸς τοιοῦτόν τι ἄγον, οἷον σὺ νῦν ζητεῖς, οὐδὲν ἦν ἐν αὐτῇ. (Text und Übers. F. Schleiermacher).

Bei den Göttern, sagte er, und gar lächerlich halten sie bei ihren sogenannten He-
ranstimmungen das Ohr hin, als ob sie den Ton von seinem Nachbar ablauschen
wollten, da denn einige behaupten, sie hätten noch einen Unterschied des Tones
und dies sei das kleinste Intervall, nach welchem man messen müsse, andere aber
leugnen es und sagen, sie klängen nun schon ganz gleich, beide aber halten das Ohr
höher als die Vernunft.[177]

In dieser Episode schildert Platon die Gewohnheiten der Musikstudenten und ihre Beschäftigung mit Gehörbildung und Musiktheorie. Dabei steht für Platon die Unwissen-
schaftlichkeit der Methode im Vordergrund, die dem Ohr und damit dem sinnlichen
Empfinden über den mathematischen Verstand den Vorzug gebe. So würden die Stu-
denten sich mehr mit der Gehörbildung beschäftigen und darin den praktischen Bezug
zur Musik über die Weisheit der mathematischen, von ihm harmonisch genannten Zahlen stellen, die das eigentlich Wissenschaftliche in der Musiktheorie ausmachten. Euseb schließt diese Episode damit, dass das christliche Urteil über die Nutzlosigkeit dieser
Lerngegenstände rechtmäßig sei:

Aber dies soll nun auf dem Weg zur Einleitung unserer Verteidigung genügen, dass
wir nicht ohne gründliches Urteil die Sinnlosigkeit des Lernens derartiger Gegenstände verwerfen. Lasst uns also einen neuen Anfang machen und die wechselseitigen Widersprüche in der Lehre der vorher benannten physikalischen Philosophen
untersuchen.[178]

In der Auseinandersetzung Eusebs mit dem Gegenstand der Musiktheorie wird deutlich,
dass Euseb im Gegensatz zu Platon keinerlei Notwendigkeit in der Beschäftigung mit
Musik als Wissenschaft sieht, da die Erkenntnis der mathematischen Grundlagen keine
Gotteserkenntnis vermitteln kann. Auch das stolze Bewusstsein der Griechen, welches
sich aus dem Alter ihrer Bildungstraditionen herleitet, wird von Euseb negativ bewertet.
Da es sich gar nicht um ihre Bildungsgegenstände, in diesem Fall die Entwicklung der
Musikinstrumente, handele, könnten sie weder durch ihr Alter noch durch ihren Inhalt
in Wettbewerb zur hebräischen Tradition treten, die in sich konsistent und geradlinig sei.
Der Stellenwert von Theorie und Praxis hinsichtlich der musikalischen Kunst wird von
Euseb recht unterschiedlich bewertet; im Vordergund seines Urteils steht aber für ihn

---

177   Plat. rep. VII,531a–531b4: τὰς γὰρ ἀκουομένας αὖ συμφωνίας καὶ φθόγγους ἀλλήλοις ἀναμετροῦντες
      ἀνήνυτα, ὥσπερ οἱ ἀστρονόμοι, πονοῦσιν.
      Νὴ τοὺς θεούς, ἔφη, καὶ γελοίως γε, πυκνώματ᾽ ἄττα ὀνομάζοντες καὶ παραβάλλοντες τὰ ὦτα, οἷον ἐκ
      γειτόνων φωνὴν θηρευόμενοι. οἱ μὲν φασιν ἔτι κατακούειν ἐν μέσῳ τινὰ ἠχὴν καὶ σμικρότατον εἶναι
      τοῦτο διάστημα, ᾧ μετρητέον, οἱ δὲ ἀμφισβητοῦντες ὡς ὅμοιον ἤδη φθεγγομένων, ἀμφότεροι ὦτα τοῦ
      νοῦ προστησάμενοι. (Text und Übers. F. Schleiermacher). Zitiert in Eus. p.e. XIV,13,5–8.
178   Eus. p.e. XIV,13,9: Ἀλλὰ γὰρ καὶ ταῦθ᾽ ἡμῖν πρὸ ὁδοῦ κείσθω ἀπολογουμένοις ὅτι μὴ δίχα διανοίας ὀρθῆς
      καὶ τῆς τῶν τοιῶνδε ἀχρηστομαθείας ὠλιγωρήσαμεν. Σκεψώμεθα δῆτα λοιπὸν ἤδη ἄνωθεν ἀρξάμενοι τὰς
      τῶν εἰρημένων φυσικῶν γιλοσόφων δογματικὰς πρὸς ἀλλήλους ἀντιδοξίας. (Text SC 338).

das höhere Ziel der tugendhaften Erziehung. Hinsichtlich der musikalischen Praxis ist es im Rahmen des Erziehungsganges für Kinder und Jugendliche von großem Nutzen, die gottgegebenen Gesänge und deren moralisch anregenden Texte zu singen und damit zu verinnerlichen. Die Musik, die zwar auch tugendhaften und ernsten Charakter durch das gewählte Metrum und den Rhythmus aufweisen soll, stellt dabei vorrangig den Informationsträger dar. Sie steht weniger im Vordergrund als dass sie dem Zweck dient, die Aufnahme der Inhalte zu erleichtern. Die von Euseb referierte musikalische Praxis begrenzt sich damit auf das Vokale; die Instrumentalkultur wird von Euseb in seiner Zitation der Gastmähler überhaupt nicht berücksichtigt. Lediglich im Rahmen der Erfinderkataloge kommt Euseb auf die Instrumente der paganen Umwelt zu sprechen, lässt diese allerdings nur für seinen Altersbeweis in die Argumentation einfließen und bewertet sie nicht. Auch im Rahmen der Musiktheorie spielt der Nutzen der Dinge für den Menschen die größte Rolle – denn wie kann es dem Menschen nutzen, die Musiktheorie zu kennen? Für Euseb ist die Antwort auf diese Frage ganz eindeutig: Kein Wissen der Welt dient der näheren Gotteserkenntnis. Es ist seiner Meinung nach nicht wichtig, in den mathematischen Künsten ausgebildet zu sein, und alle Übertragung der Theorie auf das praktische Spiel des Lyraspielers ist für ihn nur artifiziell. Die Harmonie, auf deren Suche sich Platon in *Der Staat* begibt, kann laut Euseb in den weltlichen Künsten nicht gefunden werden. Für Euseb enthält die Musiktheorie nichts explizit Göttliches, wie es später ein Augustinus in ihr erkennt. Nur das Singen von heiligen Gesängen kann den Menschen auffangen, kann Orientierung bieten und zu einer Annäherung an Gott führen.

4.2.3 Musik und Neuplatonismus: Die Seele als Musikinstrument des Schöpfers

Auch die Beschäftigung mit Plotin und dessen Auseinandersetzung mit der pythagoreischen Seelenlehre findet bei Euseb einen starken Niederschlag in der *Praeparatio evangelica*. Im letzten Buch widmet sich Euseb der Widerlegung der stoischen Überzeugung, dass der Geist als immateriell zu verstehen sei. In diesem Zusammenhang zitiert Euseb aus Plotins *Enneaden* über die Vorstellung der Pythagoreer, dass das Konstrukt der Seele mit der Harmonie eines Saiteninstrumentes vergleichbar sei. Dabei grenzten die Pythagoreer die Seele des Menschen von seinem Körper ab und definierten sie als eine Art Harmonie, die durch die Affektion der Saiten entstehe, ähnlich wie der Körper aus einzelnen Teilen zusammengesetzt durch die Seele zu einer Harmonie gelange.[179] Euseb lässt auch

---

179   Vgl. Plot. enn. IV,7: οὐκ ἄρα οὕτως ψυχὴ ὡς πνεῦμα οὐδ' ὡς σῶμα · ἀλλ' ὅτι μὲν μὴ σῶμα, λέγοιτ' ἄν, καὶ εἴρηται καὶ ἄλλοις ἕτερα, ἱκανὰ δὲ καὶ ταῦτα. Ἐπεὶ δὲ ἄλλης φύσεως, δεῖ ζητεῖν τίς αὐτή. Ἆρ' οὖν ἕτερον μὲν σώματος, σώματος δέ τι, οἷον ἁρμονία; τοῦτο γὰρ ἁρμονίαν τῶν ἀμφὶ Πυθαγόραν λεγόντων ἕτερον τρόπον, ᾠήθησαν αὐτὸ τοιοῦτόν τι εἶναι οἷον καὶ ἡ περὶ χορδὰς ἁρμονία · ὡς γὰρ ἐνταῦθα ἐντεταμένων τῶν χορδῶν ἐπιγίνεταί τι οἷον πάθημα ἐπ' αὐταῖς, ὃ λέγεται ἁρμονία, τὸν αὐτὸν τρόπον καὶ τοῦ ἡμετέρου σώματος, ἐν κράσει ἀνομοίων γινομένου, τὴν ποιὰν κρᾶσιν ζωήν τε ἐργάζεσθαι καὶ ψυχήν, οὖσαν τὸ ἐπὶ τῇ κράσει πάθημα. „Dass die Seele nicht als Körper angesehen werden darf, darüber ist von anderen noch anderes ausgeführt, aber das Gesagte mag genügen. Da sie also von

die Theorien, die gegen diese Haltung entwickelt wurden, durch Plotin zitieren, um deren Unhaltbarkeit zu beweisen.[180] Dabei wird vornehmlich die Unabhängigkeit der Seele vom Körper aufgrund ihrer Substanz und ihres Entstehungszeitpunktes angeführt.[181] Wesentlicher aber noch wird der Vergleich mit einem Musikinstrument widerlegt:

> Und das Wichtigste: dass dann notwendig vor dieser Seele eine andere vorhanden sein müsste, die diese Harmonie erzeugt, so wie bei den Instrumenten der Musiker, der den Saiten die Harmonie eingibt und die Proportionen, nach der er sie abstimmt, von sich aus mitbringt. Denn sowenig dort die Saiten von sich aus, so können hier die Leiber sich selbst in Harmonie versetzen.[182]

Das zentrale Bild des Klangschöpfers, der die Saiten eines Instrumentes anregt, um sie in Schwingung zu versetzen, entwertet die Vorstellungen einer unabhängigen Seele. Wesentlich für die Übertragung auf das Konzept der Seele ist dabei der Grundgedanke, dass es eine äußere Kraft braucht, die die Saiten anregt, damit sie zu einer Harmonie gelangen können. Das heißt, dass das Instrument nicht durch sich selbst in Klang versetzt werden kann.

---

anderem Wesen ist, muss untersucht werden, von welchem. Ist sie etwa ein Anderes als der Körper, aber ein Etwas des Körpers, etwa seine Fügung (Harmonie)? Während die Pythagoreer diese in einem andern Sinn verstanden, hat man geglaubt es sei das Etwas wie die Harmonie der Saiten. Denn wie dort bei der Spannung der Saiten etwas hinzutritt, eine Art Affektion der Saiten, eben die Harmonie: In derselben Weise bringe, da unser Körper aus einer Mischung ungleicher Bestandteile bestehe, deren so und so bestimmte Mischung Leben und Seele hervor, welche die an der Mischung anfallende Affektion sei." (Text und Übers. R. Hauser). Vgl. Eus. p.e. XV,22,63–65. Zu dieser Konzeption vgl. auch den Abschnitt bei Laktanz über die Vorstellungen des Aristoxenos, Kapitel 3.2 (Musik unter philosophischen Aspekten: Die Seelenlehre), 39–44.

180   Euseb kommentiert, dass er diese Ausschnitte ausgewählt habe, um mit Plotin τὴν τῶν στωϊκῶν αἵρεσιν, also die „Irrlehre der Stoiker" (Eus. p.e. XV,22,68) zu widerlegen.

181   Vgl. Plot. enn. IV,7: ...πολλὰ ἤδη πρὸς ταύτην τὴν δόξαν εἴρηται. Καὶ γὰρ ὅτι τὸ μὲν πρότερον, ἡ ψυχή, ἡ δ'ἁρμονία ὕστερον, καὶ ὡς τὸ μὲν ἄρχει καὶ ἐπιστατεῖ τῷ σώματι καὶ μάχεται πολλαχῆ, ἁρμονία δὲ οὐκ ἂν οὖσα ταῦτα ποιοῖ · καὶ ὡς τὸ μὲν οὐσία, ἡ δὲ ἁρμονία οὐκ οὐσία · καὶ ὅτι ἡ κρᾶσις τῶν σωμάτων, ἐξ ὧν συνέσταμεν, ἐν λόγῳ οὖσα, ὑγεία ἂν εἴη · καὶ ὅτι καθ' ἕκαστον μέρος ἄλλως κραθὲν εἴη ἂν ψυχὴ ἑτέρα, ὥστε πολλὰς εἶναι. „Gegen diese Lehre ist schon vieles zum Erweis ihrer Unmöglichkeit geltend gemacht worden. So, dass die Seele das Frühere ist, die Harmonie aber das Spätere: dass die Seele herrscht und dem Körper gebietet und vielfach mit ihm uneins ist, was sie nicht könnte, wenn sie seine Harmonie wäre; dass die Seele Substanz, die Harmonie nicht Substanz ist; dass die Mischung der Körper, aus denen wir bestehen, wenn sie in guter Proportion ist, Gesundheit (also nicht Seele); dass an den einzelnen Teilen des Körpers, die doch verschieden gemischt sind, verschiedene Seelen sein müssten, so dass es viele Seelen (in einem Körper) geben müsste." (Text und Übers. R. Hauser). Vgl. Eus. p.e. XV,22,65–66.

182   Plot. enn. IV,2,50–52: καὶ τὸ δὴ μέγιστον, ὡς ἀνάγκη πρὸ τῆς ψυχῆς ταύτης ἄλλην ψυχὴν εἶναι τὴν ποιοῦσαν τὴν ἁρμονίαν ταύτην, οἷον ἐπὶ τῶν ὀργάνων τὸν μουσικὸν τὸν ἐντιθέντα ταῖς χορδαῖς τὴν ἁρμονίαν, λόγον ἔχοντα παρ' αὐτῷ, καθ' ὃν ἁρμόσει. Οὔτε γὰρ ἐκεῖ αἱ χορδαὶ παρ' αὐτῶν οὔτ' ἐνταῦθα τὰ σώματα ἑαυτὰ εἰς ἁρμονίαν ἄγειν δυνήσεται. (Text und Übers. R. Hauser). Vgl. Eus. p.e. XV,22,66–67. Auch dieser Schluss wird von Laktanz in der Kritik der pythagoreischen Theorie gezogen, vgl. Kapitel 3.2 (Musik unter philosophischen Aspekten: Die Seelenlehre), 39–44.

Darüber hinaus äußert Plotin, dass gemäß dieser Lehre die Seele lediglich auf Zufall basierend existiere, und dass kein Zufall existentielle Dinge geschaffen haben könne.[183] Übertragen bedeutet dies, dass der Körper des Menschen und seine Seele von außen, also von einer göttlichen Person in Harmonie versetzt werden müssen, die gleichsam ihr Schöpfer ist.

Diese Metapher eines göttlichen Leierspielers wird von Euseb auch in der Rede über die Grabstätte des Erlösers aufgenommen, die er 336 als Lobpreis auf Konstantin hält. Darin kommt Euseb auf den milden Gottvater zu sprechen, der alle Menschen erreichen möchte, alles geschaffen hat und als göttlicher Demiurg somit in allem ist. Euseb betont, dass es aber Menschen gebe, die das negierten und vergleicht sie mit törichten Kindern, denen das Kunstverständnis noch fehle:

> In der Tat würden sie sich in keinem Fall unterscheiden von törichten Kindern, welche von dem Musikinstrument der siebenchörigen Leier selbst in Erstaunen versetzt werden, aber nicht von demjenigen [wissen], welcher ihr System entdeckt und die Kunst des Spiels erlernt hat.[184]

Der Urheber des Gegenstandes, in diesem Fall der Schöpfer und Spieler des Instrumentes, ist dieser Aussage nach derjenige, dem Lob gebührt, da er den Gegenstand erfunden und im göttlichen Willen umgesetzt hat. Somit sei alles wertlos, wenn man als Mensch nicht den Erschaffer der Dinge erkennen könne. Das betrifft auch die Darstellung des sichtbaren Universums, welches er mit einer vielsaitigen Lyra vergleicht:

> Das sichtbare Universum ist wie eine vielsaitige Lyra, welche aus Saiten unterschiedlicher Tonhöhe besteht: einige Saiten sind für hohe Noten, anderen für tiefe, einige sind locker, andere straff gespannt, noch andere irgendetwas dazwischen – aber alle sind gut gestimmt aufgrund der musischen Kunst.[185]

---

183 Vgl. Plot. enn. IV,7: Ὅλως δὲ καὶ οὗτοι ἐξ ἀψύχου ἔμψυχα ποιοῦσι καὶ τὰ ἐξ ἀτάκτων κατὰ συντυχίαν τεταγμένα καὶ τὴν τάξιν οὐκ ἐκ τῆς ψυχῆς, ἀλλ᾽ αὐτὴν ἐκ τῆς αὐτομάτου τάξεως τὴν ὑπόστασιν εἰληφέναι. Τοῦτο δὲ οὔτε ἐν τοῖς κατὰ μέρος οὔτε ἐν τοῖς ἄλλοις δυνατὸν γενέσθαι. Οὐκ ἄρα ἡ ψυχὴ ἁρμονία. „Überhaupt aber: auch diese Lehre lässt aus Unbeseeltem Beseeltes entstehen und aus Ungeordnetem zufällig Geordnetes, und statt die Ordnung aus der Seele lässt sie vielmehr die Seele aus zufälliger Ordnung zur Existenz kommen. Das ist aber weder bei den Einzeldingen noch im All möglich. Folglich ist die Seele nicht Harmonie." (Text und Übers. R. Hauser). Vgl. Eus. p.e. XV,22,67.

184 Eus. l.C. XI,9: νηπίων γοῦν κομιδῇ παίδων διαφέροιεν ἂν οὐδὲν καὶ οἱ τῆς ἑπταχόρδου λύρας αὐτὸ δὴ τὸ μουσικὸν ὄργανον ἀλλ᾽ οὐ τὸν τῆς συντάξεως εὑρέτην τε καὶ ἐπιστήμονα τῆς σοφίας ἀποθαυμάζοντες,... (Text GCS 7).

185 Eus. l.C. XII,11: ὁ μὲν οὖν αἰσθητὸς κόσμος, οἷά τις πολύχορδος λύρα ἐξ ἀνομοίων συνεστῶσα χορδῶν, ὀξειῶν τε καὶ βαρειῶν, τῶν τε ἀνειμένων καὶ ἐπιτεταμένων καὶ μέσων, εὖ δ᾽ ἡρμοσμένων ἁπασῶν τέχνῃ τῇ μουσικῇ, ... (Text GCS 7). An dieser Stelle klingen die Vorstellungen der Pythagoreer zur Sphärenharmonie an, die davon ausgingen, dass die Weltkörper in Analogie zu den Tönen stünden und durch ihre Intervalle eine musikalische Harmonie der Sphären hervorbrächten. Einführend zur Musik der Sphärenharmonie und deren Überlieferung in der römischen Literatur vlg. Wille (1967), 438–442.

Er beschreibt die Lyra als ein Instrument mit vielen unterschiedlich hohen Saiten, um damit die Vielschichtigkeit des Universums abzubilden. Diese will er auch anhand der klimatischen Zustände Kälte und Hitze, Nässe und Trockenheit aufzeigen. Er kommt zu dem Schluss:

> Also könnte das In-eine-Harmonie-gestimmt-Sein als ein großartiges Instrument beschrieben werden, als das vorzügliche Werk eines großen Gottes. Und der göttliche Logos, der nicht aus Teilen besteht oder begründet auf Gegensätzen, sondern selbst unteilbar und nicht zusammengesetzt ist, spielt alles weise und gut, indem er seinem Vater, dem universalen Souverän, eine ihm angemessene und kleidsame Melodie wiedergibt.[186]

Dem göttlichen Logos, auf den Euseb verweist, wird die Rolle des Spielers zugewiesen, der dem Vater folgend alles angemessen und kunstvoll wiedergibt. Dies ist ihm nur möglich, da er nicht zusammengesetzt aus verschiedenen Teilen besteht, sondern eine unteilbare Einheit bildet. Diese Rolle wird von Euseb fortgesponnen über die Metapher des kunstvollen Instrumentes zum Vergleich mit dem kunstvollen, polyharmonischen Universums.[187] Damit ist erneut der übergeordnete Gedanke der unteilbaren Einheit zentral, den Euseb insbesondere im Zusammenhang mit dem Lob auf Konstantin und dessen Herrschaft bringt, und der sich zunächst in der Unteilbarkeit des göttlichen Schöpfers und seines Werkes zeigt. An anderer Stelle führt Euseb den Vergleich des Schöpfergottes mit einem Lyraspieler dahingehend fort, dass er dem Menschen selbst die Funktion des göttlichen Instrumentes zuschreibt.[188] Auch die griechische Sage um Orpheus, welcher mithilfe seines Gesanges und des gezupften und gestrichenen Spiels auf einem Saiteninstrument alle Arten wilder Tiere verzauberte und bezähmte, wird von Euseb in der Lobrede aufgegriffen.[189] Diesen mythischen Sänger nimmt Euseb zum Vergleich mit dem allmächtigen Gott,

---

186 Eus. l.C. XII,11: ...εἰς μίαν συνελθὼν ἁρμονίαν ὄργανον ἂν εἴη μέγα, μεγάλου θεοῦ δημιούργημα, λόγος δ᾽ὁ θεῖος, οὐκέτ᾽ ἐκ μερῶν συνεστὼς οὐδ᾽ ἐξ ἐναντίων συγκείμενος, ἀμερὴς αὐτὸς ὢν καὶ ἀσύνθετος εὖ καὶ σοφῶς τὸ πᾶν ἀνακρούεται, τῷ αὐτοῦ πατρὶ καὶ βασιλεῖ τῶν ὅλων τὴν ὀφειλομένην καὶ αὐτῷ πρέπουσαν ἀποδιδοὺς μελῳδίαν. (Text GCS 7).

187 Vgl. Eus. l.C. XII,16: διαρρήδην τε ἐπιδεικνὺς οὐχ ἑπτάχορδον οὔτε πολύχορδον λύραν, ἕνα δὲ κόσμον πολυαρμόνιον ἑνὸς λόγου κοσμοποιοῦ ἔργον. (Text GCS 7). „Er erweist sich selbst als Meister nicht einer siebenchörigen oder sogar mehrsaitigen Lyra, sondern als Meister eines polyharmonischen Kosmos, dem Produkt des einen welterschaffenden Logos."

188 Vgl. Eus. l.C. XIV,4: οὕτω δῆτα ὁ κοινὸς ἁπάντων σωτὴρ εὐεργετικὸν ἑαυτὸν τοῖς πᾶσι καὶ σωτήριον παρέσχε δι᾽ ὀργάνου οὗ προβέβλητο ἀνθρωπίνου, οἵα τις μουσικὸς ἀνὴρ διὰ τῆς λύρας τὴν σοφίαν δεικνύμενος. (Text GCS 7). „So zeigt sich deutlich der gemeinsame Retter Aller wie irgendein Musiker, der die Lyra nutzt um seine Kunst zu zeigen, sich selbst als Wohltäter und bringt Erlösung für alle mittels des menschlichen Instruments."

189 Vgl. Eus. l.C. XIV,5: Ὀρφέα μὲν δὴ μῦθος Ἑλληνικὸς παντοῖα γένη θηρίων θέλγειν τῇ ᾠδῇ ἐξημεροῦν τε τῶν ἀγρίων τοὺς θυμούς, ἐν ὀργάνῳ πλήκτρῳ κρουομένων χορδῶν, παραδίδωσιν,... (Text GCS 7). „Orpheus verzauberte alle Arten wilder Tiere und bezähmte den Zorn der Wilden durch seinen Gesang und das Streichen eines Saiteninstrumentes mit einem Plektron."

welcher ebenso wie Orpheus ein musikalisches Instrument zur Hand nimmt, allerdings nicht die Lyra:

> So wie auch der allwissende und allharmonisierende göttliche Logos den Seelen der Menschen alle Arten von Heilmitteln für die vielfältigen Übel bereitstellt, ein Musikinstrument in die Hand nimmt, welches er selbst weise gemacht hat – den Menschen – und darauf bezaubernde Lieder spielt, nicht für wilde Tiere sondern für vernünftige, so heilt er mit dem Heilmittel der göttlichen Eingebung jede gewalttätige Anwandlung und die wilde Leidenschaft der Seele, sei sie griechisch oder barbarisch.[190]

Die aufgebrachte Seele des Menschen, der als göttliches Musikinstrument fungiert, werde durch das Spiel des weisen Logos besänftigt. Dabei wirke die Musik wie ein Heilmittel auf den Menschen, egal ob er Grieche oder Barbar sei. So stelle der allmächtige Gott seine Vermenschlichung dar, die im Rahmen der Konstitution der göttlichen Person angebunden ist: Da der allmächtige Gott alles in Übereinstimmung mit seinem Vater erfülle, bleibt er selbst immateriell, da er *in* seinem Vater ist.[191] Ebenso wenig wie der musizierende Leierspieler etwas erleiden könne, wenn einmal eine Saite reißen oder gar die Lyra zerbrechen sollte, würde auch der allmächtige Gott dadurch weder leiden noch entwürdigt werden:

> Denn wenn es passieren sollte, dass eine Leier bricht oder ihre Saiten zerspringen, würde daraus nicht folgen, dass der Spieler zu Schaden kommt, weder noch wenn der Körper eines weisen Mannes gefoltert worden sei, würden wir vernünftigerweise sagen, dass die Weisheit in ihm oder die Seele in seinem Körper Schrammen erleide oder verbrannt worden sei.[192]

Der Lyraspieler, der mit einer gottesgleichen Stellung repräsentiert wird, dient damit dem göttlichen Logos zum Vergleich. Diese Vorstellung präsentiert Euseb auch im vierten Buch der *Demonstratio evangelica*. Die Schrift, die als christliche Ergänzung zur *Praeparatio evangelica* verfasst wurde, beschäftigt sich mit den Lehren Christi und deren Ursprüngen. Dabei vergleicht Euseb, wie auch später in der Lobrede auf Konstantin, den göttlichen Demiurgen mit einem Musiker und Mediziner, der die Seelen der Menschen heilt:

---

190 Eus. l.C. XIV,5: τοιγαροῦν ὁ πάνσοφος καὶ παναρμόνιος τοῦ θεοῦ λόγος ψυχαῖς ἀνθρώπων πολυτρόποις κακίαις ὑποβεβλημέναις παντοίας θεραπείας προβαλλόμενος, μουσικὸν ὄργανον χερσὶ λαβών, αὐτοῦ ποίημα σοφίας, τὸν ἄνθρωπον, ᾠδὰς καὶ ἐπῳδὰς διὰ τούτου λογικοῖς ἀλλ' οὐκ ἀλόγοις θηρσὶν ἀνεκρούετο, πάντα τρόπον ἀνήμερον Ἑλλήνων τε καὶ βαρβάρων πάθη τε ἄγρια καὶ θηριώδη ψυχῶν τοῖς τῆς ἐνθέου διδασκαλίας φαρμάκοις ἐξιώμενος, ... (Text GCS 7).

191 Vgl. Eus. l.C. XIV,6–8.

192 Eus. l.C. XIV,9: ἐπεὶ μηδὲ τῆς λύρας εἰ οὕτω τύχοι κοπτομένης ἢ τῶν χορδῶν διασπωμένων πάσχειν εἰκὸς τὸν ἀνακρουόμενον, οὐδέ γε σοφοῦ τινος ἀνδρὸς τιμωρουμένου σώματος τὴν ἐν τῷ σοφῷ σοφίαν ἢ τὴν ἐν τῷ σώματι ψυχὴν κόπτεσθαι ἢ κάεσθαι φαίμεν ἂν εἰκότως. (Text GCS 7).

Er rief und heilte bereitwillig den menschlichen Organismus, dessen er sich angenommen hatte, wie ein Musiker, der seine Fähigkeiten auf einer Leier zeigt, und bot sich selbst als ein Beispiel eines vollkommenen weisen Lebens, virtuos und gut, das bis in die erkrankten Seelen der menschlichen Körper reichte, so wie der beste Mediziner die Menschen heilt mit ihnen ähnlichen und angemessenen Medikamenten.[193]

Diese Stelle bezeichnet Gott als einen weisen Virtuosen, der seine musikalischen Fähigkeiten in der Erschaffung des Menschen zeigt. Aber Euseb geht noch ein Stück weiter:

Denn wenn eine Lyra zerbricht oder ihre Saiten zerreißen, ist es unüblich, dass derjenige, der sie anschlägt, dabei leidet, ebenso wenig können wir sagen dass ein weiser Mann, wenn er körperlich gezüchtigt wird, die Weisheit in ihm, oder die Seele in seinem Körper dadurch gebrochen oder verbrannt wird.[194]

In dieser Aussage zeigt sich die Unverletzlichkeit Gottes, dessen Weisheit in seiner Seele unantastbar und unzerbrechlich ist. Euseb präsentiert also verschiedene Bilder eines göttlichen Demiurgen in Form des Lyraspielers: Zunächst stellt er die gängige Lehrmeinung zur Frage der Seele in der griechischen Philosophie dar. Deutlich verbindet er die von Plotin überlieferten Ideen und Konzepte mit der Vorstellung des göttlichen Demiurgs. Die Nähe des Neuplatonismus zur christlichen Theologie ist dabei für Euseb evident und entscheidend; hier findet er Übereinstimmungen in theologisch-religiösen Fragen. Die Rolle Gottes als perfekter Lyraspieler stellt dabei ein zentrales Bild dar. In Anlehnung an den Mythos um Orpheus, der mit seiner Musik wirkkräftig die Tiere verzaubert, zeigt Euseb, dass der göttliche Schöpfer wohl nicht Tiere, durchaus aber sein erschaffenes Wesen, den Menschen, in seiner Seele bezähmt und beruhigt. Dabei dominiert in der Darstellung Eusebs die metaphorische Verwendung des Lyraspielers, der die wilden Emotionen, die sich in der Seele des Menschen widerspiegeln können, durch die göttliche Musik besänftigt und zur Ruhe bringt. Auch die Metapher des Heilmittels wirkt in diese Darstellung mit hinein: Die Seele des Menschen ist demnach geschützt, sie kann nicht zerbrechen, da sie, im Sinne eines Musikinstruments gedacht, auch bei anteiligen Beschädigungen niemals zu Schaden kommt. Selbst wenn dem göttlichen Musiker eine Saite reißt, wird das Instrument dadurch nicht in seiner Grundqualität beschädigt. Die Musik, die Gott auf seinem Instrument Mensch spielt, ist von ihm ebenso gegeben wie das Instrument selbst. Die Saiten benötigen einen Künstler, der sie anregt, wie auch die menschliche Seele Gott braucht, um angeregt zu werden. Gott ist in diesem Bild der Urheber aller Dinge, er bestimmt die Melodie, die Harmonie und die Grundstimmung des Menschen und seiner

---

193 Eus. d.e. IV,13,4: ἐκάλει καὶ ἰᾶτο ἀφθόνως δι' ὀργάνου οὗ προυβέβλητο ἀνθρωπίνου, οἷά τις μουσικὸς ἀνὴρ διὰ τῆς λύρας τὴν σοφίαν ἐπιδεικνύμενος, καὶ νοσούσαις γε ψυχαῖς ταῖς ἐν σώμασιν, οἷά τις ἰατρῶν ἄριστος, συγγενεῖ καὶ καταλλήλῳ βοηθήματι τὸν ἄνθρωπον <παρίστη>, ... (Text GCS 23).

194 Eus. d.e. IV,13,7: ἐπεὶ μηδὲ τῆς λύρας εἰ οὕτως τύχοι κοπτομένης, ἢ τῶν χορδῶν διασπωμένων, πάσχειν εἰκὸς τὸν ἀνακρουόμενον, οὐδέ γε σοφοῦ τινος ἀνδρὸς τιμωρουμένου τοῦ σώματος τὴν ἐν αὐτῷ σοφίαν ἢ τήν γε ἐν τῷ σώματι ψυχὴν κόπτεσθαι ἢ κάεσθαι φαίημεν ἂν εἰκότως. (Text GCS 23).

Seele. Gleichzeitig kann ihn nichts verletzen oder erschüttern, er ist dem Menschen ein fester Halt und eine übermächtige Versicherung.

4.2.4 Fazit zur Haltung Eusebs zur paganen Musikkultur

Die Haltung Eusebs zu paganen Inhalten der Musikkultur lässt sich hinsichtlich ihrer Funktion definieren: Sofern die pagane Musik einen Nutzen für die christliche Verwendung von Musik aufbringt, wird sie von Euseb in ganzer Linie befürwortet, wie es beispielsweise bei den platonischen Vorstellungen zur Musikerziehung der Fall ist. Auch die Verwendung der griechischen Kataloge zur Musikinstrumentensystematik unterliegt diesem Nutzen, da Euseb auf diesen aufbauend seinen Altersbeweis darlegt und in diesem Sinne die griechische Bildungstradition der jüdischen Tradition unterordnen kann. Stellen die Aussagen zur Musik aber eine Provokation oder Gefährdung für den Christen dar, kritisiert oder verspottet Euseb diese heftig. Dies betrifft natürlicherweise die Mysterienkulte, allen voran den Kult der Kybele, der von den Mysterienkulten im Allgemeinen von ihm am intensivsten ausgewertet wird. Somit dominiert das Motiv des Irrwahns, der mit dem Spielen des Tympanon in den Kultprozessionen einherging, die Darstellungen der Kybele. Auch die Verbindung der Musiktheorie mit der Gotteserkenntnis im Umfeld der klassischen *Paideia* wird von Euseb für nichtig betrachtet: Da keine Wissenschaft an sich zur Gotteserkenntnis führen könne, kann auch die Beschäftigung mit der Wissenschaft der Musik keinen Nutzen für den Christen bringen. Der Lyra kommt in der musikalischen Darstellung das stärkste Gewicht zu: Sie wird aus ihrem Verwendungskontext herausgenommen und in spiritualistischer Weise als Metapher für Gott und das Göttliche umgedeutet. Mag dabei auch der reale Kontext als höchstkünstlerisches Instrument der Zeit durchaus als Anreiz zur Verwendung dieses Bildes gedient haben, so spielt dennoch das Instrument als solches und seine Spielweise keine dominante Rolle. Die Wiedergabe platonischer und neuplatonischer Ideen führt zur Übernahme dieses Bildes, welches aber in christlicher Sicht durchaus den Sprachgebrauch eines Clemens und Origenes widerspiegelt. Dieser exegetische Topos wird auch im folgenden Teil eine große Rolle spielen.

4.3   Rezeption der jüdischen Musikkultur bei Euseb

4.3.1 Das Instrumentarium im Buch der Psalmen

Eusebs Zugang zur jüdischen Musikkultur liegt naturgemäß in den Schriften des Alten Testaments, welches im Gegensatz zum Neuen Testament musikalisch sehr reich ist.[195]

---

195 Vgl. Laube-Przygodda (1980), bes. 23–35 (zur Rezeption der musikalischen Stellen durch die frühen Christen) sowie Braun (1994), 1533–1535, der die vollständigen Stellenangaben und eine Auswertung bringt. So existieren im NT nur die vier Instrumentennamen αὐλός, κιθάρα, σάλπιγξ und κύμβαλον

Das Instrumentarium des hebräischen Kultes spielt in vielen Büchern des AT eine Rolle, am häufigsten kommt es aber natürlich im Buch der Psalmen vor.[196] Die Psalmen, die ursprünglich gedichtete Lieder sind, enthalten zumeist zwei musikalische Bedeutungsebenen. So finden sich häufig zu Beginn des Psalms musikalische Implikationen für die musikalische Ausführung, so zum Beispiel „Nach der Melodie des Miktam-Liedes" oder ähnliches.[197] Die andere Bedeutungsebene liegt in der Semantik der Texte, die zum Lobe Gottes mit Instrumenten und Gesang aufrufen. Problematisch bei der Beschäftigung mit dem Instrumentarium der Psalmen ist die inkonsistente Verwendung musikorganologischer Zuweisungen. Es fällt auf, dass weder in der griechischen Übersetzung der LXX noch in der Vulgata der gleiche Begriff stringent für das genannte Instrument oder den Instrumententyp verwendet wird. Das Buch der Psalmen enthält insgesamt 150 Psalmen, davon enthalten 49 Psalmen die Nennung von Musikinstrumenten oder Gesang in Verbindung mit dem Gotteslob.[198] Von diesen 49 Psalmen wiederum enthalten folgende 16 Psalmen die explizite Benennung von Musikinstrumenten:

Ps	musikalischer Inhalt im Wortlaut (Einheitsausgabe)	Bezeichnung MT	Bezeichnung LXX	Bezeichnung Vulgata[199]	organologische Zuschreibung
33,2	Preist den Herrn mit der **Zither**, spielt für ihn auf der **zehnsaitigen Harfe**	kînôr nevel ʿāśor[200]	ἐν κιθάρᾳ, ἐν ψαλτηρίῳ δεκαχόρδῳ ψάλατε αὐτῷ	in cithara in psalterio decacordo	Leier zehnsaitige Leier

sowie der Terminus συμφωνία (Luk 15,25) für das musikalische Ensemble. Einen gerafften Überblick über die Musik im NT mit Stellenangaben und Auswertung bietet auch Braun (2005), 259–263.

196   Vgl. dazu Braun (1994), 1512–1531, der die genauen Stellenangaben sortiert nach Instrumenten anführt sowie ausführlicher Braun (1999), 32–63.

197   In jüngerer Zeit ist um diese musikalischen Implikationen in der theologischen Forschung eine Diskussion entbrandet, die sich hauptsächlich an Fragen zur Übersetzung und der liturgischen Verwendung der Überschriften entzündet hat. Einen einführenden Überblick bietet Brucker (2016), 570f.

198   Das sind nach hebr. Zählung Ps 7/9/13/18/21/27/28/30/33/40/42/43/44/45/47/49/57/59/61/65/ 66/68/69/71/75/78/81/87/89/92/95/ 96/98/100/101/104/105/106/108/119/135/137/138/144/146/ 147/148/149/150. Vgl. dazu Anhang 2: Auswertung der Psalmen bezüglich musikalischen Inhalts. Einführend in die Musikkultur Altisraels unter Berücksichtigung der Instrumente vgl. Braun (1999) von der Steinzeit bis zur Spätantike (stärkere archäologische Ausrichtung) sowie auf Basis der Texte vgl. Seidel (1989).

199   Die Markierung ist chronologisch zu verstehen: ■ steht für die Manuskripte aus der LXX-Tradition (iuxta LXX), ■ kennzeichnet die Ausgaben der Vulgata, die auf dem hebräischen Text basieren (iuxta hebr.). Schwarz = ■ und ■ sind einheitlich.

200   Zum *nevel* ist zu berichten, dass es vier Haupttypen dieser Leier gibt, die in Palästina zu jener Zeit verbreitet sind: In allen Fällen handelt es sich um einen lokal ausgeprägten Leiertyp, der kaum

Ps	musikalischer Inhalt im Wortlaut (Einheitsausgabe)	Bezeichnung MT	Bezeichnung LXX	Bezeichnung Vulgata[199]	organologische Zuschreibung
43,4	Ich will dich auf der **Harfe** loben	kînôr	ἐν κιθάρᾳ	in cithara	Leier
47,6	der Herr beim Schall der **Hörner**	šôfār	ἐν φωνῇ σάλπιγγος	in uoce bucinae	Naturhorn (Ziege/ Widder)
49,5	Ich enthülle mein Geheimnis beim **Harfenspiel**	kînôr	ἐν ψαλτήριῳ	in psalterio in cithara	Leier
57,9/ 108,3	Wacht auf, **Harfe** und **Saitenspiel**	kînôr klēy nevel	ψαλτήριον καὶ κιθάρα	psalterium et cithara	Leier unklarer Leiertyp (LT)
68,26	Voran gingen die **Sänger**, danach die **Saitenspieler**,		προέφθασαν ἄρχοντες ἐχόμενοι ψαλλόντων	praecesserunt cantores eos qui post tergum psallebant	
68,27	mittendrin die jungen Frauen die **Handpauke** schlagend.	ttof	ἐν μέσῳ νεανίδων τυμπανιστριῶν	in medio puellarum tympanistriarum	Rahmen-trommel
71,22	Ich will dir danken mit **Saitenspiel**, ich will dir auf der **Harfe** spielen	kînôr klēy nevel	ψαλῶ σοι ἐν κιθάρᾳ,	in cithara	Leier unklarer LT

hellenisiert wurde. Klanglich stellt er ein Tenor- bzw. Bassinstrument dar, welches im Orchester des zweiten Tempels gespielt wurde. Der *nevel* war eine vielsaitige Leier, deren Saiten dicker als die der *kînôr* waren. Er wurde ohne Plektrum gespielt und fällt organologisch in der Bestimmung auf durch den Resonanzkörper, der vermutlich ein Ledersack war. Vgl. dazu die Abbildung von *nevel* und *kînôr* auf einer Bar-Kochba-Münze bei Braun (1994), 1521.

Ps	musikalischer Inhalt im Wortlaut (Einheitsausgabe)	Bezeichnung MT	Bezeichnung LXX	Bezeichnung Vulgata[199]	organologische Zuschreibung
81,3	Stimmt an den Gesang, schlagt die **Pauke**, die liebliche **Laute**, dazu die **Harfe**!	ttof kînôr 'āśor nevel	λάβετε ψαλμὸν καὶ δότε τύμπανον, ψαλτήριον τερπνὸν μετὰ κιθάρας	tympanum psalterium iucundum cum cithara tympanum citharam decoram cum psalterio	Rahmentrommel zehnsaitige Leier unklarer LT
81,4	Stoßt in die **Posaune** am Neumond	šôfār	σαλπίσατε ἐν νεομηνίᾳ σάλπιγγι,	bucina	Naturhorn (Ziege/ Widder)
92,4	zur zehnsaitigen **Laute**, zur **Harfe**, **zum Klang der Zither**	kînôr 'āśor und nevel	ἐν δεκαχόρδῳ ψαλτηρίῳ μετ' ᾠδῆς ἐν κιθάρᾳ.	in decacordo psalterio cum cantico in cithara in decacordo et in psalterio in cantico in cithara	zehnsaitige Leier? unklarer LT
98,5	Spielt dem Herrn auf der **Harfe**, auf der Harfe **zu lautem Gesang**!	kînôr	ψάλατε τῷ κυρίῳ ἐν κιθάρᾳ, ἐν κιθάρᾳ καὶ φωνῇ ψαλμοῦ.	in cithara et uoce psalmi in cithara et uoce carminis	Leier

Ps	musikalischer Inhalt im Wortlaut (Einheitsausgabe)	Bezeichnung MT	Bezeichnung LXX	Bezeichnung Vulgata[199]	organologische Zuschreibung
98,6	Zum Schall der **Trompeten** und **Hörner**	ḥăṣôṣrā und šôfār	ἐν σάλπιγξιν ἐλαταῖς καὶ φωνῇ σάλπιγγος κερατίνης	in tubis ductilibus et uoce tubae corneae / in tubis et clangore bucinae	Metalltrompete Naturhorn (Ziege/ Widder)
108,3	Wach auf, **Harf**e und **Leier**	nevel ʿāśor	ψαλτήριον καὶ κιθάρα	psalterium et cithara	zehnsaitige Leier
137,2	Wir hängten unsere **Harfen** an die Weiden in jenem Land (Babylon)	kînôr	τὰ ὄργανα ἡμῶν	organa nostra / citharas nostras	Leier
144,9	Auf der **zehnsaitigen Harfe** will ich dir spielen.	nevel ʿāśor	ἐν ψαλτηρίῳ δεκαχόρδῳ ψαλῶ σοι	in psalterio decacordo	zehnsaitige Leier
147,7	Spielt unserem Gott auf der **Harfe**	kînôr	ἐν κιθάρᾳ	in cithara	Leier
149,3	Seinen Namen sollen sie loben beim Reigentanz, ihm spielen auf **Pauken** und **Harfen**	ttof kînôr	ἐν χορῷ ἐν τυμπάνῳ καὶ ψαλτηρίῳ ψαλάτωσαν αὐτῷ	in choro / in tympano / et psalterio / in tympano et cithara	Rahmentrommel Leier

Ps	musikalischer Inhalt im Wortlaut (Einheitsausgabe)	Bezeichnung MT	Bezeichnung LXX	Bezeichnung Vulgata[199]	organologische Zuschreibung
150,3	Lobt ihn mit dem Schall der **Hörner**,	šôfār	ἐν ἤχῳ σάλπιγγος	tuba	Naturhorn (Ziege/ Widder)
	lobt ihn mit			clangore bucinae	
	Harfe und Zither!	nevel	ἐν ψαλτηρίῳ καὶ κιθάρᾳ	in psalterio et cithara	Leier
150,4	Lobt ihn mit **Pauken** und Tanz,	ttof	ἐν τυμπάνῳ καὶ χορῷ	in tympano et choro tympanum	Rahmentrommel
	lobt ihn mit **Flöten und Saitenspiel!**	ʿûgāv	ἐν χορδαῖς καὶ ὀργάνῳ	in cordis et organo	ungeklärt: Längsflöte?
150,5				cymbala (c.):	
	Lobt ihn mit **hellen Zimbeln**	ṣilṣĕlēy-šāmā	ἐν κυμβάλοις εὐήχοις	c.bene sonantibus	Becken (Zimbeln)
				c. sonantibus	
	Lobt ihn mit **klingenden Zimbeln!**	ṣilṣĕlēy-ttrûʿā	ἐν κυμβάλοις ἀλαλαγμοῦ	c.iubilationis	
				c.tinnientibus	

Zeigt schon die inkonsistente Übersetzung der Musikinstrumente in den Bibelübersetzungen der LXX und der Vulgata an, dass organologisch viele Zuschreibungen nicht eindeutig getroffen werden konnten,[201] erkennt man auch an den heutigen Bibelausgaben, dass die Musikinstrumente in der meisten Fällen organologisch nicht richtig zugeordnet sind. Dabei bemüht sich lediglich die kommentierte Ausgabe der Psalmen von Hossfeld und Zenger um eine terminologische Eindeutigkeit, wenngleich auch dort im Rahmen der Saiteninstrumente organologische Uneindeutigkeiten anzutreffen sind, wohl zu-

---

201 Braun (1994) vermutet darin hauptsächlich ein Fehlen einer adäquaten Entsprechung derartiger Instrumente im griechisch-römischen Raum, so z. Bsp. im Falle der Leier und stellt dazu auch den archäologischen Befund vor, der eine Vielzahl Leiertypen für den palästinensischen Raum aufzeigt. Zu den Zeichnungen des arch. Befundes vgl. Braun (1994), 1509f.

gunsten der poetischen Konstitution des Textes.[202] Zur Musikpraxis in hebräischer Zeit zeigen die genannten Stellen eine reiche Musikkultur im Rahmen der Psalmen auf: Es spielen verschiedene Ensembles auf, es gibt Signalinstrumente, vor allem aber dominieren die Leierinstrumente die musikalische Gestaltung des Gotteslobes.

4.3.2   Die Musikinstrumente im Psalmenkommentar des Euseb

Eusebs Umgang mit den Psalmen zeigt sich in seinem spät entstandenen Psalmenkommentar, den er wohl als die letzte seiner Schriften anfertigt.[203] In diesem sind alle 150 Psalmen behandelt, allerdings nicht vollständig alle einzelnen Psalmverse. Darüber hinaus spricht Euseb aber auch an einzelnen Stellen der *Demonstratio evangelica* von den Musikinstrumenten aus dem hebräischen Kult. Hinsichtlich derjenigen Psalmen mit musikalischem Vokabular legt Euseb in seinem Psalmenkommentar folgende zwölf Psalmen aus:

Ps 33/ Ps 43 /Ps 57 / Ps 68 / Ps 71 / Ps 81 / Ps 92 / Ps 98 / Ps 108 / Ps 147 / Ps 149 / Ps 150.

Damit fehlen vier Psalmverse mit Instrumenten, die von ihm unberücksichtigt bleiben.[204] Allerdings verwendet er Zitationen aus den Psalmen, die Musikinstrumente aufweisen, in Ps 61 und 62, die selbst keinerlei eigenen musikalischen Gehalt aufweisen. Weiter zitiert er aus dem Ps 9 des Asaph. Einführend zu seinem großen Psalmenkommentar gibt Euseb einige Informationen zu den dort vorkommenden Instrumenten und musikalischen Stilen. An erster Stelle möchte Euseb den Leser auf eine sinnstiftende Verbindung der Begriffe Psalm und Psalterion aufmerksam machen. Er definiert das Instrument als ein Saiteninstrument, welches sich durch Kontext und Größe von der bekannten Kithara unterscheide: Dieses Instrument werde nur in Verbindung mit der Psalmrezitation gespielt. Somit entkoppelt Euseb das Psalterion vom weltlichen Verwendungskontext der Kithara. Im vorangehenden Abschnitt sagt er zur Herkunft des Psalterion: „Die Nabla wird bei

---

202   Vgl. die zwei sorgfältig kommentierten Psalmenbände von Frank-Lothar Hossfeld und Erich Zenger (HthK). Dabei sorgt insbesondere die Deutung der beiden Leiertypen für Verwirrung und wird somit in den Bibelausgaben u.a. mit Zither, Harfe, Laute, Psalter, Saitenspiel wiedergeben. Auch Hossfeld/Zenger sind sich des Problems der unterschiedlichen Leiertypen bewusst, wählen aber dennoch, vermutlich aus Gründen des Textflusses, die Harfe und die Leier für den Ps 150, hingegen werden dieselben Instrumente in der Übersetzung von Ps 57, 81, 98 und 144 mit Stand- und Tragleier wiedergegeben.

203   Der Psalmenkommentar ist vermutlich nach 335 entstanden, zur Datierung vgl. Winkelmann (1991), 159 unter Verweis auf den Einfluss durch Athanasius.

204   Das sind die Psalmen 47 / 49 / 137 / 144. Allerdings behandelt er Ps 47,6 auch in der d.e. VI,2,7 und kommt dort auch auf die Auslegung des Schofar/der Salpinx zu sprechen. Vgl. Fn. 221 (Text) in diesem Kapitel.

den Hebräern Psalterion genannt."[205] Er versieht sie mit dem Zusatz, dass dieses Instrument unter den Musikinstrumenten das aufrechteste sei.[206] Hier versucht Euseb, dem Leser eine Musikinstrumentensystematik zu präsentieren, damit die Einordnung des offenbar unbekannten Instrumentes erleichtert wird. Er unterscheidet anhand des Psalterion vier Psalmodie-Typen, die instrumental oder a cappella vorgetragen werden, eine Darstellung, die auf die Diskussion über die musikalischen Implikationen in dem Buch der Psalmen zurückgeht. Viele Kirchenväter diskutieren diese Überschriften in ihren Psalmenkommentaren, wobei aus musikologischer Sicht völlig unklar ist, was sich hinter den genannten Termini ψαλμός, ᾠδή, ᾠδὴ δὲ ψαλμοῦ und ψαλμὸς δὲ ᾠδῆς verbirgt.[207] In der Forschung ist man dazu übergegangen, diese Begriffe mit *Psalm, Lied, Liedpsalm* und *Psalmenlied* zu übersetzen. Euseb selbst sagt über die Psalmen, dass sie mit den Klängen eines chorischen Instrumentes begleitet werden, im Unterschied dazu sei beim Ausführen der ᾠδή einzig die Stimme das rhythmische und melodische Instrument.[208] Der Unterschied aber zwischen ᾠδὴ δὲ ψαλμοῦ und ψαλμὸς δὲ ᾠδῆς scheint letztlich durch die Art der Inkantation, also durch das Anrufen der Gottheit, bestimmt zu werden und somit von Euseb im zeremoniellen Rahmen verortet zu werden:

> Das Lied der Psalmen (*Liedpsalm*) ist das Anrufen mit der Stimme des symphonischen Instrumentes, der Psalm des Gesanges (*Psalmenlied*) aber erfolgt in umgekehrter Ordnung, nämlich das Anrufen mit der vorhergehenden Stimme in unterschiedlichen Modulationen.[209]

---

205 Eus. c. Ps. prooem.: Νάβλα δὲ παρ' Ἑβραίος λέγεται τὸ ψαλτήριον, ὃ δὴ μόνον τῶν μουσικῶν ὀργάνων ὀρθότατον. (PG 23,66,4).
206 Vgl. Eus. c. Ps. prooem. (Text Fn. 205). Dieser Gedanke findet sich auch in Psalmenkommentaren anderer Kirchenväter. Ein besonders einprägsames Beispiel gibt Hilarius von Poitiers in seinem Psalmenkommentar, vgl. Hil. tract. sup. ps. prooem. 7: Eo enim organo prophetatum est, graece psalterio, hebraice nabla nuncupato, quod unum omnium musicorum organorum rectissimum est, nihil in se uel peruersum continens uel obliquum neque quod ex inferioribus locis in sonum concentus musici commouetur, sed in formam dominici corporis constitutum organum sine ullo inflexu deflexuue directum est, organum ex supernis commotum et impulsum et in cantionem supernae et caelestis institutionis animatum, non humili et terreno spiritu, ut cetera terrae organa, personum. (Text CCL 61). „Es wurde nämlich mit einem Instrument prophezeit, das auf Griechisch ψαλτήριον, auf Hebräisch Nabla heißt. Es ist als einziges von allen Musikinstrumenten völlig fehlerfrei und hat nichts Verkehrtes und Schiefes an sich. Es wird nicht von unten zum Klang der musischen Harmonie bewegt. Das Instrument ist vielmehr nach der Gestalt des Leibes des Herrn gebaut und ist ohne irgend eine Krümmung oder Beugung nach unten gerichtet, es ist ein Instrument, das von oben angestoßen und bewegt und zum Klang der höheren und himmlischen Belehrung in Schwingung gebracht wird, es erklingt nicht durch niedrigen, irdischen Geist, wie die übrigen irdischen Instrumente." (Übers. H. J. Sieben).
207 Ähnlich unklar sind die musikalischen Termini *diapsalma* und *sela*, die auch zu widersprüchlichen Darstellungen in den frühen Schriften der Kirchenväter führen, vgl. dazu Seidel (1994), 445f.
208 Vgl. Eus. c. Ps. prooem.: ψαλμοὶ μὲν οὖν οἱ διὰ μόνου τοῦ ὀργάνου χωρὶς φωνῆς ἀνακρουόμενοι· ᾠδὴ δὲ οἱ διὰ φωνῆς ἐμμελοῦς. (Text PG 23,71).
209 Eus. c. Ps. prooem.: ᾠδὴ δὲ ψαλμοῦ τὸ τῷ ὀργάνῳ σύμφωνον ἐπάγειν φωνήν · ψαλμὸς δὲ ᾠδῆς ἀνάπαλιν, προηγουμένης τῆς τῶν χρωμάτων φωνῆς. (Text PG 23,71). Nach wie vor sind die beiden

Nachdem er somit zu Beginn des Psalmenkommentares auf die Wortverwandtschaft von Psalm und Psalterion verwiesen hat, wendet er sich der Geschichte um König David zu, der die musikalische Gestaltung im Tempelkult in Jerusalem begründet haben soll:

> Wie es in den historischen Büchern der Könige und der Chroniken geschrieben steht, brachte David, der König wurde nach dem Tod des Saul, die Bundeslade [...] und brachte sie nach Jerusalem. Er wählte durch das Los vier Musiker aus dem Stamm Levis als Musikführer (κλήρῳ ψαλτῳδοὺς) aus, um vor der Bundeslade zu spielen und zu singen und die Stimme vor Freude über die Bezeugung erklingen zu lassen und mit harmonischen Instrumenten, nämlich mit Kinyra und Nabla, mit Pauken und Zimbeln, mit Psalterion und Hörnern zu preisen.[210]

Unter Bezugnahme auf das Buch der Könige und die Chroniken berichtet Euseb, dass König David den Brauch der Tempelmusiker in Jerusalem eingeführt habe, als er nach dem Tode Sauls die Herrschaft übernahm. Um die Festprozession der Überführung der Bundeslade feierlich zu gestalten, habe David per Los vier Musiker aus dem Stamm der Leviten bestimmt, die Zeremonie anhand ihrer Musikinstrumente und Stimmen feierlich zu gestalten.[211] Dabei dominieren die Saiteninstrumente Kinyra, Nabla und Psalterion. Diese werden rhythmisch ergänzt durch Tympana und Kymbala und mit dem Klangspektrum des Horns als Signalinstrument angereichert. Weiter beschreibt Euseb das Haltmachen der Musiker vor der Bundeslade und ihre aufführungspraktischen Besonderheiten:

---

letzteren Begriff in der Forschung unklar, vgl McKinnon (1987), der *Liedpsalm* und *Psalmenlied* übersetzt, und Lattke (1991), 284. Eine mögliche Erklärung könnte in der von Euseb versuchten Zusammenführung der verschiedenen Psalterübertragungen des Aquilia und des Symmachus liegen, die eine andersgeartete Terminologie verwendeten, vgl. dazu auch die Angaben von Origenes zu den unterschiedlichen Psalterausgaben für musikalische Fragen in Sieben (2011), 31–48, bes. 42–44. Auch Cassiodor unterscheidet verschiedene Psalmodiestile, vgl. Cassiod. expos. ps. praef. VII+VIII: psalmocanticum erat, cum, instrumento musico praecinente, canens chorus sociatis uocibus acclamabat, diuinis dumtaxat sermonibus obsecutus. canticumpsalmum erat, cum, choro ante canente, ars instrumenti musici in unam conuenientiam communiter aptabatur, uerbaque hymni diuini suauis copula personabat. (Text CSEL 97) „Ein Psalmenlied fand dann statt, wenn das Musikinstrument den Ton vorgab und der Chor der Sänger mit seinen vereinten Stimmen einfiel und den göttlichen Worten folgte. Ein Liedpsalm fand dann statt, wenn der Chor zunächst den Ton angab und das Musikinstrument sich kunstvoll zu einer einzigen Harmonie einfügte und die Worte des göttlichen Hymnus ertönen ließ." (Übers. H. J. Sieben).

210 Eus. c. Ps. prooem.: Ὡς ἐν ταῖς ἱστορίαις τῶν Βασιλειῶν καὶ τῶν Παραλιπομένων Δαωϊδ ὁ βασιλεὺς μετὰ τὴν τοῦ Σαουὸλ τελευτήν, ἀναγαγὼν τὴν κιβωτὸν τῆς Διαθήκης Κυρίου, [...] καὶ καταστήσας αὐτὴν εἰς Ἰερουσαλήμ, ἐπιλέγεται ἐκ τῆς φυλῆς Λευϊ κλήρῳ ψαλτῳδοὺς ἄρχοντας ᾠδῶν τέσσαρας, τοῦ ψάλλειν καὶ ᾄδειν ἐνώπιον τῆς κιβωτοῦ τῷ Κυρίῳ, καὶ ἀναφέρειν φωνὴν εὐφροσύνης εἰς ἐξομολόγησιν καὶ αἴνεσιν ἐν ὀργάνοις ἡρμοσμένοις, καὶ ᾠδαῖς, καὶ κινύραις, καὶ νάβλαις, καὶ τυμπάνοις, καὶ κυμβάλοις, καὶ ψαλτηρίῳ, καὶ κερατίνῃ,... (PG 23,72D–74A). Bereits Hippolyt († 235) legt in der Homilie über die Psalmen dieselbe Darstellung vor, vgl. Sieben (2011), 21–29 mit Übersetzung, Einordnung und weiterführender Literatur.

211 Zum *David musicus* vgl. Kessler (2007), 77–99 mit Abbildungen und einem interessantem Zugang zur Person Davids sowie Blankenburg (1989), 39–47.

Diese standen vor der Bundeslade. Sie spielten und sangen zu Gott, einer auf der Kinyra, einer auf den Zimbeln, einer auf der Kithara und einer auf dem Psalterion. In ihrer Mitte aber stand der gesegnete David, der die Chorleiter anführte und hielt in seiner Hand das Psalterion. Jeder sang und spielte Hymnen zu Gott, die der Heilige Geist ihnen eingegeben hatte. Und wenn der Geist auf einen der Chorführer hinabging, standen die übrigen schweigend bei ihm und antworteten im unisono (συμφώνως) zum Psalmisten mit Alleluia.[212]

Das Ensemble der Tempelmusiker Asaph, Heman, Ethan und Jeduthun[213] setzt sich demnach aus Saiteninstrumenten zusammen, welche von den Kymbala rhythmisch begleitet werden. Euseb benennt die Kinyra, die Kithara und das Psalterion, welche alle einen Leiertypus darstellen.[214] Dabei steht das Psalterion durch die Nähe zu David symbolisch an oberster Stelle des von David angeführten Ensembles. Die Gesänge und Hymnen wurden diesem direkt von Gott und dem Heiligen Geist eingegeben. Aus aufführungspraktischer Sicht spiegelt die Erzählung ein Responsorium wider: Ein einzelner Musiker spielt, inspiriert vom Heiligen Geist, die Leitstimme, der die anderen Musiker durch ein Alleluia im unisono antworten. Dabei endet während der Solistenpartie des Einzelnen auch die Begleitung der Anderen, die ihm schweigend lauschen, um dann rechtzeitig durch das Alleluia im Sinne einer Zäsur die Partie zu bestätigen.

Die Saiteninstrumente nehmen in diesen beiden Episoden die herausragende Stellung im Ensemble ein – nicht nur ihre höhere Zahl, sondern auch ihre besondere Rolle als Begleitung der hochgestellten Tempelmusiker wird von Euseb herausgestellt. Hatte er bereits am Anfang des Psalmenkommentars darauf verwiesen, dass das Psalterion aufgrund seiner Nähe zum Wort Psalm unter den Musikinstrumenten eine Sonderrolle als das aufrechteste einnimmt, wird in der Auslegung des Verses *Ich will dich loben auf der Kithara, mein Gott* (Ps 43,3) auch die Rolle der Kithara in der Exegese von ihm verdeutlicht:

Man sagt, dass der Körper eine Kithara ist, durch welche der Geist natürlicherweise musiziert. Und dieser ist es gewohnt, durch die Sinnesorgane [des Menschen] wie durch die Saiten [der Kithara] die Gott angemessene Melodie hinaufzuschicken.[215]

---

212 Eus. c. Ps. prooem.: Οἵτινες, ἑστῶτες ἔμποσθεν τῆς κιβωτοῦ Διαθήκης Κυρίου. ἔψαλλον καὶ ᾖδον τῷ Κυρίῳ· ὃς μὲν ἐν κινύρᾳ, ὃς δὲ ἐν κυμβάλοις, ὃς δὲ ἐν κιθάρᾳ, ὃς δὲ ἐν ψαλτηρίῳ · ὧν μέσος ἵστατο ὁ μακάριος Δαυΐδ, αὐτὸς ἄρχων ἀρχόντων ᾠδῶν, κρατῶν ἐπὶ χεῖρας τὸ ψαλτήριον. Ἕκαστος δὲ ᾖδεν καὶ ἔψαλλεν ὑμνῶν τὸν θεὸν ἁγίῳ Πνεύματι τεταγμένως. Ἡνίκα τοίνυν ἐσκίρτα τὸ Πνεῦμα ἐπὶ τινα τῶν ἀρχόντων τῶν ψαλτῳδῶν, οἱ λοιποὶ ἡσυχίαν ἦγον παρεστῶτες καὶ ὑπακούοντες συμφώνως τῷ ψάλλοντι, Ἀλληλούϊα. (PG 23,73AB). Vgl. dazu auch McKinnon (1987), 97.

213 Euseb berichtet über diese in Eus. c. Ps. prooem. (PG 23,73A).

214 Zu den unterschiedlichen Leiertypen des altisraelischen/palästinensischen Raumes vgl. Braun (1994), 150f. mit erhellenden Zeichnungen der archäologischen Funde und der jeweiligen zeitlichen Zuordnung sowie Lawergren und Bröcker (1996), die auch die Kithara als speziell griechisch-römischen Typus näher beleuchten.

215 Eus. c. Ps. 43,3–6: κιθάραν δὲ τὸ σῶμά φησι, δι᾽ οὖν ἀνακρούεσθαι πέφυκεν ὁ νοῦς, καὶ διὰ τῶν αἰσθητηρίων ὥσπερ διὰ χορδῶν τὴν τῷ Θεῷ πρέπουσαν μελῳδίαν ἀναπέμπειν εἴωθε. (PG 23,381).

Aus dem Vergleich der Kithara mit dem menschlichen Körper folgert die starke Macht, die dem göttlichen Verstand zukommt: Wie auch der Mensch durch seinen Verstand dem Körper befiehlt, so befiehlt auch der göttliche Geist über den Menschen. Auch in der Auslegung des Psalmverses *Spielt dem Herrn auf der Kithara, auf der Kithara mit lautem Gesang* (Ps 98,5) unterstreicht er die hohe Bedeutung, die der Kithara als Metapher für den menschlichen Körper zukommt. Dort vergleicht Euseb die geistige Kithara, die eine göttliche Melodie spielt, mit den Zusammenkünften in der Gemeinde, basierend auf den einzelnen Gliedern des menschlichen Körpers, die er mit Teilen des Musikinstrumentes gleichsetzt, damit sie Gott zum Lobe gereichen:

> Denn man sagt, dass die Kithara die Harmonie des Körpers mit der Seele spielt. Und es ist möglich, diesen erfüllten Brauch andauernd in den Kirchen zu sehen: Denn mit der geistigen Kithara spielen wir eine göttliche Melodie.[216]

So sollen Mund, Zähne und Lippen die einzelnen Teile der Kithara ersetzen und das Plektrum als Anschlaghilfe soll die menschliche Zunge sein, die einen harmonischen Klang durch das Anschlagen der Saiten erzeugt. Und wie ein Musiker sein Instrument in Stimmung versetze, so würde auch der Verstand die Zunge bewegen, die dadurch zu einem harmonischen Klang gelangen könne. Diese Art der Kithara würde Gott zum Lobe gereichen:

> Wir wollen die vernünftigen Kitharai zu unseren Mündern machen, und statt Saiten unsere Zähne benutzen, und statt Bronze unsere Lippen. Die Zunge wird präziser bewegt als jedes Plektron, sie vollbringt einen harmonischen Ton vom Anschlagen der Saiten. Und der Verstand bewegt die Zunge, wie irgendein Musiker aufgrund seiner Fertigkeiten eine derartige Bewegung vollbringt.[217]

In der Auslegung der Kithara dominiert demnach die Rolle Gottes in der Verkörperung des göttlichen Kitharöden, dessen wertvolles Instrument der Mensch ist. Der Mensch aber zeichnet sich dadurch aus, dass er eine geistige Kithara wird, ein lebendiges Musikinstrument, das nicht unbeseelt ist, sondern ein würdiges Lied spielt. Dies kommt besonders deutlich in der Auslegung des Verses *Ich will dich loben mein Gott auf der Kithara, mit dem zehnsaitigen Psalterion will ich dir spielen* (Ps 33,2) zum Tragen:

---

216 Eus. c. Ps. 98,4: κιθάραν γὰρ τὴν τοῦ σώματος πρὸς τὴν ψυχὴν ἁρμονίαν λέγει. καὶ τοῦτον δὲ τὸν νόμον ἔστιν ἰδεῖν διηνεκῶς ἐν ταῖς ἐκκλησίαις πληρούμενον · τῇ γὰρ πνευματικῇ τὴν θείαν ἀνακρουόμεθα μελῳδίαν. (PG 23,1233C).

217 Eus. c. Ps. 98,4–6: Ποιοῦμεν δὲ καὶ ἡμεῖς λογικὰς κιθάρας τὰ ἡμέτερα στόματα, καὶ χρώμεθα ἀντὶ μὲν χορδῶν τοῖς ὀδοῦσιν, ἀντὶ δὲ χαλκοῦ τοῖς χείλεσι· πλήκτρου δὲ παντὸς ἡ γλῶσσα ὀξύτερον κινουμένη, τὴν ἐναρμόνιον ἀποτελεῖ τῶν κρουσμάτων ἠχήν· κινεῖ δὲ τὴν γλῶτταν ὁ νοῦς, οἷόν τις μουσικὸς μετ' ἐπιστήμης ποιούμενος τὴν ταύτης μετάβασιν. (PG 23,1233C).

> Das alte Lied wurde von einer alten Kithara und einem alten Psalterion gespielt, also durch unbeseelte Instrumente, wie durch Symbole und Bilder für das erste Volk. Das neue erhabenere und Gott würdigere Lied aber wird durch eine lebendige Kithara und durch das neu angenommene zehnsaitige Psalterion zu Gott hinaufgeschickt.[218]

Das alte versus neue Lied, welches von einem alten oder neuen Menschen dargebracht wird, verkörpert den alten oder neuen Bund mit Gott. Der neue Bund fordert die frühen Christen dazu auf, Gott ein neues Lied zu singen: Die Kithara wird beseelt spielen, wenn der Mensch, durch einen Lebenswandel dem rechten Glauben zugewandt davon Zeugnis gibt, dass er ein neues Lied singen will. Das Psalterion wird in dieser Auslegung zum Geschenk Gottes an den Menschen. Häufiger noch rückt Euseb es in seiner Auslegung in die Nähe des Geistigen. In der Auslegung des Verses *Seinen Namen sollen sie loben beim Reigentanz, ihm spielen auf Pauken und Harfen* (Ps 149,3) weist er beim Lobpreis dem Tympanon den Körper zu und dem Psalterion den Geist.[219] Diese Auslegung erkläre, warum der Mensch mit Tympanon und Psalterion Gott loben dürfe. Auch der 68. Psalm über die Tympana spielenden Mädchen in einer Festprozession wird von Euseb einer Auslegung unterzogen. Dort dominiert das Bild einer inhaltlichen Umdeutung, so dass die reale Zuschreibung der Teilhabe der Frauen am instrumentalen Kultgeschehen negiert wird. Dabei löst Euseb das Bild aus einer geschlechtlichen Zuordnung heraus und verweist darauf, dass die Mädchen eigentlich jugendliche, noch nicht ausgeprägte Geister und in diesem Zusammenhang die neuen Christen darstellten und somit als Symbol für den neuen Bund gelten. Die Tatsache, dass sie zudem noch die Tympana schlagen, die ja sonst mit dem Irrwahn gleichgesetzt werden, legt Euseb dahingehend aus, dass die Tympana-Spielerinnen als ein Bild für die allgemeine Hingabe im Kult verwendet würden, indem sie besonderen Eifer demonstrierten.[220]

In Anlehnung an 1 Kor 14 vergleicht Euseb in der Auslegung des Verses *Der Herr beim Schall der Hörner* (Ps 47,6) die Eindeutigkeit in den Psalmen mit der mächtigen Stimme einer Trompete. Er legt aus, dass die Trompete als einziges Instrument in der Lage sei, die aus den Psalmen tönende göttliche Stimme angemessen zu verkörpern, da sie das lauteste der Instrumente sei, welches auf dem ganzen Erdkreis wahrgenommen werde, so dass

---

218 Eus. c. Ps. 33,2: Τὸ μὲν παλαιὸν ᾆσμα διὰ παλαιᾶς κιθάρας καὶ παλαιοῦ ψαλτηρίου, τῶν ἀψύχων ὀργάνων, ὥσπερ διὰ συμβόλων καὶ εἰκόνων ἐσπουδάζετο τῷ προτέρῳ λαῷ · τὸ δὲ καινὸν ᾆσμα μεγαλοφυέστερον καὶ θεοπρεπέστερον διὰ κιθάρας ζώσης, καὶ διὰ τοῦ ἀποδοθέντος δεκαχόρδου ψαλτηρίου ἀναπέμπεται τῷ Θεῷ. (PG 23,281).

219 Vgl. Eus. c. Ps. 148 (PG 24,72A).

220 Vgl. Eus. d.e. IX,9,5: νεάνιδας δὲ καὶ τυμπανιστρίας τὰς πάλαι σωματικώτερον κατὰ τὸν Μωσέως νόμον βιούσας ψυχὰς ᾐνίξατο, διὰ μὲν τὸ νεώτερον καὶ ἀτελὲς τοῦ φρονήματος νεάνιδας, διὰ δὲ τὸ περὶ σωματικὴν κατατρίβεσθαι θρησκείαν τυμπανιστρίας αὐτὰς ἀποκαλέσας. (Text GCS 23). „Mit *Tympana spielenden Mädchen* meinte er diejenigen Seelen, die die alten Gesetze des Moses abgestreift haben, so dass er sie *Mädchen* wegen ihrer Jugend und ihren jugendlichen Gesinnung nannte, und *Tympana spielend* wegen ihrer körperlichen Hingabe an den Gottesdienst."

die Lehre der Psalmen überall gleichermaßen vernommen werden könne.[221] Hieran sieht man die organologische Fehlinterpretation einer Übertragung der maximalen Lautstärke der griechischen Salpinx auf das Schofar-Horn, die Euseb, der Terminologie der LXX folgend, in seiner Metapher weiterführt.[222]

Die von Euseb ausgelegten Musikinstrumente im Rahmen der Psalmen werden unter dem Aspekt des Lobpreises begutachtet und hinsichtlich des Aussagegehaltes des Verses auf eine spirituelle (Psalterion, Kithara, Trompete) oder eine körperlichen Vergleichsebene (Kithara) übertragen. Dabei kann die spirituelle Ebene Gott angehören (Trompete) oder eine Gabe Gottes an den Menschen (Psalterion, Kithara) darstellen. Die Instrumente werden demnach ihres praktischen Sinnes entleert – sie dienen lediglich als Veranschaulichung des Bibeltextes und werden von Euseb nicht anderweitig berücksichtigt. Nur im Umfeld von David und dem Überführen der Bundeslade erfolgt eine ausführlichere Schilderung der musikalischen Praxis zur Zeit des zweiten Tempels. In der Auslegung des 91. Psalmes zieht Euseb dann auch selbst einen eindeutigen Schluss, welchen Stellenwert die Musikpraxis im hebräischen Kult für die Musikpraxis der frühen Christen besitzt:

> Als vordem das Volk der Beschneidung durch Symbole und Zeichen Gottesdienst hielt, war es nicht unverständig, dass sie Hymnen zu Gott auf dem Psalterion und der Kithara erhoben, und dass sie dies an den Tagen des Sabbath taten, obwohl es offensichtlich die Ruhe störte und das Gesetz des Sabbath verletzte. Wir aber pflegen das jüdische Gesetz im Verborgenen [...], indem wir durch ein lebendiges Psalterion, eine beseelte Kithara und in spirituellen Gesängen den Rhythmus wiedergeben. Und um so süßer als irgendein musikalisches Instrument es vermag, Gott zu gefallen, klingt die Symphonie der Gottesvölker, welche, in jeder Kirche Gottes, mit verwandtem Geist und einziger Gesinnung, mit einem Geist und einer Einstimmigkeit im Glauben und Frömmigkeit, in unserer Psalmodie, die wir melodisch im unisono erheben, dargebracht ist.[223]

---

221 Vgl. Eus. d.e. VI,2,7: παντὸς γὰρ ὀργάνου μουσικοῦ μεγαλοφωνοτέρας οὔσης τῆς σάλπιγγος, οἰκείως παρείληπται τὸ παράδειγμα εἰς παράστασιν τοῦ πάντων τῶν ἐξ αἰῶνος κραταιοτέραν καὶ μεγαλοφωνοτέραν τὴν περὶ τοῦ Χριστοῦ πᾶσιν ἀνθρώποις κατηγγέλθαι διδασκαλίαν, δι' ἧς ὥσπερ διὰ σάλπιγγος εἰς ἐξάκουστον πάντων τῶν ἀνθρώπων βοᾷ καὶ κέκραγεν τὸ πνεῦμα τὸ ἅγιον τὰ ἑξῆς τοῦ ψαλμοῦ, δι' ὧν εἴρηται· ψάλατε τῷ θεῷ ἡμῶν, ψάλατε· ψάλατε τῷ βασιλεῖ ἡμῶν, ψάλατε· ὅτι βασιλεὺς οὐκέτι μόνον τοῦ Ἰουδαίων ἔθνους, ἀλλὰ πάσης, φησί, τῆς γῆς ὁ θεός, ψάλατε συνετῶς. (Text GCS 23). „Denn da von allen Musikinstrumenten aber die Salpinx das lauteste ist, scheint sie ein geeignetes Symbol zu sein, um zu zeigen, dass die allen Menschen gegebene Lehre über Christus immer gewaltiger und mit stärkerer Stimme verkündet wird, durch die der Heilige Geist wie durch eine Salpinx zum Hören aller Menschen ruft und tönt, so folgt aus diesem Psalm: *Singt unserem König, singt, denn König*, nicht nur des jüdischen Volkes, sondern *aller Menschen*, sagt er *auf der Erde ist Gott, singt mit Einsicht.*"

222 Zur kultischen Verwendung des Schofar vgl. auch Hartenstein (2007), 116–123.

223 Eus. c. Ps. 91: Πάλαι μὲν οὖν, ὁπηνίκα διὰ συμβόλων καὶ τύπων ἐλάτρευον οἱ ἐκ περιτομῆς, οὐκ ἀπεικὸς ἦν διὰ ψαλτηρίων καὶ κιθάρας ἀναπέμπειν τινὰς τῷ Θεῷ τοὺς ὕμνους, καὶ τοῦτο ποιεῖν ταῖς ἡμέραις τοῦ Σαββάτου, παραλύοντας δηλαδὴ τὴν ἀργίαν, καὶ παραβαίνοντας τὸν νόμον τὸν περὶ τοῦ Σαββάτου· ἡμεῖς δὲ, τὸν ἐν κρυπτῷ Ἰουδαῖον ἀποσώζοντες [...] ζῶντι ψαλτηρίῳ καὶ κιθάρᾳ ἐμψύχῳ, πνευματικαῖς

Die Schilderung der musikpraktischen Gegebenheiten im alten Kult der Hebräer wird von Euseb nicht negativ beurteilt, im Gegenteil, er zeigt Verständnis für die Art des Lobpreises in früheren Zeiten. Bei der Beschreibung der Instrumente bewegt sich Euseb im Rahmen der üblichen Auslegung: Deren Übertragung auf die Verhältnisse seiner Zeit erfolgt ausschließlich über die Metaebene der Metapher: So sollen die Christen durch ein lebendiges Psalterion, eine beseelte Kithara und spirituelle Gesänge den Lobpreis ihres Gottes betreiben. Deutlich sagt er, dass keine von Instrumenten dargebrachte Melodie so süß sein könne, wie der einheitliche, unisono erklingende Gesang der christlichen Psalmodie.

4.4   Fazit zum Niederschlag der Musik in den Schriften Eusebs

Die verschiedenen Rollen und Positionen, die Euseb je nach Zielsetzung der jeweiligen Schrift und den aktuellen Ereignissen einnimmt, spiegeln sich auch in seiner Auseinandersetzung und Darstellung der Musikkultur wider. Diese Ambiguität mag am unterschiedlichen Adressatenkreis liegen, auch auf seiner Belesenheit fußen, die er durch weitreichenden Zitationen immer wieder aufzeigt. Dabei stößt man einerseits auf den Geschichtsschreiber, der seine Geschichtstheorie auf die messianische Ankunft des Kaiser Konstantins ausrichtet, und andererseits auf den Theologen, der in seiner Apologie und Exegese die Überlegenheit und Vorbestimmtheit der christlichen Religion betont. Betrachtet man die Geschichtskonzeption Eusebs wird schnell deutlich, dass er eine kirchliche Ereignisgeschichte schreiben will, deren Sinn sich für ihn letztlich in der Herrschaft Konstantins bestätigt. Die Frage der präferierten Musikkultur ist somit für Euseb im Rahmen seiner Geschichtstheorie bereits mit angelegt: Nur der Gesang, der sich einheitlich und *una voce* vollziehen lässt, kann die Trias der Herrschaft Gottes auf Erden durch einen starken Kaiser und ein geeinigtes Reich angemessen wiedergeben. Dass dabei die Instrumente aufgrund ihrer unterschiedlichen Verwendungskontexte nicht von großer Bedeutung sein können, versteht sich von selbst, da sie seine großangelegte Theorie nicht stützen. Auch die Verwurzelung der christlichen Musikkultur in der jüdischen ist dieser Konzeption letztlich nachgeordnet: So sehr es in der Apologie sein größtes Anliegen ist, die Vorherbestimmung der Hebräer und damit des Christentums zu bestätigen und damit zu zeigen, dass sie vor allem hinsichtlich ihres Alters den Griechen und Römern überlegen sind, so wenig spielt es aus musikalischer Sicht eine Rolle, welche Instrumente im jüdischen Kult erklangen. Der Raum, den Euseb den jüdischen Kultinstrumenten in der Psalmenexegese einräumt, ist recht klein, sie interessieren ihn eigentlich nicht, da die Überlegenheit der Psalmodie vor allen anderen musikalischen Kontexten für ihn evident

---

τε ᾠδαῖς τὸν ὕμνον ἀποδίδομεν. παντὸς δ'οὖν ὀργάνου μουσικοῦ γένοιτ' ἂν τῷ Θεῷ προσηνεστέρα ἡ τῶν Χριστοῦ λαῶν συμφωνία, καθ' ἣν ἐν πάσαις ταῖς τοῦ Θεοῦ ἐκκλησίαις, ὁμογνώμονι ψυχῇ καὶ μιᾷ διαθέσει, ὁμοφροσύνῃ τε καὶ ὁμοδοξίᾳ πίστεως καὶ εὐσεβείας, ὁμόφωνον μέλος ἐν ταῖς ψαλμολογίαις ἀναπέμπομεν. (PG 23,1172C–1173A).

ist. Hingegen spielt die Auseinandersetzung mit dem Kultinstrumentarium der Kybele eine wesentlich größere Rolle, da dieser Kult im Rahmen der römischen Kulte für Euseb offenbar eine herausragende Rolle spielt. Wenngleich der Kybele-Kult in Caesarea keinen großen Raum einnimmt, so wird er doch insbesondere bei Clemens von Alexandrien immer wieder thematisiert. Dass dessen Schriften Euseb unmittelbar beeinflusst haben, wird auch an der Auseinandersetzung mit platonischen Ideen sichtbar, da auch die Positionen hinsichtlich der Musikpraxis denen des Clemens stark ähneln. So ist auch Euseb davon überzeugt, dass der Umgang mit Musikpraxis in der Erziehung durchaus sinnvoll ist, sofern die Musik die inhaltlich-moralischen Werte unterstützt. Hingegen lehnt er die Auseinandersetzung mit Musiktheorie ab, da die Beschäftigung mit den freien Wissenschaften niemals zu einer näheren Gotteserkenntnis führen könne. Die Vorstellungen der Pythagoreer über die Seele und deren Niederschlag bei Plotin überträgt Euseb in einen spiritualistischen Kontext und folgt damit dem Konzept des göttlichen Lyraspielers – ein Topos, der auf den christlichen Gott bezogen bei den frühen Christen entsteht und auch im späten vierten Jahrhundert eine tragende Rolle in den christlichen Vorstellungen zur Musik spielen wird.[224] Euseb ist ein plastischer Schreiber, der sich an den Anforderungen der jeweiligen Adressaten orientiert, um für jeden Leser einen Interpretationsspielraum zu lassen. Hinter der Belesenheit, die er in der Zitation von weitreichenden Quellen zeigt, verbirgt sich wohl häufig der Wunsch, als Zeitzeuge vieler historischer Umbrüche keine eindeutige Position beziehen zu wollen. Dieser Sachverhalt aber wird durchaus verständlich, wenn man die Anforderungen an seine Schriftwerke betrachtet, die zwischen Herrscherlob, Geschichtsbegriff und Begründung einer christlichen Apologie schwanken.

---

224 Vgl. dazu Kapitel 5.3.2 (Die Kithara), 206–212.

5 Musik und Metaphorik bei Johannes Chrysostomos

Ἀλλὰ τὰ δάκρυα μόνα σάλπιγγος λαμπροτέραν ἠφίει φωνήν...

Aber ihre Tränen allein waren lauter als Trompetenklang...
(Chr. In Matth. hom. 6,5)

Die Beschäftigung mit dem umfangreichen Schrifttums des Johannes Chrysostomos ist aufgrund der rhetorischen Brillanz dieses Redners sehr unterhaltsam und informativ. Chrysostomos, von der Nachwelt nicht umsonst mit dem Namen „Goldmund" benannt, verstand es auf überragende Weise, die Besucher der Gottesdienste in Antiochien und Konstantinopel in seinen Bann zu ziehen. Die beiden zeitgenössischen Chronisten der Kirchengeschichte überliefern diese Verehrung für Chrysostomos durch die Zuhörer gleichermaßen. So schreibt Socrates Scholasticus (ca. 380–440), dass das Volk den Mann geliebt und seinen Diskursen mit Beifallbezeugungen gelauscht habe, und Sozomenos (†450) preist ihn hinsichtlich seiner moralischen Lebensführung und seiner Redeweise.[1] Das Lob des Biographen Palladius könnte nicht höher sein, er vergleicht Chrysostomos mit einem Hirten, dessen Flöte die Anhänger wie Schafe gerne folgen.[2] Seine Redefähig-

---

1   Vgl. Socr. h.e. VI,IV,8: Ὁ μέντοι λαὸς διὰ τοὺς ἐν τῇ ἐκκλησίᾳ λεγομένους ὑπ᾽αὐτοῦ λόγους σφόδρα συνεκρότει καὶ ἠγάπα τὸν ἄνθρωπον, μικρὰ φροντίζων τῶν κατηγορεῖν ἐπιχειρούντων αὐτοῦ. (Text GCS). „Das Volk freilich applaudierte heftig aufgrund seiner Reden, die er in der Kirche hielt und liebte den Mann, so dass in diesem Fall wenig von denen, die die Pläne verfolgten, ihn dafür anzuklagen, unternommen wurde." Vgl. auch Soz. h.e. 8,2,4: ἀγωγῇ μὲν γὰρ βίου σώφρονι καὶ πολιτείᾳ ἀκριβεῖ ἐχρῆτο, φράσει δὲ λόγου σαφεῖ μετὰ λαμπρότητος. „Seine Lebensführung war so diszipliniert, sein Verhalten so untadelig wie seine Redeweise klar und zugleich glanzvoll." (Text und Übers. G. C. Hansen).

2   Vgl. Pallad. dial. V,158–166: Τούτων οὖν οὕτως ἐχόντων καὶ τῆς ἐκκλησίας ὁσημέραι ἐπὶ τὸ κρεῖττον ἀνθούσης, πάσης τῆς πόλεως εἰς εὐσέβειαν μεταχρωσθείσης, σωφροσύνῃ καὶ ψαλμῳδίᾳ τῶν ψυχῶν γεγανωμένων, οὐκ ἤνεγκεν ὁ μισόκαλος δαίμων τὸν δρασμὸν τῶν ὑπ᾽ αὐτοῦ κρατουμένων, οὓς ἀπέστησεν ὁ λόγος τοῦ Κυρίου διὰ τῆς Ἰωάννου διδασκαλίας · ὡς τοὺς ἱππομανεῖς καὶ θεατροσκόπους, καταλιμπάνοντας τὰς αὐλὰς τοῦ διαβόλου, δρομαίως χωρεῖν ἐπὶ τὴν μάνδραν τοῦ Σωτῆρος ἔρωτι τῆς σύριγγος τοῦ φιλοπροβάτου ποιμένος. (SC 341). „Unter solchen Umständen entfaltete die Kirche von Tag zu Tag eine reichere Blüte: Die ganze Bürgerschaft wandelte sich im Geiste der Frömmigkeit um, und die Gläubigen erstrahlten in Sittsamkeit und frohlockten im Psalmengesang. Natürlich fand der böse Geist, der das Edle hasst, es unerträglich, dass die Seelen ihm davonliefen, die er in seiner Gewalt gehabt und die ihm nun das Wort des Herrn durch die Predigt des Johannes abtrünnig gemacht hatte. Die Menschen, die bisher für Pferderennen und Theaterspiele geschwärmt hatten, verließen ja nun die Höhlen des Teufels und liefen spornstreichs auf die Hürde des Erlösers zu, hatte es ihnen doch die Begeisterung für die Schalmei des schafeliebenden Hirten angetan." (Übers. L. Schläpfer).

keiten machten seine Persönlichkeit so anziehend, dass die Besucher sich drängten, um ihn zu hören. So stellt Sozomenos die Redekunst des Chrysostomos gar in einen heilsbringenden Kontext und berichtet über die Gottesdienstbesucher in Konstantinopel:

> So sehr bewunderte ihn die Menge und konnte von seinen Predigten gar nicht genug bekommen, dass sie durch Drängeln und Schieben in Gefahr gerieten, weil jeder mit Gewalt näher herankommen wollte, um in seiner Nähe stehend ihn möglichst deutlich sprechen zu hören, während er in der Mitte, sich an alle wendend, auf dem Podest der Lektoren sitzend predigte.[3]

Auch der heidnische Historiker Zosimos, der aus der Perspektive des sechsten Jahrhunderts über die Ereignisse des vierten Jahrhunderts berichtet, schreibt Chrysostomos widerwillig diese anziehende Fähigkeit zu.[4] Seine Predigten waren demnach ein Publikumsmagnet, so dass eine große Reichweite seiner persönlichen und theologischen Überzeugungen anzunehmen ist. Die Bilder der Alltagswelt, die Chrysostomos vor den Augen seiner Zuhörer entstehen lässt, zeigen auch dem heutigen Leser die bunte Vielfalt der spätantiken östlichen Lebenswelt auf. Chrysostomos ist ein Meister der Suggestion, seine Predigten sind anrührend, durchschlagend und überaus überzeugend. Immer präsentiert er sich aus einer sich um seine Gemeinde sorgenden Perspektive, die nötigenfalls mit väterlicher Autorität und Strenge einhergeht. Seine Anziehungskraft muss auch in seiner fürsorglichen Persönlichkeit gelegen haben, die den antiken Zuhörern Trost und Orientierung versprach. Die Positionen, die Chrysostomos einnimmt, variieren Zeit seines Lebens kaum. Er steht damit für eine Authentizität und Aufrichtigkeit, die er selbst bis ins kleinste Detail vorlebt. Auch der überstürzte und von ihm ungewollte Wechsel durch die Über-Nacht-Translation zum Bischof in Konstantinopel nimmt keinen Einfluss auf seine Haltung; der Kaiserhof und all seine Verlockungen reizen ihn nicht. Noch lange hält sein Kontakt zur Gemeinde in Antiochien, die doch viele hundert Kilometer entfernt ist. In Konstantinopel weist Chrysostomos eine rigide Starrköpfigkeit auf, durch die er den Ärger der Kaiserin Eudoxia und des Klerus auf sich zieht, welcher zuletzt seine Verbannung ins Exil bewirkt und zu seinem Tod führen sollte. Diese undiplomatische Wahrhaftigkeit, die aus seinen Reden auch heute noch zu uns spricht, muss eine sehr wichtige Eigenschaft in seiner Außenwahrnehmung gewesen sein – vor allem die Armen und Kranken nahmen Chrysostomos als ihren Unterstützer wahr, da sie immer wieder in seinen Predigten und vielmehr noch durch sein Handeln Unterstützung erfuhren.[5] Chrysostomos versteht

---

3 Soz. h.e. 8,5,2: τοσοῦτον δὲ πρὸς αὐτὸν τὸ πλῆθος ἐκεχήνεσαν καὶ τῶν αὐτοῦ λόγων κόρον οὐκ εἶχον, ὥστε, ἐπεὶ ὠστιζόμενοι καὶ περιθλίβοντες ἀλλήλους ἐκινδύνευον, ἕκαστος προσωτέρω ἰέναι βιαζόμενος, ὅπως ἐγγὺς παρεστὼς ἀκριβέστερον αὐτοῦ λέγοντος ἀκούοι, μέσον ἑαυτὸν πᾶσι παρέχων ἐπὶ τοῦ βήματος τῶν ἀναγνωστῶν καθεζόμενος ἐδίδασκεν. (Text und Übers. G. C. Hansen).
4 Vgl. Zos. h.n. V,23,4: ἦν γὰρ ὁ ἄνθρωπος ἄλογον ὄχλον ὑπαγαγέσθαι δεινός. (Text Paschoud). „Der Mann besaß die Macht, den törichten Haufen zu gewinnen." (Übers. R. Brändle (1999) 70).
5 So zum Beispiel in der Einrichtung von Kranken- und Armenhäusern, sowie in Unterkünften für Reisende und Fremde in Antiochien und Konstantinopel, vgl. Baur II (1930), 55 und Brändle

es wie kaum ein anderer christlicher Prediger der Alten Kirche, seine Bildung für alle verständlich und erfahrbar zu machen. Dabei gilt sein Interesse der Herzensbildung seiner Zuhörer und ihrer moralischen Erziehung.[6] Die von ihm verwendeten rhetorischen Bilder und Metaphern entstammen der unmittelbaren Lebensumwelt seiner Zuhörer. Unermüdlich reibt er sich an der lokalen Theaterpraxis und deren Auswirkungen auf Leib und Seele der Besucher, da sie mit seinen Vorstellungen von Tugend und Erziehung nicht vereinbar sind. Die Auseinandersetzung mit der Musik der Theater und der von ihm gewünschten Musik im Leben der Christen und deren Stellenwert im allgemeinen wird so zum häufigen Gegenstand seiner Predigten. Darüber hinaus setzt sich Chrysostomos stark mit der Wirkung bestimmter Musikinstrumente oder ihrer symbolischen Funktion im Alltag auseinander. Chrysostomos informiert die Zuhörer seiner Homilien über verschiedene Ausübungsformen von Musik, welche er allesamt in einen größeren situativen Kontext einbaut. Ist es generell seine Stärke, vor den Augen der Zuhörer vielfältige Bilder erstehen zu lassen, begegnet dem heutigen Leser dieser musikalischen Szenen eine überaus reiche Musikkultur sowohl auf christlicher als auch auf paganer Seite. Immer wieder polemisiert Chrysostomos dabei gegen die Musik der Heiden, der er mit den Kategorien von Tugend und Charakterschwäche begegnet, welche er für alle Gruppierungen seiner Umwelt aufstellt. So bildet vor allem die allgemeine Kritik an der Festkultur und dem Theater, sei es bei Christen, Juden oder Heiden, das Zentrum seiner Auseinandersetzung mit der musikalischen Umwelt. Immer steht dabei sein Wille zur Erziehung der Zuhörer zu moralisch integren Personen im Vordergrund. Damit weist Chrysostomos den moralischen Grundlagen der Lebensführung die höchste Priorität zu und überträgt diese auch auf den Bereich der allgemeinen Musikpraxis. Wenn Chrysostomos seinen Zuhörern Bilder über die christliche Musikpraxis zeichnet, dann besteht diese grundsätzlich aus der Psalmodie.[7] Es gibt nur wenige Stellen, in denen auf (jüdisch-christliche) Instrumen-

---

(1999), 49 und 75. Zur Wirkungsgeschichte des Chrysostomos vgl. aber auch Tiersch (2002), 1–9, welche hinsichtlich der Tradition der positiven Darstellung des Chrysostomos in der Forschung für eine differenziertere Sichtweise auf die Handlungen des Bischofs plädiert.

6 Chrysostomos folgt dem hermeneutischen Prinzip der συγκατάβασις; d.h. er bildet seine Hörer, indem er sich in der Rolle des Predigers als Erzieher betrachtet, der die Zuhörer auf ihrer Verständnisebene erreichen will. Damit greift Chrysostomos den Aspekt der sprachlichen Einfachheit der biblischen Schriften auf: Auch Gott sei diesem Prinzip gefolgt, damit sein Wort für alle verständlich sei. Weiter dazu Tloka (2005), 130–133 und Kaczynski (1974), 24–40, der dieses Prinzip als Grundlage der antiochenischen Exegese kontextualisiert, welches in der theologischen Forschung mit dem Begriff der Herablassung beschrieben wird. Schon bei Laktanz kam dieses Prinzip vor, vgl. dazu Kapitel 2.3.1.2 (Die *suavitas* von Wort und Gesang), 51–59.

7 Der Begriff ‚Psalmodie‘ wird der Einfachheit halber in der Auswertung des Materials bei Chrysostomos für alle Arten christlicher Vokalmusik verwendet. In dieser Hinsicht erfolgt die Verwendung des Begriffes in neutralem Kontext und bedeutet nicht, dass ausschließlich die Psalmen gesungen wurden. Eine genauere Differenzierung der verschiedenen Vokalgattungen wird im folgenden anhand des Quellenvokabulars des Chrysostomos erarbeitet. Vgl. dazu Kapitel 2 (Zur Terminologie der christlichen Musikpraxis), 21–25.

talmusik im positiven Sinne verwiesen wird.[8] Aber auch hinsichtlich der Psalmodie und ihrer Ausübung gibt Chrysostomos Einblick in unterschiedliche Aspekte der christlichen Musikpraxis. So kristallisieren sich die Themenfelder der Musik im christlichen Alltag, der Sinnhaftigkeit bzw. Funktionalität des Musizierens und der idealisierende Aspekte einer Musikpraxis im mönchischen oder apostolischen Leben heraus, von denen der Christ auch im Alltag profitieren kann und sich anstecken lassen soll.

5.1   Christliche Musik im häuslichen und kirchlichen Alltag nach der Darstellung des Chrysostomos

5.1.1   Musik beim Mahl, im Gottesdienst und als Politikum außerhalb der Kirche

Eine sehr große Rolle nehmen bei Chrysostomos die Empfehlungen zu Gesängen beim Mahl ein, wobei der Begriff Mahl sowohl das häusliche als auch das kirchliche Mahl einschließt. Häufig stellt Chrysostomos im Rahmen seiner Predigten die christliche Mahlgestaltung in Abgrenzung zur heidnischen Sitte des Gastmahles dar.[9] Damit wendet er sich aber nicht vorrangig gegen die Heiden, sondern kritisiert vielmehr die auch im Klerus in Konstantinopel stark verbreitete Tradition der üppigen Gastmähler, um damit die Christen selbst davon zu überzeugen, dass Maßhalten beim Mahl ein Grundcharakteristikum christlicher Tugend sei.[10] Er selbst lebt dies auch vor, indem er die einfachen Mahlzeiten zumeist allein und still einnimmt.[11] Mit dem Ablehnen der üppigen Gastmähler steht Chrysostomos in einer frühchristlichen Tradition, die schon von Clemens und Tertullian deutlich formuliert wurde.[12]

---

8   Während die Vokalpraxis in den Schriften und Predigten omnipräsent ist, stellt die Instrumentalmusik einen eher nachrangigen Aspekt in der Darstellung der Musikpraxis bei Chrysostomos dar. Ein Beispiel dafür ist die Nacherzählung der Geschichte des verlorenen Sohnes, zu dessen Rückkehr ein großes Fest gegeben wird, welches καὶ αὐλοὶ καὶ κιθάραι καὶ χοροὶ καὶ θαλίαι καὶ πανηγύρεις ἦσαν (PG 60,481); also mit „Aulos- und Kitharaspiel, Tänzen und Freudenmahlen und Festlichkeiten" (Chr. In ep. ad Rom. hom. 11,5) begangen wird.

9   Vgl. Quasten (1930), 172–179 (zu heidnischen und christlichen Mahlsitten).

10   Vgl. Pallad. dial. 5, der darüber berichtet, dass Chrysostomos die unter seinem Vorgänger Nektarius üblichen Gastmähler abschaffte, sowie Pallad. dial. 12 zum allgemeinen Habitus bei Gastmählern. Dazu auch Baur II (1930), 53f. und generell zur unchristlichen Lebensführung des Klerus vgl. Korbacher (1963), 14–18.

11   Vgl. Pallad. dial. 12, der näheres über Chrysostomos' karge Essgewohnheiten berichtet. Weiterführend vgl. Baur II (1930), 53 und 88 (zur gemeinsamen Speise mit Olympias).

12   Besonders Clemens von Alexandrien spricht sich im *Paidagogos* scharf gegen die heidnischen Gastmähler aus, zum Text vgl. Fn. 24. Auch Tertullian beschreibt aus der Kritik an den heidnischen Gastmählern heraus einen christlichen Gegenentwurf, vgl. Tert. apol. 39,15. Zur Ablehnung der Musik auf Gastmählern unter Bezugnahme auf genannte Autoren vgl. Quasten (1930), 173–179.

5.1.1.1   Musik bei der Eucharistiefeier: Das Trisagion und die Dankgesänge
Die musikalische Gestaltung der kirchlichen Feier des Abendmahles in Gedenken an Jesus Christus obliegt nach Chrysostomos den Gottesdienstteilnehmern. Diese reinigen
sich vor dem Empfang des Mahles durch eine Klärung des Geistes und das Singen des
gemeinsamen Lobgesanges, damit sie sich der Annahme des Opfers als würdig erweisen.
Der Lobgesang bildet eine wichtige Stütze für den zeremoniellen Höhepunkt des Gottesdienstes, da durch ihn eine transzendente Verbindung zwischen Himmel und Erde geschaffen wird. Darüber hinaus bildet er ein Innen und Außen und somit eine soziale Hierarchie der Gläubigen ab, da er erst nach der Initiation von den Gläubigen erlernt wird.
Die Verwebung von Gesang und Vorbereitung ist demnach essentiell, damit die Wandlung durchgeführt werden kann. So unterstreicht Chrysostomos in der dritten Homilie
zu den Epheserbriefen, dass insbesondere wegen jener Gesänge (διὰ τῶν ᾠδῶν ἐκείνων)
der heilige Geist zum Mahl dazu komme.[13] In der 14. Homilie zu den Epheserbriefen bezeichnet er diesen Lobgesang mit dem Terminus τρισάγιον.[14] Dabei liegt die Bedeutung,
die diesem dreimaligen Heilig zukommt, in der engen Verbindung mit den himmlischen
Mächten: Der Mensch, dem der Himmel zu Lebzeiten noch verschlossen ist, kann sich in
diesem kurzen mystischen Moment vor der Wandlung mit den Engeln des Himmels im
Lobgesang verbinden. Die Engel des Himmels sind von Gott ausschließlich zum Lobgesang geschaffen worden und vollziehen gemäß Chrysostomos das τρισάγιον als einzige
Gesangsform, welche sie mit den Menschen teilen.[15] Weiter definiert Chrysostomos diesen Lobgesang als prophetischen ὕμνος, der sich terminologisch von den ᾠδαί und ψαλμοί
abgrenzt, die den nicht initiierten Menschen als Gesänge bekannt sind und liturgisch
im Wortgottesdienst verortet werden.[16] Dadurch wird die vokale Äußerungsform des

---

13   Chr. In ep. ad Eph. hom. 3,5: Οὐ γὰρ διὰ προκειμένων μόνον, ἀλλὰ καὶ διὰ τῶν ᾠδῶν ἐκείνων τὸ
     Πνεῦμα πάντοθεν κάτεισιν. (PG 62,29/30). „Denn nicht allein durch die vorgesetzte Speise, sondern
     auch durch jene Gesänge kommt der Geist allseits herab.“ (Übers. W. Stoderl).

14   Vgl. Chr. In ep. ad Eph. hom. 14,4: Ἐννόησον μετὰ τίνων ἔστηκας κατὰ τὸν καιρὸν τῶν μυστηρίων,
     μετὰ τῶν Χερουβὶμ, μετὰ τῶν Σεραφίμ. Τὰ Σεραφὶμ οὐχ ὑβρίζει, ἀλλὰ μίαν αὐτοῖς χρείαν μόνον τὸ
     στόμα πληροῖ, τὸ δοξολογεῖν, τὸ δοξάζειν τὸν Θεόν. Πῶς οὖν δυνήσῃ σὺ μετ' ἐκείνων λέγειν, Ἅγιος,
     ἅγιος, ἅγιος, εἰς ὕβριν τῷ στόματι κεχρημένος; (PG 62,104). „Bedenke, in welcher Gesellschaft du
     dich befindest bei der Feier der heiligen Geheimnisse! In Gesellschaft der Cherubim und Seraphim.
     Die Seraphim aber schmähen nicht, einen einzigen Dienst vollbringt ihr Mund; sie loben und ver-
     herrlichen Gott. Wie wirst du mit ihnen „heilig, heilig, heilig“ rufen können, wenn du deinen Mund
     zur Beschimpfung missbraucht hast?“ (Übers. W. Stoderl).

15   Zum Stellenwert der Engel, ihrer Funktion und Aufgabe im Himmelschor vgl. Peterson (1955),
     59–62.

16   Das τρισάγιον wird von Chrysostomos als Hymnus der Engel in Abgrenzung von den irdischen
     Psalmen definiert, vgl. Chr. In ep. ad Col. hom. 9,2: Αἱ γὰρ ἄνω δυνάμεις ὑμνοῦσιν, οὐ ψάλλουσιν.
     (PG 62,363). „Die Mächte des Himmels singen Hymnen, keine Psalmen.“ Sowie Chr. In ep. I ad Col.
     hom. 9,2: Οἱ ψαλμοὶ πάντα ἔχουσιν, οἱ δὲ ὕμνοι πάλιν οὐδὲν ἀνθρώπινον · ὅταν ἐν τοῖς ψαλμοῖς μάθῃ,
     τότε καὶ ὕμνους εἴσεται, ἅτε θειότερον πρᾶγμα. Αἱ γὰρ ἄνω δυνάμεις ὑμνοῦσιν, οὐ ψάλλουσιν. (PG
     62,362). „Die Psalmen enthalten alles, doch die Lobgesänge wiederum enthalten nichts Mensch-
     liches. Wenn er sich in den Psalmen auskennt, wird auch die Lobgesänge verstehen – sie sind ja
     etwas Göttlicheres. Denn die himmlischen Heerscharen singen Hymnen, nicht Psalmen.“ (Übers.

τρισάγιον in eine nahezu sakrale, überirdische Sphäre gerückt, an der ausschließlich der eingeweihte Gläubige teilhaben kann.

Als Übertragung dieser Sakralität in den Privatraum der Gläubigen empfiehlt Chrysostomos das Singen der heiligen Gesänge auch beim häuslichen Mahl. In der 25. Homilie zum Römerbrief stellt er dieses dem heidnisches Gastmahl gegenüber, dessen Kennzeichen Trunkenheit und Völlerei seien:

> Die Heiden (Ἕλληνες) sollen sehen, dass die Christen es wohl verstehen, ein Essen zu veranstalten und dazu ein Essen mit Anstand. *Jubelt dem Herrn*, heißt es, *mit Zittern* (Ps 2,11). Was heißt jubeln? Es heißt Hymnen singen, Gebete darbringen, Psalmen vortragen statt jener eines freien Mannes unwürdigen Gesänge.[17]

In dieser Homilie baut Chrysostomos einen klaren Gegensatz der musikalischen Stile auf: So beschreibt er als Äußerungsform der christlichen Freude die Hymnen und Psalmen als musikalisch der Situation entsprechend und stellt ihnen die üblichen Gesänge bei heidnischen Gastmählern gegenüber. Damit gewinnt selbst das christliche häusliche Mahl den Deutungsrahmen einer sakralen Handlung, die mit der Freude im Rahmen der Eucharistiefeier im speziellen und des Gottesdienstes im allgemeinen gleichgesetzt wird. Die genannten Gesangsstücke der heidnischen Gastmähler hingegen werden von Chrysostomos immer wieder als ᾄσματα πορνικά bzw. δαιμόνων den geistlichen Gesängen gegenübergestellt.[18] Besonders deutlich wird diese Haltung an der Auslegung des 41. Psalmes:

> Denn da vor allem bei Gastmählern der Teufel auf der Lauer liegt, weil er dort Trunksucht und Völlerei, Gelächter, Taktlosigkeit und Zügellosigkeit der Seele zu Bundesgenossen hat, so ist es besonders dort notwendig, vor Tisch und nach Tisch die von den Psalmen kommende Sicherheit wie eine Festung gegen ihn aufzubauen und gemeinsam mit Frau und Kind sich vom Mahl erhebend Gott heilige Hymnen zu singen.[19]

W. Stoderl). Vgl. dieses Kapitel 5.1.1.1 zu den Hymnen *Trisagion* und *Gloria* für die Initiierten und Kapitel 5.1.2.1 zu den Lobgesängen. Sobald Chrysostomos über die Engelsgesänge spricht, verwendet er den Terminus ὑμνεῖν. In Verbindung mit den Menschen kann daraus auch ᾠδὴ ἐκείνη werden, vgl. Chr. In ep. ad Eph. hom. 3,5 (Text Fn. 13). Weiterführend zur Unterscheidung der Termini *Hymnus* und *Psalm* vgl. Kapitel 5.1.2.1 (Lobgesang), 159–163.

17 Chr. In ep. ad Rom. hom. 25,3: Μαθέτωσαν Ἕλληνες, ὅτι μάλιστα Χριστιανοὶ τρυφᾶν ἴσασι, καὶ τρυφᾶν μετὰ κόσμου. Ἀγαλλιᾶσθε γὰρ, φησὶ, τῷ Κυρίῳ ἐν τρόμῳ. Πῶς δὲ ἔστιν ἀγαλλιᾶσθαι; Ὕμνους λέγοντας, εὐχὰς ποιουμένους, ψαλμοὺς ἐπεισάγοντας ἀντὶ τῶν ἀνελευθέρων ἐκείνων ᾀσμάτων. (PG 60,626).

18 Beide Attribute bringen die Gesänge mit dem Teufel in Verbindung, die Verwendung des Adjektivs πορνικά drückt an dieser Stelle den Bezug zum Theater aus, das Attribut δαιμόνων hingegen die Epiklese der Dämonen, also der heidnischen Götter aus christlicher Sicht. Insbesondere zur Verwendung des Begriffes πορνεία bei Chrysostomos vgl. Jacob (2010), 48–52 und 88–93.

19 Chr. Expos. in Ps. 41,1: Ἐπειδὴ γὰρ ὡς τὰ πολλὰ ἐν συμποσίοις ὁ διάβολος ἐφεδρεύει μέθην καὶ ἀδηφαγίαν ἔχων αὐτῷ συμμαχοῦσαν, καὶ γέλωτα ἄτακτον, καὶ ψυχὴν ἀνειμένην, μάλιστα τότε δεῖ καὶ

Der hier genannte Psalmen- bzw. Hymnengesang dient damit auch dem Schutz vor Dämonen und dem Teufel, deren Anwesenheit bei heidnischen Gastmählern für Chrysostomos unbestritten ist. Um sich statt der Gegenwart der bösen Geister der Gegenwart Christi zu versichern, hilft der Gesang geistlicher Lieder auch im privaten Rahmen:

> Auf diese Weise wird auch Christus bei Tische zugegen sein und das ganze Mahl segnen, wenn du dabei betest, wenn du geistliche Lieder singst (ὅταν ᾄδῃς πνευματικά), wenn du die Armen zur Teilnahme an dem, was vorgesetzt ist, rufst, wenn du darauf siehst, dass rechte Ordnung und Mäßigkeit beim Gastmahl herrsche. Auf diese Weise wirst du den Speisesaal zur Kirche machen, wenn du statt des zwecklosen Schreiens und Heilwünschens den Herrn aller Dinge preisest.[20]

Das gedankliche Konstrukt einer Übertragung des sakralen Raumes auf den Privatraum ist ein häufiges Motiv in den Predigten des Chrysostomos. Besonders häufig überträgt er in seinen theologischen und sozial-gesellschaftlichen Konzeptionen die Normen mönchischen Lebens auf die Gesellschaft.[21] Auch die Sakralisierung des häuslichen Mahles durch den direkten Vergleich des Speisesaals mit dem Kirchenraum bei der Wandlung fällt unter diesen Aspekt. Weist er dem Mahl im kirchlichen Raum die Gegenwart des Heiligen Geistes zu, so ist in der Familie beim Mahl mit Freunden Christus in Realpräsenz zugegen. Dieser kommt dazu, wenn die beiden notwendigen und auch interdependenten Faktoren der kirchlichen Wandlung auch im Privaten erfüllt sind: Der Lobgesang und die Reinigung des Geistes durch Schaffen von Ordnung. Dabei wird der Psalmengesang als konstituierendes christliches Element des Mahles bestimmt, dem Chrysostomos

---

πρὸ τραπέζης, καὶ μετὰ τράπεζαν, ἐπιτειχίζειν αὐτῷ τὴν ἀπὸ τῶν ψαλμῶν ἀσφάλειαν, καὶ κοινῇ μετὰ τῆς γυναικὸς καὶ τῶν παίδων ἀναστάντας ἀπὸ τοῦ συμποσίου, τοὺς ἱεροὺς ᾄδειν ὕμνους τῷ Θεῷ. (PG 55,157).

20 Chr. In ep. ad Rom. hom. 25,3: Οὕτω καὶ ὁ Χριστὸς τῇ τραπέζῃ παρέσται, καὶ εὐλογίας ἐμπλήσει τὴν εὐωχίαν ἅπασαν, ὅταν εὔχῃ, ὅταν ᾄδῃς πνευματικά, ὅταν πένητας ἐπὶ τῶν προκειμένων τὴν κοινωνίαν καλῇς, ὅταν εὐταξίαν πολλὴν καὶ σωφροσύνην ἐπιστήσῃς τῷ συμποσίῳ· οὕτω καὶ ἐκκλησίαν ἐργάσῃ τὸν τόπον, ἀντὶ τῶν ἀκαίρων κραυγῶν καὶ εὐφημιῶν τὸν τῶν ἁπάντων Δεσπότην ὑμνῶν. (PG 60,626. Übers. J. Jatsch).

21 So gibt es auf allen Ebenen die Übertragung sakraler Räume ins Private, zum Beispiel im Konzept ‚Die Familie als Kloster‘ oder ‚Die Werkstatt zur Kirche machen‘. Dies wird besonders deutlich an den Mönchen demonstriert, vgl. dazu Kapitel 5.1.3.1 (Die Mönche), 172–176. Dieses Konzept wird von ihm aber auch in die andere Richtung verwendet, vgl. Chr. In Gen. serm. 7,8 und 8,2 oder auch Chr. Expos. in Ps. 41,2: Ὥσπερ γὰρ οἱ μίμους, καὶ ὀρχηστὰς, καὶ πόρνας γυναῖκας εἰς τὰ συμπόσια εἰσάγοντες, δαίμονας καὶ τὸν διάβολον ἐκεῖ καλοῦσι, καὶ μυρίων πολέμων τὰς αὐτῶν ἐμπιπλῶσιν οἰκίας. οὕτως οἱ τὸν Δαυΐδ καλοῦντες μετὰ τῆς κιθάρας, ἔνδον τὸν Χριστὸν δι' αὐτοῦ καλοῦσιν. Ὅπου δὲ ὁ Χριστός, δαίμων μὲν οὐδεὶς ἐπεισελθεῖν. [...] Ἐκεῖνοι ποιοῦσι θέατρον τὴν οἰκίαν αὐτῶν· σὺ ποίησον ἐκκλησίαν τὸ δωμάτιόν σου. (PG 55,158AB). „Denn wie diejenigen, die Schauspieler, Tänzer und unzüchtige Frauen zu den Gastmählern führen, die Dämonen und den Teufel dorthin rufen, und mit unzähligen Feinden ihre Häuser füllen, so rufen diejenigen, den David mit der Kithara rufen, durch ihn Christus in ihr Heim. Wo Christus ist, hat kein Dämon Platz. [...] Jene machen ihr Haus zu einem Theater: Du aber mache deine Wohnung zu einer Kirche.“

das Schreien und Rufen bei heidnischen Mählern und Opfern gegenüberstellt.[22] Auch andere Faktoren der heidnischen Gastmähler werden von Chrysostomos strikt abgelehnt, so predigt er in der 19. Homilie zu den Epheserbriefen über den Rat des Apostels:

> Ich biete dir einen geistigen Trank. Denn die Trunkenheit raubt unserer Zunge die deutliche Sprache und bringt uns zum Lallen; sie verwirrt unsere Augen und verdreht überhaupt alles. Lerne Psalmen singen, und du wirst sehen, welche Lust das ist. Die, welche Psalmen singen, werden voll des Heiligen Geistes, sowie die, welche satanische Lieder singen, voll des unreinen Geistes.[23]

Chrysostomos kritisiert hier vornehmlich die heidnische Sitte der Trunkenheit bei Gastmählern.[24] Statt der Berauschung durch Alkohol stellt Chrysostomos den Rausch durch die geistige Wahrheit in Aussicht, welche durch die Psalmen und deren Gesang erzielt werden kann. Dabei sollen Gesang und Text gleichermaßen wirken.[25]

Ein weiterer Pfeiler der von Chrysostomos beschriebenen christlichen Musikpraxis im Rahmen des Mahles ist der sich daran anschließende Lobgesang. Diese Praktik führt Chrysostomos der Gemeinde anhand Matth 82,30 vor, welcher das gemeinsame Abendmahl der Jünger mit Jesus Christus beschreibt.[26] Auch hier unterstreicht er die Notwendigkeit des Maßhaltens beim Mahl:

---

22 Mit der Benennung eines Geschreis will Chrysostomos die Gesänge oder Gebete im heidnischen Kult diffamieren. Es ist nicht üblich, bei Gastmählern Geschrei zu erheben; wenn in den heidnischen Quellen Beschwerden über die Musik bei Gastmählern geäußert werden, richten sich diese vornehmlich gegen die Auleten. Zum heidnischen Gastmahl in christlicher Zeit vgl. Quasten (1930), 173–179.

23 Chr. In ep. ad Eph. hom. 19,2: Ἐγώ σοι δίδωμι πότον πνευματικόν · ἡ γὰρ μέθη καὶ τὴν εὔσημον ἐκκόπτει φωνὴν τῆς γλώσσης τῆς ἡμετέρας, ψελλίζειν παρασκευάζουσα, καὶ ὀφθαλμοὺς καὶ πάντα ἁπλῶς διαστρέφουσα. Μάθε ψάλλειν, καὶ ὄψει τοῦ πράγματος τὴν ἡδονήν· οἱ ψάλλοντες γὰρ Πνεύματος πληροῦνται ἁγίου, ὥσπερ οἱ ᾄδοντες τὰς σατανικὰς ᾠδὰς, πνεύματος ἀκαθάρτου. (PG 62,129. Übers. W. Stoderl).

24 Vgl. dazu auch Chr. In ep. ad Rom. hom. 25,3 (Text Fn. 20). Der übermäßige Weingenuss bei Gastmählern wird nicht nur bei Chrysostomos, sondern generell in der frühchristlichen Literatur ablehnend thematisiert, als besonders prägnantes Beispiel vgl. Clem. Al. paid. II,IV,40,2: Οἱ δὲ ἐν αὐλοῖς καὶ ψαλτηρίοις καὶ χοροῖς καὶ ὀρχήμασιν καὶ κροτάλοις Αἰγυπτίων καὶ τοιαύταις ῥαθυμίαις σάλοι ἄτακτοι καὶ ἀπρεπεῖς καὶ ἀπαίδευτοι κομιδῇ γίγνοιντο ἂν κυμβάλοις καὶ τυμπάνοις ἐξηχούμενοι καὶ τοῖς τῆς ἀπάτης ὀργάνοις περιψοφούμενοι· ἀτεχνῶς γάρ, ὡς ἐμοὶ δοκεῖ, θέατρον μέθης τὸ τοιοῦτον γίνεται συμπόσιον. (Text Fischer). „Das taumelnde Umherschwanken aber beim Klang der Blas- und Saiteninstrumente und in Reigen und Tänzen beim Lärm der ägyptischen Klappern und mit anderem leichtfertigem Wesen derart ist im höchsten Grad zuchtlos und unschicklich und ungebildet, von Zimbeln und Pauken umtönt und von den ohrenbetäubenden Instrumenten des Irrwahns umlärmt. Denn wie mir scheint, wird ein solches Gastmahl geradezu eine Schaustellung der Betrunkenheit." (Übers. O. Stählin).

25 Vgl. Kapitel 5.2.1 (Die Kritik an der Musik der Theater), 181–188.

26 Matth 82,30: *Und als sie den Lobgesang gebetet hatten, gingen sie hinaus auf den Ölberg.*

Das sollen sich alle merken, die da gleich Schweinen essen, dann ohne weiteres den Tisch von sich stoßen und trunken aufstehen, während sie doch danken und mit einem Loblied schließen sollten. Höret es auch alle, die ihr bei den Geheimnissen das Schlussgebet nicht abwartet, das doch eine Erinnerung an jenes Gebet ist. Jesus dankte, ehe er den Jüngern das Brot reichte, damit auch wir danken sollen. Er dankte in einem Lobgesang nach der Darreichung, damit auch wir so tun.[27]

Deutlich richtet sich die Kritik hier nicht gegen die Heiden, sondern die Christen selbst, die in der Gemeinde des Chrysostomos der Predigt lauschen. Das rechte Maß und der anschließende Dank sind die wesentlichen Faktoren der Mahlgestaltung. Die Undankbarkeit der Kirchenbesucher zeigt sich demnach im überstürzten Verlassen des Gottesdienstes, ohne nach dem Mahl Dankgesänge dargebracht zu haben. Dieses Verhalten, so prangert Chrysostomos an, zeige eine mangelnde emotionale Teilnahme am Mahlgeschehen. Er vergleicht das Gottesdienstmahl mit einem privaten Gastmahl, bei welchem man die Freunde nicht verlassen würde, wenn diese noch äßen. Um die Zuhörer emotional zu kompromittieren und dadurch zur Umkehr zu bewegen, greift Chrysostomos zu einem strafenden Vergleich:

Soll ich euch sagen, in wessen Fußstapfen diejenigen treten, welche sich vor dem Schluss entfernen und nach dem heiligen Mahl die Danksagungspsalmen nicht beifügen? Vielleicht ist es hart, was ich sagen will, aber es muss gesagt werden wegen der vielfach einreißenden Lauigkeit. Es war Judas, der nach der Teilnahme am letzten Abendmahl in jener letzten Nacht, während alle anderen noch zu Tische saßen, sich früher entfernte und hinwegging; ihn also ahmen auch jene Christen nach, welche vor dem letzten Dankgebet hinweg eilen.[28]

Mit diesem heftigen Vorwurf setzt Chrysostomos die vorzeitig den Gottesdienst verlassenden Christen mit Verrätern gleich und weist ihnen damit die Schuld am Tod Jesu Christi zu. Der fehlende Gesang, der ein unvollständiges Ritual darstellt, gilt ihm gleichermaßen als Verrat. Gleichzeitig appelliert er an die christliche Pflicht und das Mitgefühl dem Gekreuzigten gegenüber. An diesen Passus anschließend zeigt Chrysostomos die Konsequenz des Verrates auf, die Judas selbst geschädigt hat, die ihn „zur Beute der

---

27 Chr. In Matth. hom. 82,2: Ἀκουέτωσαν ὅσοι καθάπερ χοῖροι ἐσθίοντες ἁπλῶς λακτίζουσι τὴν τράπεζαν τὴν αἰσθητήν, καὶ ἀνίστανται μετὰ μέθης, δέον εὐχαριστεῖν καὶ εἰς ὕμνον τελευτᾶν. Ἀκούσατε ὅσοι τὴν τελευταίαν πάλιν εὐχὴν οὐκ ἀναμένετε τῶν μυστηρίων · αὕτη γὰρ ἐκείνης σύμβολον. Εὐχαρίστησε πρὸ τοῦ δοῦναι τοῖς μαθηταῖς, ἵνα καὶ ἡμεῖς εὐχαριστῶμεν. Εὐχαρίστησε καὶ ὕμνησε μετὰ τὸ δοῦναι, ἵνα καὶ ἡμεῖς αὐτὸ τοῦτο ποιῶμεν. (PG 58,740. Übers. J. Baur).

28 Chr. Bapt. Chr. 370/371: Βούλεσθε εἴπω τίνος ἔργον ποιοῦσιν οἱ πρὸ τῆς συμπληρώσεως ἀναχωροῦντες, καὶ τὰς εὐχαριστηρίους ᾠδὰς οὐκ ἐπιφέροντες τῷ τέλει τῆς τραπέζης; Τάχα φορτικὸν ἐστι τὸ μέλλον ῥηθήσεσθαι, ἀλλ' ὅμως ἀναγκαῖον λεχθῆναι διὰ τὴν τῶν πολλῶν ῥαθυμίαν. Ὅτε ἐκοινώνησε τὸ ἔσχατον δεῖπνον ὁ Ἰούδας τὸ κατὰ τὴν τελευταίαν νύκτα ἐκείνην, τῶν ἄλλων ἁπάντων ἀνακειμένων, αὐτὸς προπηδήσας ἐξέβη. Ἐκεῖνον τοίνυν μιμοῦνται καὶ οὗτοι, οἱ πρὸ τῆς ἐσχάτης ἀποπηδῶντες εὐχαριστίας. (Text und Übers. R. Kaczynski).

Raubtiere"[29] hat werden lassen. Diese Raubtiere werden von Chrysostomos deutlich als die Juden benannt, er sagt: „Daher hielt sich dieser zu den Juden, die anderen Apostel aber gingen mit dem Herrn unter Lobgesang (ὑμνήσαντες) hinaus."[30] Dem Herrn für das Mahl keine Dankgesänge darzubringen sowie die Gemeinschaft früher zu verlassen, brandmarkt den Christen aus der Sicht des Chrysostomos als Verräter an Gott und sich selbst. Chrysostomos droht damit mit dem Ausschluss aus der Gemeinschaft und der schlimmsten Negativfigur der Apostel. Die Heftigkeit dieser Aussage und des Vergleiches überrascht – es muss wohl üblich gewesen sein, nach Empfangen des Mahles den Gottesdienst verlassen zu haben. Häufig beklagt sich Chrysostomos darüber, dass die Ausdauer unter den Gottesdienstbesuchern nicht ausgeprägt genug sei. Diese Unterbrechungen des Ablaufs und die daraus resultierende Unruhe sowie sicherlich auch die persönliche Betroffenheit des Chrysostomos könnte ihn zu diesem harschen Vergleich verleitet haben.[31]

Musikpraktisch existieren also im christlichen Ritus in der Gemeinde des Chrysostomos Gesänge vor und nach dem Mahl der Eucharistiefeier. Dabei spielt im Rahmen des kirchlichen Mahles das τρισάγιον als dreimaliges Heilig die wesentliche Rolle. Es sichert die Gegenwart Gottes, der dadurch in Realpräsenz beim Mahle zugegen ist, und dient der Reinigung des Geistes für die Initiierten und somit auch der Vertreibung der Dämonen. Die Lobgesänge nach dem Mahl werden von Chrysostomos terminologisch nicht explizit benannt, wenngleich die Forschung aufgrund der Zitation von *In Matth. hom. 68,3* mit einiger Wahrscheinlichkeit annimmt, dass es sich um das Gloria handeln müsse.[32] So be-

---

29 Chr. Bapt. Chr. 377: οὐκ ἂν θηριάλωτος γέγονε. (PG 49,371).

30 Chr. Bapt. Chr. 371: Διὰ δὴ τοῦτο ἐκεῖνος μὲν μετὰ ᾿Ιουδαίων, οὗτοι δὲ μετὰ τοῦ Δεσπότου ὑμνήσαντες ἐξῆλθον. (PG 49,371).

31 So wird insbesondere die Predigtdauer diesen Zustand verschärft haben, da die Predigten des Chrysostomos zwischen dreißig Minuten und zwei Stunden betragen konnten, und der liturgischen Folge nach zum Ende des Gottesdienstes gehalten wurden. Brändle (1999), 51 betont, dass die sonntäglichen Gottesdienste mit Eucharistiefeier in Antiochia von 9 bis 12 Uhr dauern konnten. Letztlich muss auch berücksichtigt werden, dass die Nachmittagsgottesdienste ohne Eucharistiefeier an den Werktagen nahezu täglich durchgeführt wurden. Vgl. dazu Kaczynski (1974), 68–70 unter Berücksichtigung der liturgischen Quellen.

32 Diese Zuweisung des Gloria beruht auf einer einzigen Stelle aus der Matthäushomilie, in welcher Chrysostomos die Mönche den Engeln im Himmeln gleichstellt, da sie beide den Hymnus „Ehre sei Gott in der Höhe" sängen, vgl. Chr. In Matth. hom. 68,3: καὶ χορὸν ἕνα στησάμενοι, ἐν φαιδρῷ τῷ συνειδότι συμφώνως ἅπαντες ὥσπερ ἐξ ἑνὸς στόματος, ὕμνους εἰς τὸν τῶν ὅλων ᾄδουσι Θεόν, γεραίροντές τε αὐτόν, καὶ χάριν εἰδότες ὑπὲρ ἁπάντων αὐτῷ, τῶν τε ἰδίων, τῶν τε κοινῶν εὐεργετημάτων. Ὥστε, εἰ δοκεῖ, τὸν Ἀδὰμ ἀφέντες, ἐρωτήσομεν τί τῶν ἀγγέλων οὗτος διέστηκεν ὁ χορὸς τῶν ἐπὶ γῆς ᾀδόντων καὶ λεγόντων· *Δόξα ἐν ὑψίστοις Θεῷ, καὶ ἐπὶ γῆς εἰρήνη· ἐν ἀνθρώποις εὐδοκία.* (PG 58,644). „Kaum haben sie heiter und fröhlich ihr Lager verlassen, so bilden sie einen Chor und stimmen mit reinem Gewissen alle zusammen wie aus einem Munde zu Ehren Gottes, des Schöpfers aller Dinge, Hymnen an, zum Preis und Dank für seine Wohltaten, die sie und ihre Mitmenschen von ihm empfangen. Sehen wir also ganz ab von Adam und fragen wir, wenn es beliebt, welcher Unterschied bestehe zwischen den Engeln und dem Chor dieser Männer, die auf Erden Gott lobpreisen und singen: „Ehre sei Gott in der Höhe und Friede den Menschen auf Erden, die guten Willens sind" (Luk 2,24). (Übers. J. Baur). Die eindeutige Zuschreibung des Hymnus zur mönchischen Vokalpraxis und vor allem die einmalige Benennung dieses Hymnus lassen Zweifel daran aufkommen, ob es

nennt Chrysostomos diese Gesänge nach dem Mahl als τὰς εὐχαριστηρίους ᾠδάς, also als eucharistische Gesänge. Auch im privaten Raum dominieren die Gesänge, die allerdings terminologisch nicht weiter spezifiziert werden: Es kann sich um Psalmen, Hymnen und heilige Gesänge handeln. Die Gestaltungsempfehlung des privaten Mahles mit derartigen Gesängen gilt für alle Christen gleichermaßen und wird deshalb sicherlich nicht den Hymnus des τρισάγιον umfasst haben.

5.1.1.2 Musik im Gottesdienst: una voce Gesänge und responsoriale Psalmodie
Welcher aufführungspraktischer Art die gesungene Psalmodie war, die vor und nach dem Essen erklang, kann daraus leider nicht rekonstruiert werden. Allerdings äußert sich Chrysostomos im Rahmen der Gottesdienstgestaltung in seiner Gemeinde sehr deutlich über die von ihm präferierte Art der Psalmodie. Sie begründet sich im Gedanken der Einheit, der schon bei Euseb im Kontext der christlichen Musikpraxis von hoher Bedeutung war.[33] Damit spiegelt sich die Einheitsvorstellung des göttlichen *numen* im christlichen Glauben auch im zeremoniellen Rahmen bei Chrysostomos wider. In der 36. Homilie zum ersten Korintherbrief beanstandet Chrysostomos das Verhalten der Gläubigen in der Kirche. Durch deren Lärmen während der Lesung werde die Kirche eher zum Theater als zum Ort der Frömmigkeit gemacht.[34] Neben Lärm und Geräuschen berichtet Chrysostomos auch über Lachen oder Possenreißen.[35] So fordert er diejenigen, die stören, auf, den Gottesdienst zu verlassen:

> Nun, so gehe hinaus, damit du nicht auch anderen schadest, denn in der Kirche soll immer nur eine Stimme gehört werden, wie wenn es nur ein Leib sei. Darum spricht der Vorleser auch allein und selbst der Bischof sitzt da und hört schweigend

---

sich hierbei nicht um einen idealisierten Topos des Chrysostomos handelt, vgl. Kapitel 5.1.3 (Ideale christliche Musikpraxis), 171–181, oder um einen Sonderfall der Liturgie der Mönche. Diese sollen zwar als Vorbild dienen, inwieweit aber der initiierte Gläubige davon betroffen war, ist nur schwer zu sagen. Zwar ist auch das *Trisagion* als Hymnus in nur zwei Fällen (Chr. In ep. ad Eph. hom. 14,4 und 23,3) eindeutig terminologisch benannt, allerdings zeigen diese Stellen deutlich auf, dass die eingeweihten Christen diesen Hymnus kennen und bei der Wandlung singen.

33 Vgl. Kapitel 4.1.1.2 (Die Therapeuten), 76–81 und Kapitel 4.1.4 (Die Psalmodie in der Darstellung Eusebs), 97–98.

34 Vgl. Chr. In ep. I ad Cor. hom. 36,6: ἡ γὰρ ἐκκλησία οὐ διαλέξεως, ἀλλὰ διδασκαλίας χωρίον ἐστί. νυνὶ δὲ τῆς ἀγορᾶς οὐδὲν διενήνοχεν · εἰ δὲ μὴ τολμηρὸν εἰπεῖν, τάχα οὐδὲ τῆς σκηνῆς. (PG 61,314). „Denn die Kirche ist kein Platz zum Unterhalten, sondern zum Unterweisen. Heutzutage ist sie aber von dem Marktplatz nicht zu unterscheiden und ich möchte fast sagen, kaum von einer Bühne." Die daran anschließende Darstellung eines Heiratsmarktes erinnert sehr deutlich an die *ars amatoria* des Ovid, der das Theater als sehr geeigneten Ort zur Frauensuche beschreibt. Vgl. Ov. ars amat. I,89ff.

35 Vgl. Chr. In ep. ad Hebr. hom. 15,4. Generell nimmt der Themenbereich ‚Applaus und Lärm in der Kirche' großen Raum in den Predigten ein, vgl. Jacob (2010), 39–41.

zu. So singt auch der Sänger allein und wenn alle antwortend einfallen, so ist es, als wenn nur eine Stimme ertönte. Auch der Prediger predigt allein.[36]

Die christliche trinitarische Einheit im Glauben, die Dreifaltigkeit der göttlichen Person wird auch in der musikalischen Äußerungsform aufgegriffen und wiedergegeben. Chrysostomos stellt für die Gemeinde den Bezug her, dass die responsoriale Psalmodie aufgrund der Einmütigkeit der Stimmen passend für die theologische Basis der Christen sei – die eine Stimme, die erklingt, sei sie die des Predigers, des Sängers oder des Lektors, verkörpere das theologische Grundgerüst der Christen.[37] Auch die einmütige Antwort aller im unisono, das Responsorium, bestärkt diese Konzeption. Es handelt sich hier also um eine responsoriale Psalmodie, die aus einem Vorsänger und der Gemeinde als antwortendem Teil besteht. Die von Chrysostomos an dieser Stelle suggerierte Einmütigkeit zeigt daneben aber auch deutlich die schon stark hierarchische Struktur der Gemeinde auf.[38] Auch das Bild des Kaisers spielt in seinen Predigten eine große Rolle: Durch den

---

36 Chr. In ep. I ad Cor. hom. 36,6: Οὐκοῦν ἔξιθι, ἵνα μὴ καὶ ἑτέροις γένη βλάβη. καὶ γὰρ μίαν ἐν ἐκκλησίᾳ δεῖ φωνὴν εἶναι ἀεί, καθάπερ ἑνὸς ὄντος σώματος. Διὰ τοῦτο καὶ ὁ ἀναγινώσκων μόνος φθέγγεται · καὶ αὐτὸς ὁ τὴν ἐπισκοπὴν ἔχων ἀνέχεται σιγῇ καθήμενος · καὶ ὁ ψάλλων ψάλλει μόνος · κἂν πάντες ὑπηχῶσιν, ὡς ἐξ ἑνὸς στόματος ἡ φωνὴ φέρεται · καὶ ὁ ὁμιλῶν ὁμιλεῖ μόνος. (PG 61,315. Übers. R. Brändle (1995), 292). Die Predigt wird in den Jahreszyklus 392/393 datiert.

37 Über die Person des Sängers lässt uns Chrysostomos im Unklaren: Handelt es sich um ein eigenes kirchliches Amt oder werden die Priester oder Lektoren im Singen der Psalmen ausgebildet? Da diese Homilie im Zyklus des Jahres 392/393 datiert, fällt sie noch in die Antiochenische Zeit. Über den Ritus in Antiochien ist nicht viel bekannt – für Konstantinopel hingegen kann das Amt des (ἱερο-) ψάλτης nachgewiesen werden, allerdings gesichert erst 535 in Justinian, Novella 14,1. Diese Quelle zählt im Rahmen der allgemeinen Zusammensetzung des Klerus in Konstantinopel 25 ψάλται in der Patriarchalkirche auf. Der Begriff des (ἱερο-) ψάλτης aber kommt in der LXX 1 Es. 1.15 im Sinne des Tempelsängers vor, auch Flavius Josephus belegt diesen Begriff in den Antiquitates Judaicae 12.3.3. In den Apostolischen Konstitutionen (ca. 380, zur Datierung vgl. M. Metzger (1985), 57–62) ist an sechs Stellen die Rede vom Amt der Sänger: Const. Apost. II,27,5 (ψαλτῳδός); Const. Apost. II,57,6 + Const. Apost. II,58 (nur indirekte Benennung des Sängers als derjenige der die Psalmen singt); Const. Apost. III,11,1 (ψάλταις); Const. Apost. III,11,3 (ᾠδούς) und Const. Apost. IV,17,2 (ψαλτῳδούς). Vgl. dazu auch Baur II (1930), 51 und Schneider (1954), 79, der seit dem 4. Jh. dem Amt des Diakon die Vorsänger zuordnet. Damit sprechen alle Belege deutlich für das Amt eines ausgebildeten Vorsängers.

38 Kaczynski (1974), 107–109 verweist darauf, dass das Responsorium als hauptsächliche vokale Form des Gemeindegottesdienstes bei Chrysostomos in der Antiochenischen Gemeinde verwendet worden sei. Dies macht er an besonderem Vokabular fest, welches die Predigten der Zeit dominiere, nämlich die Termini ὑποψάλλειν, ὑπηχεῖν, ὑπακοή, welche auch das Vokabular der Apostolischen Konstitutionen widerspiegele, vgl. dazu die Const. Apost. II,57,6 zur responsorialen Psalmodie: Ἀνὰ δύο δὲ γενομένων ἀναγνωσμάτων, ἕτερός τις τοῦ Δαυὶδ ψαλλέτω τοὺς ὕμνους, καὶ ὁ λαὸς τὰ ἀκροστίχια ὑποψαλλέτω. Kaczynski (1974), 108 verweist darauf, dass diese Termini für die Konstantinopeler Zeit vollständig fehlen. Die sich daraus ergebende Frage zielt auf die Verwendung der Responsoria in Konstantinopel ab: Werden die mit dem Vokabular verbundenen Responsoria in Konstantinopel nicht mehr gesungen, wenn dieses Vokabular dort nicht mehr greifbar ist? Dies ist nur denkbar, wenn eine andere Form des Gemeindegesanges etabliert wurde, vgl. dazu weiter unten Kapitel 5.1.1.3 (Die antiphonalen Gesänge der Arianer), 151–159.

Vergleich des weltlichen Kaisers und seines Palastes mit Gott und seiner Kirche fordert Chrysostomos seine Zuhörer immer wieder auf, sich gedanklich in das weltliche Zentrum der Macht zu begeben und zu prüfen, ob sie genauso vorbereitet in die Kirche kämen, wie sie zum kaiserlichen Hof gingen. Der Vergleich des irdischen Herrschers mit dem himmlischen ist aus der Lebenspraxis der Zeit entnommen und wird von Chrysostomos für seine Argumentation sehr geschickt eingesetzt.[39]

5.1.1.3 *Die antiphonalen Gesänge der Arianer und ihre Übernahme durch Chrysostomos*

Die von Chrysostomos präsentierte, begrenzte Information zur Aufführungspraxis der Psalmodie kann durch das Hinzuziehen anderer Autoren seiner Zeit weiterführend erhellt werden.[40] Von Socrates Scholasticus (ca. 380–440) lässt sich aus einer anderen Perspektive mehr über die Aufführungspraxis der Psalmodie in Konstantinopel erfahren. Dieser berichtet in seiner Kirchengeschichte ausführlich über die Musikpraxis der Arianer:[41]

> Wie ich sagte, pflegten die Arianer ihre Zusammenkünfte außerhalb der Stadt abzuhalten. Wenn nun die Festtage einer jeden Woche anstanden – ich meine den Sabbat und den Tag des Herrn – , an denen in den Kirchen die eucharistischen Gottesdienste stattzufinden pflegten, versammelten sie sich innerhalb der Tore der Stadt in den Säulengängen und sangen Antiphonen, die sie im Sinne der arianischen Lehre verfasst hatten; und dies taten sie den größten Teil der Nacht hindurch, gegen Morgengrauen aber zogen sie solche Antiphonen singend mitten durch die Stadt, durch die Tore hinaus und gelangten zu den Orten, wo sie sich zur Eucharistie zu versammeln pflegten. Da sie dabei jedoch nicht aufhörten, Provokationen gegen die Vertreter des ‚Wesensgleich' zu äußern – oft nämlich trugen sie auch folgenden Gesang vor: Wo sind die, die behaupten, dass die drei nur eine Wirkkraft sind? –, da also begann Johannes zu fürchten, dass einfachere Gemüter unter der Wirkung solcher Lieder der Kirche entfremdet werden könnten, und setzte ihnen die Angehörigen des eigenen Kirchenvolkes entgegen: Sie sollten auch ihrerseits sich nächtlichem Hymnensingen widmen und so den Eifer der Arianer in

---

39 So z. Bsp. Chr. In ep. ad Hebr. hom. 15,4 oder Chr. In ep. ad Rom. hom. 15,10. Zu den (sich verändernden) Ansichten des Chrysostomos über Herrschaft und Herrscher in Antiochien und Konstantinopel vgl. Groß-Albenhausen (1999), 157–203.

40 Alle drei spätantiken Kirchenhistoriker (Socrates, Sozomenos, Theodoret) des 4. bzw. 5. Jh. berichten über den arianischen Streit und den Vorfall in Konstantinopel. Einführend zu den genannten Autoren vgl. Leppin (1996), 225–272.

41 An dieser Stelle wird der Term „Arianer" verwendet, wie ihn die Quellen im Zuge der trinitarischen Auseinandersetzungen häufig polemisierend verwenden. Damit bezieht er sich aus heutiger Sicht nicht auf Arius selbst, bleibt vielschichtig und theologisch hinsichtlich der Zugehörigkeit unterschiedlich auslegbar (Nizäner, Anhomöer, Homöer...), und wird an dieser Stelle nicht weiterführend diskutiert. Einführend zur Problematik vgl. Ritter (1978) mit weiterführender Literatur.

dieser Sache schwächen, die eigenen Leute aber in Hinsicht auf ihren eigenen Glauben stärken. Die Absicht des Johannes freilich schien gut zu sein, sie erreichte aber ihr Ziel unter Aufruhr und Gefahren. Denn als die Hymnen des ‚Wesensgleich' bei diesem nächtlichen Hymnensingen prächtiger dargeboten wurden als von den Arianern, da versuchten diese (sie waren zahlreich und wurden von Eifersucht gepackt), sich zu wehren und Zusammenstöße zu verursachen. So verursachten sie denn ohne Zögern in einer der Nächte einen Zusammenstoß, und Brison, der Eunuch der Kaiserin, wurde damals von einem Stein an der Stirn getroffen, als er die Sänger zur Prozession aufstellte, und auf beiden Seiten kamen einige aus dem Kirchenvolk um. Von diesen Vorgängen erschüttert, verbot der Kaiser den Arianern, ihre Hymnengesänge weiter in der Öffentlichkeit zu veranstalten.[42]

Aus diesem längeren Passus können mehrere Informationen zur Musikpraxis entnommen werden. Der wesentliche Aspekt liegt dabei in der repräsentativen Verwendung der Vokalmusik bei allen christlichen Gruppen. Der Gesang steht also klar als konstituierendes Element für die Christen und schafft eine musikalische Identität gegenüber anderen Religionsgruppen. Die Besonderheit aufführungspraktischer Art ist die Angabe sogenannter antiphonaler Gesänge, von welchen Socrates für die Arianer berichtet. Diese führt er auf Ignatius von Antiochien[43] zurück:

---

42 Socr. h.e. VI,8,1–9: 1. Οἱ Ἀρειανίζοντες, ὥσπερ ἔφημεν, ἔξω τῆς πόλεως τὰς συναγωγὰς ἐποιοῦντο. 2. Ἡνίκα οὖν ἑκάστης ἑβδομάδος αἱ ἑορταὶ κατελάμβανον, φημὶ δὴ τό τε σάββατον καὶ ἡ κυριακή, ἐν αἷς αἱ συνάξεις κατὰ τὰς ἐκκλησίας εἰώθασι γίνεσθαι, αὐτοὶ ἐντὸς τῶν τῆς πόλεως πυλῶν περὶ τὰς στοὰς ἀθροιζόμενοι καὶ ᾠδὰς ἀντιφώνους πρὸς τὴν Ἀρειανὴν δόξαν συντιθέντες ᾖδον, 3. καὶ τοῦτο ἐποίουν κατὰ τὸ πλεῖστον μέρος τῆς νυκτός, ὑπὸ δὲ ὄρθρον τὰ τοιαῦτα ἀντίφωνα λέγοντες διὰ μέσης τῆς πόλεως ἐξῄεσαν τῶν πυλῶν καὶ τοὺς τόπους, ἔνθα συνήγοντο, κατελάμβανον. 4. Ἐπειδὴ δὲ ἐρεθισμοὺς κατὰ τῶν τὸ ὁμοούσιον φρονούντων λέγοντες οὐκ ἐπαύοντο (πολλάκις γὰρ καὶ τοιαύτην ᾠδὴν ἔλεγον· „Ποῦ εἰσὶν οἱ λέγοντες τὰ τρία μίαν δύναμιν;"), τότε δὴ Ἰωάννης εὐλαβηθείς, μή τις τῶν ἁπλουστέρων ὑπὸ τῶν τοιούτων ᾠδῶν ἀφελκυσθῇ τῆς ἐκκλησίας, ἀντιτίθησιν αὐτοῖς τοὺς τοῦ ἰδίου λαοῦ, ὅπως ἂν καὶ αὐτοὶ ταῖς νυκτεριναῖς ὑμνολογίαις σχολάζοντες ἀμαυρώσωσι μὲν τὴν ἐκείνων περὶ τούτου σπουδήν, βεβαίους δὲ τοὺς οἰκείους πρὸς τὴν ἑαυτῶν πίστιν ἐργάσωνται. 5. Ἀλλ'ὁ μὲν σκοπὸς Ἰωάννου ἐδόκει εἶναι χρηστός· σὺν ταραχῇ δὲ καὶ κινδύνοις τὸ τέλος ἐδέξατο. 6. Ὡς γὰρ λαμπρότεροι οἱ τοῦ ὁμοουσίου ὕμνοι ἐν ταῖς νυκτεριναῖς ὑμνολογίαις ἐκεκίνουντο (ἐπινενόηντο γὰρ σταυροὶ ἀργυροῖ φέροντες φῶτα ἐκ τῶν κηρίνων λαμπάδων, τῆς βασιλίδος Εὐδοξίας παρεχούσης τὴν εἰς ταῦτα δαπάνην), πλῆθος ὄντες οἱ Ἀρειανίζοντες καὶ ζηλοτυπίᾳ ληφθέντες ἀμύνεσθαί τε καὶ συμπληγάδας ἐπεχείρουν ποιεῖν. 7. Ἔτι γὰρ ἐκ τῆς προλαβούσης δυναστείας ἔνθερμοί τε πρὸς μάχας ἦσαν καὶ κατεφρόνουν αὐτῶν. 8. Μὴ μελλήσαντες οὖν ἐν μιᾷ τῶν νυκτῶν συγκρούουσιν, καὶ βάλλεται μὲν λίθῳ κατὰ τοῦ μετώπου Βρίσων ὁ τῆς βασιλίδος εὐνοῦχος, συγκροτῶν τότε τοὺς ὑμνῳδούς, ἀπόλλυνται δὲ καί τινες τοῦ λαοῦ ἐξ ἀμφοτέρων τῶν μερῶν. 9. Ἐφ'οἷς κινηθεὶς ὁ βασιλεὺς διεκώλυσεν τοὺς Ἀρειανοὺς τὰς ὑμνολογίας ἐν τῷ δημοσίῳ ποιεῖν. (Text GCS. Übers. nach Schubert (2001), 149f.).

43 Einführend zu Ignatius mit Forschungsstand vgl. Paulsen (1996), 933–953 und Prostmeier (2002), 346–348. Ignatius gilt, so die Überlieferung in den antiken Quellen (Orig. hom. VI in Lucam; Eus. h.e. III,22; Hier. vir. ill.16), als dritter Bischof von Antiochien und Märtyrer der frühen christlichen Kirche. Sieben Briefe haben sich von ihm erhalten, die einen unvergleichlichen Eindruck von der Beziehung des Bischofs mit anderen christlichen Gemeinden gibt und insbesondere die Aufgaben und Erwartungen an das Bischofsamt zum Thema haben. In allen Briefen ruft Ignatius die

Solcherart war das damalig Geschehene. Es ist aber noch nachzutragen, womit der Brauch, in der Kirche antiphonale Hymnen zu singen, seinen Anfang nahm. Ignatios von Antiochien in Syrien, der dritte Bischof nach dem Apostel Petrus, welcher mit den Aposteln selbst noch verkehrt hatte, sah eine Vision von Engeln, welche der heiligen Dreifaltigkeit mit antiphonalen Hymnen lobsangen, und die Art und Weise der Vision übermittelte er der Kirche von Antiochien. Von dort verbreitete sich diese Tradition in alle Kirchen. Dies also als Darlegung über die Antiphonen.[44]

Auch Sozomenos (†450) berichtet in seiner Kirchengeschichte über diese Episode, stellt allerdings die antiphonalen Gesänge der Arianer als eine ihnen eigene musikalische Schöpfung dar, welche derart erfolgreich war, dass Chrysostomos seine Anhänger zur Nachahmung der gleichen Art von Psalmodie aufgefordert habe.[45] Sozomenos beschreibt folgenden Hergang:

> Da die Arianer, denen unter der Herrschaft des Theodosius die innerstädtischen Kirchen weggenommen waren, ihre Gottesdienste vor den Stadtmauern hielten, versammelten sie sich nachts zuvor in den öffentlichen Säulengängen, teilten sich in Gruppen auf und sangen in der Art der Antiphone, indem sie Kehrverse kom-

---

Gemeinden dringlich dazu auf, den Bischof zu ehren und sich dadurch gegen Heuchler und Irrlehren zu wappnen; dazu wird zwei Mal das Bild der Kithara mit den Saiten für den Bischof und seine Gemeinde verwendet, vgl. Ign. ep. ad Eph. 4,1 und Ign. ep. ad Phil. 1,2. Das Todesjahr des Ignatius ist ungeklärt, allerdings ist man sich in der Forschung darüber einig, dass Ignatius in der Regierungszeit Trajans zum Tode verurteilt wurde.

44 Vgl. Socr. h.e. VI,8,10–12: Καὶ τὰ μὲν γενόμενα <τότε> τοιαῦτα ἦν. Λεκτέον δὲ καὶ ὅθεν τὴν ἀφορμὴν ἔλαβεν ἡ κατὰ τοὺς ἀντιφώνους ὕμνους ἐν τῇ ἐκκλησίᾳ συνήθεια. Ἰγνάτιος ὁ Ἀντιοχείας τῆς Συρίας τρίτος ἀπὸ τοῦ ἀποστόλου Πέτρου ἐπίσκοπος, ὃς καὶ τοῖς ἀποστόλοις αὐτοῖς συνδιέτριψεν, ὀπτασίαν εἶδεν ἀγγέλων διὰ τῶν ἀντιφώνων ὕμνων τὴν ἁγίαν Τριάδα ὑμνούντων καὶ τὸν τρόπον τοῦ ὁράματος τῇ ἐν Ἀντιοχείᾳ ἐκκλησίᾳ παρέδωκεν. Ὅθεν καὶ ἐν πάσαις ταῖς ἐκκλησίαις αὕτη ἡ παράδοσις διεδόθη <καὶ ἐφυλάττετο>. (Text GCS. Übers. W. Schubert (2001), 150). Über die hier berichtete Vision lässt sich in den Briefen des Ignatius selbst nichts finden; allerdings hat sich eine Stelle zum *una voce* Gesang in der Kirche erhalten, vgl. Ign. Antioch. ep. I,4,2: καὶ οἱ κατ' ἄνδρα δὲ χορὸς γίνεσθε, ἵνα σύμφωνοι ὄντες ἐν ὁμονοίᾳ, χρῶμα θεοῦ λαβόντες ἐν ἑνότητι, ᾄδητε ἐν φωνῇ μιᾷ διὰ Ἰησοῦ Χριστοῦ τῷ πατρί, ἵνα ὑμῶν καὶ ἀκούσῃ καὶ ἐπιγινώσκῃ δι'ὧν εὖ πράσσετε μέλη ὄντας τοῦ υἱοῦ αὐτοῦ. (Text SC 10). „Aber auch die einzelnen sollen einen Chor bilden, damit ihr in Eintracht zusammenstimmet, in Einigkeit die Melodie Christi auffasset und mit einer Stimme durch Jesus Christus dem Vater lobsinget, auf dass er euch höre und aus euren guten Werken erkenne, dass ihr Glieder seid seines Sohnes." (Übers. F. Zeller). Ähnlich auch Ign. Antioch. ep. IV,2,2, wo Ignatius die Gemeinde dazu aufruft, in Liebe einen Chor in Jesus Christus zu bilden. Unklar bleibt in der Terminologie des Socrates nun der eigentliche Vokalstil, auffällig ist aber das *exemplum* der Engel, deren Gesänge auf die irdischen Sänger der antiochenischen Kirche übertragen werden. Unabhängig davon wird deutlich, dass Socrates die Gesänge im Rahmen eines Autoritätsargumentes in die Nähe zu einem Märtyrer der frühesten Kirche rückt.

45 Vgl. Soz. h.e. 8,8,3: δείσας δὲ Ἰωάννης, μή τινες τούτοις ὑπαχθῶσι τῶν ὑπ'αὐτοῦ ἐκκλησιαζόντων, ἐπὶ τὸν ἴδον τρόπον τῆς ψαλμῳδίας τὸν αὐτοῦ λαὸν προτρέπει. „In der Befürchtung, manche aus seiner Gemeinde könnten sich dadurch beeinflussen lassen, ermunterte Johannes sein Kirchenvolk zu der gleichen Art von Psalmodie." (Text und Übers. G. C. Hansen).

ponierten, die im Sinne ihres Glaubens gedichtet waren. Gegen Morgen zogen sie dann unter öffentlichem Gesang dieser Lieder zu den Orten ab, an denen sie auch ihren Gottesdienst hielten.[46]

Die Arianer, so berichtet es Sozomenos, hätten sich in Chöre eingeteilt, dichteten die Kehrverse der Gesänge im Sinne ihres Glaubens selber und hängten sie vermutlich den Psalmen an. Im Gegensatz zu Socrates, der für die Antiphonie ausschließlich die Termini ᾠδή und ὕμνος verwendet, erweitert Sozomenos das Vokabular um ψαλμῳδία und den Terminus ἀκροτελεύτιον, welcher die musikologische Wortbedeutung ‚[am] Anfang und Ende [eines Verses oder einer Strophe gesungener Kehrvers]‘ abdeckt und in seiner grundsätzlichen Verwendung bedeutet, dass ein Refrain oder Kehrvers an den Psalm angehängt wird.[47] Die Aufforderung des Chrysostomos an die Mitglieder seiner Gemeinde, sich musikalisch in gleicher Weise den Arianern gegenüberzustellen, wird in der Darstellung des Sozomenos vom Kaiserhaus bereitwillig finanziell und musikalisch durch die Bereitstellung des kaiserlichen Eunuchen Brison unterstützt.[48] Da die nächtlichen Vigilien in Glaubensdemonstrationen der gegensätzlichen Gruppierungen ausarteten, sogar zu Handgreiflichkeiten gegen den kaiserlichen Eunuchen Brison führten und in Todesfällen Beteiligter gipfelten, erließ Kaiser Arcadius am 3. März 402 ein Gesetz,[49] welches die Umzüge der Arianer in der Stadt verbot, wie es Sozomenos berichtet:

> Der Kaiser, vom Zorn gepackt, setzte derartigen Zusammenkünften der Glieder der arianischen Kirche ein Ende; die Angehörigen der katholischen Kirche, die aus

---

46　Soz. h.e. 8,8,1: Ἐπεὶ γὰρ οἱ ἀπὸ τῆς Ἀρείου αἱρέσεως, ἀφαιρεθέντες τῶν ἐν τῇ πόλει ἐκκλησιῶν ἐπὶ τῆς Θεοδοσίου βασιλείας, πρὸ τῶν τειχῶν ἐκκλησίαζον, νύκτωρ πρότερον ἐν ταῖς δημοσίαις στοαῖς συνελέγοντο καὶ εἰς συστήματα μεριζόμενοι κατὰ τὸν τῶν ἀντιφώνων τρόπον ἔψαλλον, ἀκροτελεύτια συντιθέντες πρὸς τὴν αὐτῶν δόξαν πεποιημένα. ὑπὸ δὲ τὴν ἕω τάδε δημοσίᾳ ψάλλοντες εἰς τοὺς τόπους ἀπῄεσαν ἔνθα καὶ ἐκκλησίαζον. (Text und Übers. G. C. Hansen).

47　Lampe übersetzt im Wortsinn „chorus" mit Verweis auf Soz. h.e. 8,8,1 und unter Bezugnahme auf ἀντίφωνος als „verses of psalm followed by a short refrain: ἐφύμνιον, ὑπακοή, ὑπόψαλμα. This after its introduction in Antioch, was a widely used form of psalmody".

48　Vgl. Soz. h.e. 8,8,4: καὶ εὐνοῦχος τῆς βασιλέως γαμετῆς ἐπὶ τοῦτο τέτακτο τὴν περὶ ταῦτα δαπάνην καὶ τοὺς ὕμνους παρασκευάζων. „Und ein Eunuch der Kaiserin war damit beauftragt, die nötigen Kosten und die Hymnen bereitzustellen." (Text und Übers. G. C. Hansen). Hansen verweist im Kommentar zur Stelle darauf, dass diese Darstellung in der Forschung als unwahrscheinlich abgetan wird, allerdings könnte die persönliche Frömmigkeit der Kaiserin Eudoxia durchaus für eine Unterstützung der Orthodoxen sprechen. Inwiefern diese finanzieller oder eher musikalischer Art war, lässt sich anhand der einzelnen Stelle nicht belegen, auch bleibt unklar, ob der Eunuch die Hymnen lediglich einstudierte, oder ob mit παρασκευάζω in diesem Fall auch die Herstellung der Hymnen, also das Komponieren gemeint sein könnte.

49　Cod. Theod. 16,5,30 (865 Mommsen/Meyer) vom 3. März 402: Praeterea omnes clerici haereticorum ex sacratissima urbe pellantur neque his finibus liceat conuenire. || Ad hoc interdicatur his omnibus ad litaniam faciendam intra ciuitatem noctu uel interdie profanis coire conuentibus, statuta uidelicet condemnatione centum librarum auri contra officium sublimitatis tuae, si quid huiusmodi fieri uel in publico uel in priuatis aedibus concedatur.

diesem Grunde in der beschriebenen Art Hymnen zu singen begonnen hatten, fuhren noch bis zum heutigen Tage damit fort.[50]

Sozomenos verweist darauf, dass der Brauch des antiphonalen Gesanges im Anschluss an die Auseinandersetzung mit den Arianern in Konstantinopel eingeführt wurde. Somit hätten die Orthodoxen diese Vokalpraxis übernommen und sie weiterhin beibehalten. Damit begegnet die antiphonale Gesangspraxis zuerst als Kennzeichen der Arianer. Theodoret (393–457) hingegen berichtet im zweiten Buch seiner Kirchengeschichte, dass bereits in Antiochien die späteren Bischöfe Flavian (†404) und Diodor[51] im dortigen Arianerstreit die antiphonale Gesangsweise praktiziert hätten. Er schreibt über die Beiden:

> Das bewunderungswürdige Zweigespann bestand aus Flavianus und Diodorus, die zwar noch mit keinem priesterlichen Amte betraut waren, sondern zu den Laien gehörten, aber dennoch Tag und Nacht in allen den Eifer für die Frömmigkeit zu wecken suchten. Diese waren die ersten, welche die Chöre der Psalmodierenden in zwei teilten um sie abwechselnd die Melodien Davids psallieren zu lassen, und diese Art nahm ihren Anfang in Antiochien und verbreitete sich von dort aus überall hin und bewohnt auch die äußersten Stätten der Erde. Auch sind es diese, welche die eifrigsten im Glauben bei den Gräbern der Märtyrer versammelten um mit ihnen die ganze Nacht hindurch Gott Hymnen zu singen.[52]

Auch Theodoret berichtet also über den antiphonalen Gesang, welchen der Terminus ἐκ διαδοχῆς ᾄδειν belegt.[53] Weiter berichtet er, ähnlich wie bereits Socrates, von Antiochien als Entstehungsort der antiphonalen Gesänge.[54] Der Stelle geht die Auseinandersetzung

---

50 Soz. h.e. 8,8,5: κινηθεὶς δὲ πρὸς ὀργὴν ὁ βασιλεὺς ἔπαυσε τῶν ἀπὸ τῆς Ἀρείου ἐκκλησίας τὰς τοιαύτας συνόδους. οἱ δὲ ἀπὸ τῆς καθολικῆς ἐξ αἰτίας τοιᾶσδε τὸν εἰρημένον τρόπον ὑμνεῖν ἀρξάμενοι καὶ εἰσέτι νῦν οὕτω διέμειναν. (Text und Übers. G. C. Hansen).

51 Über Flavian (†404), den späteren Bischof von Antiochien und Nachfolger des Meletius, ist wenig bekannt. Diodor von Tarsus ist etwas stärker greifbar in den Quellen, sowohl Socrates, Sozomenos als auch Theodoret berichten über seine Teilnahme als Bischof von Tarsus am Konzil von Konstantinopel 381, und Hier. vir. ill. 119 widmet ihm einen kleinen Absatz, wenngleich dieser hinsichtlich der Glaubensausrichtung des Diodors eher negativ ausfällt. Einführend zu Diodor vgl. Schäublin (1981), 763–767.

52 Theod. h.e. II,24,9: Ἡ δὲ ἀξιάγαστος ξυνωρὶς Φλαβιανὸς καὶ Διόδωρος, ἱερατικῆς μὲν λειτουργίας οὐδέπω τετυχηκότες, τῷ δὲ λαῷ συντεταγμένοι, νύκτωρ καὶ μεθ' ἡμέραν εἰς τὸν ὑπὲρ τῆς εὐσεβείας ζῆλον διήγειρον ἅπαντας. οὗτοι πρῶτοι διχῇ διελόντες τοὺς τῶν ψαλλόντων χοροὺς ἐκ διαδοχῆς ᾄδειν τὴν Δαυϊτικὴν ἐδίδαξαν μελῳδίαν · καὶ τοῦτο ἐν Ἀντιοχείᾳ πρῶτον ἀρξάμενον πάντοσε διέδραμε καὶ κατέλαβε τῆς οἰκουμένης τὰ τέρματα. οὗτοι τῶν θείων τοὺς ἐραστὰς εἰς τοὺς τῶν μαρτύρων σηκοὺς συναγείροντες πάννυχοι διετέλουν σὺν ἐκείνοις τὸν θεὸν ἀνυμνοῦντες. (GCS 44,154).

53 Vgl. dazu Lampe, Eintrag ἡ διαδοχή, Bedeutung F.

54 Schon Harnack (1924), 662 benennt Antiochien vermutlich mit Bezug zur Apg als Entstehungsort der christlichen Psalmodie, allerdings ohne einen quellenkritischen Verweis. Zur antiphonalen Vokalpraxis in Antiochien sei verwiesen auf den Theodoret-Kommentar von Pierre Canivet (SC), 540, der diese Vokalpraxis auf Bardesanes von Edessa und dessen Sohn Harmonios zurückführt

Flavians und Diodors mit dem Bischof Leontios und dessen Berufung des arianischen Sympathisanten Aetios in den Stand der Diakone voran. Im Zuge der Absetzung des Aetios berichtet Theodoret über das Kampfmittel der antiphonalen Gesänge, welche Flavian und Diodor gegen den amtierenden Bischof einsetzen, um Druck auszuüben. So hätten sie sich an den Märtyrergräbern versammelt, diese besondere Art des Hymnengesanges praktiziert und damit Leontios gezwungen, diese Versammlungen in den Raum der Kirche zu verlegen, um nicht zu viel öffentliche Unruhe hervorzurufen.[55] Auch hier wird also über die Verwendung der antiphonalen Gesänge im Zusammenhang mit den arianischen Auseinandersetzungen in Antiochien berichtet. Diese Art der Psalmodie wird damit, offenbar ohne auf diese Weise überhaupt im Gottesdienst verwendet worden zu sein, aus dem kirchlichen Rahmen herausgelöst und durch das kämpferische Gegeneinander-Ansingen in der Nacht zum Politikum in der Auseinandersetzung um die rechte Glaubenslehre. Über diese Art und Weise, auf christlicher Seite innerhalb religiöser Konflikte Musik als Kampfmittel zu nutzen, wird schon für die Zeit des Kaisers Iulian (361–363) berichtet. So beschreiben sowohl Theodoret als auch Chrysostomos und Sozomenos, dass die Psalmodie eindeutig als Mittel der politischen Auseinandersetzung im Rahmen der Märtyrerüberführung des Babylas nach Daphne verwendet wurde:

> Man sagt, damals hätten Männer und Frauen, junge Männer und Mädchen, Greise und Kinder, die den Sarg zogen, einander anfeuernd, während des ganzen Weges Psalmen gesungen, angeblich um sich durch den Gesang die Anstrengung zu erleichtern, in Wirklichkeit aber von entschlossenem Eifer motiviert, weil der Herrscher nicht dieselbe Einstellung zur Gottheit hatte wie sie. Vorsänger der Psalmen waren für die übrigen diejenigen, die sie auswendig kannten, und dann fiel die

---

und eine Verbindung zu Ephraem dem Syrer sieht, der sich laut Theodoret die Lieder des Harmonios zu eigen gemacht hätte, und seine eigene Dichtung so stärker verbreitet habe, vgl. Theod. h.e. IV,30,2f.: καὶ ἐπειδὴ Ἁρμόνιος ὁ Βαρδησάνου ᾠδάς τινας συνετεθείκει πάλαι καὶ τῇ τοῦ μέλους ἡδονῇ τὴν ἀσέβειαν κεράσας κατεκήλει τοὺς ἀκούοντας καὶ πρὸς ὄλεθρον ἤγρευε, τὴν ἁρμονίαν τοῦ μέλους ἐκεῖθεν λαβὼν ἀνέμιξε τὴν εὐσέβειαν καὶ προσενήνοχε τοῖς ἀκούουσιν ἥδιστον ὁμοῦ καὶ ὀνησιφόρον φάρμακον. ταῦτα καὶ νῦν τὰ ᾄσματα φαιδροτέρας τῶν νικηφόρων μαρτύρων τὰς πανηγύρεις ποιεῖ. (GCS 44). „Und da Harmonius, der Sohn des Bardesanes, vor Zeiten eine Reihe von Liedern verfasst und deren gottlosen Inhalt mit anmutigen Melodien verbunden und damit das lauschende Volk bezaubert hatte, so entlehnte er [Ephraem] von demselben die Melodie des Liedes, legte ihr aber einen rechtgläubigen Text unter und verschaffte so den Zuhörern ein sehr angenehmes und zugleich Nutzen bringendes Heilmittel. Diese Gesänge verleihen auch jetzt noch den Festen der siegreichen Märtyrer einen besonderen Reiz." (Übers. A. Seider). Kaczynski (1974), 110 verweist weiter auf Theodor von Mopsuestia, den Jugendfreund des Chrysostomos, welcher auch über die syrische Dichtung und deren Übertragung berichtet. So lässt sich zwar feststellen, dass die Tradition der Hymnendichtung im syrischen Osten schon seit dem 2. Jh. Bestand hat, allerdings erlaubt die Terminolgie in den Quellen bislang keine eindeutigen Rückschlüsse auf eine antiphonale Aufführungspraxis. Zu dieser Episode vgl. auch Hucke (1953), 154–162 und 180.

55   Vgl. Theod. h.e. II,24,6–11.

Menge einstimmig ein und sang diesen Refrainvers: *Beschämt wurden alle, die geschnitzte Bilder anbeten und die ihr Vertrauen auf die Götzenbilder setzen* (Ps 97,7).[56]

Hier berichtet Sozomenos, der sich in großen Teilen seiner Darstellung auf Chrysostomos stützt,[57] von einem Umzug zu Ehren des Märtyrers Babylas, dessen Gebeine auf kaiserliche Anweisung hin an einen anderen Ort überführt werden müssen. Diese Heiligenüberführung geht natürlich einher mit frommen Psalmengesang, der aber anlässlich der Empörung der christlichen Gemeinde über den Kaiser in eine Demonstration öffentlichen Unmutes ausartet. Der Gesang wirkt hier einerseits als Katalysator, andererseits stellt ihn Sozomenos als Druckmittel dem Kaiser gegenüber dar – die Christen suchen offenbar deutlich die Auseinandersetzung und instrumentalisieren den Gesang, um Aufmerksamkeit einzufordern. Sie fühlen sich nicht mehr als Minderheit, sondern tragen selbstbewusst ihre Position vor. Letztlich führte diese offensive Haltung zu einer Rückführung der Reliquie an den angestammten Ort.[58]

Wie sehr die Psalmodie außerhalb der Kirche die christliche Musikkultur dominiert, zeigt auch das Beispiel der Prozession anlässlich der Reliquienüberführung mehrerer anonymer Märtyrer von Konstantinopel in die Thomaskirche nach Drypia, bei welcher in den lokalen Sprachen die Psalmen gesungen wurden.[59] Dies stellt ein Novum dar, welches die innovative Haltung des Chrysostomos in der Gemeindeführung aufzeigt. In der zweiten Homilie über die Märtyrerreliquie vergleicht Chrysostomos die Kaiserin Eudoxia, welche den Reliquienzug vorbildlich und fromm anführte, mit der biblischen Figur der Miriam.[60] Die sich der Prozession anschließenden Chöre, so berichtet Chrysostomos, sangen die Psalmen Davids in lateinischer, syrischer, griechischer und barbarischer Sprache.[61] Die theologische Begründung für diese Vokalpraxis der Christen zeigt

---

56 Soz. h.e. 5,19,18–19: Φασὶ δὲ τότε ἄνδρας καὶ γυναῖκας καὶ νέους καὶ παρθένους, γέροντάς τε καὶ παῖδας, δι᾽ τὴν σορὸν εἷλκον, παρακελευομένους ἀλλήλοις παρὰ πᾶσαν τὴν ὁδὸν διατελέσαι ψάλλοντας, πρόφασιν μὲν τῇ ᾠδῇ τοὺς ἱδρῶτας ἐπικουφίζοντας, τὸ δὲ ἀληθὲς ὑπὸ ζήλου καὶ προθυμίας κεκινημένους τῷ μὴ τὴν αὐτὴν γνώμην ἔχειν αὐτοῖς τὸν κρατοῦντα περὶ τὸ θεῖον. ἐξῆρχον δὲ τῶν ψαλμῶν τοῖς ἄλλοις οἱ τούτους ἀκριβοῦντες, καὶ ξυνεπήχει τὸ πλῆθος ἐν συμφωνίᾳ καὶ ταύτην τὴν ῥῆσιν ἐπῇδεν · *ᾐσχύνθησαν πάντες οἱ προσκυνοῦντες τοῖς γλυπτοῖς καὶ οἱ πεποιθότες τοῖς εἰδώλοις.* (Text und Übers. C. G. Hansen).

57 Sozomenos zitiert aus Chr. pan. Bab. Für weiterführende Angaben vgl. Hansen (2004), 648, Fn. 545.

58 Vgl. Soz. h.e. 5,20, besonders Abschnitt 2.

59 Drypia ist ein Vorort von Konstantinopel, der ca. 9 Meilen von der Stadt entfernt liegt, vgl. dazu Holum (1982), 56 mit Verweis auf topographische Literatur (Janin). Zu dieser Reliquienüberführung vgl. auch Klein (2006), 81–84 bes. 83f. mit weiterführenden Literaturangaben.

60 Vgl. Ex 15,20–21: *Die Prophetin Mirjam, die Schwester Aarons, nahm die Pauke in die Hand und alle Frauen zogen mit Paukenschlag und Tanz hinter ihr her. Mirjam sang ihnen vor: Singt dem Herrn ein Lied, denn er ist hoch und erhaben! Rosse und Wagen warf er ins Meer.* Einführend zu Kaiserin Eudoxia vgl. Busch (2015), 59–85 und Holum (1982), 48–78.

61 Vgl. Chr. Hom. II dicta postquam reliquiae martyrum 3: Προηγήσατό ποτε καὶ Μαρία τοῦ λαοῦ, τὰ ὀστᾶ τοῦ Ἰωσὴφ ἐπιφερομένη, καὶ ᾖσεν ᾠδήν · ἀλλ᾽ ἐκείνη μὲν Αἰγυπτίων καταποντισθέντων, σὺ δὲ δαιμόνων ἀποπνιγομένων · ἐκείνη τοῦ Φαραὼ καταποντισθέντος, σὺ δὲ τοῦ διαβόλου κατενεχθέντος· ἐκείνη κύμβαλα ἔχουσα, σὺ δὲ διάνοιαν καὶ ψυχὴν ὑπὲρ σάλπιγγα ἠχοῦσαν · ἐκείνη Ἰουδαίων

Chrysostomos im Kommentar zum 41. Psalm auf, in welchem er den Gesang als von Gott gegebenes Attribut des Menschen bezeichnet, der ihn vor den Dämonen und ihren Gesängen schützen solle.[62] Der Gesang dient demnach der Stabilität der Seele gegen deren mögliche Verführungen.

Fallen die beiden zuletzt gezeigten Quellenstellen nicht explizit in den Bereich der Frage nach der Antiphonie, so zeigen sie doch auf, wie stark der Gesang außerhalb der Kirche in die Gesellschaft als Politikum hineingetragen worden ist; zum einen als Möglichkeit, Unmut zu äußern und zum anderen um sich von anderen und gegen andere abzugrenzen. Deutliche Merkmale der Antiphonie, die alle gezeigten Quellenstellen benennen, sind die gedichteten Kehrverse im Sinne der religiösen Doktrin, die dann chörisch und kampfeslustig außerhalb der Kirche gegen die anderen gesungen werden. Unklar bleibt die Übertragung dieser den Arianern zugeschriebene Gesangsweise in die orthodoxe Kirche, von der uns Sozomenos (und später auch Augustinus) berichtet, war doch längst auf der Synode von Laodicea 364 eben diese Verwendung privater oder selbst gedichteter Psalmen und Hymnen verboten worden als Merkmal häretischer Gesinnung.[63] Möglicherweise handelt es sich hierbei weniger um die Übertragung der gedichteten Kehrverse als vielmehr um die Übernahme der Aufführungspraxis oder der gesungenen Melodien.

ἐλευθερωθέντων, σὺ δὲ τῆς Ἐκκλησίας στεφανουμένης · ἐκείνη δῆμον ἕνα ἐξάγουσα ὁμόγλωττον, σὺ δὲ μυρίους δήμους ἑτερογλώσσους. Καὶ γὰρ μυρίους ἡμῖν ἐξήγαγες χορούς, τοὺς μὲν τῇ Ῥωμαίων, τοὺς δὲ τῇ Σύρων, τοὺς δὲ τῇ βαρβάρων, τοὺς δὲ τῇ Ἑλλάδι φωνῇ τὰ τοῦ Δαυῒδ ἀνακρουομένους ᾄσματα. (PG 63,472) „Miriam (Maria) führte einst das Volk an, die Gebeine Josephs mit sich bringend und ein Lied singend. Jene aber tat dies nachdem die Ägypter ins Meer geworfen waren, du hingegen tatest es, als die Dämonen erstickt waren. Jene, nachdem der Pharao ertränkt worden war, du aber, nachdem der Teufel gestürzt worden war. Jene hatte die Kymbala, du aber mit deinem Verstand und deinem Geist klangest lauter als die Trompete. Jene, nachdem die Juden befreit worden waren, du aber beim Bekränzen deiner Kirche. Jene, nachdem sie das Volk mit einheitlicher Zunge herausgeführt hatte, du aber hast viele Völker mit unterschiedlichen Zungen angeführt. In der Tat haben wir viele Chöre unter uns hervorgebracht, nämlich die der römischen, der syrischen, der barbarischen und der griechischen Sprache, die die Lieder Davids erklingen ließen." Zur Rolle der Eudoxia in der Prozession vgl. auch Freytag (2012), 138 und besonders Holum (1982), 56–59 zur Darstellung der Eudoxia in der Predigt des Chrysostomos.

62 Chr. Expos. in Ps. 41,1: Ἐπεὶ οὖν οἰκείως ἡμῖν πρὸς τοῦτο ἔχει τὸ εἶδος τῆς τέρψεως ἡ ψυχὴ, ἵνα μὴ πορνικὰ ᾄσματα οἱ δαίμονες εἰσάγοντες, ἅπαντα ἀντρέπωσι, τοὺς ψαλμοὺς ἐπετείχισεν ὁ Θεός, ὥστε ὁμοῦ καὶ ἡδονὴν τὸ πρᾶγμα καὶ ὠφέλειαν εἶναι. (PG 55,157A). „Nachdem er dieses folglich zur Erbauung der Seele in uns angelegt hat, damit die schändlichen Gesänge der Dämonen nicht hineingelangen, indem wir diese abwehren, hat uns Gott die Psalmen gleich wie einer Festung aufgerichtet, so dass auf dieselbe Weise sowohl die Freude an der Sache als auch der Nutzen gegeben sei." Vgl. auch Fn. 19 zu den Dämonen bei Tisch.

63 Dass dieses Verbot nun nicht zwingend die Umsetzung beinhaltet, ist ein Phänomen, was sich auch in anderen Bereichen eben dieser Zeit wiederfindet, vgl. dazu die Auseinandersetzung um die *spectacula* und die häufigen Erlasse gegen den Besuch der Christen bei den Spielen, trefflich dargelegt bei Sallmann (1990). Der Text des Canon 59 ist abgedruckt in Kapitel 4.2.2.1 (Musikpraxis in der Erziehung), 112 Fn. 162.

Im Zuge der detaillierten Auseinandersetzung mit dem Gegenstand bei Augustinus wird darauf noch einmal eingegangen werden.[64]

5.1.2 Funktionen von Musik bei Johannes Chrysostomos

5.1.2.1 *Lobgesang*

Ausgehend von der Grundlage, dass der Mensch als Instrument zum Lobgesang Gottes geschaffen wurde,[65] weist Chrysostomos der Musik an oberster Stelle die Funktion des Lobgesanges zu Ehren Gottes zu. In Anlehnung an den Hebräerbrief legt Chrysostomos die Lobgesänge als „Frucht der Lippen"[66] aus, welche Gott selbst gegeben habe, damit sie im zeremoniellen Rahmen des Mahles gesungen würden.[67] Dies erfordere vom Menschen eine fromme Seele.[68] Gott aber habe, um dem Menschen die Aufnahme seiner Botschaft zu erleichtern, seinen Lehren die Musik als Vermittler hinzugefügt:

> ...weil Gott diese Mühe etwas angenehmer machen und das Gefühl der Anstrengung beseitigen wollte, hat er mit der Prophetie die Melodie verbunden, damit alle, durch den Rhythmus des Gesanges erheitert, mit großer Freude ihm die heiligen Hymnen singen.[69]

---

64 Vgl. Kapitel 6.1.1.3 (Die Hymnodik des Ambrosius und ihr Einfluss auf Augustinus), 238–246.

65 Zum Nutzen von Ohren und Mund, vgl. Chr. In ep. ad Philipp. hom. 11,5: Ἐποίησέ σοι ὦτα; Ταῦτα αὐτῷ πάρεχε, ἀλλὰ μὴ τοῖς διακεκλασμένοις μέλεσι, μηδὲ ταῖς αἰσχραῖς ἀκοαῖς.[...]᾽Ἐποίησέ σοι στόμα; Τοῦτο μηδὲν πραττέτω τῶν μὴ δοκούντων αὐτῷ, ἀλλὰ ψαλμῳδίας, ὕμνους, ᾠδὰς πνευματικὰς ᾀδέτω. (PG 62,961/2). „Hat er dir Ohren geschaffen? Diese schenke ihm und nicht verweichlichender Musik und schändlichen Reden! [...] Hat er dir den Mund geschaffen? Dieser lasse sich nichts zu Schulden kommen, was ihm missfällig ist, sondern singe ihm Psalmen, Lobgesänge und geistige Lieder". (Übers. W. Stoderl).

66 Vgl. Chr. In ep. ad Hebr. hom. 33,4: Καρπὸν χειλέων ὁμολογούντων τῷ ὀνόματι αὐτοῦ· τουτέστιν, εὐχὰς, ὕμνους, εὐχαριστίαν· ταῦτα γὰρ τῶν χειλέων ὁ καρπός. (PG 63,229). „*Die Frucht der Lippen, welche seinen Namen bekennen,* (Hebr 13,15) das sind Gebete, Lobgesänge, Danksagung; denn diese sind die Frucht der Lippen."

67 Vgl. Chr. In ep. ad Eph. hom. 14,4: τοσούτοις σου τὸ στόμα ἐκόσμησεν ὁ Θεὸς ὕμνοις ἀγγελικοῖς, τροφῇ οὐκέτι ἀγγελικῇ, ἀλλ᾽ ὑπὲρ ἀγγελικὴν, φιλήματι τῷ αὐτοῦ, περιπλοκαῖς ταῖς πρὸς αὐτὸν... (PG 62,105). „Durch so vieles hat Gott deinen Mund geziert, durch engelhafte Lobgesänge, durch eine mehr als engelhafte Speise, durch seinen Kuss, durch seine Umarmung..."

68 Vgl. Chr. sermo presby. 1: ...ὕμνον δὲ ἱερὸν τίκτει μὲν εὐλάβεια ψυχῆς, τρέφει δὲ συνειδὸς ἀγαθόν, δέχεται δὲ εἰς τὰ ταμιεῖα τῶν οὐρανῶν ὁ Θεός. (Text SC 272). „...ein heiliges Loblied hat seinen Ursprung in der Frömmigkeit der Seele, findet seine Nahrung in einem guten Gewissen und wird von Gott aufgenommen in die himmlischen Vorratskammern."

69 Chr. Expos. in Ps. 41,1: ...ποθεινότερον ποιῆσαι τὸν πόνον βουλόμενος, καὶ τοῦ καμάτου τὴν αἴσθησιν ὑποτεμέσθαι, μελῳδίαν ἀνέμιξε τῇ προφητείᾳ, ἵνα τῷ ῥυθμῷ τοῦ μέλους ψυχαγωγούμενοι πάντες, μετὰ πολλῆς τῆς προθυμίας τοὺς ἱεροὺς ἀναπέμπωσιν αὐτῷ ὕμνους. (PG 55,156. Übers. R. Kaczynski). Die Stelle ist ein Schlüssel zur Auslegung, insbesondere wenn Chrysostomos die jüdische Musikkultur einer Betrachtung unterzieht. Vgl. Kapitel 5.2 (Chrysostomos' Haltung zur Musik seines Umfelds), 181–194. Diese Verbindung wurde auch erkannt von Quasten (1930), 143 und Kacynski (1974), 93.

Das Singen der Psalmen dient also neben Dank, Belehrung und Unterweisung in göttlichen Angelegenheiten auch der Kommunikation mit Gott, da Gott als Schöpfer des Wortes dieses durch die Psalmen übermittelt. Dadurch wird neben dem Nutzen auch Freude hervorgerufen und dem Menschen somit die Aufnahme der Botschaft Gottes erleichtert. So drückt sich auch die wahre Gottesfurcht in der Darbringung von Lobgesängen aus. In der ersten Rede nach seiner Rückkehr aus der Verbannung spielt deshalb auch die Psalmodie eine Rolle, da sie die Demut und Gottesfurcht der Gemeinde aufzeige:

> Niemand hat eure andächtige Versammlung unterbrochen, alle in tiefem Schweigen, alle voll Reue und Zerknirschung. Die einen sangen Psalmen, die anderen priesen die Sänger glücklich. Heute ist ein Pferderennen, aber niemand ist dabei, alle sind zur Kirche geströmt. In der Tat, wie ein mächtiger Strom ist eure Menge geworden, und wie ein Brunnen eure Stimmen, die zum Himmel steigen und die Liebe zu eurem Vater beweisen.[70]

Da Gott als Schöpfer des Mundes und der daraus erklingenden Lobgesänge definiert wird, folgt Jesus Christus in der Vermittlung als Lehrer der himmlischen Lobgesänge. Chrysostomos schildert, dass Jesus den Menschen das *Trisagion* zur Wandlung überbrachte, welches bereits die Engel im Himmel sängen.[71] In logischer Konsequenz folgt, dass die Gottesfurcht der Menschen sich demnach in Lobgesängen ausdrückt. Dafür führt Chrysostomos das Vorbild der singenden Seraphim und Cherubim immer wieder an.[72] Deutlich formuliert er in der Schrift *In illud: Vidi Dominum*, wie die himmlischen Mächte sich mit den Menschen im Gesang verbinden:

Ähnlich auch in Chr. Expos. in Ps. 48,3: καὶ ἐν ᾄσματος τάξει ποιεῖται τὴν συμβουλὴν, ἡδύνων τὸν λόγον. (PG 55,226). So erteilt Gott zum Beispiel „seine Ratschläge in Liedform, um seine Worte auf angenehme Weise darzulegen." Auch hierin kann das Konzept der *Synkatabasis* erkannt werden, vgl. dazu auch Kaczynski (1974), 91.

70 Chr. Serm. post reditum a priore exsilio 1: Nemo choro uestro silentium imperauit, et tamen omnes in silentio, omnes in compunctione uersabantur. alii psallebant, alii beatos praedicabant eos qui psallerent. hodie circenses sunt, et nemo adest; sed omnes in ecclesiam ceu torrentes confluxerunt: torrens uero uester coetus, et flumina sunt uoces, quae in caelum ascendunt, quaeque amorem erga patrem perhibent. (PG 52,439. Übers. M. Schmitz). Von dieser Predigt ist nur der lateinische Text überliefert, der wahrscheinlich um 415 von Annianus von Celeda angefertigt wurde, vgl. dazu Uthemann (1992), Abschnitt Werke 3.Cc mit weiterführenden Literaturangaben.

71 Vgl. Chr. In ep. ad Eph. hom. 23,3: ὁ Ἰησοῦς […] ἤνεγκε πᾶσαν τὴν ἀρετήν, πάντας τοὺς ἐκεῖθεν καρποὺς ἡμῖν κατήνεγκεν, τοὺς ὕμνους λέγω τοὺς ἐπουρανίους. Ἃ γὰρ τὰ Χερουβὶμ ἄνω λέγει, ταῦτα καὶ ἡμῖν προσέταξε λέγειν, Ἅγιος, ἅγιος, ἅγιος. (PG 62,167). „Jesus […] brachte uns alle Tugend, alle Früchte derselben herab, nämlich die himmlischen Lobgesänge. Denn was die Cherubim dort oben singen, dass hieß er auch uns singen: *Heilig, heilig, heilig!* (Jes 6,3). Die PG verweist an dieser Stelle auf Mark 12,25, welcher besagt, dass die Aufnahme in den Himmel erfolgt, und der Mensch engelsgleich wird.

72 So auch in Chr. Stat. 7,5 nach der Zitation des Jesaja-Wortes 6,1–3: Εἶδες μεθ' ὅσου φόβου, μεθ' ὅσης φρίκης καλοῦσι δοξολογοῦσαι καὶ ὑμνοῦσαι; (PG 49,97). „Siehst du, mit welcher Furcht, mit welchem Schauer sie [die Seraphim] ihn unter Preis- und Lobgesang ehren?"

Oben lobpreisen Heerscharen der Engel; unten lobsingen Versammlungen von Menschenchören denselben Preisgesang. Oben rufen die Cherubim den Hymnus des Trisagion, unten schickt die Versammlung der Menschen denselben wieder hinauf. Eine gemeinsame feierliche Versammlung der himmlischen und irdischen Welt kommt zusammen. Eine Eucharistie, ein Frohsinn, ein Freudenchor. Das unaussprechliche Herabsteigen des Herrn hat diese Vereinigung geschaffen. Der Heilige Geist hat ihr den Zusammenhalt verliehen.[73]

Die Darstellung des trinitaren Mysteriums durch die Zuweisung der drei an der Musik beteiligten Kräfte in verschiedenen Sphären dient Chrysostomos als Idealbild des Gottesdienstes im zeremoniellen Rahmen der Wandlung. Diese Verbindung des irdischen mit dem himmlischen Chor ist ein wiederkehrendes Motiv in dessen Auseinandersetzung mit dem Psalmengesang. Insbesondere das *Trisagion* als Loblied des göttlichen Wirkens im Zuge der Wandlung stellt für ihn ein verbindendes Element zwischen Himmel und Erde dar. Immer wieder begegnet diese Verbindung aller von Gott zu seinem Lobe geschaffenen Instrumente der musizierenden Engel und Menschen.[74] Das übergeordnete Motiv ist auch hier die Einheit der Schöpfungselemente, welche von Chrysostomos mit dem Bild des Chores aller wiedergegeben wird. Dieser lobsingt dem Herrn als göttlichem Demiurgen, der alle Sphären miteinander verbindet, indem er sie überhaupt erst geschaffen hat.[75]

Auch die Märtyrer fallen in den Lobgesang der Engel nach ihrem Tode mit ein. In der Lobrede auf die heiligen Märtyrer beschreibt Chrysostomos ihren Tod und vor allem aber ihren Empfang im Himmel, der einem weltlichen Triumphzug siegreicher Feldherren gleichkommt. Chrysostomos vergleicht die Märtyrer mit Ringkämpfern und Feldherrn, die als bejubelte Helden in die Stadt einziehen. Im Himmel erwartet die Märtyrer die Freundschaft Gottes und die Gesellschaft der Engel. So beschreibt Chrysostomos deren Aufnahme in den Engelschor folgendermaßen:

---

73 Chr. In illud: Vidi Dominum 1,1: Ἄνω στρατιαὶ δοξολογοῦσιν ἀγγέλων · κάτω ἐν ἐκκλησίαις χοροστατοῦντες ἄνθρωποι τὴν αὐτὴν ἐκείνοις ἐκμιμοῦνται δοξολογίαν. Ἄνω τὰ Σεραφὶμ τὸν τρισάγιον ὕμνον ἀναβοᾷ · κάτω τὸν αὐτὸν ἡ τῶν ἀνθρώπων ἀναπέμπει πληθύς· κοινὴ τῶν ἐπουρανίων καὶ τῶν ἐπιγείων συγκροτεῖται πανήγυρις· μία εὐχαριστία, ἓν ἀγαλλίαμα, μία εὐφρόσυνος χοροστασία. Ταύτην γὰρ ἡ ἄφατος τοῦ Δεσπότου συγκατάβασις συνεκρότησεν, ταύτην τὸ Πνεῦμα συνέπλεξεν τὸ ἅγιον. (Text SC 277).

74 Die beschreibende Bibelstelle über Seraphim und Cherubim entstammt Jes 6,1–3 (Text vgl. Fn. 80). Zu den Engeln und ihrer Aufgabe vgl. auch Peterson (1955), 58–62.

75 Vgl. auch Chr. sermo presby. 1: καὶ τὴν κτίσιν καλέσας ἑκατέραν, τὴν ἄνω, τὴν κάτω, τὴν αἰσθητήν, τὴν νοητήν, τὴν ὁρωμένην, τὴν οὐχ ὁρωμένην, τὴν ὑπὲρ τὸν οὐρανόν, τὴν ὑπὸ τὸν οὐρανόν, καὶ χορὸν ἕνα στήσας ἐξ ἑκατέρας καὶ οὕτω τὸν βασιλέα τῶν ὅλων παρακελευσάμενος ἀνυμνεῖν... (SC 272). „Und nachdem er beide Reiche der Schöpfung, das himmlische und das irdische, die Körperwelt und die Geisterwelt, die sichtbare und die unsichtbare Schöpfung, die über dem Himmel und die unter dem Himmel ist, zum Lobe des Herrn aufgerufen hat, nachdem er aus beiden Reichen der Schöpfung gleichsam einen Chor gebildet und sie so zum Preis des Königs der ganzen Welt eingeladen hat..."

> Weil sie also die allergrößte Liebe gegen ihn an den Tag gelegt, reicht er ihnen freundlich die Hand, und jetzt sollen sie sich freuen der himmlischen Herrlichkeit, sollen sich anschließen den Chören der Engel und einstimmen in ihre geheimnisvollen Lieder.[76]

Neben der gütigen Annahme Gottes unterstreicht Chrysostomos hier vor allem den Aspekt des Geheimnisses. Mysterien[77] nennt er die Lieder der Engel und diese Vorstellung von Exklusivität, welche den Märtyrern zuteil wird, überträgt er anhand der Gesänge auf die geweihten Teilnehmenden am christlichen Opfer, denen diese Gesänge schon wohlbekannt sind:

> Zu diesen Chören zählten sie ja auch schon während ihres leiblichen Lebens, so oft sie an den heiligen Geheimnissen teilnahmen, indem sie mit den Cherubim zum Preis des Herrn das Trisagion sangen – ihr, die ihr zu den Eingeweihten gehört, ihr wisset darum – umso weniger darf es euch wundern, dass sie nunmehr, wo sie ihre Sangesgenossen im Himmel gefunden haben, mit großer Zuversicht an diesem Lobgesang teilnehmen.[78]

Die Lobgesänge der Engel bedürfen demnach für den Menschen der Einweihung: Sie sind nicht allen zugänglich. Nur getaufte Christen können in diese Lobgesänge einstimmen, da diese nur ihnen auf Erden bekannt sind. Diese Gesänge werden also exklusiv in der Eucharistiefeier gesungen.[79] Darin besteht das Vergleichsmoment der himmlischen und irdischen Lobgesänge, die auf Jes 6,3 basieren: Dort wird über die Berufung des Propheten Jesaja und dessen Vision der sechsflügeligen Engel vor dem Thron des Herren berichtet, welche das dreimalige Heilig singen.[80] Damit führt Chrysostomos das *Trisagion* als Mysterium der Trinität an, welches durch den „geheimnisvollen, himmlischen Gesang

---

76 Chr. De sanct. Mart. 2: Ἐπειδὴ οὖν τὴν μεγίστην ἀγάπην ἐπεδείξαντο, δεξιοῦται τούτους, καὶ ἀπολαύουσι τῆς δόξης ἐκείνης, κοινωνοῦσι τῶν χορῶν, καὶ μετέχουσι τῶν μελῶν τῶν μυστικῶν. (PG 50,710).

77 Zum Mysteriumsbegriff bei Chrysostomos vgl. vornehmlich Fittkau (1953), 83–86.

78 Chr. De sanct. Mart. 2 : Εἰ γὰρ ἐν σώματι ὄντες κατὰ τὴν τῶν μυστηρίων κοινωνίαν εἰς ἐκεῖνον ἐτέλουν τὸν χορόν, μετὰ τῶν Χερουβὶμ τὸν τρισάγιον ὕμνον ψάλλοντες, καθάπερ ὑμεῖς ἴστε οἱ μυητέντες, πολλῷ μᾶλλον νῦν τοὺς συγχορευτὰς ἀπολαβόντες μετὰ πολλῆς τῆς παρρησίας κοινωνοῦσι τῆς εὐφημίας ἐκείνης. (PG 50,710).

79 Vgl. dazu auch Kaczynski (1974), 97, der auf die gottesdienstliche Situation bei Chrysostomos verweist: In den von Katechumen besuchten Wortgottesdiensten werden Psalmen gesungen, die beiden Hymnen Gloria und Sanctus hingegen bleiben der Eucharistiefeier vorbehalten.

80 Jes 6,1–4: *Im Todesjahr des Königs Usija, da sah ich den Herrn sitzen auf hohem und erhabenem Thron, und die Säume seines Gewandes füllten den Tempel. Seraphim standen über ihm, jeder von ihnen hatte sechs Flügel: mit zweien bedeckte er sein Gesicht, mit zweien bedeckte er seine Füße und mit zweien flog er. Und einer rief dem anderen zu und sprach: Heilig, heilig, heilig ist der Herr der Heerscharen! Die ganze Erde ist erfüllt mit seiner Herrlichkeit! Da erbebten die Türpfosten in den Schwellen von der Stimme des Rufenden und das ganze Haus wurde mit Rauch erfüllt.*

der Cherubim"[81] in Abgrenzung zur verderblichen, weltlichen Musik steht.[82] Zentral in der Auseinandersetzung des Chrysostomos mit der Psalmodie ist die funktionale Unterscheidung zwischen Hymnen und Psalmen. So dienen die Psalmen den Menschen zur Erklärung, die Hymnen hingegen enthielten nichts Irdisches. Er kommt zu dem Schluss: „Die Mächte des Himmels singen Hymnen, keine Psalmen."[83]

Die zentrale Funktion, die Chrysostomos dem christlichen Gesang zuschreibt, besteht im Lobe Gottes. Als wichtige Orte der Psalmodie im christlichen Alltag benennt Chrysostomos das Mahl und den Gottesdienst. Dabei ist ihm das *Trisagion* als zentrales Moment der Vereinigung aller Wesen der Schöpfung durch die Dreiheit Gottes am wichtigsten.[84] Die daraus entstehende Realpräsenz Christi ist zum großen Teil durch die Gesänge bestimmt. Somit unterscheidet Chrysostomos zwischen den irdischen und den himmlischen Gesängen, wobei dem Menschen der Psalmengesang zukommt, die himmlischen Mächte hingegen den Hymnengesang pflegen, an dem die Menschen in der kurzen Zeit des Singens des *Trisagion* teilhaben dürfen. Von hoher Bedeutung ist in diesem Zusammenhang die Wertschätzung der Kommunikation in beide Richtungen, auf welche Chrysostomos eindringlich verweist: Gott nutzt den Menschen als Musikinstrument zu seinem Lobe, gibt ihm aber gleichzeitig die Möglichkeit, mit ihm durch den Gesang zu kommunizieren.

5.1.2.2 *Trost und Stärkung*

Neben der Funktion des Lobes dienen die gemeinsamen Gesänge auf Gott immer auch dem Trost und der Stärkung in schweren Zeiten. So fordert Chrysostomos insbesondere in denjenigen Predigten, die sich mit Trauer und Leid beschäftigen, die Zuhörer häufig zum gemeinsamen Gesang auf. Neben der Gemeinschaft, die die Linderung des Leides durch sich selbst schon befördern kann, steht auch hier die Kommunikation mit Gott im Vordergrund, welcher sich selbst in den Gesängen offenbart und dadurch Trost bringt. Damit zeigt Chrysostomos sehr deutlich den christlichen Weg im Umgang mit Leid auf und stellt ihm den heidnischen gegenüber. Immer geht es dabei um die Umkehrung der Emotionen im Zusammenhang mit Trauer: Durch die Botschaft der Christen, dass der Tod nicht endlich ist, verbindet sich die Trauer mit der Hoffnung auf das Leben nach dem Tod und soll so statt Traurigkeit Freude hervorrufen. Durch diese emotionale Umkehrung möchte Chrysostomos die Menschen davon überzeugen, die alten Bräuche für

---

81 Chr. Catech. bapt. 1,6: Πῶς γὰρ οὐκ ἄτοπον, μετὰ τὴν μυστικὴν ἐκείνην φωνὴν καὶ ἐκ τῶν οὐρανῶν φερομένην, τὴν ἐκ τῶν Χερουβὶμ λέγω, πορνικοῖς ᾄσμασι καὶ κατακεκλασμένοις μέλεσι τὴν ἀκοὴν μολύνειν; (Text R. Kaczynski). „Ist es nämlich nicht unanständig, nachdem ich, gemeinsam mit den Cherubim die geheimnisvollen und himmlischen Gesänge mit meiner Stimme verkündet habe, das Gehörte mit schmutzigen Liedern und weinerlicher Gesangsweise zu besudeln?"

82 Vgl. dazu auch Kapitel 5.2.1 (Die Kritik an der Musik der Theater), 181–188, und Kapitel 5.2.2 (Zur Musik bei Hochzeitsfeiern), 188–190.

83 Chr. In ep. ad Col. hom. 9,2: Αἱ γὰρ ἄνω δυνάμεις ὑμνοῦσιν, οὐ ψάλλουσιν. (PG 62,363). Zu dieser Stelle vgl. auch Kaczynski (1974), 95.

84 Zum *Trisagion* bei der Eucharistiefeier vgl. Kapitel 5.1.1.1 (Musik bei der Eucharistiefeier), 143–149.

nichtig zu erklären, da die Herrlichkeit Gottes im Himmel als Belohnung für den Tod in Aussicht gestellt ist.[85] Immer wieder zieht er die jüdischen und heidnischen Bestattungsriten ins Lächerliche, um die Exklusivität des christlichen Nachlebens im Himmel zu unterstreichen.[86] So musizieren auch die Heiden in den Totenbräuchen, allerdings aus einer anderen Intention heraus: Die Klagerufe und das Lärmen mit Klappern und anderen Rasselinstrumenten dienen im heidnischen Kult zur Austreibung böser Dämonen, welche sich auf den Leichnam niederlassen können.[87] Diese Praktiken sind für Chrysostomos per se gegenstandslos, da der Mensch mit dem Eintritt in den Tod direkt zu Gott ins himmlische Paradies geführt wird. Dort muss er sich zwar nicht mehr vor den Verführungen des Teufels und seiner Dämonen fürchten, sehr wohl aber vor dem letzten Gericht, in welchem über Himmel oder Hölle entschieden wird.[88] Diese häufige Aufforderung, von den heidnischen Bräuchen abzulassen, muss im konträren Verhalten der Christen begründet liegen: In der vierten Homilie zum Hebräerbrief berichtet Chrysostomos, wie sehr er sich gegenüber den Juden und Heiden über die Klagegebärden und -rufe der Christen auf dem Markt schäme.[89] Die Androhung des letzten Gerichtes ist häufig das letzte didaktische Mittel, zu welchem Chrysostomos bei schlechtem moralischem

---

85 Häufig bezeichnet Chrysostomos den Tod als Schlaf, vgl. Chr. In Matth. hom. 31,3. Allgemein zu den Bildern für den Tod bei Chrysostomos vgl. Druet (1990), bes. 94–106 zum Bild des Todes als Schlaf.

86 So z. Bsp. Chr. In ep. ad Philipp. hom. 4,4: Ἔνεστι γὰρ καὶ ταύτης χωρὶς τῆς πομπῆς κλαῦσαι πικρῶς, καὶ μὴ παῖξαι μόνον · παιγνίων γὰρ οὐδὲν διενήνοχε τὰ ὑπό τινων γινόμενα. Καὶ γὰρ οὐ συμπαθείας ἐκεῖνοι οἱ κοπετοὶ οἱ ἐπ' ἀγορᾶς, ἀλλ' ἐπιδείξεως καὶ φιλοτιμίας καὶ κενοδοξίας εἰσί · πολλαὶ διὰ τέχνην τοῦτο ποιοῦνται. (PG 62,203). „Denn das Gebaren mancher gleicht dem reinsten Possenspiel. Gehen doch jene Wehklagen auf offener Straße nicht aus innerer Teilnahme hervor, sondern aus dem Verlangen, Aufsehen zu erregen, aus Ehrgeiz und Eitelkeit, viele machen daraus ein förmliches Gewerbe." (Übers. W. Stoderl). Ähnlich auch Chr. In Matth. hom. 31,3.

87 Vgl. dazu Quasten (1930), 204–216 und Wille (1967), 69–73.

88 Vgl. Chr. In ep. ad Philipp. hom. 4,4: Μὴ τοίνυν ἁπλῶς κλαίωμεν τοὺς ἀποθανόντας, ἀλλὰ τοὺς ἐν ἁμαρτίαις· οὗτοι θρήνων ἄξιοι, οὗτοι κοπετῶν καὶ δακρύων. (PG 62,203). „Wir wollen daher nicht die Toten überhaupt beweinen, sondern nur jene, welche in Sünden gestorben sind. Diese verdienen Wehklagen, diese Jammer und Tränen." (Übers. W. Stoderl) Der Tod selbst ist also kein Grund zu trauern!

89 Chr. In ep. ad Hebr. hom. 4,5: Ὅταν γὰρ ἴδω τοὺς κοπετοὺς τοὺς κατὰ τὴν ἀγορὰν, τὰς οἰμωγὰς, ἃς ἐπὶ τοῖς ἐξερχομένοις ποιοῦνται τοῦ βίου, τὰς ὀλολυγὰς, τὰς ἀσχημοσύνας τὰς ἄλλας, πιστεύσατε, αἰσχύνομαι καὶ Ἕλληνας καὶ Ἰουδαίους καὶ αἱρετικοὺς τοὺς ὁρῶντας, καὶ πάντας ἁπλῶς τοὺς διὰ τοῦτο καταγελῶντας ἡμῶν. (PG 63,42). „Denn wenn ich die Klagegebärden auf dem Markt wahrnehme und das Wehklagen, die der Verstorbenen wegen stattfinden, das Jammergeschrei und die anderen Hässlichkeiten, so schäme ich mich, glaubt es mir, vor den Heiden, vor den Juden und vor den Häretikern, die solches sehen, und vor allen, die uns darum wahrhaft auslachen müssen." Insbesondere der Verweis auf die Juden und deren Umgang mit dem Tod wird von Chrysostomos häufiger hergestellt, so auch in Chr. In Matth. hom. 31,2: Καλά γε τῶν ἀρχισυναγώγων τὰ τεκμήρια, ἐν τῷ ἀποθανεῖν αὐλοὶ καὶ κύμβαλα θρῆνον ἐγείροντες. (PG 57,373). „Das sind doch merkwürdige Zeichen eines Synagogenvorstehers, bei einem Todesfall durch Auloi und Zimbeln zur Trauer stimmen zu wollen."

Verhalten im lebenspraktischen und gottesdienstlichen Rahmen greift.[90] Der ideale Umgang mit Trauer wird von Chrysostomos anhand des Vorbildes der Mönche präsentiert.[91] Er beschreibt deren Umgang mit Klage und Trauer folgendermaßen:

> Dort in den Klöstern ertönt kein Klagegeschrei der Frauen, kein lautes Heulen. Rein ist jenes Haus von jenen Unannehmlichkeiten, rein von derartigem Geschrei. Auch dort sterben Menschen. Die Körper sind nicht unsterblich, aber dennoch kennen sie den Tod nicht. Mit Hymnengesang geleiten sie ihre Toten zum Grabe, eine feierliche Prozession nennen sie das, keine Bestattung. Und sobald gemeldet wird, dass jener gestorben sei, herrscht Freude und Frohlocken.[92]

Dieser Darstellung nach bringt die Nachricht des Todes den Mönchen große Freude, da der Verstorbene zu Gott gelangt ist. Diese Freude äußert sich in Lobgesängen, die alles Wehklagen und alle Trauer ins Gegenteil verkehren. Im Umgang mit Trauer soll der Christ also dieses ideale mönchische Verhalten nachahmen, er soll den Tod als guten Gefährten freudig annehmen und ihn unter Lobgesängen begrüßen.[93] Dennoch gibt es auch für Chrysostomos Fälle, in denen die Psalmodie dem Trost oder der Stärkung dient. Insbesondere im Kontext schwerer Arbeit oder eines unklaren Geistes rät Chrysostomos zur Psalmodie. In der Anrede an die Täuflinge rät er diesen auch zur Nachahmung des mönischen Ideals:

> Bist du ein Handwerker? Singe Psalmen, wenn du bei deiner Arbeit sitzest. Mit dem Mund willst du nicht singen? Dann singe im Herzen! Ein Psalm ist ein schätzenswerter Gefährte. Du wirst keinen Schaden davon haben, und deine Werkstätte kann dir zur Klosterzelle werden.[94]

---

90 Generell muss darauf verwiesen werden, dass Chrysostomos die Konzepte Furcht und Drohung aus didaktischer Sicht sehr häufig verwendet, vgl. dazu Danassis (1971), 180–183 mit weiterführenden Angaben.

91 Kaczynski (1974), 106 betont, dass es sich bei diesem Umgang mit Trauer um ein vormonastisches Phänomen handelt, so dass die Vorbildfunktion der Mönche auch hier in einer idealisierten Form dargestellt wird. Zu den Mönchen und ihrer Rolle vgl. Kapitel 5.1.3.4 (Die Mönche), 172–176.

92 Chr. In ep. I ad Tim. hom. 14,5: Οὐκ ἔστιν ἐκεῖ ὀλολυγῆς ἀκοῦσαί ποτε οὐδὲ κωκυτοῦ · καθαρὸς τούτων τῶν ἀηδιῶν ὁ ὄροφος, καθαρὸς τῆς κραυγῆς ταύτης. Ἀποθνήσκουσι μὲν γὰρ καὶ ἐν αὐτοῖς · οὐ γὰρ εἰσιν ἀθάνατοι τὸ σῶμα · ἀλλ' οὐκ ἴσασι τὸν θάνατον. Μεθ' ὕμνων προπέμπουσι τοὺς ἀπελθόντας · προπομπὴν τὸ τοιοῦτον καλοῦσιν, οὐκ ἐκφοράν. Κἂν ἀπαγγελθῇ, ὅτι ὁ δεῖνα τετελεύτηκε, πολλὴ ἡ εὐφροσύνη, πολλὴ ἡ ἡδονή. (PG 62,577).

93 Dabei rechnet Chrysostomos die Psalmodie im Rahmen von Trauer auch zu den Lobgesängen, da durch die christliche Botschaft im Todesfall weder Trauer noch Leid aufkommen.

94 Chr. Catech. bapt. 1,14: Χειροτέχνης εἶ; Καθεζόμενος ψάλλε · ἀλλ' οὐ βούλει τῷ στόματι ψάλλειν; Τῇ διανοίᾳ τοῦτο ποίει · μέγας συνόμιλος ὁ ψαλμός. Οὐδὲν ἐντεῦθεν ὑποστήσῃ δεινόν, ἀλλ' ὡς ἐν μοναστηρίῳ ἐν τῷ ἐργαστηρίῳ δυνήσῃ καθέζεσθαι. (Text und Übers. R. Kacynzski)

Hier spricht Chrysostomos bewusst den arbeitenden Menschen an, dem der Psalm Ruhe im Herzen und Aufmerksamkeit bei der Arbeit bringen kann.[95] Er soll dem Menschen ein ständiger Gefährte sein, der durch seine Anwesenheit Trost und Ruhe bringt. Somit ist die Präsenz Gottes im Gesang stets gewährleistet, denn das Singen der Psalmen verbindet den Sänger mit Gott und spendet dadurch Trost. So sagt Chrysostomos über den dritten Vers des neunten Psalmes *Deinem Namen, du Höchster, will ich singen* (Ps 9,3):

> Das tun gewöhnlich vor allem die Verliebten. Sie singen auf ihre Geliebten Lieder, und wenn sie sie nicht sehen, trösten sie sich durch den Gesang. Genau das tut der Prophet auch. Da er Gott nicht sehen kann, macht er Lieder auf ihn. Dabei tritt er mit ihm in Verbindung, entzündet die Sehnsucht nach ihm und meint, ihn zu sehen.[96]

Gott selbst ist nach dieser Auslegung in den Gesängen anwesend und stellt eine Verbindung zum Sänger her, die Trost spendet. Der Vergleich mit einer verliebten Person, die durch das Liebeslied den entfernten Geliebten visualisiert, bestimmt die emotionale Ebene: Auch der Mensch, der in Nachahmung des Propheten agiert, sehnt sich fortwährend wie ein Verliebter nach Gott, den er sich durch das Singen von Liedern vorstellt und dem er sich dadurch näher bringt.[97] Auch braucht der Mensch den Psalmengesang, damit er Zerstreuung und Erholung erfahren kann. Damit gliedert Chrysostomos verschiedene „Erholungsinseln" in den Alltag der Christen ein, welche neben der Psalmodie auch die Märtyrerfeste, die Predigt im Gottesdienst oder anderes sein können, was dem Menschen eine Erholung durch Freude in Gott und Kommunikation mit Gott ermöglicht.[98]

5.1.2.3 *Tugendförderung*

Im Rahmen der Erziehung spielen die Gesänge zur Tugendförderung eine große Rolle. Dabei stehen die Aspekte der Reinigung und der Stärkung des Geistes durch den Gesang im Vordergrund, die sich schon bei früheren Kirchenvätern finden, so dass sie offenbar zur Zeit des Chrysostomos bereits kanonisiert sind.[99] Schon Basilius warnt in

---

95 Vgl. dazu auch Chr. Expos. in Ps 41,1. Generell muss auf die hohe Wertschätzung verwiesen werden, die Chrysostomos dem Arbeitslied als solchem zukommen lässt, vgl. Nägele (1905), 100–142.

96 Chr. Expos. in Ps. 9,2: Καὶ γὰρ οἱ ἐρῶντες εἰς τοὺς φιλουμένους ᾄσματα ᾄδουσι · κἂν μὴ ὁρῶσιν ἐκείνους, διὰ τῆς ᾠδῆς ἑαυτοὺς παραμυθοῦνται. Οὕτω δὴ καὶ ὁ Προφήτης ποιεῖ · ἐπεὶ τὸν Θεὸν ἰδεῖν οὐ δυνατόν, ᾄσματα ποιεῖ εἰς αὐτόν, διὰ τῶν ᾠδῶν αὐτῷ συγγινόμενος, καὶ τὸν πόθον ἀνάπτων, καὶ αὐτῷ δοκῶν ὁρᾶν. (PG 55,124. Übers. nach R. Kaczynski (1974), 90).

97 Vgl. Kaczynski (1974), 90 der im Rahmen des Quellenauszuges dem Propheten vornehmlich die Ansteckung anderer mit der Sehnsucht nach Gott als Aufgabe zuweist.

98 Vgl. dazu Jacob (2010), 135: „Der Psalmengesang, das Studium der Bibel, das Almosengeben, das Gebet, die Predigt im Gottesdienst, die schlichte Feier der Feste der Märtyrer, der Besuch ihrer Gräber oder heiliger Männer sind für J. C. Momente im Leben eines Christen, die ihm legitimerweise Entspannung, Vergnügen und Unterhaltung verschaffen können."

99 Vgl. Gärtner (1985), 287–293 mit Verweisen auf Kaczynski und Quasten.

seiner Mahnrede an die Jugend vor den sinnlichen Gefahren einer lockeren Melodie und rät stattdessen zu den Hymnen Davids; ebenso vertritt er den Gedanken, dass Gott die heiligen Gesänge und Psalmen mit schönen Melodien versehen habe, um sie für die Menschen leichter zugänglich zu machen.[100] Generell knüpft der Psalmengesang in der Kinder- und Jugenderziehung an die pagane Tradition der musischen Erziehung insbesondere der Mädchen an. So berichtet Quintilian in *inst. or. I,10,31,* dass die Theatermusik zugunsten der musikalischen Gesetzmäßigkeiten und Ordnung abgelehnt werden müsse.[101] Besonders häufig äußert sich Hieronymus in seinen Briefen an die Frauen seines

---

100 Vgl. Basil. Caes. ad adolesc. 9: κάθαρσις δὲ ψυχῆς, ὡς ἀθρόως τε εἰπεῖν καὶ ὑμῖν ἱκανῶς, τὰς διὰ τῶν αἰσθήσεων ἡδονὰς ἀτιμάζειν· μὴ ὀφθαλμοὺς ἑστιᾶν ταῖς ἀτόποις τῶν θαυματοποιῶν ἐπιδείξεσιν, ἢ σωμάτων θέαις ἡδονῆς κέντρον ἐναφιέντων, μὴ διὰ τῶν ὤτων διεφθαρμένην μελῳδίαν τῶν ψυχῶν καταχεῖν. Ἀνελευθερίας γὰρ δὴ καὶ ταπεινότητος ἔκγονα πάθη ἐκ τοῦ τοιοῦδε τῆς μουσικῆς εἴδους ἐγγίνεσθαι πέφυκεν. Ἀλλὰ τὴν ἑτέραν μεταδιωκτέον ἡμῖν, τὴν ἀμείνω τε καὶ εἰς ἄμεινον φέρουσαν, ᾗ καὶ Δαβὶδ χρώμενος, ὁ ποιητὴς τῶν ἱερῶν ᾀσμάτων, ἐκ τῆς μανίας, ὥς φασι, τὸν βασιλέα καθίστη. (Text F. Boulenger). „Die Reinheit der Seele aber, um es ein für allemal und euch deutlich zu sagen, besteht in der Verachtung der sinnlichen Genüsse: in der Abkehr der Augen von den alternen Vorstellungen der Gaukler oder von Körpern, die zur Sinnlichkeit reizen; in der Hut vor lockerer Melodie, die durchs Gehör in die Seele eindringen könnte. Denn aus solcher Art von Musik entstehen gern Leidenschaften als die Ausgeburten von Sklaverei und Gemeinheit. Wir wollen indes eine andere Art von Musik lieben, die besser ist und besser macht, die auch David, der Verfasser der heiligen Lieder, gepflogen hat, um, wie es heißt, den König von seiner Schwermut zu befreien." (1 Kön 16,14–23). (Übers. A. Stegmann). Ähnlich auch Basil. Caes. hom. I,1: Ἐπειδὴ γὰρ εἶδε τὸ Πνεῦμα τὸ ἅγιον δυσάγωγον πρὸς ἀρετὴν τὸ γένος τῶν ἀνθρώπων, καὶ διὰ τὸ πρὸς ἡδονὴν ἐπιρρεπὲς τοῦ ὀρθοῦ βίου καταμελοῦντας ἡμᾶς · τί ποιεῖ; τὸ ἐκ τῆς μελῳδίας τερπνὸν τοῖς δόγμασιν ἐγκατέμιξεν, ἵνα τῷ προσηνεῖ καὶ λείῳ τῆς ἀκοῆς τὸ ἐκ τῶν λόγων ὠφέλιμον λανθανόντως ὑποδεξώμεθα· κατὰ τοὺς σοφοὺς τῶν ἰατρῶν, οἵ, τῶν φαρμάκων τὰ αὐστηρότερα πίνειν διδόντες τοῖς κακοσίτοις, μέλιτι πολλάκις τὴν κύλικα περιχρίουσι. Διὰ τοῦτο τὰ ἐναρμόνια ταῦτα μέλη τῶν ψαλμῶν ἡμῖν ἐπινενόηται, ἵνα οἱ παῖδες τὴν ἡλικίαν, ἢ καὶ ὅλως οἱ νεαροὶ τὸ ἦθος, τῷ μὲν δοκεῖν μελῳδῶσι τῇ δὲ ἀληθείᾳ τὰς ψυχὰς ἐκπαιδεύωνται. (Text PG 29b,212). „Weil der Heilige Geist wußte, dass das Menschengeschlecht schwer zur Tugend zu führen sei, und dass wir wegen unserer Neigung zur Lust das sittsame Leben vernachlässigen, was tut er da? Er mischte unter die Lehren angenehme Melodien, damit wir, ohne es zu merken, die für uns nützlichen Lehren wegen des angenehmen und lieblichen Zuhörens in uns aufnehmen nach Art kluger Ärzte, die Kranken, welche sich vor Arzneien ekeln, bittere Heilmittel zu trinken geben und dazu den Becher of mit Honig beschmieren. Deswegen wurden diese harmonischen Melodien der Psalmen für uns erdacht, damit die, die an Alter noch Kinder sind oder überhaupt an Sitten noch jung sind, dem Anschein nach singen, in Wirklichkeit jedoch ihre Seelen erziehen." (Übers. H. J. Sieben). Zum Honigbechergleichnis (Lukrez) vgl. Kapitel 3.3.1.2 (Die *suavitas*), 51–59, und zu dem verwendeten platonischen Bild vgl. Kapitel 4.2.2.1 (Musikpraxis in der Erziehung), 106–112.

101 Generell äußert sich Quintilian an vielen Stellen zur musikalischen Erziehung, vgl. Müller (2009), 235–239 mit weiterführender Literatur. Besonders prägnant für die Mädchenerziehung ist Quint. inst. or. I,10,31: quamuis autem satis iam ex ipsis, quibus sum modo usus, exemplis credam esse manifestum, quae mihi et quatenus music placeat, apertius tamen profitendum puto, non hanc a me praecipi, quae nunc in scaenis effeminata et inpudicis modis fracta non ex parte minima, si quid in nobis uirilis roboris manebat, excidit, sed qua laudes fortium canebantur quaque ipsi fortes canebant: nec psalteria et spadicas etiam uirginibus probis recusanda, sed cognitionem rationis, quae ad mouendos leniendos que adfectus plurimum ualet. (Text Teubner). „Obwohl aber, denke ich, schon aus den Beispielen, die ich eben gebracht habe, deutlich geworden ist, in

Kreises zur tugendhaften Erziehung der Mädchen durch Musik. So kopiert er in dem wohl bekanntesten Brief zur Tugendförderung der kleinen Paula (*ep. 107 ad Laeta*) die allgmeinen Erziehungsempfehlungen zur Literalität Quintilians nahezu wörtlich, und ergänzt sie darüber hinaus um den christlichen Psalmengesang.[102]

Auch Chrysostomos stimmt in den Kanon ein, Psalmen zur Tugendförderung der Kinder und Jugendlichen zu singen und somit die Seele vor Verunreinigung zu schützen. Deshalb ist es notwendig, das zu erziehende Kind nur mit den richtigen Gesängen in Berührung zu bringen. Die Gefahr einer Schädigung von Auge und Ohr durch einen The-

---

welcher Art und welchem Ausmaß mir die Musik gefällt, möchte ich doch noch unverhohlener erklären, dass ich nicht die Musik empfehle, die heutzutage verweichlicht und durch schamlose Weisen halt- und kraftlos die Bühne beherrscht und nicht zuletzt das auslöscht, was uns etwa noch an männlicher Kraft übriggeblieben ist, sondern diejenige, in der die Heldentaten erklangen und wie sie die Helden selbst sangen – also nicht Psalterium und Spadix (eine Art kleiner Lyra), wie sie Mädchen, wenn sie Anstand besitzen, ablehnen müssen, sondern die Kenntnis der musikalischen Gesetzmäßigkeit und Ordnung, die zur Erregung und Besänftigung der Gefühlsregungen von größter Wichtigkeit ist." (Übers. H. Rahn). Einführend zur Erziehung in der Spätantike vgl. Kunst (2006+2006a), die sich mit Kindheit und Jugendzeit beschäftigt; Marrou (1957), 455–476, Demandt (2007), 467–492 und Gemeinhardt (2007), bes. 27–62 zu den Bildungsinstituionen der Kaiserzeit. Vgl. auch Kapitel 4.2.2.1 (Musikpraxis in der Erziehung), 106–112, sowie Kapitel 3.3.1.2 (Die *suavitas*), 51–59.

102 So in Hier. ep. 107,4: sic erudienda est anima, quae futura est templum domini. nihil aliud discat audire, nihil loqui, nisi quod ad timorem dei pertinet. turpia uerba non intellegat, cantica mundi ignoret, adhuc tenera lingua psalmis dulcibus inbuatur. (Text CSEL 55,294). „Nun will ich dir zeigen, wie eine Seele zu erziehen ist, die ein Tempel des Herrn werden soll. Sie darf nur Dinge hören und sprechen, die Gottesfurcht atmen. Schmutzige Worte soll sie gar nicht verstehen, weltliche Lieder sollen ihr unbekannt bleiben! Schon in frühen Kindesjahren soll sich die zarte Zunge mit den frommen Psalmen vertraut machen." (Übers. L. Schade) Zur Auseinandersetzung mit den Musikinstrumenten vgl. Hier. ep. 107,8: surda sit ad organa. tibia, lyra et cithara cur facta sint, nesciat. (Text CSEL 55,299). „Den Musikinstrumenten bleibe sie fern. Wozu Tibia, Lyra und Kithara da sind, braucht sie nicht zu wissen." Zum Einfluss der Freundinnen und Erziehrin auf die musikalische Gesinnung, ähnlich wie bei Quintilian, vgl. Hier. ep. 107,9: nolo de ancillulis suis aliquam plus diligat, cuius crebro auribus insusurret. quicquid uni loquitur, hoc omnes sciant. placeat ei comes non compta atque formonsa, quae liquido gutture carmen dulce moduletur, sed grauis, pallens, sordidata, subtristis. praeponatur ei probae fidei et morum ac pudicitiae uirgo ueterana, quae illam doceat et adsuescat exemplo ad orationem et psalmos nocte consurgere, mane hymnos canere, tertia, sexta, nona hora quasi bellatricem Christi stare... (Text CSEL 55,300). „Nur mit einer solchen Gespielin sei sei gern zusammen, die gesetzt, in der Abtötung geübt, einfach gekleidet und etwas traurig ist, nicht aber mit einer, die aufgeputzt und kokett ist und aus voller Kehle frohe Lieder schmettert! Als Aufseherin gib ihr eine ältere Jungfrau von bewährtem Glauben, Charakter und Tugendsinn, die sie durch Wort und Beispiel dazu erzieht, sich zum nächtlichen Gebet und Psalmengesang zu erheben. Von ihr soll sie lernen, frühmorgens Hymnen zu singen, um die dritte, sechste und neunte Stunde wie eine Streiterin Christi zum Dienst anzutreten....." (Übers. L. Schade). Hier. ep. 128 beschäftigt sich auch an mehreren Stellen mit der musikalischen Erziehung der kleinen Pacatula, die wie auch Paula für den Jungfrauenstand vorgesehen war. Insgesamt aber fallen die Ratschläge des Hieronymus hierin deutlich milder aus.

aterbesuch wird an mehreren Stellen formuliert.[103] Demgegenüber stellt Chrysostomos den Nutzen der Psalmodie als starkes Gegenmodell. Der Gesang verbindet den Menschen transzendent mit Gott und löst ihn aus irdischen und körperlichen Beschränkungen heraus zur Öffnung in eine göttliche Sphäre. So helfen die Lobgesänge zur Besserung des Menschen und dienen der Stärkung von Geist und Tugend.[104] Im Rahmen der Kindererziehung dient der Psalmengesang darüber hinaus zur Grundlegung moralischer Maßstäbe. Chrysostomos benennt die Vorzüge der frühkindlichen Erziehung der griechischen bzw. römischen Kinder zu Soldaten und überträgt diese auf die Kinder der Christen:

> Wenn nämlich die irdischen Soldaten ihren Kindern, die sie von Anfang an im Heerlager erziehen, beibringen, mit Pfeil und Bogen zu schießen, einen Kriegsmantel anzuziehen und ein Pferd zu besteigen, und wenn sich dabei das Kindesalter keineswegs als Hindernis auswirkt, so müssen um so mehr die Himmelsstreiter diesen gesamten königlichen Waffenschmuck anlegen. Dein Sohn soll deshalb lernen, zu Gottes Lob Psalmen zu singen, damit er keine Zeit hat für schmutzige Lieder und unanständige Geschichten.[105]

Die Psalmodie muss also von frühester Kindheit an zur Stärkung der Tugend praktiziert werden, damit dem Kind und Jugendlichen kein Raum für andere weltliche Beschäftigung bleibt. Sie ist in den Augen des Chrysostomos eine „adäquate christliche Freizeitaktivität".[106] Darüber hinaus aber gilt hier durch den gewählten semantischen Vergleich die Psalmodie auch als Waffe des Christen. Der christliche, bürgerliche Vater soll diese in der Erziehung seines Sohnes einsetzen.[107]

---

103 Vgl. Chr. Educ. lib. 56 sowie Chr. In Matth. hom. 59,7. Auch in Chr. De Anna serm. I,6 (PG 54,642c) äußert Chrysostomos, dass es für die Kindererziehung von Bedeutung ist, nicht mit verweichlichenden Gesängen in Berührung zu kommen. Vgl. dazu Danassis (1971), 200–210, der den Sinnen im Erziehungskonzept des Chrysostomos (Die Seele des Kindes als Stadt – Die Sinne als Stadttore) besonderes Augenmerk widmet. Vgl. auch Kapitel 3.3.1.2 (Die *suavitas*), 51–59.

104 Vgl. auch Brändle (1994), 488, der unter Angabe von Chr. Expos. in Ps. 134,1 (PG 55,387f.) und Chr. In Joh. hom. 32,3 (PG 59,187) den Nutzen der Psalmodie bei Chrysostomos resümierend zusammenfasst: „Nichts vermag so sehr die Seele zu erheben und zu beflügeln, Distanz zum Irdischen zu schaffen, sie von der Erde, von den Banden des Körpers zu befreien und sie zur Meditation zu führen wie das Zusammenklingen der Stimmen und die göttliche Melodie, die sich daraus erhebt."

105 Chr. Educ. lib. 28.34.60 (445f.): Εἰ γὰρ οἱ τὴν σωματικὴν στρατείαν παιδεύοντες τοὺς ἑαυτῶν παῖδας εὐθέως τοὺς στρατευομένους καὶ τοξεύειν διδάσκουσι καὶ χλανίδα ἀμφιέννυσθαι καὶ ἵππον ἀναβαίνειν καὶ οὐδὲν ἡ ἡλικία κώλυμα γίνεται, πολλῷ μᾶλλον τοὺς ἄνω στρατευομένους τὸν κόσμον ἅπαντα περιτίθεσθαι χρὴ τοῦτον τὸν βασιλικόν. Μανθανέτω τοίνυν τῷ Θεῷ ψάλλειν, ἵνα μὴ σχολάζῃ, αἰσχραῖς ᾠδαῖς καὶ διηγέμασιν ἀκαίρος. (Text SC. Übers. J. Glagla).

106 Tloka (2005), 152 betont, dass neben der Psalmodie vor allem die biblischen Geschichten eine große Beachtung im Erziehungsratgeber des Chrysostomos erfahren. Insbesondere die altersgerechte Aufbereitung der biblischen Geschichten und der beiden Kinderkatechesen in Chr. Educ.lib. werden von ihr intensiver betrachtet als die Psalmodie, vgl. Tloka (2005), 151–153.

107 Der Ratgeber zur Erziehung ist an die wohlhabenden, gut gebildeten Christen adressiert. In der Adressierung des Textes an den Vater als hauptsächlichen Erzieher schwingt die Parallele aus seiner

Generell steht im Erziehungsgang die Stärkung der Seele durch die Texte der Psalmen im Vordergrund. Die Musik aber hilft dabei, die Vermittlung der Texte angenehmer zu gestalten. Dieser sekundäre Nutzen der Musik wird auch von Chrysostomos im Rahmen der Gemeindebildung angewendet und findet Eingang in seine Auseinandersetzung mit der Kindererziehung. Besonders deutlich äußert Chrysostomos diesen Gedanken in der neunten Homilie zum Kolosserbrief, in welcher er das Pauluswort *Belehret und ermahnet einander durch Psalmen, Lobgesänge und geistliche Lieder* (Kol 3,16) auslegt. Um an die Zuhörer zu appellieren, die rechte Kinderziehung zu fördern, unterstreicht er die Umsichtigkeit des Paulus, die Textaufnahme zu erleichtern:

> Weil das Lesen nämlich mit Mühe verbunden, weil es sehr beschwerlich ist, verwies er nicht auf die geschichtlichen Bücher, sondern auf die Psalmen, damit du beim Singen zugleich dein Herz erfreuen und der Mühsal aus dem Wege gehen kannst.[108]

Diese Verbindung will er um so deutlicher aufzeigen, als die Kinder über keinerlei Kenntnisse der Psalmen verfügen würden:

> Aber heutzutage ziehen eure Kinder satanische Lieder und Reigen vor, wie die Köche, Marktsklaven und Tänzer. Keines kennt auch nur einen einzigen Psalm, vielmehr meint man, sich dessen schämen, darüber spotten und lachen zu müssen.[109]

Hieran wird deutlich, wie stark Chrysostomos zwischen allem Weltlichen und den Psalmen differenziert: Selbst kindliche Lieder und Tänze werden als satanisch bezeichnet; dabei ist es schwer vorstellbar, dass das kindliche Spiel und der Tanz unter Psalmengesängen vor sich gehen sollte, noch kann man sich vorstellen, dass Chrysostomos dies gutheißen würde. So scheint die kindliche Ausgelassenheit selbst nicht zu seiner Vorstellung von Erziehung zu passen.

Im Rahmen seiner Erziehungskonzeption betont Chrysostomos die Notwendigkeit, die Psalmen wertzuschätzen. Für jeden Psalm führt er akribisch vor, welcher Psalmvers für die jeweilige Situation ein guter Ratgeber wäre. Sobald das Kind in der Lage sei, die Psalmen gut wiederzugeben, könne es sich Höherem zuwenden. Dieses Höhere, so Chrysostomos, sei die Beschäftigung mit den Lobgesängen, den Hymnen, welche er als etwas Göttliches in Abgrenzung zu den menschlichen Psalmen benennt:

Reformschrift *De sacerdotio* zum Priester und Prediger als Vaterfigur mit, der für die Erziehung seiner Gemeinde zuständig ist. Letztlich gilt ihm jede Erziehung als Erziehung zur Kirche hin, vgl. dazu auch Tloka (2005), 232f.

108 Chr. In ep. ad Col. hom. 9,2: Ἐπειδὴ ἡ ἀνάγνωσις ἔχει πόνον καὶ πολὺ τὸ φορτικὸν, οὐκ ἐφ' ἱστορίας ἤγαγεν, ἀλλ' ἐπὶ ψαλμοὺς, ἵνα ὁμοῦ καὶ τέρπῃς τὴν ψυχὴν ᾄδων, καὶ ὑποκλέπτῃς τὸν πόνον. (PG 62,362. Übers. W. Stoderl).

109 Chr. In ep. ad Col. hom. 9,2: Νῦν δὲ σατανικὰς μὲν ᾠδὰς καὶ ὀρχήσεις αἱροῦσιν οἱ παῖδες οἱ ὑμέτεροι, καθάπερ οἱ μάγειροι καὶ οἱ ὀψῶναι καὶ οἱ χορευταί · ψαλμὸν δὲ οὐδεὶς οἶδεν, ἀλλὰ καὶ αἰσχύνη τὸ πρᾶγμα δοκεῖ εἶναι καὶ χλευασία καὶ γέλως. (PG 62,362. Übers. W. Stoderl).

Die Psalmen enthalten alles, doch die Lobgesänge wiederum enthalten nichts Menschliches. Wenn es [das Kind] sich in den Psalmen auskennt, wird es auch die Lobgesänge verstehen – sie sind ja etwas Göttlicheres. Denn die himmlischen Heerscharen singen Hymnen, nicht Psalmen.[110]

Schon im Rahmen seiner musikalischen Gottesdienstgestaltung verweist Chrysostomos auf diese beiden Gattungen. Insbesondere in der Darstellung der Eucharistiefeier verbindet sich das Himmlische mit dem Irdischen, wodurch die Realpräsenz Gottes zustande kommt. Zusammenfassend zu allen genannten Aspekten kann der folgende Ausschnitt aus dem Psalmenkommentar gelten, in welchem Chrysostomos alle Facetten seiner Wertschätzung für den Psalmengesang zusammenfasst:

Sein wichtigster Gewinn ist es, an Gott Hymnen zu richten, die Seele zu reinigen, an die überirdischen Dinge zu denken, in Glaubenslehren genau unterwiesen zu werden, über das Gegenwärtige und das Zukünftige nachzudenken. Doch zusammen damit bringt er durch seine Melodie auch viel Freude, einen gewissen Trost und Erholung mit sich und verleiht dem Sänger eine neue Würde.[111]

Damit stellt Chrysostomos den Psalmengesang als perfekten Vermittler von Gottes Wort und Lehre dar, zeigt aber gleichzeitig auf, wie nützlich er aufgrund der ihm zugrunde liegenden Musik im Rahmen von Erziehung und Bildung des Kindes ebenso wie des erwachsenen Christen sein kann.

5.1.3 Ideale christliche Musikpraxis

In seinen Predigten zeichnet Chrysostomos im Rahmen seiner Idealvorstellungen eines christlichen Lebens auch das Bild der idealen christlichen Musikpraxis. Drei Personengruppen führt Chrysostomos als Vorbilder an: Die Apostel, dabei vornehmlich Paulus, die Mönche und die drei Jünglinge im Feuerofen (Dan 6,3). Dabei spielt neben der Einstellung der genannten Personengruppen zur Musikpraxis auch deren Art der Musikausübung eine große Rolle und definiert ihren Vorbildcharakter.[112] Diesen eifert er nicht nur

---

110 Chr. In ep. ad Col. hom. 9,2: Οἱ ψαλμοὶ πάντα ἔχουσιν, οἱ δὲ ὕμνοι πάλιν οὐδὲν ἀνθρώπινον · ὅταν ἐν τοῖς ψαλμοῖς μάθῃ, τότε καὶ ὕμνους εἴσεται, ἅτε θειότερον πρᾶγμα. Αἱ γὰρ ἄνω δυνάμεις ὑμνοῦσιν, οὐ ψάλλουσιν. (PG 62,362. Übers. W. Stoderl). Vgl. Kapitel 5.1.1.1 zu den Hymnen *Trisagion* und *Gloria* für die Initiierten (143–149) und Kapitel 5.1.2.1 zu den Lobgesängen (159–163).

111 Chr. Expos. in Ps. 134,1: Τὸ μὲν γὰρ κέρδος αὐτοῦ τὸ προηγούμενον, τὸ εἰς τὸν Θεὸν ὕμνους λέγειν, τὸ τὴν ψυχὴν ἐκκαθαίρειν, τὸ μετάρσιον ποιεῖν τὸν λογισμόν, τὸ παιδεύεσθαι δόγματα ἀκριβῆ, τὸ φιλοσοφεῖν περὶ τῶν παρόντων καὶ περὶ τῶν μελλόντων. Ἔχει δὲ μετὰ τούτων διὰ τῆς μελῳδίας καὶ ἡδονὴν πολλὴν καὶ παραμυθίαν τινὰ καὶ ἄνεσιν, καὶ σεμνὸν ποιεῖ τὸν ᾄδοντα. (PG 55,388. Übers. R. Kaczynski).

112 Die Verwendung von Exempla in den Predigten des Johannes Chrysostomos ist ein wiederkehrendes Merkmal seines Stils. Zu den Mönchen als Exemplum vgl. besonders Illert (2000), 60 und Tloka (2005), 170.

selbst nach, sondern legt sie auch seinen Zuhörern ans Herz. Es vergeht kaum eine Predigt, in welcher nicht auf die Vorbildfunktion einer der drei Gruppen verwiesen wird. In der 27. Homilie zum ersten Korintherbrief geht es um das Verhalten der Gemeinde nach dem Empfangen des Mahles. Dabei setzt Chrysostomos das Verhalten der Jünger beim letzten Abendmahl als rechten Maßstab fest, die beteten, Hymnen sangen und Nachtwache hielten.[113] Chrysostomos appelliert an die Gottesdienstbesucher, dass das Verhalten der Jünger auch von ihnen nachgeahmt werden könne. Um die zentrale Bedeutung des Mahles im christlichen Ritus zu unterstreichen, zeigt er dessen Parameter in Abgrenzung zum heidnischen Symposion sehr deutlich auf:

> Hast du die heiligen Hymnen gehört, hast du die geistige Hochzeit gesehen, bist zur königlichen Tafel gezogen worden, hast du die Fülle des Heiligen Geistes empfangen, hast du dich unter die Chöre der Seraphim gemischt und warst ein Mitgenosse der seligen Geister? Lass diese Wonne nicht fahren, wirf diesen Schatz nicht von dir; gib dich nicht der Berauschung hin, dieser Mutter der Trauer, dieser Teufelsfreude, die zahllose Übel erzeugt![114]

Durch die würdige Annahme des Mahles und die Aufnahme in den himmlischen Chor der Engel wird der Mensch zu Demut und Anerkennung der heiligen Geheimnisse geführt. Jede Eucharistiefeier, jeder Feiertag muss also in Demut begangen werden, die sich in Andacht und religiöser Teilnahme äußert. Wer sich aber nach dem Empfangen des Mahles nicht würdig verhält, sondern sich berauscht, verliert einen Schatz und gibt sich mannigfaltigen Übeln hin.

5.1.3.1 Die Mönche

In der Nachahmung der Apostel und insbesondere des von ihm sehr verehrten Paulus stehen für Chrysostomos immer die Mönche an erster Stelle, deren tugendhafte Lebensführung ihm die für den Menschen erstrebenswerteste zu sein erscheint. So werden die Klöster von Chrysostomos zum irdischen Paradies stilisiert. Sie werden zum Sehnsuchtsort innerhalb seiner Predigten und dienen als Abbild seiner Idealvorstellungen eines sozialen Miteinanders. Dabei spielt in diesem Rahmen auch die Musikausübung der Mönche eine Rolle. Für Chrysostomos nehmen die Mönche den Rang engelsgleicher Wesen oder auch

---

113   Vgl. Chr. In ep. I ad Cor. hom. 27,5: οὐχὶ εἰς εὐχὰς ἐτράπησαν καὶ ὕμν ᾠδίας; οὐχὶ εἰς παννυχίδας ἱεράς; οὐχὶ εἰς διδασκαλίαν τὴν μακρὰν ἐκείνην καὶ πολλῆς γέμουσαν φιλοσοφίας; (PG 61,231). „Beteten sie nicht und sangen Hymnen? Hielten sie nicht heilige Nachtwachen? Beschäftigten sie sich nicht etwa anhaltend mit jener heiligen und weisheitsvollen Lehre?"

114   Chr. In ep. I ad Cor. hom. 27,5: Ἤκουσας ὕμνων ἱερῶν; εἶδες γάμον πνευματικόν; ἀπέλαυσας τραπέζης βασιλικῆς; ἐνεπλήσθης Πνεύματος ἁγίου; συνεχόρευσας τοῖς Σεραφὶμ, κοινωνὸς ἐγένου τῶν ἄνω δυνάμεων; Μὴ ῥίψῃς χαρὰν τοσαύτην, μὴ ἐκχέῃς τὸν θησαυρόν, μὴ ἐπεισαγάγῃς μέθην τὴν τῆς ἀθυμίας μητέρα, τὴν τοῦ διαβόλου χαράν, τὴν μυρία τίκτουσαν κακά. (PG 61,232. Übers. A. Hartl).

Heiliger ein.[115] Ihre Gemeinschaft und ihre Bescheidenheit sind für ihn ein erstrebenswertes Gut, welches er mit Ehrfurcht beschreibt. In den Schilderungen des mönchischen Lebens beschreibt Chrysostomos Szenen des klösterlichen Alltags, die immer wiederkehren und die von ihm häufig in der Funktion eines nachahmenswerten Beispiels verwendet werden. Die Abkehr von allem Weltlichen und die absolute Hingabe an Gott stehen dabei im Vordergrund des Lobes.[116] Er beschreibt die innere Reinheit jener Versammlung von Männern, welche sich auf deren einfachen Lebensstil und Bescheidenheit begründet. So benötigen die Mönche weniger Schlaf als andere Menschen, da sie sich zwecks Gotteslobes auch nachts zusammenfinden. Dies beschreibt Chrysostomos in der 14. Homilie zum Timotheusbrief in Abgrenzung zum Ablauf einer Nacht in einem profanen Haus:

> ...sondern enteilen mit Gottesfurcht sofort dem Schlaf und erheben sich vom Lager, sobald der Klostervorsteher sie weckt. Und sie stellen sich auf zum heiligen Chor und singen, sofort die Hände in die Höhe streckend, die heiligen Hymnen.[117]

An dieser Stelle fällt auf, dass Chrysostomos insbesondere die unmittelbare Bereitschaft zum Gotteslob imponiert, da die Mönche keine lange Zeit zum Aufwachen benötigen. Eine ähnliche Szene finden wir auch in der 68. Homilie zum Matthäusevangelium:

> Kaum haben sie heiter und fröhlich ihr Lager verlassen, so bilden sie einen Chor und stimmen mit reinem Gewissen alle zusammen wie aus einem Munde zu Ehren Gottes, des Schöpfers aller Dinge, Hymnen an, zum Preis und Dank für seine Wohltaten, die sie und ihre Mitmenschen von ihm empfangen.[118]

Hier spielt die Unmittelbarkeit des Gotteslobes eine Rolle, allerdings kommt der Aspekt der tiefen inneren Vorfreude auf die Gesänge schon beim Aufstehen noch hinzu. Diese Gesänge werden hinsichtlich der Aufführungspraxis als *una voce* Gesänge beschrieben; es

---

115   Vgl. Chr. In Matth. hom. 55,5: (engelsgleich) oder auch Chr. In ep. I ad Tim. hom. 14,4 (wahre Heilige und Engel in Menschengestalt). Auch Chr. In Matth. hom. 68,3 schildert sehr anschaulich, wie stark idealisiert Chrysostomos die Mönche darstellt (Leben der Mönche gleicht dem der Engel im Himmel).

116   Zu den Quellendokumenten des Chrysostomos über die Mönche vgl. bes. die Sammlung bei Maur (1959), 15–68 sowie die umfassende Sammlung aller die Mönche betreffenden Passagen in frz. Übersetzung bei Festugière (1959), 329–346. Generell zu den syrischen Anachoreten vgl. Festugière (1959), 291–328 sowie 329–346 zu Chrysostomos' Haltung zu den Mönchen in Antiochien mit Angabe und Zitation vieler Quellenpassagen.

117   Chr. In ep. I ad Tim. hom. 14,3: ...ἀλλ' εὐθέως ἅπαντες μετὰ εὐλαβείας τὸν ὕπνον ἀποθέμενοι διανίστανται, τοῦ προεστῶτος αὐτοὺς διεγείροντος, καὶ ἑστήκασι τὸν ἅγιον στησάμενοι χορὸν, καὶ τὰς χεῖρας εὐθέως ἀνατείναντες, τοὺς ἱεροὺς ᾄδουσιν ὕμνους. (PG 62,575).

118   Chr. In Matth. hom. 68,3: ἀναστάντες τοίνυν εὐθέως ἀπὸ τῆς εὐνῆς φαιδροὶ καὶ γεγηθότες, καὶ χορὸν ἕνα στησάμενοι, ἐν φαιδρῷ τῷ συνειδότι συμφώνως ἅπαντες ὥσπερ ἐξ ἑνὸς στόματος, ὕμνους εἰς τὸν τῶν ὅλων ᾄδουσι Θεὸν, γεραίροντές τε αὐτὸν, καὶ χάριν εἰδότες ὑπὲρ ἁπάντων αὐτῷ, τῶν τε ἰδίων, τῶν τε κοινῶν εὐεργετημάτων. (PG 58,644. Übers. J. Baur).

handelt sich um Hymnen. Damit kommt der Mönch in der Auslegung des Chrysostomos den himmlischen Engeln sehr nahe: Auch sie stehen allzeit zum Lobe Gottes bereit, da dies ihr Schöpfungssinn ist. Weiter singen die himmlischen Engel immerfort die schönsten Hymnen zu Ehren Gottes, auch dieses wie aus einem Mund. Dadurch verkünden sie die Glaubensstärke und unterstreichen die Macht Gottes. Durch diese mitschwingende himmlische Vergleichsebene wird die Überhöhung der Mönche verständlicher, jede menschliche Schwäche wird aus ihrer Darstellung entfernt, sogar ihr Schlaf ist überaus tugendhaft, da er ohne Schnarchen, schweres Atmen oder überhaupt Bewegung erfolgt.[119] Auch betont Chrysostomos, dass die Mönche gar nicht erst in tiefen Schlaf fallen könnten, da ihre Gottesfurcht so groß sei. In der 14. Homilie zum Timotheusbrief berichtet Chrysostomos detailliert über die Art der von den Mönchen gesungenen Hymnen:

> So wie sie dann aufgestanden sind, stellen sie sich sofort hin und singen prophetische Hymnen (ὕμνους ᾄδοντες προφητικούς)[120] mit vielem Wohlklang in schönem Gesangsrhythmus. Keine Kithara keine Pfeifen, überhaupt kein anderes musikalisches Instrument gibt einen so wohlklingenden Ton von sich, wie man ihn in der tiefen und einsamen Stille bei jenen singenden Heiligen hören kann. Und der Text der Gesänge selbst ist ganz erbaulich und atmet Liebe zu Gott.[121]

Die von den Mönchen dargebrachten Gesänge erfolgen also in schönem Rhythmus und mit großem Wohlklang. Die dem nächtlichen Gesang innewohnende Schönheit übertrifft alle instrumentalen Wohlklänge, die der Mensch erzeugen kann. Insbesondere der Klang von Kithara, Syrinx oder auch Aulos können nicht mit den Gesängen konkurrieren.[122] Auch der Aspekt der Nacht spielt dabei eine Rolle, da die Einsamkeit und um-

---

119 Vgl. Chr. In ep. I ad Tim. hom. 14,4: Οὐδεὶς ἀκούει ῥεγχόντων ἐκεῖ, οὐδεὶς ἀσθμαινόντων, οὐδὲ ῥιπταζόμενον ὁρᾷ κατὰ τὸν ὕπνον, οὐδὲ γυμνούμενον, ἀλλὰ καθεύδουσι τῶν ἐγρηγορότων εὐσχημονέστερον κείμενοι. Τοῦτο δὲ ὅλον ἀπὸ τῆς εὐταξίας γίνεται τῆς ἐν τῇ ψυχῇ. (PG 62,576). „Da hört man kein Schnarchen, kein schweres Atmen. Da sieht man kein Hin und Herwälzen im Schlaf, keine Entblößungen, sondern sie liegen anständiger da als beim Wachen. Das alles hat seinen Grund in dem wohlgeordneten Zustand der Seele." (Übers. J. Wimmer).

120 Diese prophetisch genannten Hymnen werden von Chrysostomos im Anschluss an diese Stelle als Psalmenstellen angegeben und bezeichnet. Damit wird an dieser Stelle besonders deutlich, wie stark die Terminologie des Chrysostomos hinsichtlich einer klaren Unterscheidung von Hymnen und Psalmen schwankt.

121 Chr. In ep. I ad Tim. hom. 14,4: Εἶτα διαναστάντες, εὐθέως ἑστήκασιν, ὕμνους ᾄδοντες προφητικοὺς μετὰ πολλῆς τῆς συμφωνίας, μετ'εὐρύθμων μελῶν. Οὔτε κιθάρα, οὔτε σύριγγες, οὔτε οὐδὲν ἄλλο ὄργανον μουσικὸν τοιαύτην ἀφίησι φωνὴν, οἵαν ἐστιν ἀκοῦσαι ἐν ἡσυχίᾳ βαθείᾳ, καὶ ἐν ἐρημίᾳ τῶν ἁγίων ᾀδόντων ἐκείνων. Καὶ αὐτὰ δὲ τὰ ᾄσματα πρόσφορα, καὶ φιλίας γέμοντα τῆς πρὸς τὸν Θεόν. (PG 62,576. Übers. J. Wimmer).

122 In dieser Aussage steckt ein starkes Vergleichsmoment zu Laktanz und dem Wohlgesang in seinem Gedicht De ave Phoenice, vgl. Kapitel 3.3.2.2 (Die Rolle des Gesanges in De ave Phoenice), 62–66. Auch Chrysostomos verwendet hier diesen instrumentalen Vergleich, um anzuzeigen, dass selbst das künstlerisch am weitesten entwickelte Instrument seiner Zeit nicht mit den christlichen Gesängen konkurrieren kann.

gebende Stille die Klangschönheit in einer Art mystischem Moment verstärkt. Die gesungenen Texte verfügen über einen erbaulichen Textgehalt und dienen dem Gotteslob. Die Versammlung der Mönche endet mit dem Abschlussgesang *Lobet den Herren vom Himmel herab* (Ps 148,1). Chrysostomos verweist damit auf ihren strikten Tagesablauf, der durch das gemeinsame Gebet und die Gesänge gegliedert ist:

> Denn ihr Tag ist in vier Teile geteilt, und jeder Teil wird ergänzt um Psalmengesängen und mit Lobgesängen ehren sie Gott. Und während die anderen Menschen frühstücken, lachen, scherzen und sich den Magen bis zum Platzen vollschlagen, nähern sich diese den heiligen Gesängen.[123]

Das Singen der Lobgesänge ersetzt den Mönchen als Halt gebender Faktor der Tagesgestaltung die Profanität des menschlichen Alltags. Statt Nahrung aufzunehmen und menschliche Gemeinschaft zu genießen, singen die Mönche Lobgesänge. Die abendlichen Zusammenkünfte und Mahlzeiten werden beendet mit Psalmengesang. Insbesondere der umgekehrte Tag-Nacht-Rhythmus wird von Chrysostomos regelmäßig betont. So scheint die Stille der Nacht auf Chrysostomos einen besonderen Zauber auszuüben, der sich durch die ständigen Lobgesänge der Mönche bei Nacht noch erhöht. An vielen Stellen spricht er bewundernd vom nächtlichen Psalmengesang der Mönche.[124] Die musikpraktische Lebensweise der Mönche kann auch auf die Menschen in der Stadt übertragen werden, und so fordert Chrysostomos seine Gemeinde zur Nachahmung des vorbildlichen mönchischen Verhaltens auf.[125] Diese Aufforderung allerdings soll von seinen Zuhörern keinesfalls als Ermahnung aufgefasst werden. Deutlich legt er in der 68. Homilie zum Matthäusevangelium dar, dass das mönchische Leben ein Genuss sei, der sich aus verschiedenen Komponenten dieses Lebens zusammenfüge:

> Auf der anderen Seite hält der Genuss in den Herzen derer, die es erlebt haben, ununterbrochen an, weil sich das Äußere der Männer, der Reiz der Örtlichkeit, die Freude an ihrem Wandel, die Reinheit ihres Lebens und die Anmut ihres lieblichen geistlichen Gesanges unauslöschlich der Seele einprägt.[126]

---

123 Chr. In ep. I ad Tim. hom. 14,4: καὶ εἰς τέσσαρα μέρη τὴν ἡμέραν διανείμαντες, καθ' ἕκαστον μέρος πληρούμενον, ψαλμῳδίαις, ὕμνοις γεραίρουσι τὸν Θεόν. Πάντων δὲ ἀριστώντων τῶν ἄλλων, γελώντων, παιζόντων, διαρρηγνυμένων ὑπὸ τῆς γαστριμαργίας, οὗτοι τοῖς ὕμνοις προσανέχουσιν. (PG 62,576+577).

124 Vgl. Chr. In Matth. hom. 55,6. oder auch Chr. In Matth. hom. 8,5, worin Chrysostomos die ägyptischen Mönche beschreibt, die die Nachtwachen unter Hymnengesang begehen.

125 Vgl. Chr. In Matth. hom. 55,6: Τούτους δὴ καὶ ἡμεῖς ζηλώσαντες, διαπαντὸς εὐχαριστήσωμεν τῷ Θεῷ, διαπαντὸς ὑμνῶμεν αὐτὸν, καὶ σωφροσύνης καὶ τῶν ἄλλων ἀρετῶν ἐπιμελώμεθα, καὶ τὴν ἐν ταῖς ἐρημίαις φιλοσοφίαν εἰς τὰς πόλεις εἰσαγάγωμεν. (PG 58,546+547). „Diese also wollen auch wir nachahmen, wollen allezeit Gott Dank sagen, allezeit ihm Hymnen singen, die Mäßigkeit und die anderen Tugenden üben, und die Weisheit der Wüste in die Städte hineinführen."

126 Chr. In Matth. hom. 68,4: ἐνταῦθα δὲ διηνεκῶς ἐνακμάζουσαν ταῖς ψυχαῖς τῶν ἑωρακότων. Καὶ γὰρ καὶ τῶν ἀνδρῶν τὸν τύπον, καὶ τοῦ τόπου τὸ τερπνὸν, καὶ τῆς διαγωγῆς τὸ γλυκὺ, καὶ τῆς πολιτείας τὸ

In der Welt findet Chrysostomos diese positiven Attribute am ehesten im tugendhaften
Verhalten der armen Witwen bei den nächtlichen Vigilien wieder:

> Und sie verwalten auch kein geringes Amt; denn du kommst nach Belieben zur
> Kirche, diese aber sind Tag und Nacht zugegen und singen Psalmen, und das tun
> sie nicht nur der Almosen wegen, denn geschähe es darum, so stünde es ihnen
> ja frei, auf dem Markt und in den Straßen zu betteln; aber sie tun es aus großer
> Frömmigkeit.[127]

Weiter beschreibt Chrysostomos die Verhältnisse, in welchen die Witwen leben, er schildert sie als in großer Armut lebend und Hunger und Kälte leidend.[128] Damit stellen die geschilderten Witwen das perfekte weltliche Pendant zu den Mönchen dar – sie leben karg,
einfach und arm, bringen Gott dauernd Lobgesänge dar und harren sogar in der Kälte
der Nacht in der Kirche aus.[129] Anhand dieses Beispiels kann Chrysostomos aufzeigen,
dass auch arme, kranke Menschen die göttlichen Lobgesänge tugendhaft und mit größter
Frömmigkeit darbringen können, so dass es dem durchschnittlichen Gottesdienstbesucher ein leichtes sein sollte, diesen nachzueifern.

καθαρὸν καὶ τῆς καλλίστης ᾠδῆς καὶ πνευματικῆς τὴν χάριν, ἔχουσιν ἑαυτοῖς διαπαντὸς ἐνιζάνοντα.
(PG 62,646). Chrysostomos schafft in der Predigt die Gegenüberstellung des aufgeregten, hekti-
schen Alltags zum ruhigen, beschaulichen Leben der Mönche. Statt auf den Markt zu eilen um
Geschäfte zu erledigen, beenden die Mönche in Ruhe ihre Gesänge und widmen sich dann dem
Studium der Heiligen Schrift oder dem Abschreiben von Büchern. So auch Chr. In ep. I ad Tim.
hom. 14,4. An anderer Stelle vergleicht er das Kloster als sicheren Hafen mit der sturmgepeitschten
See für den Alltag des normalen Menschen, vgl. Chr. In Matth. hom. 68,3.

127   Chr. In ep. I ad Cor. hom. 30,4: Οὐδὲ γὰρ τὴν τυχοῦσαν χρείαν αὗται πληροῦσι. Σὺ μὲν γὰρ ὅτε
βούλει, παραγέγονας · αὗται δὲ καὶ ἡμέραν καὶ νύκτα ψάλλουσι καὶ πάρεισιν, οὐ τῆς ἐλεημοσύνης
ἕνεκεν μόνης τοῦτο ποιοῦσαι · ἐπεὶ, εἰ τοῦτο ἐβούλοντο, ἐξῆν κατὰ τὴν ἀγορὰν βαδίζειν, καὶ ἐν τοῖς
στενωποῖς προσαιτεῖν · ἀλλ' ἔχουσι τι καὶ εὐλαβείας οὐ μικρόν. (PG 61,254+255. Übers. A. Hartl).
Vgl. dazu auch Chr. Hom. 4,1 In illud: Vidi Dominum (PG 56,120), in welcher Chrysostomos
auch die bei Tag und Nacht psallierenden Witwen als tugendhaftes Beispiel anführt. Kaczynski
(1974), 71 erkennt darin einen Beleg für die Tradition der von Mitternacht bis zum Morgen andauernden Vigilien.

128   Vgl. Chr. In ep. I ad Cor. hom. 30,4 (über die Armut der Witwen).

129   Kaczynski (1974), 71 berichtet vom Unterschied zwischen Vollvigilien und Vigilien, wobei letztere
von Mitternacht bis zum Morgen andauern. Sie werden als kleinere Zusammenkünfte gestaltet,
die zudem aus dem ärmeren Teil der Bevölkerung stammten. Zur Ausübung und Anlage der Vigilien in frühchristlicher Zeit Rahlfs (1915), 164–171, der sich aus der Perspektive der alttestamentlichen Lektionen den verschiedenen Vigilien annähert und dabei auch deren Stellenwert in Konstantinopel unterstreicht.

5.1.3.2 Die drei Jünglinge

Das Vorbild der drei Jünglinge im Feuerofen (Dan 3,1–97) dient Chrysostomos in seinen Predigten häufig als Musterbeispiel tugendhafter und gottgefälliger Lebensführung.[130] Die drei Jünglinge Schadrach, Meschach und Abed-Nego wurden auf Befehl des babylonischen Königs Nebukadnezzar II. (605–562 v. Chr.) gefesselt und in den Feuerofen geworfen, da sie der Anbetung des von ihm errichteten goldenen Standbildes nicht nachgekommen waren. Das Feuer aber konnte ihnen nichts anhaben, da sie lautstark Gott anbeteten und ihm lobsangen, so dass der Engel des Herrn ihnen zu Hilfe eilte. Der König erschrak vor der Macht des Gottes, befreite die Jünglinge aus dem Feuer und wurde gläubig. Die Musik spielt in dieser Episode aus dem Alten Testament eine zentrale Rolle, die auch Chrysostomos in seinen Predigten immer wieder hervorhebt. So lässt der babylonische König das Signal zur Anbetung von einer Fülle verschiedener Musikinstrumente seines Hofgefolges geben. Die Septuaginta beschreibt die Instrumente folgendermaßen:

> Sobald ihr den Klang der Trompete, Pfeife und Kithara, der Harfe und des Psalterion, der Symphonia und alle übrigen Arten der Musikinstrumente hört (ὅταν ἀκούσητε τῆς φωνῆς τῆς σάλπιγγος, σύριγγος καὶ κιθάρας, σαμβύκης καὶ ψαλτηρίου, συμφωνίας καὶ παντὸς γένους μουσικῶν), sollt ihr niederfallen und das goldene Standbild anbeten, das König Nebukadnezzar errichtet hat.[131]

Chrysostomos benennt in der vierten Homilie zum Statuen-Aufstand die gleichen Instrumente und setzt nur das Wort συμφωνία durch ein Komma getrennt von den andern Musikinstrumenten ab.[132] Keine vorliegende Übersetzung dieser Bibelstelle verwendet die gleichen Instrumente. Insbesondere das Wort συμφωνία sorgt für entgegengesetzte Übersetzungen: Sehr häufig wird dafür ‚Sackpfeife' übersetzt; es kann aber auch mit ‚Saitenspiel' wiedergegeben werden.[133] Lampe hingegen weist diesem Wort keine eigene christliche Bedeutung zu. Dabei muss generell auf die sprachliche Zuweisung der Instrumente aufmerksam gemacht werden: Die Instrumentennamen sind, aufgrund ihrer aramäischen Benennung, eine Mischung aus griechischen, aramäischen und hebräischen Bezeichnungen.[134] So lautet die Folge der Instrumente:

---

130 Generell handelt es sich bei diesem biblischen Gleichnis um eine sehr beliebte Geschichte bei den frühen Christen, die sich auch ikonographisch widerfindet, so beispielsweise in der Freskenmalerei in den Katakomben der Priscilla in Rom aus dem 3. Jh., wo die drei singenden Jünglinge im Feuerofen mit einer Taube mit einem Ölzweig im Schnabel abgebildet sind, vgl. die Abbildung bei Kasper (2010), 109.

131 Dan. 3,4–5. Zitiert nach LXX (Rahlfs 2006).

132 Vgl. Chr. Stat. 4,4: ἐν ᾗ ἂν ὥρᾳ ἀκούσητε τῆς φωνῆς τῆς σάλπιγγος, σύριγγός τε καὶ κιθάρας, σαμβύκης τε καὶ ψαλτηρίου, καὶ συμφωνίας, καὶ παντὸς γένους μουσικῶν (PG 49,64).

133 Vgl. auch LSJ, der unter συμφωνία an III. Stelle die Wortbedeutung *band, orchestra* anführt und auch auf die besondere Bedeutung eines Musikinstrumentes in der LXX verweist. Leider verzeichnet die Septuaginta Deutsch keinen Eintrag zu dieser Episode.

134 Die folgenden Instrumentenzuweisungen sind Braun (1994), 1528–1530 (dort auch eine Detailbeschreibung der Instrumente und Hintergründe zur assyrischen Musikkultur) sowie der tabel-

> Sobald ihr den Klang der qarnâ, mašroqîtâ, qaytrōs, śabk̠a, psanĕttērîn, sûmpōnyā
> und kol zĕnēy zĕmārâ hört, sollt ihr niederfallen und das goldene Standbild anbe-
> ten, das König Nebukadnezar errichtet hat.[135]

Hinter diesen Namensbezeichnungen verbergen sich bezüglich der griechischen Instru-
mentenzuordnung nur geringe Abweichungen: So bezeichnet *qarnâ* ein Naturhorn, welches im neubabylonischen Reich aber eine Metall- oder Tontrompete benennt. Die Übersetzung von *mašroqîtâ* als Syrinx scheint sich instrumentenkundlich zu entsprechen; es
handelt sich dabei also um eine Art Hirtenpfeife. *Qaytrōs* ist der kleinen griechischen Kithara entlehnt, die zur Zeit Daniels in Gebrauch war, selbiges trifft auf die Übertragung
der Sambyke[136] als einer kleinen Winkelharfe der seleukidischen Zeit für die *śabk̠a* zu.
Auch die sprachliche Verwandtschaft von Psalterion zu *psanĕttērîn* beruht auf einer Verbindung zum genannten Saiteninstrument, allerdings wird damit vermutlich die horizontal mit Schlägeln gespielte Winkelharfe gemeint sein. Auch im Aramäischen sorgt die
Bedeutung *sûmpōnyā* für die größten Deutungsschwierigkeiten: So wurden darin in der
Forschung die Bedeutungen Sackpfeife, Tympana oder eine Art Harmonieinstrument
gesehen. Die Zuweisung zu einem Instrumententyp bleibt also im Ungewissen, lediglich
die Struktur des Satzes, der *sûmpōnyā*, wie in der Septuaginta auch, mit einem ,und' verbindet, zeigt die gleiche syntaktische Zuordnung im Rahmen der anderen Musikinstrumente auf, so dass die meisten Untersuchungen für ein eigenes Instrument plädieren.[137]
Das Gleichnis wird weniger von der realen Klangverbindung als von der Fülle unterschiedlicher Instrumente dominiert, deren Zusammenspiel ästhetisch einen für den Hof
überraschenden Klang repräsentieren würde.[138] Vielmehr setzt die gesammelte Klangfülle das Signal zur Anbetung. Der Aspekt des größtmöglichen Klanges und seines Effek-
tes auf die Anwesenden dominiert auch die Darstellung der Szene bei Chrysostomos. So
malt er in der vierten Homilie zum Matthäusevangelium über das Erscheinen der Jünglinge ein furchterregendes Bild:

---

larischen Übersicht der Bezeichnungen nach Handschriften in Mitchell/Joyce (1965), 19+23–27
    entnommen.

135   Zitiert nach Braun (1994), 1528.

136   In der musikologischen Literatur kann das Instrument auch mit u statt y begegnen (Sambuke).

137   Auch die lateinische Vulgata zählt dieses Instrument auf der syntaktisch gleichen Ebene auf: in
    hora qua audieritis sonitum tubae et fistulae et citharae sambucae et psalterii et symphoniae et
    uniuersi generis musicorum. (Text Weber).

138   Braun (1994), 1530 verweist darauf, dass der Daniel-Autor hier das Bild eines seleukidischen Mu-
    sikensembles aufzeigen will, da es sich um die einzigen Instrumentennamen im AT handelt, „die
    zu einer außerisraelischen Musikkultur gehören". Braun kommt zu dem Schluss, dass diese Abbil-
    dung der fremden seleukidischen Kultur nicht zufällig gewählt wurde: „Zur Zeit der Verschär-
    fung der jüdisch-hellenistischen Konfrontation (2. Jh. v. Chr.) symbolisieren diese enigmatischen
    Musikinstrumente, die wie ein bedrohlicher Ostinato viermal wiederkehren, eine fremde, feindli-
    che Musikkultur."

Bei ihrem Erscheinen sprühen die Augen des Herrschers Feuer, ringsum stehen die Feldherren, die Anführer und Obersten und die gesamte Heerschau des Teufels, der Klang von Pfeifen und Trompeten und jeglicher Instrumente (καὶ φωνὴ συρίγγων πανταχόθεν καὶ σαλπίγγων καὶ πάσης μουσικῆς) tönt zum Himmel und betäubt von allen Seiten ihre Ohren, der Feuerbrand loht auf zu unermesslicher Höhe, bis in die Wolken reichen seine Feuerzungen; alles ist erfüllt von Furcht und Schrecken.[139]

Chrysostomos lässt hier vor den Augen der Hörer eine sich zuspitzende apokalyptische Szene entstehen, welche durch den Klang der Instrumente wesentlich verstärkt wird. Die Instrumente, hier stechen nur σύριγγες[140] und σάλπιγγες[141] direkt benannt unter einer Fülle anderer Instrumente heraus, betäuben die Jünglinge und alle Umherstehenden durch ihre Lautstärke und ihren schrillen Klang. Auch in der vierten Homilie zum Statuen-Aufstand beschreibt er die Lautstärke der Musik und erläutert deren Intention:

Denn deshalb erschallte so laute Musik, deswegen steht der Ofen in Brand, damit sowohl Freude als Furcht die Seelen der Anwesenden belagere. Ist jemand unter den Anwesenden zornig und hartnäckig? Es besänftige ihn, spricht der König, die bezaubernde Melodie der volltönenden Musik![142]

Die Musik wird hier also als ein magisches Mittel der Betäubung und Bezauberung aufgefasst. Der König lässt deshalb alle vorhandenen Instrumente zu einem möglichst lauten Signal aufspielen. Dies dient zum einen der Demonstration seiner Stärke und spiegelt die Angemessenheit der Klangfarbe und des Volumens gemäß seines herrschaftlichen Standes wider. Zum anderen aber dient die klangliche Fülle dazu, die Anwesenden einzuschüchtern und ihnen Furcht einzuflößen. Stark streicht Chrysostomos heraus, dass der volltönende Instrumentenklang den Effekt einer Bezauberung hervorruft. Allerdings löst er sich vom Bild der Musik dergestalt, dass er den Klang der Instrumente als Waffe auslegt, die dem babylonischen König zur Verfügung stehe. Die Person des Königs wird aus ihrer realen Existenz heraus gelöst und mit verschiedenen negativen Eigenschaften gleichgesetzt. Somit überträgt Chrysostomos das biblische Gleichnis auf die aktuelle

---

139 Chr. In Matth. hom. 4,10: ...καὶ φανέντων εὐτέως ὁ βασιλεὺς πῦρ ἀπὸ τῶν ὀφθαλμῶν ἠφίει, καὶ στρατηγοὶ καὶ ὕπαρχοι καὶ τοπάρχαι καὶ ἅπαν τοῦ διαβόλου τὸ θέατρον περιειστήκει, καὶ φωνὴ συρίγγων πανταχόθεν καὶ σαλπίγγων καὶ πάσης μουσικῆς πρὸς τὸν οὐρανὸν φερομένη περιήχει τὰς ἐκείνων ἀκοάς, καὶ κάμινος ἀνεκαίετο πρὸς ὕψος ἄπειρον, καὶ αὐτῶν ἡ φλὸξ ἥπτετο τῶν νεφελῶν, καὶ πάντα φόβου καὶ ἐκπλέξεως ἦν ἀνάμεστα. (PG 57,52. Übers. J. Baur).

140 Die Syrinx wird häufig im Kontext von Hirtengeschichten verwendet. Es handelt sich um eine schalmeiartige Pfeife, die mit dem Terminus *Hirtenflöte* wiedergegeben werden kann, vgl. die Zeichnung in Zaminer (2000), 546.

141 Zur Salpinx vgl. Kapitel 5. 3.1 (Die Salpinx), 195–205.

142 Chr. Stat. 4,4: Διὰ γὰρ τοῦτο συμφωνία μουσικῶν τοσούτων, διὰ τοῦτο ἡ κάμινος ἡ καιομένη, ἵνα καὶ ἡδονὴ καὶ φόβος πολιορκῇ τὰς τῶν παρόντων ψυχάς. Πικρός τίς ἐστι τῶν παρόντων καὶ δυσένδοτος; μαλαττέτω, φησὶν, αὐτὸν γοητεύουσα τῆς παναρμονίου μουσικῆς ἡ μελῳδία. (PG 49,6).

Lebenssituation seiner Zuhörerschaft. Der babylonische König kann also verschiedene negative Eigenschaften verkörpern und die von ihm befehligten Instrumente stehen als Zeichen für die Verführung. So wird der König in der 18. Homilie zum ersten Korintherbrief als personifizierter Geiz gesehen:

> Auch jetzt noch gibt es einen König des babylonischen Glutofens, auch jetzt schürt derselbe ein Feuer, das schrecklicher ist als jenes, auch jetzt noch befiehlt er, jenes Bild anzubeten. Satrapen und Kriegsheere und bezaubernde Musik stehen ihm zu Befehl. Und viele staunen dieses bunte, gewaltige Bild an. Ein solches Bild ist nämlich der Geiz.[143]

Wie kann sich der Christ dem Gleichnis nach aus den Fängen des babylonischen Königs und seiner verzaubernden Musik lösen? Chrysostomos bietet eine klare Lösung, die sich auf den Alltag der Zuhörer einfach übertragen lässt, er ermuntert sie zum Lobgesang, indem er die drei Jünglinge als Beispiel heranzieht.[144] An anderer Stelle fordert Chrysostomos die Gemeindemitglieder auf, dem Reichtum und dem Geiz zu entsagen, welcher in der Auslegung des Gleichnisses den babylonischen König verkörpere, und die Position des Engels im Gleichnis einzunehmen:

> Steigen wir darum durch unsere Almosen hinab in den Glutofen der Armut, schauen wir hin auf die, so in Gottesfurcht darin wandeln und die glühende Kohle zu ertragen haben, blicken wir hin auf dieses neue, wunderbare Schauspiel, das uns einen Menschen zeigt, der im Glühofen Loblieder singt, mitten im Feuer Gott Dank sagt, der von äußerster Armut bedrängt, dennoch Christus lobt und preist.[145]

So kann der Zuhörer der Predigt sich mit verschiedenen Personen des Gleichnisses identifizieren: Die Position des Engels kann er durch das Geben von Almosen einnehmen, die Position der drei Jünglinge selbst steht ihm aber auch offen. So kann ein jeder, der in Armut gerät, durch den Dank und Lobpreis Gottes davon befreit werden, so wie die drei Jünglinge im Feuerofen.[146] Die drei Jünglinge verkörpern an dieser Stelle also die Erret-

---

143   Chr. In ep. I ad Cor. hom. 18,4: Καὶ νῦν ἐστιν ὁ τῆς Βαβυλωνίας καμίνου βασιλεὺς, καὶ νῦν φλόγα ἀνάπτει χαλεπωτέραν ἐκείνης · ἐστι καὶ νῦν ὁ τοιαύτην εἰκόνα κελεύων θαυμάζειν · πάρεισιν αὐτῷ καὶ σατράπαι καὶ στρατιῶται καὶ γοητεύουσα μουσική · καὶ πολλοὶ θαυμάζουσι ταύτην τὴν εἰκόνα, τὴν ποικίλην, τὴν μεγάλην. Τοιοῦτον γάρ τί ἐστιν ἡ πλεονεξία. (PG 61,149. Übers. A. Hartl.).

144   Vgl. Chr. In ep. ad Eph. hom. 8,8 Διὰ τοῦτο μὲν οὖν ἐσώθησαν, ὅτι ὕμνουν. Ἡδέσθη τὴν προθυμίαν αὐτῶν τὸ πῦρ, ἡδέσθη καὶ τὴν ᾠδὴν τὴν θαυμαστὴν ἐκείνην καὶ τοὺς ὕμνους. (PG 62,67). „Deshalb blieben sie unversehrt, weil sie Gott lobten und priesen. Das Feuer bekam Ehrfurcht vor ihrer Freudigkeit, Ehrfurcht vor jenem wunderbaren Gesang und jenen Lobliedern."

145   Chr. In Matth. hom. 4,12: Κατέλθωμεν τοίνυν μετὰ ἐλεημοσύνης εἰς τὴν τῆς πτωχείας κάμινον· ἴδωμεν τοὺς φιλοσοφοῦντας βαδίζοντας ἐν αὐτῇ, καὶ τοὺς ἄνθρακας πατοῦντας · ἴδωμεν τὸ θαῦμα τὸ καινὸν καὶ παράδοξον, ἄνθρωπον ἐν καμίνῳ ψάλλοντα, ἄνθρωπον ἐν πυρὶ εὐχαριστοῦντα, πενίᾳ προσδεδεμένον ἐσχάτῃ, καὶ πολλὴν φέροντα τὴν εὐφημίαν τῷ Χριστῷ. (PG 57,54. Übers. J. Baur).

146   Vgl. Chr. In Matth. hom. 4,12 und ähnlich Chr. In ep. ad Eph. hom. 8,8.

tung aus Übeln: Indem sie ihre Situation anerkennen, im Glauben fest verankert sind und
Gott dafür sogar Dank sagen, statt sich zu bemitleiden, werden sie befreit. Der Gesang
löst die Fesseln der drei Jünglinge und wirkt hier gleichsam als magisches Mittel. Chrysostomos betont Mut, aber auch Gelassenheit der Jünglinge und empfiehlt diese Tugenden
auch seinen Zuhörern. Zugleich fordert er sie aber durch das Beispiel der drei Jünglinge
immer wieder dazu auf, Gott Lob zu singen, unabhängig von der Ausweglosigkeit von
Situationen und stellt damit eine Forderung zum absoluten Lobgesang auf. Die Musik
ist in diesem Beispiel janusköpfig dargestellt: In der Verwendung der Musikinstrumente
wird sie zum Symbol für Verführung, Überzeugung, Zwang und Erniedrigung. In der
Verwendung der Stimme zum Singen des Lobes aber wird sie zur Befreiung. Damit überträgt Chrysostomos das Bild der drei Jünglinge auf die musikalische Praxis seiner Umwelt
und zeichnet den Hörern ein Bild idealer Musikkultur: Nur der Gesang, der als Lobpreis Gottes fungiert, kann den Menschen befreien und erretten, das Spielen jeglicher
Musikinstrumente aber ist verbunden mit allem Negativen der weltlichen Sphäre. Damit
schafft Chrysostomos ein Außen und Innen und belegt die musikalische Vokalkultur
der Christen als bestmögliche, da einzig denkbare Äußerungsform. Gleichzeitig imple-
mentiert er dadurch eine ausschließlich religiöse Verwendung von Musik, eine Haltung,
die sich immer wieder bei ihm finden lässt. Chrysostomos kann Musik nur im Sinne des
göttlichen Lobgesanges gutheißen, er negiert andere musikalische Formen der Festkultur
oder des Privaten. Musik wurde von Gott dazu geschaffen, ihn zu loben, und sie verfolgt,
Chrysostomos zufolge, nur diesen einen, reinen Sinn und hat demnach ihren ‚Sitz' mitten
im Leben der Menschen, die gemäß seinen theologischen Überzeugungen auch zum Gotteslob geschaffen wurden und diesem einen Sinn dienen müssen und dürfen.

5.2   Chrysostomos' Haltung zur Musik seines Umfeldes

5.2.1   Die Kritik an der Musik der Theater

Musik wird von Johannes Chrysostomos zumeist in situativen Kontexten abgebildet, welche er für seine Zuhörer reich entfaltet. Dabei geht es ihm darum, die für die Seele schäd-
lichen Theatergesänge von den christlichen Ohren fern zu halten. Immer wieder ermahnt
er die Mitglieder seiner Gemeinden, anstatt der Theaterlieder die Psalmen zu singen. Die
zentralen Vorwürfe an die Musik der Theater richtet Chrysostomos gegen die teuflische
Grundlage dieser Gesänge. So ist an vielen Stellen die Rede von den Chören des Teufels,
die die Theater beherrschen,[147] oder allgemeiner, von den ‚satanischen Liedern',[148] die im
Theater gesungen und danach von den Besuchern memoriert würden und sogar in sei-

---

147   So beispielsweise in Chr. In Matth. hom. 68,3–5 und Chr. In Matth. hom. 37,7.
148   Vgl. Chr. In ep. ad Eph. hom. 19,2.

ner Gemeinde bekannt sind.[149] Damit stellt Chrysostomos eine Verbindung zum Wirken des Teufels gegenüber dem Wirken Gottes in den Psalmengesängen her, welche sich in nahezu allen Äußerungen zur Theatermusik findet. Er verweist zum einen auf den heidnischen Hintergrund der Musik der *spectacula*, zum anderen beschreibt er das Wirken des Teufels und der Dämonen im Menschen, welche durch die Gesänge und die Musik einen leichten Zugang zur menschlichen Seele besitzen. Die stärksten Aversionen bezüglich der Theatermusik richtet Chrysostomos gegen die Theaterlieder, die Instrumentalmusik der Theater spielt bei ihm nur an wenigen Stellen eine Rolle.[150] Da das Vergleichsmoment zur vokalen Psalmodie der Christen in den Homilien so stark im Vordergrund steht, liegt die Vermutung nahe, dass die Gesänge der Theater die Anziehungskraft der Psalmodie schwächten. Diesem im Rahmen der spätantiken Überlieferung speziellen Aspekt muss ein besonderes Augenmerk zukommen, denn zumeist richtet sich die von den Kirchenvätern geäußerte Kritik an der Musik der *spectacula* an die dort erklingenden Instrumente.[151]

5.2.1.1 Vorwurf der Unreinheit

In der zweiten Anrede an die Täuflinge, die sich auf die Aufnahme in den christlichen Kult vorbereiten, beschreibt Chrysostomos die Notwendigkeit der Reinigung des Katechumen zum Empfang der Taufe. Er unterstreicht, dass Christus vom Getauften nicht nur reine Hände, sondern auch eine reine Zunge und damit eine reine Seele verlangt.[152] In diesem Zuge rät Chrysostomos in deutlichen Worten vom Besuch der Theater ab, da durch das bloße Anhören der Theaterlieder und ihrer Melodien die Ohren unrein würden und somit die Keuschheit des Christen in Gefahr sei.[153] Damit warnt Chrysostomos

---

149   Vgl. Chr. In Matth. hom. 2,5: Καὶ γὰρ εἰ βουληθείη τις ὑμᾶς ᾠδὰς ἐξετάσαι διαβολικὰς, καὶ πορνικὰ καὶ κατακεκλασμένα μέλη, πολλοὺς εὑρήσει μετὰ ἀκριβείας ταῦτα εἰδότας, καὶ μετὰ πολλῆς αὐτὰ ἀπαγγέλλοντας τῆς ἡδονῆς. (PG 57,30). „Wollte euch jemand die Lieder des Teufels abhören, unzüchtige, ausgelassene Gesänge, wahrlich, er fände viele, die sie vorzüglich kennen, und sie mit dem größten Vergnügen hersängen." (Übers. J. Baur). In dieser Predigt geht es Chrysostomos auch um die Kenntnis der Psalmen, die hinter der Kenntnis der Theatergesänge kläglich zurücktrete.

150   Vgl. dazu weiter unten, Kapitel 5.2.1.3 (Musikinstrumente im Theater), 186–188.

151   So spielen die Theatergesänge in der patristischen Rezeption eine eher untergeordnete Rolle. Generell wird die Musik im Theater bei weitem nicht so stark rezipiert, wie aufgrund ihrer starken Präsenz zu erwarten wäre. Die Polemik entwickelt sich zumeist an allgemeinen Kritikpunkten und an den Spielen selbst (Immoralität, Verweichlichung, Imitatio, Anstiftung zum Ehebruch etc.), die sich bereits auf paganer Seite finden lässt. Zur Theaterkritik der Kirchenväter vgl. Schnusenberg (1981), Weismann (1972), Jürgens (1972), und vor allem Klein (2004) und Sallmann (1990). Zur vorkonstantinischen Zeit vgl. Mühlenkamp (2008), 50–55. Generell zur Rolle der Musikpraxis bei den Spielen vgl. Vendries/Péché (2001) unter Berücksichtigung der archäologischen Befunde.

152   Vgl. Chr. Catech. bapt. 1,6: καὶ καθαρὰν φύλαττε τὴν γλῶτταν αἰσχρῶν καὶ ὑβριστικῶν ῥημάτων, βλασφημίας, ἐπιορκίας, καὶ τῶν ἄλλων τῶν τοιούτων ἁπάντων. „Halte deine Zunge frei von schändlichem Reden und Schimpfen, von Gotteslästerung, Meineid und allen ähnlichen Dingen!" (Text und Übers. R. Kaczynski).

153   Vgl. Chr. Catech. bapt. 1,6: Πῶς γὰρ οὐκ ἄτοπον, μετὰ τὴν μυστικὴν ἐκείνην φωνὴν καὶ ἐκ τῶν οὐρανῶν φερομένην, τὴν ἐκ τῶν Χερουβὶμ λέγω, πορνικοῖς ᾄσμασι καὶ κατακεκλασμένοις μέλεσι τὴν

vor einer moralischen Entgleisung durch das bloße Anhören von unzüchtigen Gesänge und Melodien, und droht bei einer Missachtung seiner Warnung mit der Verweigerung der Taufe.[154] Generell schreibt Chrysostomos den Akteuren der Spiele eine Immoralität zu, die sich für ihn zum einen in der Eitelkeit der handelnden Personen,[155] zum anderen aber vor allem in ihrer äußerlichen Erscheinung ausdrückt. So weist er insbesondere den Schauspielerinnen immer wieder eine böse Absicht zu, da diese neben der äußeren Aufmachung durch Schminke, aufwendige Frisur und prachtvolles Kostüm vor allem ihre Stimme und ihren Blick derartig manipulierten, um den Zuschauer zu verführen.[156] Diese Attribute werden von ihm subsumiert in dem Begriff der Weichlichkeit, ein Vorwurf, der bei allen Kirchenvätern gleicherweise mit dem Theater und seinen Akteuren verbunden wird, und bereits in paganen Schriften deutlich formuliert wird.[157] In die gleiche Kategorie ordnet er die Hetäre ein, deren Kennzeichen neben der Kleidung vornehmlich die verstellte Stimme und der auffordernde Blick seien.[158] Vor diesen Attributen warnt Chrysostomos insbesondere diejenigen Jungfrauen, welche sich in den Dienst Christi stellen wollen. Er ermahnt sie, dass die weltlichen Frauen die christlichen Jungfrauen verspotten würden, wenn sich diese zu sehr mit der Pflege ihres Äußeren und ihres Auftretens beschäftigten, zu welchem auch die Stimme gehöre.[159]

ἀκοὴν μολύνειν; „Wäre es nicht abgeschmackt, nach jenem himmlischen Gesang der Cherubim des Himmels eure Ohren durch obszöne Lieder und entartete Melodien zu beschmutzen?" (Text und Übers. R. Kaczynski).

154 Hier ist tatsächlich nur der Hörvorgang als solcher gemeint; die Gefahr einer *imitatio* wird von Chrysostomos gesondert behandelt. Zur Verweigerung der Taufe vgl. Chr. Catech. bapt. 1,7: εἴ τις τὰ ἐλαττώματα τῶν τρόπων μὴ διώρθωσε μηδὲ παρεσκεύασεν ἑαυτῷ τὴν ἀρετὴν εὔκολον, μὴ βαπτιζέσθω. „Wer sich in seinen Lebenswandel nicht bessert, wer es nicht in der Tugend zu einer gewissen Fertigkeit bringt, der soll nicht getauft werden." (Text und Übers. R. Kaczynski). Gründe für die Taufverweigerung sieht Chrysostomos in der instabilen Moral des Bewerbers.

155 So drückt sich die Eitelkeit der Akteure ganz deutlich in ihrer Beifallsucht aus, vgl. Chr. In ep. ad Rom. hom. 18,5.

156 Vgl. Chr. In Matth. hom. 37,6. Ähnlich auch Chr. In Matth. hom. 68,4 (die Stimme der Schauspielerin als Verführerin).

157 Vgl. Chr. In ep. ad Philipp. hom. 11,5: Ἐποίησέ σοι ὦτα; Ταῦτα αὐτῷ πάρεχε, ἀλλὰ μὴ τοῖς διακεκλασμένοις μέλεσι, μηδὲ ταῖς αἰσχραῖς ἀκοαῖς. (PG 62,261). „Er hat dir Ohren geschaffen, schenke sie ihm und nicht verweichlichender Musik und schändlichen Reden!" Hier formuliert Chrysostomos den Gedanken der Verweichlichung durch Theatermusik in Abgrenzung zum Schöpfungssinn. Der Vorwurf der Verweichlichung aber gegenüber Schauspielern wird nicht nur auf der Seite der Kirchenväter geäußert, sondern besteht schon seit frührepublikanischer Zeit, vgl. Leppin (1992), 160f. Diesen Umstand spricht Chrysostomos selbst in Chr. In Matth. hom. 37,5 an: Καὶ οἱ μὲν νόμοι οἱ παρὰ τῶν Ἑλλήνων γραφέντες ἀτίμους αὐτοὺς εἶναι βούλονται. (PG 57,425). „Sogar die Gesetze, die von den Heiden aufgestellt wurden, wollen, dass solche Menschen als ehrlos gelten."

158 Vgl. Chr. In ep. I ad Tim. hom. 8,2.

159 Chr. In ep. I ad Tim. hom. 8,3: Ἕστηκεν ὁ διάβολος τρίζων τοὺς ὀδόντας, πάντοθέν σε βουλόμενος καθελεῖν· σὺ δὲ μένεις ἀπησχολημένη περὶ τὸν κόσμον τοῦτον τὸν σατανικόν; Οὐδὲν βούλομαι λέγειν περὶ φωνῆς, πῶς πολλαὶ καὶ τοῦτο ἐπιτηδεύουσι, περὶ μύρων καὶ τῆς ἄλλης βλακείας. Διὰ ταῦτα γελῶσιν ἡμᾶς αἱ κοσμικαί. Τὸ σεμνὸν τῆς παρθενίας ἀπόλωλεν. (PG 62,543). „Der Teufel steht da mit den Zähnen knirschend und will dich von allen Seiten her zerstören. Du aber beachtest ihn nicht,

5.2.1.2 Keuschheit in Gefahr

Auch die Furcht vor Unkeuschheit, die durch das Hören verführender Harmonien angeregt werde, wird von Chrysostomos thematisiert. Verschiedene Aspekte von Gesang und Sprache spielen in seine Argumentation hinein. Er gibt zu bedenken, dass ein schön klingendes Lied sich einfach Zugang zur menschlichen Seele verschaffen könne und dort großen Schaden anrichte.[160] Der Mensch sei nicht in der Lage, sich vom Inhalt des Gesungenen bewusst oder unbewusst zu distanzieren. Jeder, der Lieder mit unangemessenem Inhalt singe, ziehe sich dadurch selbst ins Verderben, da er sich der Wirkung des Gesanges und des von ihm gesungenen Wortes nicht entziehen könne.[161] Die Sprache kann demnach durch die Unterstützung der Musik Unheil im Menschen anrichten. In dieser Verführung liegt der Schlüssel zur Immoralität der Theatermusiker, da die Verbindung eines schlechten Inhaltes in einer äußeren wohlklingenden Verpackung für das Seelenheil eines jeden Menschen gefährlich ist. Der Theatermusiker also mache sich Chrysostomos nach in zweierlei Hinsicht schuldig: Zum einen an sich selbst, da er seine eigene Seele schädigt, zum anderen aber an den Zuhörern, welche er bewusst und absichtlich mit schlechtem Gedankengut ansteckt, das er durch die schönen Melodien geschickt zu transportieren weiß. Chrysostomos schreibt dem Theatermusiker damit geradewegs teuflische Eigenschaften zu. Auch in der 32. Homilie zum Matthäusevangelium macht er die Wirkung der Theatergesänge deutlich, die den Menschen und dessen Seele verstummen lassen, ihm die Sprache rauben.[162] Chrysostomos verweist auf den engen Zusammenhang von Sprache und gesungenem Wort in beide Richtungen. Teuflische, liederliche Gesänge führen also neben dem Sprachverlust auch zum Verlust der Verbindung mit der eigenen

---

beschäftigt mit deinem teuflischen Schmuck. Gar nicht reden will ich von der Stimme, wie viele diese auch verkünsteln, von den Salben, von allen anderen Schlaffheiten. Deshalb lachen auch diese weltlichen Frauen über uns. Die Würde der Jungfrau ist dahin." (Übers. J. Timmer).

160 Chr. In ep. I ad Thess. hom. 11,3: ῞Οταν γὰρ αἰσχρόν τι λεχθῇ καὶ ἡδὺ μέλος, ἐμάλαξε τὴν διάνοιαν, καὶ αὐτὴν ἐκείνην διέφθειρε τὴν ψυχήν. (PG 62,465). „Wann immer nämlich das Schändliche mit einer beruhigenden und süßen Melodie sich zum Herzen Zugang verschafft, wird die Seele desjenigen vollständig zugrunde gerichtet." Auch Laktanz äußert diese Meinung, vgl. Kapitel 3.3.1.2 (Die *suavitas*, 51–59, und zum platonischen Hintergrund vgl. Kapitel 4.2.2.1 (Musikpraxis in der Erziehung), 106–112.

161 Vgl. auch Chr. In acta Ap. hom 10,4 (PG 60,90): Gesänge und Texte aus dem Theater sind gefährlich, da sie nur auf Vergnügen aus sind und unwillkürlich im Gedächtnis haften bleiben. Vgl. dazu auch Jacob (2010), 41 und 85. Dass dieses Konzept auch in die Gegenrichtung wirkt, ist für Chrysostomos evident: die regelmäßige Iteration der Psalmengesänge führe dazu, dass deren Inhalt sich in der Seele festsetze. Hier sei auch verwiesen auf die Warnung in Basil. Caes. ad adolesc. 4: ἡ γὰρ πρὸς τοὺς φαύλους τῶν λόγων συνήθεια ὁδός τίς ἐστιν ἐπὶ τὰ πράγματα. διὸ δὴ πάσῃ φυλακῇ τὴν ψυχὴν τηρητέον, μὴ διὰ τῆς τῶν λόγων ἡδονῆς παραδεξάμενοί τι λάθωμεν τῶν χειρόνων, ὥσπερ οἱ τὰ δηλητήρια μετὰ τοῦ μέλιτος προσιέμενοι. (Text F. Boulenger). „Denn die Angewöhnung an schlechte Reden ist leicht der Weg zu schlechten Taten. Deshalb müssen wir uns mit aller Sorgfalt davor hüten, nicht durch das Wohlgefallen an den Worten unbemerkt etwas Schlechtes in unsere Seele aufzunehmen, wie die, welche mit dem Honig das Gift einnehmen." (Übers. A. Stengmann).

162 Chr. In Matth. hom. 32,8: ᾿Εὰν ἀντὶ σατανικῶν ᾠδῶν μάθῃς ψαλμοὺς πνευματικούς, κωφὸς ὢν ἐλάλησας. (PG 57,388). „Wenn du anstatt liederlicher Gesänge die himmlischen Psalmen lernst, so hast du die Sprache wieder erlangt, nachdem du zuvor stumm geworden warst." (Übers. J. Baur).

Seele und damit dem Kontakt zu Gott. Die Ohren spielen bei Aufnahme und Wiedergabe eine zentrale Rolle als Filter der Tugend. So postuliert Chrysostomos in der 37. Homilie über das Matthäusevangelium, welche sich zentral mit dem Theater und dessen Musik auseinandersetzt:

> Denn wie Schmutz und Unrat die leiblichen Ohren verstopfen, so verstopfen unlautere Gesänge (τὰ πορνικὰ ᾄσματα), weltliche Reden und Sorgen über Zinsen und Darlehen das Ohr noch viel ärger als aller Schmutz; ja, sie verstopfen es nicht bloss, sie machen es selber unrein. [...] Denn noch schamloser als dies sind jene Gesänge. Und das schlimmste daran ist, dass ihr es nicht nur nicht als Belästigung empfindet, wenn ihr solches zu hören bekommt, sondern auch noch dazu lacht, während ihr doch Abscheu empfinden und fliehen solltet.[163]

Die Gesänge des Theaters sind also liederlich, und Chrysostomos geht sogar noch ein Stück weiter, indem er sie als weltlichen Schmutz und Unrat beschreibt. Die Gefahr der Gesänge liegt für ihn nicht nur in der Übertragung der schönen Melodien, die schneller im Gedächtnis haften bleiben. An dieser Stelle wiegt viel schwerer, dass die Gesänge mit Witz und Gelächter einhergehen, und somit nicht als Gefahr wahrgenommen werden, sondern nur als Unterhaltung. Ebenso wie der Ehebruch schleichen sich also durch die Gesänge im Theater Veränderungen in der moralischen Haltung ein und beeinflussen und verändern die Seele unmerklich.[164] Die Vermittlung der Inhalte ist der zentrale Angriffspunkt des Chrysostomos an den weltlichen Gesängen. Ihm geht es um die vollständige Aufhebung der Theatergesänge durch die Psalmodie, die Gesänge der Theater sind unkeusch, liederlich, zotig und sie verderben die Seele des Menschen. So atmet er erleichtert auf, als in Antiochien nach dem Statuen-Aufstand verängstigte Bedrückung in der Stadt herrscht und sagt:

> Gassen und Strassen und öffentliche Plätze sind von unzüchtigen und schlüpfrigen Liedern frei; wohin man nur schaut, bemerkt man statt eines ausgelassenen Ge-

---

163 Chr. In Matth. hom. 37,5: Καθάπερ γὰρ ῥύπος καὶ πηλὸς τὰ ὦτα τῆς σαρκὸς, οὕτω τὰ πορνικὰ ᾄσματα, καὶ τὰ βιωτικὰ διηγήματα, καὶ τὰ χρέα, καὶ τὰ περὶ τόκων καὶ δανεισαμάτων, ῥύπου παντὸς χαλεπώτερον ἐμφράττει τῆς διανοίας τὴν ἀκοήν· μᾶλλον δὲ οὐκ ἐμφράττει μόνον, ἀλλὰ καὶ ἀκάθαρτον ποιεῖ. [...] Καὶ γὰρ καὶ τούτων ἀηδέστερα ἐκεῖνα τὰ ᾄσματα · καὶ τὸ δὴ χαλεπώτερον, ὅτι οὐ μόνον οὐκ ἐνοχλεῖσθαι νομίζετε τούτων ἀκούοντες, ἀλλὰ καὶ γελᾶτε, δέον βδελύττεσθαι καὶ φεύγειν. (PG 57,425. Übers. J. Baur). Vgl. dazu auch Kapitel 3.1.2 (Die Ohren), 37–39.

164 Vgl. Chr. In Matth. hom. 37,6: Καὶ γὰρ τὸν βόρβορον ἅπαντα τὸν ἐκχυθέντα ὑμῖν ἐκεῖ διὰ τῶν ῥημάτων, διὰ τῶν ᾠδῶν, διὰ τοῦ γέλωτος, εἰς τὴν οἰκίαν ἕκαστος συνάγοντες φέρετε · μᾶλλον δὲ οὐκ εἰς τὴν οἰκίαν μόνον, ἀλλὰ καὶ εἰς τὴν διάνοιαν ἕκαστος τὴν ἑαυτοῦ. (PG 57,426). „Denn den ganzen Kot, der dort über euch ausgeschüttet wurde durch das Gesagte, durch die Gesänge durch Gelächter, trägt ein jeder von euch nach Hause, aber nicht bloß in sein Haus, sondern auch in sein eigenes Herz."

lächters Gebet, Andachtsstille und Tränen; und statt schandbarer Worte hört man vernünftige Reden, unsere ganze Stadt ist zur Kirche geworden.[165]

Dieses Bild der Sakralisierung des öffentlichen Raumes ist ein gängiges Mittel in den Predigten, da es für Chrysostomos keine Trennung von weltlicher und kirchlicher Sphäre gibt.[166] Die ganze Welt ist für ihn definiert durch das Sakrale, so dass jedes Handeln einen Rückschluss auf die kirchliche, soziale oder karitative Sphäre offenbart.

5.2.1.3 Musikinstrumente im Theater

In der elften Homilie zum Philipperbrief äußert sich Chrysostomos sehr deutlich zu Gottes Schöpfungssinn und den menschlichen Verfehlungen im Umgang damit:

> Er hat die Erde gegeben, nicht, damit du den größten Teil für dich wegnehmest und Gottes Gaben an Dirnen, Tänzer, Schauspieler, Auleten und Kitharöden verschwendest, sondern damit du den Hungrigen und Bedürftigen davon mitteilest.[167]

Damit kritisiert Chrysostomos nicht allein die Nutzlosigkeit der Theater und ihrer Akteure, sondern vielmehr den Reichtum und die Verschwendung. Er hat Mitleid mit den Armen, die auf dem Markt tanzen und pfeifen, um Almosen zu bekommen.[168] Die Reichtumskritik entspringt dem kariativen Selbstverständnis des Chrysostomos. Er beklagt, dass die Bettler, anstatt aufgrund ihrer schlimmen Lebenssituation durch Almosen unterstützt zu werden, dazu gezwungen werden, sich zur Schau zu stellen, um durch Straßenmusik und kleinere Possen Geld zu bekommen.[169] Der Aulos, welcher im beiden

---

165   Chr. Stat. 15,1: στενωποὶ καὶ ἄμφοδα καὶ ἀγοραὶ τῶν πορνικῶν καὶ διακεκλασμένων ἀπηλλάγησαν ᾀσμάτων, καὶ ὅπουπερ ἄν τις ἴδῃ, λιταὶ καὶ εὐφημίαι καὶ δάκρυα ἀντὶ γέλωτος ἀτάκτου, καὶ ῥήματα φιλοσοφία, ἔχοντα ἀντὶ ῥημάτων αἰσχρῶν, καὶ ἐκκλησία γέγονεν ἡμῖν ἡ πόλις ἅπασα, (PG 49,155. Übers. J. Mitterrutzner). Er endet damit, dass keine Predigt oder Ermahnung jemals diesen Effekt hätte haben können. In Chr. Stat.17,2 vergleicht er die Stadt mit einem Kloster.

166   Vgl. Kapitel 5.1.1 (Musik beim Mahl, im Gottesdienst und als Politikum außerhalb der Kirche), 142–159, worin die Übertragung des kirchlichen auf das private Mahl bei Chrysostomos thematisiert wird.

167   Chr. In ep. ad Philipp. hom. 11,5: ἔδωκε γῆν, οὐχ ἵνα σὺ τὸ πλέον αὐτῆς ὑποτεμνόμενος εἰς πόρνας καὶ ὀρχηστὰς καὶ μίμους καὶ αὐλητὰς καὶ κιθαρῳδοὺς ἀναλίσκῃς τὰ τοῦ Θεοῦ ἀγαθὰ, ἀλλ' εἰς πεινῶντας καὶ δεομένους. (PG 62,262. Übers. W. Stoderl).

168   Vgl. Chr. In ep. ad Rom. hom. 5,4: Τί δὲ οὗτοι τῶν ἐπαιτῶν διεστήκασι τῶν ὀρχουμένων, συριζόντων ἐπὶ τῆς ἀγορᾶς; Καὶ γὰρ καὶ οὗτοι πολλῷ τῷ λιμῷ τῆς ἀρετῆς κατεχόμενοι... (PG 60,22). „Was unterscheidet diese (Reichen) von denjenigen, die auf dem Markt Pfeife spielen? Denn auch diese sind hungrig an Tugend." Die genannte Predigt handelt von den Nachteilen des Reichtums. Hier werden die Reichen mit den armen Bettelmusikern auf dem Markt verglichen. Vgl. dazu auch Chr. In ep. I ad Thess. hom. 11,5.

169   Vgl. Chr. In ep. I ad Thess. hom. 11,3: θαυματοποιοὺς τοὺς πένητας ἠνάγκασεν εἶναι καὶ αἰσχρολόγους καὶ γελωτοποιούς. Ὅταν γὰρ κύλικας καὶ κισσύβια καὶ ποτήρια τοῖς δακτύλοις ἐνείρων, καὶ περιτιθεὶς κυμβαλίζῃ, καὶ σύριγγα ἔχων ᾄδῃ δι' αὐτῆς τὰ ᾄσματα τὰ αἰσχρὰ καὶ ἔρωτος γέμοντα, καὶ διὰ τῆς

Ausschnitten zur Sprache kommt, wird auch in seiner Spielpraxis von Chrysostomos beschrieben und lächerlich gemacht. So spricht er in der 68. Homilie zum Matthäusevangelium von der Abgrenzung von Theater- zu Mönchsgesängen, die er folgendermaßen gegenüberstellt:

> Wir wollen also den Chor, der aus Prostituierten und unzüchtigen Jünglingen besteht, mit dem Chor jener glückseligen Männer vergleichen. [...] Wir werden da einen solchen Abstand finden, wie zwischen den lieblichen Melodien der Engel im Himmel droben und dem Bellen von Hunden und dem Grunzen von Schweinen, die im Mist wühlen. Durch den Mund der einen spricht Christus, durch den der anderen der Teufel. Hier hört man das widerliche Kreischen der Pfeifen und das Auge wird beleidigt durch den Anblick aufgeblasener Backen und gespannter Muskeln, dort spielt die Gnade des heiligen Geistes, die sich an Stelle von Aulos, Kithara und Pfeife des Mundes der Heiligen bedient.[170]

Hier handelt es sich um eine der wenigen Stellen, an denen Chrysostomos weniger die Gesänge als die Musik der Theater in den Fokus der Kritik rückt: Die Mitglieder des Theaterchores bezeichnet Chrysostomos als Prostituierte und unzüchtige Jünglinge und die Auleten und Pfeifenspieler werden mit Hunden und Schweinen gleichsetzt. Instrumentalmusik wird von ihm als Bellen oder gar Grunzen dargestellt, wohingegen die Gesänge der Mönche an Schönheit alles überbieten. Dabei zieht er auch das Bild des Auleten mit in die ablehnende Betrachtung hinein, und weist darauf hin, dass das Gesicht des Spielers durch das Blasen des Instruments entstellt wird.[171] Aber auch der Klang des Aulos wird von Chrysostomos negativ als Kreischen der Pfeifen konnotiert, so dass er diesem Inst-

---

φωνῆς ἀναβοᾷ. εἶτα πολλοὶ περιεστήκωσι, καὶ οἱ μὲν τρύφος ἄρτου, οἱ δὲ ὀβολὸν. (PG 62,465). „Man zwingt die Armen, die Rolle von Possenreißern und Spaßmachern zu spielen. Denn wenn einer einen Becher und Gläser Trinkgefäße in den Händen verschwinden lässt, wenn er Pauken und Zimbeln schlägt, wenn einer die schmutzigsten Lieder mit lauter Stimme singt oder auf der Pfeife die Melodie derselben bläst, da sammelt sich gleich eine Menge Leute um denselben, und der eine gibt ihm ein Stück Brot, der andere eine Münze." (Übers. N. Liebert).

170   Chr. In Matth. hom. 68,4: Καὶ ἡμεῖς τοίνυν, φέρε παρεξετάσωμεν τὸν χορὸν τὸν ἐκ τῶν πορνευομένων γυναικῶν καὶ τῶν ἡταιρηκότων νέων συνεστῶτα ἐν τῇ σκηνῇ. καὶ τοῦτον αὐτὸν τὸν τῶν μακαρίων τούτων, [...] Τοσοῦτον γὰρ τὸ μέσον εὑρήσομεν, ὅσον εἰ ἀγγέλων τις ἤκουσεν ᾀδόντων ἄνω τὴν παναρμόνιον μελῳδίαν ἐκείνην, καὶ κυνῶν καὶ χοίρων ἐπὶ τῆς κοπρίας κατωρυομένων καὶ γρυζόντων. Διὰ τούτων μὲν γὰρ τῶν στομάτων ὁ Χριστὸς, δι' ἐκείνων δὲ τῆς γλώττης ὁ διάβολος φθέγγεται. Ἀλλὰ σύριγγες συνηχοῦσιν ἐκείνοις ἀσήμῳ φωνῇ καὶ ἀτερπεῖ τῇ ὄψει, τῶν γνάθων αὐτοῖς φυσωμένων, καὶ τῶν νεύρων διασπωμένων. Ἀλλ' ἐνταῦθα ἡ τοῦ Πνεύματος ἐνηχεῖ χάρις, ἀντὶ αὐλοῦ καὶ κιθάρας καὶ σύριγγος τοῖς τῶν ἁγίων στόμασι κεχρημένη. (PG 58,644+645. Übers. J. Baur).

171   Diese Spielweise des Aulos spielt schon im griechischen Mythos eine bedeutende Rolle: Nach dem Hinweis ihrer Dienerinnen erkennt Athena ihr eigenes, durch das Aulosspiel entstellte Gesicht im Spiegelbild eines Sees, so dass sie den Aulos trotz seines wunderschönen Klanges fortwirft und fortan nur noch die Lyra spielen möchte. Der Satyr Marsyas findet den weggeworfenen Aulos und fordert daraufhin Apoll zum Wettstreit von Kithara und Aulos auf, den er verliert, so dass ihm als Strafe die Haut bei lebendigem Leib abgezogen wird. Vgl. dazu Harrauer/Hunger (2006), 92 und

rument also auf allen Ebenen einen hässlichen Charakter zuweist, wobei er sogar so weit geht, dem Aulos die Möglichkeit einer sinnstiftenden Existenz im christlichen Leben zu entziehen, indem er sagt: „Dort, wo die Aulosspieler sind, da ist Christus nicht!"[172]

5.2.2 Zur Musik bei Hochzeitsfeiern

Auch bei der Hochzeitsmusik erklingt der Aulos neben anderen Instrumenten. Die Bräuche im Rahmen der Hochzeit spielen offensichtlich auch bei den Christen immer noch eine Rolle, da Chrysostomos sie mehrfach einer vernichtenden Analyse unterzieht. So sagt er in der zwölften Homilie zum ersten Brief an die Korinther, dass viele Bräuche im Rahmen von Hochzeitsfeiern unüberlegt fortgeführt würden, ohne dass den Ausübenden der Frevel gegenwärtig wäre. Dabei übt er vor allem Kritik an der Ausgelassenheit der Feier[173] und der Entehrung der Braut. Diese habe bis zum Eintritt in den Ehestand sittsam und anständig gelebt und werde nun durch die Feier entehrt, da sie plötzlich zum begehrten Gegenstand werde und im Zentrum schamloser Aufmerksamkeit stehe. Er beschreibt die Brautschau, einen Brauch, die Braut am Abend vor der Hochzeit durch die Stadt zu führen und sie unter Spottversen, der sogenannten *licentia Fescennina*, öffentlich auszustellen:

> Und wenn es auch nicht immer geschieht, so begnügt sich der Teufel schon mit jenen abscheulichen Reden und Gesängen und damit, dass die Braut öffentlich zur Schau gestellt wird und mit dem Bräutigam auf den Markt geführt wird. Damit ferner die Finsternis [...] nicht etwa einen Schleier über diese Abscheulichkeit ziehe, so bedient man sich zahlreicher Fackeln, welche die Schande nicht im Verborgenen lassen. Wozu denn die große Volksmenge? Wozu die Trunkenheit? Wozu das Pfeifenspiel? Geschieht es nicht offenbar darum, damit selbst diejenigen, die in ihren Wohnungen sind und in tiefem Schlaf liegen, auch davon wissen und von der Pfeife geweckt, von den Fenstern herab Zeugen dieser Komödie werden?[174]

307–311. Einführend zur Organologie des griechischen Aulos vgl. West (1992), 82–106, Zaminer (2000), 547–549, und ausführlicher Schlesinger (1970), 36–81.

172   Chr. In ep. ad Col. hom. 12,6: Ἔνθα αὐληταί, οὐδαμοῦ ὁ Χριστός. (PG 62,389). Die ganze Predigt ist in diesem Fall der rechtmäßigen Ausrichtung einer sittenhaften Hochzeitsfeier gewidmet.

173   Chr. In ep. I ad Cor. hom. 12,5: Καὶ γὰρ χορεῖαι καὶ κύμβαλα καὶ αὐλοὶ καὶ ῥήματα καὶ ᾄσματα αἰσχρὰ καὶ μέθαι καὶ κῶμοι καὶ πολὺς ὁ τοῦ διαβόλου τότε ἐπεισάγεται φορυτός. (PG 61,13). „Da gibt es Tänze, Zimbel- und Aulosspiel, schändliche Reden und Gesänge, Trunkenheit und Schmauserei und allerlei Teufelsunrat." (Übers. A. Hartl)

174   Chr. In ep. I ad Cor. hom. 12,6: εἰ δὲ μὴ πανταχοῦ, ἀλλ' ἀρκεῖ τῷ δαίμονι τέως ἐκεῖνα τὰ ῥήματα καὶ τὰ ᾄσματα ἐκεῖνα τὰ πονηρά, καὶ παραδειγματίσαι τὴν νύμφην, καὶ ἐκπομπεῦσαι τὸν νυμφίον διὰ τῆς ἀγορᾶς. Εἶτ' ἐπειδήπερ ἐν ἑσπέρᾳ ταῦτα γίνεται, ἵνα μηδὲ τὸ σκότος παραπέτασμα ᾖ τῶν κακῶν τούτων, ἐπεισάγονται λαμπάδες πολλαὶ οὐκ ἐῶσαι λανθάνειν τὴν ἀσχημοσύνην. Τί γὰρ ὁ πολὺς ὄχλος βούλεται; Τί δὲ ἡ μέθη; Τί δὲ αἱ σύριγγες; οὐκ εὔδηλον ὅτι ἵνα μηδὲ οἱ ἐν ταῖς οἰκίαις ὄντες, καὶ βαπτιζόμενοι

Die Ausgelassenheit der Feier, welche sich in Reden, Gesängen und Trunkenheit äußert, findet bei Chrysostomos keine Anerkennung. Er bezeichnet sie als große Schande, die schon vor der Hochzeit auf das Paar herabgehe. Besonders der Aspekt des nächtlichen Umzugs stößt bei ihm auf Widerwillen – er stellt das Fest als Ruhestörung für anständige Leute dar, die unfreiwillig Zeugen einer Komödie werden.[175] Weiter äußert er über den Inhalt der Gesänge und dessen Auswirkungen auf die Sittsamkeit:

> Und was soll man erst von den Liedern selbst sagen, die nichts als Wollust atmen, unehrbare Liebschaften, verbotenen Umgang, das Verderben der Familien und tausendfaches Unheil befördern? Da hört man von nichts anderem als von Freund und Liebhaber, Freundin und Liebhaberin. Und was das Schlimmste ist, auch Jungfrauen, die alle Scham abgelegt, erscheinen dabei [...] und treiben sich [...] unanständig herum unter ausgelassenen Jünglingen, bei unzüchtigen Gesängen, schändlichen Reden und satanischem Spiel.[176]

Die Lieder, welche Formen der erotischen Liebe zum Gegenstand haben, sind für Chrysostomos die eigentlichen Beförderer der Sittenlosigkeit, da sie aufgrund ihrer ausgelassenen Darstellung und ihres unsittlichen Textgehaltes den Ehebruch schon vor Beginn der Ehe förderten. Deshalb empfiehlt er an anderer Stelle den vollkommenen Verzicht dieser heidnischen Bräuche und verlangt den vollständigen Ausschluss derartiger Gesänge von einer christlichen Hochzeitsfeier.[177] Damit mache sich der Bräutigam zwar zunächst unbeliebt, der Verzicht auf derartige Feiern aber sei von großem Nutzen für den Erhalt der Ehe.[178]

ὕπνῳ βαθεῖ, ταῦτα ἀγνοῶσιν, ἀλλ᾽ ὑπὸ τῆς σύριγγος διεγειρόμενοι, καὶ ἄνωθεν ἀπὸ τῶν δρυφάκτων κατακύπτοντες, μάρτυρες γένωνται τῆς κωμῳδίας ἐκείνης; (PG 61,104+105. Übers. A. Hartl).

175 Hier wird die Syrinx auch mit der Musik der Komödie verbunden, die dort allerdings für gewöhnlich keinen Platz hat. Generell ist der Aulos bzw. die Tibia das dominierende Blasinstrument in der Komödie. Der Einsatz einer Syrinx im Mimus/Pantomimus hingegen wäre denkbar, so dass Chrysostomos vermutlich auf den Mimus anspielt. Einführend zur Organologie der Syrinx vgl. West (1992), 109–112.

176 Chr. In ep. I ad Cor. hom. 12,6: Τί ἄν τις εἴποι τὰς ᾠδὰς αὐτάς, αἳ πάσης γέμουσιν ἀκολασίας, ἔρωτας ἀτόπους καὶ μίξεις παρανόμους καὶ οἰκιῶν ἀνατροπὰς καὶ μυρίας ἐπεισάγουσαι τραγῳδίας, καὶ πολὺ τὸ τοῦ φίλου καὶ ἐρῶντος ὄνομα ἔχουσαι, καὶ τὸ τῆς φίλης καὶ ἐρωμένης; Καὶ τὸ δὴ χαλεπώτερον, ὅτι καὶ παρθένοι παραγίνονται τούτοις, πᾶσαν ἀποδυσάμεναι τὴν αἰδῶ, εἰς τὴν τῆς νυμφευομένης τιμήν, μᾶλλον δὲ ὕβριν, καὶ τὴν ἑαυτῶν προπίνουσαι σωτηρίαν, καὶ μεταξὺ νέων ἀκολάστων ἀσχημονοῦσαι τοῖς ἀτάκτοις ᾄσμασι, τοῖς αἰσχροῖς ῥήμασι, τῇ σατανικῇ συμφωνίᾳ. (PG 61,105. Übers. A. Hartl).

177 Vgl. Chr. In ep. ad Eph. hom. 20,7: Πάντα τὰ ᾄσματα τὰ αἰσχρά, τὰ σατανικά, τὰς ἀσέμνους ᾠδάς, τὰς συνδρομὰς τῶν ἀκολάστων νέων περίελε τοῦ γάμου, καὶ ταῦτα τὴν νύμφην σωφρονίσαι δυνήσεται. (PG 62,145). „Dass du alle schändlichen satanischen Gesänge, alle unehrbaren Lieder, das Zusammenkommen zuchtloser Leute von deiner Hochzeit ausschließest, dadurch wird es dir möglich sein, deine Braut sittsam zu erhalten." (Übers. W. Stoderl).

178 Vgl. Chr. In ep. ad Eph. hom. 20,7: Ὁ γὰρ μήτε αὐλῶν μήτε ὀρχουμένων μήτε ᾀσμάτων κεκλασμένων ἀνασχόμενος, καὶ ταῦτα παρὰ τὸν τοῦ γάμου καιρόν, σχολῇ γ᾽ ἂν οὗτος ἀνέξεταί ποτε πρᾶξαι ἢ εἰπεῖν τι αἰσχρόν. (PG 62,145). „Denn ein Mann, der weder Musik noch Tanz noch weichliche Gesänge duldet, und das selbst an seinem Hochzeitstage nicht, wird schwerlich jemals etwas Unanständiges tun oder reden." (Übers. W. Stoderl).

Damit lassen sich in der Darstellung der Haltung des Chrysostomos zur Musikpraxis seiner Umwelt folgende Facetten herausstellen: Chrysostomos verurteilt die Gesänge und Musik im Rahmen der Theateraufführungen und Hochzeitsfeierlichkeiten wegen ihres negativen Gehaltes, der schlechte Auswirkungen auf das Seelenheil des Einzelnen, aber auch Aller haben muss. Dabei unterstreicht er, dass diese Art der Musik den Charakter des Menschen schädigen müsse aufgrund der ihr innewohnenden Immoralität, der Aufforderung zum Ehebruch und der Ausgelassenheit. Vordergründig wird den Theatergesängen insbesondere der Psalmengesang gegenübergestellt, der einzig zum Seelenheil führen könne. Hintergründig aber wirkt an dieser Stelle sicherlich die Angst des Chrysostomos, dass die wohlklingenden Gesänge, deren Inhalte diesem Klang nicht folgen, anziehender auf die Christen wirken als die Psalmodie in der Gottesdienstgestaltung. Dass Musik ein Träger von Botschaften ist, welche durch eingängige Melodien leichter memoriert werden, ist ihm bewusst und wird von ihm selbst hinsichtlich der Psalmengesänge als Mittel insbesondere in der Erziehung eingesetzt; bezüglich der Theatermusik und der Volksmusik bei Feierlichkeiten aber geht er dagegen in seinen Predigten hart vor. Die Gefahr des Eindringens der textlichen Inhalte in die Seele und die damit verbundene Furcht vor negativer Beeinflussung des menschlichen Verhaltens wird von Chrysostomos immer wieder thematisiert. Durch verschiedene Mittel wie Drohungen, Angstevozierung oder Polemik versucht er, seine Zuhörer vom Theaterbesuch abzuhalten.[179]

5.2.3   Jüdische Musik

Die Auseinandersetzung des Chrysostomos mit den Juden nimmt in den Predigten und den Schriften einen großen Raum ein. Die jüdischen Gemeinden sowohl in Antiochien als auch in Konstantinopel hatten einen großen Zulauf und erfreuten sich auch bei ihren Festen hoher Teilnehmerzahlen aus den christlichen Reihen.[180] Diese Festkultur wird von Chrysostomos häufig sehr undifferenziert angegriffen und aggressiv verurteilt. So findet die jüdische Musik auch ihren Niederschlag in der vierten Homilie zum Matthäusevangelium, in welcher Chrysostomos nach dem Beispiel der drei Jünglinge im Feuerofen auch von Instrumenten spricht, die der eigentlichen babylonischen Szene aus dem Alten Testaments nicht gerecht werden. Er benennt als die verführerischen Instrumente neben den Tympana und Auloi überraschenderweise auch die Kinyra,[181] die im Gleichnis von Dan

---

179   Vgl. dazu auch Quasten (1930), 180–185 und Jacob (2010), bes. 33–42.

180   Zur Geschichte der jüdischen Gemeinde in Antiochien vgl. Bouchier (1921),129–135 und vor allem Wilken (1983), 34–65 mit Unterkapitel zur römischen Gesetzgebung hinsichtlich der Juden sowie das anschließende Kapitel zur Faszination des Judentums und den judaisierenden Christen in Antiochien, Ders. (1983), 66–94. Einführend zur Haltung der Römer und Christen gegenüber den Juden vgl. Demandt (2007), 514–524.

181   Vgl. Chr. In Matth. hom. 4,11: Καὶ γὰρ καὶ νῦν ἕστηκεν εἰκὼν χρυσῆ, ἡ τοῦ μαμωνᾶ τυραννίς. Ἀλλὰ μὴ προσέχωμεν τοῖς τυμπάνοις, μηδὲ τοῖς αὐλοῖς, μηδὲ ταῖς κινύραις, μηδὲ τῇ λοιπῇ τοῦ πλούτου φαντασίᾳ. (PG 57,53). „Auch vor uns steht ja ein goldenes Götzenbild, der verführerische Mam-

3,4 gar nicht vorkommt. Dies geschieht keinesfalls unüberlegt, da er an anderen Stellen genau aus Daniel zitiert. Die Verbindung der drei angeführten Instrumente Tympana, Auloi und Kinyrai[182] steht sinnbildlich für den jüdischen Kult, welchen Chrysostomos als Gefahr für die Christen immer wieder anprangert. Insbesondere die jüdischen Feste, die mit viel Musik und Tanz begangen werden, sind bei ihm sehr negativ belegt, da ihre Attraktivität seine Kirche leer stehen ließ.[183] In den acht Reden gegen die Juden wird die jüdische Fest- und die damit verbundene Musikkultur heftig kritisiert.[184] Die Reden wurden von Chrysostomos in den Jahren 386/387 in Antiochien gehalten, wo seit alters her eine starke jüdische Gemeinde existierte.[185] So warnt Chrysostomos davor, als Christ an jüdischen Festen teilzunehmen, damit man kein schlechtes Beispiel abgebe:

> Und ich sage, wenn einer dich sieht, der du Erkenntnis hast, wenn du in die Synagoge gehst und Trompeten zuschaust, wird dann nicht sein Gewissen, wenn er schwach ist, bestärkt werden, das jüdische Tun zu bewundern?[186]

Die Trompeten, denen hier statt zugehört nur zugeschaut werden soll, sind ein deutlicher Indikator für das Fest, welches Chrysostomos hier beschreibt. Generell muss bei der spätantiken jüdischen Musikkultur unterschieden werden zwischen der Musik im Kult und der Musik bei Festen. Nur zu zwei Zeiten des Jahres finden Instrumente Eingang in den jüdischen Kult nach 70 n. Chr: Das Schofar-Horn erklingt im Rahmen der kultischen Feiern zum Neujahrsfest (*Rosh Hashanah*), die Trompeten erklingen zur Fastenzeit. Auch wird berichtet, dass die Trompeten in Zeiten der Not oder Pest außernahmsweise ertönen können.[187] Darüber hinaus scheint die Liturgie im Synagogengottesdienst keinen instrumentalen Gebrauch nötig gemacht zu haben.[188] Chrysostomos berichtet aber in der

---

mon. Horchen wir aber nicht auf die Tympana, nicht auf die Auloi und die Kinyrai, noch auf anderen eitlen Schein des Reichtums."

182 Die Kinyra bezeichnet die hebräische *kînôr*, vgl. dazu Anhang 2: Terminologie der Instrumente in den Psalmen und das Kapitel 4.3.1 (Das Instrumentarium im Buch der Psalmen), 123–129.

183 Vgl. Brändle (1994), 461, der auf die mit den Juden sympathisierende christliche Bewegung verweist, die Johannes Chrysostomos großes Kopfzerbrechen bereitete.

184 Chrysostomos richtet sich dabei mehr gegen ‚judaisierende' Christen, aber auch gegen die Juden selbst. Zum Begriff vgl. Brändle (1995), 36f. in allgemeiner Sicht, sowie detaillierter 42. Generell zur antijüdischen Kontroverse in den Schriften des Chrysostomos vgl. Malingrey (1979), 87–104.

185 Vgl. Brändle (1995), 46f. mit Belegen: Vornehmlich Daphne wird von Juden bewohnt, wie schon Josephus berichtet.

186 Chr. Adv. Iud. or. I,5: Καὶ ἐγὼ λέγω, ἐάν τις ἴδη σε τὸν ἔχοντα γνῶσιν εἰς συναγωγὴν ἀπερχόμενον, καὶ σάλπιγγας θεωροῦντα, οὐχὶ ἡ συνείδησις αὐτοῦ ἀσθενοῦς ὄντος οἰκοδομηθήσεται εἰς τὸ θαυμάζειν τὰ Ἰουδαϊκὰ πράγματα; (PG 48,851. Übers. V. Jegher).

187 Generell zur Diskussion über die jüdische Musikkultur in der Forschung vgl. McKinnon (1979/80), 78–86 und speziell zum Schofar mit Organologie und Verwendungskontexten vgl. Sendrey (1969), 342–365.

188 Vgl. McKinnon (1979/80), 78, der darauf verweist, dass nach der zweiten Tempelzerstörung nur noch der Schofar als Musikinstrument in der Liturgie verwendet wurde.

selben Rede über die Trompete und weitere Instrumente und trägt diese Auseinandersetzung mit der jüdischen Festkultur in die Zuhörerschaft hinein:

> „Aber ihre Feste haben etwas Ehrwürdiges, Großartiges!" Nun, gerade diese haben sie als unrein erwiesen. Hör doch die Propheten, besser noch, hör Gott, wie er sie kategorisch von sich weist: *Ich hasse eure Feste, ich verabscheue sie* (Am 5,21a). Gott hasst und du machst mit? Auch sagte er nicht, ,dieses und jenes Fest', sondern alle gleicherweise. Willst du sehen, dass er auch den Dienst mit den Tympana, mit den Kitharai, mit den Psalteria und den anderen Instrumenten im Gottesdienst hasst? *Bring von mir weg den Lärm deiner Lieder! Und das Spiel deiner Harfen will ich nicht hören* (Am 5,23). Gott sagt, *bring weg von mir,* und du läufst hin, um die Trompeten zu hören? Ja sind denn diese Schlachtopfer und Gaben nicht gräulich?[189]

Diese Stelle ist ein deutlicher Beleg dafür, dass Chrysostomos nicht die aktuelle jüdische Musikpraxis beschreibt, sondern die Musik zum Anlass nimmt, die jüdischen Feste abzuwerten.[190] So scheint Chrysostomos die Salpinx verallgemeinernd für die jüdische Musikkultur zu benennen, da sie im Kontext der polemischen Angriffe auf die Musikkultur einen zentralen Platz einnimmt. Offenbar ist ihm klar, dass die Trompeten nicht mehr den allgemeinen musikalischen Ritus gestalten, wenn er in der vierten Rede gegen die Juden äußert:

> Die Juden pflegten einmal, Trompeten zu blasen, als sie die Opfer hatten, jetzt aber ist es ihnen nicht erlaubt, das zu tun. Höre doch, weswegen sie die Trompeten bekamen: *Mach dir,* heißt es, *Trompeten, getriebene, silberne.* Dann, auf ihre Verwendung hinweisend, fügte er hinzu: *Blast auf ihnen zu euern Opfern und zu euern Heilsopfern* (Num 10,2,10). Wo ist jetzt der Altar? Wo die Lade? Wo das Zelt und das Allerheiligste? Wo der Priester? Wo die Cherubim der Herrlichkeit? Wo

---

189 Chr. Adv. Iud. or. I,7: Ἀλλ'αἱ ἑορταὶ αὐτῶν σεμνὸν ἔχουσί τι καὶ μέγα; Καὶ αὐτὰς μὲν οὖν ταύτας ἀκαθάρτους ἀπέδειξαν. Ἄκουσον γοῦν τῶν προφητῶν, μᾶλλον δὲ ἄκουσον τοῦ Θεοῦ, μεθ' ὅσης αὐτὰς ἀποστρέφεται τῆς ὑπερβολῆς· *Μεμίσηκα, ἀπῶσμαι τὰς ἑορτὰς ὑμῶν.* Ὁ Θεὸς μισεῖ, καὶ σὺ κοινωνεῖς; Καὶ οὐκ εἶπε, τήνδε ἢ τήνδε τὴν ἑορτήν, ἀλλὰ πάσας ὁμοῦ. Βούλει ἰδεῖν, ὅτι καὶ τὴν διὰ τυμπάνων καὶ τῆς κιθάρας καὶ τῶν ψαλτηρίων καὶ τῶν ἄλλων ὀργάνων λατρείαν μισεῖ; *Μετάστησον ἀπ' ἐμοῦ ἦχον ᾠδῶν σου, φησὶ, καὶ ψαλμὸν ὀργάνων σου οὐκ ἀκούσομαι.* Ὁ Θεὸς λέγει, *Μετάστησον ἀπ'ἐμοῦ·* καὶ σὺ τρέχεις ἀκουσόμενος τῶν σαλπίγγων; Ἀλλ' αὗται αἱ θυσίαι καὶ αἱ προσφοραὶ οὐχὶ βδελυκταί; (PG 48,853. Übers. V. Jegher).

190 Brändle (1995), 233f. zieht zögerlich eine Parallele zwischen der für die Synagogen in Antiochien bewusst von Chrysostomos falsch dargestellten Opferpraxis und der genannten Musikpraxis. Allerdings muss an dieser Stelle darauf verwiesen werden, dass das gemeinhin tradierte Verbot einer Verwendung von Instrumenten in der Synagoge nach der Tempelzerstörung, welches in der Forschung immer wieder behauptet wird, nicht haltbar ist, vgl. Smith (1984), 2–3, der basierend auf McKinnon (79/80) darauf verweist, dass sich ein solches Verbot nirgendwo finden lässt.

das goldene Weihrauchgefäß? Wo die Trankopferschalen? Wo das Feuer, das vom Himmel kam? Alles hast du sein lassen und nur an den Trompeten hälst du fest?[191]

Hier spielt Chrysostomos auf ein Gesetz der Mischna an, in welchem beschrieben ist, wie das Opfer im Jerusalemer Tempel vonstatten ging, welches vornehmlich durch den kennzeichnenden Ruf der Trompeten zur Verehrung aufrief.[192] Damit spielt Chrysostomos auch auf die Zerstörung des Tempels an, welche er als Zeichen dafür nimmt, dass die jüdische Religion von Gott abgelehnt wird.[193] Generell wird die jüdische Festkultur von Chrysostomos noch viel schärfer als die Theaterkultur seiner Zeit kritisiert. So rät er dazu, Sklaven und Frauen nicht in die Synagoge gehen zu lassen, da dieser Ort die gleiche Wirkung habe wie die Theater, dort aber nicht aus Unwissenheit, sondern mit völliger Boshaftigkeit Gottlosigkeit gepredigt werde.[194] An anderer Stelle setzt er das Laubhüttenfest gleich mit Feiern Prostituierter:

Aber wie ihre Trompeten widergesetzlicher waren als diejenigen, die im Theater ertönen, und ihr Fasten schändlicher ist als jede Sauferei und Völlerei, so sind auch

---

191 Chr. Adv. Iud. or. IV,7: Ἐσάλπιζον οἱ Ἰουδαῖοί ποτε, ὅτε τὰς θυσίας εἶχον, νῦν δὲ αὐτοῖς οὐκ ἀφίεται τοῦτο ποιεῖν. Ἄκουσον γοῦν, καὶ διὰ τί τὰς σάλπιγγας ἔλαβον· *Ποίησον σεαυτῷ, φησὶ, σάλπιγγας ἐλατὰς ἀργυρᾶς. Εἶτα λέγων αὐτῶν τὴν χρείαν, ἐπήγαγε· Καὶ σαλπιεῖτε ἐν αὐταῖς ἐπὶ τοῖς ὁλοκαυτώμασιν ὑμῶν, καὶ ταῖς θυσίαις τῶν σωτηρίων ὑμῶν.* Ποῦ τοίνυν ἐστὶν ὁ βωμός; ποῦ δὲ ἡ κιβωτός; ποῦ δὲ ἡ σκηνὴ καὶ τὰ ἅγια τῶν ἁγίων; ποῦ δὲ ὁ ἱερεύς; ποῦ δὲ τὰ χερουβὶμ τῆς δόξης; ποῦ δὲ τὸ χρυσοῦν θυμιατήριον; ποῦ δὲ τὸ ἱλαστήριον; ποῦ ἡ φιάλη; ποῦ τὰ σπονδεῖα; ποῦ τὸ πῦρ τὸ ἄνωθεν κατενεχθέν; Πάντα ἀφῆκας, καὶ τὰς σάλπιγγας κατέχεις μόνον; (PG 48,882/883. Übers. V. Jegher).

192 Vgl. mTamid 7,3.4: „[Nach der Verbrennung des Opferlammes auf dem Brandaltar steigt der (Hohe-)Priester vom Altar, um an dessen Südwestecke das Weingußopfer darzubringen] Man gab ihm den Wein zum Gußopfer. Der Ritualmeister steht an der Ecke mit dem Tuch in der Hand und zwei Priester stehen an dem Tisch für die Fettstücke mit zwei silbernen Trompeten in der Hand. Sie stoßen [einmal in die Trompeten], schmettern und stoßen [wiederum], dann gehen sie hin und stellen sich neben Ben Arza, einer zu seiner Rechten und einer zu seiner Linken, [der opfernde Priester] beugt sich, um das Gußopfer auszugießen, da schwenkt der Ritualmeister das Tuch und Ben Azra schlägt die Zimbel und die Leviten singen das Lied (mit Instrumentalbegleitung). Kommen sie an einen Abschnitt, stoßen [die beiden Priester an die Trompeten] und das Volk wirft sich nieder (verbeugt sich), über jedem Abschnitt ein Trompetenstoß und zu jedem Trompetenstoß ein Sich-Niederwerfen. Das ist die Ordnung des Tamid[opfers] für den Dienst im Hause unseres Gottes..." Zitiert nach Grözinger (1982), 120–121. Vgl. dazu auch McKinnon (79/80), 77.

193 Vgl. Brändle (1995), 50.

194 Vgl. Chr. Adv. Iud. or. IV,7: κἂν οἰκέτην ἔχῃς, κἂν γυναῖκα, κάτεχε ἐπὶ τῆς οἰκίας μετὰ πολλῆς τῆς σφοδρότητος. Εἰ γὰρ εἰς θέατρον οὐκ ἐπιτρέπεις ἀπελθεῖν, πολλῷ μᾶλλον ἐπὶ συναγωγῆς τοῦτο χρὴ ποιεῖν· μείζων γὰρ ἡ παρανομία ἐκείνης αὕτη· ἐκεῖ ἁμαρτία τὸ γινόμενον, ἐνταῦθα δὲ ἀσέβεια. Ταῦτα δὲ λέγομεν, οὐχ ἵνα εἰς θέατρον ἀφῆτε ἀναβαίνειν, κακὸν γὰρ κἀκεῖνο, ἀλλ' ἵνα καὶ τοῦτο πολλῷ πλέον κωλύσητε. (PG 48,882/883). „Wenn du also einen Sklaven hast, eine Frau, halte sie im Haus zurück mit großer Strenge. Wenn du es nämlich nicht erlaubst, ins Theater zu gehen, so gilt das erst recht für die Synagoge. Denn dieser Verstoß gegen das Gesetz ist größer als jener; dort ist, was passiert, ein Irrtum, hier aber Gottlosigkeit. Das sagen wir nicht, damit ihr es gestattet, ins Theater zu gehen, schlecht ist auch das, sondern damit ihr es noch viel energischer verhindert." (Übers. V. Jegher).

die Hütten, die jetzt bei ihnen aufgestellt werden, in keinem Punkt besser als die Häuser, welche Huren und Aulosspielerinnen beherbergen.[195]

Die harsche Wortwahl des Chrysostomos den Juden oder den judaisierenden Christen gegenüber lässt vermuten, dass die jüdischen Gemeinden in Antiochien offenbar eine höhere Anziehungskraft auf einzelne christliche Gemeindemitglieder ausübten als die *spectacula* und der Gemeindegottesdienst. Ins Auge fällt der Widerspruch zwischen realer Musikpraxis und zugeschriebener Musikkultur – offenbar wurde den Juden auch noch in dieser Zeit eine rege Musikpraxis und Festkultur zugeschrieben, die so anziehend wirkte, so dass auch noch im 4. Jahrhundert von der jüdischen Gemeinde eine große Gefahr auszugehen scheint. Es könnte aber auch sein, dass die Verwendung und Benennung der Instrumente der früheren jüdischen Kultpraxis von Chrysostomos als Parallele zum negativ belegten Instrumentarium seines Umfeldes bewusst und sorgfältig ausgewählt wurde: Durch die bereits bestehende negative Konnotation der heidnischen Instrumente konnte schon eine Negativverbindung zu den Instrumenten selbst hergestellt worden sein, die die Christen jetzt auch vom Besuch der Synagoge abschrecken sollte.

5.3   Chrysostomos über Wirkung und Funktion bestimmter Musikinstrumente

Bei näherer Betrachtung des von Chrysostomos verwendeten Instrumentariums fällt auf, dass einige Instrumente eine stetige Beachtung erfahren. So verwendet Chrysostomos sehr häufig die Salpinx als eine Metapher mit weit gestreuten Bedeutungskontexten.[196] Auch Kithara und Lyra werden häufig genannt, allerdings sind ihre Bedeutungshorizonte nicht so weit gestreut wie die der Salpinx. Die Ensembles verschiedener Instrumente, wie beispielsweise Aulos und Perkussionsinstrumente, werden dagegen zumeist in Kontexten der Theatermusik beschrieben.[197]

---

195 Chr. Adv. Iud. or. VII,1: Ἀλλ' ὥσπερ αὐτῶν αἱ σάλπιγγες τῶν ἐν τοῖς θεάτροις ἦσαν παρανομώτεραι, καὶ αἱ νηστεῖαι μέθης καὶ κώμου παντὸς ἦσαν αἰσχρότεραι, οὕτω καὶ αἱ σκηναὶ αἱ νῦν παρ' αὐτῶν πηγνύμεναι, τῶν πανδοχείων τῶν πόρνας ἐχόντων καὶ αὐλητρίδας οὐδὲν ἄμεινον διάκεινται. (PG 48,915. Übers. V. Jegher).

196 So stößt man bei der TLG Recherche in den Schriften des Chrysostomos unter diesem Lemma auf 222 Treffer.

197 Vgl. Kapitel 5.2.1 (Die Kritik an der Musik der Theater), 181–188, und 5.2.2 (Zur Musik bei Hochzeitsfeiern), 188–190.

5.3.1   Die Salpinx

Bei der Salpinx handelt es sich um eine Naturtrompete aus dem griechischen Kultur-
raum. Sie besteht aus einer 1500 mm langen zylindrischen und engmensurierten Röhre.
Der Schalltrichter ist kurz und konisch geformt, das Instrument wird in der Regel aus
Bronze gefertigt. Das römische Gegenstück dazu ist der Lituus, welcher allerdings über
einen abgewinkelten Schalltrichter verfügt. Die Tuba, welche häufig der lateinischen
Übersetzung der Salpinx dient, verzeichnet eine deutlich kürzere Länge von 1200 mm
und repräsentiert damit nicht den Klang der Salpinx, wohl aber ihren Verwendungskontext.[198] Zentral für die Klangwahrnehmung ist zum einen der organologische Befund der
Naturtrompete: Da es in der Antike noch keinerlei Ventile gibt, ist die Menge der erzeug-
baren Töne begrenzt.[199] Es handelt sich also hinsichtlich Spielweise und Spielmöglich-
keiten eher um ein dunkel klingendes Signalinstrument.[200] Der Spielkontext der Salpinx
liegt in römischer Zeit hauptsächlich im militärischen Bereich, zudem spielt sie auch im
Rahmen der *spectacula* häufig eine Rolle.[201] Sie ist das lauteste Blasinstrument der Antike. Literarisch ist die Salpinx sehr häufig bezeugt, die früheste Erwähnung ist bereits in
der Ilias zu finden.[202] In den gängigen Übersetzungen der patristischen Literatur hat sich
häufig für das Wort Salpinx die Übersetzung Posaune eingebürgert. Dieser Term gibt
einen deutlich falschen Sachverhalt wieder, da die Antike keine Posaune kennt. Der Ursprung dieser Wortverwechslung liegt in den Übersetzungen der Frühen Neuzeit, welche
mit der neu entwickelten Posaune das lauteste Instrument ihrer Zeit aus dem höfischen
als auch kirchlichen Kontext abbildeten. Da sich die Klangästhetik von Hof und Kirche
in den folgenden Jahrhunderten hinsichtlich der Posaune nicht veränderte, blieb dieser
Übersetzungsfehler bis weit ins 19. Jahrhundert bestehen und wird teilweise sogar heute noch unkritisch übernommen.[203] Chrysostomos verwendet das Bild der Salpinx ausschließlich in seiner realen Funktion eines Signalinstrumentes und bricht also nicht mit
dem bestehenden instrumentenkundlichen Bedeutungskontext.

---

198 Die Salpinx verfügt über einen Ambitus von sechs Tönen. Einführend vgl. Ahrens (1998), bes. 887
     sowie Wille (1967), 78f.

199 Die Naturinstrumente verfügen über die Töne der Obertonreihe, also in der Regel Prime, Quarte,
     Quinte und Oktave. Die Entwicklung der Ventile an Blasinstrumenten erfolgt erst in der Frühen
     Neuzeit.

200 Durch die Klangfarbe hebt sich die Salpinx deutlich von der Tuba ab, die wegen der kürzeren Men-
     sur heller klingt. Zu Klangzuschreibungen der Zeitgenossen zur Tuba vgl. Wille (1967), 83–84.

201 Vgl. Wille (1967), 84–90 und 202–204 sowie besonders Alexandrescu (2010), 33–45 unter Berück-
     sichtigung der literarischen, musikarchäologischen als auch epigraphischen Quellen. Damit äh-
     nelt der Verwendungskontext dem der übersetzten Tuba mehr als dem Lituus, welcher weniger im
     Rahmen der *spectacula* gespielt wurde und ausschließlich militärisch verwendet wurde.

202 Vgl. Hom. Il. 18,219; daran anschließend aus der klassischen Zeit z. Bsp. Aischyl. Eum. 568. Vgl.
     dazu Ahrens (1998), 887 mit weiterführenden Quellenangaben.

203 Vgl. dazu beispielsweise Heiser (2012), 261–263 oder die zahlreichen modernen Bibelübersetzungen.

5.3.1.1 Bedeutung der Lautstärke

Häufig rekurriert Chrysostomos auf die Lautstärke der Salpinx, die allen anderen antiken Musikinstrumenten diesbezüglich überlegen ist. Die Salpinx wird so zur Metapher des Maximalen. In der 15. Homilie zum Epheserbrief ordnet Chrysostomos die Salpinx den lautesten aller Musikinstrumente zu und stellt sie den leisen Instrumenten gegenüber:

> Auch unter den Musikinstrumenten klingen die lärmenden unangenehm, so Tympana und Salpinx; angenehm dagegen die, welche nicht so lärmen, sondern einen süßen Ton besitzen, wie Aulos, Kithara und Hirtenpfeife. So wollen wir folglich unsere Seele in den Zustand versetzen, dass sie nicht schreie; und so werden wir in der Lage sein, auch den Zorn zu überwinden.[204]

Diese Zuweisung der Lautstärke erfolgt unter der Zuschreibung des Gefühls Zorn. So weist Chrysostomos die unangenehme Empfindung des Zornes den lärmenden Musikinstrumenten zu, zu denen er die Salpinx zählt. Damit definiert er sie über die größtmögliche Lautstärke und belegt sie singulär mit einer negativen Assoziation bezüglich ihrer Klangqualität, die sich in anderen seiner Schriften nicht finden lässt. Vielmehr findet sich in den Quellen häufiger der Vergleich zwischen dem Volumen der Salpinx und herausragenden Taten oder Persönlichkeiten. So wird auch die Stimme des Apostel Paulus mit der Salpinx verglichen. Dies geschieht zum einen hinsichtlich der Lautstärke, zum anderen hinsichtlich ihres geistigen Gehalts. So sagt Chrysostomos über die Paulus-Briefe folgendes:

> Immer wenn ich aus den Briefen des heiligen Paulus vorlesen höre, [...] erfreue ich mich daran, den Schall dieser geistigen Trompete (τῆς σάλπιγγος τῆς πνευματικῆς) zu genießen, ich gerate in Entzücken und erglühe vor Sehnsucht, wenn ich diese mir so liebe Stimme vernehme, und es kommt mir vor, als sähe ich den Apostel, im Sprechen begriffen, wie leibhaftig vor mir stehen.[205]

Mit dieser Aussage eröffnet er die Predigt über die Römerbriefe des Paulus und empfiehlt sie seinen Zuhörern wärmstens, indem er schildert, wie diese von ihm geliebte Stimme in

---

204 Chr. In ep. ad Eph. hom. 15,4: Καὶ τῶν ὀργάνων δὲ τῶν μουσικῶν, ὅσα μὲν ἂν κράζῃ, ἀηδέστερά ἐστι πρὸς τὸν φθόγγον, οἷον τύμπανα, σάλπιγγες · τὰ δὲ μὴ οὕτως, ἀλλὰ μαλάττοντα, ταῦτα ἡδέα, οἷον αὐλὸς καὶ κιθάρα καὶ σύριγγες. Οὕτως οὖν ἡμῶν τὴν ψυχὴν καταστήσωμεν, ὥστε μὴ κράζειν · καὶ οὕτω δυνησόμεθα καὶ τῆς ὀργῆς περιγενέσθαι. (PG 62,112. Übers. W. Stoderl).

205 Chr. In ep. ad Rom. hom. 1,1: Συνεχῶς ἀκούων ἀναγινωσκομένων τῶν Ἐπιστολῶν τοῦ μακαρίου Παύλου, [...] χαίρω μὲν τῆς σάλπιγγος ἀπολαύων τῆς πνευματικῆς, καὶ διανίσταμαι, καὶ θερμαίνομαι τῷ πόθῳ, τὴν ἐμοὶ φίλην ἐπιγινώσκων φωνήν, καὶ μονονουχὶ παρόντα αὐτὸν δοκῶ φαντάζεσθαι, καὶ διαλεγόμενον ὁρᾷν · (PG 60,391. Übers. J. Jatsch). Zu dieser Stelle vgl. auch Heiser (2012), 262, der darauf verweist, dass Chrysostomos durch diese Äußerung der geistlichen Trompete die Vorstellung transportiert, „dass Paulus Göttliches getreu verkündigt".

ihm eine Sehnsucht wecke.[206] Auch im Rahmen der Homilien zum Statuen-Aufstand in Antiochien (387) gibt Chrysostomos Paulus' Stimme eine symbolische Zuschreibung. Die Statuenhomilien brachten Chrysostomos seinen Rang als brillanter Rhetor ein und ließen ihn im ganzen Reich bekannt werden. Da einige Bewohner der Stadt die kaiserlichen Statuen im Zorn über Steuererhöhungen umgeworfen hatten, fürchtete die ganze Stadt die Reaktion des Kaisers Theodosius auf diese tiefe Majestätsbeleidigung. Der Bischof von Antiochien, Flavian, hatte unter diesen Umständen versucht, die Situation am Kaiserhof zu entschärfen und war zu einer Reise nach Konstantinopel aufgebrochen. Der Presbyter Chrysostomos nutzte seine Abwesenheit und die gleichzeitige Fastenzeit, um die Kirchenbesucher zu Umkehr und Buße zu bewegen.[207] In der ersten Säulenhomilie[208] beschreibt er den konträren Klang von Lyra und Salpinx, welcher in der Stimme des Paulus je nach Anlass zu hören sei. In diesem Zuge weist Chrysostomos der Trompete ganz besondere Eigenschaften zu, er sagt:

> Habt ihr die apostolische Stimme, die Trompete vom Himmel, die geistige Lyra gehört? Denn wie eine Trompete mit furchtbarem und kriegerischem Schall, schlägt sie die Feinde zu Boden und richtet den gesunkenen Mut der ihrigen auf, erfüllt die Achtsamen mit starker Zuversicht und macht sie dem Teufel unbesiegbar.[209]

Die Salpinx nimmt hier also eine aufrüttelnde Rolle ein. Sie betäubt ihre Gegner durch lauten und furchteinflössenden Klang, so dass dem Kämpfenden neuer Mut zuteil werden kann. Chrysostomos verleiht der Stimme des Apostels damit eine militärische Konnotation, die die Gläubigen zum Kampf antreibt und ihnen Zuversicht auf einen Sieg gibt. Dieser klanglichen Zuschreibung stellt er anschließend die Lyra gegenüber, die auch

---

206 Allgemein zu dem speziellen Paulus-Epitheton „Salpinx" vgl. Heiser (2012), 261–263, der einen detaillierten Überblick über die Quellenstellen des Chrysostomos zur Verwendung der Salpinx als Paulus-Epitheton gibt, dabei aber leider auch fälschlicherweise statt Trompete die Posaune übersetzt, und somit einen inkorrekten Klangeindruck vermittelt.

207 Zum Säulenaufstand vgl. Tiersch (2002), 92–110. Zur Rolle des Chrysostomos vgl. Baur I (1929), 212–233 und Kelly (1995), 72–82 sowie Mitchell (2000) zur Ausgabe der Homilien. Paverd (1991) hat zu jeder Homilie eine Detailanalyse vorgenommen.

208 Wenngleich die Zählung der Homilien zum Säulenaufstand diese Homilie als erste benennt, handelt es sich nicht um die zeitlich erste Homilie nach dem Aufstand, sie wurde fünf Tage davor gehalten. Zur Datierung vgl. Paverd (1991), 293–297, der zeigen konnte, dass inhaltlich keine Referenz zu dem unmittelbaren Anlass bestehe. Schon die BKV-Ausgabe der Statuenhomilien von 1874 erkennt diese Datierug und verweist darauf, dass die erste Säulenhomilie fünf Tage vor dem Aufstand gehalten wurde, vgl. Mitterrutzner (1874), 11. Dennoch sieht Mitchell (2000, 76 Fn. 41) fälschlicherweise einen direkten Zusammenhang zwischen dem Epitheton der Trompete und der ersten Statuenhomilie.

209 Chr. Stat. 1,1: Ἠκούσατε τῆς ἀποστολικῆς φωνῆς, τῆς σάλπιγγος τῆς ἐκ τῶν οὐρανῶν, τῆς λύρας τῆς πνευματικῆς; Καὶ γὰρ ὡς σάλπιγξ φοβερὸν ἠχοῦσα καὶ πολεμικόν, καταπλήττει τε τοὺς ἐχθρούς, καὶ διανίστησι τῶν οἰκείων τὰ πεπτωκότα φρονήματα, καὶ πολλοῦ θάρσους ἐμπλήσασα ἀκαταγωνίστους ποιεῖ τῷ διαβόλῳ τοὺς προσέχοντας. (PG 49,15–17,2. Übers. J. Mitterrutzner).

durch die Stimme des Apostels verkörpert werden könne.[210] Chrysostomos zeigt hier also zwei Eigenschaften unterschiedlicher Klangwirkungen auf, die er auf die Inhalte der Apostelbriefe überträgt: Die Salpinx als Instrument militärischer Provenienz erfüllt eine anregend-aufrüttelnde, in Kampflaune versetzende Funktion, wohingegen die Lyra als besänftigendes Saiteninstrument die innere Unruhe und Sorge tilgen soll, um der Erbauung der Seele zu dienen.

Neben dieser Bedeutungsebene verwendet Chrysostomos die Salpinx als Metapher für den Vergleich der Aufrichtigkeit großer Taten mit ihrem Klangvolumen. In diesem Sinn spielt vor allem die Tugend und das tugendhafte Handeln eine Rolle. So ist es Chrysostomos ein Anliegen, die sich in guten Taten äußernde christliche Tugend immer wieder herauszukehren, sie von den Werken der Umgebung abzugrenzen und sogar darüber zu erhöhen. So sagt er in der dritten Homilie zum ersten Brief an die Korinther:

> Auf diese Weise haben auch viele ungebildete Männer die Spitzfindigkeiten von Philosophen besiegt, indem sie durch ihre Werke ihre Weisheit aufgezeigt haben und sie durch ihren Tugendwandel lauter als eine Trompete verkündeten: Denn Taten sind stärker als Worte.[211]

Die Kennzeichnung der Trompete als lautestes aller Instrumente seiner Umwelt dient Chrysostomos in diesem Beispiel dafür, sich mit dem unmittelbaren Vergleich zur christlichen Tugend über die heidnische Umwelt zu erheben. Darin klingen verschiedene Aspekte mit: Die Überlegenheit von Taten gegenüber Worten als hervorstechende christliche Eigenart und die Signalwirkung des christlichen Handelns für die Welt. Dieser Beweis christlicher Glaubensstärke ist auch in der zweiten Homilie zum ersten Brief an die Thessalonicher zentral:

> Gleichwie nämlich von dem Schall einer gewaltigen Trompete die ganze Gegend widerhallt, so ist der Ruf von eurer Glaubensstärke, gleich einer Trompete weithin schallend, im Stande, den ganzen Erdkreis zu durchdringen und mit gleicher Stärke überall an aller Ohren zu schlagen. Große Taten werden an den Orten, wo sie geschehen, wohl auch laut gepriesen, in der Ferne aber weniger. Bei euch nun ist dem nicht so: euer Ruf ist mit weitem Schall über die ganze Erde hin gedrungen.[212]

---

210   Vgl. Chr. Stat. 1,1: Καὶ ὡς λύρα πάλιν μετὰ πολλῆς τῆς ψυχαγωγίας τέρπουσα, κοιμίζει τῶν ἀτόπων λογισμῶν τὰ πάθη, καὶ πολλὴν ἡμῖν μεθ'ἡδονῆς ἐνίησι τὴν ὠφέλειαν. (PG 49,17,2–5). „Und indem sie [die Stimme des Apostels] wiederum gleich einer Lyra die Seele reichlich anregt und ergötzt, stillt sie das Leid der unordentlichen Gedanken und bringt uns nebst dem Vergnügen reichen Nutzen." (Übers. J. Mitterrutzner).

211   Chr. In ep. I ad Cor. hom. 3,5: Πολλοὶ καὶ ἰδιῶται ἄνδρες φιλοσόφων οὕτω κατέπληξαν τὴν διάνοιαν, ὡς καὶ τὴν τῶν ἔργων ἐπιδειξάμενοι φιλοσοφίαν, καὶ φωνὴν σάλπιγγος λαμπροτέραν διὰ τῆς πολιτείας καὶ φιλοσοφίας ἀφέντες· αὕτη γὰρ τῆς γλώττης ἰσχυροτέρα. (PG 61,29,19. Übers. A. Hartl).

212   Chr. In ep. I ad Thess. hom. 2,1: δηλῶν ὅτι ὥσπερ σάλπιγγος λαμπρὸν ἠχούσης ὁ πλησίον ἅπας πληροῦται τόπος, οὕτω τῆς ὑμετέρας ἀνδρείας ἡ φήμη, καθάπερ ἐκείνη σαλπίζουσα, ἱκανὴ τὴν οἰκουμένην ἐμπλῆσαι, καὶ πᾶσι τοῖς πανταχοῦ μετὰ τῆς ἴσης ἠχῆς προσπεσεῖν. Τὰ γὰρ μεγάλα τῶν

Auch hier ist das Volumen des Klanges von höchster Bedeutung: Die Metapher der Trompete, die hier stellvertretend das römische Militär und damit die römische Größe und Expansion bezeichnet, zeigt jetzt die Expansion der Christen an, die nicht mehr nur lokal, sondern *mit weitem Schall über die ganze Erde hin*[213] präsent sind. Die Christen haben also mit ihrem Glauben und ihren Taten den ganzen Erdkreis einnehmen können – das Signal dafür gibt die Salpinx, die von den christlichen Taten kündet.[214] Schon zuvor bestärkt Chrysostomos die Christen darin, sich durch tugendhaftes Handeln über die Spötter zu erheben. In der 34. Homilie zum Matthäusevangelium bestärkt er die Gemeinde:

> Dann werden die einen als Verleumder, Lügner und falsche Ankläger dastehen, ihr aber in herrlicherem Glanze erstrahlen als die Sonne; dann wird eine lange Zeit kommen, die euch offenbaren und preisen und euren Ruhm lauter verkünden wird als mit Trompetenschall, und alle Menschen wird sie zu Zeugen eurer Tugend machen. Darum dürfen euch meine Worte jetzt nicht entmutigen, vielmehr soll die Hoffnung auf die zukünftigen Güter euch aufrichten. Denn es ist unmöglich, dass eure Taten verborgen bleiben.[215]

Der zukünftige Ruhm, der den Christen aufgrund ihrer tugendhaften Taten zuteil werden wird, sprengt die Metapher des maximalen Klangvolumens der Salpinx. Diese Aussage bewahrheitet sich mit der oben zitierten Homilienstelle zu den Thessalonicherbriefen. Die Taten der Christen blieben nicht verborgen, sondern wurden in allen Regionen der Welt in der gleichen Lautstärke vernommen. Damit dient die Schallreichweite und das Volumen dieses Instrumentes als Metapher für die Aussendung des Glaubens in alle Welt durch die Einheit der Gläubigen wie in einem einzigen Ton. Dass allerdings auch der

---

πραγμάτων ἔνθα μὲν ἂν γένηται, λαμπρότερον ᾄδεται, πόρρω δὲ ᾄδεται μέν, οὐχ οὕτω δέ · ἀφ'ὑμῶν δὲ οὖν οὐχ οὕτως, ἀλλ'ἡχὴ εὔσημος πανταχοῦ τῆς γῆς ἐξελήλυθε. (PG 62,399. Übers. W. Stoderl).

213 Vgl. Fn. 212 und auch die Darstellung der Aposteltaten in Chr. In Matth. hom. 56,4: Μετὰ γὰρ ταῦτα καὶ Πνεύματος κατηξιώθησαν, καὶ τὴν ἀπὸ τῶν σημείων εἶχον φωνὴν συνηγοροῦσαν αὐτοῖς, καὶ πάντα ὅσα ἔλεγον λοιπὸν εὐπαράδεκτα ἦν, σάλπιγγος λαμπρότερον τῶν πραγμάτων ἀνακηρυττόντων αὐτοῦ τὴν ἰσχύν, καὶ οὐδενὸς σκανδάλου τοιούτου μεσολαβοῦντος τὰ γινόμενα. (PG 58,554). „Denn nachher empfingen sie ja die Gnade des heiligen Geistes und die Gabe der Wunder, welche laut für sie zeugten, und alles, was sie dann sagten, war wohl glaubwürdig, weil die Tatsachen selbst wie lauter Trompetenschall seine Macht verkündeten und kein Ärgernis mehr den Fortgang der Ereignisse hemmte." (Übers. J. Baur).

214 In die gleiche Richtung weist Chr. In Matth. hom. 15,8: καὶ γὰρ σάλπιγγος ἁπάσης λαμπροτέρα ἡ διὰ τῶν ἔργων ἐπίδειξις, καὶ τοῦ φωτὸς αὐτοῦ φανότερος βίος καθαρός, κἂν μυρίοι οἱ διαβάλλοντες ὦσιν. (PG 57,234). „Der Beweis aus euren Werken spricht lauter als der lauteste Herold [mit seiner Trompete] und ein reines Leben glänzt mehr, als selbst das Licht, auch wenn tausend Verleumder wider euch aufträten." (Übers. J. Baur).

215 Chr. In Matth. hom. 34,1: καὶ οἱ μὴν συκοφάνται καὶ ψεῦσται καὶ κακηγόροι, ὑμεῖς δὲ τοῦ ἡλίου φανεῖσθε λαμπρότεροι, τοῦ μακροῦ χρόνου ἐκκαλύπτοντος ὑμᾶς καὶ ἀνακηρύττοντος, καὶ σάλπιγγος λαμπροτέραν φωνὴν ἀφιέντος, καὶ μάρτυρας ἅπαντας τῆς ὑμετέρας ποιοῦντος ἀρετῆς. Μὴ τοίνυν τὰ λεγόμενα νῦν ὑμᾶς ταπεινούτω, ἀλλ' ἡ ἐλπὶς τῶν μελλόντων ἀγαθῶν ἀνορθούτω. Ἀμήχανον γὰρ κρυβῆναι τὰ καθ' ὑμᾶς. (PG 57,399. Übers. J. Baur).

einzelne dafür eine tragende Rolle spielt, zeigt uns Chrysostomos im Beispiel der Hure Anna. Diese hatte sich reuig zu Christus hingewandt und Tränen für ihre Sünden auf seine Füße geweint, damit er ihr vergebe (1 Sam 1,13). Diese Tat der Reue, die sich im Vergießen der Tränen zeigt, wird von Chrysostomos folgendermaßen bewertet:

> Ich will nur solche Tränen, die man nicht aus Hochmut vergießt, sondern aus Demut, heimlich und im Verborgenen, wo niemand es sieht; Tränen, die still und geräuschlos fließen, die aus der Tiefe der Seele kommen, aus innerem Weh und Schmerz, die man nur Gottes wegen vergießt, so wie es bei Anna der Fall war. *Denn ihre Lippen*, heißt es, *bewegten sich und ihre Stimme ward nicht gehört* (1 Sam 1,13). Aber ihre Tränen allein waren lauter als Trompetenklang.[216]

Hier steht die Lautstärke der Salpinx im grotesken Kontrast zum geräuschlosen Weinen der Hure Anna. Die Tiefe der Reue soll durch den Vergleich mit der maximalen Lautstärke verdeutlicht werden. So schließt Chrysostomos an diese Stelle an, dass Gott allein die Tiefe ihrer äußeren Handlung gesehen und erfasst habe.[217] Auch der gewaltsame Tod Abels (1 Mos 4,8) wird in diesem Bedeutungskontext als große Tat mit der Salpinx verbunden. So sagt Chrysostomos, dass Abels Blut lauter als eine Trompete zum Himmel rief.[218] In allen genannten Beispielen also gilt die Maxime der Lautstärke der Salpinx als Vergleichsmittel zur großen Trag- und Reichweite der christlichen Taten und deren Tugendhaftigkeit. Diese dienen in der Welt, sei es regional, sei es global, der Verkündung der Glaubensmaxime der Christen. Dabei ist es wichtig, den militärischen Hintergrund des Instrumentes zu bedenken, der immer auch für die Zuhörer mitschwingt und ihnen die Größe ihrer Taten hinsichtlich einer großen Schallweite erfahrbar macht – die Christen sind nicht mehr im Verborgenen tätig, sie haben ein Sendungsbewusstsein in die Welt hinaus, wie der militärische Klang der römischen Einheiten die römische Expansion verkündete.

---

216 Chr. In Matth. hom. 6,5: Ἐγὼ γὰρ ἐκεῖνα ζητῶ τὰ δάκρυα τὰ μὴ πρὸς ἐπίδειξιν, ἀλλὰ πρὸς κατάνυξιν γινόμενα · τὰ λάθρα καὶ ἐν τοῖς ταμιείοις, καὶ μηδενὸς ὁρῶντος, ἀλλ' ἠρέμα καὶ ἀψοφητὶ στάζοντα · τὰ ἀπὸ βάθους διανοίας, τὰ ἐν τῷ θλίβεσθαι καὶ ὀδυνᾶσθαι, τὰ διὰ τὸν Θεὸν μόνον γινόμενα, οἷα τὰ τῆς Ἄννης ἦν · Τὰ γὰρ χείλη αὐτῆς, φησὶν, ἐκινεῖτο, καὶ ἡ φωνὴ αὐτῆς οὐκ ἠκούετο.'Ἀλλὰ τὰ δάκρυα μόνα σάλπιγγος λαμπροτέραν ἠφίει φωνήν. (PG 57,69. Übers. J. Baur).
217 Vgl. Chr. In Matth. hom. 6,5: Καὶ ταῦτα μὲν ἅπαντα ἔξωθεν ἐγίνετο· τὰ δὲ ἐν τῇ διανοίᾳ τελούμενα πολλῷ τούτων θερμότερα ἦν, ἃ μόνος αὐτὸς ἔβλεπεν ὁ Θεός. (PG 57,69). „Das alles war aber nur der äußere Vorgang, was in ihrer Seele vorging, war noch viel inbrünstiger, und Gott allein hat es gesehen." (Übers. J. Baur).
218 Vgl. Chr. In Matth. hom. 19,3: Ὁ δὲ Ἄβελ οὐχὶ σιγῶν, ἀλλὰ καὶ τελευτῶν ηὔχετο, καὶ τὸ αἷμα αὐτοῦ σάλπιγγος λαμπροτέραν ἠφίει φωνήν. (PG 57,277). „Ja, Abel hat nicht bloß durch sein Schweigen, sondern selbst durch sein Sterben gebetet, und sein Blut rief lauter zum Himmel, als eine Trompete es vermöchte." (Übers. J. Baur).

5.3.1.2 Verwendungskontexte und ihre symbolische Übertragung

Die musikalischen Verwendungskontexte der Salpinx sind vielfältig, vorrangig aber ist die Verwendung als Signalinstrument. So spielt auch im übertragenen Sinn die Trompete als Metapher für ein Signal die größte Rolle in der Verwendung dieses Bildes bei Chrysostomos. Das Signal selbst kann mit einer positiven oder einer negativen Bedeutungsebene belegt sein. So kann der Schrecken des jüngsten Gerichts durch das Erklingen der Salpinx eingeleitet werden, wie Chrysostomos anschaulich in der 14. Homilie zum Philipperbrief schildert:

> Magst du auch tausend Höllen nennen, so wirst du doch nimmermehr etwas ausgesprochen haben, das jenem unsäglichen Wehe gleicht, welches die Seele ausstehen muss, wenn der ganze Erdball in seinen Grundfesten wankt, wenn die Trompeten erschallen, wenn die Engelheere herabkommen...[219]

Beginnend mit dem Signal der Salpinx beschwört Chrysostomos nachfolgend den Schrecken des höllischen Feuers, in welche die gefallenen Engel die schlechten Menschen ziehen. Hier dient das Bild der Salpinx als Ankündigung göttlichen Zorns, mit dem Chrysostomos seinen Zuhörern in der Dimension des Ewigen droht, damit sie ihre aktuelle Lebensführung überdenken und ändern. In der achten Homilie zum ersten Thessalonicherbrief erklärt Chrysostomos die Aufgabe der Salpinx im Bibelwort, das jüngste Gericht einzuleiten.[220] Die deutliche Konsequenz des Signals bewirkt die Ankunft der Richter und den Beginn des Leidens.[221] Ebenfalls negativ belegt wirkt aus moralischer Sicht der Vergleich eines Erdbebens mit einer göttlichen Drohung, welche Chrysostomos in der zehnten Homilie zum Epheserbrief postuliert.[222] In dieser Stelle zeigt sich ein direkter

---

219 Chr. In ep. ad Philipp. hom. 14,4: Εἰ γὰρ μυρίας γεέννας εἴπῃς, οὐδὲν ἴσον ἐρεῖς τῆς ὀδύνης ἐκείνης, ἣν ὑφίσταται τότε ἡ ψυχή, τῆς οἰκουμένης κλονουμένης ἁπάσης, τῶν σαλπίγγων ἠχουσῶν, τῶν ἀγγέλων προτρεχόντων,... (PG 62,280. Übers. W. Stoderl). Dieses apokalyptische Bild wird von Chrysostomos häufig als didaktisches Mittel zur Einschüchterung der Zuhörer verwendet. Zum pädagogisch-didaktischen Stil der Predigten des Johannes Chrysostomos vgl. Danassis (1971), 154–190.

220 Vgl. Chr. In ep. I ad Thess. hom. 8,1: Τί ἐστιν, Ἐν τῇ ἐσχάτῃ σάλπιγγι; Δείκνυσιν ἐνταῦθα πολλὰς τὰς σάλπιγγας γινομένας, καὶ πρὸς τῇ ἐσχάτῃ καταβαίνοντα τὸν κριτήν. (PG 62,439). „Was heißt: *Beim letzten Trompetenschall?* Damit will gesagt sein, dass in viele Trompeten gestoßen wird, und dass beim letzten Schall der Richter herabkommen wird."

221 Vgl. auch Chr. In ep. I ad Cor. hom. 10,3: τί ποιήσομεν, ὅταν παραγένηται, ὅταν ἡ οἰκουμένη πᾶσα παρῇ, ὅταν ἄγγελοι καὶ ἀρχάγγελοι, ὅταν ἐπάλληλοι τάξεις, καὶ δρόμος ἁπάντων, καὶ ἁρπαγαὶ ἐπὶ τῶν νεφελῶν, καὶ παράταξις τρόμου γέμουσα· ὅταν αἱ σάλπιγγες αἱ ἐπάλληλοι, αἱ συνεχεῖς ἐκεῖναι φωναί; (PG 61,471). „Was werden wir erst tun, wenn jener Tag wirklich gekommen, wenn die ganze Welt, wenn Engel und Erzengel zugegen sind; wenn dichte Scharen sich drängen und alles eilt und alle auf Wolken entrückt werden und jetzt vor dem Richter stehen, bebend und zagend? Wenn anhaltend die Trompeten ertönen, und fortwährend jene Rufe erschallen?" (Übers. A. Hartl).

222 Vgl. Chr. In ep. ad Eph. hom. 10,3: Καὶ γὰρ καὶ ἡμῖν πρώην αὕτη γέγονεν ἡ ἀπειλή, οὐ προφήτου τινὸς φωνὴν ἀφιέντος (οὐ γὰρ ἄξιοι ἡμεῖς τοιαύτης ἀκοῦσαι φωνῆς), ἀλλὰ πάσης σάλπιγγος εὐσημότερον τῆς ἄνωθεν ἀπειλῆς ἀνακραγούσης. (PG 62,79). „Ist ja auch uns vor kurzem eine solche Drohung geworden, nicht durch die Stimme eines Propheten – denn wir sind es nicht wert eine solche Stimme zu

Vergleich zu Gott, der dem Menschen eine Warnung zukommen lässt und damit lauter spricht, als alle Trompeten vermögen.[223] Das Wirken Gottes und dessen Allmacht zeigt sich auch im Beispiel von Jericho, welches Chrysostomos in der 27. Homilie über den Hebräerbrief auslegt.[224] Hier möchte Chrysostomos vorrangig zeigen, dass der Glaube die Ratio in jeglicher Hinsicht übertrifft.[225] Dafür zieht er viele biblische Beispiele heran, unter anderem auch das Pauluswort *Durch den Glauben stürzten die Mauern von Jericho ein, nachdem man sieben Tage um sie herum gezogen war* (Hebr 11,30). In der Auslegung dieses Bibelwortes versichert Chrysostomos, dass der Glaube alles bewirken kann, sogar das Einstürzen der Mauern von Jericho. Die Trompete hingegen vermag auch unter größter Anstrengung dasselbe nicht bewerkstelligen.[226] Hier wird also ein Bild gezeichnet, welches, ähnlich wie die tugendhaften Taten der Christen, eine Möglichkeit eröffnet, sich über die weltlichen Dinge zu erheben. Der Glaube steht nicht für den Glauben einzelner Personen, sondern als Gesamtbild und treibende Kraft zur Veränderung ausweisloser Situationen. Die Salpinx stellt in diesem Zusammenhang die Abbildung weltlicher Kräfte dar: Wie stark sich auch immer der Mensch mit irgendwelchen Instrumenten oder Werkzeugen bemüht und anstrengt, so hinfällig werden in letzter Instanz alle diese Bestrebungen. Menschliches Handeln gegen gottgegebene Zustände ist müßig und dieser Weisung folgend sogar unmöglich: Nur der bedingungslose Glaube kann Hoffnung, Zuversicht und vor allem Wandel bringen.

Eine positive Konnotation schwingt im Bild der Salpinx als Metapher für die Auferstehung mit, welche ursprünglich in 1 Kor 15,52 *Es wird die Trompete erschallen, und wir alle werden auferstehen* formuliert wurde und von Chrysostomos sehr häufig aufgegriffen wird. So sagt er beispielsweise in der 32. Homilie zum Hebräerbrief: „Der Klang der Trompeten soll aber nichts anderes als eben dieses anzeigen, dass alle auferstehen müssen."[227]

---

hören – sondern durch einen Warnungsruf von oben, der vernehmlicher ertönte als Trompetenschall [ein Erdbeben]." (Übers. W. Stoderl).

223 Mit dieser Deutung begibt sich Chrysostomos erstaunlicherweise auf ein von ihm stets verachtetes Terrain – den Aberglauben. Zu Chrysostomos' Haltung zum Aberglauben vgl. Brändle (1994), 491f.

224 Vgl. neben Chr. In ep. ad Hebr. hom. 27,1 (Text Fn. 226) auch Chr. In ep. II ad Cor. hom. 25,3: Οὐχ οὕτως αἱ πολλαὶ σάλπιγγες ἐνέπιπτον τοῖς λίθοις τῆς τῶν Ἱεριχουντίων πόλεως, καὶ καθῄρουν αὐτούς, ὡς ἡ τούτου φωνὴ ἠχοῦσα τὰ ὀχυρώματα τὰ διαβολικὰ καὶ ῥίπτει χαμαί, καὶ τοὺς ἐναντίους πρὸς αὑτὸν μεθίστησι. (PG 61,573). „So erschütterten und zerstörten nicht jene Trompeten die Mauern von Jericho, wie die laute Stimme des Paulus die Bollwerke des Teufels zu Boden wirft und die Gegner zu sich ins Lager ruft." (Übers. A. Hartl.).

225 Vgl. Chr. In ep. ad Hebr. hom. 27,1 (Text Fn. 226).

226 Vgl. Chr. In ep. ad Hebr. hom. 27,1: Πίστει τὰ τείχη Ἱεριχὼ ἔπεσε, κυκλωθέντα ἐπὶ ἑπτὰ ἡμέρας (Hebr 11,30). Οὐ γὰρ δὴ σαλπίγγων ἠχὴ λίθους οἷά τε καταβάλλειν ἐστί, κἂν μυρία τις ἔτη σαλπίζῃ, ἀλλ' ἡ πίστις πάντα δύναται. (PG 63,186). *„Durch den Glauben stürzten die Mauern von Jericho ein, nachdem man sieben Tage um sie herum gezogen war (Hebr 11,30),* denn nicht der Schall der Trompeten ist im Stande, Mauern zusammenzustürzen, und wenn jemand tausend Jahre blasen würde; der Glaube aber vermag alles." (Übers. J. Mitterrutzner).

227 Chr. In ep. ad Hebr. hom. 32,2: Ἡ δὲ φωνὴ τῆς σάλπιγγος οὐδὲν ἕτερον, ἀλλ' ἢ τοῦτο δηλοῖ, ὅτι πάντας ἐγηγέρθαι δεῖ. (PG 63,220).

Zuvor rückt er diesen in die höfische Sphäre, indem er sagt: „Was aber bedeutete der Trompetenschall? Mit Recht wurde er vernommen, wie wenn ein König anwesend sei."[228] Damit gibt Chrysostomos eine Alltagsbeobachtung des musikalischen Zeremoniells am Kaiserhof wieder, welches mit Trompeten begangen wurden. Die Salpinx stellt in diesem Kontext ein höfisches Instrument dar.[229] Auch in der 73. Homilie zu Matthäus wird die Salpinx als Signal zur Auferstehung verwendet.[230] Wieder will Chrysostomos die Zuhörenden zu einem tugendhaften Leben führen und stellt ihnen als Anreiz ein wunderschönes Leben bei Gott in Aussicht. Die Trompete steht auch hier als negatives Signal für das jüngste Gericht und als positives für die Wonne der bereits Auferstandenen.

In der Verwendung als ein Instrument des Militärs findet die Salpinx häufig Anwendung als Metapher. So zum Beispiel in der Demonstration göttlichen Zorns und göttlicher Allmacht in der achten Homilie über den zweiten Korintherbrief. Darin rückt Chrysostomos Gott in die militärische Sphäre und zeigt dessen Macht daran auf, dass dieser auch ohne eine große Zahl an Kriegern in Schlachten siegreich sein könne und „bald durch den Schall der Trompeten Städte zerstört".[231] Auch überträgt er die Funktion des Trompeters im Heer, zum Krieg aufzurufen als auch Kampfanweisungen zu blasen, auf die Religion:

> Ruft dich aber die Trompete der Frömmigkeit, rück sofort aus, achte dein Leben gering und stürze dich mit großem Eifer in den Kampf, durchbrich die Reihen des Gegners, zerstöre das Antlitz des Teufels und richte das Siegeszeichen auf!²³²

---

228 Chr. In ep. ad Hebr. hom. 32,2: Τί δὲ οἱ ἤχοι τῆς σάλπιγγος; Εἰκότως, ἅτε ὡς βασιλέως τινὸς παρόντος. (PG 63,220).

229 Diese Zuschreibung kann man insbesondere auch an den Leichenzügen der Kaiser ablesen, die unter feierlicher Blasmusik der Trompeten, Hörner und Tibiae begangen wurden. So berichtet bspweise Seneca in seiner Satire auf den Kaiser Claudius in Sen. apoc. 12,1 dass eine derartige Klangfülle an Blechbläsern bei dem Begräbnis des Kaisers Claudius bereitgestellt worden sei, dass der tote Kaiser diese auch hören müsse, vgl. dazu auch Wille (1967), 71. Zur Rolle der Musik am kaiserlichen Hof vgl. auch Wille (1967), 351–357 mit weiteren Beispielen und Scheithauer (1998), bes. 297–306 speziell für die Erwähnung von Musik am Hof in der *Historia Augusta*. Zum Adventus-Zeremoniell vgl. Bölling (2009), 229–266. Dieser beschreibt das Zeremoniell für das frühe und hohe Mittelalter, zieht aber auch plausible Rückschlüsse auf die Spätantike.

230 Vgl. Chr. In Matth. hom. 73,4: Οὐ γὰρ δὴ ἄνω μένων αὐτοὺς καλεῖ, ἀλλ' αὐτὸς ἔρχεται ἐν σάλπιγγι. Καὶ τί βούλονται αἱ σάλπιγγες καὶ ἡ ἠχή; Πρὸς διανάστασιν, πρὸς εὐφροσύνην, πρὸς παράστασιν τῆς τῶν γινομένων ἐκπλήξεως, πρὸς ὀδύνην τῶν ἀπολιμπανομένων. (PG 58,699). „Der Herr bleibt nicht in der Höhe, wenn er sie [die Auferstandenen] ruft, sondern steigt beim Klang der Trompeten selbst herab. Was sollen aber die Trompeten und das Blasen? Sie geben das Zeichen zur Auferstehung, zur Wonne und drücken das Staunen über die Vorgänge und das Weh der Zurückgelassenen aus." (Übers. J. Baur).

231 Chr. In ep. II ad Cor. hom. 8,4: νῦν δὲ διὰ σαλπίγγων πόλεις καθεῖλε. (PG 61,458).

232 Chr. In ep. ad Hebr. hom. 5,5: Ἐὰν δὲ τῆς εὐσεβείας σάλπιγξ καλῇ, εὐθέως ἔξιθι, καὶ καταφρόνησον τῆς ψυχῆς, καὶ ἔμβηθι μετὰ πολλῆς τῆς προθυμίας εἰς τοὺς ἀγῶνας, ῥῆξον τὴν φάλαγγα τῶν ἐναντίων, σύγκοψον τὸ πρόσωπον τοῦ διαβόλου, στῆσον τὸ τρόπαιον. (PG 63,52).

Der Christ muss also allzeit bereit für den Kampf gegen die Feinde des Glaubens sein, allerdings darf er selbst keine Kämpfe anzetteln, „denn das ist nicht das Werk eines Soldaten, sondern eines Aufrührers".[233] Diese Art des Kampfes, welche bis zum Signal der Trompete eine ständige Präsenz und Vorbereitung bedeutet, ist durchaus eine Bürde:

> Schwer ist der Kampf durch die Zunge, schwer durch die Augen; diesen Kampf also sollen wir kämpfen; gewaltig ist der Kampf der Leidenschaften. Darum ergeht an den Streiter Christi der Ruf zu den Waffen.[234]

An anderer Stelle vergleicht Chrysostomos die Aufgabe des Trompeters im Heer mit der Tätigkeit des Predigers. Dieser falle den Zuhörern durch die permanente Ermahnung zur Tugend lästig. Da aber ihre Taten nicht den formulierten moralischen Richtlinien entsprächen, sei es die ständige Aufgabe des Predigers, auf diese hinzuweisen und sie durchzusetzen. Seine Ermahnungen rechtfertigt er mit der Metapher des Trompeters und sagt in der sechsten Homilie zum Timotheusbrief darüber: „Der Trompeter muss blasen, auch wenn niemand ausrückt, das ist seine Pflicht."[235] Der Prediger ist also ein Trompeter eines geistlichen Heeres, er leitet an und bringt in Stellung.[236] Dafür ist es allerdings besonders notwendig, dass die Trompete hinsichtlich ihrer Klangsignale eindeutig gespielt wird, damit die Handlung von den Rezipienten adäquat ausgeführt werden kann. So erläutert Chrysostomos seinen Zuhörern in der 35. Homilie zum ersten Korintherbrief die Tätigkeit des Trompeters im Detail:

> Denn auch die Trompete hat ihre Rhythmen und hat bisweilen kriegerische Töne und wiederum andere, die nicht kriegerisch sind; zuweilen ruft sie zum Kampf, bisweilen aber zum Rückzug, und wer das nicht weiß, setzt sich der größten Gefahr aus. Durch diese Andeutung zeigt er den Fehler und spricht: *Wer wird sich zum Kampfe rüsten?* Wenn also die Trompete nur unbestimmte Töne gibt, so verdirbt sie alles.[237]

Die beiden zentralen Aufgaben des Trompeters im Heer, nämlich das Angriffs- und Rückzugsblasen, werden von Chrysostomos in Anlehnung an das Pauluswort zum An-

---

233   Chr. In ep. ad Hebr. hom. 5,5: τοῦτο γὰρ οὐκ ἔστι στρατιώτου, ἀλλὰ στασιαστοῦ. (PG 63,52).

234   Chr. In ep. ad Hebr. hom. 5,5: Πολὺς γὰρ ὁ πόλεμος διὰ γλώσσης, πολὺς δι' ὀφθαλμῶν · τοῦτον τοίνυν κατέχωμεν · πολὺς ὁ τῶν ἐπιθυμιῶν. Διὰ τοῦτο ἐκεῖθεν ἄρχεται καθοπλίζειν τὸν στρατιώτην τοῦ Χριστοῦ. (PG 63,52).

235   Chr. In ep. I ad Tim. hom. 6,2 : Τὸν γὰρ σαλπίζοντα, κἂν μηδεὶς εἰς πόλεμον ἐξίῃ, σαλπίζειν δεῖ, τὸ αὐτοῦ πληροῦντα. (PG 62,534).

236   Vgl. dazu auch Chr. sac. 6,1, worin Chrysostomos anhand der Methaper Trompete die Zuständigkeiten des Priesters beschreibt.

237   Chr. In ep. I ad Cor. hom. 35,2: Εἰσὶ γὰρ καὶ ἐκεῖ ῥυθμοί, καὶ ἐνδείκνυνται ποτὲ μὲν πολεμικὴν ἠχήν, ποτὲ δὲ οὐ τοιαύτην · καὶ ποτὲ μὲν εἰς παράταξιν ἐξάγει. ποτὲ δὲ ἀνακαλεῖται · κἂν μὴ τοῦτο τις εἰδῇ, περὶ τῶν ἐσχάτων ὁ κίνδυνος. Ὁ δὴ δηλῶν καὶ τὴν βλάβην ἐμφαίνων φῃσί, Τισ παρασκευάσεται εἰς πόλεμον; Ὥστε ἂν μὴ τοῦτο ἔχῃ, τὸ πᾶν ἀπώλεσε. (PG 61,298. Übers. A. Hartl).

lass genommen, dass die Sprache des Menschen eindeutig sein müsse, damit sie richtig empfangen werden könne. Über die von Chrysostomos getroffenen Aussagen zur Musikpraxis im Heer sind wir durch die Schrift des christlichen Autors Vegetius aus dem 4. Jahrhunderts gut unterrichtet, der im zweiten Buch seiner *Epitoma rei militaris* den Einsatz der verschiedenen Instrumentalisten im Heer erläutert:

> Außerdem hat eine Legion Trompeter, Hornisten und Reitertrompeten (*bucina*). Der Trompeter ruft die Soldaten zum Kampf und bläst wiederum zum Rückzug. Sooft die Hornisten blasen, folgen ihrem Signal nicht die Soldaten, sondern die Feldzeichen. Wenn also die Soldaten zu irgendeiner Arbeit allein ausrücken sollen, blasen die Trompeten, wenn die Feldzeichen bewegt werden sollen, blasen die Hornisten; zum Kampf aber blasen immer sowohl die Trompeter wie die Hornisten. [...] Ob also die Soldaten zur Wache oder zu Feldposten oder zu einer anderen Aufgabe oder zum Auslauf auf den Übungsplatz ausrücken, so tun sie das auf den Ruf der Trompete hin, und sie kehren wiederum auf das Kommando der Trompete zurück.[238]

Chrysostomos verwendet die Salpinx hauptsächlich in ihrem realen Verwendungskontext als lautestem Signalinstrument der Antike.[239] Die Bedeutungen, die der Salpinx damit zukommen, sind unterschiedlich. Sie kann sowohl ein Signal für Gottes Wirken als auch für seinen Zorn darstellen oder die christliche Überlegenheit durch sittsame Taten gegenüber der heidnischen Weisheit verkörpern. Sie wird damit sowohl positiv als auch negativ konnotiert verwendet und erscheint neutral in der Verwendung hinsichtlich eines christlichen oder heidnischen Gehaltes.[240]

---

238   Veg. II,22,1–2/4: Habet praeterea legio tubicines cornicines bucinatores. tubicen ad bellum uocat milites et rursum receptui canit. cornicines quotiens canunt, non milites sed signa ad eorum obtemperant nutum. ergo quotiens ad aliquod opus exituri sunt soli milites, tubicines canunt, quotiens mouenda sunt signa, cornicines canunt, quotiens autem pugnatur, et tubicines et cornicines pariter canunt. siue ergo ad uigilias uel agrarias faciendas siue ad opus aliquod uel ad decursionem campi exeunt milites, tubicine uocante operantur et rursus tubicine admonente cessant. cum autem mouentur signa aut iam mota figenda sunt, cornicines canunt. (Text und Übers. F. Müller). Vegetius führt aus, welche Signale von welchem Instrumentalisten abgegeben werden. Müller übersetzt *bucina* als *Posaune* und geht damit instrumentenkundlich fehl: Es handelt sich hier eher um eine Reitertrompete. Zur *bucina* vgl. Wille (1967), 82 (mit weiterführenden Angaben) sowie 84–100 (zur Rolle der Blechbläser im Militär).

239   Hier muss deutlich auf den zeitlichen Kontext aufmerksam gemacht werden: Die Salpinx geht in früherer Zeit über die bloße Funktion eines Signalinstrumentes weit hinaus! Die musischen Agone der Trompeter waren in klassischer Zeit sehr bekannt und deren musikalische Fertigkeit zeigt sich nicht im bloßen Blasen dreier Töne. Vgl. Zschätzsch (2002), 173f. unter Angaben der paganen Quellen. In römischer Zeit spielte die Trompete im kultischen Bereich eine große Rolle, so z. Bsp. im Rahmen der kultischen Reinigung der Trompeten, dem Tubilustrum, oder im Rahmen der großen Staatsopfer, vgl. dazu Wille (1967), 31–33.

240   Zur Trompete im jüdischen Kult vgl. Kapitel 5.2.3 (Jüdische Musik), 190–194.

5.3.2   Die Kithara

Anders als die Salpinx wird die Kithara als Metapher bei Chrysostomos lediglich aus einer einzigen Perspektive verwendet: Sie dient aufgrund ihres erhabenen Spielkontexts und ihrer äußeren Erscheinung immer dem Vergleich mit Gott oder dem Menschen. Neben Aulos und Syrinx wird die Kithara von Chrysostomos zu den Musikinstrumenten gezählt, die sich durch einen weichen, besänftigenden Klang auszeichnen.[241] Allerdings wird sie an anderer Stelle ihres künstlerischen Verwendungskontexts wegen der Praktikabilität der Trompete nachgestellt, die eindeutiger ist in ihrer Klangwirkung.[242] Wesentlich bei dem Spielen der Kithara sei ihr rechter Gebrauch:

> Wenn nämlich ein Aulos oder eine Kithara ohne Takt und Harmonie, regellos auf Gerathewohl gespielt oder geblasen wird, so wird das keinen der Zuhörer ergötzen. Denn auch bei jenen nicht artikulierenden Werkzeugen bedarf es einer gewissen Deutlichkeit, und wer nicht kunstgerecht die Kithara schlägt und den Aulos bläst, wird nichts ausrichten. Wenn wir nun aber von den leblosen Instrumenten Deutlichkeit, Harmonie und Takt fordern, und wenn wir uns mit großer Anstrengung bemühen, jenen unbestimmten Tönen Bestimmtheit und Nachdruck zu geben, so müssen wir umso mehr bei dem beseelten und mit Vernunft begabten Menschen und bei den Geistesgaben uns um das leicht Erkennbare kümmern.[243]

---

241   Vgl. Chr. In ep. ad Eph. hom. 15,4: Καὶ τῶν ὀργάνων δὲ τῶν μουσικῶν, ὅσα μὲν ἂν κράζῃ, ἀηδέστερά ἐστι πρὸς τὸν φθόγγον, οἷον τύμπανα, σάλπιγγες · τὰ δὲ μὴ οὕτως, ἀλλὰ μαλάττοντα, ταῦτα ἡδέα, οἷον αὐλὸς καὶ κιθάρα καὶ σύριγγες. (PG 62,112). „Und auch bei den Musikinstrumenten sind die lärmenden unangenehmer in Bezug auf ihren Ton, wie zum Beispiel Pauken oder Trompeten. Angenehm hingegen sind die, welche nicht so schmettern, sondern einen besänftigenden Ton besitzen, so wie Aulos, Kithara und Hirtenpfeife."

242   Vgl. dazu Chr. In ep. I ad Cor. hom. 35,3: Ἐπειδὴ γὰρ εἶπε περὶ αὐλοῦ καὶ κιθάρας, ἔνθα πολὺ τὸ ἀποδέον ἦν καὶ ἀνόνητον, ἔρχεται ἐπὶ τὴν σάλπιγγα, τὸ χρησιμώτερον, εἶτα ἐκεῖθεν καὶ ἐπ᾿ αὐτὴν λοιπὸν τὴν φωνήν. (PG 61,299). „Denn nachdem er von Aulos und Kithara geredet hat, woran viel Überflüssiges und Unnützes ist, kommt er auf die nützlichere Trompete und endlich auf die Sprache zu sprechen." (Übers. A. Hartl). Die Trompete wird hier, wie schon oben in der Tradition des Pauluswortes, in ihrer militärischen Hauptfunktion als Informationsübermittler positiv gewertet aufgrund der Eindeutigkeit. Die Unterordnung von Aulos und Kithara erfolgt, da sie keinen unmittelbaren Nutzen für die Überbringung von Informationen haben, sondern nur der Erbauung und der Kunst dienen. Diese negative Konnotation der Kithara ist in Chrysostomos' Schriften singulär.

243   Chr. In ep. I ad Cor. hom. 35,2: εἴτε γὰρ αὐλὸς, εἴτε κιθάρα εἴη, καὶ μηδὲ ῥυθμῷ μηδὲ ἁρμονίᾳ τῇ προσηκούσῃ, ἀλλὰ συγκεχυμένως καὶ ἁπλῶς κρούοιτο καὶ ἐμπνέοιτο, οὐδένα ψυχαγωγήσει τῶν ἀκουόντων.Καὶ γὰρ ἐν τοῖς ἀνάρθροις ἐκείνοις δεῖ τινος σαφηνείας · κἂν μὴ κατὰ τέχνην κρούσῃς, καὶ ἐμπνεύσῃς τῷ αὐλῷ, οὐδὲν ἐποίησας. Εἰ δὲ παρὰ τῶν ἀψύχων τοσαύτην ἀπαιτοῦμεν σαφήνειαν καὶ ἁρμονίαν καὶ διάκρισιν, καὶ ἐν τοῖς ἀσήμοις ἐκείνοις φθόγγοις βιαζόμεθα καὶ φιλονεικοῦμεν πολλὴν εἰθεῖναι τὴν σημασίαν, πολλῷ μᾶλλον ἐν τοῖς ἐμψύχοις καὶ λογικοῖς ἀνθρώποις, καὶ ἐν τοῖς πνευματικοῖς χαρίσμασι τὸ εὔσημον διώκειν δεῖ. (PG 61,298. Übers. A. Hartl).

Im Zentrum des Vergleiches der Kunstfertigkeit der Musikinstrumente steht die rechte Spielweise von Kithara und Aulos, die zur Ergötzung durch Klang und Spiel vor Publikum gespielt werden. Dabei gewährleistet nur eine kunsthafte und sinnvolle Spielweise der Instrumente auf Seiten der Zuhörer Genuss und Entspannung.[244] Wesentlich dafür sind laut Chrysostomos die Faktoren, die auch der Sprache zugrunde liegen, nämlich die Deutlichkeit des Ausdrucks durch Harmonie, Takt und Kunstfertigkeit. Die Instrumente können nur dann sinnvoll rezipiert werden, wenn sie als Gegenstand der Kunst deutlich und verständlich dargeboten werden.[245] Der Mensch soll also, im Vergleich mit der Kithara, seine Sprache sorgfältig darbringen und eindeutig sein. Neben der Kithara als Metapher für die Sprache verwendet Chrysostomos vor allem den Körper als Vergleichsebene. Der Umgang mit dem menschlichen Körper soll maßvoll sein. So vergleicht er den Körper mit der Kithara und die Seele mit dem Spieler, der für sein Instrument die Verantwortung übernehmen müsse.[246] Dabei streicht Chrysostomos heraus, dass der Spieler sein Instrument gut oder schlecht spielen könne. Auch in der 14. Homilie zum Römerbrief ist der Körper „der Seele untergeordnet wie die Kithara dem Kitharöden, das Schiff dem Steuermann."[247] An dieser Stelle aber legt Chrysostomos noch weitere Zusammenhänge offen: So sind sowohl Schiff als auch Kithara wertvoll, allerdings stehen sie nicht auf der gleichen Stufe wie der Künstler oder der Steuermann. Dieser ist den Werkzeugen einfach überlegen, er bedient sich ihrer und beherrscht sie. Konsequent führt er diesen Gedanken fort, indem er ihn auch auf die Sünde anwendet und mit der verstimmten Saite einer Kithara vergleicht. Er gibt folgenden Rat für diesen Fall:

So entfernt der beste Musiker aus der wohlgestimmten Kithara die misstönende Saite, damit sie die Harmonie der übrigen Töne nicht störe. So schneide ein kundiger Arzt das faulende Glied hinweg, damit sein Verderben nicht auf die gesunden Glieder übergehe. Ebenso tut auch der Prophet, indem er den Sünder wie eine miss-

---

244 Ähnlich auch Chr. Stat. 1 für Lyra und Salpinx, vgl. weiter oben, Kapitel 5.3.1 (Die Salpinx), 195–205.

245 Vgl. Chr. In ep. I ad Cor. hom. 35,2: Οὔτε γὰρ τέχνη φανεῖται μὴ ὑποκειμένης ὕλης, οὐδὲ ὕλη μορφοῦται, μὴ ἐπιτεθειμένου τοῦ εἴδους. Τίθει τοίνυν τὴν μὴν φωνὴν ὡς ὑποκείμενον, τὴν δὲ σαφήνειαν ὡς εἶδος, οὗ μὴ προόντος οὐδὲν ὄφελος τοῦ ὑποκειμένου. (PG 61,298). „Wo kein Gegenstand der Kunst ist, da kann die Kunst sich nicht zeigen; und wo der Gegenstand eine gefälligere Form annehmen soll, da muss man ihm dieselbe erst geben. Denke dir also den Laut als Gegenstand, das Bestimmte des Lautes als Form, so nützt die Sache nichts ohne die Form." (Übers. A. Hartl).

246 Vgl. Chr. In ep. ad Rom. hom. 13,3: Ἡ μὲν γὰρ ψυχὴ τεχνίτου τάξιν ἐπεῖχε, κιθάρας δὲ τῆς σαρκὸς ἡ φύσις, οὕτως ἠχοῦσα, ὡς ἠνάγκαζεν ὁ τεχνίτης. Οὐκοῦν οὐ ταύτῃ τὸ ἀπηχὲς μέλος, ἀλλ' ἐκείνῃ πρὸ ταύτης λογιστέον ἡμῖν. (PG 60,498). „Denn die Seele ist wie der Tonkünstler, die leibliche Natur wie die Kithara; diese klingt auch so, wie der Künstler es will. Nicht ihr dürfen wir eine misstönende Melodie zur Last legen, sondern ihm." (Übers. J. Jatsch).

247 Chr. In ep. ad Rom. hom. 14,2: ἀλλ' ὡς κιθάραν κιθαριστῇ, καὶ ὡς ναῦν κυβερνήτῃ, (PG 60,509).

tönende Saite, wie ein krankes Glied von der Gemeinschaft der ganzen Schöpfung abtrennt.²⁴⁸

Radikal wird die Saite nicht einfach neu gestimmt, sondern gleich aus dem Instrument entfernt. Übertragen heißt dies: Der Sünder kann sich nicht reinigen von seiner Sünde, er muss ausgeschlossen werden aufgrund seines Fehlverhaltens. Die Radikalität dieser Aussage deckt sich ganz sicherlich nicht mit der Praxis im Umgang mit einer verstimmten Saite oder einer ärztlichen Behandlung. Auch dieses Beispiel unterstreicht die Transformation des realen Spielkontextes hin zu einer ausschließlich metaphorischen Verwendungsweise. Um gar nicht erst in die Situation zu geraten, zu einer misstönenden Saite zu werden, plädiert Chrysostomos für einen maßvollen Umgang mit dem Körper, den er mit der Kithara gleichsetzt. In der 44. Homilie zum Matthäusevangelium führt er den Zuhörern vor Augen, welchen Schaden der menschliche Körper durch maßlosen Umgang mit Essen und Trinken nimmt:

> Diese Menschen handeln gerade so wie einer, der eine mit goldenen Saiten bespannte und gutgestimmte Kithara in die Hand nimmt und, anstatt ihr eine harmonische Melodie zu entlocken, sie über und über mit Kot und Schmutz bedeckt. Kot nenne ich aber nicht die Nahrung, sondern die Übererernährung und die maßlose Schwelgerei. Was über die Bedürfnisse hinausgeht, ist eben nicht mehr Nahrung, sondern nur noch Verderben.²⁴⁹

Hier setzt Chrysostomos den menschlichen Körper mit einem kostbaren Instrument gleich, welches über eine gute Stimmung verfügt und sogar mit goldenen Saiten bespannt ist.²⁵⁰ Der Mensch kann dieses Instrument gut spielen und ihm dadurch Harmonien entlocken. Er kann es aber auch unangemessen behandeln und damit unspielbar machen. Chrysostomos verwendet das ekelerregende Bild des Bestreichens mit Kot, um die moralische Wirkung seiner Aufforderung auf die Zuhörer zu verstärken. Das rechte Maß bildet dabei den Leitgedanken, nicht nur der leiblichen, sondern vor allem auch der geistigen

---

248 Chr. sermo presby. 2: Οὕτω που καὶ μουσικὸς ἄριστος εὐαρμόστου κιθάρας τὴν ἀπηχοῦσαν νευρὰν ἀποτέμνει ὥστε μὴ τῇ τῶν λοιπῶν φθόγγων ἁρμονίᾳ λυμήνασθαι, οὕτω καὶ ἰατρὸς τεχνικὸς τὸ σεσηπὸς ἐκκόπτει μέλος ὥστε μὴ τὴν ἐκεῖθεν λύμην τῇ τῶν λοιπῶν μελῶν εὐεξίᾳ ἐπιδραμεῖν, οὕτω καὶ ὁ προφήτης ἐποίησεν ὥσπερ ἀπηχοῦσαν νευρὰν καὶ ὥσπερ μέλος νενοσηκὸς τοῦ παντὸς σώματος τῆς κτίσεως τὸν ἁμαρτωλὸν ἀποκόψας. (PG 48,695/6).
249 Chr. In Matth. hom. 44,5: Καὶ ὥσπερ εἴ τις κιθάραν λαβὼν, χρυσᾶς νευρὰς ἔχουσαν, καὶ ἡρμοσμένην καλῶς, ἀντὶ τοῦ τὴν παναρμόνιον μελῳδίαν εἰς αὐτὴν ἀνακρούεσθαι, κόπρῳ πολλῇ καταχώσειε καὶ πηλῷ· οὕτω καὶ οὗτοι ποιοῦσι. Κόπρον δὲ οὐ τὴν τροφὴν ἐκάλεσα, ἀλλὰ τὴν τρυφήν, καὶ τὴν πολλὴν ἐκείνην ἀσέλγειαν. Τὸ γὰρ πλέον τοῦ δέοντος οὐκ ἔστι τροφή, ἀλλὰ λύμη μόνον. (PG 57,471. Übers. J. Baur).
250 Das generelle Besaitungsmaterial ist auch in der Antike schon Darm, Wille (1967), 212 verweist auf Schafdarm mit weiterführenden Angaben.

Gesundheit wegen.[251] Auch in der neunten Homilie zum Römerbrief plädiert Chrysostomos für einen maßvollen Umgang mit dem menschlichen Körper. Hinsichtlich der Metapher der Kithara geht diese Stelle über die vorhergehende Deutung hinaus, da Chrysostomos den Urheber, sozusagen den Instrumentenbauer, klar benennt: Es handelt sich um
Jesus Christus, der den Menschen zu seinem Lob geschaffen hat:

> Wir wollen jenen [Paulus] also nachahmen, wir wollen es dazu bringen, dass auch
> durch uns Christi Lob erschalle! Er selbst braucht dies mehr als wir, und zu diesem
> Zweck hat er sich ja dieses Musikinstrument gebaut und will nun nicht, dass es
> lautlos bleibe und unbenutzt, sondern will es immer zu Händen haben.[252]

Der Mensch soll Christus also immer verfügbar sein und ihm jederzeit musizieren können. In dieser Funktion liegt der existentielle Sinn des Instrumentes begründet. Weiter beschreibt Chrysostomos die instrumentalen Voraussetzungen, die das gute Spiel benötigt:

> Warum hältst du es also nicht gestimmt für die Hand des Spielers, sondern lässt
> seine Saiten schlaff werden und abgespannt durch Schwelgerei und machst für ihn
> die ganze Kithara unbrauchbar, anstatt, wie du solltest, ihre Saiten zu spannen zu
> melodischem Klang und sie einzustreichen mit geistigem Salz? Wenn Christus un-
> sere Seele so vorbereitet sieht, wird er auf ihr spielen, und dann wirst du sehen, wie
> die Engel und die Erzengel und die Cherubim dazu tanzen. Machen wir uns also
> würdig dieser heiligen Hände! Rufen wir ihn, dass er spiele auf der Kithara unseres
> Herzens![253]

Erneut verwendet Chrysostomos das Beispiel der wohlgespannten Saiten, um das rechte Maß mit ausufernder Schwelgerei zu vergleichen, da letztere das Instrument, also den
menschlichen Körper, für Christus unbrauchbar mache. Stattdessen solle man das Instrument mit geistigem Salz einstreichen.[254] Neu aber ist hier die Szene eines ausgelassenen

---

251 Vgl. Chr. In Matth. hom. 44,5. Diese Abneigung gegenüber übermäßigem Essen liegt neben der
     asketischen Grundhaltung auch in der eigenen Biographie begründet. Vgl. Kapitel 5.1.1 (Musik
     beim Mahl), 142f.

252 Chr. In ep. ad Rom. hom. 9,7: Μιμησώμεθα τοίνυν αὐτὸν, δῶμεν καὶ δι'ἡμῶν φθέγξασθαι τῷ Χριστῷ·
     ἐπιθυμεῖ μᾶλλον τοῦτο ἡμῶν αὐτός, καὶ διὰ τοῦτο τὸ ὄργανον κατεσκεύασε τοῦτο, καὶ οὐ θέλει μένειν
     ἄχρηστον αὐτὸ καὶ ἀργὸν, ἀλλ'ἀεὶ μετὰ χεῖρας ἔχειν αὐτὸ βούλεται. (PG 60,464. Übers. J. Jatsch).

253 Chr. In ep. ad Rom. hom. 9,7: Τί τοίνυν οὐ παρασκευάζεις ἕτοιμον αὐτὸ τῇ τοῦ τεχνίτου χειρί, ἀλλὰ
     χαλᾷς τὰς νευρὰς, καὶ μαλακωτέρας ποιεῖς τῇ τρυφῇ, καὶ ἄχρηστον ὅλον κατασκεθάξεις αὐτῷ τὴν
     κιθάραν, δέον ἐπισφίγγειν καὶ νευροῦν τὰ μέλη, καὶ ἐπιστύφειν τῷ ἅλατι τῷ πνευματικῷ; Ἂν γὰρ οὕτως
     ἡρμοσμένην αὐτὴν ἴδῃ, ἠχήσει καὶ διὰ τῆς ἡμετέρας ψυχῆς ὁ Χριστός. Τοιούτου δὲ γενομένου, καὶ
     ἀγγέλους ὄφει σκιρτῶντας καὶ ἀρχαγγέλους καὶ τὰ Χερουβίμ. Γενώμεθα τοίνυν ἄξιοι τῶν χειρῶν τῶν
     ἁμῶν · παρακαλέσωμεν αὐτὸν καὶ εἰς τὴν ἡμετέραν κροῦσαι καρδίαν. (PG 60,464. Übers. J. Jatsch).

254 Bei dem genannten Brauch des Einstreichens mit Salz handelt es sich um einen Brauch, den es
     sowohl in der paganen als auch in der jüdischen Tradition gibt. In der jüdischen Tradition bezieht
     sich das Salz als Bündnissalz auf den Salzbund mit Gott, den *melach berith*, vgl. Strässle (2009),

Tanzes der Engel zur menschlichen Kithara, da der Tanz selbst bei Chrysostomos negativ belegt ist im Umfeld des Theaters oder der jüdischen Musikpraxis.[255] In dieser Homilie aber zieht er ganz bewusst einen Vergleich zu einer himmlischen Szenerie, der einher geht mit einer paradiesischen Vorstellung vom Jenseits. Diese Art der Musik, die Chrysostomos vorschwebt, erwächst aus einer tugendhaften Seele, die bereit ist, Christus Lob zu singen. Schon in der Stelle zuvor wies er darauf hin, dass der menschliche Körper, insbesondere aber Mund, Kehle und Zunge eine wichtigere Aufgabe als die Nahrungsaufnahme hätten, nämlich das Loben und Preisen Gottes.[256] Diese Annahme wird übertragen auf die gesamte Existenz des Musikinstrumentes Mensch: Der Sinn und die Notwendigkeit seiner Schöpfung liegt für Gott und Christus im Lob durch den Menschen. Die Kithara steht hier also sinnbildlich für mehrere Ebenen: Sie dient dem Lobe Gottes, wenn sie maßvoll und ihrer Konstruktion angemessen existiert und gespielt wird. Sie ist gleichzeitig Körper und Seele, welche sich im Bild der Kithara des Herzens zusammenfügen. Dadurch wird sie zum perfekten Begleiter der Engelchöre im Himmel, die gemeinsam mit der Kithara die wundervollste Musik hervorbringen können, die im Rahmen der Schöpfung Gottes diese selbst in Perfektion widerspiegelt.[257] An anderer Stelle wird sogar Gottes Stimme mit einer goldenen Kithara gleichgesetzt. So vergleicht Chrysostomos seine eigene Rede mit einer Hirtenpfeife, die im Kontrast zur goldenen Konzertkithara Gottes erklingt:

69f. und auch auf das Einreiben der Neugeborenen, vgl. Ez 16,4. Auch in der römischen Tradition ist der Salzbrauch mit der Geburt verbunden; so berichtet Galen davon, den Säugling gleich nach der Geburt mit Salz einzureiben, vgl. Gal. de sanitate I,7: τὸ τοίνυν νεογενὲς παιδίον, τοῦτο δὴ τὸ ἄμεμπτον ἁπάσῃ τῇ κατασκευῇ, πρῶτον μὲν σπαργανούσθω, συμμέτροις ἁλσὶν περιπαττόμενον, ὅπως αὐτῷ στερρότερον καὶ πυκνότερον εἴη τὸ δέρμα τῶν ἔνδον μορίων. (Text LCL 535). „Im Falle des neugeborenen Kindes, welches hinsichtlich seiner gesamten Konstitution makellos ist, soll man es zuerst in Windeln wickeln, nachdem eine angemessene Menge an Salz über es gestreut wurde, so dass die Haut des Kindes härter und fester als die inneren Glieder werde." Auch Augustinus berichtet über den Salzritus nach seiner eigenen Geburt, vgl. Aug. conf. I,11,17: audieram enim ego adhuc puer de uita aeterna promissa nobis per humilitatem domini dei nostri descendentis ad superbiam nostram et signabar iam signo crucis eius et condiebar eius sale iam inde ab utero matris meae, quae multum sperauit in te. (Text CCL 27,9). „Schon als Kind hatte ich von dem ewigen Leben gehört, das uns versprochen wurde durch die Erniedrigung des Herrn, unseres Gottes, der herabstieg zu unserer Überheblichkeit. Ich wurde gezeichnet mit dem Zeichen seines Kreuzes und gesalzen mit seinem Salz, als ich kaum den Schoß meiner Mutter verlassen hatte, deren ganze Hoffnung dir galt." (Übers. K. Flasch). Zum Salzritus bei Augustinus vgl. Roetzer (1930), 136–143 und generell vgl. Hauck (1933) und Strässle (2009), 63–90.

255 Zum Tanz bei Hochzeitsfeiern vgl. Kapitel 5.2.2 (Musik bei Hochzeitsfeiern), 188–190, und allgemein zum Tanz vgl. Andresen (2009), bes. 101–108 sowie 126f., der die Haltung der Kirchenväter zum Tanz im Ritus aber auch in der heidnischen und jüdischen Festkultur präsentiert. Darin findet auch Chrysostomos einen großen Niederschlag. Zum Stellenwert des Tanzes im römischen Leben vgl. Wille (1967), 187–202 sowie 392–394 zur Abneigung der Kirchenväter gegenüber dem Tanz.

256 Vgl. Chr. In Matth. hom. 44,5.

257 Die Besonderheit dieses Auszugs liegt in der Konzeption des himmlischen Theaters als Gegenkonzept zum menschlichen Theater. Zum Konzept des Himmels als Schaubühne bei Chrysostomos vgl. Jacob (2010), 77–80.

Ich muss also meine Rede beschließen; denn mich verlangt noch, die Stimme des Vaters zu hören. Denn wir blasen gleich Hirtenknaben auf schmächtigem Rohr unter einer Eiche oder einem Ahorn sitzend im Schatten dieser heiligen Versammlung; dieser aber ermuntert, gleich einem ganz ausgezeichneten Meister, der eine goldene Kithara spielt, nicht durch die Harmonie seiner Töne, sondern durch die Übereinstimmung seiner Worte und Werke, und vermittelt den größten Nutzen.[258]

Hierin steckt zweierlei Aussagegehalt: zum einen der starke soziale Unterschied zwischen Hirtenknabe und Meister, zum anderen der organologische Kontrast zwischen einer einfachen Syrinx, die aus einzelnem Schilfrohr besteht, und einem Konzertinstrument, welches über eine komplexe Mechanik und Fertigung und darüber hinaus über eine enorme harmonische Bandbreite verfügt. Damit wird die Stimme Gottes dem komplexesten der antiken Musikinstrumente gleichgesetzt.[259] In der vierten Homilie zum Statuen-Aufstand wird das Bild des Kitharöden für Chrysostomos zum absoluten Deutungsmaximum: Gott selbst wird von Chrysostomos als perfekter Kitharöde abgebildet, welcher sein Kunstwerk zu jeder Zeit in perfektem Gleichmaß spielen kann:

Wie der Kitharöde die Saite weder zu hoch spannt, damit sie nicht reiße, noch sie über das rechte Maß nachlässt, damit er den Wohllaut des Zusammenklanges nicht störe, so handelt auch Gott. Weder versetzt er unsere Seele in beständige Ruhe, noch in lang andauernde Trübsal, beides tut er nach seiner Weisheit.[260]

Gott sorgt also für das richtige Maß bei den Kreaturen seiner Schöpfung, da er möchte, dass sie zu einer Symphonie, zu einer klanglichen Übereinstimmung in sich gelangen. Die Kithara bildet demnach in der Verwendung als Metapher bei Chrysostomos ihre reale Funktion als das am weitesten entwickelte künstlerische Musikinstrument seiner Zeit ab. Chrysostomos weist ihr auch inhaltlich in den meisten Fällen den Vergleich zu positiv konnotierten Dingen zu. So kann die Kithara als Symbol für den Menschen und seine

---

258 Chr. De poenit. hom. 5,5: Διόπερ ἀνάγκη καταπαῦσαι τὸν λόγον· καὶ γὰρ τῆς τοῦ πατρὸς φωνῆς ἐπιθυμῶ ἀκοῦσαι. Ἡμεῖς μὲν γὰρ, κατὰ τὰ παιδία τὰ ποιμενικὰ, λεπτῷ τῷ καλάμῳ συρίζομεν, ὥσπερ ὑπὸ τινα δρῦν ἢ λεύκην, τῇ σκιᾷ τῶν ἱερῶν τούτων καθήμενοι· οὗτος δὲ καθὰ μουσικός τις ἄριστος χρυσῆν ἁρμοσάμενος κιθάραν, τῇ συμφωνίᾳ τῶν κρουσμάτων ὁλόκληρον ἀνίστησι θέατρον · οὕτω δὴ καὶ οὗτος, οὐ συμφωνίᾳ κρουσμάτων, ἀλλὰ συμφωνίᾳ λόγων καὶ πράξεων πολλὴν ἡμῖν ἐντίθησι τὴν ὠφέλειαν. (PG 49,314).

259 Diese künstlerische Tragweite ist Chrysostomos auch vollends bewusst, da er diese Instrumente auch an anderer Stelle an die höchste weltliche Kunst bindet. So sagt er in Chr. Illud Isaiae: Ego dominus deus feci lucem 1 (PG 56,134A), dass die Symphonie der Schöpfung, welche man im geistigen Theater wahrnehmen könne, den Klang der Lyra und der Saiteninstrumente übertreffe. Vgl. die Auslegung bei Jacob (2010), 70.

260 Chr. Stat. 4,2: Οὕτω καὶ ὁ κιθαρῳδὸς οὔτε ἐπιτείνει τὴν νευρὰν, ἵνα μὴ διαρρήξῃ, οὔτε χαλᾷ πέρα τοῦ μέτρου, ἵνα μὴ λυμήνηται τὴν συμφωνίαν τῆς ἁρμονίας· οὕτω καὶ ὁ Θεὸς ποιεῖ, οὔτε ἐν ἀνέσει διηνεκεῖ, οὔτε ἐν θλίψει μακρᾷ τὴν ἡμετέραν καθίστησι ψυχὴν, κατὰ τὴν αὐτοῦ σύνεσιν ἀμφότερα ταῦτα ποιῶν. (PG 49,63. Übers. J. Mitterrutzner).

Seele stehen, der gut oder schlecht auf ihr musizieren kann. Darüber hinaus aber verwendet er dieses Instrument zum Vergleich mit dem Wort des Apostel Paulus und, sich über alle Dinge erhebend, mit Gott selbst, der als Schöpfer der Welt den perfekten Kitharöden verkörpert.

5.4   Die Musik im Schrifttum des Chrysostomos

Die Musik ist ein häufiger Gegenstand in den Predigten und Schriften des Chrysostomos, der sie in einem großen Spektrum zwischen christlichen Gesängen, heidnischer Theatermusik und der jüdischen Instrumentalpraxis aufspannt. Im Rahmen der christlichen Musikkultur dominiert auch bei Chrysostomos die Vokalpraxis. Er berichtet über verschiedene Orte der Psalmodie, die sowohl im sakralen als auch im privaten Raum ausgeübt wird. Dabei unterscheidet er bei den Gesängen im kirchlichen Raum zwischen Psalmen, die allen offen stehen und von allen gesungen werden können und sollen, und Hymnen, die die Verbindung des Himmels mit der Erde herstellen. Diese sind nur den in den christlichen Kult Eingeweihten vorbehalten und den Taufbewerbern noch nicht bekannt. Die Hymnen werden demnach nur in den eucharistischen Gottesdiensten gesungen. Deutlich benennt Chrysostomos das *Trisagion* als zugleich himmlischen und irdischen Gesang bei der Wandlung. Die am häufigsten genannte Art der Aufführungspraxis ist auch bei Chrysostomos der Responsorialgesang. Darüber hinaus hat in seinen beiden Gemeinden in Antiochien als auch in Konstantinopel die Institution der Vorsänger in der Kirche Bestand gehabt, deren Aufgabe es ist, den Psalm vorzutragen, auf den die Gemeinde antwortet. Für den Hymnus wurde diese Form aufgehoben, da alle gemeinsam *una voce* in den himmlischen Gesang der Engel einstimmen dürfen. Von anderen Autoren seiner Zeit wird über den antiphonalen Gesang berichtet, der von Socrates, Sozomenos und Theodoret terminologisch eindeutig bezeugt ist. Unklar ist dessen Entstehungsort und -rahmen; belegt ist aber die Verwendung dieser aufführungspraktischen Methode im Arianerstreit in Konstantinopel. Die Arianer singen bei den Antiphonen auch angehängte Neudichtungen. Dies wird für die Orthodoxen nicht überliefert und ist wohl auch unwahrscheinlich. Die Zuordnung der Hymnendichtung zu häretischen Gruppierungen im 3. Jahrhundert im Osten des Reiches dürfte deren Einschränkung im 4. Jahrhundert begünstigt haben. Chrysostomos berichtet ebenso wenig wie die anderen Autoren über Hymnendichtungen in seiner Zeit. Ob er den antiphonalen Gesang aus Antiochien in Nachahmung des Flavian in Konstantinopel eingeführt hat oder ob diese Gattung als Vokalpraxis tatsächlich von den Arianern übernommen wurde, kann nicht abschließend geklärt werden. Klar aber ist, dass beide Formen der Aufführungspraxis sowohl in Antiochien als auch in Konstantinopel im 4. Jahrhundert Bestand hatten und als Charakteristikum der christlichen Musikpraxis auch von der Außenwelt derartig wahrgenommen wurden. Der Einsatz der Psalmodie über den kirchlichen Rahmen hinaus wird damit einerseits zum Politikum der rivalisierenden Gruppierungen gegeneinander, andererseits aber auch zum identitätsbildenden Faktor der christlichen Musikkultur. Der Sinn und die Funktion der Psalmodie liegt für Chrysostomos neben seinem zentralen Anliegen des Lobgesanges für Gott in seiner trostspendenden Fähigkeit und der positiven Wirkung auf die moralische Tugend des Menschen, vornehmlich der des Kindes. Zur Verdeutlichung dieser Wirkungsmächtigkeit stellt Chrysostomos immer wieder einzelne Exempla der idealen Musikpraxis bei den Aposteln, den Mönchen oder auch den drei Jünglingen im Feuerofen auf. Neben den genannten Faktoren bietet der Psalmengesang auch die Möglichkeit zur intensiven Kommunikation mit Gott, der aus ihm zu den Menschen spricht. Dass der Mensch damit als Geschöpf Gottes gleichzeitig sein Instrument wird, zeigt Chrysostomos in der Zuordnung der Musikinstrumentensymbolik auf: So stellt der Mensch die Kithara Gottes dar oder Gott den perfekten Kitharöden. Die metaphorische Verwendung der Salpinx wird in der Attribution als lautestes der antiken Musikinstrumente ausgedrückt, so dass das Klangvolumen sinnbildlich die Stärke Gottes und seiner Geschöpfe verkörpert. Auch für Paulus zeigt sich die Verwendung dieses Epithetons in seiner klanglichen Fülle und Lautstärke; ebenso steht die militärische Verwendung des Instrumentes im Rahmen der römischen Expansion im übertragenen Sinn für den religiösen Siegeszug des Christentums. Der dominante Einsatz dieses Instrumentes bei den *spectacula* hingegen wird von Chrysostomos kaum kommentiert. Vielmehr interessiert ihn bei der Darstellung der Spiele deren negativer Einfluss auf Leib und Seele, welchen er in Nachfolge der schon etablierten christlichen Vorwürfe gegen das Theater ausführt. Neben der Kritik an der moralischen Demontierung kommen vornehmlich die Aspekte einer musikalischen Festkultur hinzu. Diese äußert sich nicht nur in den omnipräsenten Gesängen von Theaterliedern, sondern auch in den musikalischen Hochzeitsbräuchen heidnischen Ursprungs sowie in der Musikkultur im Rahmen der jüdischen Feste. Aller musikalischen Ausgelassenheit im Rahmen von Feiern weist Chrysostomos eine negative Wirkung zu, da er in ihr die Herrschaft des Teufels sieht. Die Theaterlieder sind ihm deshalb insbesondere ein Dorn im Auge, da sie durch das Unterlegen schöner Melodien den Text gleich mit in die Seele einschleusen, wo dieser Schaden anrichtet. Diese der Musik innewohnende Funktion ist Chrysostomos Nutzen und Nachteil zugleich: Im Kontext des Theaters muss er die Gesänge strikt ablehnen aufgrund ihrer Gefährdung des Seelenheils. Das Singen der Psalmen aber kann für die Taufbewerber nicht häufig genug stattfinden, da durch die Musik auch die Botschaft Gottes leichter aufgenommen werden kann. Unter all diesen Aspekten sieht Chrysostomos den Nutzen der Musik im Allgemeinen in ihrer Fähigkeit, die Aufnahme von textlichem Sinngehalt zu erleichtern. Damit dominiert die Vokalkultur sein Verständnis von Musik. Die Instrumente der Zeit werden von ihm ausschließlich metaphorisch verwendet und damit aus ihrem realen Kontext herausgelöst. So drückt sich Chrysostomos selbst im Rahmen der von ihm installierten Musikkultur aus und weist der Musik eine absolute Funktionalität zu. Sie ist ihm ein Mittel zum Zweck, welches bei rechtem Gebrauch großen Reichtum bringen kann. Sie wird von ihm nicht um ihrer selbst willen geschätzt, sondern hilft als Vermittlerin theologischer Inhalte bei der Vokalpraxis der Christen und erleichtert das Befolgen von Gesetzen im jüdischen Kult. Dieses Mittel steht allerdings auch dem Teufel und seinen Dämonen zur Verfügung, weshalb es die Aufgabe des Predigers ist, die Gefahr, die der Musik innewohnen kann, zu enthüllen. Das lässt Chrysostomos dennoch nicht zurückschrecken, die

Musik nicht nur im kirchlichen Rahmen zur Reinigung der Seele zu verwenden, sondern sie auch ganz bewusst als Mittel des Kampfes gegen andere christliche Gruppierungen zu verwenden und damit zu instrumentalisieren.

6 Musik in Praxis und Theorie bei Augustinus

ubi fulget animae meae, quod non capit locus,
et ubi sonat, quod non rapit tempus...

Hier leuchtet meiner Seele etwas auf, das kein Raum fasst.
Hier erklingt eine Stimme, die keine Zeit wegreißt...
(Aug. conf. X,6,7)

Dies sagte ich und weinte, bittere Zerknirschung im Herzen. Und da, plötzlich, hörte ich die Stimme aus dem Nachbarhaus, wie die eines Kindes, ich weiß nicht, ob eines Jungen oder eines Mädchens, die im Singsang ausruft und oft wiederholt: „Nimm und lies, nimm und lies!" Sofort änderte sich mein Gesicht, und ich überlegte gespannt, ob es etwa ein Kinderspiel gebe, bei dem sie einen solchen Vers trällern; aber ich konnte mich nicht erinnern, das irgendwo gehört zu haben. Ich hemmte den Lauf der Tränen und stand auf, denn ich konnte das nur so deuten, Gott befehle mir, ein Buch aufzuschlagen und die Stelle zu lesen, auf die als erste mein Blick fallen werde.[1]

Diese berührende Szene, mit welcher Augustinus seine Bekehrung zum christlichen Glauben schildert, steckt voller Musik. Augustinus, der sich mit verzweifelten Tränen zurückgezogen hat in den mailändischen Garten seines Freundes Alypius, erfährt eine grundlegend sinnliche Sache: Er hört. Gottes Stimme klingt in ihm – nicht als eine mächtige dröhnende Stimme, die Sicherheit und Orientierung verspricht, sondern als ein zarter kindlicher Singsang, der in sein Ohr dringt, ihn gefangen nimmt und aus seiner Verzweiflung herausführt. Der von ihm geschilderte kindliche Gesang ruft ihn in einfachen Worten an und singt ihn heraus aus Verzweiflung und Lethargie. Das sinnliche Erleben des Klanges, welches Augustinus als große Überraschung schildert, weckt ihn auf und fordert ihn heraus: Er steht auf und bekehrt sich zum christlichen Glauben.[2]

---

1 Aug. conf. VIII,12,29: dicebam haec et flebam amarissima contritione cordis mei. et ecce audio uocem de uicina domo cum cantu dicentis et crebro repetentis quasi pueri an puellae, nescio: „tolle, lege, tolle, lege". statimque mutato uultu intentissimus cogitare coepi, utrumnam solerent pueri in aliquo genere ludendi cantitare tale aliquid, nec occurrebat omnino audisse me uspiam repressoque impetu lacrimarum surrexi nihil aliud interpretans diuinitus mihi iuberi, nisi ut aperirem codicem et legerem quod primum caput inuenissem. (Text CCL 27,131. Übers. K. Flasch).
2 Zur Konzeption dieser Episode als biographische Hagiographie vgl. auch Schindler (2009), bes. 91f. sowie zum Zusammenhang von Kinderstimme und Erleuchtung bei Augustin auch Albrecht (1993), 9–11.

Die von Augustinus so zentral beschriebene Fähigkeit des inneren Hörens begleitet ihn sein Leben lang. Hymnen und Lieder ziehen ihm durch den Sinn, lassen ihn straucheln oder neuen Mut schöpfen und führen ihn immer wieder zu der Frage, ob die sinnliche Erfahrung von Musik ein Gut oder ein Übel für den Menschen bedeutet. So scheint es nicht zufällig, dass der kindliche Gesang ihn zur Bekehrung affiziert, da der hohe Stellenwert von Musik und Gesang das Werk des Augustinus wie ein roter Faden durchzieht. Dass sich ihm Gott demnach in Gesang offenbart, scheint nur eine logische Folge seiner gequälten Auseinandersetzung in Kindheit, Jugend und früher Adoleszenz mit der Frage nach rechtmäßigem Genuss von Musik darzustellen.

Die Rolle der Musik im Schrifttum des Augustinus beschäftigt die Forschung schon sehr lange.[3] Die Faszination dafür erklärt sich aus Augustins eigenem sehr starken musikalischen Interesse, welches sich direkt in den Schriften und indirekt in seiner deskriptiven, lautmalerischen Sprache äußert. Auch in den *Confessiones*, seinen Bekenntnissen, welche er seinem Gott widmet, wird die Musik im biographischen Gang thematisiert. Darin beschreibt er in harter Auseinandersetzung mit sich selbst, wie sein Suchen nach Gott seit frühester Jugend an durch viele Verirrungen führte, die Augustinus detailliert und schamerfüllt ausführt und Gott bekennt. In diesem Werk der Selbstläuterung erfährt der Leser von Augustins früh ausgeprägter Liebe zur praktischen Musik wie auch den freien Künsten. Diese Liebe trägt ihn einerseits durchs Leben, hindert ihn aber andererseits am Finden Gottes. Die stete Auseinandersetzung zerreisst Augustinus und lässt ihn zeit seines Lebens immer wieder die Legitimität des musikalischen Genusses hinterfragen. Insbesondere der starke Unterschied der Positionen in den frühen Schriften zu denen nach seiner Bekehrung und als Bischof von Karthago zeigt die Komplexität seiner Persönlichkeitsentwicklung auf und zeichnet dem heutigen Leser das Bild einer ständig suchenden Person, die erst in Gott zur Ruhe findet. Die Facetten der Musik, welche Augustinus in seinen Schriften beschreibt, können grob untergliedert werden nach seiner Haltung zu Praxis und Theorie. Im ersten Teil des Kapitels soll, analog zu den anderen Kapiteln, auch die Musikpraxis bei Augustinus untersucht werden. Dabei wird im zweiten Teil neben der christlichen Musikpraxis auch die Musik der Umgebung berücksichtigt, auf welche Augustinus sich bezieht. Seine Haltung zur Musiktheorie und zur Musikästhetik soll im dritten Teil erhellt werden. Abschließend wird im vierten Teil die Musikinstrumentenallegorese bei Augustinus im Rahmen der Psalmenexegese untersucht, auch da diese von Augustinus verwendeten allegorischen Bilder bis ins hohe Mittelalter nachwirken.

---

3   Im Allgemeinen gibt es eine Fülle an Literatur über Augustinus; so sei an dieser Stelle nur auf die großartige Ausgabe des Augustinus-Lexikon verwiesen, die neben den Artikeln auch ein umfassendes Werkverzeichnis mit der Angabe der neuesten kritischen Editionen enthält. Darüber hinaus sei einführend auf Rosen (2015), Brown (1973), Marrou (1995), neuerdings Lane Fox (2015) und didaktisch sehr anregend mit weiterführenden Leseaufträgen Flasch (1994) verwiesen. Zum Thema „Augustinus und die Musik" liegen mehrere kleinere Publikationen vor, die sich jeweils mit Einzelaspekten dieses weiten Feldes beschäftigen. Einführend sei auf die Aufsatzsammlung von Mayer, Müller und Förster (2013) und die Arbeit von Berg (2011) mit einer wundervollen onomatopoetischen Einführung in Augustins Hörerlebnisse verwiesen.

6.1 Christliche Musikpraxis bei Augustinus

6.1.1 Musik in der Gottesdienstgestaltung

6.1.1.1 Über die Verortung des Gesanges in der Liturgie

Auch in den Gemeinden des Augustinus in Italien und Nordafrika zeigt sich die hohe Bedeutung des Psalmengesanges im Rahmen der Gottesdienstgestaltung. Insbesondere in den *Enarrationes in Psalmos* und den *Sermones*[4] treten die musikpraktischen Geschehnisse im Rahmen des Gottesdienstes klar zu Tage. An vielen Stellen bezieht sich Augustinus auf die in der Messe gesungenen Psalmen, die er entweder im Rahmen der Predigt ausdrücklich benennt oder mit einer Auslegung des gesungenen Psalmverses verknüpft. Die zentrale Rolle des Psalmengesanges als aktivem Baustein der christlichen Zusammenkünfte von Seiten der Gemeinde zeigt sich insbesondere in der 57. Predigt, die er am Anfang des 5. Jahrhunderts in Hippo hält:

> Also ist die Eucharistie unser tägliches Brot. Aber, wenn wir jenes erhalten, ist es nicht nur für den Bauch, sondern auch für den Geist. [...] Und die Tatsache, dass ich dies für euch darlege, ist unser tägliches Brot. Und dass ihr in der Kirche täglich die Lesungen hört, ist unser tägliches Brot. Und dass ihr Hymnen hört und singt ist unser tägliches Brot. Diese Dinge sind nämlich notwendig für unser Pilgern.[5]

Das Singen der Psalmen steht also auf derselben Stufe wie die heilige Eucharistie und das Hören der Lesungen. Dabei stellt Augustinus es gleichermaßen als eine tägliche Pflicht für den Christen dar, Gott die Psalmen zu singen. Der Gesang wird dabei aus der Liebe des Menschen zu Gott formuliert: Er entspringt dem Herzen und zeigt die Verbundenheit

---

4 Im Laufe seines Lebens hat Augustinus ca. 8000 Predigten gehalten, von denen leider nur ein Bruchteil auf uns gekommen sind. Ca. 400 haben sich erhalten und werden immer wieder um Neufunde ergänzt. Die Predigtsammlung an sich stellt ein heterogenes Korpus dar, da Augustinus selbst die Predigten nicht sortiert und in einen Zusammenhang gebracht hat. Die Mauriner-Ausgabe (PL) bildet die Grundlage der heutigen Zählweise, häufig liegen die Predigten auch nur dort editiert vor, wenngleich das CCL eine kritische Neuedition anstrebt, vgl. Drecoll (2007), 409f. Die Angabe des verwendeten Textes ist in Klammern hinter der lateinischen Zitation angegeben und basiert auf der Werksübersicht im AL 2, XVI–XXIV, die die aktuellsten editierten Ausgaben der *sermones* anführt. Zu der sprachlichen Besonderheit der Augustinischen Predigten vgl. Uthemann (1997), 305–310.

5 Aug. serm. 57,7: ergo eucharistia panis noster cotidianus est. sed, si accipiamus illum non solum uentre, sed et mente! [...] et quod uobis tracto, panis cotidianus est; et quod in ecclesia lectiones cotidie auditis, panis cotidianus est; et quod hymnos auditis et dicitis, panis cotidianus est. hic enim sunt necessaria peregrinationi nostrae. (Text CCL 41Aa,184). Die Predigt datiert vermutlich auf acht Tage vor Ostern im Jahr 410 in Hippo, zur Textgeschichte der 57. Predigt vgl. auch Verbraken (1987), 411f. und 413–424 (kommentierter Text). Die vielfältige Verwendung des Eucharistiebegriffs bei Augustinus behandelt auch Mayer (1996–2002), 1155 mit weiterführenden Quellenangaben. Zur gedachten Einheit des Opfers mit dem mystischen Leib der Kirche Christi bei Augustinus, vgl. Hesse (2015), 37f.

der Gottesdienstbesucher auf.[6] Die hohe Bedeutung des liturgischen Singens liegt auch darin, eine Beziehung zu Gott aufzubauen um dadurch den Glauben zu festigen. Dabei soll die Liebe zu Gott nicht nur im Gesang ausgedrückt werden, sondern stellt gleichsam für den sich nach Gott sehnenden Menschen eine Möglichkeit dar, mit ihm in Kontakt zu treten.[7] Diese Möglichkeit ergibt sich für den gläubigen Menschen sowohl allein als auch in der Gemeinschaft mit anderen Gläubigen, die im Sinne der neutestamentlichen Lehre als Christi Glieder wie mit einer einzigen Stimme zusammen erklingen.[8]

Die Häufigkeit des Psalmengesanges ist an die Art des Gottesdienstes gekoppelt. Auch in der Liturgie Nordafrikas wird auf den Unterschied zwischen Wortgottesdienst und der Feier der Eucharistie im Sinne der Initiation verwiesen.[9] Im Wortgottesdienst, der

---

6   So z. Bsp. in Aug. serm. 336,1: quid enim habet canticum nouum, nisi amorem nouum? cantare amantis est. uox huius cantoris, feruor est sancti amoris. (Text PL 38,1472). „Was meint nämlich das neue Lied, als die neue Liebe? Wer liebt, singt. Die Stimme des Sängers ist die Glut der heiligen Liebe." (Übers. H. Drobner). Vgl. dazu auch Aug. en. ps. 33,1/34,1.

7   Zu dieser besonderen Gottesbeziehung vgl. auch Aug. en. ps. 123,2: quid ergo isti cantant? haec membra Christi quid cantant? amant enim, et amando cantant, desiderando cantant. (Text CSEL 95,3,128). „Was also singen jene? Diese Glieder Christi, was singen sie? Sie lieben nämlich, und liebend singen sie, sehnend singen sie." Dieser Gedanke des verliebten Menschen, der sehnend zu Gott singt, war auch schon bei Chrysostomos gegenwärtig, vgl. Kapitel 5.1.2.2 (Trost und Stärkung), 163–166.

8   Dieses Bild dominiert den ersten Teil der Auslegung, vgl. Aug. en. ps. 123,1: et aliquando tamquam unus cantat, aliquando tamquam multi, quia et multi unus, quia et unus Christus, et in Christo membra Christi cum Christo unum faciunt, [...] siue ergo unus cantet siue multi cantent, et multi homines unus homo est, quia unitas est, et Christus, sicut diximus, unus est, et omnes Christiani membra sunt Christi. (Text CSEL 95,3,128). „Und bald singt nur ein Einzelner, und bald aber viele, weil sowohl viele nur eine Einheit sind, als auch Christus eins ist und die Glieder Christi machen sie zur Einheit in Christus mit Christus. [...] Sei es also, dass eine Stimme singt, sei es dass viele singen, und auch viele Menschen sind ein einziger Mensch, weil sie eine Einheit bilden und Christus, sowie wir gesagt haben, eins ist, und alle Christen sind Glieder Christi."

9   Dies bezeugt Augustinus eindeutig in Aug. serm. 49,8: ecce post sermonem fit missa catechuminis. manebunt fideles. (Text CCL 41,620). „Seht, nach der Predigt erfolgt die Entlassung der Katechumenen. Die Gläubigen bleiben da." (Übers. H. Drobner). Die Unterscheidung in *fideles* und *increduli* bei Augustinus hat Drobner (2013), 289, Fn. 98 bereits herausgestellt und verweist weiter auf Aug. serm. 46,31. Die Predigt wurde anlässlich des Martyriums des hl. Cyprian in dessen Memorialkirche im Umland Karthagos abgehalten, die Datierung ist unklar. Inwiefern dieser Usus des *missa fiat* auch in Italien angewendet wurde, lässt sich aus den Schriften Augustins nicht rekonstruieren; es scheint sich aber um einen bereits fest installierten Brauch zu handeln, der auch von Chrysostomos aus der anderen Reichshälfte bekannt ist. Auch die Pilgerin Egeria berichtet über diesen Brauch in der Kirche von Jerusalem, vgl. Aeth. 25,1–2: quae predicationes dum dicuntur, gradis mora fit, ut fiat missa ecclesiae, et ideo ante quartam horam aut forte quintam missa <non> fit. 2. at ubi autem missa facta fuerit ecclesiae iuxta consuetudinem, qua et ubique fit, tunc de ecclesia monazontes cum hymnis ducunt episcopum usque ad Anastasim. Cum autem coeperit episcopus uenire cum hymnis, aperiuntur omnia hostia de basilica Anastasis, intrat omnis populus, fidelis tamen, nam cathecumini non. „Während diese Predigten gehalten werden, verzögert sich die Entlassung aus der Kirche sehr; deshalb findet die Entlassung nicht vor der vierten oder fünften Stunde statt. 2. Sobald aber die Entlassung aus der Kirche wie gewöhnlich geschehen ist, wie es überall passiert, geleiten die Mönche den Bischof mit Hymnen aus der Kirche zur Anastasis. Wenn

häufiger stattfindet als die Eucharistiefeier,[10] kann die Stelle für den Psalmengesang aus den Predigten konstruiert werden, so zum Beispiel in der 165. Predigt:

> Wir haben den Apostel gehört, wir haben den Psalm gehört, wir haben das Evangelium gehört; all diese göttlichen Lesungen stimmen darin überein, uns dazu einzuladen, unsere Hoffnung auf den Herrn, nicht auf uns zu setzen.[11]

Neben dem Hören des Psalmes, der vom Lektor vorgetragen wurde, finden sich auch viele Aussagen, die den Gemeindegesang an der Stelle zwischen Lesung und Evangelium im Wechsel mit dem Lektor bezeugen.[12] Stehen die musikpraktischen Aussagen zu den gesungen Psalmen zumeist als thematische Referenz in den Anfangssätzen der Predigten oder Psalmenauslegung, dient der Verweis auf den gesungenen Psalm auch dazu, die Aufmerksamkeit für die sich anschließende Predigt zu fördern. In der Auslegung zum 44. Psalm bittet Augustinus die Gemeinde, auch für seine Psalmauslegung die gleiche Begeisterung aufzubringen.[13] Dabei beruft er sich mit dem „wir" auf seinen eigenen Gesang und auch auf den des Lektors, über dessen Amt sich Augustinus in verschiedenen

---

dann der Bischof unter Hymnen ankommt, werden alle Tore der Anastasis-Basilika geöffnet, und das ganze Volk tritt herein, jedoch nur die Gläubigen, nicht die Katechumenen." (Text und Übers. G. Röwekamp). Vgl. dazu auch Roetzer (1930), 113f. sowie mit einem allgemeinen Überblick dazu auch Jungmann I (1958), 606f. und Jungmann II (1958), 3f. und 423f. zum Weiterleben dieses Brauches im Frühen Mittelalter. Zur Analyse der wesentlichen Quellenstellen bei Augustinus zum *missa fiat*, konstruiert aus den *sermones Dolbeau* vgl. Klöckener (1998), 154–157. Auch Drecoll (2007), 226 schreibt diesen Brauch als allgemeingültig für die Kirche des 4. Jh. fest.

10 Zur Häufigkeit der Eucharistiefeier vgl. Roetzer (1930), 97.

11 Aug. serm. 165,1: apostolum audiuimus, psalmum audiuimus, euangelium audiuimus; consonant omnes diuinae lectiones, ut spem non in nobis, sed in domino collocemus. (Text PL 38,902. Übers. W. Roetzer (1930), 100). Selbige Aussage findet sich auch in Aug. serm. 176,1: primam lectionem audiuimus apostoli: [...] deinde cantauimus psalmum, exhortantes nos inuicem, una uoce, uno corde dicentes, *venite adoremus* [...] post haec euangelica lectio decem leprosos mundatos nobis ostendit. (Text PL 38,950). „Die erste Lesung, die wir gehört haben, war aus dem Apostel [I Tim 1,15,16]. Hierauf haben wir den Psalm gesungen, uns gegenseitig aufmunternd, mit einer Stimme und einem Herzen sagend: *Kommt, lasset uns anbeten* (Ps 94,6,2) [...] dann ist die evangelische Lesung gekommen, die uns die zehn gereinigten Aussätzigen gezeigt hat (Luk 17,12–19)."

12 So in der besonders prägnanten Stelle aus Aug. en. ps. 119,1: breuis psalmus est et ualde utilis, quem modo nobis cantatum audiuimus et cantando respondimus. (Text CSEL 95,3,37). „Kurz ist der Psalm und sehr nützlich, den wir haben singen hören und dem wir singend respondiert haben." (Übers. W. Roetzer (1930), 101) Vgl. dazu auch Aug. serm. 176,1 (Fn. 11) und Aug. en. ps. 44,1 (Fn.13). Eine Übersicht der Psalmengesänge in den *Sermones Dolbeau* hat Klöckener (1998), 139f. zusammengestellt.

13 Vgl. Aug. en. ps. 44,1: hunc psalmum sicut uobiscum cum exsultatione cantauimus, ita nobiscum cum adtentione consideretis peto. (Text CCL 38,493). „Wie wir diesen Psalm mit euch mit Frohlocken gesungen haben, so möget ihr ihn mit uns mit Aufmerksamkeit betrachten." (Übers. W. Roetzer (1930), 101.

Randnotizen äußert.[14] Als dem Lektor in der Gemeinde ein Fehler in der Psalmenrezitation unterlief, kommt Augustinus darauf zu sprechen:

> Ich hatte angeordnet, dass ein kurzer Psalm vom Lektor gesungen werde. Dieser jedoch, wie es scheint in augenblicklicher Verwirrung, hat einen anderen dafür vorgetragen und da zog ich es vor, in dem Irrtum des Lektors dem Willen Gottes zu folgen statt meinem eigenen. Wenn ich demnach euch bei der Länge des Psalmes etwas aufgehalten habe, so möget ihr nicht mir dafür die Schuld beimessen, sondern annehmen, dass Gott nicht ohne Nutzen uns habe anstrengen lassen![15]

Aus der Stelle lässt sich entnehmen, dass der vom Priester oder Bischof ausgewählte Psalm vom Lektor vorgesungen wird. Generell ist das Amt des Lektors mit dem Vortrag der Schriften (*lectio*) und dem Vorsingen der Psalmen (*cantio*) ausgefüllt und insbesondere für Nordafrika seit dem dritten Jahrhundert eindeutig bezeugt.[16] Der Lektor stellt ein niedriges kirchliches Amt dar und wird seit dem Konzil von Karthago (397) zum Klerus gezählt.[17] Häufig wurde das Amt mit jungen Knaben besetzt, deren besondere stimmli-

---

14 Zu einer Sammlung aller Stellen zum Lektor im Augustinischen Textkorpus vgl. Hensellek/Schilling, Lfg. 5 (1991), s.v. lector, -oris und im Überblick des Generalindexes der PL s.v. lectores in PL 46,390. Margoni-Kögler (2004sqq.), 923 verweist darauf, dass es rund 260 Belege für den Lektor im Werk Augustins gibt.

15 Aug. en. ps. 138,1: psalmum uobis breuem paraueramus, quem mandaueramus cantari a lectore, sed ad hora, quantum uidetur, perturbatus, alterum pro altero legit. Maluimus nos in errore lectoris sequi uoluntatem dei, quam nostram in nostro proposito. si ergo uos in eius prolixitate aliquamdiu tenuerimus, nobis non imputetis, sed credatis deum uos non infructuose laborare uoluisse. (Text CSEL 95,4,126. Übers. W. Roetzer (1930), 101). Eine ähnliche Anmerkung unternimmt Augustinus in Aug. serm. 352,1: neque enim nos istum psalmum cantandum lectori imperauimus: sed quod ille censuit uobis esse utile ad audiendum, hoc cordi etiam puerili imperauit. (Text PL 39,1550). „Auch nämlich haben wir das Singen jenes Psalmes dem Lektor nicht aufgetragen: Aber weil jener urteilte, was euch nützlich zu hören sei, trug er es dem Herzen des Jungens sogar auf." Zur Auslegung von Aug. serm. 352 aus dem Stegreif sowie einer Detailanalyse der Predigt vgl. Mühlenberg (2002), 196–210.

16 Vgl. dazu Margoni-Kögler (2004sqq.), 922f. und Roetzer (1930), 197f. Generell verweist die einschlägige Literatur auf die Belegstellen bei Tertullian, praescr. haer. 41,8 und Cyprian ep. 38,2,1 und 39,4,1. Margoni-Kögler betont, dass das Amt des Lektors bereits im 3. Jh. gesamtkirchlich institutionalisiert war. Inwiefern dies allerdings auch auf das Vorsingen der Psalmen zutrifft, bleibt in den angeführten Quellen unausgesprochen: Weder Tertullian noch Cyprian benennen das Singen der Psalmen durch den Lektor eindeutig. Für Mailand bezeugt Ambrosius das Amt des *lector* zumindest in einer Stelle explizit mit einem Verweis auf den Gesang, vgl. dazu die Auflistung der Stellen bei Schmitz (1975), 314f.

17 Vgl. dazu Margoni-Kögler (2004sqq.), 922, mit weiterführenden Quellenangaben, der das Amt des Lektors als „erste Stufe der kirchlichen Karriereleiter" bezeichnet. Zum Amt des Lektors auch Roetzer (1930), 197f.

che Brillanz den Kirchenraum klar ausfüllten.[18] Die Gemeinde antwortete dem Lektor responsorial mit dem Ende oder der Fortführung des Psalmenverses, der für den jeweiligen Gottesdienst ausgewählt wurde.[19] So berichtet Augustinus beispielsweise von der Fortführung des fälschlicherweise gesungenen Psalms des Lektors in der richtigen Antwort der Gemeinde darauf.[20] Roetzer vermutet, dass der Psalm zwischen Apostelbrief und Evangelium ganz und responsorisch gesungen wurde.[21]

Im eigentlichen Opfergottesdienst besteht auch in Nordafrika der Brauch, die nicht Getauften aus der Kirche zu verweisen, da sie noch nicht in die Geheimnisse der Eucharistie eingeführt sind. Der von Augustinus hierfür verwendete Terminus des *missa fiat* wurde weiter oben schon quellenkritisch erläutert.[22] Die Häufigkeit der Opferfeier scheint je nach Ort und Anlage der Gemeinde variiert zu haben. So berichtet Augustinus darüber, dass das Opfer mancherorts täglich, mancherorts aber auch nur wöchentlich

---

18 Mit Angaben der einschlägigen Stellen bei Augustinus vgl. Paoli-Lafaye (1986), 64 und bes. 67f. Roetzer (1930), 198 verweist auf Aug. ep. 209,3, in welchem von dem unmittelbaren Aufstieg des jugendliche Lektors Antoninus zum Bischof von Fussala berichtet wird.

19 Vgl. dazu die Tabelle von Margoni-Kögler (2004), 919/920, in welcher die Responsoria an den Herrenfesten vermerkt sind, auf die Augustinus direkt oder indirekt verweist, sowie besonders die Auflistung bei McKinnon (2001), 20–24 mit einer Angabe der gesungenen Psalmen und Responsoria, konstruiert aus den Schriften. Gamber (1969), 144f. verweist auf Aug. serm. 176,1; Aug. en. ps. 119,1; Aug. en. ps. 138,1. Deutlich auch Aug. en. ps. 40,1: legenti respondentes cantauimus. (Text CCL 38,447). „Wir haben dem Lektor durch Gesang geantwortet." Weiterführend dazu Martimort I (1963), 131. Generell zu der zu Augustins Zeiten bestehenden Kirchenordnung für die Schriftlesung vgl. Klöckener (1998), 137.

20 Vgl. Aug. serm. 352,1: uox poenitentis agnoscitur in uerbis quibus psallenti respondimus: *auerte faciem tuam a peccatis meis, et omnes iniquitates meas dele.* (Text PL 39,1549/50). „Die Stimme des Büßers wird in den Worten unseres Responsoriums aufgenommen: *Wende dein Antlitz von meinen Sünden ab und vertilge alle meine Missetaten* (Ps 50,11)." (Übers. E. Mühlenberg (2002), 198).

21 Vgl. Roetzer (1930), 101f. der dafür folgende Beispiele aus den *sermones* anführt: Ps 40–KV 6; Ps 29–KV 1; Ps 25–KV 9; ebenso Gamber (1969), 144.

22 Vgl. Fn. 9. Insbesondere Aug. serm. 360B zeigt den deutlichen Einschnitt der *missa fiat*, da Augustinus nach dem Herausschicken der Ungetauften das Wort an die Eingeweihten richtet und sie zu einem vorbildhaften Leben für die anderen aufruft. Zur Verbindung von Taufe und Leben vgl. Aug. ep. 186,8,29: non habituros uitam in semet ipsis, nisi manducauerint carnem filii hominis et biberint sanguinem, quod nisi baptizati non utique possunt. (Text CSEL 57,68). „Man wird das Leben nicht in sich haben, ohne das Fleisch des Menschensohnes zu essen und sein Blut zu trinken, was bei den Ungetauften nicht der Fall sein kann." (Übers. Roetzer (1930), 173). Drecoll (2007), 226 vermutet, dass dieser Brauch einer Zweiteilung des Gottesdienstes in Wort- und Messgottesdienst mit dem Öffnen der Tore im ersten Teil in der Alten Kirche vermutlich überall so gehalten wurde. Ganz deutlich berichten die Apostolischen Konstitutionen, die in das Jahr 380 n. Chr. datieren, von diesem Brauch, das Profane im Zuge der Wandlung abzutrennen, vgl. Const. Apost. II,57,21: Μετὰ δὲ ταῦτα γινέσθω ἡ θυσία, ἑστῶτος παντὸς τοῦ λαοῦ καὶ προσευχομένου ἡσύχως [...] φυλαττέσθωσαν δὲ αἱ θύραι, μή τις ἄπιστος ἢ ἀμύητος, εἰσέλθοι. (Text SC 320). „Hierauf nun vollziehe man das heilige Opfer, während die ganz Gemeinde steht und betet. [...] Die Türen aber sollen bewacht werden, damit kein Ungläubiger oder Ungetaufter eintrete."

auschließlich am Sonntag oder auch am Samstag und am Sonntag dargebracht wurde.[23] Zur Gabenbereitung wurden Psalmen gesungen, ein Brauch, den Augustinus nach eigenem Bekenntnis in seiner Gemeinde eingeführt habe:

> In jener Zeit erzürnte sich ein gewisser Hilarus, eine Persönlichkeit tribunizischen Standes und katholischer Laie, ich weiß nicht warum, gegen die Diener Gottes. Bekanntlich kommt so etwas öfter vor. Und zwar erboste ihn der damals in Karthago aufgekommene Brauch, am Altar vor der Opferdarbringung und nach der Austeilung der Speise an das Volk Hymnen aus dem „Buch der Psalmen" zu singen. Er nahm, wo er konnte, heftigen Anstoß daran und verlangte, dass dieser Brauch verboten werde. Ich antwortete ihm auf Wunsch der Brüder und das Buch bekam den Titel: Gegen Hilarus.[24]

Das Singen der Psalmen zur Gabenbereitung und Austeilung, welches von Hilarus kritisiert wird, diente wohl dem Zweck, die Geräusche, die durch den Gang zum Altar entstanden, zu übertönen, so dass die Konzentration und Andacht der Gläubigen nicht gestört werde.[25] Durch die Einführung der Psalmodie an dieser Stelle konnte Augustinus

---

23 Vgl. dazu Aug. ep. 54,2,2: …alibi nullus dies intermittitur, quo non offeratur, alibi sabbato tantum et dominico, alibi tantum dominico. (Text CSEL 34,2a,160). „An einigen Orten unterbleibt das heilige Opfer keinen Tag, an anderen wird es nur am Samstag und am Sonntag, an anderen wieder nur am Sonntag dargebracht." (Übers. W. Roetzer (1930), 97). Ähnlich auch Aug. Io. ev. tr. 26,15: sacramentum, id est unitatis corporis et sanguinis Christi alicubi quotidie, alicubi certis interuallis dierum in dominica mensa praeparatur, et de mensa dominica sumitur. (Text CCL 36,267). „Das Geheimnis, das heißt die Einheit des Leibes und Blutes Christi, wird da und dort täglich, da und dort nur an bestimmten Tagen am Tische des Herrn vorbereitet, und vom Tische des Herrn genommen." Vgl. dazu auch Roetzer (1930), 97 und 178, der in Übereinstimmung mit Aug. civ. dei X,20 und Aug. serm. 57,7 davon ausgeht, dass in der Gemeinde des Augustinus das Opfer täglich gefeiert wurde, vgl. Aug. civ. dei X,20: cuius rei sacramentum cotidianum esse uoluit ecclesiae sacrificium. (Text CCL 47,294). „Dieses Vorganges Geheimnis sollte nach seinem Willen das tägliche Opfer der Kirche sein,…" (Übers. C. Perl). Dabei betont Augustinus aber in obigem Brief, dass die Vielfalt der unterschiedlichen lokalen Bräuche etwas Positives sei und dass das starre Festhalten an den Bräuchen der heimischen Kirche insbesondere auf Reisen zu unnötigem Streit auswachsen könnte, vgl. Aug. ep. 54,2,3 und ähnlich auch Aug. ep. 228,6.

24 Aug. retr. 2,11: inter haec Hilarus quidam uir tribunicius laicus catholicus nescio unde aduersus dei ministros – ut fieri assolet – irritatus morem, qui tunc esse apud Carthaginem coeperat, ut hymni ad altare dicerentur de psalmorum libro, siue ante oblationem siue cum distribueretur populo quod fuisset oblatum, maledica reprehensione ubicumque poterat lacerabat, asserens fieri non oportere. huic respondi iubentibus fratribus, et uocatur liber ipse: contra Hilarum. (Text CCL 57,98. Übers. C. Perl).

25 Vgl. dazu auch Roetzer (1930), 134. Augustinus berichtet von diesem Gabengang seiner Mutter, vgl. Aug. conf. V,9,17: an uero tu, deus misericordiarum, sperneres cor contritum et humiliatum uiduae castae ac sobriae, frequentantis eleemosynas, obsequentis atque seruientis sanctis tuis, nullum diem praetermittentis oblationem ad altare tuum, bis die, mane et uespere, ad ecclesiam tuam sine ulla intermissione uenientis, non ad uanas fabulas et aniles loquacitates, sed ut te audiret in tuis sermonibus et tu illam in suis orationibus? (CCL 27,66). „Aber hättest du, Gott der Erbarmung,

die Gemeinde teilhaben lassen an einer tieferen Vorbereitung auf die Eucharistie, da sich jeder selbst im Gesang reinigend darauf vorbereiten konnte. Inwiefern dieser beschriebene Gabengang ausgeübt wurde, ist in der Forschung umstritten.[26] Auch nach der Communio wurde ein Psalm gesungen, der in der Forschung als Kommunionspsalm bezeichnet wird. Es handelt sich um den 33. Psalm, der bereits in den Apostolischen Konstitutionen genannt wird.[27] Dabei kann der Psalm ganz gesungen werden, wie in den Apostolischen Konstitutionen belegt,[28] oder aber auch nur der sechste Vers *Kommt zu ihm und werdet erleuchtet* (Ps 33,6)[29] oder der neunte Vers *Kostet und seht, wie gut der Herr ist* (Ps 33,9).[30] Somit betrat Augustinus mit der Einführung eines bereits bekannten Brauches in Karthago wohl Neuland, da das Singen des Psalmes dort offenbar noch nicht bekannt war.[31] Das Ende des Opfergottesdienstes wurde mit dem Dankgebet

---

das ‚zerknirschte und demütige Herz' einer keuschen, nüchternen Witwe verschmäht, die soviel Almosen gab, deinen Heiligen gefällig war und sie bediente, keinen Tag vergehen ließ, ohne ihre Gabe zu deinem Altar zu tragen, die zweimal am Tag, morgens und abends, regelmäßig deine Kirche besuchte, nicht zum Klatsch und Altweiberschwatz, sondern um dein Predigtwort zu hören und von dir in ihren Gebeten erhört zu werden?" (Übers. H. U. von Balthasar).

26 Gegen Roetzer verweist Gamber (1969), 142 darauf, dass Augustinus an keiner Stelle von einem allgemeinen Gabengang berichtet. Er vermutet eine partielle Darbringung einzelner, so zum Beispiel trauernder Angehöriger. Dafür spräche die von Augustinus geschilderte Episode, da die Mutter zum Trost täglich in die Kirche ging um für die Heilung ihres Sohnes zu beten.

27 Vgl. Const. Apost. VIII,13,15–16: Καὶ ὁ μὲν ἐπίσκοπος διδότω τὴν προσφορὰν λέγων· Σῶμα Χριστοῦ. Καὶ ὁ δεχόμενος λεγέτω · Ἀμήν. Ὁ δὲ διάκονος κατεχέτω τὸ ποτήριον καὶ ἐπιδιδοὺς λεγέτω· Αἷμα Χριστοῦ, ποτήριον ζωῆς · Καὶ ὁ πίνων λεγέτω · Ἀμήν. Ψαλμὸς δὲ λεγέσθω ὁ λγ' ἐν τῷ μεταλαμβάνειν πάντας τοὺς λοιπούς. (Text SC 336). „Und der Bischof gebe die Speise und sage: Das ist der Leib Christi. Und der Empfänger antworte: Amen. Und der Diakon reiche den Kelch und sage beim Halten: Das ist das Blut Christi, der Kelch des Lebens. Und der Trinkende sage: Amen. Man sage den 33. Psalm während alle anderen herantreten [kommunizieren]." Zuvor wurde die Reihenfolge angegeben, in welcher die Teilnehmer zum Altar treten durften: Bischof, Presbyter, Diakone, Subdiakone, Lektoren, Sänger, Asketen, die Frauen mit jeweiligen Ämtern und dann das ganze Volk. Hervorzuheben ist, dass die Const. Apost. zwischen Lektoren (οἱ ἀναγνῶσται) und Sängern (οἱ ψάλται) unterscheidet.

28 Vgl. Const. Apost. VIII,14,1: Καὶ ὁ διάκονος λεγέτω παυσαμένου τοῦ ψάλλοντος· (SC 336). „Und wenn der Psallierende den Gesang beendet, spreche der Diakon..."

29 Diesen Vers führt Augustinus explizit in Aug. serm. 225,3 und 228B,3 an. Vgl. dazu auch Dohmes (1938), 148.

30 Dieser Vers wird beispielsweise auch bei Cyrill von Jerusalem (Ende 4. Jh.) benannt, vgl. Cyrill. catech. myst. V,20: Μετὰ ταῦτα ἀκούετε τοῦ ψάλλοντος μετὰ μέλους θείου προτρεπομένου ὑμᾶς εἰς τὴν κοινωνίαν τῶν ἁγίων μυστηρίων καὶ λέγοντος· Γεύσασθε καὶ ἴδετε, ὅτι χρηστὸς ὁ Κύριος. „Danach hört ihr, wie euch der Psalmensänger mit einer göttlichen Melodie zur Teilnahme an den heiligen Mysterien einlädt. Er sagt: *Kostet und seht, wie gütig der Herr ist* (Ps 33,9)" (Text und Übers. G. Röwekamp).

31 Zur Fortführung dieser Tradition des Psalmengesanges nach dem Austeilen der Kommunion vgl. Jungmann II (1958), 487–496. Die Frage nach einer Parallele zum Hymnengesang bei Chrysostomos drängt sich an dieser Stelle auf: Ist der 33. Kommunionpsalm auch eine Sache der Initiation bei Augustinus? Die Eucharistiefeier hat natürlich diesen Stellenwert, auf den Gesang bezieht sich Augustinus dabei aber nicht so stark wie Chrysostomos hinsichtlich des *Trisagion*.

für die Eucharistie eingeleitet, welches der Bischof aussprach.[32] Der anschließende Auszug des Bischofs und seiner Gefolgschaft beendete die Messe. Für einen Beleg, dass dieser
unter Psalmengesang begangen wurde, gibt es in den Schriften des Augustinus keinen
Hinweis. Auch über den Einzug sind wir aus musikalischer Sicht nicht unterrichtet.[33]
Dass auch bei Augustinus die Instrumentalmusik nicht in die Feier des Gottesdienstes
aufgenommen wird, zeigt sich deutlich an der 311. Predigt und der Auslegung des 32. Psalmes, in denen Augustinus sich darüber äußert, dass die nächtlichen Zusammenkünfte an
der Kapelle des heiligen Cyprian unterbunden worden seien:

> Ob es an diesem Ort, wo Psalmen gesungen werden sollen, irgendjemandem zu
> tanzen erlaubt ist? Einmal, vor nicht allzu vielen Jahren, wurde sogar dieser Ort
> von dem Frevel der Tänzer heimgesucht. Dieser so heilige Ort, wo der so heilige
> Märtyrer ruht – gleichwie diejenigen vielen, die das Alter haben, es erinnern wer-
> den – dieser so heilige Ort, sage ich, wurde von der Seuche und Frechheit der Tän-
> zer überfallen. Durch die ganze Nacht hindurch wurden diese gottlosen Gesänge
> gesungen und zum Gesang getanzt. Als der Herr es beginnen wollte, durch unseren
> heiligen Bruder, euren Bischof, diese heiligen Vigilien zu feiern, sträubte sich jene
> Pest ein bisschen, nachher aber ergaben sie sich ob seiner Achtsamkeit, schämten
> sich ob seiner Weisheit.[34]

---

32 Augustinus benennt den *Deo gratias*-Ruf als spezifisch katholischen Ruf in Abgrenzung zu dem
donatistischen *Deo laudes*, vgl. dazu auch Roetzer (1930), 237.

33 Zwar verweist Dohmes (1938), 144 darauf, dass es zu Beginn des 5. Jh. noch keinen Introitus gegeben
habe, da die Lesung am Anfang des eucharistischen Gottesdienst gestanden habe. Dies stellt aber
nicht zwingend einen Ausschluss von Gesang zu Beginn des Gottesdienstes dar, schließlich ließe sich
vermuten, dass der einstimmende Gesang zu Beginn des Gottesdienstes beim Einzug des Priesters
eine Rolle gespielt hat – allein aus der Tatsache heraus, dass die Türen der Kirchenportale weit offen
standen um auch nicht Gläubige anzulocken, vgl. Drecoll (2007), 226f. Die Pilgerin Egeria berichtet
über die Stundenliturgie in Jerusalem, dass sich zu Beginn der frühmorgendlichen Vigil Mönche
und Laien versammelten und gemeinsam Hymnen sangen. In diesen Gesang hinein scheint der
Bischof mit dem Klerus einzuziehen, wenngleich auch nicht zu singen, vgl. Aeth. 24,2: iam autem
ubi ceperit lucescere, tunc incipiunt matutinos ymnos dicere. ecce et superuenit episcopus cum clero
et statim ingreditur intro speluncam et de intro cancellos primum dicet orationem pro omnibus; „Bei
Tagesanbruch fangen sie an, die Morgenhymnen zu rezitieren. Jetzt kommt auch der Bischof mit
dem Klerus dazu, betritt sofort die Grotte [Grabeskirche] und spricht zuerst innerhalb der Gitter
ein Gebet für alle." (Text und Übers. G. Röwekamp). Ähnlich auch zu Sext und Non sowie zum
Lucenar/Vesper, vgl. Aeth. 24,3–5. Einen Introitus kann man aber im Rahmen der Eucharistiefeier
erkennen, wenn die Entlassung der Ungetauften erfolgt ist und die Mönche den Bischof unter
Gesang zur Anastasis begleiten, vgl. Aeth. 25,2 (Text in Fn. 9).

34 Vgl. Aug. serm. 311,5: numquidnam in hoc loco, etsi psalmus cantandus est, ab aliquo saltandum
est? aliquando ante annos non ualde multos etiam istum locum inuaserat petulantia saltatorum.
istum tam sanctum locum, ubi iacet tam sancti martyris corpus, sicut meminerunt multi qui habent
aetatem; locum, inquam, tam sanctum inuaserat pestilentia et petulantia saltatorum. per totam
noctem cantabantur hic nefaria, et cantantibus saltabatur. quando uoluit dominus per sanctum
fratrem nostrum episcopum uestrum, ex quo hic coeperunt sanctae uigiliae celebrari, illa pestis
aliquantulum reluctata, postea cessit diligentiae, erubuit sapientiae. (Text PL 38,1415).

Der Bischof Aurelius, der diesen Brauch des Tanzen und Singens am Märtyrergrab des heiligen Cyprian unterbunden hatte, hatte zudem auch die dort übliche Instrumentalmusik verbannt, auf die Augustinus in der Auslegung des 32. Psalmes zu sprechen kommt und fragt: „War es nicht etwa die Anordnung dieser Vigilien in Christi Namen, damit von jenem Platz die Kitharai zu verbannen?"[35] Die Verbindung aus Gesang, Tanz und Instrumentalmusik am Grab des Märtyrers wird von Augustinus stark verurteilt, da lediglich der Gesang heiliger Psalmen an einer so bedeutenden Stelle gehört werden soll.[36] In den beiden Briefen an Januarius, die die einzige Abhandlung Augustins zu kirchlichen und liturgischen Fragen des Osterfestes darstellen, die sich um didaktische Ganzheit bemüht, finden sich auch die Schlüsselstellen zu den augustinischen Ansichten zur Musikpraxis im Rahmen der Liturgie:[37]

> Wenn dies aber nicht der Fall ist, sondern der Nutzen, der für die Eifrigen zu erhoffen ist, größer als der Schaden ist, der für die Murrenden zu befürchten steht, so soll man ohne Bedenken vorwärts gehen, besonders wenn die Sache sich aus der Heiligen Schrift begründen lässt, wie zum Beispiel der Gesang von Psalmen und Hymnen, da wir hierfür Beispiele und Gebete vom Herrn selbst und von den Aposteln haben. Hinsichtlich dieses Gebrauchs, der für die fromme Gemütserhebung so förderlich, für die Erweckung der göttlichen Liebe so geeignet ist, herrschen jedoch sehr verschieden Gepflogenheiten, und viele Glieder der afrikanischen Kirche legen hierauf zu wenig Gewicht. So machen uns die Donatisten den Vorwurf, dass wir die Lieder der heiligen Propheten in so nüchterner Weise in der Kirche vortragen, während sie durch den Gesang von Liedern, die menschlicher Kunst entsprungen sind, die Sinnlichkeit ihrer Schmausereien gleichwie durch Trompeten des Schlachtfeldes noch höher steigern. Warum aber sollte bei den gottesdienstlichen Versammlungen die Zeit nicht gewidmet sein dem Gesang heiliger Lieder, außer etwa wenn die Lesung der Predigt, das laute Gebet des Priesters oder das durch die Stimme des Diakons anbefohlene gemeinschaftliche Gebet geübt wird?[38]

---

35 Aug. en. ps. 32,2,1,5: nonne id egit institutio in nomine Christi uigiliarum istarum, ut ex isto loco citharae pellerentur? (Text CCL 38,250). Zur Verbannung der Instrumente aus dem Raum der Kirche vgl. auch Kurzschenkel (1971), 118–120; Quasten (1930), 103–110; sowie Corbin (1960), 199–204.

36 Zu den Psalmengesängen im Rahmen der Märtyrerfeiern vgl. Saxer (1980), 222–224 mit einer Auflistung der Sermones sowie einführend zu den Märtyrerfeiern bei Augustinus vgl. Klöckener (2002b), 1281–1289 sowie 1289–1300 (Übersicht der nordafrikanischen Märtyrerfesttage).

37 Zu Aug. ep. 54 und 55 vgl. v. a. Klöckener (1998), 131, Fn. 6 mit weiterführender Literatur sowie den Aufsatz von Roth (1973), bes. 96–100 zur Bedeutung von Ostern als *sacramentum* im 55. Brief.

38 Aug. ep. 55,18,34: si enim eo modo impedit, ut maiora studiosorum lucra speranda sint quam calumniatorum detrimenta metuenda, sine dubitatione faciendum est, maxime id quod etiam de scripturis defendi potest sicut de hymnis et psalmis canendis, cum et ipsius domini et apostolorum habeamus exemplum et praecepta, de hac re tam utili ad mouendum pie animum et accendendum diuinae dilectionis affectum uaria consuetudo est et pleraque in Africa ecclesiae membra pigriora sunt, ita ut Donatistae nos reprehendant, quod sobrie psallimus in ecclesia diuina cantica prophetarum, cum ipsi ebrietates suas ad canticum psalmorum humano ingenio compositorum

Der Gesang von Psalmen und Hymnen ist also zunächst deshalb legitim, da er von Gott selbst gegeben und schon von den Aposteln gepflegt wurde. An zweiter Stelle dient er der Gemütserhebung und der Festigung des Glaubens der Singenden. Augustinus verweist darauf, dass die Gesänge der Christen in den Gemeinden Nordafrikas unterschiedlich gehandhabt werden, und beklagt, dass viele der Gemeinden den Gesang zu wenig pflegten. Ungebrochen hoch veranschlagt Augustinus den Nutzen des Gesanges in der Liturgie, der auf der gleichen Stufe wie Lesung und Gebet steht und dem ebenso viel Platz eingeräumt werden soll. Die Kritik der Donatisten an den Gesängen der Orthodoxen beruft sich auf den Aspekt der Nüchternheit; diesem stellt Augustinus entgegen, dass die Dichtungen der Donatisten rein menschlich und damit nicht am göttlichen Vorbild orientiert seien. Schlimmer noch wiegt für ihn das Sich-Verlieren in den Gesängen, die der Sinnlichkeit und nicht der Andacht dienen würden.[39] Er vergleicht die Gesänge der Donatisten mit dem Trompetenschall auf dem Schlachtfeld, der die Krieger zu größerer Leistung anstacheln soll, und bewertet sie damit deutlich negativ. Um gegen die Donatisten vorzugehen, schrieb Augustinus einen einfachen Psalm, der die Gemeinde und die einfachen Leute über die Donatisten und ihre Ansichten aufklären sollte. Er wählte dazu die einfache Liedform des Abecedepsalms, der mit einem Kehrreim konzipiert war.[40] Abschließend habe er einen Epilog gedichtet, in der die personifizierte Kirche die Sache kommentierte. Der Psalm war, so bezeugt es Augustinus in den *Retractationes*, zum Gesang bestimmt und von ihm besonders einfach gehalten, damit die Reichweite groß sei.[41] Zur Beendigung der Donatisten-Episode im 55. Brief verurteilt er deren Bräuche:

---

quasi ad tubas exhortationis inflammment. quando autem non est tempus, cum in ecclesia fratres congregantur, sancta cantandi, nisi cum legitur aut disputatur aut antistites clara uoce deprecantur aut communis oratio uoce diaconi indicitur? (Text CSEL 34,2a,208/9. Übers. A. Hoffmann). Vgl. dazu van der Meer (1951), 342, der mit diesem Zitat das Kapitel zum Volksgesang beginnt und noch weiter mit Augustinus spricht, dass die Christen nichts Besseres tun könnten, als zu singen. Vgl. Aug. ep. 55,19,35: aliis uero particulis temporum quid melius a congregatis Christianis fiat, quid utilius, quid sanctius omnino non uideo. (Text CSEL 34,2a,209). „Was hingegen die versammelten Christen zu anderen Zeiten Besseres, Nützlicheres, Heiligeres tun könnten, begreife ich nicht." (Übers. A. Hoffmann).

39   Es gilt zu bedenken, dass insbesondere die Nähe der donatistischen Kirche zur Kirche des Augustinus dabei ein ausschlaggebender Faktor war: Die Gesänge der Donatisten konnten während des Gottesdienstes aufgrund der räumlichen Nähe und der zeitlichen Überlappung gehört werden. Vgl. dazu auch van der Meer (1951), 342, der die Gesänge der Donatisten als „Propagandalieder" bezeichnet.

40   Diesen benennt er in Aug. retr. I,20: iste psalmus sic incipit: *omnes qui gaudetis de pace, modo uerum iudicate,* quod eius hypopsalma est. (Text CCL 57,61). „Der Psalm beginnt: *Ihr alle, die ihr eure Freude in den Frieden setzt, urteilt nur über die Wahrheit,* was auch den Kehrreim bildet. (Übers. C. Perl). Der Donatistenpsalm ist in CSEL 51 abgedruckt. Deutlich ist der Kehrreim abgesetzt.

41   Vgl. Aug. retr. I,20: psalmum qui eis cantaretur per Latinas litteras feci, [...]. ideo autem non aliquo carminis genere id fieri uolui, ne me necessitas metrica ad aliqua uerba quae uulgo minus sunt usitata compelleret. (Text CCL 57,61). „So verfasste ich einen Psalm zum Singen nach der Ordnung des lateinischen Alphabetes.[...] Ich wollte diesen Psalm nicht in Form einer lyrischen Ode schreiben, um nicht durch die Forderungen der Metrik zum Gebrauch von Wörtern gezwungen zu sein, die unterm Volk nicht gebräuchlich sind. (Übers. C. Perl).

Alle derartigen Dinge also, die weder durch die Heilige Schrift gestützt werden, weder von den bischöflichen Konzilien begründet wurden, noch durch die Gewohnheit der ganzen Kirche Kraft erlangt haben, sondern je nach den verschiedenen Sitten, an den verschiedenen Orten sich ohne Aufhören anders gestalten, so dass man kaum oder gar nicht erkennen kann, welchen Zweck man mit ihrer Einführung verfolgt hat, alle solche Dinge sollte man nach meiner Ansicht ohne Bedenken abschaffen, wo immer es nur möglich ist.[42]

Klar bezieht Augustinus damit Stellung für eine ganzkirchliche Lösung, die sich an ihre kanonischen Regelungen hält, die, basierend auf dem Evangelium, von den Bischöfen oder althergebrachten Bräuchen aufgestellt wurden. Damit geht er anhand der Donatisten exemplarisch gegen alle Gruppierungen vor, die nicht an die Trinität glauben und zudem Bräuche pflegen, die von der orthodoxen Kirche nicht anerkannt sind.

6.1.1.2 Musik zu besonderen Anlässen im Kirchenjahr: Das österliche Alleluia

Die Osterfeier nimmt im liturgischen Gang auch in Nordafrika und Italien die Rolle des wichtigsten Festes im Kirchenjahr ein, welches neben der Feier der Auferstehung besonders mit der Taufe der Katechumenen verbunden ist.[43] Die Vorbereitung der Katechumenen auf die Taufe beginnt ab dem Moment des Aufnahmegesuches der Bewerber, die mit der Einwilligung in die Aufnahme eine mehrmonatige Vorbereitungszeit absolvieren. Diese gestaltet sich in Absprache mit dem Bischof mit dem Erlernen der heiligen Gebete, Gesänge und dem Studium der Schriften. Weiter spielen insbesondere die Buße und das Fasten eine große Rolle in der Vorbereitung auf die Taufe.[44] Prinzipiell kann die Taufe, insbesondere die Kindertaufe, zu jedem Termin im Jahr durchgeführt werden, dennoch besteht in der frühen Kirche überwiegend der Brauch, am Ostersonntag im Rahmen der Festmesse zu taufen. Somit nimmt dieses Fest auch für die Gemeinde einen besonders hohen Stellenwert ein, da sich durch die Taufe die Aufnahme der neuen Mitglieder in den Kreis der bestehenden Gemeinde vollzieht. Aus musikpraktischer Sicht kommen die

---

42 Aug. ep. 55,19,35: omni itaque talia, quae neque sanctarum scripturarum auctoritatibus continentur nec conciliis episcoporum statuta inueniuntur nec consuetudine uniuersae ecclesiae roborata sunt, sed diuersorum locorum diuersis motibus innumerabiliter uariantur, ita ut uix aut omnino numquam inueniri possint causae, quas in eis instituendis homines secuti sunt, ubi facultas tribuitur, sine ulla dubitatione resecanda existimo. (Text CSEL 34,2a,210. Übers. A. Hoffmann).

43 Generell zur Osterfeier der frühen Kirche vgl. Maur (2003), bes. 32–111 (zum 1.–3. Jh.); Húber (1969), bes. 148–156 (zum 2. und 3. Jh.) sowie 165–178 (zu Ambrosius und Augustinus); und als gute Einführung in die frühchristlichen Ostertexte die Quellensammlung vgl. Cantalamessa (1981), bes. 124–135 zu Augustinus.

44 Einführend zum Katechumenat und seinem Stellenwert in den Schriften der Väter Saxer (1988), 37–445 mit einem Überblick der Entwicklung der Initiationsriten im Rahmen einer Einzeldarstellung der Väterschriften und Kirchenordnungen vom 2.–6. Jh. Zum Katechumenat speziell im 4. Jh. vgl. auch Fürst (2008), 99–217. Eine Quellensammlung zur Taufe in vornizäischer Zeit bieten Benoit/ Munier (1994).

Katechumenen auch in Kontakt mit den Gesängen der Kirche und erlernen die Psalmen. An diese tiefe musikalische Erstbegegnung während seines Katechumenats, die auch Auswirkungen auf seine Gottesbeziehung hatte, erinnert sich Augustinus später in den *Confessiones* immer noch mit großer Ehrfurcht:

> Wie erhob ich meine Stimme zu dir mit jenen Psalmen! Wie entflammten sie meine Liebe zu dir; am liebsten hätte ich sie über die ganze Erde hinweg gesungen gegen den Dünkel des Menschengeschlechts! Und sie werden ja schon auf der ganzen Erde gesungen, und niemand kann sich mehr vor deiner Wärme verbergen.[45]

In der Feier der Ostermesse besteht in Nordafrika der Brauch, nach der Taufe mit den neu Initiierten das Alleluia zu singen.[46] Dieser Brauch hat sich aus der ursprünglichen Akklamation des Alleluia entwickelt, welches der jüdischen Tradition entspringt und im Synagogalgottesdienst einen festen Platz hatte.[47] Zum Beibehalten dieser Tradition verweist Augustinus auf die Ehrfurcht vor dem Alter des Wortes:

> Allerdings finden wir auch in unseren Büchern oft nicht übersetzte hebräische Wörter, wie zum Beispiel Amen und Alleluia [...]. Ein Teil von ihnen wurde, obgleich sie hätten übersetzt werden können, wegen ihres ehrfurchtgebietenden Ansehens in der Ursprache beibehalten, wie zum Beispiel Amen und Alleluia.[48]

---

45 Aug. conf. IX,4,8: quas tibi uoces dabam in psalmis illis et quomodo in te inflammabar ex eis et accendebar eos recitare, si possem, toto orbe terrarum aduersus typhum generis humani! et tamen toto orbe cantantur, et non est qui se abscondat a calore tuo. (Text CCL 27,137. Übers. K. Flasch).

46 Zur Darstellung des Alleluia bei Augustinus und in frühchristlicher Zeit vgl. die zentralen Aufsätze von Klöckener (1994), Engberding (1950), Cabrol (1950), Stäblein (1949), Wagner (1911) sowie Roetzer (1930), 232–235. Auch Dohmes (1938), 140–143 gibt einen lebendigen Überblick für die Verwendung des Alleluia bei Augustinus. Weniger hilfreich, da für die frühchristliche Zeit häufig ausschweifend und ungenau Jammers (1973).

47 In der Synagoge hat das Alleluia als Akklamation im Rahmen der zwei Alleluiapsalmen einen festen Platz nach der Lesung der Propheten und wird am Sabbath und zu Festzeiten in der Synagoge gesungen. Dennoch kommt ihm im Rahmen der Liturgie, anders als bei den Christen, keine Sonderrolle zu, vgl. Werner (1959), 533–534. Auch Jammers (1973), 24–26 betont die melodische Einfachheit der jüdischen Alleluia-Akklamation und fasst in einer Übersicht die vorchristliche Verwendung des Alleluia zusammen, vgl. Ders. (1973), 29. Die früheste christliche Erwähnung des Alleluia findet sich bei Tertullian, der berichtet, dass die Betenden an ihre Gebete ein Alleluia anhängen, vgl. Tert. or. 27: diligentiores in orando subiungere in orationibus alleluia solent. (Text CSEL 20,1,198). „Die fleißig Betenden pflegen bei ihren Gebeten das Alleluia anzureihen."

48 Aug. doctr. christ. II,11,16: quamquam et hebraea uerba non interpretata saepe inueniamus in libris, sicut amen et alleluia [...]. quorum partim propter sanctiorem auctoritatem, quamuis interpretari potuissent, seruata est antiquitas, sicut amen et alleluia... (Text CCL 32,42. Übers. W. Roetzer (1930), 231).

Um der Gemeinde und den neu Getauften die Bedeutung der Alleluia-Gesänge zu erläutern, kommt Augustinus in den Predigten zur Osterfeier häufig auf den Wortsinn zu
sprechen. Er erklärt die ursprüngliche Bedeutung des Wortes aus dem Hebräischen:

> Und durch diese Liebe wird Gott, der diese [Dinge] selbst verspricht, gepriesen,
> und diese Lobgesänge sind das Alleluia. Was nämlich ist das Alleluia? Das Wort
> entstammt dem Hebräischen, Alleluia meint: lobet Gott. *Allelu* heißt lobet und *ia*
> meint Gott. Somit erklingen wir im Alleluia um Gott zu loben und einander for-
> dern wir uns dazu auf, Gott zu loben: Mit unseren Herzen in Eintracht sagen wir
> besser als mit den Saiten der Kithara das Lob Gottes, indem wir Alleluia singen.[49]

Das Gotteslob als Bedeutung des Alleluia wird von Augustinus immer wieder wörtlich
erklärt und benannt.[50] Im Gesang des Alleluia fordert sich die Gemeinde gegenseitig auf,
noch stärker im Glauben zueinander zu stehen und Gott zu ehren. Dabei können die
zu Gott erhobenen Herzen dieses Gefühl durch das Alleluia am besten ausdrücken und
überflügeln damit auch den Klang der Kithara.

Das Singen der Alleluia-Gesänge beschränkt sich im liturgischen Jahreskreis Nordafrikas auf die fünfzig Tage zwischen Ostern und Pfingsten. Dass darüber aber Unklarheit
herrscht, zeigt sich in den häufigen Anfragen von Priestern und Laien, ob und wann das
Alleluia gesungen werden solle. So erklärt Augustinus in seinem Brief an Januarius, dass
dieser Brauch lokal unterschiedlich gehandhabt werde. So gebe es auch Gemeinden, in
denen das Singen des Alleluia auch ausserhalb dieser Zeit praktiziert würde.[51] Im Kontext der Erläuterung an den Priester Casulanus, der, verunsichert von einem gewissen
Urbicus, wissen wollte, wann in der Kirche gefastet wird (nur manchmal) und wann in
der Kirche der Lobgesang dargebracht wird (immer), kommt Augustinus auch auf die besonderen Ostergesänge des Alleluia zu sprechen und widerlegt die Aussagen des Urbicus:

> Andernfalls, was kein Christ und auch noch nicht einmal ein Wahnsinniger zu
> sagen wagen würde, werden jene 50 Tage nach Ostern bis zum Pfingstfest, an de-
> nen nicht gefastet wird, gemäß diesem da [Urbicus] ungeeignet für das Opfer des
> Lobes sein, an denen in vielen Kirchen nur, in allen jedoch am meisten das Allelu-

---

49 Aug. serm. 243,8: et in ipso amore deus qui promisit ista, laudatur, et ipsae laudes alleluia sunt. quid
    est enim alleluia? uerbum est hebraeum, alleluia, laudate deum. *allelu*, laudate, *ia*, deum: alleluia
    ergo laudate deum sonamus, et inuicem nos excitamus ad laudandum deum: concordibus cordibus
    melius quam citharae chordis, dicimus laudes deo, cantamus alleluia. (Text PL 38,1147).
50 So zum Bsp. in Aug. serm. 252,9,9 (Text Fn. 55).
51 Vgl. dazu Aug. ep. 55,17,32: ut autem alleluia per illos solos dies quinquaginta in ecclesia cantetur,
    non usquequaque oberseruatur; nam et aliis diebus uarie cantatur alibi atque alibi. (Text CSEL
    34,2,207). „Dass das Alleluia nur während jener fünfzig Tage [von Ostern bis Pfingsten] gesungen
    wird, ist eine nicht überall gebräuchliche Übung: an verschiedenen Orten wird es auch manchmal
    an anderen Tagen gesungen." (Übers. W. Roetzer (1930), 234).

ia gesungen wird, dessen Lobgesang kein Christ, so unkundig er auch sein möge, nicht wisse.[52]

Die hohe Stellung des Alleluia spiegelt sich in der hohen Bedeutung des Osterfestes wider, bei dem die Ankunft des Herrn sehnsüchtig erwartet wird. So ruft Augustinus seine Gemeinde dazu auf, sich bereit für den Herrn zu machen und sich im Alleluia zu üben, um den Aufforderungen ihres Gottes nachkommen zu können. Man spürt die freudige Erregung in seinem Aufruf:

> Es kommen die Tage, an denen wir das Alleluia singen! Seid mit dem Geist anwesend, Brüder, das in euch aufzunehmen, welches der Herr zu unserer Ermunterung gewähre, und zur Nährung unserer Liebe, durch welche es für uns ein Gut ist, Gott treu ergeben zu sein. Seid mit dem vollen Geist anwesend, ihr guten Sänger, den Sohn zu loben und ewige Ehre dem wahren, unsterblichen Gott zu bringen. Höret aufmerksam zu, wie wir in unseren Herzen dem einen Gott singen und psallieren, und ihm immerzu danken für alle Dinge, und lobet den Herrn: Dieses nämlich meint das Alleluia.[53]

Die zentrale Rolle des Alleluia für die getauften Christen wird an dieser Episode besonders deutlich: Die Gemeinde ersehnt die Ostergesänge, da sie Fröhlichkeit und Freude über die Ankunft des Herrn ausdrücken. Sie stehen für die Äußerung der göttlichen Liebe und erfahren durch die kurze Vorkommnis im Kirchenjahr ein besonders festliches Gepräge. Jeder Christ, so Augustinus, kenne diese Gesänge, auch wenn er in den heiligen Dingen nicht übermäßig gebildet ist. Dabei spielt für die Erinnerbarkeit der Alleluia-Gesänge sicherlich auch die Verbindung mit der fastenfreien Zeit im Jahr eine Rolle. Die Exklusivität der Osterzeit und ihrer Gesänge zeigt Augustinus auch in einer Osterpredigt auf:

> Denn hier sagen wir: Alleluia, das ist gut, das ist fröhlich, das ist voll Freude, Fröhlichkeit und Frohsinn. Dennoch, wenn wir dies immer sagen sollen, werden wir seiner überdrüssig. Wenn aber eine bestimmte Zeit des Jahres kommt, mit welcher Fröhlichkeit kommt sie wieder und mit welchem Verlangen geht sie fort![54]

---

52 Aug. ep. 36,18: alioquin, quod nullus non dico Christianus sed nec insanus dicere auderet, dies illi quinquaginta post pascha usque ad pentecosten, quibus non ieiunatur, erunt secundum istum a sacrificio laudis alieni, quibus tantum modo diebus in multis ecclesiis, in omnibus autem maxime cantatur alleluia, quam uocem laudis esse nullus Christianus quamlibet inperitus ignorat. (Text CSEL 34,2a,48).

53 Aug. en. ps. 110,1: uenerunt dies ut cantemus alleluia. adeste animo, fratres, ad percipienda quae dominus suggerit ad exhortationem nostram, et nutriendam caritatem, qua nobis inhaerere deo bonum est. adeste animo cantatores boni, filii laudis et gloriae sempiternae ueri et incorrupti dei. adeste intenti, qui nostis cantare et psallere in cordibus uestris domino, gratias semper agentes in omnibus; et laudate deum: hoc est enim alleluia. (Text CCL 40,1620–1621).

54 Aug. serm. 229B,2: nam ecce dicimus: alleluia; bonum est, laetum est, gaudii iucunditatis suauitatis plenum est. tamen, si semper hoc dicamus, fastidimus; quando autem interuenit certo anni tempo-

An dieser Stelle dominiert die Idee des vorübergehenden Schönen: Aufgrund der Kürze der Osterzeit ersehnt der Christ diese Zeit im Jahr herbei, da sie sich durch eine besondere Heiterkeit und Festfreude auszeichnet, die sich besonders in den Alleluia-Gesängen widerspiegelt. Diese könnten dem Christ langweilig werden, wenn sie immer gesungen werden würden. Somit verleiht Augustinus ihnen eine Sonderrolle in den liturgischen Gesängen.

In der Auslegung und Deutung des Alleluia zeigt Augustinus immer wieder die beiden Bedeutungshorizonte der Alleluia-Gesänge im Himmel und der irdischen Gesänge des neuen Liedes auf. Im Alleluia zeigt sich das besondere Lob Gottes auf, welches die Engel im Himmel immerwährend singen:

> Nicht ohne Grund hält die Kirche die althergebrachte Übung fest, dass diese fünfzig Tage hindurch das Alleluia gesungen wird. Alleluia ist das Lob Gottes; es sagt uns in der Mühsal, was wir einst in der Ruhe tun werden. Denn wenn wir einst nach jener Arbeit zu jener Ruhe kommen werden, wird unsere einzige Beschäftigung sein, Gott Lob zu rufen, unsere Handlung dort ist eben jenes Alleluia. Was ist Alleluia? Es ist das Lob Gottes. Wer lobt Gott ohne Unterlass, wenn nicht die Engel? Sie hungern nicht, sie haben keinen Durst, sie leiden keine Krankheit, sie sterben nicht. Auch ihr habt Alleluia gesagt, und es wurde an diesem Morgen gesungen. [...] Lasst es uns nach Kräften singen, damit wir verdienen, es ohne Unterlass zu singen. Dort wird Alleluia unsere Speise sein, unser Trank wird Alleluia sein, die Handlung unserer Ruhe wird Alleluia sein, unsere ganze Freude wird Alleluia sein, jenes nämlich ist das Lob Gottes.[55]

Die Aussicht auf ein immerwährendes Alleluia nach dem Ende des irdischen Lebens soll den Menschen aufbauen und ihm helfen, mit den menschlichen Beschwernissen zurecht zu kommen. Die Engel, so Augustinus, verspüren weder Hunger, noch Durst oder Schmerz und haben als einzige Aufgabe, Gott immerwährend im Alleluia Lob zu singen. Der auf Erden lobsingende Mensch kann sich im Alleluia also den Weg in das himmlische Reich ersingen. Dabei zählt aber nicht nur die Schönheit der Stimme, sondern auch die Übereinstimmung von Herz und Verstand:

---

re, cum qua iucunditate redit, cum quo desiderio abscedit! (Text und Übers. H. Drobner). Vgl. dazu auch Roetzer (1930), 235, der *dicamus* mit *singen* übersetzt.

55 Aug. serm. 252,9,9: non enim sine causa, fratres mei, consuetudinem antiquae traditionis tenet ecclesia, ut per istos quinquaginta dies alleluia dicatur. alleluia enim laus est dei. significatur ergo nobis laborantibus actio quietis nostrae. cum enim post istum laborem ad illam requiem ueniemus, solum negotium laus dei erit, actio nostra ibi alleluia est. quid est alleluia? laudate deum. quis laudet deum sine defectu, nisi angeli? non esuriunt, sitiunt, non aegrotant, non moriuntur. nom et uos diximus alleluia, et cantatum est mane hic, [...] dicamus, quantum possumus, ut semper dicere mereamur. ibi cibus noster alleluia, potus alleluia, actio quietis alleluia, totum gaudium erit alleluia, id est, laus dei. (Text PL 38,1176).

Lasst uns den Herrn loben, Brüder, mit Leben und Zunge, Herz und Verstand, Stimme und Taten. Auf diese Weise nämlich will Gott, dass wir ihm Alleluia sagen, und dass im Lobgesang keine Zwietracht sei im Sänger. Zuerst also lasst in uns selbst das Wort mit dem Leben übereinstimmen, den Mund mit dem Bewusstsein. Lasst unsere Stimmen, ich wiederhole, mit unseren Taten übereinstimmen, damit nicht zufällig gute Stimmen Zeugnis geben gegen schlechte Sitten. Oh glückliches Alleluia im Himmel, wo die Engel Gottes Tempel sind! Dort nämlich stimmt alles Lob einträchtig überein, wo es sorglos ist, jubilierend zu singen. [...] Hier also lasst uns Alleluia singen, bisher immer noch uns ängstigend, damit wir es dort einstmals in Sorglosigkeit singen können.[56]

Die irdischen Mühsale belegen den Menschen mit Kummer und Sorgen, die ihren Lobgesang davon noch beeinträchtigt lassen. Deshalb sollen sich die Christen in der Osterzeit im Gesang des Alleluia eine Vorstellung vom himmlischen Reich machen, in welches sie nach dem Tod eintreten dürfen. In den Feierlichkeiten der Osterzeit sieht Augustinus einen Spiegel himmlischer Verhältnisse:

Seht den Jubel, meine Brüder, den Jubel in eurer Versammlung, den Jubel in Psalmen und Hymnen, den Jubel im Gedächtnis des Leidens und der Auferstehung Christi, den Jubel in der Hoffnung auf ein zukünftiges Leben. Wenn schon das, was wir erhoffen, so große Freude bereitet, was wird erst sein, wenn wir es besitzen werden? Seht, dies sind die Tage, an denen wir das Alleluia hören, an denen der Geist auf ganz bestimmte Weise verändert wird. Bekommen wir nicht gleichsam einen Vorgeschmack von jener himmlischen Stadt?[57]

Der Vorgeschmack auf das himmlische Jerusalem, auf welchen Augustinus in dem genannten Sermo verweist, durchzieht die Predigten der Osterzeit in regelmäßigen Abständen. Dabei spielt es immer eine Rolle, dass der Mensch auf der Erde seiner Sünde nicht entgehen kann und nur Erlösung im himmlischen Leben nach dem Tod finden wird. Dort, so malt es Augustinus aus, singen die Engel das Alleluia, und somit kann der Mensch durch das Einstimmen in die österlichen Alleluiagesänge eine kleine Vorausschau auf die spätere Zeit erfahren:

---

56 Aug. serm. 256,1: laudemus dominum, fratres, uita et lingua, corde et ore, uocibus et moribus. sic enim sibi dici uult deus alleluia, ut non sit in laudante discordia. concordent ergo prius in nobis ipsis lingua cum uita, os cum conscientia. concordent, inquam, uoces cum moribus, ne forte bonae uoces testimonium dicant contra malos mores. o felix alleluia in coelo, ubi templum dei angeli sunt! ibi enim concordia summa laudantium, ubi est exsultatio secura cantantium: [...] hic ergo cantemus alleluia adhuc solliciti, ut illic possimus aliquando cantare securi. (Text PL 38,1190–1191).

57 Aug. serm. 229B,2: ecce laetitia, fratres mei, laetitia in congregatione uestra, laetitia in psalmis et hymnis, laetitia in memoria passionis et resurrectionis Christi, laetitia in spe futurae uitae. si tantam laetitiam facit quod speramus, quid erit cum tenebimus? ecce isti dies, quando audimus Alleluia, quodammodo mutatur spiritus. nonne quasi nescio quid de illa superna ciuitate gustamus? (Text und Übers. H. Drobner).

Wenn also alle diese Dinge beendet worden sind, welche uns noch quälen wegen unserer Sündenschuld, dann wird es eine Fülle an Gerechtigkeit geben, dann werden wir vereint mit den Engeln den ewig währenden Hymnus *Alleluia* singen: Denn das Lob Gottes ohne Ende wird unsere Aufgabe sein...[58]

Dennoch ist es dem Menschen gegeben, nicht still auszuharren in seiner Mühsal – immer wieder zeigt Augustinus auf, dass dem Menschen durch rechtmäßiges Leben und Handeln auch zu Lebzeiten ein Stückchen Himmel offensteht. Dabei reicht es Augustinus nicht aus, nur auf den Vorgeschmack zu verweisen, der den gläubigen Menschen nach seinem Tod im Himmel erwartet. Er fordert seine Zuhörer auf, sich durch das Singen der heiligen Alleluiagesänge die irdische Mühsal zu erleichtern und im Gesang die Kraft zu finden, diese Mühen anzunehmen und bewusst dagegen anzugehen:

Und sogar hier, sogar inmitten der Gefahren und Spannungen, wird von anderen und von uns das Alleluia gesungen. [...] Oh, was für ein glückliches Alleluia dort im Himmel ist! Wie heiter! Wie frei von Widerständen! Solange niemand ein Feind ist, geht niemand als Freund zugrunde. [...] Jetzt aber, meine Brüder, lasst uns singen, nicht um die Stille zu erfreuen, sondern um die Arbeit zu erleichtern. Auf diese Weise, wie Wanderer singen, lasst uns singen, aber voranschreiten. Durch das Singen sollen die Mühen gelindert werden, man soll die Trägheit nicht lieben: so singt und schreitet voran.[59]

Das Bild des Wanderers, der durch das Singen des Alleluia eine Unterstützung für die körperliche Belastung bekommt, verwendet Augustinus in mehreren Predigten. Damit benennt Augustinus den Mensch auf Erden als Wanderer in der Zeit, der auf dem Weg zum Himmel ist. Auch begegnet häufig die Metapher des Pilgers, der sich auf den Weg begibt zur himmlischen Stadt. Die Rolle des Alleluia auf dieser Reise wird von Augustinus folgendermaßen gekennzeichnet:

Und in diesen Zeiten unserer Pilgerschaft als Trost auf unserer Reise wollen wir Alleluia sagen. Nun ist unser Alleluia ein Lied auf der Pilgerreise. Wir werden jedoch

---

58 Aug. serm. 159B,15 (= Dolbeau 21): cum ergo omnia ista finita fuerint quae nos adhuc torquent propter reliquias peccatorum nostrorum, tunc erit plenitudo iustitiae, tunc copulati angelis hymnum sempiternum ,alleluia' cantabimus: laus dei sine defectu nobis erit, ... (Text REAug 37 (1991), 285).

59 Aug. serm. 256,3: sed etiam hic inter pericula, inter tentationes, et ab aliis, et a nobis cantetur alleluia. [...] o felix illic alleluia! o secura! o sine aduersario! ubi nemo erit inimicus, nemo perit amicus. [...] modo ergo, fratres mei, cantemus, non ad delectationem quietis, sed ad solatium laboris. Quomodo solent cantare uiatores, canta, sed ambula: laborem consolare cantando, pigritiam noli amare: canta, et ambula. (Text PL 38,1192–1193).

durch die Mühen unseres Lebens die väterliche Ruhe erreichen, wo alle unsere Taten hinter uns liegen, und nichts bleiben wird außer Alleluia.[60]

Der Mensch der Osterzeit befindet sich also gewissermaßen in einer Passage zum Himmel – er kommuniziert mit den Engeln gemeinsam in einem Zustand seliger Erlösung, der durch den gemeinsamen Gesang des gleichen Hymnus erreicht wird. Der Stellenwert des Alleluia in der Liturgie kann damit als der höchste unter den Gesängen angesehen werden, da kein anderer Gesang es derartig vermag, mit den höheren Mächten in Kontakt zu treten. Die Begrenzung auf die österliche Festzeit zeigt gewissermaßen eine Durchlässigkeit der beiden Sphären Himmel und Erde auf: So wie Gottes Sohn zum Osterfest auf Erden gelangt, kann der Mensch bei selbigem Fest die Anwesenheit Gottes in den himmlischen Gesängen der Engel vernehmen und in sie einstimmen.[61] Dabei gilt der Gesang als Vollendung des menschlichen Sehnens, der den Himmel aufzuschließen vermag. Im Himmel gibt es keine menschlichen Probleme mehr, auch die Sprache steht hinter den Gesängen zurück, die zur präferierten Äußerungsform werden, nach der der Mensch sich sehnt:

> Dort verwandeln sich Anstrengung und Schmerz, dort gibt es keine Rede, sondern Lobgesang, dort erklingt Alleluia, dort Amen, die Stimme im Einklang mit den Engeln, dort gibt es eine Schau ohne Ende und Liebe ohne Widerwillen.[62]

Die Übertragung des Alleluia-Gefühls auf die nachösterliche Zeit kann dem Menschen laut Augustinus nur durch eine Umgestaltung des bisherigen Lebens gelingen. Wenn es möglich ist, die Tätigkeiten des Alltags mit dem Geist des Alleluia auszuüben, ist es auch möglich, ein rechtmäßiges Leben in Aussicht auf das ewige Leben zu führen. So ist es dem Gläubigen möglich, das Gefühl der Osterzeit auch in die restliche Zeit des Jahreskreises zu übertragen:

> Lasst uns Gott Alleluia singen, das auf lateinisch bedeutet: Wir wollen loben den, der ist! Lasst uns ihn loben in Glück und Unglück! [...] Wir wollen also alle Zeit den Herrn preisen. Immer singen wir Alleluia, wenn zum Klang unserer Stimme unse-

---

60 Aug. serm. 255,1: et in hoc quidem tempore peregrinationis nostrae ad solatium uiatici dicimus alleluia; modo nobis alleluia canticum est uiatoris: tendimus autem per uiam laboriosam ad quietam patriam, ubi retractis omnibus actionibus nostris, non remanebit nisi alleluia. (Text PL 38,1186).

61 Augenfällig ist hier die Definition des Alleluia als Hymnus, welche Augustinus in Aug serm. 159B,15 gegeben hat, vgl. Fn. 58. Deutlich steht die Parallele zum *Trisagion* bei Chrysostomos vor Augen, welcher auch im Initiationsgesang des *Trisagion* die Verbindung zum himmlischen Gesang der Engel sieht und das *Trisagion* ebenfalls als Hymnus definiert. Vgl. Kapitel 5.1.1.1 (Musik bei der Eucharistiefeier), 143–149.

62 Aug. en. ps. 85,11: ibi transiet labor et gemitus; ibi non oratio, sed laudatio; ibi alleluia, amen ibi, uox consona cum angelis; ibi uisio sine defectu, et amor sine fastidio. (Text CCL 39,1185).

re Glieder sich regen zur Ausübung der Gerechtigkeit, wenn das, was beim Singen in unserem Mund erklingt, in den Sitten unseres Lebens erstrahlt.[63]

Die Übereinstimmung von Wort und Tat ist für Augustinus der Maßstab des rechten, österlichen Handelns. Dieser spiegelt sich im neuen Lied wider, welches durch die frohe Botschaft Christi in die Welt gekommen ist. Wenn jedoch ein Gläubiger diese Botschaft nicht in voller Überzeugung lebt, kann das Alleluia auch derartig falsch gesungen werden, dass Gott dadurch verleugnet wird.[64] Deshalb ist es wichtig, dass die Gemeinde sich in den Gesängen des Alleluia gegenseitig in ihren Überzeugungen bestärkt, damit der Gesang über die Osterzeit hinaus das Handeln in die richtigen Bahnen lenke:

> Damit also, Brüder, fordern wir euch auf, dass ihr Gott lobet; und diese Aufforderung ist es, die wir uns alle gegenseitig sagen, wenn wir sagen: Alleluia. [...] Aber ihr müsst mit allem von euch ihn lobpreisen, das heißt, dass nicht nur eure Sprache und Stimme Gott preisen, sondern auch euer Bewusstsein, euer Leben, euer Handeln. [...] Wenn ihr Gott lobt, lobt ihn mit allem: singt mit euer Stimme, singt mit euren Leben, singt mit eurem Handeln.[65]

Die Verbindung des Alleluia als himmlischem Hymnus, der irdisch in der Glaubensgemeinschaft der Eingeweihten mit dem neuen Lied dargebracht wird, ist ein starker Schluss, den Augustinus in vielen seiner Osterpredigten zieht. Damit gewinnt der Ge-

---

63 Aug. serm. Denis 7,1: cantemus ergo deo Alleluia, quod latine sonat, laudemus eum qui est. laudemus eum et in prosperis et in aduersis: [...] benedicamus ergo dominum in omni tempore. semper Alleluia cantamus, si ad sonum linguae nostrae mouentur ad operationem iustitiae membra nostra; si hoc, quod sonat in ore cantantis, lucet in moribus uiuentis. (Misc. Aug. I,33. Übers. W. Roetzer (1930), 234).

64 Vgl. dazu Aug. en. ps. 149,2: ergo canticum eorum uetus est: cantemus nos canticum nouum. iam diximus, fratres, omnis terra cantat canticum nouum. qui cum omni terra non cantat canticum nouum, dicat quod uult, linguis sonet alleluia, dicat tota die, dicat tota nocte; non ualde aures meae inclinantur ad uocem cantantis, sed quaero mores operantis. interrogo enim, et dico: quid est quod cantas? respondet: alleluia. quid est, alleluia? laudate Dominum. ueni, simul laudemus dominum. si tu laudas dominum et ego laudo dominum; quaere in discordia sumus? caritas laudat dominum, discordia blasphemat dominum. (Text CCL 40,2179). „Deren Lied also ist das alte Lied: Wir aber singen das neue Lied. Wie ich schon sagte, meine Brüder, die ganze Erde singt das neue Lied. Derjenige, der mit der ganzen Erde nicht das neue Lied singt, spricht was er will, seine Rede lässt Alleluia ertönen, er spricht es jeden Tag, spricht es jede Nacht, aber meine Ohren sind für seine singende Stimme nicht weit geöffnet, sondern ich erkundige mich nach dem Charakter seiner Bemühungen. Also befrage ich ihn und sage: Was ist es, was du singst? Er antwortet: Alleluia. Was ist das Alleluia? Das Lob des Herrn. Komm, lass uns den Herrn gemeinsam loben. Wenn du den Herrn lobst und ich den Herrn lobe, warum aber sind wir nicht in Eintracht? Die Liebe lobt den Herrn, die Zwietracht aber verleugnet den Herrn."

65 Aug. en. ps. 148,2: nunc ergo, fratres, exhortamur uos ut laudetis deum; et hoc est quod nobis omnes dicimus, quando dicimus: alleluia. [...] sed laudate de totis uobis; id est, ut non sola lingua et uox uestra laudet deum, sed et conscientia uestra, uita uestra, facta uestra. [...] cum laudatis deum, toti laudate; cantet uox, cantet uita, cantent facta. (Text CCL 40,2166).

sang des Alleluia noch eine weitere Dimension, die neben der tieferen Verbindung der Gemeinde mit einer Bejahung der moralischen Konzepte durch die Taufe in den Gesängen vollzogen wird.

Im Buch der Psalmen tragen mehrere Psalmen formal das Alleluia in der Überschrift oder zur Beendigung des gesamten Psalmes. Auf diese besonderen Alleluia-Psalmen kommt Augustinus im Psalmenkommentar auch zu sprechen, um die Bedeutung der Alleluia-Doppelung zu erläutern:

> Dessen Titel muss nicht weiter untersucht werden, er lautet nämlich: *Alleluia* oder mehr noch zweifaches *Alleluia*. Weil es uns zu einer gewissen Zeit des Jahres ein Brauch geworden ist, dieses feierlich zu singen, wie es der alten Tradition der Kirche entspricht, und wir singen dies auch nicht an bestimmten Tagen ohne Sakrament. Wir singen das Alleluia an gewissen Tagen, aber an jedem Tag gedenken wir seiner. [...] Und insofern es sich aus dem Text ergibt, dass jenes vom Volk Israel gesungen wurde, wurde es von der ganzen Kirche Gottes gesungen, nachdem sie sich über den Erdkreis ausgebreitet hat.[66]

Die Herkunft des Alleluia wird von Augustinus in hebräischer Zeit verortet, wenngleich das Alleluia aber erst von den Christen über den ganzen Erdkreis verteilt worden sei. Damit kommt Augustinus auf den funktionalen Unterschied des Alleluia zu sprechen, der im synagogalen Gottesdienst die Funktion der Akklamation innehatte und in christlicher Zeit dann zu einem Messgesang wird, wie er in der Synagoge nicht bekannt war.[67] Über die musikpraktische Äußerungsform geben die Aussagen Augustins nichts Konkretes an – anders als Chrysostomos berichtet Augustinus nicht darüber, dass der Alleluia-Gesang *una voce* stattfindet, damit sich Himmel und Erde *uno corde* besser verbinden könnten. Es gibt keinerlei theologische Rechtfertigung einer besonderen Musikpraxis.[68]

Auch die Donatisten pflegen den Gesang des Alleluia in Nordafrika. An mehreren Stellen berichtet Augustinus darüber, dass die Gesänge der Donatisten im Wettstreit mit den Gesängen der orthodoxen Christen stünden, die von ihnen als zu nüchtern kritisiert wer-

---

66 Aug. en. ps. 106,1: cuius titulus non nunc tractandus est; est enim: alleluia et bis alleluia. quod nobis cantare certo tempore sollemniter moris est, secundum ecclesiae antiquam traditionem; neque enim et hoc sine sacramento certis diebus cantamus. alleluia certis quidem diebus cantamus, sed omni die cogitamus. [...] et quantum apparet ex eius textu, cantatus est ille de populo Israel; cantatur autem iste de uniuersa ecclesia dei diffusa toto orbe terrarum. (Text CCL 40,1570).

67 Vgl. dazu besonders Werner (1959), 266, 301–305 und 533–538 sowie Jammers (1973), 23–30. Auch Engberding (1950), 293 betont die besondere Stellung des frühchristlichen liturgischen Alleluias, bei dem „der Zusammenhang mit dem synagogalen Gottesdienst gesichert ist", auch, da die Akklamation unübersetzt übernommen wurde wie sonst nur beim Amen. Zum melismatischen Singen des Alleluia vgl. Iubilatio und Alleluia in Kapitel 6.1.2.2 (Ausdruck von Gefühl: Die Iubilatio), 249–254.

68 Auch zur Angabe eines Responsoriums gibt es nur geringe Nachweise. Ob damit allgemein ein Akklamationsruf gemeint ist, den die Gemeinde sicherlich auch in der Osterzeit äußert, bleibt unklar, aber vorstellbar, so dass anhand dieser Stelle keinerlei Angaben zur musikalischen Form gemacht werden können. Vgl. zum Alleluia als Akklamation im Gottesdienst Häußling (1990), 224f.

den.[69] Verschärft wurde dieser Wettstreit durch die aneinander angrenzenden Kirchengebäude, wie es in Karthago der Fall war. Durch die räumliche Nähe konnten die Gesänge
der anderen zur Gottesdienstzeit gehört werden. Sicherlich auch deshalb nimmt Augustinus in seinen Predigten häufiger auf diese Gesänge Bezug.[70] In der Auslegung des 54.
Psalmes beschreibt Augustinus das kirchliche Schisma in der Schilderung eines fiktiven
Dialoges mit einem Donatisten:

> Und du sagst diesem Mann: „Was bekümmert dich, Bruder? Wir sind Brüder, be-
> ten zu dem einem Gott, glauben an den einen Christus, hören das eine Evangelium,
> singen die Psalmen, antworten mit dem einem Amen, klingen zusammen in dem
> einen Alleluia und feiern das eine Osterfest: Warum bist du außen und ich innen?[71]

Das Alleluia, auf das Augustinus sich hier bezieht, scheint der Äußerung nach auch Teil
des donatistischen Osterfestes gewesen zu sein. Auch im 256. Sermo zum Osterfest im
Jahr 418 benennt Augustinus den Alleluia-Gesang, der „von anderen und von uns" gesungen werde.[72] Klingt der fiktive Dialog aus der Auslegung des 54. Psalmes noch dahingehend bedauernd, dass es ein außen und innen gibt, bezieht Augustinus im *Sermo ad
Caesarensis ecclesiasticis* eine eindeutige Haltung:

> Außerhalb der katholischen Kirche kann er alles haben, außer Heil: Er kann Ehre
> haben, er kann die Sakramente haben, er kann das Alleluia singen, er kann mit
> Amen antworten, er kann das Evangelium halten, er kann im Namen des Vaters,
> des Sohnes und des Heiligen Geistes den Glauben haben und verkünden, aber er
> kann nirgends außer in der katholischen Kirche das Heil erlangen.[73]

Außerhalb der katholisch-orthodoxen Kirche kann es also für den Christen kein Heil
geben. So können zwar auch die Anhänger der Partei des Donatus das Alleluia singen,
erlangen aber dadurch kein Heil: Nur der rechtmäßige Gesang des Alleluia, der in die orthodoxe Glaubensausübung eingebunden ist, kann dem Gläubigen das Leben nach dem
Tod in Aussicht stellen und ihn am Lobpreis der Engel teilhaben lassen. Die Reichweite

---

69 Vgl. weiter oben, Kapitel 6.1.1.1 (Über die Verortung der Gesänge in der Liturgie), 217–227.

70 Vgl. dazu van der Meer (1951), 342.

71 Aug. en. ps. 54,16: dicis homini: „quid pateris, frater? fratres sumus, unum deum inuocamus, in
unum Christum credimus, unum euangelium audimus, unum psalmum cantamus, unum amen
respondemus, unum alleluia resonamus, unum pascha celebramus: quid tu foris es, et ego intus
sum?" (Text CCL 39,668).

72 Vgl. Aug. serm. 256,3: sed etiam hic inter pericula, inter tentationes, et ab aliis, et a nobis cantetur
alleluia. (Text PL 38,1192). „Und sogar hier, sogar inmitten der Gefahren und Spannungen, wird
von anderen und von uns das Alleluia gesungen."

73 Aug. s. Caes. eccl. 6: extra catholicam ecclesiam totum potest praeter salutem: potest habere hono-
rem, potest habere sacramenta, potest cantare *alleluia*, potest respondere *amen*, potest euangelium
tenere, potest in nomine patris et filii et spiritus sancti fidem habere et praedicare, sed nusquam nisi
in ecclesia catholica salutem poterit inuenire. (Text CSEL 53,174/5).

des Alleluia aber geht weit über Nordafrika und das donatistische Schisma in die ganze
Welt hinaus:

> Wer den Herrn fürchtet, lobpreist ihm. Wo auch immer der Herr gefürchtet und
> gepriesen wird, da befindet sich die Kirche Christi. Seht selbst, meine Brüder, ob
> in diesen Tagen vom ganzen Erdkreis ohne Grund gesungen wird: Amen und
> Alleluia.[74]

Somit deklariert Augustinus das Primat der christlichen Gesänge und Akklamationen,
die er mit Amen und Alleluia kennzeichnet, schon für seine Zeit und will auch anhand
der Gesangskultur aufzeigen, wie weit das Christentum schon zu seiner Zeit über die ganze Welt hinausreicht.[75]

6.1.1.3   *Die Hymnodik des Ambrosius und ihr Einfluss auf Augustin*

Die vierzehn erhaltenen Hymnen des Bischofs Ambrosius von Mailand (†397) nehmen
in der Geschichte der Hymnologie des Westens eine besondere Rolle ein.[76] In der augustinischen Rezeption der Hymnen in seinen Schriften liegt ein Schlüssel zu ihrer zeitgeschichtlichen Bedeutung. Die Verehrung für die ambrosianischen Hymnen durchziehen
seine Schriften, wobei insbesondere der Hymnus *Deus creator omnium* an mehreren Stellen zitiert und analysiert wird.[77] Auch Ambrosius selbst gibt Zeugnis über die Wirkkraft
seiner Hymnen:

---

74 Aug. en. ps. 21,2,24: qui timetis dominum, laudate eum. ubicumque timetur deus et laudatur, ibi
 est ecclesia Christi. uidete, fratres mei, si his diebus per totum orbem terrarum sine causa dicitur:
 Amen et Alleluia. (Text CCL 38,668).

75 Auch Dohmes (1938), 138–143 versammelt vereinzelte Quellenbelege der frühen Väter zum
 Alleluia, dabei auch zu Augustinus. Insbesondere der Ausblick auf die Verwendung des Alleluia bei
 Victor Vitensis und Beda Venerabilis im 5. und 6. Jh. zeigen die Verbreitung des Alleluia über den
 Erdkreis an. Interessant ist dabei, dass neben dem allgemeinen Platz des melismatischen Alleluias
 in der Gregorianik sogar in der historischen Geschichtsschreibung der Alleluia-Akklamation
 ein wichtiger Ort eingeräumt worden ist. So berichtet Victor, hist. pers. Afr. prov. I,13 von der
 Ermordung des Alleluia singenden Lektors durch die Vandalen und Beda Ven. hist. eccl. I,20 vom
 siegverschaffenden Alleluia-Schlachtruf des Bischofs Germanus von Paris.

76 Es gibt eine Flut von Literatur zu den ambrosianischen Hymnen, an dieser Stelle seien nur zwei
 einschlägige Veröffentlichungen genannt, vgl. die umfassende Analyse von Zerfass (2008), 9–307
 der sich besonders mit den drei Festzeithymnen beschäftigt (*Intende, qui regis Israel* (Weihnachten),
 Inluminans altissimus (Epiphanie), *Hic est dies uerus dei* (Pascha). Beachtenswert auch der Exkurs
 zum Gesang der Hymnen, vgl. Ders. 29–37, und genereller die Studie zur Tagzeitenliturgie der ambrosianischen Hymnen von Franz (1994), bes. 1–36 (einführend in die Hymnen des Ambrosius)
 mit Einzeluntersuchungen zu *Deus creator omnium, Aeterne rerum conditor, Splendor paternae gloriae* und *Iam surgit hora tertia*. Die aktuellste kommentierte Textausgabe ist immer noch Fontaine
 (1992). Generell sei als Einführung zu Ambrosius auf Dassmann (2004), Markschies (2002) und
 immer noch Campenhausen (1929) verwiesen.

77 So zum Beispiel in Aug. conf. IX,12,32 (Tod Monnicas), Aug. conf. XI,31,41 (Zeitvollzug), in
 Aug. mus. 6,57 (zur Bestimmung des Versrhythmus), in Aug. vita beata 4,35 (Abendlied). Albrecht

Man sagt, das Volk sei verhext von den Zauberweisen meiner Hymnen, und ich leugne dies gewiss nicht. Das ist eine gewaltige Zauberweise, wenn sie mächtiger ist als sonst etwas. Denn was ist noch mächtiger als das Bekenntnis zur Dreifaltigkeit, das alltäglich durch den Mund des Volkes begangen wird? Wetteifernd sind alle dabei, ihren Glauben zu bekennen, wissen den Vater, den Sohn und den heiligen Geist in Versen [im Liede] zu verkünden. Nun sind alle Meister geworden, die kaum erst Schüler sein mochten.[78]

Das Phänomen der Verzauberung durch die ambrosianischen Hymnen, der nach seinen Angaben das Kirchenvolk unterliegt, konnte sich auch Augustinus nicht entziehen. In den *Confessiones* erinnert er sich, wie er im Jahr 384 nach Mailand kommt und mit den Gesängen in der Kirche konfrontiert wird:

Doch wenn ich an die Tränen denke, die ich damals in der Anfangszeit, als ich zu meinem Glauben zurückfand, beim Anhören der Kirchengesänge vergossen habe, und dass mich auch heute noch zwar nicht der Gesang selbst, wohl aber der Inhalt des Gesungenen bewegt, dann muss ich doch den großen Nutzen des kirchlichen Gesanges anerkennen...[79]

Der von ihm erlebte Gesang steht dabei in enger Verbindung zur Glaubenserkenntnis, wie sie Augustinus eigentümlich ist und seine Haltung zur kirchlichen Musik stark beeinflusst. Tiefer noch dringt er in diese emotionale Verbindung ein, als er sich in seinem Katechumenat mit den Gesängen beschäftigt. Das Tauferlebnis des Jahres 387 mit der Aufnahme in die Reihen der Gemeinde bildet einen starken Markierungspunkt in seiner Biographie, und im anschließenden Singen der heiligen Gesänge vollzieht sich eine Erkenntnis durch das Hören der Gesänge, so dass Augustinus von diesem Gefühl ganz überströmt und von den Gesängen derartig überwältigt wird, dass er anfängt, zu weinen:

(1993), 13 benennt den Hymnus sogar als „Leitmotiv, das die *Confessiones* insgesamt durchzieht" und verweist darüber hinaus auf Aug. conf. IV,15, worin der Hymnus zwar nicht direkt zitiert werde, aber das eigentliche Thema der Stelle abbilde.

78 Ambr. ep. 75a,34: hymnorum quoque meorum carminibus deceptum populum ferunt, plane nec hoc abnuo. grande carmen istud est quo nihil potentius; quid enim potentius quam confessio trinitatis, quae cottidie totius populi ore celebratur? certatim omnes student fidem fateri, patrem et filium et spiritum sanctum norunt uersibus praedicare. facti sunt igitur omnes magistri, qui uix poterant esse discipuli. (Text CSEL 82,3. Übers. A. Franz (2000), 14). Diese Aussage trifft Ambrosius im Rahmen eines Briefes, mit dem er sich im Rahmen des Mailänder Kirchenstreits an den Kaiser wendet; auch deshalb spricht er von dem ihm gemachten Vorwurf der Verzauberung.

79 Aug. conf. X,33,50: uerum tamen cum reminiscor lacrimas meas, quas fudi ad cantus ecclesiae in primordiis recuperatae fidei meae, et nunc ipsum cum moueor non cantu, sed rebus quae cantantur, cum liquida uoce et conuenientissima modulatione cantantur, magnam instituti huius utilitatem rursus agnosco. (Text CCL 27,182. Übers. K. Flasch).

> Was habe ich geweint bei deinen Hymnen und Gesängen, wie heftig wurde ich
> erregt vom lieben Klang der Stimmen deiner Kirche! Diese Stimmen fluteten in
> mein Ohr, und geläutert drang die Wahrheit in mein Herz, und aus ihm brach ein
> Strom von Frömmigkeit hervor. Die Tränen flossen, und mir war gut bei ihnen.[80]

Die Musik, welche sich Augustinus im Gesang der Hymnen und Gesänge in der Kirche
in Mailand darbietet, übernimmt die Rolle eines emotionalen Ventils. So führt allein die
Rezeption der wohlklingenden Gesänge zu einer Gemütsbewegung, die es Augustinus
ermöglicht, theologische Wahrheit zu erkennen. Durch das Anhören dieser Klänge in der
Gemeinschaft des Gottesdienstes fühlt er sich getröstet und gereinigt von der Scham, sich
dem richtigen Glauben nicht schon vorher zugewandt zu haben:

> Und doch liefen wir damals, als der Wohlgeruch deiner Salben so sehr duftete,
> nicht hinter dir her; darum weinte ich um so mehr beim Gesang deiner Hymnen.
> Früher hatte ich gestöhnt, jetzt atmete ich frei, so weit wie eine Strohhütte den strö-
> menden Lufthauch fasst.[81]

Die Intensität der Emotion, die Augustinus überwältigt, führt er selbst auf zwei Aspekte
zurück: Zum einen auf die Erkenntnis von Wahrheit durch die Gesänge nach der Taufe,
zum anderen aber auf die besondere Art des mailändischen Hymnengesangs. So habe
Ambrosius, der Bischof von Mailand, im Zuge des Streites mit den Arianern zu einem
kulturellen Import aus dem Osten des Reiches gegriffen, um sich diesen gegenüber musikalisch behaupten zu können. Die akute Bedrohung des Verlustes eines Kirchengebäudes
an die Arianer, wie es die Kaiserin Justina 386 forderte, ließ Ambrosius nach einem Mittel suchen, innerhalb der Gemeinde für Unterstützung und Sicherheit zu sorgen. Über
diesen sogenannten Mailänder Kirchenstreit berichtet Augustinus in den *Confessiones*
folgendes:

> Es war noch nicht lange her, dass die Mailänder Kirche begonnen hatte, diese
> Art von Tröstung und Ermahnung zu feiern; die Brüder wirkten mit Herz und
> Stimme sehr eifrig dabei zusammen. Denn vor gut einem Jahr verfolgte Justina,

---

80 Aug. conf. IX,6,14: quantum fleui in hymnis et canticis tuis suaue sonantis ecclesiae tuae uocibus
    commotus acriter! uoces illae influebant auribus meis et eliquabatur ueritas in cor meum et
    exaestuabat inde affectus pietatis, et currebant lacrimae, et bene mihi erat cum eis. (Text CCL
    27,141. Übers. C. Perl).

81 Aug. conf. IX,7,16: et tamen tunc, cum ita flagraret odor unguentorum tuorum, non currebamus
    post te; ideo plus flebam inter cantica hymnorum tuorum olim suspirans tibi et tandem respirans,
    quantum patet aura in domo faenea. (Text CCL 27,142. Übers. K. Flasch). Der von Augustinus
    benannte Glaube habe sich ihm in Mailand insbesondere durch die Wunderheilungen im Zuge der
    überführten Märtyrerreliquien der Märytrer Protasius und Gervasius nach Mailand schon deutlich
    gezeigt, ihn aber dennoch erst spät der Taufe zugeführt. Die Episode wird von ihm geschildert
    als Besänftigung der Justina, die dadurch von der „Verfolgungswut" (Aug. conf. IX,7,16) auf
    Ambrosius abgebracht wurde.

die Mutter des jugendlichen Kaisers Valentinian, deinen Mann Ambrosius; sie tat
es wegen ihrer Häresie, zu der sie die Arianer verführt hatten. Das gläubige Volk
verbrachte, zum Sterben bereit, mit seinem Bischof, deinem Diener, die Nacht in
der Kirche. Dort lebte meine Mutter, deine Magd, dem Gebet, denn sie nahm als
eine der ersten Anteil an dieser angsterfüllten Nachtwache. Uns ließ das kalt; die
Flamme deines Geistes hatte uns noch nicht erfasst. Freilich war die ganze Stadt
bestürzt und aufgewühlt, und das erregte auch uns. In dieser Situation entstand
der Brauch, wie im Orient üblich, Hymnen und Psalmen zu singen, damit das Volk
sich nicht vor Schmerz und Überdruss verzehre. Dies behielt man dann bis zum
heutigen Tage bei; viele, ja, fast alle deine Gemeinden haben es über den Erdkreis
hin nachgeahmt.[82]

Ambrosius habe also, so berichtet uns Augustinus aus späterer Erinnerung, im Jahr 386
die aus dem Orient stammende musikalische Aufführungspraxis einer vermehrten Teilhabe der Gemeinde an den Gesängen von Hymnen und Psalmen in der Situation der
akuten nächtlichen Bedrohung durch Kaiserin und Arianer angewandt, um seiner Gemeinde Trost und Erbauung zu spenden. Durch den Einsatz einer neuartigen Aufführungspraxis weist Augustinus dem Bischof eine musikalische Innovation zu, welche er
im Rahmen der politisch-theologischen Auseinandersetzung geschickt eingebracht habe
und deren Erfolg sich unmittelbar an der weiten Verbreitung dieser Aufführungspraxis
ablesen lässt.[83] Dazu muss an dieser Stelle verdeutlicht werden, dass die Selbstinszenierung des Ambrosius als hilflosen Bischof, der von der Kaiserin unterjocht werden soll,
durchaus nicht den politischen Gegebenheiten entsprach: Rechtlich gesehen stand die
Ablehnung des Ambrosius auf wackeligen Füßen, da die Kaiserfamilie keine Kirche innerhalb der Stadtmauern, sondern lediglich eine außerhalb gelegene Kirche erbeten hatte,
um dort mit ihrer Glaubensgemeinschaft das Osterfest zu feiern. Als der Kaiserhof auf
die Ablehnung der Bitte mit einem Erlass reagierte, der allen Glaubensrichtungen freie

---

82 Aug. conf. IX,7,15: non longe coeperat mediolanensis ecclesia genus hoc consolationis et exhorta-
    tionis celebrare magno studio fratrum concinentium uocibus et cordibus. nimirum annus erat aut
    non multo amplius, cum Iustina, Ualentiniani regis pueri mater, hominem tuum Ambrosium per-
    sequeretur haeresis suae causa, qua fuerat seducta ab Arrianis. excubabat pia plebs in ecclesia mori
    parata cum episcopo suo, seruo tuo. ibi mea mater, ancilla tua, sollicitudinis et uigiliarum primas
    tenens, orationibus uiuebat. nos adhuc frigidi a calore spiritus tui excitabamur tamen ciuitate atto-
    nita atque turbata. tunc hymni et psalmi ut canerentur secundum morem orientalium partium, ne
    populus maeroris taedio contabesceret, institutum est: ex illo in hodiernum retentum multis iam ac
    paene omnibus gregibus tuis et per cetera orbis imitantibus. (Text CCL 27,141/2. Übers. K. Flasch).
    Generell zum Mailänder Kirchenstreit unter Berücksichtigung der einschlägigen Schriften von
    Ambrosius (ep. 75,76 und *sermo contra Auxentium*/ep. 75a) vgl. Groß-Albenhausen (1999), 79–93;
    Dassmann (2004), 98–106; sowie Kolb (1980), 41–74 (zum Verhältnis von Staat und Kirche anhand
    des bischöflichen Verhaltens).
83 Vor allem Dassmann (2004), 147 unterstreicht, dass die weite Verbreitung der ambrosianischen
    Hymnen im Reich auf ihre Popularität schließen ließ und verweist auf die Verwendung der
    Hymnen in Nordafrika, Spanien und Gallien.

Religionsausübung gestattete, belagerte Ambrosius mit seinen Anhängern die außerhalb der Mauern gelegene Kirche und hetzte die Bevölkerung durch Hymnengesänge und Predigten gegen das Kaiserhaus auf.[84] Die Hinwendung zu einer neuen musikalischen Praxis spielt dabei in Augustins Sicht eine Rolle für die Tragweite und Durchsetzungskraft des orthodoxen Bekenntnisses, da sie zu einem charakteristischen Merkmal der ambrosianischen Gottesdienstgestaltung in Mailand geworden sei.[85] Dabei benennt Augustinus hinsichtlich der gesungenen Gattungen die Formen des Hymnus und der Psalmen. Dennoch bleibt der heutige Leser der *Confessiones* darüber im Unklaren, welche Art der vokalen Aufführungspraxis Eingang in die Mailänder Kirche fand, da Augustinus bis auf die räumliche Verbindung mit den östlichen Gebieten (*orientalium partium*) keine weiterführenden Angaben über den dort üblichen musikalischen Brauch (*mos*) gibt. Diese Schilderung wirft weiterführende Fragen nach der neu eingeführten Musikpraxis auf.

In der Forschung dominiert seit langem die Vorstellung, dass Ambrosius den antiphonalen Gesang in Mailand eingeführt habe oder gar dessen Erfinder sei. Dabei ging und geht man davon aus, dass im Rahmen der östlichen Liturgie der chorische Wechselgesang dominant war.[86] Wie Leeb bereits 1967 aufgezeigt hat, führte insbesondere die Rezeption von *conf. IX,7,15* bei Paulinus von Mailand und Isidor von Sevilla zu dieser eher unwahrscheinlichen Annahme.[87] Andere Forscher bewerten diese Episode dahinge-

---

84 Vgl. dazu bes. Kolb (1980), 44f.

85 Und dieses auch bis zum Abfassungsdatum der *Confessiones* bleibt, die gut zehn Jahre nach dem Mailänder Kirchenstreit geschrieben werden. (Datierung: zw. 397–401), vgl. dazu auch Schmitz (1975), 306.

86 Vgl. Perl (1955), 440, der haarsträubende Zusammenhänge zwischen der neueingeführten Antiphonie und einer gleichzeitigen Einführung der Alleluiagesänge in Ost- und Westkirche herstellen will sowie anders Hucke (1953), 152–168 der sich um größere Neutralität bemüht und eine guten Überblick über die Verwendung dieses quellentechnischen Terms in den Schriften der Kirchenväter gibt. Dennoch geht er auch ganz selbstverständlich von einer derartigen Gesangspraxis aus. Einen Überblick der Forschungsdiskussion um diese Quellenstelle bis Mitte der 1960er Jahre gibt Leeb (1967), 91–98 sowie die Rezension dessen Schrift durch Fischer (1972), der hinsichtlich einer chorischen Praxis eher von einer Einführung des Frauengesanges ausgeht (vgl. Fn. 93). Auch in der aktuelleren Forschung wird diese Annahme zur antiphonalen Aufführungspraxis zu genannter Stelle recht sorglos übernommen, wenngleich im Augustinus-Text kein Hinweis darauf besteht, vgl. z. Bsp. Handschin (1981), 110–115, der abenteuerlich von einer liturgischen antiphonalen Praxis ausgeht, die aufgrund der Komplexität aber nicht von der ganzen Gemeinde geübt worden sei, sondern von „Elite-Halbchören". Auch Lanéry (2008), 223–231 beschreibt die Neueinführung einer neuen Gesangsweise, wenngleich sie die Antiphonie nicht als Fakt, sondern reflektiert als Möglichkeit anführt. Generell spricht bezüglich der Kenntnis über die antiphonale Psalmodie im Osten des Reiches zu diesem Zeitpunkt noch wenig dafür, dass diese Gattung derart verbreitet war, dass sie als Vorbild der östlichen Gemeinden hätte importiert werden können, sie ist vermutlich eher im mönchischen Umfeld zu suchen, vgl. dazu besonders die Kapitel 4.1.1 (Akteure), 71–84, 4.1.2 (Merkmale), 84–88, und 5.1.1 (Gesang beim Mahl, im Gottesdienst und außerhalb der Kirche), 142–159.

87 Vgl. Leeb (1967), 85f., der sich darauf beruft, dass insbesondere die Darstellung Isidors, fußend auf der Ambrosius-Biographie des Paulinus diese Überzeugung maßgeblich beeinflusst hat und in die Rezeption derartig aufgenommen wurde. Begründet liegt diese Annahme in der Angabe

hend, dass allgemein die Einführung von Volksgesang im Gottesdienst vollzogen wurde und es somit nicht um einen neuen musikpraktischen Stil ging, als vielmehr um „Gesang mit Beteiligung der Gemeinde".[88] Unklar bleibt auch, inwiefern die gedichteten Hymnen des Ambrosius selbst dieser Episode zugrunde gelegt werden können. Wenn es an dieser Stelle weniger um einen kulturellen Import der Gattung (antiphonal, responsorial) als des Mittels (Gesang an sich) ginge, wäre es denkbar, dass Ambrosius die Technik der Hymnendichtung auf den politischen Konflikt übertragen hat und demnach seine eigene Dichtung von der Gemeinde bei der Nachtwache singen ließ. Unter Berücksichtigung der Einstudierungsverhältnisse muss diese Praxis allerdings schon zuvor eingeübt worden sein, da die sangesunkundige Gemeinde nicht ad hoc in der Lage gewesen sein dürfte, die neu komponierten Hymnen vom Ohr abzunehmen und wiederzugeben. Nowak verweist mit Quasten auf die Möglichkeit, dass Ambrosius seine Hymnen als Responsoria von der Gemeinde im Gottesdienst hat singen lassen, so dass die Gesänge der Gemeinde schon bekannt waren.[89] Dies allerdings erscheint aufgrund der formalen Anlage der ambrosianischen Hymnen keinem musikalischen Sinn zu folgen, da ihnen die Möglichkeit eines Responsoriums nicht innewohnend ist, wie schon Franz festgestellt hat. Dieser plädiert aufgrund der strukturellen Einfachheit und Einprägsamkeit der ambrosianischen Hymnen für den allgemeinen Gesang der bekannten Hymnen durch die ganze Gemeinde neben dem regulären Psalmengesang.[90] Für diese These spräche auch die wiederkehrende Erinnerung an den ambrosianischen Hymnus *Deus creator omnium*, der Augustinus' Bekenntnisse wie ein Lied zu durchziehen scheint.[91] Wenn man an dieser Stelle die Diskussion um die Termini der Gesänge beiseite lässt und sich weder an den Begriffen

---

der Antiphonie bei Paulinus von Mailand, dieser schreibt in der Vita Ambrosii 13: hoc in tempore primum antiphonae, hymni, ac uigiliae in ecclesia Mediolanensi celebrari coeperunt. cuius celebritatis deuotio usque in hodiernum diem non solum in eadem ecclesia, uerum per omnes pene Occidentis prouincias manet. (PL 14,33/34). „Damals wurden zum ersten Mal Antiphonen, Hymnen und Vigilien in der Mailänder Kirche gesungen. Diese fromme Übung hat sich bis zum heutigen Tag nicht nur in der Kirche von Mailand, sondern in fast allen Provinzen des Westens erhalten." (Übers. I. Opelt).

88 So Schmitz (1975), 306 und auch Dassmann (2004), 146, der darauf verweist, dass in der Mailänder Kirche bis zu diesem Zeitpunkt kein ästhetisches Interesse an der Einführung des Gemeindegesanges gegeben habe, sondern diese „ausschließlich seelsorgerischen Erwägungen" unterlegen habe. Die neutralste und beste Schilderung des Problems bei Franz (2000), 17–20.

89 Vgl. Nowak (1999), 61 (Abschnitt 17) mit Verweis auf die erweiterte Ausgabe von Quasten (1973), 280.

90 Vgl. Franz (2000), 18f. So zeichnen sich alle vierzehn Hymnen dadurch aus, dass sie über acht Strophen verfügen, bei denen immer zwei thematisch zueinander gehören. Das zugrunde liegende Metrum ist der einfach zu memorierende jambische Dimeter.

91 Vgl. besonders Aug. conf. IX,12,32: Nach dem Tod von Monnica wacht Augustinus mit diesem tröstenden Vers auf. Das könnte auf eine Melodie hinweisen. Ein weiterer Beleg dafür ergibt sich aus Aug. conf. XI,31,41, worin Augustinus den Zeitvollzug dieses gesungenen Liedes (so sein Terminus) im Gedächtnis anführt und genau weiß, an welcher Stelle des Hymnus *Deus creator omnium* er ist, welcher Teil bereits vergangen und welcher noch vor ihm liegt. Franz (2000), 19 verweist an dieser Stelle auch auf *De vita beata* 4,35. An dieser Stelle wird deutlich, dass Monnica und Augustinus dieses Abendlied auswendig kennen. Auch führt er weiter die Aussage Papst Coelestins I. an, der

antiphonal oder responsorial orientiert, steht der Blick dafür frei, dass es sich bei der be-schriebenen Episode weniger um eine Übernahme der besonderen Aufführungspraxis als vielmehr um einen Transfer einer erfolgreichen außerliturgischen Verwendung von Musik in den Raum der Kirche handeln könnte. Da Ambrosius sich selbst an keiner Stel-le seines Schrifttums über die antiphonale Gesangsweise der Arianer äußert, erscheint es wenig plausibel, dass er diesen Brauch übernommen haben soll.[92] Vielmehr spiegeln Ambrosius' Aussagen zu den Gesängen in der Kirche das Bild einer Gemeinde wider, die sich *una voce* und *uno corde* in liturgischer Gemeinschaft singend einander im richtigen Glauben versichert:

> Nicht an den todträufelnden Liedern der Komödianten auf der Bühne, die den Geist verweichlichen und zu sinnlicher Liebe entfachen, sondern an dem harmoni-schen Gesang der Kirche, an der zu Gottes Lob gemeinsam erschallenden Stimme des Volkes und am frommen Leben sollen sie ihre Freude haben.[93]

---

sich daran erinnert, dass Ambrosius den Weihnachtshymnus *Intende qui regis Israel* von der ganzen Gemeinde wie mit einer Stimme singen ließ. (PL 50,157).

92 Vgl. Leeb (1967), 97. Dies erscheint auch deswegen unplausibel, da Ambrosius in seinem Psalmen-kommentar häufig die Bedeutung des Gemeindegesanges unterstreicht. So kann man davon aus-gehen, dass Ambrosius eine erfolgreiche Implementierung einer antiphonalen Gesangsweise seiner eigenen Hymnen in den Gottesdienst kommentiert hätte.

93 Ambr. exam. III,1,5: quos non mortiferi cantus acroamatum scaenicorum, quae mentem emolliant ad amores, sed concentus ecclesiae, sed consona circa dei laudes populi uox et pia uita delectet... (Text CSEL 32,1,61; Übers. J. Schmitz (1975), 311). Die hohe Wertschätzung des Psalmengesanges für die Gemeinde und deren Nutzen in der Gottesdienstgestaltung zeigt Ambrosius auch in den Äußerungen aus Ambr. in. ps. 1,9: mulieres apostolus in ecclesia tacere iubet, psalmum etiam bene clamant; hic omni dulcis aetati, hic utrique aptus est sexui. hunc senes rigore senectutis deposito canunt, hunc ueterani tristes in cordis sui iocunditate respondent, hunc iuuenes sine inuidia cantant lasciuiae, hunc adulescentes sine lubricae aetatis periculo et temptamento concinunt uoluptatis, iuuenculae ipsae sine dispendio matronalis psallunt pudoris, puellulae sine prolapsione uerecundiae cum sobrietate grauitatis hymnum deo inflexae uocis suauitate modulantur. hunc tenere gestit pueritia, hunc meditari gaudet infantia, quae alia declinat ediscere; [...] quantum laboratur in ecclesia, ut fiat silentium, cum lectiones leguntur! [...] cum psalmus legitur, ipse sibi est effector silentii; omnes locuntur et nullus obstrepit. (Text CSEL 64,8): „Der Apostel befiehlt den Frauen, in der Kirche zu schweigen (1 Kor 14,34); aber den Psalm singen sie ausgezeichnet. Dieser ist jedem Alter willkommen und für beide Geschlechter geeignet. Greise legen, wenn sie ihn singen, die Strenge des Alters ab, alte Männer, deren Herz von Traurigkeit erfüllt ist, antworten auf ihn voll Freude. Die jungen Männer singen ihn ohne jede zügellose Haltung, die heranwachsende männliche Jugend singt ihn ohne Gefährdung ihres wankelmütigen Alters und ohne Versuchung zur Wollust. Die heranwachsenden Mädchen psallieren ohne Einbuße an fraulicher Scham. Die kleinen Mädchen singen Gott mit der Süße ihrer ungebrochenen Stimme den Hymnus ohne Verletzung der Zurückhaltung und mit nüchternem Ernst. Die Jugend bemüht sich darum, ihn im Gedächtnis zu behalten, und die Kinder freut es, über ihn zu meditieren – sowie die sich sonst vor dem Lernen zu drücken sucht. [...] Welche Mühe kostet es, in der Kirche Ruhe herzustellen, wenn die Lesungen vorgetragen werden! [...] Wird jedoch ein Psalm vorgetragen, schafft er von selbst Ruhe; alle sprechen und niemand stört." (Übers. J. Schmitz (1975), 313f.). Vgl. zum Psalmenlob des Ambrosius auch Fischer (1982), bes. 97–99 sowie Dohmes (1938), 131f.

Dass die Gemeinde in Mailand daneben auch responsorial gesungen hat, zeigt Ambrosius in der Auslegung zu *Gen 1,9* ebenso auf:

> Was bedeutet jenes harmonische Rauschen der Wogen anderes als den harmonischen Gesang des Volkes? Treffend vergleicht man darum häufig die Kirche mit dem Meer. Zuerst speit sie in der Schar des eintretenden Volkes ihre Wogen über alle Eingänge; dann zischt es im Gebet des ganzen Volkes wie bei zurückflutenden Wellen auf, sooft in den Responsorien der Psalmen der Gesang der Männer, Frauen, Jungfrauen und Kinder wie das harmonische Getöse der Wellen widerhallt.[94]

Dennoch bleibt die zeitliche Überlappung desselben Phänomens in Ost und West zur gleichen Zeit ein auffälliges Merkmal dieser Episode. Ebenso wie der Arianerstreit in Konstantinopel zu einer vermehrten Hymnendichtung bei Johannes Chrysostomos geführt hat, scheint sich selbiges Phänomen auch in Mailand zu ähnlicher Zeit zu wiederholen. An dieser Stelle könnte die textliche Übertragung durch Augustinus eine Rolle gespielt haben – könnte die Schilderung der Ereignisse von Mailand eventuell von den aktuellen Anlässen in Konstantinopel beeinflusst worden sein? Die beschriebene Episode in Mailand datiert in das Jahr 386, die Abfassung der *Confessiones* hingegen datiert in den größeren Zeitraum von 397–401. Die bei Sozomenos und Socrates Scholasticus geschilderte Auseinandersetzung mit den Arianern in Konstantinopel lässt sich aufgrund des Gesetzesbeschlusses des Kaiser Arcadius gegen derartige Prozessionen in das Jahr 402 datieren.[95] Vielleicht müssen beide Episoden aber auch unter der Geschichtsschreibung der theologischen Sieger verstanden werden: Offenbar entwickelten die Arianer eine reiche Vokalkultur aus neu komponierten Hymnen und neuen Aufführungsstilen. In der Überwindung dieser frühchristlichen Gruppierung und der Hegemonie der Orthodoxie könnte auch der Schlüssel dafür liegen, dass ab dieser Zeit alle musikpraktischen Stile und Dichtungen jetzt auch der orthodoxen Kirche offenstehen. Der musikpraktische Brauch, der das Abendland seitdem durchdringe, wie es Augustinus schreibt, könnte sich einfach

---

94 Ambr. Exam. V,23: quid aliud ille concentus undarum nisi quidam concentus est plebis? unde bene mari plerumque comparatur ecclesia, quae primo ingredientis populi agmine totis uestibulis undas uomit, deinde in oratione totius plebis tamquam undis refluentibus stridit, cum responsoriis psalmorum cantus uirorum mulierum uirginum pruulorum consonus undarum fragor resultat. (Text CSEL 32,1,75. Übers. J. Schmitz (1975), 311). Ähnlich Ambr. in Luc. 7,238: haec est enim symphonia, quando concinit in ecclesia diuersarum aetatum atque uirtutum uelut uariarum cordarum indiscreta concordia psalmus, respondetur, amen dicitur. (Text CSEL 32,4,388). „Das nämlich ist die Symphonie, wenn in der Kirche die verschiedenen Alters- und Tugendklassen gleich verschiedenen Saiten wie aus einem Mund harmonisch das Psalmenresponsorium singen, das Amen rufen." (Übers. J. Schmitz (1975), 312).

95 Der Codex Theodosianus verzeichnet den Gesetzeserlass des Kaisers Arcadius für den 3. März 402, vgl. dazu Kapitel 5.1.1.3 (Die antiphonalen Gesänge der Arianer), 151–159, mit textlicher Wiedergabe des Erlasses in Fn. 49.

im allgemeineren auf den Gesang der orthodoxen Kirche beziehen, die den gesangslieben-
den Arianismus auch musikpraktisch überwunden hat.[96]

Diese Frage kann nicht abschließend geklärt werden und ändert nichts an der Tatsache, dass die terminologischen Fragen zur Aufführungspraxis aufgrund der mangelnden
Genauigkeit der Begriffe von Hymnus und Psalm in der Zeit selbst nicht genauer greifbar
sind.[97] Sicher ist, dass sich im Arianerstreit in Mailand ebenso wie in Konstantinopel im
4. Jahrhundert musikpraktisch eine Wende vollzieht: Der Gesang der Gläubigen nimmt
plötzlich eine Bedeutung an, die bisher im kleineren liturgischen Rahmen nicht vorgesehen war. Auch hier verlässt die theologische Botschaft den Raum der Kirche und dringt
kräftig nach außen: Die Gläubigen zeigen sich durch ihre Gesänge der weltlichen Macht.
Durch die Unterstützung der Gesänge im Kirchenkampf sicherte sich der Bischof Ambrosius die Überlegenheit gegenüber dem Kaiserhaus und demonstrierte damit eine bisher nie dagewesene kirchliche Potenz, der die weltliche Macht auf lange Sicht nachgeben
musste.

6.1.2   Funktionen des Gesanges über die Gottesdienstgestaltung hinaus

6.1.2.1   *Lobpreis: Der Hymnus*
In der Auslegung des 72. Psalmes kommt Augustinus auf Sinn und Bedeutung der Hymnen zu sprechen:

> Die Hymnen sind Lobpreisungen Gottes unter Gesang: Die Hymnen sind Gesän-
> ge, die ein Lob Gottes enthalten. Wenn es ein Lob ist, aber nicht ein Lob Gottes,
> dann ist es kein Hymnus: Wenn es ein Lob ist und zwar ein Lob Gottes, aber nicht
> gesungen wird, so ist es kein Hymnus. Es muss also, um ein Hymnus zu sein, diese
> drei Stücke aufweisen: Das Lob, und zwar das Lob Gottes, und die Gesangsweise.
> Was bedeutet also dies: *Es hörten auf die Hymnen?* Es hörten auf die Lobgesänge an
> Gott. Eine unliebe, geradezu betrübliche Sachlage scheint hier ausgesprochen. Wer

---

96 Vgl. dazu auch die Zusammenfassung bei Zerfass (2008), 31–33, der in Übereinstimmung mit
    Franz (2000), 18 davon ausgeht, dass es sich bei der von Augustinus und Paulinus genannten
    Neueinführung weniger um eine neue Art der Gesangsweise, sondern vielmehr um „neue, poetisch
    frei geschaffene Gattungen" handeln könne. Damit wäre auch diesbezüglich ein Synergieeffekt der
    arianischen Technik des Neudichtens von Psalmen und Hymnen auf die Gestaltung der orthodoxen
    Musikpraxis anzunehmen, vgl. dazu auch Kapitel 5.1.1.3 (Die antiphonalen Gesänge der Arianer),
    151–159.
97 An dieser Stelle sei nochmals auf Franz verwiesen, der bewusst unterstreicht, dass diese
    terminologische Offenheit keiner Unkenntnis der Zeitgenossen obliegt, sondern sich aus der
    theologischen Deutung heraus ergibt, wie Dichtung und Psalmen verstanden werden wollen. Der
    Deutungshorizont sei dem des „prophetischen Wortes" gleichgestellt, vgl. Franz (2000), 3.

nämlich Lob singt, singt nicht bloß, sondern er liebt auch, den er besingt. Im Lob des Bekennenden wird Überzeugung laut, im Lied des Liebenden Begeisterung.[98]

Die Verbindung aus Lobpreis an Gott und Gesang ist dieser Stelle nach konstituierend für die Definition des Hymnus. Generell verwendet Augustinus den Begriff Hymnus in der Bedeutung des Lobgesanges.[99] Diesen weist er auch den Heiligen und Gesegneten zu, die übernatürlich süße Klänge im Himmel darbringen. In einem Brief an den Bischof Evodius berichtet Augustinus von einem Traum, den der Freund und Bruder Gennadius als junger Mann gehabt habe. In diesem Traum sei er in die Stadt Gottes geführt worden, wo ihm die Heiligen und Gesegneten einen Hymnengesang darbrachten, der jegliches von ihm Gehörte an Süße übertraf:

Er kam zu jener Stadt, wo er von der rechten Seite her begann, die Klänge des al-lersüßesten Gesanges zu vernehmen, die über das gewöhnliche hinausgingen hin-sichtlich ihrer Süße. Dann sagte jener dem Fragenden, was dies sei, dass diese die Hymnen der Glückseligen und Heiligen seien.[100]

Die besondere Süße des Hymnengesanges, der von Augustinus als himmlischer Gesang beschrieben wird, steht deutlich im Zusammenhang mit dem Ort und den Ausübenden: Die Glückseligsten allein können diese süßen Klänge hervorrufen, da sie schon bei Gott sind. Im Hymnus liegt gleichzeitig das Sehnen nach der Aufnahme zu Gott. In einer ein-zigen Predigt verbindet Augustinus den Begriff Hymnus mit dem Alleluia-Gesang, der auch von den Engeln im Himmel gesungen wird:

Wenn also alle diese Dinge beendet worden sind, welche uns noch quälen wegen unserer Sündenschuld, dann wird es eine Fülle an Gerechtigkeit geben, dann wer-den wir vereint mit den Engeln den ewig währenden Hymnus ‚Alleluia' singen: Denn das Lob Gottes ohne Ende wird unsere Aufgabe sein...[101]

---

98 Aug. en. ps. 72,1: hymni laudes sunt dei cum cantico: hymni cantus sunt continentes laudem dei. si sit laus, et non sit dei, non est hymnus: si sit laus, et dei laus, et non cantetur, non est hymnus. oportet ergo ut, si sit hymnus, habeat haec tria: et laudem, et dei, et canticum. quid ergo, *defecer-unt hymni*? defecerunt laudes quae cantantur in deum. molestam rem et quasi luctuosam uidetur nuntiare. qui enim cantat laudem, non solum laudat, sed etiam hilariter laudat: qui cantat laudem, non solum cantat, sed et amat eum quem cantat. in laude confitentis est praedicatio: in cantico amantis affectio. (Text CCL 39,986. Übers. W. Roetzer (1930), 230).

99 Vgl. Aug. en. ps. 39,4: hymnus est enim canticum laudis. (Text CCL 38,427).

100 Aug. ep. 159,3: uenit ad quandam ciuitatem, ubi audire coepit a dextra parte sonos suauissime cantilenae ultra solitam notamque suauitatem; tunc ille intento, quidnam esset, ait hymnos esse beatorum atque sanctorum... (Text CSEL 44,501).

101 Aug. serm. 159B,15 (= Dolbeau 21): cum ergo omnia ista finita fuerint quae nos adhuc torquent propter reliquias peccatorum nostrorum, tunc erit plenitudo iustitiae, tunc copulati angelis hym-num sempiternum ‚alleluia' cantabimus: laus dei sine defectu nobis erit, ... (Text REAug 37 (1991), 285).

In dieses immerwährende Alleluia der Engel kann der Mensch nach seinem Tod einstimmen. Auch hier verbindet Augustinus den Begriff Hymnus mit dem Lobgesang.[102] Auf Erden aber verfüge der Hymnus neben dem Lobpreis Gottes über eine besondere Wirkungsmächtigkeit, da er in der Lage sei, Dämonen auszutreiben. Im *Gottesstaat* berichtet Augustinus von der Wirkkraft der heiligen Gesänge bei einem Martyrium in Victoriana, welches sich in der Nähe von Hippo Regius befand. Dort sei durch die Hymnengesänge der ansässigen Frauen ein von einem Dämon befallener Jüngling geheilt worden:

> Während er nun dort dem Tode nahe, jedenfalls ganz ähnlich einem Toten lag, kam die Herrin der Besitzung mit ihren Mägden und mehreren Nonnen zur gewohnten Andacht, und sie begannen Hymnen zu singen. Durch diesen Klang ist jener Dämon wie in Furcht aufgeschreckt worden.[103]

Gott, der sich in den Gesängen der hier benannten Frauen selber zeigt, verscheucht den Dämon durch die Klänge und die ihnen innewohnende Botschaft. Der Hymnus ist hier ein Hoffnungs- und auch Heilsträger, da er sogar die Macht hat, den Tod zu vertreiben. Im Hymnus begegnet das Wunder. Auch dient der Hymnus der Beschreibung des Gegensatzes zwischen dem himmlischen Zion und dem weltlichen Babylon. In den Psalmenauslegungen zeigt Augustinus auf, dass das himmlische Zion nur durch den Gesang der Hymnen erreichbar ist, wenn diese mit dem Herzen gesungen werden:

> *In Zion gebührt dir, oh Gott, der Hymnengesang. In Zion,* nicht in Babylon. Aber bist du gerade in Babylon? [...] Dort, sagt er, bin ich, aber nur mit dem Fleisch und nicht mit dem Herzen [...] Das Fleisch hören auch die Bürger von Babylon, den Klang des Herzens aber hört der Begründer Jerusalems. [...] Es ziemt sich nicht für diejenigen in Babylon, die Bürger Babylons, zu singen, auch nicht wenn sie einen Hymnus für Gott singen.[104]

---

102 Zu der Verbindung von Hymnus und Alleluia vgl. auch Klöckener (1998), 149f., der weiterhin darauf verweist, dass Augustinus in Aug. en. ps. 148,17 (CCL 40,2177) auch einen *hymnus sempiternitus* benennt, den Klöckener, trotz mangelnder expliziter Benennung des Alleluias auch als Alleluia-Hymnus interpretiert. Ausführlich zum Alleluia vgl. Kapitel 6.1.1.2 (Musik zu besonderen Anlässen im Kirchenjahr), 227–238. Natürlich fällt an dieser Stelle die Parallelität zu Chrysostomos und dem *Trisagion* ins Auge. Dennoch bezieht sich die Vergleichbarkeit nur auf die himmlischen Hymnen und nicht, wie bei Chrysostomos, auf die Verbindung der Mächte von Himmel und Erde im gemeinsam gesungenen Hymnus des *Trisagion*, vgl. Kapitel 5.1.1.1 (Musik bei der Eucharistiefeier), 143–149, und 5.1.2.1 (Lobgesang), 159–163.

103 Aug. civ. dei XXII,8: ibi cum iaceret uel morti proximus uel simillimus mortuo, ad uespertinos illuc hymnos et orationes cum ancillis suis et quibusdam sanctimonialibus ex more domina possessionis intrauit atque hymnos cantare coeperunt. qua uoce ille quasi percussus excussus est. (Text CCL 48,820. Übers. C. Perl).

104 Aug. en. ps. 64,3: *te decet hymnus, deus, in Sion. In Sion,* non in Babylone. sed modo ibi es adhuc in Babylone? ibi, inquit, sum [...] ibi sum, sed carne, non corde. [...] carnem quidem sonantem audiunt et ciues Babyloniae; cordis autem sonum audit conditor Ierusalem. [...] qui cantant in Babylonia, ciues Babyloniae, etiam hymnum dei non decenter cantant. (Text CCL 39,825).

Diesen Zeilen liegt die Verbindung zwischen dem Hymnus und dem neuen Lied zugrunde – im Subtext benennt Augustinus den Sündenpfuhl Babylon als den Ort des alten Liedes. Auch in der Auslegung des 136. und 138. Psalmes greift Augustinus zu diesem Bild.[105] Generell nehmen die Hymnen im Umfeld der Gesänge eine Sonderrolle ein und verkörpern mehrere Bedeutungsebenen: Als initiiertem Christen sind sie Augustinus in der Messe in Mailand vertraut und überwältigen ihn beim ersten Hören. Sie können Dichtungen des Ambrosius sein, oder sie werden der himmlischen Sphäre zugeordnet und vermögen Wunder auszulösen. Darüber hinaus ist der Begriff Hymnus bei Augustin in seiner Verwendung hauptsächlich im liturgischen Rahmen zu finden, und ebenso wie für Chrysostomos auch eine Sache der vollzogenen Initiation: Erst nach der Taufe hört er die Hymnen, so dass die überwältigende Wirkung dieser Hymnengesänge für Augustinus auch in ihrem ersten Erklingen zu liegen scheint. Die ambrosianischen Hymnen und ihre Wirkungsmächtigkeit hinterließen einen großen Eindruck in Augustinus, wie bereits weiter oben schon dargestellt. Vor allem aber verwendet Augustinus den Begriff im Rahmen des gesungenen Gotteslobes, das tiefe Gefühle hervorrufen kann und den alten Menschen in einen neuen umzuwandeln vermag. Terminologisch muss unterstrichen werden, dass es keinen fest umrissenen Gattungsbegriff Hymnus gibt, ebenso können in diesem Begriff auch die Psalmen als Hymnen mitschwingen.[106]

6.1.2.2 *Ausdruck von Gefühl: Die Iubilatio*

Die Beschäftigung des Christen mit der Musikkultur im praktischen oder rezeptiven Sinn wird von Augustinus im Hinblick auf den Schöpfungsgedanken legitimiert. Danach definiert er die Musik als Teil der göttlichen Schöpfung und rechtfertigt ihre Existenz als gottgewollt. Da Gott dem Menschen den Verstand gegeben hat, um durch Vernunft und Einsicht das Gute zu erkennen und tugendhaft zu handeln, konnte der Mensch seine Fähigkeiten entfalten und Großes im Leben bewirken, so zum Beispiel in den praktischen Errungenschaften in Ackerbau, Bautechnik, Schifffahrt und den Künsten.[107] Auch die Erfindung von Sprache und Musik fällt laut Augustinus der menschlichen Betriebsamkeit zu:

---

105 Vgl. Aug. en. ps. 138,18: *iam exi de utero Babyloniae, incipe cantare hymnum domino; egredere, et nascere; suscipiet te deus ex utero matris tuae.* (Text CCL 40,2002). „Aber du verlasse den Uterus Babylon, nimm den Lobgesang zu Gott auf! Geh voran und werde geboren, Gott wird dich aufnehmen wenn du den Uterus deiner Mutter verlässt." Sowie Aug. en. ps. 136,1: *super flumina Babylonis, ibi sedimus et fleuimus, cum recordaremur Sion: illam Sion, ubi decet hymnum deum.* (Text CCL 40,1964). „An den Flüssen Babylons, wo wir saßen und weinten, als wir uns an Zion erinnerten. Jene Stadt Zion, wo es angemessen ist, dem Herrn Hymnen zu singen."

106 Vgl. dazu Klöckener (2004), 457–459.

107 Vgl. Aug. civ. dei XXII,24, in welchem Augustinus zunächst deutlich Gott als Schöpfer des menschlichen Verstandes deklariert, um dann zu erklären, wie sich dieser im Kind entwickelt, damit es durch Belehrung und Wissen zur Erkenntnis Gottes gelangt. Daran an schließt er den Gedanken, dass die Fähigkeit des Menschen, zwischen Gut und Böse zu unterscheiden, an sich ein gottgegebenes Gut sei.

> Sie hat, um Gedanken anzuzeigen und mit ihnen zu überzeugen, eine Menge viel-
> fältiger Zeichen ersonnen, an erster Stelle wohl Sprache und Schrift, und hat sich
> zur Ergötzung der Gemüter Redeschönheiten, eine Menge an verschiedenen Dich-
> tungsarten, zur Freude der Ohren die vielen Musikinstrumente, die vielen Sanges-
> weisen ausgedacht.[108]

Aus diesem kurzen Passus wird ersichtlich, dass Augustinus die Musik als Hörgenuss
wahrnimmt und sie als von Gott gegebenes, menschliches Erzeugnis gut heißt. Er unterscheidet an dieser Stelle nicht zwischen instrumentaler oder vokaler Musik,[109] da für ihn
sowohl die *cantilenae* als auch die *organa musica* als solche eine menschliche Errungen-
schaft darstellen. Beide können einen legitimen Genuss verschaffen, da sie von Gott im
Menschen bereitgestellt wurden, um ihm Freude zu bereiten. Die Sangesweisen, die *cantilenae*, von denen Augustinus hier spricht, sind auch ein Gegenstand in der Auslegung
zum 94. Psalm.[110] Der Vers *Kommt herbei, lasst uns dem Herrn frohlocken und jauchzen
dem Hort unseres Heils* (Ps 94,1) ist für Augustinus der Anlass, die Bedeutung des Wortes
iubilare, also ‚jubeln‘ oder ‚jauchzen‘, zu erklären. Zunächst definiert er den Begriff als
eine von Sprache und Wort losgelöste Emotion, die empfunden, aber nicht deutlich ar-
tikuliert werden kann und so als vokale Äußerung kraftvoll nach außen dringt.[111] Diese
losgelöste Emotion sieht Augustinus auch im Gesang gegeben:

> Betrachtet einmal, ihr Lieben, wie manche Lieder singen, wenn sie feiern, indem sie
> miteinander wetteifern im Zelebrieren weltlicher Freude. Ihr wisst, wie manchmal
> innerhalb von Liedern mit Worten die Sänger in Freude überschäumen zu scheinen,
> so dass die Zunge diese nicht angemessen in Worten ausdrücken kann; ihr wisst, wie

---

108 Aug. civ. dei XXII,24: ad indicandas et suadendas cogitationes quam multitudinem uarietatem-
que signorum, ubi praecipuum locum uerba et litterae tenent; ad delectandos animos quos elo-
cutionis ornatus, quam diuersorum carminum copiam; ad mulcendas aures quot organa musica,
quos cantilenae modos excogitauerit. (Text CCL 48,849. Übers. C. Perl).

109 Diese Unterscheidung wird vornehmlich im zweiten und vierten Teil dieses Kapitels eine Rolle
spielen. Die Haltungen Augustins zur Instrumental- und Vokalmusik divergieren zumeist hinsichtlich des Kontextes. So spielt es für die Musikpraxis eine Rolle, *wer* singt oder musiziert. Von
der Grundannahme aber, dass Musik gut ist, wendet sich Augustinus auch dann nicht ab: Er
unternimmt vielmehr eine Differenzierung, die sich auf Akteure, Umfeld und Kontext bezieht,
sobald er von der Musikpraxis spricht. Hinsichtlich der Musikinstrumente forciert er eine derartige Teilung nicht, da die Instrumente entweder unter wissenschaftliche Betrachtung fallen oder
allegorisch ausgelegt werden.

110 Augustinus nennt die Psalmen natürlich nach der griechischen Zählung, vgl. dazu den Anhang 1:
Zur Zählweise der Psalmen.

111 Vgl. Aug. en. ps. 94,3: gaudium uerbis non posse explicare, et tamen uoce testari quod intus con-
ceptum est et uerbis explicari non potest: hoc est iubilare. (Text CCL 39,1332). „Wenn man die
Freude nicht in Worten ausdrücken kann und dennoch die Stimme davon Zeugnis geben will, was
man im Inneren empfangen hat und die Worte dies nicht ausdrücken können: Das ist jubilieren."

diese dann jubilieren, um der Freude des Geistes einen Ausdruck zu verleihen, da sie nicht in der Lage sind, in Worte zu fassen, was das Herz empfangen hat.[112]

Das Jubilieren, auf welches Augustinus hier verweist, wird von ihm im Zeichen des weltlichen Gesanges benannt. Da der Sänger vor Freude überschäumt, reichen die Worte nicht mehr aus, die innere Gefühlswelt wiederzugeben, das Gefühl, das Herz, steht in dieser Äußerung demnach über dem Sprachvermögen des Menschen, sich in Worten zu erklären. Auch in der Auslegung des 99. Psalmes verweist Augustinus auf den tiefer liegenden Sinn der Iubilatio, ohne Worte ein Gefühl auszudrücken:

> Wer jubiliert, spricht keine Worte aus, sondern es ist ein Freudengesang ohne Worte. Es ist die Stimme des in Freude aufgelösten Herzens, das soviel wie möglich seine Gefühle zum Ausdruck zu bringen sucht, selbst wenn es die Bedeutung hiervon nicht versteht. Wenn der Mensch in seinem Jubel sich freut, so geht er nach einigen Lauten, die nicht der Sprache angehören und auch keinen besonderen Sinn haben, über zum Jauchzen ohne Worte, sodass es den Anschein hat, er freue sich zwar, die Freude sei aber zu groß als dass sie sich in Worte umsetzen lasse.[113]

Daran anschließend betont Augustinus, dass dieses Phänomen des Jubilierens sowohl in der weltlichen als auch in der religiösen Sphäre angesiedelt ist. Dabei unterscheidet er aber zwischen den rechtmäßig Jubilierenden, die sich zum wahren Gott bekennen und denjenigen, die aus Verwirrung jubilieren, weil sie noch nicht zu Gott gefunden haben.[114]

---

112 Aug. en. ps. 94,3: nam consideret caritas uestra qui iubilant in cantilenis quibusque, et quasi in certamine quodam laetitiae saecularis; et uidetis quasi inter cantica uerbis expressa exundantes laetitia, cui lingua dicendo non sufficit, quemadmodum iubilent, ut per illam uocem indicetur animi affectus, uerbis explicare non ualentis quod corde concipitur. (Text CCL 39,1332). Vgl. dazu auch Aug. en. ps. 123,3.

113 Aug. en. ps. 99,4: qui iubilat, non uerba dicit, sed sonus quidam est laetitiae sine uerbis: uox est enim animi diffusi laetitia, quantum potest, exprimentis affectum, non sensum comprehendentis. gaudens homo in exsultatione sua, ex uerbis quibusdam, quae non possunt dici et intelligi, erumpit in uocem quandam exsultationis sine uerbis, ita ut appareat eum ipsa uoce gaudere quidem, sed quasi repletum nimio gaudio, non posse uerbis explicare, quod gaudet. (Text CCL 39,1394. Übers. Roetzer (1930), 235). Vgl. zu dieser Stelle auch Roetzer (1930), 325, der in dieser Äußerung Augustins einen Verweis auf die Form des gesungenen Alleluias sieht. Wiora unterstreicht allgemein, dass der Iubilatio von vornherein ein textloses Substrat ist, d.h., er ist nicht nachträglich vom Wortsinn gelöst, sondern von Anfang an textlos gedacht. Vgl. Wiora (1962), 51. Einführend zur Iubilatio bei Augustinus vgl. Prassl (2004), Kurzschenkel (1971), 128f., Ziegler (1995), 96–98 (zu Aug. en. ps. 99,3).

114 Vgl. ebenda, Aug. en. ps. 99,4: animaduertite hoc in eis qui cantant etiam non honeste. non enim talis erit iubilatio nostra, qualis illorum est; nos enim in iustificatione iubilare debemus, illi autem iubilant in iniquitate; itaque nos in confessione, illi in confusione. (Text CCL 39,1394). „Nehmt dies auch bei denen zur Kenntnis, die nicht ehrenhaft singen. Nicht nämlich ist unser Jubilieren so beschaffen wie das von jenen; wir müssen nämlich nicht in der Läuterung von Ungerechtigkeit jubilieren, jene aber jubilieren in Ungerechtigkeit. Deshalb singen wir zum Bekenntnis und sie aber in Verwirrung." Ein ähnlicher Ansatz auch in Aug. en. ps. 80,3, worin Augustinus den Vergleich

Gott aber habe dem Menschen das Werkzeug gegeben, ihm angemessen zu jubilieren. Der Mensch solle keine Worte suchen müssen, sondern aus dem Herzen heraus sein Gefühl artikulieren.[115] Deshalb sei es auch am angemessensten, die Iubilatio an Gott zu richten, der ihn überhaupt erst in die Welt gebracht habe, da er um die Grenzen der menschlichen Sprache wisse:

> Für wen geziemt sich diese Iubilatio mehr als für den unaussprechlichen Gott? Unaussprechlich ist er, denn die Sprache ist zu arm für ihn; und wenn die Sprache dir da nicht helfen kann, du aber auch nicht schweigen darfst, was bleibt anderes übrig als dass du jauchzest, dass dein Herz sich freuet, ohne Worte zu sagen und die unermessliche Weite der Freude nicht die Grenzen der Silben kennt?[116]

Die Iubilatio dient dem Menschen also als Ventil seiner Freude in Gott. Dabei scheint insbesondere der Aspekt des Transverbalen, also des über die eigentlichen Worte Hinausgehens, in unmittelbarem Zusammenhang mit Gott gesetzt zu sein, der selbst unaussprechlich ist.[117] Immer wieder aber erscheint in der Erklärung des Phänomens auch der direkte Vergleich zu der arbeitenden Landbevölkerung in den Weinbergen und auf den Feldern, die aus dem Wortgesang heraus in eine reine Iubilatio verfielen:

> Jene nämlich, die singen, Erntende oder Winzer, oder die sonst ein feurig Werk tun, wenn sie begannen in Liederworten die Freude heraus zu singen, wenden sich wie

---

von weltlichem Jubel, der sich auf Weltliches wie den Circus richtet, und den rechten Jubel, der auf Gott ausgerichtet ist, aufstellt: exsultant alii circo, uos deo; (Text CSEL 39,1122). „Die anderen jauchzen im Circus, ihr aber jauchzt Gott."

115 So in Aug. en. ps. 32,2,1,8: ecce ueluti modum cantandi dat tibi; nolui quaerere uerba, quasi explicare possis unde deus delectatur. *in iubilatione* cane. hoc est enim bene canere deo, in iubilatione cantare. quid est in iubilatione canere? intellegere, uerbis explicare non posse quod canitur corde. (Text CCL 38,254). „Siehe da, wie er dir gleichsam die Art des Singens gegeben hat, ich wollte nicht nach Worten suchen, als ob man erklären könne, wie Gott erfreut wird. Singe jubilierend! Dieses bedeutet nämlich, Gott recht zu singen, indem man jubilierend singt. Was heißt es jubilierend zu singen? Dies heißt, zu erkennen, dass man mit Worten nicht das ausdrücken kann, was mit dem Herzen gesungen wird."

116 Aug. en. ps. 32,2,1,8: et quem decet ista iubilatio nisi ineffabilem deum? ineffabilis enim est, quem fari non potes; et si eum fari non potes et tacere non debes, quid restat nisi ut iubiles, ut gaudeat cor sine uerbis et immensa latitudo gaudiorum metas non habeat syllabarum? (Text CCL 38,254. Übers. W. Roetzer (1930), 235).

117 Vgl. dazu Wiora (1962), 57, der darauf verweist, dass dieser Gedanke des Gott angemessenen Singens über alle Worte hinaus nicht nur bei Augustinus, sondern auch bei Hilarius, Cassiodor oder Hieronymus gegeben ist. Interessant an diesem Gedanken ist die Textlosigkeit – soll sie vielleicht schützen vor einer Häresie, so dass der Sänger, der ohne Worte Gott jubliert gar nicht erst in die Gefahr kommt, sich theologisch falsch zu positionieren und unter Häresieverdacht zu geraten?

aus übergroßer, in Worten nicht mehr erklärbarer Freude von den Silben der Worte ab und gehen zum Jauchzen über.[118]

Dieser Brauch des Jubilierens bei der Arbeit der Landbevölkerung soll, so bezeugt es Augustinus, auch in seiner Zeit noch eine Selbstverständlichkeit gewesen sein. Er ruft die Gemeinde auf, auf diesen Brauch in Zukunft zu achten. Auch verweist er darauf, dass alle, die jubilieren können, gesegnet seien durch das Wort Gottes und seine Gnade.[119] Dass die Iubilatio durch ihre Ungebundenheit an die menschliche Sprache für alle Menschen geeignet ist, betont Augustinus auch in der Auslegung des 65. Psalmes. Die ganze katholische Kirche könne diesen Brauch aufgreifen, um Gott im Lobe Genüge zu tun, wie es den Häretikern nicht möglich sei:

---

118 Aug. en. ps. 32,2,1,8: etenim illi qui cantant, siue in messe, siue in uinea, siue in aliquo opere fe-
     ruenti, cum coeperint in uerbis canticorum exsultare laetitia, ueluti impleti tanta laetitia, ut eam
     uerbis explicare non possint, auertunt se a syllabis uerborum, et eunt in sonum iubilationis. (Text
     CCL 38,254. Übers. C. Perl). Selbige Verbindung stellt Augustinus auch in Aug. en. ps. 99,4 her:
     tamen ut hoc quod dico intellegatis, immo recordemini rem cognitam, maxime iubilant qui ali-
     quid in agris operantur; copia fructuum iucundati uel messores, uel uindemiatores, uel aliquos
     fructus metentes, et in ipsa fecunditate terrae et feracitate gaudentes, exsultando cantant; et inter
     cantica quae uerbis enuntiant, inserunt uoces quasdam sine uerbis in elatione exsultantis animi, et
     haec uocatur iubilatio. (Text CCL 39,1394). „Dennoch sollt ihr das erkennen, was ich sage, ja im
     Gegenteil erinnert ihr euch an die bekannte Sache, dass am meisten diejenigen jubilieren, die auf
     den Feldern arbeiten. Sowohl Schnitter als auch Winzer, die durch die Menge an Früchten erfreut
     werden, oder Leute, die andere Früchte ernten, und solche, die sich an der Fruchtbarkeit und Üp-
     pigkeit des Landes erfreuen, singen im Frohlocken. Und zwischen den Gesängen, die mit Worten
     verkünden, streuen sie bestimmte Stimmlaute ohne Worte zur Erhebung des Geistes ein, und dies
     wird Jubilieren genannt." Auch Wiora verweist auf die Herkunft des Jubilus-Gesanges aus der
     Sphäre der körperlichen Arbeit und zieht einen direkten Vergleich zum *celeuma* als himmlischem
     Ruderlied. Daneben verweist er zudem auf die begriffliche Bedeutung des Wortes *iubilare*, wel-
     ches ursprünglich mit dem bäurischen Singen und Schreien gleichgesetzt war, vgl. Wiora (1962),
     40 und besonders 42–45. Dabei verweist er aber auch auf die ursprünglich nicht eindeutig an die
     Emotion Freude gekoppelte Bedeutung des Wortes *iubilare*, als „laut und wild lärmen" und auch
     in Bezug auf iu und io aus der griechischen Tragödie für Schmerzensäußerung, welche Augustinus
     vollständig ausspart, vgl. Ders. 48.

119 Vgl. Aug. en. ps. 88,1,16: si ergo nulla uerba sufficiunt; *beatus populus sciens iubilationem*. o beate
     popule! putas, intellegis iubilationem? nullo modo beatus es, nisi intellegas iubilationem. quid est,
     intellegas iubilationem? scias unde gaudeas quod uerbis explicare non possis. gaudium enim tuum
     non de te, ut qui gloriatur, in domino glorietur. noli ergo exsultare in superbia tua, sed in gratia dei.
     (Text CCL 39,1229). „Wenn also keine Worte ausreichen, *ein glückliches Volk kennt das Jubilieren.*
     Oh, du glückliches Volk! Glaubst du, du erkennst den Lobpreis? Auf keine Weise bist du glücklich,
     wenn du den Lobpreis nicht kennst. Warum kennst du den Lobpreis? Du mögest wissen, warum
     du dich daran erfreust, was man mit Worten nicht ausdrücken kann; deine Freude kommt nicht
     von dir, so dass derjenige, der lobpreist, den Herrn lobpreist. Bejuble also nicht deinen Hochmut,
     sondern die Gunst Gottes."

Die ganze Welt soll frohlocken, die katholische Kirche soll jubilieren! Die katholische Kirche hält alles: wer auch immer einen Teil hält und von der ganzen Welt abgeschnitten wurde, möchte heulen, nicht jubilieren. *Jubiliere Gott, du ganze Welt.*[120]

Die Verortung der Iubilatio aus der Psalmenexegese heraus dient scheinbar nur der Erklärung des jeweiligen Psalmes und wird von Augustinus nicht in einen Zusammenhang mit einer aktuellen musikalisch-liturgischen Praxis gesetzt. Die Annahme, dass das Alleluia in dieser Form frei jubiliert worden sei, wie sie beispielsweise von Wiora oder Roetzer unternommen wurde, geht der Grundannahme der Iubilatio entgegen, nämlich von vornherein textlos gedacht zu sein. Zwar scheint die syllabische Anwendung einer Iubilatio im Rahmen der Alleluia-Gesänge nicht von fern gegriffen: So könnte man sich vorstellen, dass ein gut ausgebildeter Lektor diesen melismatischen Einschub vornehmen könnte, aber letztlich berichtet Augustinus darüber in keiner kirchlich-liturgischen Notiz. Für die weltliche Sphäre bezeugt Augustinus dieses Phänomen im ausschließlich freudig konnotierten Jubelgesang der Landbevölkerung, inwiefern es aber auf einen liturgischen Rahmen transferiert wurde, bleibt unsicher.

6.1.2.3 Unterstützung im Alltag: Von Trauer, Mönchen und Arbeitern

Wie auch Chrysostomos weist Augustinus dem Gesang verschiedene Funktionen im Alltag zu, die sich hauptsächlich im Bereich der Hilfestellung in schweren Situationen ansiedeln lassen. So spielt auch für ihn der Gesang im Kontext der Trauer eine Rolle, die er mit dem Tod seiner geliebten Mutter Monnica persönlich erfährt. Als diese nach kurzer Krankheit verstirbt, versinkt Augustinus in tiefe Trauer. Aber statt zu weinen und zu klagen, hält er seine Tränen zurück und analysiert seinen Schmerz, der ihm doch ganz überflüssig scheinen müsse, da seine Mutter als gläubige Christin nicht ganz sterben könne.[121] Zur Linderung seines Schmerzes stimmt er mit der Hausgemeinschaft in die tröstenden Gesänge des 100. Psalms ein: *Deine Barmherzigkeit und deine Gerechtigkeit will ich besingen, Herr* (Ps 100,1).[122] Am Morgen nach dem Begräbnis erwacht Augustinus mit dem ambrosianischen Hymnus *Deus creator omnium,* der ihm durch den Sinn zieht und ihn tröstet.[123] Der Gesang von Psalmen spielt auch im Rahmen der Wache am Grab eines Verstorbenen eine Rolle. So berichtet der Bischof Evodius in einem Brief an Augustinus, dass der Gesang der Psalmen am Grab eines jugendlichen kirchlichen Notars die Gemeinschaft in Musik und Andenken verbinde: „An drei aufeinanderfolgenden Tagen

---

120 Aug. en. ps. 65,2: omnis terra iubilet, catholica iubilet. catholica totum tenet: quicumque partem tenet, et a toto praecisus est, ululare uult, non iubilare. *iubilate deo, omnis terra.* (Text CCL 39,839).

121 Vgl. Aug. conf. IX,12,29–30. Vgl. dazu auch Saxer (1980), 150–152.

122 Vgl. Aug. conf. IX,12,31. Sieben (1977), 492 vermutet im Gesang des angeführten Psalmes schon einen Teil der gängigen Totenliturgie.

123 Vgl. Aug. conf. IX,12,32.

haben wir über seinem Grab den Herrn in Hymnen gepriesen.“[124] Demgegenüber bezeugt Augustinus, dass er die laute und öffentliche Totenklage, wie auch Chrysostomos, als heidnischen Brauch empfinde.[125]

Den Nutzen des Psalmengesangs bei Armut beschreibt Augustinus in der Auslegung des 68. Psalmes. So singt auch der Arme Gottes Lob, da er über einen inneren Schatz verfüge, der ihn über seinen Zustand erhebt:

> *Ich werde Gottes Namen mit einem Lied lobsingen, ich werde ihn mit Lobgesängen preisen.* Derartig ist es gegeben: Dieser Arme lobt den Namen Gottes mit Gesang, preist ihn mit Loben. Wie könnte er es geschafft haben, zu singen, wenn er nicht von seiner Armut befreit worden wäre? *Ich werde Gottes Namen mit einem Lied lobsingen, ich werde ihn mit Lobgesängen preisen.* Welch große Reichtümer! Von einem inneren Schatz hat er diese Edelsteine des Lobes auf Gott hervorgebracht. *Ich werde ihn mit Lobgesängen preisen.* Dies sind meine Reichtümer.[126]

Im klösterlichen Kontext verweist Augustinus auf den Nutzen der Musik zur Unterstützung bei schwerer Arbeit oder zum Finden von Ruhe. So verfasst er auf Geheiß des Bischofs Aurelius von Karthago die Schrift *De opere monarchorum – Von der Handarbeit der Mönche*, scheinbar da die Mönche im römischen Nordafrika in Folge des raschen Aufblühens des monastischen Lebens arbeitsscheu seien und statt Handarbeit nur geistige Arbeit leisten wollten.[127] Darüber lässt er die Mönche selbst berichten:

> Dementsprechend, sagen sie, handeln auch wir. Wir widmen uns gemeinschaftlicher Lesung mit den Brüdern, die ermattet von der rastlosen Geschäftigkeit der

---

124 Aug. ep. 158,2: nam per triduum hymnis dominum conlaudauimus super sepulcrum ipsius. (CSEL 44,3,490. Übers. Roetzer (1930), 216). Zu beiden angeführten Stellen auch vgl. Klöckener (2002a), 178f.

125 Vgl. Aug. conf. IX,12,29: tum uero, ubi effluit extremum, puer Adeodatus exclamauit in planctu atque ab omnibus nobis cohercitus tacuit. [...] neque enim decere arbitrabamur funus illud questibus lacrimosis gemitibusque celebrare, quia his plerumque solet deplorari quaedam miseria morientium aut quasi omnimoda extinctio. (Text CCL 27,150). „Als sie ihren letzten Atemzug getan, war Adeodatus, der Knabe, in laute Klage ausgebrochen und von uns allen zur Stille verwiesen worden. [...] Denn wir waren der Meinung, eine Trauerfeier mit tränenreichem Klagen und Seufzen zieme sich für diese Tote nicht. Pflegt man doch so zu jammern, wenn man den Tod für etwas Trauriges und wohl gar für völlige Vernichtung hält. (Übers. W. Thimme). Zu dieser Stelle und Deutung vgl. auch Roetzer (1930), 216. Zur Auffassung des Chrysostomos dazu vgl. Kapitel 5.1.3.1 (Die Mönche), 172–176.

126 Aug. en. ps. 68,2,15: *laudabo nomen dei cum cantico, magnificabo eum in laude.* iam dictum est; pauper iste laudat nomen dei cum cantico, magnificat eum in laude. quando auderet cantare, nisi recreatus esset a fame? *laudabo nomen dei cum cantico, magnificabo eum in laude.* magnae diuitiae! quas gemmas laudis dei de thesauro interiore protulit! *magnificabo eum in laude.* hae sunt diuitiae meae. (Text CCL 39,928).

127 Einführend zur Schrift vgl. Grote (2012), 310–317.

Welt zu uns kommen, um bei uns im Wort Gottes, in Gebeten und Psalmen, in Hymnen und geistlichen Liedern Ruhe zu finden.[128]

Im Falle dieser speziellen Schrift bezichtigt Augustinus die Mönche der Faulheit, da sie sich der körperlichen Arbeit versagen würden:

Ich möchte gerne wissen, womit sich jene Mönche, die körperlich nicht arbeiten wollen, beschäftigen, mit was sie ihre Zeit verbringen. Mit Gebet – behaupten sie –, mit dem Singen von Psalmen, mit frommer Lesung und mit dem Wort Gottes. Das ist gewiss ein heiliges Lebensprogramm und der Güte Christi würdig.[129]

An dieser Stelle wird deutlich, dass Augustinus sehr wohl die geistige Tätigkeit der Mönche schätzt, dennoch aber um die wertvolle Eigenschaft der Musik weiß, eine körperliche Tätigkeit positiv zu unterstützen:

Auch kann man ganz gut bei der Handarbeit fromme Lieder singen und sich die Arbeit selbst gleichsam mit einem himmlischen Ruderlied erleichtern. Oder wissen wir nicht, wie Handwerksleute sehr oft leichtfertigen und meistens sogar zotigen Couplets aus Bühnenstücken Herz und Stimme schenken, ohne dass dabei ihre Hände von der Arbeit ruhen? Was soll also den Diener Gottes daran hindern, bei der Handarbeit im Gesetz des Herrn zu sinnen und dem Namen des Herrn, des Allerhöchsten, Lob zu singen (vgl. Ps 12,6) – so freilich, dass er zum Erlernen der Psalmen, die er später auswendig singen soll, eine bestimmte Zeit zur Verfügung hat?[130]

---

128 Aug. op. mon. I,2: sic, inquiunt, et nos facimus: legimus cum fratribus, qui ad nos ab aestu saeculi ueniunt fatigati, ut apud nos in uerbo dei et in orationibus, psalmis, hymnis, canticis spiritalibus requiescant. (Text CSEL 41,534. Übers. R. Arbesmann). Deutlich ist an dieser Stelle das Paulus-wort aus Eph 5,19 zu vernehmen.

129 Aug. op. mon. XVII,20: quid enim agant, qui operari corporaliter nolunt, cui rei uacent scire desidero. orationibus, inquiunt, et psalmis et lectioni et uerbo dei. sancta plane uita et Christi suauitate laudabilis. (Text CSEL 41,564. Übers. R. Arbesmann).

130 Aug. op. mon. XVII,20: cantica uero diuina cantare, etiam manibus operantes facile possunt, et ipsum laborem tamquam diuino celeumate consolari. an ignoramus, omnes opifices in quibus uanitatibus et plerumque etiam turpitudinibus theatricarum fabularum donent corda et linguas suas, cum manus ab opere non recedant? quid ergo inpedit seruum dei manibus operantem in lege domini meditari et psallere nomini domini altissimi? ita sane ut ad ea discenda, quae memoriter recolat, habeat seposita tempora. (Text CSEL 41,564/565. Übers. R. Arbesmann). Der Terminus *celeuma* – Ruderlied wird von Arbesmann im Rahmen der Quellen kontextualisiert: Die Verwendung des Begriffes ist bei Martial und Cl. Rutilius Namatianus belegt, und entwickelt sich im Laufe der Zeit zur Bedeutung des Arbeitsliedes im Weinberg, beim Rudern etc. welches von vielen gesungen wird, vgl. Arbesmann (1972), S. 35f., Fn. 136 zur oben zitierten Stelle mit weiteren Stellenangaben. Bereits Bücher verweist auf die Erleichterung durch Gesang und Musik beim Rudern, vgl. dazu Bücher (1899), 180–191, bes. 180f.

Die Handwerker, die aus voller Seele Lieder des Theaters schmettern, stehen im Vergleich mit den Mönchen, die diesen mit Liedern tugendhaften Inhaltes nacheifern könnten. Abgesehen von der Darstellung der negativen Gehalts dieser Lieder will Augustinus aber zwei Aspekte des Gesanges unterstreichen: Zum einen unterstützt der Gesang die körperliche Arbeit, so dass sie leichter von der Hand geht, wie es bei den Handwerkern der Fall ist. Zum anderen aber bietet diese Art des Singens den Vorteil, die Psalmentexte leichter memorieren zu können. Bei der Arbeit kann man demnach Psalmen singen üben und sich dadurch zeitlich einen Vorteil verschaffen: Viel leichter und schneller erlernt man einen Text durch die Unterstützung anderer und bei der körperlichen Arbeit.[131] In seinem Psalmenkommentar positioniert sich Augustinus den Mönchen und ihrem Verhalten gegenüber deutlich positiver:

> So wird es auch in jenem gemeinsamen Leben der Brüder im Kloster gehalten. Ausgezeichnete, heilige Männer verbringen täglich die Zeit mit Hymnen, Gebeten und Lobgesängen Gottes und beschäftigen sich mit geistlicher Lesung. Sie arbeiten mit ihren Händen und erwerben sich damit ihren Lebensunterhalt.[132]

Die Mönche werden hier als „ausgezeichnete, heilige Männer" bezeichnet, deren Aufgabe neben der körperlichen Arbeit vornehmlich im Lobpreis Gottes durch Hymnen, Gebete und Gesänge besteht. Auch in der Auslegung des Psalmes *Siehe, wie gut und wie lieblich ist es, wenn Brüder einträchtig beieinander wohnen* (Ps 132,1) berichtet Augustinus, dass dieser Psalmenvers derartig angenehm sei, dass auch solche Menschen ihn gerne sängen, die mit den Psalmen im Allgemeinen nicht gut vertraut seien.[133] Augustinus vergleicht den Psalmvers daraufhin aufgrund seines lieblichen Klanges mit einer süßen Melodie und der Botschaft, die zur Gründung der Klöster geführt habe. Die Brüder, die sich nach einer solchen Gemeinschaft sehnten, wurden durch dieses Psalmenlied aufgeweckt und empfingen es als Trompetenschall, der sie zusammenrief in Christi Namen.[134]

---

131 Vgl. dazu auch den vorhergehenden Abschnitt zur Unterstützung der körperlichen Arbeit durch die Iubilatio, vgl. Kapitel 6.1.2.2 (Ausdruck von Gefühl: Die Iubilatio), 249–254.

132 Aug. en. ps. 99,12: sic et in illa uita communi fratrum, quae est in monasterio: magni uiri, sancti, quotidie in hymnis, in orationibus, in laudibus dei, inde uiuunt, cum lectione illis res est; laborant manibus suis, inde se transigunt; (Text CCL 39,1401. Übers. R. Arbesmann (1972), 83/84 in op. mon.).

133 Vgl. Aug. en. ps. 132,1: ita sonus iste dulcis est, ut et qui psalterium nesciunt, ipsum uersum cantent. tam dulcis est, quam dulcis est caritas quae facit fratres habitare in unum. (Text CCL 40,1926/7). „So süß ist jener Klang, dass auch, diejenigen, die den Psalter nicht kennen, diesen Vers singen. Er ist so süß, wie die Liebe süß ist, die Brüder zusammenwohnen lässt. (Übers. F. v. d. Meer (1951), 344).

134 Vgl. Aug. en. ps. 132,2: ista enim uerba psalterii, iste dulcis sonus, ista suauis melodia, tam in cantico quam in intellectu, etiam monasteria peperit. ad hunc sonum excitati sunt fratres qui habitare in unum concupierunt, iste uersus fuit tuba ipsorum. sonuit per omnem orbem terrarum, et qui diuisi erant, congregati sunt. (Text CCL 40,1927) „Jene Worte des Psalms, jener süße Klang, jene liebliche Melodie, wie beim Erkennen so auch beim Gesang, hat sogar das Kloster hervorgebracht. Die Brüder, die aufs sehnlichste zusammen wohnen, werden zu diesem Klang geweckt. Jener Vers ist die Trompete gewesen. Er klingt durch die ganze Welt und diejenigen, die getrennt waren, sind

Hinsichtlich der Funktionen der Gesänge in der christlicher Lebenswelt unterstreicht Augustinus die Wirkung der Gesänge als Helfer bei Trauer und schwerer Arbeit. Gleichzeitig ist ihm bewusst, wie wichtig die Gesänge für die Gemeinschaft im Kloster sind, da sie Struktur geben, verbindend wirken und als Übung Teil des täglichen Ablaufs sind. Die Haltung zu den Mönchen an sich ist ambivalent, da Augustinus je nach Kontext der Schrift ihr Verhalten kritisiert. Hinsichtlich der Musik im Kloster jedoch ist seine Meinung eindeutig: Die Gesänge und der Lobpreis bilden eine wichtige Säule des klösterlichen Lebens, werden jedoch nicht nur in theoretischer Auseinandersetzung mit den Schriften und Psalmen praktiziert. Für Augustinus ist der Psalmengesang der Mönche keine ausschließlich geistige Tätigkeit, da die Psalmodie auch im praktischen Leben zur Unterstützung alltäglicher Verrichtungen nützlich ist. In Anlehnung an diese Praktikabilität der mönchischen Gesänge ruft Augustinus auch zum Lob Gottes auf, das die Mühen des Alltags versüßen könne:

> Lob Gottes dort und hier! Hier von Geängstigten, dort von Sicheren, hier von Sterblichen, dort von immer Siegreichen, hier in Hoffnung, dort im Besitz, hier auf dem Weg, dort in der Heimat! Lasst uns lobsingen, meine Brüder, schon jetzt, nicht zum Genuß der Ruhe, sondern zur Versüßung der Arbeit! Wie die Pilgernden singen, so lasst uns singen: singen im Wandern! Der Gesang soll uns trösten bei der Arbeit. Liebt nicht die Trägheit, singt und schreitet voran![135]

Der Gesang fungiert somit auch als Verbindung zwischen Geist und Körper, er hilft beiden, zur Ruhe zu kommen und die Schwere des Lebens zu ertragen.

Auch das Singen der Psalmen an unangemessenen Orten und in ungewöhnlichen Situationen wird von Augustinus überliefert. So berichtet er in *De ordine*, dass sein Schüler und Freund Licentius, der sich mit ihm in Cassiciacum aufhält und dort zu Gott findet, voller Freude den 79. Psalm anstimmt, obwohl er sich in einer unpassenden Situation befindet:

> Ein wenig später zog der Tag herauf. Die anderen standen auf, und ich betete unter Tränen noch heftig; da hörte ich, wie Licentius fröhlich und ausgelassen das Pro-

---

zusammengewachsen." Hier dominiert auch die Metapher des Trompetenschalles aus 1 Kor 14,8. Einen Ausblick auf die Empfehlung zum Gesang im Kloster findet sich auch in der Regel des heiligen Augustinus (423) selbst wieder, vgl. Aug. reg. II,3–4: psalmis et hymnis cum oratis deum, hoc uersetur in corde quod profertur in uoce. et nolite cantare, nisi quod legitis esse cantandum; quod autem non ita scriptum est ut cantetur, non cantetur. (Text Verheijen 421). „Wenn ihr in Psalmen und Liedern zu Gott betet, dann sollen die Worte, die ihr aussprecht, auch in eurem Herzen lebendig sein. Haltet euch beim Singen an den Text, und singt nicht, was nicht zum Singen bestimmt ist." (Übers. L. Horstkötter).

135 Aug. serm. 256,3: ibi laudes deo et hic laudes deo: sed hic a sollicitis, ibi a securis; hic a morituris, ibi a semper uicturis; hic in spe, ibi in re; hic in uia, illic in patria. modo ergo, fratres mei, cantemus, non ad delectationem quietis, sed ad solatium laboris. quomodo solent cantare uiatores; canta, sed ambula: laborem consolare cantando, pigritiam noli amare: canta et ambula! (Text PL 38,1193).

phetenwort anstimmte: *Gott über alle Macht, bekehre uns und zeige uns dein Antlitz; so sind wir gerettet* (Ps 79,8). Als er am Tage vorher nach Tisch wegen eines natürlichen Bedürfnisses nach draußen gegangen war, hatte er das nämliche Wort so laut gesungen, dass meine Mutter es nicht ertragen konnte, dass solches an jenem Ort unaufhörlich gesungen wurde. Er verfiel nämlich auf nichts anderes, weil er neulich die Weise dieses Liedes gierig aufgenommen hatte und sie liebte, so wie man eine neue Melodie lieben kann. Die Frau, die sehr fromm ist, wie du weißt, schalt ihn eben deswegen, weil der Ort für das Lied unpassend sei. Da hatte er scherzend geantwortet: „Als ob Gott meine Stimme nicht gehört hätte, wenn mich ein Bösewicht dort eingeschlossen hätte!"[136]

Das Entsetzen der frommen Monnica im Angesicht des Psalmengesangs an ungebührendem Ort wird von Augustinus zwar beschrieben, aber keineswegs nachvollzogen. Im Anschluss an diese Episode geht Augustinus sogar weiter darauf ein, dass es im Rahmen ungewöhnlicher Situationen völlig problemlos sei, die Psalmen zu singen, da sie nicht durch die Umstände entheiligt werden könnten.[137] Es sei hier offenbar kein Zufall gewesen, dass insbesondere derjenige Psalm *Gott über alle Macht*, der Gott anruft, sich zu zeigen, derart im Gedächtnis des Licentius haften geblieben ist: dies sei Gottes Wunsch und Wille gewesen, da er auf den Gesang und die darin enthaltene Bitte reagiert habe. Vielmehr begreift Augustinus den Gesang an unangemessenem Ort im übertragenen Sinne als Reinigung, da der Mensch durch die Bekehrung vom weltlichen Kot gereinigt werde. So wirke Gott durch die Eingebung der Psalmen in das Gedächtnis der Menschen und führe sie zu ihm hin.[138]

---

136 Aug. ord. I,8,22: surrexerunt illi et ego inlacrimans multa oraui, cum audio Licentium succinentem illud propheticum laete atque garrule: *deus uirtutum, conuerte nos et ostende faciem tuam, et salui erimus.* quod pridie post cenam cum ad requisita naturae foras exisset, paulo clarius cecinit, quam ut mater nostra ferre posset, quod illo loco talia continuo repetita canerentur. nihil enim aliud dicebat, quoniam ipsum cantilenae modum nuper hauserat et amabat, ut fit, melos inusitatum. obiurgauit eum religiosissima, ut scis, femina ob hoc ipsum, quod inconueniens locus cantico esset. tunc ille dixerat iocans: quasi uero, si quis hic me inimicus includeret, non erat deus exauditurus uocem meam. (Text CSEL 63,135. Übers. E. Mühlenberg). Diese Anekdote entstammt der Zeit in Cassiciacum. Nach seiner Bekehrung zieht sich Augustinus mit einer Gruppe von Freunden, Familie und Schülern auf das Landgut Cassiciacum in der Nähe von Mailand zurück, um über Philosophie und Gotteserkenntnis zu schreiben. Zum dortigen Aufenthalt vgl. Rosen (2015), 78–82 sowie zum Cassiciacum-Kreis und der Schrift *De ordine* vgl. auch Krämer (2007), 70–94.
137 Vgl. Aug. ord. I,8,23.
138 Vgl. zu dieser Episode auch Sieben (1977), 496–497 sowie van der Meer (1951), 345.

6.1.3   Die ideale Musikpraxis: Das neue Lied mit Herz und Verstand

Verortet Chrysostomos die ideale Musikpraxis ausschließlich in den dem Menschen nur schwer erreichbaren himmlischen Sphären der Märtyrer, biblischen Gleichnisse oder aber deren Nachahmung durch die tugendhaften Witwen, so begreift Augustinus diese als Teil des menschlichen Strebens auf der Erde. Praktisch jeder kann teilhaben an einer idealen Musikpraxis, da ein jeder sie selbst mit dem Lob der eigenen Stimme verkörpern kann. Augustinus operiert hier weniger mit den Idealen eines Vorbildes als mit der Übereinstimmung von Herz und Verstand in einer musikalisch eindeutigen Sprache. Dabei ist es notwendig, die von Gott gegebene Gabe des Gesanges rechtmäßig, nämlich mit Verstand zu nutzen. Augustinus stellt dem Menschen die Vögel gegenüber, die nach menschlicher Unterrichtung sogar Worte zu singen vermögen, dies aber ohne jegliches Verständnis tun:

> Wir haben gerade den Herrn angefleht, uns von unseren Sünden zu befreien und seine Diener vor den Sünden anderer zu bewahren. Wir sollten herausfinden, was das bedeutet, weil wir unseren Verstand benutzen wollen, wenn wir singen, um nicht wie die Vögel zu singen. Amseln, Papageien, Krähen, Elstern und derartige Vögel werden oft von Menschen gelehrt, Worte zu äußern, die sie nicht verstehen. Die Kenntnis aber des verständigen Singens wurde der menschlichen Natur durch den göttlichen Willen gewährt.[139]

Hinsichtlich der hier benannten Gottesbeziehung zur menschlichen Musik mangelt es Augustinus nicht an attributiven Zuschreibungen zu dessen Willen, Wesen und Stimme. So ist Gott in seiner Sicht als Schöpfer aller Dinge eben auch der Schöpfer der Musik und verfügt über alle ihr innewohnenden Kenntnisse, da sie von ihm in der Zeit erschaffen wurden. Dieses drückt Augustinus im Bild des göttlichen Komponisten aus.[140] Augustinus weiß, dass Gott in ihm eine innere Melodie erklingen lässt.[141] Die Beschaffenheit aber der inneren Stimme Gottes geht über das menschliche Erfassungsvermögen hinaus:

> Er hebt das Ohr zu jenem inneren Rufe Gottes, hört inwendig den geistigen Gesang. So nämlich erklingt ihm in der Stille etwas durch das Schweigen herab, nicht

---

139 Aug. en. ps.18,2,1: deprecati dominum, ut ab occultis nostris mundet nos, et ab alienis parcat seruis suis, quid hoc sit intellegere debemus, ut humana ratione, non quasi auium uoce cantemus. nam et meruli et psittaci et corui et picae et huiusmodi uolucres, saepe ab hominibus docentur sonare quod nesciunt. scienter autem cantare, naturae hominis diuina uoluntate concessum est. (Text CCL 38,105).

140 Vgl. Aug. ep. 166,5,13.

141 Vgl. Aug. conf. IV,15,27: ...cum illa uolumina scripsi, uoluens apud me corporalia figmenta obstrepentia cordis mei auribus, quas intendebam, dulcis ueritas, in interiorem melodiam tuam, cogitans de pulchro et apto... (Text CCL 27,53/54). „Ich erging mich in Erwägungen über die Hirngespinste aus dem Bereich des Körperlichen; sie belästigten die Ohren meines Herzens, die ich doch deiner inneren Melodie, geliebte Wahrheit, zuwandte, als ich über das Schöne und Angemessene nachdachte." (Übers. K. Flasch).

im Ohr, sondern im Geiste, so dass, wer immer jene Melodie hört, von Ekel ergriffen wird über den Lärm der körperlichen Welt und dieses ganze menschliche Leben ihm wie ein Tumult erscheint, daran hindernd, jenen gewissen Klang von oben zu vernehmen, den erfreuenden, den unvergleichlichen, den unaussprechlichen.[142]

Diese göttliche Stimme, die in allem wirken und klingen kann, ist auch hinsichtlich ihrer Klänge variabel, da Gott sich selbst als Klang in allen denkbaren Arten von Instrumenten äußert.[143] Dadurch vermag er es auch, einen inneren Klang zu erschaffen, der über alles bisher Gehörte hinaus geht. Diese Stimme Gottes ist Augustinus lieb und teuer, da sie ihm nicht genommen werden kann.[144] Aber auch die himmlische Musik wird von Augustinus als direkt das Herz berührend beschrieben:

In Gottes Haus ist ein immerwährendes Fest. Was hier gefeiert wird, ist nicht irgendein Ereignis, das vorübergeht; der Chor der Engel feiert ein ewiges Fest, für das ständig gegenwärtige Angesicht Gottes wird die Freude nie verringert. [...] Von diesem ewigen, nicht vergehenden Fest aus erreicht melodiöser und herrlicher Klang die Ohren des Herzens, aber nur wenn der Krach der Welt ihn nicht ertränkt.[145]

Die in der Auslegung zuvor beschriebenen irdischen Feste, die auch mit Musik begangen werden, sind nichtig gegenüber Gottes endlosem Fest mit den schönsten Melodien, die die Engelchöre zu seinem Lob singen. Da Gott selbst Klang ist und auch in seiner Wohnstatt die schönste Musik schätzt und pflegt, ist es für Augustinus ganz selbstverständlich, dass Gott auch vom Menschen dieselbe einfordert. Es ist ihm ein Anliegen, dass

---

142 Aug. en. ps. 42,7: erigit auditum in illam uocem dei internam, audit rationabile carmen intrinsecus. ita enim desuper in silentio sonat quiddam, non auribus, sed mentibus; ut quicumque audit illud melos, taedio afficiatur ad strepitum corporalem, et tota ista uita humana tumultus ei quidam sit, impediens auditum superni cuiusdam soni nimium delectabilis, et incomparabilis, et ineffabilis. (Text CCL 38,479).

143 Vgl. Aug. en. ps. 49,3: uidete, itaque, loquendo multipliciter, multis modis, per multa uasa, per multa organa, ipse tamen sonat ubique... (Text CCL 38,577). „Seht einmal, auf wie viele Arten er zu Sprechen vermag, durch wie viele Werkzeuge, durch wie viele Instrumente, er selbst überall erklingt."

144 Vgl. Aug. conf. X,6,8: et tamen amo quandam lucem et quandam uocem et quendam odorem et quendam cibum et quendam amplexum, cum amo deum meum, lucem, uocem, odorem, cibum, amplexum interioris hominis mei, ubi fulget animae meae, quod non capit locus, et ubi sonat, quod non rapit tempus... (Text CCL 27,159). „Und doch liebe ich, indem ich meinen Gott liebe, eine Art Licht, eine Art Stimme, eine Art Wohlgeruch, eine Art Speise und Umarmung, denn er ist Licht, Stimme, Wohlgeruch, Speise und Umarmung meines inneren Menschen. Hier leuchtet meiner Seele etwas auf, das kein Raum fasst. Hier erklingt eine Stimme, die keine Zeit wegreißt..." (Übers. K. Flasch).

145 Aug. en. ps. 41,9: in domo dei festiuitas sempiterna est. non enim aliquid ibi celebratur et transit. festum sempiternum chorus angelorum; uultus praesens dei laetitia sine defectu. [...] de illa aeterna et perpetua festiuitate sonat nescio quid canorum et dulce auribus cordis; sed si non perstrepat mundus. (Text CCL 38,467).

der Mensch ihm mit Verstand und Schönheit die Psalmen singt, da er selbst ihm diese Fähigkeit verliehen hat.[146] An vielen Stellen fordert Augustinus seine Gemeinde auf, mit Verstand Gottes Lob zu singen.[147] Es reicht also in der Gottesverehrung nicht aus, nur schöne Klänge zu produzieren: Auch das Herz muss diese mit Vernunft hervorbringen. Darin liegt für Augustinus der Unterschied zum Gesang der Heiden, der ohne Verstand erfolgt.[148] Derartig muss auch das neue Lied gesungen werden, welches den Christen zu eben diesem Zweck gegeben wurde. Die Auslegung des Psalmverses *Singt dem Herrn ein neues Lied* (Ps 98,1) durchzieht die Schriften der Psalmenauslegungen und Predigten. Darin greift er immer wieder zum Vergleich des alten und neuen Menschen. In der Definition des neuen Liedes verdeutlicht Augustinus, dass dieses Lied universell ist und nicht nur im Besitz einiger weniger.[149] Jeder, der sein Leben ändern will und das neue Lied singen will, kann dies tun, wenn er zum neuen Menschen wird.[150] Das neue Lied ist für ihn die „Hymne der Gnade"[151] die man singt, wenn Herz, Verstand und Mund übereinstimmen. Häufiger noch als das positive Beispiel zeigt Augustinus auf, wer das alte Lied singt, sich also falschen Taten hingibt:

---

146 Vgl. Aug. en. ps. 18,2,1,6: scienter autem cantare, naturae hominis diuina uoluntate concessum est. (Text CCL 38,105). „Durch den göttlichen Willen wurde es der menschlichen Natur erlaubt, zu wissen, wie man aber singt."

147 Vgl. Aug. en. ps. 46,9: docet nos et admonet nos ut psallamus intellegenter; non quaeramus sonum auris, sed lumen cordis. (Text CCL 38,534). „Er lehrt uns und warnt uns, dass wir mit unserem Verstand psallieren sollen, damit wir nicht den Klang für die Ohren, sondern das Licht der Herzen erfahren." Ähnlich auch Aug. en. ps. 34,1,1,18: ergo psalmus illi; illi cor nostrum, illi lingua nostra digna cantet; si tamen ipse dignabitur donare quod cantet. nemo illi cantat digna, nisi qui ab illo acceperit quod cantare possit. denique hoc quod modo cantamus, spiritu eius dictum est per prophetam eius, et in eis uerbis ubi nos agnoscimus et ipsum. (Text CCL 38,300). „Lass also jenem den Psalm singen, jenem mit unserem Herzen singen, jenem mit unserer Sprache würdig singen, wenn doch jener selbst es schenkt, dass er gewürdigt wird weil man singt. Niemand singt jenem würdevoll, außer der, der von jenem empfing, dass er zu singen vermöge. Zuletzt lasst uns dies der Weise nach singen, wie es durch den heiligen Geist durch den Propheten jenem gegeben wurde, und in diesen Worten, wo wir uns selbst und ihn selbst erkennen."

148 Vgl. Aug. en. ps. 46,9: gentes, [...] adorabant deos manu factos, et psallebant illis; sed non intellegenter. si intellegenter cantarent, lapides non adorarent. (Text CCL 38,534). „Die Heiden [...] haben Götter verehrt, die mit Händen gemacht wurden und zu ihnen gesungen, dies aber nicht mit Verstand. Wenn sie mit Verstand gesungen hätten, hätten sie keine Steine verehrt."

149 Vgl. Aug. en. ps. 97,1: dicitur autem in hoc psalmo uniuerso orbi terrarum ut cantet canticum nouum. nam apertius alibi sic dicitur: *cantate domino canticum nouum, cantate domino omnis terra.* (Text CCL 39,1372). „Es wird jedoch in diesem Psalm gesagt, dass der ganze Erdkreis das neue Lied singt. Denn offenstehend wird sonst dieses gesagt: *singt dem Herrn ein neues Lied, singt dem Herrn, auf der ganzen Erde.*"

150 Vgl. Aug. serm. 9,8: ut autem cantet canticum nouum, sit nouum homo. (Text CCL 41,122). „Damit er jedoch das neue Lied singen kann, muss er ein neuer Mensch werden."

151 Aug. en. ps. 143,16: canticum nouum, gratiae est; canticum nouum, hominis noui est, canticum nouum, testamenti noui est. (Text CCL 40,2084). „Das neue Lied ist der Gnade gewidmet, das neue Lied gehört zu dem neuen Menschen, das neue Lied gehört zum neuen Testament."

Du siehst jenen singen, auch mit tiefem Gefühl singen, sogar die Miene an die Psal-
menworte angleichend und einmal die Wangen mit Tränen benetzend und beim
Singen zwischen den Worten seufzend. [...] Jeder, der derartig singt, singt wie ein
alter Mensch [...] Wenn er das neue Lied singt, soll er es als neuer Mensch singen.
Was heißt das, als neuer Mensch singen? [...] Ich will es kürzer sagen: Wer ein Lie-
bender Gottes sein will, soll Gott lieben, soll unentgeltlich lieben.[152]

Der Mensch soll sich also ganz Gott hingeben in Wort und Tat, wenn er das neue Lied
singt. Der oben genannte Mensch, der sich den Anschein gibt, tief und fromm in die
Gottesgesänge involviert zu sein, ist für ihn ein Trugbild. Ebenso wie die Häretiker ver-
leugnen diese für ihn die Botschaft Gottes und geben sich einen anderen Anschein.[153]
Wer aufrichtig das neue Lied singen will, muss Gott von Herzen und bedingungslos
lieben, ohne dafür eine Gegenleistung zu erwarten. Das neue Lied als Gegenstand der
Liebe spielt immer wieder eine Rolle in Augustins Ausführungen.[154] Wer derartig singt,
also sein Leben führt, kann sich Gottes Schutz sicher sein: Sogar die Reisenden, die aus
Angst vor Überfällen des Nachts Lieder singen, werden mit der Überzeugung, in Gott
aufgehoben zu sein, sicherer reisen.[155] Darin liegt die Bedeutung der Metapher des neuen
Liedes: Der Mensch muss in seinen Taten und Überzeugungen ein Leben nach Gottes
Vorstellungen führen, um von ihm Liebe und Schutz zu erfahren. Er muss selbst zu Gottes Sänger, zu Gottes Musikinstrument werden, welches das neue Lied singt und spielt. So
ruft Augustinus seiner Gemeinde zu:

---

152 Aug. serm. 22A,1 (= s. Mai 15): uides illum cantare, et cum adfectu cantare, uultum etiam uerbis
     psalmi adcommodare aliquando et lacrimis ora rigare, suspirare inter uerba cantandi. [...] talis qui
     cantat, uetus homo cantat [...] nouus cantet, si nouum cantat. quid est, nouus cantet? [...] breuius
     dicam: sit amator dei, deum amet, gratis amet. (Text CCL 41,303).

153 Vgl. Aug. en. ps. 66,6: qui in parte cantat, uetus cantat; quodlibet cantet, uetus cantat, uetus homo
     cantat; diuisus est, carnalis est. (Text CCL 39,863). „Jeder, der in dieser Hinsicht singt, singt das
     alte Lied. Was auch immer er singt, er singt das alte Lied, es ist der alte Mensch, der singt. Es ist der
     alte Mensch, der gespalten und fleischlich ist."

154 So auch Aug. serm. 34,1: admoniti sumus cantare domino canticum nouum. homo nouus nouit
     canticum nouum. canticum res est hilaritatis, et si diligentius consideremus, res est amoris. qui
     ergo nouit nouam uitam amare, nouit canticum nouum cantare. quae sit ergo uita noua, commo-
     nendi sumus propter canticum nouum. [...] ergo homo nouus et cantabit canticum nouum et per-
     tinebit ad testamentum nouum. (Text CCL 41,424). „Wir sind ermahnt worden, dem Herrn das
     neue Lied zu singen. Der neue Mensch kennt das neue Lied. Ein Lied ist eine Sache größter Freude,
     und wenn wir aufmerksam darüber nachdenken, ist es eine Sache der Liebe. Derjenige also, der
     das neue Leben kennt und liebt, weiß das neue Lied zu singen. Welches das neue Leben sei, wollen
     wir uns durch das neue Lied in Erinnerung rufen. [...] Der neue Mensch also wird sowohl das neue
     Lied singen als auch das neue Testament verbreiten."

155 Vgl. Aug. en. ps. 66,6: ergo in spiritu canticum nouum canta in uia secura. sicut uiatores cantant,
     et plerumque nocte cantant. formidolosa circumstrepunt omnia, [...] quanto securius cantas in
     Christo? (Text CCL 39,863). „Also sing auch im Geist das neue Lied auf dem sicheren Weg. So
     singen nämlich auch die Reisenden, und häufig singen sie bei Nacht. Sie sind umgeben von vielen
     furchterregenden Dingen. [...] Wie viel sicherer ist es, in Christus zu singen!"

Ja, du singst, gewiss singst du, ich kann dich hören. Aber lass dein Leben nicht deiner Zunge widersprechen. Singt mit den Stimmen, singt auch mit den Herzen; singt mit den Mündern, singt auch mit den Sitten, singt dem Herrn das neue Lied.[156]

Alle Ebenen menschlichen Handelns müssen also übereinstimmen: Die Lebensführung mit der Zunge, die Stimme mit dem Herzen, der Mund mit dem Verstand, um ein aufrichtiges Zeugnis für Gott abzugeben. So fordert Augustinus weiter auf, dass auch das Bewusstsein, das Leben und die Taten zum Lobe Gottes gereichen:[157] Denn gute Taten bringen Gott Lob. So überträgt Augustinus das Bild des Sängers auf die Lebensführung des Einzelnen und zeigt auf, wie der Mensch auch im Stillen Gottes Lied singen kann:

Nicht nur mit deiner Stimme sollst du Gott preisen, auch dein Handeln muss mit deiner Stimme im Einklang sein. Nachdem du mit deiner Stimme gesungen hast, musst du für eine Weile still sein und durch dein Leben singen, so dass du nie verstummst. [...] Nun denn sing mit deiner Stimme, um dich und andere durch die Klänge, die die Ohren erfreuen, zu erbauen und zu bestärken, aber lass nie dein Herz sprachlos und dein Leben still sein.[158]

Wenn also nach dem Gesang der Klang endet und die Stille eintritt, wird der aufrichtige Christ dennoch nicht aufhören zu singen, da sein Gesang sich in der Lebensführung und der Gewissheit im Herzen zeigt. Wenn er dann wieder klanglich die Stimme in schöner Weise erhebt, will er damit andere zur Nachahmung anregen. So wird der Mensch, der Gott liebt, zu seinem Geschöpf und seinem Sänger, der auch in Ruhezeiten sein Lob singt. Neben dem Menschen als göttlichem Sänger verwendet Augustinus aber auch das Bild des Menschen als Musikinstrument und zeigt allegorisch die körperlichen Dinge auf, die ein Musikinstrument darstellen können. So stellt die Zunge ein Musikinstrument dar, da sie durch einen über ihr stehenden Sinn bewegt wird:

---

156   Aug. serm. 34,6: cantas, plane cantas, audio. sed contra linguam testimonium non dicat uita. cantate uocibus, cantate cordibus, cantate oribus, cantate moribus: cantate domino canticum nouum. (Text CCL 41,426). Der Umkehrschluss wird von Augustinus an anderer Stelle seines Schrifttums dargestellt, vgl. Aug. c. mend. 7,18: quis nos lingua, quid totum, quid organum uocis offendit, ut haec exhibeamus arma peccato, ubi deum nostrum, ut priscillianistas adprehensos ab ignorantiae blasphemiis eruamus, sine excusatione ignorantiae blasphememus? (Text CSEL 41). „Was hat uns unsere Zunge, was unser ganzer Mund, was unser Stimmorgan angetan, dass wir sie der Sünde als Waffen zur Verfügung stellen..?" (Übers. A. Städele).

157   Vgl. Aug. en. ps. 148,2: sed laudate de totis uobis; id est, ut non sola lingua et uox uestra laudet deum, sed et conscientia uestra, uita uestra, facta uestra. (Text CCL 40,2166). „Aber du muss ihm loben mit allem von dir, das heißt, nicht nur mit deiner Sprache und deiner Stimme allein sollst du Gott loben, sondern mit deinem Bewusstsein, deinem Leben, deinen Taten."

158   Aug en. ps. 146,2: non solum uox tua sonet laudes dei, sed opera tua concordent cum uoce tua. cum ergo uoce cantaueris, silebis aliquando: uita sic canta, ut numquam sileas. [...] itaque ad aurium exhortationem canta uoce; corde ne sileas, uita ne taceas. (Text CCL 40,2122).

Die Zunge allein würde sich im Mund nämlich nicht bewegen und mit jedem ihrer Teile klar verständliche Klänge ausstoßen, gäbe es nicht im Inneren einen Bewohner, eine Art Musiker, der die Zunge als sein Instrument benutzt.[159]

An anderer Stelle benennt Augustinus eindeutig den Heiligen Geist als den Instrumentalisten, der auf das Zusammenspiel des menschlichen Geistes mit der Zunge angewiesen ist.[160] Der Mensch steht Gott zur Verfügung als göttliches Musikinstrument, ist aber auch vom Heiligen Geist nicht immer einfach zu spielen. Der Mensch soll als Musikinstrument Gott preisen mit seinem Leben, seiner Zunge, seinem Herzen und seinem Mund, indem er Alleluia singt:

> Brüder, lasst uns den Herren mit unseren Leben und Zungen preisen, mit den Herzen und Mündern, mit unseren Stimmen und unserem Verhalten. Sicherlich ist es auf diese Weise, wie Gott das Alleluia gesungen bekommen möchte, ohne Missstimmung im Sänger. Also lass allem voran Harmonie unter unseren Zungen und Leben herrschen, unter Mündern und Gewissen. Ich wiederhole, lass unsere Stimmen in Einklang mit unserem Verhalten sein, ansonsten kann es passieren, dass gute Stimmen gegen schlechte Gewohnheiten Zeugnis ablegen.[161]

Hier ist der Gedanke der Eintracht respektive der Harmonie vorrangig – der Mensch muss in Harmonie seiner Taten zu seinen Worten leben, so dass das Gott gesungene Alleluia musikalisch in Eintracht als Harmonie dargebracht werden kann. Der harmonische Gesang des Alleluias wird auch hier zum Bild der Worte und Taten in der Lebensführung, die auch zueinander klingen müssen, um keine Reibung oder Dissonanz zu erzeugen.

---

159 Aug. serm. 65,6: non enim lingua in ore moueretur, et percuteret quibusque locis articulares sonos, nisi intus habitator esset, et quasi ad hoc organum musicus, qui lingua sua uteretur. (PL 38,429). Der sermo datiert zw. 405–415.

160 Vgl. Aug. en. ps. 95,6: magnus sit tactor organi spiritus sanctus, tamen per angustias spiritus humani syllabas sonat, sed cogitationes generat. (Text CCL 39,1347). „Der Heilige Geist sei der großartige Instrumentalist der auf dieser menschliche Orgel spielt, aber er muss seine Musik in Silben ausdrücken, welche den engen menschlichen Geist durchqueren vermögen."

161 Aug. serm. 256,1: laudemus, dominum, fratres, uita et lingua, corde et ore, uocibus et moribus. sic enim sibi dici uult deus alleluia, ut non sit in laudante discordia. concordent ergo prius in nobis ipsis lingua cum uita, os cum conscientia. concordent, inquam, uoces cum moribus, ne forte bonae uoces testimonium dicant contra malos mores. (Text PL 38,1190–1193). Der sermo datiert in das Jahr 418 in der Osterwoche. Zur hier gezogenen Verbindung des Alleluia als neues Lied vgl. auch Kurzschenkel (1971), 138–141.

6.1.4   Abschließende Gedanken zu Musik und Gesang
in der Liturgie bei Augustinus

Augustins Haltung zur liturgischen Musik wird von ihm selbst in den *Confessiones* als langer Weg der schmerzvollen Auseinandersetzung geschildert. Hingegen scheinen die von ihm aufgeworfenen Zweifel in der eigentlichen Musikpraxis seiner Gemeinden keinerlei Rolle gespielt zu haben: Augustinus schätzt, befürwortet und verehrt die liturgische Musik. Nur in ihr kann sich der Gottesvollzug zeigen, so wie sich Gott selbst Augustinus in den heiligen Gesängen der Kirche offenbart hat. Kaum eine Predigt oder ein Brief vergeht, in dem nicht auf den Nutzen und vor allem auch die gliedernde Schönheit der Gesänge im gottesdienstlichen Vollzug aufmerksam gemacht wird. Der Gesang gibt der Gemeinde Halt, da er die äußere Form des Gottesdienstes strukturiert. Er hilft den Gläubigen, sich zu besinnen und die Liebe zu Gott ausdrücken zu können. Der Gesang bildet gleichsam eine Vorfreude in sich auf die göttliche Verbindung, die sich insbesondere in den Alleluia-Gesängen der Osterzeit äußert. Die Exklusivität dieser Osterhymnen wird von Augustinus immer wieder herausgestellt und damit verbunden, sich nach diesen Gesängen zu sehnen, wenn die Osterzeit vorüber ist. Weiterhin bestärkt Augustinus die Gläubigen darin, sich singend von Gott tragen zu lassen – in den Psalmen und Hymnen begegnet dem Frommen sein Gott in einer Art spiritueller Kraft, in der sich die wahre Schönheit offenbart. So bestärkt Augustinus den Stellenwert der Gesänge auch durch die ihnen inne wohnenden Schönheit, er liebt sie „so, wie man eine neue Melodie lieben kann."[162] Er weist ein tiefgehendes Verständnis für die Ästhetik des musikalisch Schönen auf, ist offen für neue Gesänge und betätigt sich selbst als schöpferischer Bischof in der Einführung neuer musikpraktischer Stile. Eine klare Unterscheidung zwischen Hymnen- und Psalmengesängen besteht auch im Vokabular dieses Kirchenvaters nicht. Dennoch aber zeigen sich attributive Zuschreibungen zum Hymnus, die ähnlich wie bei Chrysostomos eine Sonderrolle andeuten: Neben dem Aspekt der Initiationsgesänge im Rahmen der Wandlung, von denen Ungetaufte ausgeschlossen werden, sind auch die Gesänge nach der Taufe und der Osterzeit ein Beweis der Exklusivität des Christseins. Hinsichtlich einer fester geformten Struktur des Personals lässt sich auch in Nordafrika und Mailand das Amt des Vorsängers eruieren. Es ist allem Anschein nach personell einfach besetzt und zeigt eine Mischung der Betätigungsfelder aus *lectio* und *cantio* auf. Die Beteiligung der Gemeinde an den Gesängen folgt den bereits stark verbreiteten christlichen Gesangsformen aus *una voce* und Responsorium nach. Inwiefern die Hymnen im Rahmen des Gottesdienstes auswendig von allen gesungen wurden, ist unklar, kann aber unzweifelhaft angenommen werden, da sich Augustinus selbst in den *Retractationes* darauf bezieht.

---

162   Vgl. Aug. ord. I,8,22 in der Episode mit Licentius. (Text und Übers. in Fn. 136).

6.2 Bewertung der Musikpraxis anderer Gruppierungen

6.2.1 Die Manichäer

Die Glaubensbewegung der Manichäer spielt für Augustinus insbesondere in seinen frühen Jahren eine große Rolle, da er sich ihnen als junger Mann in Karthago auf der Suche nach Spiritualität zuwendet. In den Glaubensvorstellungen der Manichäer erkennt Augustinus die höchste Übereinstimmung zur Philosophie und insbesondere zum Neuplatonismus, dem er als junger Mann nahe steht.[163] Mit der strikten Abwendung nach langjähriger Glaubensteilhabe vollzieht Augustinus einen starken Bruch, gegen den er fortan anzuschreiben versucht. In den Schriften gegen die Lehre Manis widerlegt er diese aus der neugewonnen christlichen Überzeugung heraus mit großem Eifer und dem Willen zur Verleugnung alter Gewohnheiten. Erstaunlicherweise aber kommt Augustinus sehr wenig auf die reiche Musikkultur der Manichäer zu sprechen, die insbesondere für ihre wohlklingende Hymnendichtung bekannt waren.[164] Sofern Augustinus die Musik im Rahmen der manichäischen Theologie beschreibt, versucht er, die inneren theologischen Überzeugungen der Manichäer durch Vergleiche zu entkräften. So glaubten die Manichäer, dass das Göttliche, welches in den Dingen wohnt, durch unrechtmäßige Behandlung zerstört werden könne.[165] Diese Vorstellung eines zerstörbaren Gottes, welche

---

163 Vgl. Aug. conf. III,6,10: itaque incidi in homines superbe delirantes, carnales nimis et loquaces... (Text CCL 27,31). „So geriet ich denn in die Gesellschaft hochmütig narrender, allzu irdisch gesinnter und geschwätziger Menschen." (Übers. W. Thimme). Über die Beurteilung der Manichäer-Episode bei Augustinus neuerdings Rosen (2015), 27–31 und einführend zu Augustinus und den Manichäern mit weiterführender Literatur Wurst (2007), 85–92 sowie Brachtendorf (2008), 74–84 und 100–103 über die Schilderung Augustinus über die Manichäer in Aug. conf. III+V.

164 Zur reichhaltigen Hymnendichtung der Manichäer vgl. die Quellensammlung von Böhlig (1980), bes. 241–291 und dazu knapp einführend 50–53. Zum Stellenwert des Hymnengesanges bei den Manichäern sowie einer Kategorisierung der Hymnen und Psalmen vgl. Puech (1979), 182–233, sowie Feldmann (1980), 202 (mit Quellenangaben), 203 (zum Bema-Fest), 204 (zum Psalmengesang im serm. 30 des Kustaios), 205f. (zur responsorialen Psalmodie der Manichäer mit weiterführender Literatur) sowie Kristionat (2012), 261–269, die unter Berücksichtigung der Musikkultur der Manichäer den Sarakoton-Psalm 24 behandelt, der musikalisch sehr kunstfertig von Maria von Magdala als Hymnenliebhaberin und Kitharödin handelt.

165 Aus diesem Grund pflegen die Manichäer im Umkehrschluss das Singen der Hymnen zur Reinigung der Dinge. Dieses berichtet Augustinus in Aug. mor. 2,36: itaque cibi qui de frugibus et pomis parantur, si ad sanctos ueniant, id est ad Manichaeos per eorum castitatem et orationes et psalmos, quicquid in eis est luculentum et diuinum purgatur, id est omni ex parte perficitur, ut ad regna propria sine ulla sordium difficultate referatur. hinc est quod mendicanti homini, qui Manichaeus non sit, panem uel aliquid frugum uel aquam ipsam quae omnibus uilis est, dare prohibetis, ne membrum dei, quod his rebus admixtum est, suis peccatis sordidatum a reditu impediat. „Wenn vegetarische Speisen zu den Heiligen, das heißt zu den Manichäern gelangen, wird daher durch deren Keuschheit, Gebete und Psalmen gereinigt, was immer darin lichthaltig und göttlich ist, das heißt, es wird gänzlich sicher gestellt, dass es ohne irgendwelchen behindernden Schmutz in seine ureigensten Reiche zurückgebracht werden kann. Daher kommt das Verbot, einem Bettler – weil er kein Manichäer ist – Brot oder irgendeine Frucht, ja selbst allen wohlfeiles Wasser zu geben,

für Augustinus als Christ und damit Anhänger der omnipotenten Gottesperson vollkommen unverständlich ist, versucht Augustinus anhand eines Vergleiches mit Musikinstrumenten zu widerlegen:

> Wenn es aber beliebt, die Anwesenheit Gottes nicht nur durch Sehen, Riechen und
> Schmecken zu erweisen, sondern auch durch ergötzliches Hören, dann spendet das
> Fleisch die Sehnen für die Kithara und für die Tibia die Knochen, die getrocknet,
> abgerieben und gedrechselt Töne von sich geben können. Diese Süße in der Musik,
> die, wie ihr behauptet, aus den göttlichen Reichen stammt, wird uns vom Schmutz
> toten Fleisches dargebracht und durch das Trocknen in der Zeit, das Verdünnen
> durch Abreiben, das Dehnen durch Drechseln; durch diese Bearbeitungen fliehe
> aber, wie ihr verkündet, auch aus lebenden Dingen die göttliche Substanz, was
> nach eurer Lehre auch durch ihr Abkochen geschieht.[166]

Die klangliche Süße der Musik entsteht also aus toten Materialien, so dass das Göttliche durch die Bearbeitung aus den Dingen hätte entweichen müssen. Dennoch sind die
Instrumente in der Lage, wunderschöne Klänge hervorzubringen. Er spricht in diesem
Zusammenhang von den Sehnen (*nervi*) als Saiten der Kithara und den Knochen (*ossa*)
als Grundmaterial der Tibia, um aufzuzeigen, dass es sich um Materialien des tierischen
Körpers handelt.[167] Zentral ist also der Aspekt, dass der Mensch aus totem Material göttliche Klänge hervorbringen kann.

---

damit er das Glied Gottes, das diesen Dingen beigemischt ist, nicht mit seinen Sünden beschmutzt
und so von der Rückkehr abhält." (Text und Übers. E. Rutzenhöfer). Ähnlich auch in Bezug auf
den Baum und die in ihm wohnende Geistseele, vgl. Aug. mor. 2,55: anima namque illa quam ratio-
nalem inesse arboribus arbitramini, arbore excisa uinculo soluitur, uos enim hoc dicitis. [...] itaque
uos homines sancti, uos, inquam, potissimum excidere arbores deberetis et earum animas ab illo
uinculo exutas orationibus et psalmis ad meliora perducere. „Jene Seele nämlich, die eurer Meinung nach als Geistseele in den Bäumen enthalten ist, wird, wenn der Baum abgehauen ist, von der
Fessel gelöst, so sagt ihr nämlich. [...] Deshalb müsstet ihr heiligen Menschen, ja ihr, hauptsächlich
Bäume ausreißen und deren von der Fessel gelöste Seelen mit Gebeten und Psalmen zum Besseren
führen." (Text und Übers. E. Rutzenhöfer). Vgl. dazu auch Feldmann (1980), 202.

166 Aug. mor. 2,46: quod si non uisu et odoratu et gustu sed auditu etiam delectato praesentiam dei
placet probare, caro citharis neruos et tibiis ossa largitur, quae siccata et attrita et torta sonora
redduntur. Ita dulcedo musica, quam de diuinis regnis uenisse contenditis, nobis mortuarum car-
nium sordibus exhibetur et tempore arefactis et attritione tenuatis et tortione distentis, quibus
afflictationibus etiam de rebus uiuentibus diuinam substantiam fugere praedicatis, quod etiam
decoctione earum accidere dicitis. (Text CSEL 90,130. Übers. E. Rutzenhöfer).

167 Die Materialien, aus denen die Saiten und die Instrumente selbst hergestellt wurden, können auf
Basis der archäologischen Funde, literarischen und ikonographischen Quellen rekonstruiert werden: Für die Kithara wird im Allgemeinen von Darmbesaitung ausgegangen, wenngleich aus praktischen Gründen sicherlich auch Sehnen verwendet wurden. Zur Verwendung von Darm schon
bei altägyptischen Leiertypen vgl. auch Vendries (1999), 81–83. Die Tibia/Aulosfunde verweisen
auf ein breites Spektrum an Materialien, von Rohr und Holz über Knochen hin zu Bronze. Vgl.
Sutkowska (2015), 412 und Psaroudakes (2002), 356, der Auloi-Funde und Fragmente der archaischen und klassischen Zeit auflistet und miteinander vergleicht. Generell muss bei Fragen zur

Ein weiterer Aspekt der Beschäftigung mit Musik im Rahmen der Auseinandersetzung mit den Manichäern liegt in der Bestärkung der von den Manichäern abgelehnten christlichen Allegorese, welche recht häufig in der metaphorischen Darstellung von Saiteninstrumenten für Göttliches erfolgt.[168] In der Schrift *Contra Faustum Manichaeum* zieht Augustinus die Saiteninstrumente als Vergleichsebene heran. Dazu beschreibt er die nötigen Bedingungen, damit das Instrument einen schönen Klang hervorbringt:

> Im Fall von Kithara und anderen Musikinstrumenten erzeugt nicht alles Töne, was berührt werden kann, sondern nur die Saiten. Die anderen Teile hingegen sind im Körper der Kithara verbaut, damit es Platz zum Halten gibt und von wo aus man die Saiten spannen kann, die der Musiker stimmen und anschlagen kann, um die lieblichen Melodien hervorzurufen.[169]

Augustinus sagt also, dass nur die Saiten bei kundiger Berührung eine klangvolle Melodie hervorbringen können und dass diese den sichtbaren Teil der Klangerzeugung darstellen. Andere, verborgene Elemente hingegen würden von dem Musiker genutzt, um das Instrument zu stimmen und derartig anzuregen, dass die besondere Süße des Klanges erzielt werde. Damit stellt Augustinus eine Aussage auf, die er im anschließenden Teil auf die Ereignisse der prophetischen Schriften überträgt. Diese, so lautet sein Argument, würden wie die Saiten, die den Klang produzieren, vom Geist ausgewählt und führten zu einer direkten Vermittlung einer Kundgebung zukünftiger Dinge.[170] Diese allegorische Auslegung wirft organologisch ein paar Fragen auf: Welche geheimen und verborgenen Dinge im Innern des Instrumentes meint Augustinus? Verkörpern diese geheimen Dinge auf der übertragenen Ebene die Sinnhaftigkeit alles Seins, welches von Gott gegeben ist, fehlt auf der realen Ebene der eigentliche Bezug zur organologischen Fertigung des Instrumentes.

Erhellend wirkt an dieser Stelle eine ähnliche Aussage aus *De civitate dei*:

> Und ebenso sind für die Tonkunst bloss die Saiten einer Kithara oder eines ähnlichen Instrumentes bestimmt, aber damit sie dazu verwendet werden können, muss es auch die übrigen Bauteile der Instrumente geben, die freilich der Sänger nicht anschlägt, die aber doch da sein müssen, um den angeschlagenen Saiten Resonanz zu verleihen. So werden auch in der prophetischen Geschichte Dinge erzählt, die an

---

Organologie auch der Aspekt der Praktikabilität und der Hintergrund des Musikers berücksichtigt werden: Ist der Tibicen oder Kitharöde ein Berufsmusiker oder ein Laie, ist er arm oder reich? Dient das Instrument in der häuslichen Erziehung oder ist es ein Konzertinstrument?

168 Zur Musikinstrumentenallegorese vgl. jeweils Kapitel 4.3.2 (Die Musikinstrumente im Psalmenkommentar des Euseb), 129–136, und Kapitel 5.3 (Chrysostomos über die Wirkung und Funktion bestimmter Musikinstrumente), 194–212.

169 Aug. c. Faust. 22,94: sicut enim in citharis et huiuscemodi organis musicis non quidem omnia, quae tanguntur, canorum aliquid resonant, sed tantum chordae, cetera tamen in toto citharae corpore ideo fabricata sunt, ut esset, ubi uincirentur, unde et quo tenderentur illae, quas ad cantilenae suauitatem modulaturus et percussurus est artifex. (Text CSEL 25,1,701).

170 Vgl. Aug. c. Faust. 22,94.

sich nichts bedeuten, mit denen aber die bedeutungsvollen gewissermaßen verket-tet sind und darum mit ihnen zusammenhängen.[171]

Die Resonanz, die der Musiker nicht bewusst durch ein Anregen anderer Teile als der Saiten erzeugen kann, steht hier sinnbildlich für die Metapher der geheimen, aber sinn-bringenden Dinge im Inneren eines Instrumentes. Die Verbindung mit den prophetisch-chen Schriften stellt dadurch einen Bezug zu der Unabkömmlichkeit aller Teile her: Das Instrument verfügt über wichtige Teile zur Klangproduktion, die für den Spieler nicht offensichtlich, die aber offenbar notwendig sind, damit ein süßer, schöner Klang entste-hen kann.[172]

Auch der Dualismus von Gut und Böse der manichäischen Lehre wird von Augusti-nus rezipiert. In *De natura boni* will Augustinus in der Beschäftigung mit dem Wesen des Guten die Manichäer in ihrer Haltung zu Gut und Böse akribisch widerlegen. So kommt er im 15. Kapitel auf diese dualistischen Gegensätze am Beispiel des Körpers zu sprechen und bringt in diesem Zusammenhang die gegensätzlichen Paare verschiedener Klänge gegen die Stille als Beispiel:

> So bezeichnen wir das Gegenteil der hohen Stimme als tiefe Stimme oder das Ge-genteil der volltönenden als raue. Aber wenn du jede Form von Stimme ganz und gar weg nimmst, dann ist Ruhe, wo keine Stimme ist. Gerade darum, weil keine Stimme da ist, wird ja diese Stille in der Regel der Stimme als Gegensatz gegenüber-gestellt. So werden auch Helles und Dunkles als gleichsam einander entgegenge-setzt bezeichnet. Dennoch hat auch das Dunkle noch etwas an Licht, denn wenn es dessen völlig entbehrt, herrscht durch die Abwesenheit des Lichts Finsternis, so wie durch die Abwesenheit der Stimme Stille herrscht.[173]

Zunächst dominiert in dieser Stelle der Vergleich zwischen verschiedenen Klangfarben und Tonhöhen: hell versus dunkel, volltönend versus rau. Mit diesen gegensätzlichen Paa-ren drückt Augustinus die Spanne des Instrumentes Stimme aus. Danach stellt er den Stimmklang der Stille gegenüber und definiert Stille als gleichwertig mit Finsternis: So bedeutet Stille die absolute Abwesenheit von Klang, ebenso wie Finsternis durch die ab-solute Abwesenheit von Licht definiert ist.

---

171 Aug. civ. dei XVI,3: et soli nerui in citharis atque huius modi uasis musicis aptantur ad cantum; sed ut aptari possint, insunt et cetera in compagibus organorum, quae non percutiuntur a canentibus, sed ea, quae percussa resonant, his conectuntur. ita in prophetica historia dicuntur et aliqua, quae nihil significant, sed quibus adhaereant quae significant et quodam modo religentur. (Text CCL 47. Übers. C. Perl).

172 Vgl. dazu auch Kapitel 6.4 (Gottes Stimme klingt), 302–314.

173 Aug. nat. boni 15: sic acutae uoci contrariam uocem dicimus grauem uel canorae asperam; sed si omnem speciem uocis penitus adimas, silentium est, ubi uox nulla est: quod tamen silentium eo ipso, quod uox nulla est. tamquam contrarium uoci solet opponi. sic et lucida et obscura tamquam duo contraria dicuntur; habent tamen et obscura aliquid lucis, quod si penitus careant, ita sunt tenebrae lucis absentia sicut silentium uocis absentia. (Text CSEL 25,2,861. Übers. B. Berges).

Die Schriften Augustins geben erstaunlich wenig von seiner Haltung zur manichäischen Musikkultur preis. Zwar beschäftigt er sich eingehend damit, die Lehre Manis und seiner Anhänger detailliert zu dekonstruieren und dem christlichen Glauben unterzuordnen, geht aber dennoch überraschenderweise kaum auf ihre reiche Hymnendichtung und die daraus resultierende Vokalpraxis ein.[174] Die Beschäftigung mit Musik in diesem Kontext bleibt der Allegorese vorbehalten, die von den Manichäern abgelehnt und deshalb von Augustinus noch stärker instrumentalisiert wird. So werden die Instrumente ausschließlich zu einem allegorischen Vergleich hinzugezogen, der in seiner Zuordnung zwar eindeutig ist, jedoch hinsichtlich der Fragen aus Spielpraxis und Organologie unwichtig scheinen und somit des realen Sinngehaltes entleert ist.

6.2.2 Die Heiden

Die Musik der Heiden wird von Augustinus in verschiedenen Kontexten kommentiert. So äußert er sich neben der Musik der Schauspiele und Theater auch über die Musik bei Gastmählern. Im religiösen Kontext kommt er auf die Musik des Kybele-Kultes zu sprechen. Stark unterscheidet Augustinus zwischen der Vokal- und Instrumentalpraxis der Heiden. In der 159. Predigt betont Augustinus, dass das Sehen und Hören an sich eine Lust darstellt, diese aber hinsichtlich ihrer Gesetzmäßigkeit vom Rezipienten bewertet werden muss:

> Und von allen diesen [Dingen], welche unsere körperlichen Sinne erfreuen, sind einige rechtmäßig. Erfreut werden, wie ich sagte, unsere Augen durch die großen Spektakel der Natur: aber die Augen werden ebenso erfreut durch die Spektakel im Theater. Diese sind rechtmäßig, jene unrechtmäßig. Ein heiliger Psalm, wohlklingend gesungen, erfreut die Ohren: aber die Ohren werden auch erfreut durch die Gesänge der Histrionen. Dieser ist rechtmäßig, jene sind unrechtmäßig.[175]

---

174 Ein einzelner Beleg für das tägliche Singen der Erlösungslehre der Manichäer wird in Aug. c. Faust. 13,18 gegeben: hanc fabellam cotidie et moribus et uocibus cantatis. (Text CSEL 25,1,400). „Ihr singt diese Fabeln täglich sowohl durch eure Sitten als auch mit euren Stimmen." Auf die geringe Erwähnung der manichäischen Gesänge bei Augustinus verweist auch Feldmann (1980), 206–208 unter dem Hinweis darauf, dass für Augustinus die Gesänge der Manichäer aufgrund der ihnen innewohnenden Anziehungskraft eine Schande darstellen und er diese deshalb verschweigt. Diesen Zusammenhang habe er in Aug. c. Faust. 15,6 bereits hergestellt: interim canta, quod cantas, et inspice, si potes, dedecus fornicationis tuae. (Text CSEL 25,1,426). „Singe, was du singst und bedenke, wenn du kannst, die Schande deiner Hurerei." (Übers. E. Feldmann (1980), 206).

175 Aug. serm. 159,2: et haec omnia, quae nos delectant in sensibus corporis, aliqua licita sunt. delectant enim, ut dixi, oculos spectacula ista magna naturae: sed delectant oculos etiam spectacula theatrorum. haec licita, illa illicita. psalmus sacer suauiter cantatus delectat auditum: sed delectant auditum etiam cantica histrionum. hoc licite, illud illicite. (Text PL 38,868).

Das sensuale Hören selbst unterscheidet demnach nicht zwischen den verschiedenen musikalischen Stilen, sondern nimmt die Gesänge als solche als schön wahr, wenn sie gut dargebracht werden.[176] Der Mensch aber muss lernen, zwischen der Musik, die süß ist aufgrund ihrer Gesetzmäßigkeit, und der Musik, die süß klingt, aber keinen guten Inhalt transportiert, zu unterscheiden.[177] Augustinus schließt mit eben dieser Aufforderung:

> Ihr seht also, meine Lieben, dass unsere körperlichen Sinne mit rechtmäßigen und unrechtmäßigen Vergnügungen ausgestattet sind. Die Rechtmäßigkeit soll uns derartig erfreuen, dass sie sogar die erlaubten Genüsse besiegt und wenn wir uns erfreuen, da wo es erlaubt ist, soll die Rechtmäßigkeit dem Genuss vorangehen.[178]

Augustinus ist sich darüber im Klaren, dass die Lieder und Gesänge der Theatermusik als ebenso schön wie die der christlichen Kirche wahrgenommen werden können. Vor dieser Gefahr warnt er auch in *De doctrina christiana*, indem er die Worte des Propheten Amos *Ihr singt zur Stimme des Psalters* (Am 6,5–6) auslegt:

> Nach den Worten: *Ihr singt zur Stimme des Psalters* mildert er den Schwung seiner Anklage in wunderbarer Anmut. Da Musik ja weise von Weisen ausgeübt werden kann, spricht er nun nicht zu jenen, sondern über jene, um uns zu ermahnen, die Musik des Weisen von der Musik des Schwelgers zu unterscheiden.[179]

Auch hieran wird deutlich, dass der Mensch lernen muss, zwischen moralisch guter und schlechter Musik zu unterscheiden, wenn er rechtmäßig leben will. Schon in der Aufforderung Augustins, die er in *De doctrina christiana* ausspricht, schwingt diese Überzeugung mit: Sofern der Mensch über die Fähigkeit verfügt, gut und schlecht zu beurteilen,

---

176 Vgl. dazu auch Aug. mus. VI,II,3: Aures quippe non aliter bonis sonis quam malis patent. „Die Ohren stehen selbstverständlich guten Klängen nicht anders offen als schlechten." (Text und Übers. F. Hentschel). Ebenso auch bezogen auf die kirchlichen Gesänge Aug. conf. X,33,49: nunc in sonis, quos animant eloquia tua cum suaui et artificiosa uoce cantantur, fateor, aliquantulum adquiesco, non quidem ut haeream, sed ut surgam, cum uolo. (Text CCL 27,181). „Auch heute, ich gebe es zu, höre ich den Gesang, den deine Worte beleben, mit ein wenig Wohlbehagen, wenn eine angenehme und ausgebildete Stimme ihn vorträgt. Aber Ketten legen sie mir nicht mehr an; ich kann aufstehen und gehen, wenn ich will." (Übers. K. Flasch).

177 Diese Frage danach, ob der Klang von Musik und Gesang an sich gut ist, stellt ein immer wiederkehrendes Thema in den Schriften Augustins dar, vgl. bes. Aug. conf. X,33,49 (Text in Fn. 176).

178 Aug. serm. 159,2: uidetis ergo, charissimi, esse in istis corporis sensibus licitas et illicitas delectationes. iustitia sic delectet, ut uincat etiam licitas delectationes; et ei delectationi qua licite delectaris, praepone iustitiam. (Text PL 38,868/9).

179 Aug. doctr. christ. IV,7,19: ubi cum dixisset: *qui canitis ad uocem psalterii*, quoniam potest exerceri sapienter a sapientibus musica, mirabili decore dicendi inuectionis impetu relaxato et non ad illos, sed de illis iam loquens, ut nos musicam sapientis a musica luxuriantis distinguere commoneret. (CCL 32,130. Übers. K. Pollmann, dort IV,VII,19,55).

kann er auch die Wissensgegenstände der Heiden unbedenklich nutzen.[180] In genannter Stelle bezeichnet die Musik des Weisen die Lieder des Psalters. Die Musik des Schwelgers aber, der das Vergnügen gegenüber der Vernunft bevorzugt, sieht Augustinus auch in den verderblichen Liedern des Theaters gegeben:

> Welcherlei nämlich ist das Leben, wenn man keine Lust verspürt? Oh, was für ein angenehmes Leben! Das Vergnügen ist natürlich angenehm für die Lust, das ist wahr, und die Menschen würden nicht danach streben, wenn es nicht angenehm wäre. Das Theater, die Spektakel, die aufreizenden Dirnen, die schmutzigsten Lieder, all diese Dinge sind der Lust angenehm, ganz offensichtlich angenehm, erfreulich reizvoll.[181]

Diese Lieder des Theaters sind wie die anderen dortigen Vergnügungen aus der Lust geboren, die es gilt, abzulehnen und abzulegen. Wieder verweist Augustinus auf die enge Verbindung der Lust mit dem Vergnügen, welches innerhalb der Unterhaltung einer unbedarften Person häufig auch unbemerkt in die Seele einsickert. An vielen anderen Stellen seiner Predigten warnt Augustinus vor diesem Singen ohne Verstand. Eine Schlüsselrolle kommt dabei der zweiten Predigt zum 18. Psalm zu. Darin unterstreicht Augustinus, dass der Mensch, entgegen Papageien und anderen Vögeln, von Gott den Verstand bekommen hat, um zu verstehen, was er spricht und singt.[182] In dieser Hinsicht kritisiert er die Sänger der Theater umso schärfer, da sie, besonders aufgrund der schlechten Inhalte ihrer Lieder, diese umso mehr in der Darbietung genießen würden. Damit weist er den Sängern des Theaters ein hohes Maß an Immoralität und Verdorbenheit zu, welches sie über den Gesang transportieren:

> Und bedenke nur wie viele Üble und Ausschweifende es gibt, die auf diese Weise singen: Was sie singen ist eins mit ihrem Geist und Herzen; wir wissen das und bedauern es! Noch schlimmer daran ist, dass sie sehr wohl wissen, wovon sie singen. Sie wissen nämlich, dass ihre Liedchen von schändlichen Dingen handeln, und je

---

180 Vgl. die ähnliche Stelle in Aug. doctr. christ. II,18,28: ...nos tamen non propter superstitionem profanorum debemus musicam fugere, si quid inde utile ad intellegendas sanctas scripturae rapere potuerimus. (Text CCL 32,53). „...trotzdem müssen wir nicht wegen des Aberglaubens der Heiden die Musik vermeiden, wenn wir von dort etwas Nützliches für das Verständnis der Heiligen Schrift entnehmen können." (Übers. K. Pollmann; dort II,28,71). Zwar bezieht sich diese Stelle vielmehr auf die wissenschaftlichen Inhalte der Musik(theorie), zeigt aber dennoch auf, wie wesentlich die christliche Differenzierungsfähigkeit von Augustinus gefordert wird. Vgl. dazu auch Kapitel 6.3.1 (Zu Augustins Musikanschauung), 283–297.

181 Aug. serm. 153,10: qualis enim uita est, non concupiscere? o uita dulcis! dulcis est quidem uoluptas concupiscentiae; uerum est, nec cum homines sequerentur, nisi dulcis esset. theatrum, spectaculum, meretrix lasciua, turpissima cantilena, dulcia sunt ista concupiscentiae; dulcia plane, suauia, delectabilia. (Text PL 38,830,37).

182 Vgl. Aug. en. ps. 18,2,1. Zur Stelle und Textangabe vgl. 6.1.3 (Die ideale christliche Musikpraxis), 260–265, Fn 139.

schmutziger das Thema ist, desto mehr genießen sie es davon zu singen, denn je
verkommener sie sind, desto glücklicher schätzen sie sich selbst.[183]

Die Theatersänger also genießen die unzüchtigen Inhalte ihrer Lieder und verhalten sich
dabei nicht nur hinsichtlich ihres eigenen Seelenheils bedenklich: die Gefährdung anderer und das Verderben unbedarfter Seelen, so stellt es Augustinus dar, ist ihnen damit ein
besonderes Anliegen. Sie werden also gleich doppelt hinsichtlich ihrer moralischen Verderbtheit überführt. Auch der Gesang bei Gastmählern und Festen wird von Augustinus
diesbezüglich kommentiert, da dieser im Rahmen von Geselligkeit und Trunkenheit eine
besondere Gefahr darstellen könne. In der Auslegung des Psalms *Man redet über mich in
der Versammlung am Tor, von mir singen die Zecher beim Wein* (Ps 68,13) erläutert Augustinus das Verhalten der trunkenen Sänger. Diese hätten nicht nur zur Zeit des Psalmisten
existiert und über Christus gespottet, auch in der jetzigen Zeit stünden den Dienern Gottes diese spottenden Sänger gegenüber:

> *Man redet über mich in der Versammlung am Tor. Am Tor,* dieses meint nichts ande-
> rens als in öffentlichen Plätzen. *Und von mir singen die Zecher beim Wein.* Könnte
> dies, meine Brüder, nur Christus zustoßen? Nein, täglich stößt dieses seinen Glau-
> bensbrüdern zu. Wann immer es für einen Diener Gottes notwendig sein möge,
> Trunkenheit und Ausschweifung in einem Ort oder in einem Dorf zu verbieten,
> wo Gottes Wort noch nicht gehört wurde, werden die Trinker nicht nur singen; sie
> werden anfangen Lieder zu erfinden, welche genau die Person verunglimpfen, die
> versucht, ihr Singen zu behindern.[184]

Dabei verkörpern die spottenden Sänger in der Auslegung Augustins die Öffentlichkeit,
die ablehnend auf die Christen reagiert. Die Sänger erdichten neue Gesänge und Verse,
um die Diener Gottes zu diffamieren, die die ausgelassenen Feiern und Versammlungen
zugunsten der Tugend eindämmen wollen. Der Gesang in Kombination mit Trunkenheit ist also Träger von Spott und Ablehnung. Die Kritik Augustins richtet sich hier zum
einen gegen die Feiern und Ausgelassenheit selbst, die der heidnischen Kultur entspringen, zum anderen aber auch gegen die Mitglieder der Gemeinden, die diese Feiern weiter
fortführen wollen, wie der Brief an den Bischof Alypius von Thagaste über die Unterbin-
dung der Gastmähler am Fest des heiligen Leontius deutlich macht:

---

183 Aug. en. ps. 18,2,1: et quam multi mali et luxuriosi sic cantant digna auribus suis et cordibus,
    nouimus et dolemus. eo enim peiores sunt, quo non possunt ignorare quod cantant. sciunt enim
    se cantare flagitia, et tamen cantant tanto libentius, quanto immundius; quoniam tanto se putant
    laetiores, quanto fuerint turpiores. (Text CCL 38,105).
184 Aug. en. ps. 68,1,16: *aduersus me insultabant qui sedebant in porta. in porta,* nihil aliud quam in pu-
    blico. *et in me psallebant qui bibebant uinum.* putatis hoc, fratres, Christo tantummodo contigisse?
    quotidie illi in membris eius contingit. quando forte necesse erit seruo dei prohibere ebrietates et
    luxurias in aliquo uel fundo uel oppido, ubi non auditum fuerit uerbum dei, parum est quia can-
    tant, insuper et in ipsum incipiunt cantare, a quo prohibentur cantare. (Text CCL 39,914).

Nach deiner Abreise wurde uns nämlich berichtet, (wovon auch schon während deiner Anwesenheit die Rede ging) es sei eine große Aufregung unter den Leuten, weil sie sich jene Feierlichkeit nicht verbieten lassen wollten, die sie zwar eine Freudenfeier nennen, die in Wahrheit aber nur ein Trinkgelage ist.[185]

Augustinus beschließt die Auslegung des Ps 68,13 indem er den Vergleich zwischen der unangebrachten Prasserei der Menschen und dem Fasten Christi zieht. Die Zecher singen, so Augustinus, da sie „den Wein des Irrtums, den Wein der Gottlosigkeit, den Wein des Hochmuts"[186] getrunken haben. Diese Überzeugung zeigt Augustinus auch in der Predigt zum Fest des heiligen Johannes auf, welches er auf eine besondere Weise gefeiert sehen möchte:

Den Tag des heiligen Johannes wollen wir feiern [...] in aller Keuschheit, in aller Nüchternheit! Wenn jene staunend sehen, wie ihr mit ihren Freuden nichts gemein habt, kommen sie allmählich nach: und all jene Dinge werden veralten, werden untergehen [...] sie veralten, sie verschwinden: euer Glaube oder blosses Aufhören werden ihnen den Garaus machen. Wie viel sie auch Lärm schlagen, wie viel sie sich auch durch fleischliche Annehmlichkeit aufdrängen, wie viel sie auch gegen Christi Göttliches Schandlieder grölen und Tänze aufführen: sie sind doch heute schon seltener als gestern.[187]

Die hier von Augustinus angesprochenen Heiden sind seiner Meinung nach durch den zahlenmäßigen Zuwachs der Christen dem Untergang geweiht – ihre Bräuche können sich nicht mehr behaupten, ihr ausschweifendes Feiern, welches mit Gesang und Tanz einhergeht, kann gegenüber der christlichen nüchternen Festkultur nicht mehr überdauern. Aber nicht nur der Gesang der Heiden, auch ihre Instrumentalpraxis wird von Augustinus verurteilt. Dabei geraten neben der Kritik an Prozessionen unter Instrumentalmusik vor allem die Symposien in den ablehnenden Blick des Kirchenvaters. Da die Gastmähler

---

185 Aug. ep. 29,2: cum post profectionem tuam nobis nuntiantum esset tumultuari homines et dicere se ferre non posse, ut illa sollemnitas prohiberetur, quam laetitiam nominantes uinulentiae nomen frustra conantur abscondere [sicut etiam te praesente iam nuntiabatur...]... (Text CSEL 34,1,115).

186 Aug. en. ps. 68,1,16: comparate nunc illius ieiunium, et illorum uinum. *et in me psallebant qui bibebant uinum*, uinum erroris, uinum impietatis, uinum superbiae. (Text CCL 39,914). „Vergleicht also das Fasten jenes Mannes [Christus] und den Weingenuss jener anderen Männer. *Und von mir singen die Zecher beim Wein.* Sie trinken den Wein des Irrtums, den Wein der Gottlosigkeit, den Wein des Hochmuts."

187 Aug. sermo de post tractatum (= Morin): Sancti Iohannis diem celebraturi sumus, [...] cum tota castitate, cum tota sobrietate. Illi cum uos mirantur diuersos esse gaudiis suis, ita paulatim sequuntur: et illa omnia ueterescent, peribunt [...] ueterescunt, minuuntur: finientur, aut credendo, aut moriendo. quantumlibet perstrepant, quantumlibet carnali suauitati se inpendant, quantumlibet contra Christi diuinae cantica flagitiosa garriant et saltent: pauciores sunt hodie quam heri. (Text G. Morin (1913), 303).

sich durch die Verbindung von Luxus, Trunkenheit und ausgelassener Musik auszeichnen, werden sie von ihm den Übeln zugeschrieben:

> Zwischen diesen Übeln dennoch drängen die Menschen allerorts zu luxuriösen
> Banketten, Trunkenheit ist weit verbreitet, Gier gedeiht prächtig, laut erschallt
> anzüglicher Gesang, Orgeln, Tibiae, Leiern, Kitharai, Würfelspiel und viele unter
> schiedliche Arten von Musik und Spiel.[188]

Die Verbindung von Trunkenheit und ausgelassener Musik ist auch für Augustinus ein
Kennzeichen ausufernder Immoralität. So spielt nicht nur die Musik an sich, sondern vor
allem deren Fülle in Verbindung mit der Verderblichkeit der Gesänge eine Rolle: Neben
den aufreizenden Gesängen, die auch in der heidnischen Umwelt eine wichtige Rolle gespielt haben, beschreibt Augustinus an dieser Stelle eine Fülle an Instrumenten, die in
diesem Kontext erklingen können. Als tugendhaftes Gegenbeispiel aus der heidnischen
Welt führt Augustinus im 231. Brief den berühmten griechischen Staatsführer Themistokles als moralische Instanz an. Dieser habe auf einem Gastmahl das Lyraspiel verweigert
und sei deshalb ein Beispiel eines moralisch richtig handelnden Menschen. Augustinus
benennt Themistokles als *vir magnificus* seiner Zeit, wenngleich er sich den Anschein
geben möchte, dass er sich nicht recht an dessen Namen erinnern könne.[189] Folgenderma
ßen stellt er die Handlung des Themistokles dar:

> Als er sich weigerte die Leier beim Gastmahl zu spielen, so wie es bekannte und
> gelehrte Männer aus Griechenland zu tun pflegten, und diese ganze Art der An
> nehmlichkeiten verachtete, wurde er gefragt „Was nämlich erfreut dich zu hören?"
> Darauf, so wird gesagt, erwiderte er, „Lobreden auf meine Verdienste."[190]

In die Darstellung dieser Szene flicht Augustinus mit der Aufforderung zur Lobrede geschickt die Ablehnung der heidnischen Bildung mit ein.[191] Dies wird auch deutlich aus
der Überlieferung dieser Episode bei Cicero, der Themistokles in den *Tusculanen* ganz
anders bewertet:

---

188 Aug. ep. 199,11,37: inter quae tamen mala adhuc usque quaque frequentantur luxuriosa conuiuia,
     feruet ebriositas, auaritia grassatur, perstrepunt lasciui cantus, organa, tibiae, lyrae, citharae, tesserae, multa et uaria genera sonorum atque ludorum. (Text CSEL 57,276).

189 Vgl. Aug. ep. 231,3: erat enim secundum hoc saeculum uir magnificus. [...] si tamen hominis nomen uerum recolo,... (Text CSEL 57,505).

190 Aug. ep. 231,3: ...qui cum in epulis, quod clari et eruditi graeciae facere solebant, canere fidibus
     recusasset et ob hoc indoctior haberetur totumque illud iucunditatis genus aspernatus esset, dictum illi est: quid ergo audire te delectat? ad quod ille respondisse fertur: laudes meas. (Text CSEL
     57,505).

191 Vgl. zu dieser Episode auch Krämer (2007), 198f., der das Leierspiel als „vermeintlich unverzichtbare Bildung seiner [= des Themistokles'] Zeit" bezeichnet.

Zur höchsten Bildung rechneten die Griechen Saitenspiel und Gesang; darum soll auch Epameinondas, nach meinem Urteil der erste Mann von Griechenland, zum Saitenspiel trefflich gesungen haben. Und einige Jahre zuvor wurde Themistokles, da er bei einem Gastmahl die Leier ausschlug, für etwas ungebildet gehalten. Also blühten in Griechenland die Musiker, alle lernten Musik, und wer sie nicht verstand, dem fehlte nach der öffentlichen Meinung etwas an gehöriger Ausbildung.[192]

Cicero also beschreibt die Unbildung des Themistokles und lässt dessen Aufruf zum Lobpreis seiner herausragenden Taten für die Polis gänzlich aus. Plutarch hingegen erklärt den Zusammenhang in der Lebensbeschreibung des Kimon näher:

Der Dichter Ion erzählt, er habe in seiner Jugend, als er von Chios nach Athen gekommen war, mit Kimon bei Laomedon gespeist, und Kimon habe nach dem Trankopfer auf Bitten seiner Freunde nicht schlecht gesungen, wofür ihn alle Anwesenden gelobt hätten, dass er begabter und höflicher sei als Themistokles, der gesagt habe, er verstünde zwar weder zu singen noch die Kithara zu spielen, wisse aber einen Staat groß und mächtig zu machen.[193]

An der Darstellung des Themistokles kann man bei Augustinus erkennen, dass die Verweigerung des Lyraspiels auf dem Symposion nicht mehr für geringere Bildung steht, sondern dass eine Umdeutung des Spiels stattgefunden hat: Für Augustinus stellt Themistokles eine moralische Instanz dar, die sich insbesondere dadurch auszeichnet, dem musikalischen Spiel zu entsagen. Die Rezeption dieser Handlung aber in klassischer Zeit entspricht genau dem Gegenteil: Themistokles wird als nüchterner Staatsmann dargestellt, dem an Bildung und den Künsten nicht gelegen ist. Er ist ein Realpolitiker, der gerade dadurch die Tugenden und Werte seiner Gesellschaft und Zeit verleugnet. Für Augustinus hingegen stellt sich der Verzicht auf Musik zur Minderung der Unterhaltung positiv dar.

Auch die Musik der heidnischen Festkultur, die sich vornehmlich bei Prozessionen im öffentlichen Raum und bei privaten Festen zeigt, wird von Augustinus negativ bewertet: Die Prozessionen werden als *insania* bezeichnet, zudem sei es auch verrückt, dass die Spie-

---

192 Cic. Tusc. 1,4: summam eruditionem Graeci sitam censebant in neruorum uocumque cantibus; igitur et Epaminondas, princeps meo iudicio Graeciae, fidibus praeclare cecinisse dicitur, Themistoclesque aliquot ante annos cum in epulis recusaret lyram, est habitus indoctior. ergo in Graecia musici floruerunt, discebantque id omnes, nec qui nesciebat satis exultus doctrina putabatur. (Text und Übers. O. Gigon). Gigon übersetzt in *neruorum* anachronistisch mit Laute, hier wörtlich belassen.

193 Plut. Kim. 9: Συνδειπνῆσαι δὲ τῷ Κίμωνί φησιν ὁ Ἴων παντάπασι μειράκιον ἥκων εἰς Ἀθήνας ἐκ Χίου παρὰ Λαομέδοντι · καὶ τῶν σπονδῶν γενομένων παρακληθέντος ᾆσαι, καὶ ᾄσαντος οὐκ ἀηδῶς ἐπαινεῖν τοὺς παρόντας ὡς δεξιώτερον Θεμιστοκλέους · ἐκεῖνον γὰρ ᾄδειν μὲν οὐ φάναι μαθεῖν οὐδὲ κιθαρίζειν, πόλιν δὲ ποιῆσαι μεγάλην καὶ πλουσίαν ἐπίστασθαι. (Text Teubner/Tauchnitz. Übers. J. F. Kaltwasser). Zur Bedeutung des Musizierens der adligen Gäste bei Symposien im alten Griechenland vgl. auch Köster (2011), 99–104.

le noch Bestand hätten.[194] Stattdessen wünscht sich Augustinus, dass die Musik und Aufführungen in den Theatern beigelegt würden.[195] Über die private heidnische Festkultur
hören wir in der Auslegung zum 41. Psalm, dass der Brauch bestand, Instrumentalisten
und Sänger zur Unterhaltung vor dem Haus zu platzieren. Auch diese Musik zur Unterhaltung stachelt laut Augustinus die Gäste zu Immoralität an.[196]

Als Beispiel der Auseinandersetzung mit der Musik der Mysterienkulte ist wie schon
bei Euseb die Verehrung der Kybele zu benennen, die Augustinus im *Gottesstaat* näher
ausführt. Im siebten Buch erläutert Augustinus die Darstellung Varros über die verschiedenen Kulte und widerlegt ihre theologische Basis mit dem christlichen Glauben. Zunächst zitiert er Varro auch hinsichtlich der musikalischen Attribute der Mater Magna:

> Sie nennen sie die Große Mutter; ihre runde Schüssel [Tympanon] soll anzeigen,
> dass sie der Erdkreis ist, die Türme auf dem Haupt sind die Städte. Sitzend wird sie
> dargestellt, während sich alles um sie herum bewegt. [...] Der Schall der Zimbeln
> deutet auf den Lärm der Hände und der eisernen Geräte und auf all das Geräusch
> hin, das sich beim Bestellen des Ackers ergibt; sie sind deshalb aus Erz, weil die Al-
> ten, bevor das Eisen erfunden war, die Erde mit erzenem Gerät bebauten.[197]

Mit dem Tympanon und den Kymbala werden in diesem kurzen Auszug die zentralen
Musikinstrumente des Kybele-Kultes erwähnt. Varro stellt den Zusammenhang zum
Ackerbau und der Fruchtbarkeit des Bodens her und erklärt die Bedeutung der Bewegung
im Kult. Diese Aspekte werden von Augustinus wiedergegeben, so dass dem christlichen
Leser der Ursprung dieses Ritus verdeutlicht wird. Schritt für Schritt löst Augustinus im

---

194 Vgl. Aug. serm. 114B,14 (= Dolbeau 5,446): tanta adhuc uiget insania pomparum, tantis super-
     fluis inhiatur! non habet finem cupiditas. (Text REAug 39 (1993), 73–87). „Eine solche Masse
     folgt den unsinnigen Prozessionen, so viele lechzen nach diesen überflüssigen Dingen! Es gibt kein
     Ende der Wolllust."

195 Vgl. Aug. serm. 114 B,14 (= Dolbeau 5,446): securitas et quies, propter theatra et organa et tibias et
     pantomimos! (Text REAug 39 (1993), 73–87). „Sicherheit und Ruhe – wegen der Theater, Musik-
     instrumente, Tibiae und Pantomimen!"

196 Vgl. Aug. en. ps. 41,9: festa cum hic homines celebrant suae quoque luxuriae, consuetudinem ha-
     bent constituere organa ante domos suas, aut ponere symphoniacos, uel quaeque musica ad luxu-
     riam seruientia et illicientia. [...] natalitia, inquit, celebrant, nuptiae hic sunt, ut non uideantur
     inepta illa cantica, sed excusetur festiuitate luxuria. (Text CCL 38,467). „Wenn diese Menschen
     Feste feiern mit ihren Ausschweifungen, gibt es den Brauch, vor ihren Häusern Musikinstrumente
     oder einen Sängerchor aufzustellen und derartig eine Art von Musik bereitzustellen, die zum Ver-
     gnügen der Gäste diese zur Zügellosigkeit verleitet." [...] „Eine Geburtstagsfeier" sagt er, „feiern
     sie, oder es gibt eine Hochzeit", damit diese Gesänge nicht unschicklich erscheinen, sondern die
     Ausschweifung durch die festlichen Umstände gerechtfertigt sind."

197 Aug. civ. dei VII,24: eandem, inquit, dicunt Matrem Magnam; quod tympanum habeat, signifi-
     cari esse orbem terrae; quod turres in capite, oppida; quod sedens fingatur, circa eam cum omnia
     moueantur, ipsam non moueri. [...] cymbalorum sonitus ferramentorum iactandorum ac manu-
     um et eius rei crepitum in colendo agro qui fit significant; ideo aere, quod eam antiqui colebant
     aere, antequam ferrum esset inuentum. (Text CCL 47,205/6. Übers. C. Perl)

Anschluss daran die einzelnen Aspekte des Kultes aus ihrem Zusammenhang, um die theologische Grundlage der Verehrung des Ackers und der Fruchtbarkeit im Gegensatz zur eschatologischen Aussicht der Christen als unsinnig zu entlarven:

> Ob etwa die damit im Zusammenhang stehenden und diesem Ziel angeblich zustrebenden Attribute wie Schüssel, Türme, Verschnittene, irrsinnige Gliedererschütterungen, Zimbellärm und erdichtete Löwen: Ob sie irgend jemand das ewige Leben versprechen?[198]

Die Symbolkraft der Instrumente als Signal für den Kult kann an dieser Stelle recht deutlich abgelesen werden: Das Tympanon als das zentrale Symbol des Kultes, welches in jeder Abbildung der Kybele erscheint, steht auch hier an erster Stelle. Im Zusammenhang mit den Galli erwähnt Augustinus auch die Kymbala und ihr Klangvolumen, welches er als Lärm kennzeichnet. So spielten die Kymbala insbesondere beim Initiationsritus der Galli eine große Rolle, da sich diese unter dem ekstatischen Klang der Kymbala und Tympana entmannten.[199] Darüber hinaus führt Augustinus aber auch die Gesänge zu Ehren der Göttermutter an, die er selbst in seiner Jugend gehört hatte, als sie zu Ehren des Festtages von Schauspielern dargebracht wurden:

> Auch wir gingen einst als Jünglinge ins Theater und zu den gotteslästerlichen Schauspielen, wir sahen die Besessenen und hörten die Musikanten, wir ergötzten uns an den schändlichsten aller Spiele, die den Göttern und Göttinnen dargebracht wurden, der Jungfrau Caelestis und Kybele, der berecyntischen Allmutter. Am Festtag ihrer Reinigung wurden vor ihrer Liegestatt in aller Öffentlichkeit von niedrigsten Schauspielern Schandlieder gesungen, wie sie [...] selbst für die Mutter eines solches Komödianten zu anstößig gewesen wären.[200]

In der Erzählung vermischt Augustinus den Kybele-Kult und die Darstellungen des Theaters, um dadurch eine noch größere moralische Verderbtheit beider Einrichtungen zu erzielen. Daran anschließend fragt er provokativ: „Was sind dann Gotteslästerungen, wenn das Gottesdienste sind?"[201]

---

198 Aug. civ. dei VII,24: itane ad haec relata et hunc finem habentia tympanum, turres, Galli, iactatio insana membrorum, crepitus cymbalorum, confictio leonum uitam cuiquam pollicentur aeternam? (Text CCL 47,206. Übers. C. Perl).

199 Ausführlicher zur Rezeption des Kybele-Kultes, vgl. Kapitel 4.2.1 (Die Bewertung der paganen Kultmusik bei Euseb), 98–106.

200 Aug. civ. dei II,5: ueniebamus etiam nos aliquando adulescentes ad spectacula ludibriaque sacrilegiorum, spectabamus arrepticios, audiebamus symphoniacos, ludis turpissimis, qui diis deabusque exhibebantur, oblectabamur, Caelesti uirgini et Berecynthiae matri omnium, ante cuius lecticam die sollemni lauationis eius talia per publicum cantitabantur a nequissimis scaenicis, qualia, [...] immo uero qualia nec matrem ipsorum scaenicorum deceret audire. (Text CCL 47. Übers. C. Perl).

201 Aug. civ. dei II,5: quae sunt sacrilegia, si illa sunt sacra? (Text CCL 47. Übers. C. Perl).

In der Auslegung des 98. Psalmes spricht Augustinus mit einem Umzug einer Musi-
kergruppierung in der Stadt einen aktuellen Anlass an. Dieser habe, so sagt Augustinus,
absichtlich aufgrund des vorösterlichen Fastens der Christen stattgefunden.[202] Augustinus ruft die Gemeinde dazu auf, beim Fasten für die noch nicht zur Kirche Gehörenden
zu beten und Verständnis für sie zu haben, da auch die jetzigen Christen zuvor fehlgegan-
gen seien.[203] Er vergleicht dieses Verhalten mit einem Betrunkenen, der in seinem Zustand
nicht von sich abgestoßen sei, und einem Nüchternen, der die Trunkenheit des anderen
als abstoßend empfindet oder Mitleid für die Person aufbringt. So könnten die Heiden
ihre widerwärtigen Vergnügungen auf den Festen und bei den *spectacula* noch nicht als
solche erkennen, da sie davon trunken seien:

> Nimm eine Person, die die Freude in Gott schon erlebt hat, die ein ernsthaftes Le-
> ben führt und sich schon nach dem ewigen Frieden sehnt, den Gott versprochen
> hat: Wenn solch ein Beobachter jemanden zu musikalischer Begleitung tanzen
> sieht, dann ist er betrübter über das törichte Verhalten seines Gefährten als über
> das Delirium eines Verrückten.[204]

Die von Gott bereits inspirierte Person übernimmt hier also die Rolle der nüchternen
Person, die Mitleid empfindet für die, die noch nicht zu Gott gefunden hat. Die Lösung
im Umgang mit diesen Personen liegt für Augustinus im Ratschlag des Gebetes für diese.
Auch hier greift er zu einem musikalischen Vergleich und sagt, dass die Menschen, die ja
die Klänge der Musikinstrumente um ihrer selbst schätzen und lieben, Gottes Stimme
umso lieblicher wahrnehmen müssen:

> Wenn wir die Wenigen betrachten, die noch immer wie verrückt ihren verdorbe-
> nen, abartigen Vergnügungen auf ihren Feierlichkeiten nachgehen, beten wir für
> sie zu Gott, damit diejenigen die Freude am Klang von Musikinstrumenten haben,
> noch viel mehr Freude am Klangs von Gottes Stimme haben. Es ist nämlich nicht
> möglich, dass vernunftlose Klänge die Ohren erfreuen, und das Wort Gottes das
> Herz nicht erfreut. Aber deshalb wollen wir für jene beten, einmal an jenen Feier-

---

202 Vgl. Aug. en. ps. 98,5: putatis enim, fratres, quia illi quorum hesterno die organa concrepabant,
     non irascuntur de ieiuniis nostris? (Text CCL 39,1381/2). „Glaubt ihr nämlich, Brüder, dass jene,
     weil sie ja am gestrigen Tag ihre Instrumente erschallen ließen, nicht zornig wurden über unser
     Fasten?"
203 Vgl. Aug. en. ps. 98,5: ergo si nouimus mala illorum, quia de ipsis malis et nos liberati sumus, dole-
     amus illos. (Text CCL 39,1382). „Wir aber wissen, dass jene Schlechtes tun, weil wir selbst Schlech-
     tes kennen und davon befreit sind; deshalb lasst uns jene bedauern."
204 Aug. en. ps. 98,5: da hominem qui iam iucundatur in deo, uiuit grauiter, suspirat in illam pacem
     aeternam quam illi promisit deus; et uide quia quando respexerit hominem saltantem ad organum,
     plus illum dolet insanientem, quam phreneticum febrientem. (Text CCL 39,1382).

tagen wollen wir für sie fasten, so dass sie in sich selbst ein viel auffälligeres Erlebnis finden können.[205]

Die Musikinstrumente werden also von den heidnischen Menschen als klanglich schön wahrgenommen und sind ein Vergnügen für die Ohren. Der Klang der Instrumente aber sei *sine ratione*, da er als wortlose Musik keine Verbindung zur Ratio herstellen könne. Deutlich stellt sich heraus, dass für Augustinus die textgebundene Musik an erster ästhetischer Stelle steht, so dass es für ihn undenkbar scheint, dass Gottes Stimme von jemandem als nicht lieblicher wahrgenommen werden könne. Diese Annahme fusst zum einen darauf, dass es sich bei Gottes Stimme um die höchste Instanz der Welt und dadurch um die Schöpfung selbst handelt, zum anderen aber darauf, dass nur sie Inhalt und Ratio transportiert, wie es sprachlosen Instrumenten nicht möglich sei. Generell äußert Augustinus damit, dass der Mensch, der Musik an sich mag, sich Gott nicht verschließen kann, da Gottes Wort die süßeste Musik darstelle.[206]

Zusammenfassend kann man festhalten, dass Augustinus die Musik der ihn umgebenden heidnischen Umwelt stärker hinsichtlich des Vokalen kommentiert. Die Gesänge und Lieder der Schauspiele erfahren dabei die größte Beachtung, ihnen nachgestellt sind die Gesänge im Kontext der Symposien. Deutlich wird, dass Augustinus um die Wirkung der Gesänge an sich weiß und die Christen ganz konkret davor warnen möchte, sich ihnen hinzugeben. So transportiert er die Botschaft, dass es im Alltag von größter Bedeutung ist, eine Differenzierungsfähigkeit zu erlernen, da die Musik an sich bei gutem Vortrag immer Wohlbehagen auslöst. Die Musikpraxis der umgebenden Kulte wird nur für Kybele herausgearbeitet, so dass zu vermuten ist, dass dieser Kult noch eine starke Anziehungskraft ausübt. Die reiche Vokalpraxis der konkurrierenden Manichäer hingegen wird von Augustinus kaum kommentiert, vielmehr widerlegt er die theologischen Grundsätze anhand der Beziehung der Manichäer zu dem Musikinstrument Tympanon. Es bleibt offen, ob und wie Augustinus die manichäischen Hymnen rezipiert hat, da sich dazu auch in seinen Frühschriften keine Aussagen finden, so dass es scheint, als seien die

---

205 Aug. en. ps. 98,5: ideo per dies festos ipsorum, quia uidemus eos qui reliqui facti sunt, insanire adhuc in uoluptatibus suis malis et peruersis, rogamus pro illis deum, ut qui delectabiliter audiunt organum, delectabilius audiant uocem dei. non enim quod sonat sine ratione delectat aurem, et uerbum dei non delectat cor. sed ideo pro illis oramus, quando diebus illorum festis non ieiunamus, ut fiant sibi ipsi spectaculum. (Text CCL 39,1382).

206 Vgl. dazu auch die Äußerung Augustinus in Aug. lib. arb. 2,13,8: multi beatam uitam in cantu uocum et neruorum et tibiarum sibi constituunt, et cum ea sibi desunt se miseros iudicant, cum autem adsunt efferuntur laetitia: et nos cum mentibus nostris sine ullo strepitu, ut ita dicam, canorum et facundum quoddam silentium ueritatis inlabitur, aliam beatam uitam quaerimus et tam certa et praesente non fruimur? „Für viele besteht das glückselige Leben im Gesang und im Klang der Saiten und Tibiae, und wenn ihnen diese fehlen, halten sie sich für unglücklich, aber wenn sie diese haben, lassen sie sich vor Freude hinreißen. Und wenn das melodienreiche und beredte Schweigen der Wahrheit ohne jeden Lärm – um es so auszudrücken – in unsere Geister einströmt, sollen wir dann noch ein anderes glückseliges Leben suchen, und dieses so sichere und gegenwärtige nicht genießen?" (Text und Übers. J. Brachtendorf).

ambrosianischen Hymnen von größerem Nachhall für ihn geblieben oder als wolle er den Christen nicht von den manichäischen Hymnen berichten.

6.3 „Gut ist das Lied im Rhythmus seiner Töne..." (Trin. VIII,3,4)[207] – Augustinus über den Stellenwert der Musiktheorie und die Wahrnehmung von Klang und Rhythmus

Die legitime Beschäftigung des Christen mit der Musikkultur im abstrakten, also theoretisch-rezeptiven als auch im praktischen, ausübenden Sinn wird von Augustinus an vielen Stellen seines Schrifttums betont. So unterstreicht er in seiner Schrift *De doctrina christiana* (nach 395),[208] dass der Christ auch von der heidnischen Bildung profitieren dürfe, sofern diese das Verständnis der biblischen Schriften erleichtere. Dass damit in der Reihe der mathematischen Wissenschaften auch die Musiktheorie gemeint ist, zeigt die hohe augustinische Wertschätzung des heidnischen Bildungskanons auf, den er selbst vermittelt bekommen hat.[209] Dieser setzt sich aus den literarischen (Grammatik, Rhetorik, Dialektik) und den mathematischen Wissenschaften (Arithmetik, Geometrie, Astronomie, Musik), aus Trivium und Quadrivium, zusammen.[210] Die Musik als mathematische Fachdisziplin ist damit losgelöst von ihren musikpraktischen Inhalten und wird als Wissenschaft der Zahlverhältnisse zwischen Tönen und Harmonien behandelt. So interessiert sich Augustinus als Grammatiker auch stark für die mathematische Wissenschaft von der Musik, da auf ihn insbesondere die Zählbarkeit und strukturelle Form der Musik einen intellektuellen Reiz ausübt.[211] In der Auswertung der Schriften Varros, der auch

---

207 Aug. trin. VIII,3,4: et bonum carmen canorum numeris... (CCL 50,272. Übers. J. Kreuzer).

208 Drecoll (2007), 255 datiert auf der Grundlage werkimmanenter Angaben: Das erste Buch bis 3,35 ist sicherlich nach der Bischofsweihe entstanden, die auch nicht sicher datiert werden kann, aber vermutlich nach 395 stattgefunden hat. Buch 3,36–4 soll zeitgleich mit den *Retractationes* entstanden sein, es handelt sich also um ein spätes Werk.

209 In den *Confessiones* berichtet Augustinus, dass er als junger Mann die Wissenschaft Musik im Zuge der anderen freien Künste erlernt habe, vgl. Aug. conf. IV,16,30: quidquid de arte loquendi et disserendi, quidquid de dimensionibus figurarum et de musicis et de numeris sine magna difficultate nullo hominum tradente intellexi, scis tu, domine deus meus, quia et celeritas intellegendi et dispiciendi acumen donum tuum est. (Text CCL 27,55). „Was ich von der Kunst der Rede und des Vortrages, von Geometrie, Musik und Arithmetik alles ohne große Schwierigkeit und ohne Unterweisung verstanden habe, das weißt du, Herr, mein Gott, denn rasche Auffassungsgabe wie auch Verstandesschärfe sind dein Geschenk." (Übers. K. Flasch). Vgl. dazu bes. Marrou (1995), 205–236, der in Einzelabhandlungen die Kenntnisse Augustins hinsichtlich der sieben Künste untersucht.

210 Einführend zu den Einzelwissenschaften vgl. Marrou (1995), 3–41 (Grammatik); 43–91 (Rhetorik); sowie 163–203 (allgemeiner zu den sieben Künsten als Zyklus) und Sallmann (1997), 195–233; bes. 205 (zu den Fachwissenschaften mit weiterführender Literatur).

211 Es sei darauf verwiesen, dass Augustinus der *ars musica* einen besonderen Stellenwert im Rahmen der sieben Künste zuweist, indem er sie in der Reihenfolge an den Anfang des Quadriviums

in der Spätantike die zentrale Referenz der heidnischen Gelehrsamkeit darstellt, kommt Augustinus zu dem Schluss:

> Aber sei es, dass es sich so verhält, wie Varro berichtet, sei es nicht so, trotzdem müssen wir nicht wegen des Aberglaubens der Heiden die Musik vermeiden, wenn wir von dort etwas Nützliches für das Verständnis der Heiligen Schrift entnehmen können. Aber wir sollten uns nicht zu den Theaterpossen jener hinwenden, wenn wir etwas bezüglich der Kithara und anderer Instrumente erörtern sollen, was zur Erfassung des geistigen Sinnes beiträgt.[212]

Die klare Zweiteilung dieses Schlusses vollzieht sich für Augustinus in der Teilung der Musik in Theorie und Praxis, wobei er erstere für gut befindet und zweitere hinsichtlich ihrer Instrumentalpraxis ablehnt, da die in den Theatern erklingenden Musikinstrumente keinerlei Wissenszuwachs in theoretischer Sicht vermitteln könnten. In dieser Beschreibung der Dualität der Musik folgt Augustinus einer langen Tradition, die er auch in seiner grammatischen Schrift *De musica* aufzeigt.

6.3.1 Zu Augustins Musikanschauung in seinem Schrifttum und den Büchern I und VI von *De musica*

Im Vordergrund des Nachdenkens über und Erfahrens von Musik steht für Augustinus die Vokalpraxis. Deren übergeordneter ästhetischer Sinn liegt für ihn in der Textgebundenheit, da die Vernunft durch den Wortsinn übertragen werde. Deshalb ist es an erster Stelle notwendig, das Sprechen vom Singen abzugrenzen, wie es Augustinus in seinem

---

platziert. Damit unterstreicht er nach Darmstädter (1996), 43 seine Auffassung von der Musik als Vermittler zwischen den literarischen und mathematischen Wissenschaften. Hübner (1993), 365–367, weist darauf hin, dass Augustinus durch diese Positionierung die von Platon postulierte Wahrnehmung vom Abstrakten zum Sinnlichen umkehrt. Damit strebe er, wohl beeinflusst von neuplatonischen Vorstellungen, „einen stufenweisen Aufstieg vom Sinnlichen zum Intelligiblen" an. Die Reihenfolge lautet danach: Grammatik – Dialektik – Rhetorik; Musik – Geometrie – Astronomie – Arithmetik, vgl. Aug. ord. II,12,35–15,43.

212 Aug. doctr. christ. II,18,28: sed siue ita se habeat, quod Varro retulit, siue non ita, nos tamen non propter superstitionem profanorum debemus musicam fugere, si quid inde utile ad intellegendas sanctas scripturae rapere potuerimus. nec ad illorum theatricas nugas conuerti, si aliquid de citharis et de organis, quod ad spiritalia capienda ualeat, disputemus. (Text CCL 32,53. Übers. K. Pollmann; dort II, XVIII,28,71). Zu dieser Haltung auch die Frühschrift *De ordine,* worin Augustinus davor warnt, dass die Aneignung der Bildung (in diesem Fall konkret von Musik, Geometrie, Astronomie) maßvoll vonstatten gehen müsse, vgl. Aug. ord. II,5,14: talis enim eruditio, si quis ea moderate utatur – nam nihil ibi quam nimium formidandum est – talem philosophiae militem nutrit uel etiam ducem, ... (Text CSEL 63,156). „Die Ausbildung in ihnen kann unter der Voraussetzung, dass man maßvoll mit der durch sie erworbenen Bildung umzugehen weiß – denn vor nichts muss man sich in diesem Bereich mehr hüten als vor dem ‚Zuviel' – zu einem solchen Streiter und sogar Vorkämpfer der Philosophie erziehen..." (Übers. E. Mühlenberg).

philosophischen Spätdialog *De magistro* (388/390) unternimmt. Dieser entspinnt sich zwischen Augustinus und seinem Sohn Adeodatus. Der wesentliche Unterschied zwischen Sprechen und Singen, so arbeitet Augustinus darin mit Adeodatus heraus, liegt in der Zugabe einer Melodie zu den Worten. Die Worte hingegen, also das Sprechen selbst, sind motiviert von Aspekten des Lehrens oder Lernens. Das ergötzende Moment des Singens wird somit an der Melodieführung festgemacht.[213] Dadurch unterscheidet sich das Sprechen vom Singen hauptsächlich:

> Da die Melodie nun einmal den Worten hinzugefügt, aber auch unterlassen werden kann, ist Sprechen etwas anderes als Singen. Man ‚singt' nämlich auch mit der Tibia und mit der Kithara, und auch die Vögel singen, und wir lassen bisweilen ohne Worte eine Melodie erklingen, was man Gesang, aber nicht Sprechen nennen kann.[214]

Dass der Gesang unter den musikalischen Äußerungsmöglichkeiten die führende Rolle einnimmt, bestätigt Augustinus auch in *De ordine* (Ende 386).[215] In dieser Schrift definiert Augustinus die Klänge als dreigestaltig, so dass sie in ihrer Qualität abhängig von der Art ihrer Erzeugung sind.[216] Dabei legt Augustinus die Reihenfolge Stimme – Blasen – Schlagen aufgrund der Art der Tonerzeugung fest und ordnet ihr die jeweiligen Instrumente zu:

> Es könne die Stimme eines Lebewesens sein oder der Ton, den das Blasen eines Blasinstrumentes macht, oder einer, der durch Anschlagen erzeugt wird. Die erste Art fände sich bei Schauspielern der Tragödie und Komödie und den Choristen jeder Art, und überhaupt bei allen, die mit ihrer eigenen Stimme vortrügen; die zweite Art von Tönen schriebe man Tibiae und ähnlichen Instrumenten zu; zur dritten Art rechne man die Kithara, die Leiern, die Zimbeln und alles, was zu klingen beginne, wenn man darauf schlage.[217]

---

213   Vgl. Aug. mag. I,1: sed nonne adtendis id, quod te delectat in cantu, modulationem quandam esse soni? (Text CCL 29,158). „Aber merkst du nicht, dass das ergötzende Moment beim Gesang eine gewisse Melodieführung ist?" (Übers. G. Weigel). Vgl. den Gegensatz zu Aug. mus. 6,10: nur die Gleichheit der Maße bringt Ergötzung in der Musik oder auch Aug. mus. 6,2: Hören an sich ist klingende Zahl.

214   Aug. mag. I,1: quae quoniam uerbis et addi et detrahi potest, aliud est loqui, aliud cantare; nam et tibiis et cithara cantatur, et aues cantant, et nos interdum sine uerbis musicum aliquid sonamus, qui sonus cantus dici potest, locutio non potest. (Text CCL 29,158. Übers. G. Weigel). Einen wesentlichen Aspekt bei der Unterlegung des Textes mit der Melodie sieht Augustinus im Erinnern, welches für ihn eine Art des Lehrens darstellt. Vgl. dazu Aug. mus. I,4 und weiter unten.

215   Vgl. Drecoll (2007), 253.

216   Die Schrift *De ordine* entsteht im Kontext des Rückzuges nach Cassiciacum am Ende des Jahr 386, das Jahr der Konversion und Taufe des Augustinus. Darüber berichtet er in Aug. retr. I,3. Vgl. auch das Datierungsverzeichnis in Drecoll (2007), 253 sowie zur Schrift selbst Drecoll (2007), 265f.

217   Aug. ord. II,14,39: ...aut in uoce animantis aut in eo, quod flatus in organis faceret, aut in eo, quod pulsu ederetur; ad primum pertinere tragoedos uel comoedos uel choros cuiuscemodi atque omnes

In diesem Abschnitt lässt Augustinus die Vernunft sprechen, die erkennt, dass die Ohren für die Laute zuständig und diese dreigestaltig sind. Diese Festlegung auf eine Hierarchie der Tonerzeugung findet man auch in der Auslegung des 150. Psalmes und in *De doctrina christiana*. Dort berichtet Augustinus über die gleiche Zuordnung unter Rückgriff auf eine Aussage Varros, die im Zusammenhang mit der Entstehungslegende der neun Musen steht:

> ...jeder Klang, aus dem der Stoff der Gesänge besteht, ist der Natur nach dreigestaltig. Entweder wird er nämlich durch die Stimme hervorgebracht, wie es für jene typisch ist, die mit den Kehlen ohne Instrumentalbegleitung singen, oder durch Blasen, wie von Trompeten und Tibiae, oder durch Schlagen, wie bei Kithara, Leiern, Handtrommeln und anderen Instrumenten dieser Art, die durch Anschlagen einen Klang erzeugen.[218]

Hier werden die Akteure, anders als in der früheren Schrift *De ordine*, nicht näher benannt, auch erwähnt Augustinus nicht den Einsatzbereich derselben. Allerdings werden weitere Instrumente zugeordnet, die in der zuvor zitierten Stelle fehlen; so kommen Trompete und Tympana hinzu. In dem Ausschnitt der Auslegung des 150. Psalmes verweist Augustinus im Allgemeinen auf die Musiker als Urheber dieser Konzeption, die von der Dreiheit der Klänge berichtet:

> Musiker sagen uns – und es ist tatsächlich offensichtlich, wenn wir darüber nachdenken – dass es drei Arten von Klängen gibt: Diejenigen, die von der Stimme, dem Durchzug der Luft, oder durch Anschlagen erzeugt werden. Klang wird einzig durch die Stimme hervorgerufen, wenn jemand ohne Begleitung singt, indem Mund und Luftröhre benutzt werden. Er wird hervorgerufen durch das Blasen und den Durchzug von Luft, wenn jemand Tibia oder ein ähnliches Instrument spielt. Und er wird hervorgerufen durch das Anschlagen beim Spielen der Kithara oder anderen Instrumenten ähnlicher Art.[219]

---

omnino, qui uoce propria canerent, secundum tibiis et similibus instrumentis deputari, tertio dari citharas lyras cymbala atque omne, quod percutiendo canorum esset. (Text CSEL 63,175. Übers. E. Mühlenberg).

218   Aug. doctr. christ. II,17,27: ...omnem sonum, quae materies cantilenarum est, triformem esse natura. aut enim uoce editur, sicuti eorum est, qui faucibus sine organo canunt, aut flatu sicut tubarum et tibiarum aut pulsu sicut in citharis et tympanis et quibuslibet aliis, quae percutiendo canora sunt. (Text CCL 32,52/3. Übers. K. Pollmann, dort II,17,27,70).

219   Aug. en. ps. 150,8: musici dicunt, et res ipsa manifesta est, tria esse genera sonorum; uoce, flatu, pulsu: uoce, ut est per fauces et arterias, sine organo aliquo cantantis hominis; flatu, sicut per tibiam, uel quid eiusmodi; pulsu, sicut per citharam, uel quid eiusmodi. (Text CCL 40,2196). Es sei darauf verwiesen, dass Augustinus in dieser späteren Quelle den Gedanken der Dreigestaltigkeit noch weiterdenkt, so das die Tonerzeugung mit der Stimme, dem Atem und dem Schlag allegorisch in Verstand, Geist und Körper umgedeutet werden. Der Schluss, den Eichhorn (1996), 323 zieht, indem er in dieser Allegorese die Trinität erblickt, drängt sich geradezu auf: Die Stimme als

Aus dieser zeitlich spätesten Quelle ergibt sich weiter, dass die unbegleitete Stimme allein Klang durch die Benutzung von Mund und Luftröhre produziert.[220] Über der Dreiteilung der Klänge aber steht für Augustinus die Zuordnung dieser zu einer Zeitspanne. Schon in der frühen Schrift *De ordine* lässt er die personifizierte Vernunft zu dem Schluss kommen, dass Takt und Metrik die Dominanten der Klänge seien.[221] Diese Übertragung von sinnlichem Klangerleben in die Rationalität eines Maßes ist für das Verständnis der musiktheoretischen und -ästhetischen Grundlagen des Augustinus von großer Bedeutung: Hören ist für ihn die Umsetzung von Zahlen in Klang.[222] Entgegen seiner Unterscheidung von Sprache und Singen bringt nicht ausschließlich die Beigabe der Melodie die *delectatio* beim Hören, sondern vornehmlich die Gleichheit der Maße, in der die Melodie schwingt.[223] Die Begründung dafür liege in der Herrschaft der Zahlen:

> Die Vernunft erkannte weiterhin, dass auf dieser vierten Stufe, sei es in den Rhythmen, sei es allein im Melodischen, die Zahlen herrschen und das Ganze vollenden. Sie untersuchte sehr sorgfältig, welcher Art sie seien; sie entdeckte, dass die Zahlen göttlich und ewig sind, besonders weil sie nur mit ihrer Hilfe alles Frühere in einen geordneten Zusammenhang hatte bringen können.[224]

---

die Stimme Gottes, der Atem als der heilige Geist und das *corpus* in Übereinstimmung mit dem *pulsus* als Christus, der gegeisselt wird oder Mensch geworden ist. Vgl. dazu auch Kapitel 6.4.3 (Perkussionsinstrumente), 311–314.

220 Ein ähnliches Bild zeichnet Augustinus auch im Vergleich des menschlichen Stimmapparats mit der Funktionsweise der Orgel, vgl. Aug. civ. dei XIV,24 sowie Kapitel 6.4.2 (Blasinstrumente), 308–311.

221 Vgl. Aug. ord. II,14,40: uidebat autem hanc materiam esse uilissimam, nisi certa dimensione temporum et acuminis grauitatis que moderata uarietate soni figurarentur. (Text CSEL 63,175). „Sie sah aber, dass die Töne ganz unbedeutend sind, wenn sie nicht durch ein bestimmtes Zeitmaß geformt und in einer wohl abgemessenen Mischung der Betonung vorgetragen würden." (Übers. E. Mühlenberg).

222 Vgl. Aug. ord. II,14,41: in hoc igitur quarto gradu siue in rhythmis siue in ipsa modulatione intellegebat regnare numeros totumque perficere. (Text CSEL 63,175). „Die Vernunft erkannte weiterhin, dass auf dieser vierten Stufe, sei es in den Rhythmen, sei es allein im Melodischen, die Zahlen herrschen und das Ganze vollenden." (Übers. E. Mühlenberg). sowie Aug. mus. VI,13,38: haec igitur pulchra numero placent, in quo iam ostendimus aequalitatem appeti. „Schönes also gefällt aufgrund der Zahl, in der, wie wir gezeigt haben, Gleichheit angestrebt wird." (Text und Übers. F. Hentschel). Vgl. dazu auch Horn (1994), 402, der in der von Augustinus entwickelten Zahlenästhetik die Grundlage für die Wahrnehmung alles Schönen sieht. Ähnlich auch Beierwaltes (1975), 140–157.

223 Vgl. Aug. mus. VI,10: sic agit, quid est, quod in sensibili numerositate diligimus? Num aliud praeter parilitatem quandam et aequaliter dimensa interualla? „Was ist es, was wir dann am sinnlich wahrnehmbaren Rhythmus schätzen? Doch nichts anderes als eine gewisse Gleichheit und einheitlich bemessene Abstände!" (Text und Übers. F. Hentschel).

224 Aug. ord. II,14,41: in hoc igitur quarto gradu siue in rhythmis siue in ipsa modulatione intellegebat regnare numeros totum que perficere; inspexit diligentissime, cuius modi essent; reperiebat diuinos et sempiternos, praesertim quod ipsis auxiliantibus omnia superiora contexuerat. (Text CSEL 63,175/6. Übers. E. Mühlenberg).

Die Zahlen also, da sie in Klang umgesetzt werden, bilden das Göttliche in der weltlichen Ordnung ab und schaffen dadurch überhaupt erst Ordnung.[225] Dennoch bietet die musische Kunst darüber hinaus auch durch ihre sinnliche Seite mehr, als die Vernunft bereitstellen kann. Innerhalb der Abhandlung *De ordine* stellt Augustinus anhand der sprechenden personifizierten Vernunft diesen Zusammenhang zum ersten Mal in seinem Schrifttum konzeptionell her:

> Und jetzt bedrückte es sie schwer, dass die herrliche Klarheit der Zahlen durch die körperliche Substanz der Töne überschattet wird. Und da einerseits das, was der Geist sieht, immer gegenwärtig ist und als unsterblich gilt – als so etwas erkannte sie auch die Zahlen –, andererseits aber der Ton, weil er eine sinnlich wahrnehmbare Sache ist, der vergehenden Zeit anheimfällt und nur im Gedächtnis weiterlebt, entstand die sinnvolle Trugvorstellung, dass die Musen die Töchter Iuppiters und der Memoria seien. Das ist der Grund, warum diese Disziplin die Bezeichnung musische Kunst erhielt, denn sie hat an der sinnlichen Wahrnehmung soviel Anteil wie an der Vernunft.[226]

Das göttliche Element der musischen Wissenschaft liegt also in der Zählbarkeit der Klänge, die wie auch die Zahlen über eine Körperlichkeit verfügen. Die Zahlen selbst bilden eine rein geistige Dimension der Vernunft ab. Der Klang ist dem entgegengesetzt eine sinnlich wahrnehmbare Angelegenheit, die von der zugrundeliegenden Zählbarkeit ablenkt. Dieser in *De ordine* entwickelte Ansatz über den Gehalt der musischen Kunst als Wissenschaft für Sinne und Verstand bildet die Grundlage für die sechs Bücher der Abhandlung *De musica*, die Augustinus im Zeitraum zwischen 387–390 verfasst. Die Aussage, dass aller Klang messbar ist, zeigt Augustins Verständnis von der gottgewollten Musik in der Welt auf, denn *musica est scientia bene modulandi*.[227] Diese Zuordnung der Musik

---

225 Dieser Gedanke wird auch für die anderen Wissenschaften vorformuliert, in deren Anlage Augustinus eine kosmische Ordnung erkennt, vgl. Aug. ord. II,5,14: iam in musica, in geometria, in astrorum motibus, in numerorum necessitatibus ordo ita dominatur, ut, si quis quasi eius fontem atque ipsum penetrale uidere desideret, aut in his inueniat aut per haec eo sine ullo errore ducatur. (Text CSEL 63,156). „Sogar in der Musik, in der Geometrie, in der Bewegung der Sterne und in der Folgerichtigkeit der Zahlenlehre herrscht die Ordnung so mächtig, dass, wenn man gleichsam ihre Quelle und ihr Innerstes zu sehen begehrt, man es in diesen Wissenschaften findet oder durch sie auf geradem Wege dorthin geführt wird." (Übers. E. Mühlenberg).

226 Aug. ord. II,14,41: et iam tolerabat aegerrime splendorem illorum atque serenitatem corporea uocum materia decolorari. et quoniam illud, quod mens uidet, semper est praesens et inmortale adprobatur – cuius generis numeri apparebant – sonus autem, quia sensibilis res est, praeterfluit in praeteritum tempus inprimiturque memoriae, rationabili mendacio iam poetis fauente ratione Iouis et Memoriae filias musas esse confictum est. unde ista disciplina sensus intellectusque particeps musicae nomen inuenit. (Text CSEL 63,176. Übers. E. Mühlenberg).

227 Aug. mus. I,II,2: „Musik ist die Kenntnis von der rechten Gestaltung" (Perl); „Musiktheorie ist die Kenntnis vom richtigen Abmessen" (Hentschel) und übermäßig interpretiert „Musik ist die Erkenntnis von der zahlhaften und ethisch angemessenen Gestaltung" (Eichhorn). Die Aussage, so überliefern es Cens. 10,3, Cassiod. inst. 2,5,2 und Isid. et. 3,15,1, stützt sich auf Varro.

als Wissenschaft vom rechten Abmessen verleiht ihr eine göttliche Dimension. Die Bedeutung des Rhythmus als Grundlage der musischen Kunst liegt in der Verbindung zu den Zahlen, die Augustinus als unsterblich und in der Seele als immer gegenwärtig gelten. Der Rhythmus gibt den Tönen erst ihren Halt, denn „gut ist das Lied im Rhythmus seiner Töne und dem Ernst seiner Gedanken."[228] Musik und Klang bestehen demnach aus theoretischer Sicht aus den zwei miteinander verbundenen Ebenen des Verstandes und der sinnlichen Wahrnehmung. Die genaue Zuweisung aber dieser beiden Aspekte zum Bereich der musischen Kunst ist Augustinus insbesondere im ersten Buch von *De musica* ein Anliegen. Darin beschäftigt er sich stark mit der Schere zwischen Praxis und Theorie, die eine Besonderheit der musischen Kunst darstellt und ihrerseits viele Probleme hinsichtlich ihres Wissenschaftsanspruches birgt. So fragt Augustinus seinen Schüler, ob und wie die Musikpraxis, die sich ja mehr im sinnlichen als im rationalen Bereich abspiele, dieser Kunst zuzuweisen ist. Dabei soll entschlüsselt werden, wie und ob die Nachahmung, also die Erinnerung körperlicher oder geistiger Art, als Fachkenntnis definiert werden kann. Dafür bedient er sich zweierlei Techniken: Zum einen beschäftigt er sich tiefergehend mit dem Begriffspaar des Abmessens und des richtigen Abmessens; zum anderen definiert er die Fachkenntnis. Hinsichtlich der Frage nach dem Unterschied zwischen Abmessen (*modulandi*) und dem richtigen Abmessen (*bene modulandi*) bringt Augustinus einen Vergleich aus der Praxis:

> Wenn etwa jemand ausgelassen sein will, indem er überaus süß singt und schön tanzt, während der Anlass Ernsthaftigkeit verlangt, dann gebraucht er die zahlhafte Abmessung durchaus nicht richtig, d.h. er bedient sich einer Bewegung falsch, also in unangebrachter Weise, obwohl die Bewegung selbst richtig genannt werden kann, weil sie zahlhaft ist.[229]

---

228 Aug. trin. VIII,3,4: et bonum carmen canorum numeris et sententiis graue. (Text CCL 50,272. Übers. J. Kreuzer). Ähnlich auch Aug. mus. I,XIII,27: ...delecteris numerositate, quam sentias, tametsi non possis numeros eius dimensionis edicere? „Jedenfalls ergötzt die Zahlhaftigkeit, die du wahrnimmst, selbst wenn du nicht die genauen Zahlen nachrechnen kannst." (Übers. C. Perl).

229 Aug. mus. I,III,4: ut, si quis suauissime canens et pulchre saltans uelit eo ipso lasciuire, cum res seueritatem desiderat, non bene utique numerosa modulatione utitur, id est ea motione, quae iam bona ex eo, quia numerosa est, dici potest, male ille, id est incongruenter utitur. (Übers. und Text F. Hentschel). Zu dieser Stelle vgl. auch die Feststellung in *De ordine*, dass Geist und Auge in ihrer Sinneserfahrung unmittelbar zusammen wirken, welche Augustinus anhand des Beispiels des Balletttänzers tätigt. Gleiches überträgt er auch auf den Gehörsinn, vgl. Aug. ord. II,11,34: hoc etiam in auribus facilius aduertitur; nam quidquid iucunde sonat, illud ipsum auditum libet atque inlicit; quod autem per eundem sonum bene significatur, nuntio quidem aurium sed ad solam mentem refertur. (Text CSEL 63,171/2). „Das kann man auch leicht am Gehör feststellen; denn was lieblich klingt, bereitet allein dem Gehör Genuss; was aber durch den Klang verdeutlicht werden soll, das wird zwar durch die Ohren übermittelt, bezieht sich aber nur auf den Geist." (Übers. E. Mühlenberg).

Damit postuliert Augustinus zunächst die Zahlhaftigkeit des richtigen Maßes – des *bene modulandi*. Danach aber verweist er darauf, dass die Erkenntnis der Zahlhaftigkeit der Abmessung noch nicht allein die richtige Abmessung charakterisiere: Die äußeren Umstände der Bewegung müssen ihr angemessen sein, damit die zahlhafte Abmessung rechtmäßig ist. Darin sieht Augustinus auch den wesentlichen Unterschied zwischen Sänger und Musiktheoretiker:

> Denn es ist zu beachten, dass Abmessung von jedem beliebigen Sänger beherrscht wird, sofern er sich nicht in den Ton- und Klangdauern irrt; dass richtige Abmessung aber nur jenem freien Lehrfach angehört, das Musiktheorie genannt wird.[230]

Der Sänger, der demnach massvoll richtig und auch klanglich richtig singt, ist noch lange kein Musiktheoretiker, da er nicht zwingend durch die richtige Darstellung der Ton- und Klangdauern die zugrundeliegende Zahl geistig durchdrungen habe.[231] Dies trifft nicht nur auf den Sänger, sondern auch auf den musikalisch Ungebildeten zu, wie Augustinus schon in *De ordine* äußert:

> Welcher gute Sänger, auch wenn er von der Wissenschaft der Musik nichts versteht, hält nicht dank seines natürlichen Harmoniegefühls beim Singen Rhythmus und Melodie, die er im Gedächtnis hat, richtig fest? Gibt es einen Vorgang, bei dem die Zahl eine größere Rolle spielt? So etwas weiß der Ungebildete nicht, beherrscht aber trotzdem die Kunst zum Beispiel des Singens oder des Sprechens: die Natur ist die treibende Kraft.[232]

Diese beiden Aussagen leiten direkt über zur weiterführenden Frage nach Fachkenntnis und Erinnerung. So fragt Augustinus seinen Schüler in *De musica*, ob nicht auch ein verstandloses Wesen wie der Vogel in der Lage sei, durch Erinnerungsvermögen die richtige Abmessung der Zahlen klanglich wiederzugeben. Daran anschließend definiert er die begriffliche Trias aus Nachahmung, Vernunft und Fachkenntnis:

---

230 Aug. mus. I,III,4: nam modulatio ad quemuis cantorem tantum, qui non erret in illis dimensionibus uocum ac sonorum, bona uero modulatio ad hanc liberalem disciplinam, id est ad musicam, pertinere arbitranda est. (Text und Übers. F. Hentschel).

231 Diese Aussage wird auch auf andere Musiker ausgedehnt, insbesondere auf diejenigen, die in den Theatern musizieren. Vgl. Aug. mus. I,IV,6–7.

232 Aug. ord. II,19,49: deinde quis bonus cantator, etiamsi musicae sit imperitus, non ipso sensu naturali et rhythmum et melos perceptum memoria custodiat in canendo, quo quid fieri numerosius potest? si nescit indoctus, sed tamen facit operante natura. (Text CSEL 63,181. Übers. E. Mühlenberg). Zur Erläuterung der Natur als treibende Kraft vgl. auch Aug. mus. I,V,10, worin Augustinus den Schüler zu der Erkenntnis führt, dass alles Hörempfinden von der Natur gespendet wird. Vgl. dazu die Erläuterung bei Horn (1994), 406, der bereits anhand von *De vera religione* aufzeigt, dass im Gesang der Vögel die zahlhafte Schönheit liegt, und einen Vergleich zur hier zitierten Stelle zieht.

> Und wenn jede Nachahmung Fachkenntnis ist und jede Fachkenntnis Vernunft, so
> ist jede Nachahmung Vernunft: Der Vernunft bedient sich aber kein vernunftloses
> Lebewesen, also besitzt es keine Fachkenntnis; dennoch besitzt es Nachahmungs-
> vermögen, und also ist Fachkenntnis nicht Nachahmung.[233]

Der Begriff der Nachahmung spielt hier die wesentliche Rolle in der Auseinandersetzung um die Kunst. Augustinus will verdeutlichen, dass viele Lebewesen durch Instinkt
oder von Natur aus in der Lage sind, Nachahmung zu betreiben, da diese hauptsächlich
durch den Körper verursacht wird, und dass diese Nachahmung nicht gleichgesetzt werden kann mit geistiger Durchdringung.[234] Ein letztes Mal befragt Augustinus als Lehrer
seinen Schüler zu diesem Sachverhalt:

> L: Also lässt du auf keinen Fall zu, dass die Wissenschaft von den Klängen der Sai-
> teninstrumente und der Tibiae Vernunft und Nachahmung zugleich zugeschrie-
> ben wird. Denn wie du zugestanden hast, gibt es jene Nachahmung nicht ohne den
> Körper; die Wissenschaft aber, hast du gesagt, komme nur dem Geist zu.
> S: Ich sehe ein, dass aus dem, was ich dir gegenüber zugegeben habe, dies folgt. Aber
> was tut dies zur Sache? Es wird doch auch der Tibia-Spieler Wissenschaft im Geist
> besitzen. Und auch wenn ihm die Nachahmung zukommt, von der ich behauptet
> habe, sie könne nicht ohne Körper sein, so wird sie ihm nicht entziehen, was er im
> Geist bewahrt.[235]

Der Schlussfolgerung des Schülers möchte Augustinus grundsätzlich gern zustimmen,
muss aber dazu anschließend noch äußern, dass nicht alle, die jene Instrumente spielen,
die Wissenschaft besitzen, wenngleich es sicherlich einige Musiker gäbe, die darüber verfügen könnten.[236] Generell aber beurteilt er die musiktheoretischen Kenntnisse prakti-

---

233 Aug. mus. I,IV,6: at si omnis imitatio ars est et ars omnis ratio, omnis imitatio ratio; ratione autem
     non utitur irrationale animal, non igitur habet artem; habet autem imitationem. non est igitur ars
     imitatio. (Text und Übers. F. Hentschel). Vgl. dazu auch Aug. ord. II,19,49: quando autem melior
     et pecoribus praeponendus? quando nouit, quod faciat. nihil aliud me pecori praeponit, nisi quod
     rationale animal sum. (Text CSEL 63,181/2). „Wann habe ich also ein besseres Sein als ein Tier und
     darf mich über es stellen? Wenn ich weiß, was ich tue. Nichts anderes stellt mich über die Tiere, als
     dass ich ein vernunftbegabtes Lebewesen bin." (Übers. E. Mühlenberg).
234 Der von Augustinus zum Vergleich herangezogene Vogel ist die Nachtigall (vgl. Aug. mus. I,IV,5).
     Mit diesem werden gemeinhin die Tibia- und Kitharaspieler gleichgesetzt, vgl. Aug. mus. I,IV,6.
     Eine ähnliche Auslegung auch in Aug. c. acad. I,7,20.
235 Aug. mus. I,IV,7: nullo modo igitur scientiam in sonis neruorum et tibiarum simul et rationi
     et imitationi tribuere sineris. illa enim imitatio non est, ut confessus es, sine corpore; scientiam
     uero solius animi esse dixisti. D. ex iis quidem, quae tibi concessi, fateor hoc esse confectum, sed
     quid ad rem? habebit enim et tibicen scientiam in animo. neque enim, cum ei accedit imitatio,
     quam sine corpore dedi esse non posse, adimet illud, quod animo amplectitur. (Text und Übers. F.
     Hentschel).
236 Vgl. Aug. mus. I,IV,7: nec ego affirmo eos, a quibus organa ista tractantur, omnes carere scientia,
     sed non habere omnes dico. „Und ich behaupte auch nicht, dass diejenigen, die jene Instrumente

scher Theatermusiker sehr abschätzig und spricht ihnen diesen Bildungsgrad ab.[237] Damit
zieht Augustinus eine klare Linie zwischen Theorie und Praxis in der Kunst der Musik,
die die Wissenschaft von der Musiktheorie über die Musikpraxis erhebt, selbst wenn die
Praktiker über Kenntnisse der Musiktheorie verfügten.[238]

Dennoch schreibt Augustinus den praktischen Musikern die Fähigkeit zu, im sinnlichen
Bereich die Menschen auch ohne Kenntnisse der Theorie verzaubern zu können:

> Aber überlege auch, ob jener Tibia-Spieler mit der sinnlichen Empfindung begabt
> ist. Wenn das so ist, kann er die Finger ihrem Urteil folgend genau bewegen, wenn
> er in die Tibia bläst, und was jener Einschätzung nach angenehm klang, kann er
> sich merken und dem Gedächtnis übergeben; und er kann durch Wiederholungen
> seine Finger daran gewöhnen, es ohne jegliche Verwirrung oder Fehlerhaftigkeit
> auszuführen [...] Wenn deshalb das Gedächtnis der Sinneswahrnehmung und die
> durch Praxis gefügigen und trainierten Glieder dem Gedächtnis folgen, singt er,
> wenn er will, desto besser und schöner, je mehr er sich in Bezug auf dasjenige aus-
> zeichnet, wovon uns die Vernunft eben lehrte, dass wir es mit den wilden Tieren
> gemein haben, nämlich die Neigung zur Nachahmung, die Sinneswahrnehmung
> und das Gedächtnis.[239]

Der Musiker kann also durch Nachahmung, Wahrnehmung und das Gedächtnis die
von ihm gespielte Musik reproduzieren. Auch kann er seine Fähigkeiten den äußeren Bedingungen durch Üben angleichen, sobald er die Ausrichtung des Publikums erkannt
hat.[240] Insbesondere der Aspekt des Gedächtnisses ist eng verwoben mit dem Begriff des

---

    spielen, alle der Wissenschaft entbehren; wohl aber sage ich, dass nicht alle sie besitzen." (Text und
    Übers. F. Hentschel).

237 Vgl. Aug. mus. I,IV,7: quam si omnes tibicines et fidicines et id genus alii quilibet habent, nihil ista
    disciplina puto esse vilius, nihil abiectius. „Wenn alle Tibia-Spieler, Spieler von Saiteninstrumen-
    ten und wer sonst noch alles dazu gehört, diese besäßen, so wäre, wie ich glaube, kein Lehrfach
    wertloser und verächtlicher als dieses." (Text und Übers. F. Hentschel).

238 Häufig wird in der Forschung begrifflich die Trennlinie zwischen dem Musiker im Sinne des Mu-
    siktheoretikers und dem Musikanten im Sinne des praktischen Musikers gezogen, so z. Bsp. bei
    Sallmann (1990), 89 oder Pöschl (1993), 359. Dabei stört insbesondere der Terminus Musikant,
    der doch in der deutschen Übersetzung jeglichen Musiker in den Bereich der Volksmusik rückt.
    Diesem sind die neutraleren Begriffe des Musiktheoretikers und Musikers deutlich vorzuziehen.

239 Aug. mus. I, V,10: sed iam etiam illud uide, utrum et tibicen ipse hoc sensu praeditus sit. quod si ita
    est, potest eius sequens iudicium mouere digitos, cum tibias inflauerit, et quod satis commode pro
    arbitrio sonuerit, id notare ac mandare memoriae atque id repetendo consuefacere digitos eo ferri
    sine ulla trepidatione et errore, siue ab alio accipiat id, quod cantet, siue ipse inueniat illa, de qua
    dictum est, ducente atque approbante natura. itaque cum sensum memoria et articuli memoriam
    sequuntur usu iam edomiti atque praeparati, canit, cum vult, tanto melius atque iucundius, quan-
    to illis omnibus praestat, quae superius ratio docuit cum bestiis nos habere communia, appetitum
    scilicet imitandi, sensum atque memoriam. (Text und Übers. F. Hentschel).

240 Vgl. Aug. mus. I,V,10: unde fieri putas, ut imperita multitudo explodat saepe tibicinem nugato-
    rios sonos efferentem rursumque plaudat bene canenti et prorsus, quanto suauius canitur, tanto

Erinnerns. Dieser Fähigkeit zur *memoria* weist Augustinus einen großen Raum in der Auseinandersetzung mit der Musik zu. So erstreckt sich die Fähigkeit des Menschen, sich zu erinnern, auf drei Bereiche, wovon der sinnliche einer ist.[241] In diesen Bereich fällt auch die Erinnerung von Liedern und Melodien, die Augustinus in *De trinitate* (399–422/26) anspricht:

> Denn die Wörter aller ertönenden Sprachen werden auch im Schweigen gedacht, und Lieder ziehen durch die Seele, auch wenn der Mund des Leibes schweigt; nicht allein die Rhythmen der Silben, sondern auch die Weisen der Melodie sind, obgleich sie körperlich sind und zu jenem Sinn des Körpers gehören, der Gehör genannt wird, doch durch eine Art unkörperlicher Bilder gegenwärtig, wenn man sie denkt und schweigend sie alle hin und her wendet.[242]

Hier kommt Augustinus erneut auf die Körperlichkeit der Klänge zu sprechen, die durch ihre Zahlhaftigkeit verursacht ist, die allerdings bei verinnerlichter Geistigkeit unkörperliche Bilder produzieren. Denn es ist der Geist, der über intelligible (zahlhafte) und sensible (gegenständliche) Schönheit urteilt, nicht das Ohr.[243] Diese Fähigkeit des Erinnerns und Urteilens wird von Augustinus positiv dargestellt. Die Schlechtigkeit aber, die Augustinus den Theatermusikern zuweist, liegt nicht darin, dass diese nachahmen

---

amplius et studiosius moueatur? numquidnam id a uulgo per artem musicam fieri credendum est? „Weshalb meinst du, geschieht es, dass die ungebildete Menge einen Tibiaspieler, der wertlose Töne ausstößt, oft ausbuht, aber dem, der gut singt, applaudiert, und dass sie überdies, je schöner gesungen wird, desto stärker und tiefer ergriffen wird? Ist etwa anzunehmen, dass das gemeine Volk dies aufgrund des Fachs Musiktheorie vermag?" (Text und Übers. F. Hentschel).

241 Vgl. Aug. ep. 7,4: omnes has imagines, quas phantasias cum multis uocas, in tria genera commodissime ac uerissime distribui uideo, quorum est unum sensis rebus inpressum, alterum putatis, tertium ratis. (Text CSEL 34,1,15). „Ich sehe, dass alle diese Bilder, welche Gedanken du mit vielen Stimmen rufst, sich übermäßig passend und wahrhaftig in drei Sorten aufteilen lassen, wovon die erste davon von den Dingen, die wir fühlen, beeindruckt ist, die zweite von den Dingen, an die wir glauben, die dritte von den Dingen, die wir begründen."

242 Aug. trin. XV,11,20: omnium namque sonantium uerba linguarum etiam in silentio cogitantur, et carmina percurruntur animo tacente ore corporis, nec solum numeri syllabarum uerum etiam modi cantilenarum cum sint corporales et ad eum qui uocatur auditus sensum corporis pertinentes per incorporeas quasdam imagines suas praesto sunt cogitantibus et tacite cuncta ista uoluentibus. (Text CCL 50A,487. Übers. J. Kreuzer).

243 Vgl. Aug. civ. dei VIII,6: nulla est enim pulchritudo corporalis siue in statu corporis, sicut est figura, siue in motu, sicut est cantilena, de qua non animus iudicet. (Text CCL 47,223). „Es gibt nämlich keine körperliche Schönheit, weder die ruhende eines Gemäldes, noch die bewegte eines Liedes, über die nicht der Geist urteilte." (Übers. C. Perl) sowie Aug. serm. 159B,6 worin dem Geist das Urteil zusteht über das, was ihm die Ohren berichten. Vgl. dazu auch die Episode in Aug. conf. XI,27,36 in welcher Augustinus im inneren Dialog mit seinem Gott die Fähigkeiten des Erinnerns in der Zeit beschreibt. Dazu auch Horn (1994), 390, der auch darauf verweist, dass im Mittelpunkt der Zahlentheorie des Augustinus eben die Unterscheidung von intelligiblen und sensiblen Zahlen stehe, wie der vorstehende Abschnitt der *civ. dei* ausführt.

oder erinnern, sondern in ihrer Gefallsucht.[244] Das Musizieren um des Applauses willen ist für Augustinus ein Ausdruck der Immoralität und gleichzeitigen Unbildung in der musikalischen Wissenschaft, da diese Art der Darbietung nicht zur Erkenntnis höherer Inhalte oder zur Erkenntnis der Wissenschaft führt, sondern aus Eitelkeit und Hochmut erfolgt. Grundsätzlich aber befindet Augustinus den sinnlichen Wahrnehmungsgehalt der Musik als angenehm, da die sinnliche Wahrnehmung von Musik zur Erholung und Entspannung beitragen kann, sofern man ihr nicht zuviel Macht über sich zukommen lässt. Augustinus beschreibt dies aus Sicht einiger Männer:

> Oder sie genießen nach drückenden Sorgen um der Erholung und seelischen Entspannung willen sehr besonnen ein wenig sinnliche Freude. So zuweilen auf Musik zurückzugreifen, ist sehr besonnen, von ihr aber ergriffen zu werden, und sei es nur zuweilen, ist schändlich und unrühmlich.[245]

Diese Angst vor unerlaubtem Genuss an der Musik und einem Einlassen in deren sinnliche Tiefen aber dominiert Augustinus sein Leben lang. So beschreibt er auch in den *Confessiones* seine Zerrissenheit, ob und inwiefern die sinnliche Wahrnehmung der Kirchengesänge dem Menschen von Nutzen oder Gefahr sein könne:

> So schwanke ich hin und her zwischen der Gefahr des wollüstigen Genusses und der Erfahrung ihrer heilsamen Wirkung, aber ich komme doch immer mehr dahin – ohne eine endgültige Ansicht vorzutragen – , die Gewohnheit gut zu heißen, in den Kirchen zu singen. Die Freude am Hören kann einen schwächeren Geist zur warmer Frömmigkeit erheben. Kommt es aber doch vor, dass mich der Gesang mehr als sein Inhalt bewegt, dann bekenne ich, dass ich sündige und Strafe verdiene. Dann möchte ich den Sänger lieber nicht hören.[246]

---

244 Vgl. Aug. mus. I,VI,12: qui ergo cantat uel cantare discit, non ob aliud, nisi ut laudetur a populo uel omnino abs quouis homine, nonne iudicat meliorem laudem illam esse quam cantum? „Wer also aus keinem anderen Grunde singt oder zu singen lernt als zu dem Zweck, vom Volk oder überhaupt von irgendeinem Menschen gelobt zu werden, beurteilt der dieses Lob nicht höher als den Gesang?" (Text und Übers. F. Hentschel).

245 Aug. mus. I,IV,5: aut post magnas curas relaxandi ac reparandi animi gratia moderatissime ab iis aliquid uoluptatis assumitur. quam interdum sic capere modestissimum est, ab ea uero capi uel interdum turpe atque indecorum est. (Text und Übers. F. Hentschel).

246 Aug. conf. X,33,50: ita fluctuo inter periculum uoluptatis et experimentum salubritatis magis que adducor non quidem inretractabilem sententiam proferens cantandi consuetudinem approbare in ecclesia, ut per oblectamenta aurium infirmior animus in affectum pietatis adsurgat. tamen cum mihi accidit, ut me amplius cantus quam res, quae canitur, moueat, poenaliter me peccare confiteor et tunc mallem non audire cantantem. (Text CCL 27,182. Übers. K. Flasch). Vgl. dazu auch Scheerer (2010), 50f., der darauf verweist, dass diese Stelle der *conf.* mit dem Ethikkonzept Augustins in der *De musica* übereinstimmt: Nur der rechte Gebrauch von Musik kann der Seele des Menschen Nutzen bringen und in ihm positiv wirken. Auch Geerlings (1997), 68 verweist darauf, dass diesem Schwanken zwischen *uti* und *frui*, also dem rechten Gebrauch und dem Genuss einer Sache um ihrer selbst willen, das zentrale dialektische Paar der augustinischen Ethik bildet.

Sich selbst erinnernd an das Aufgehobensein in der Gesängen in der Mailänder Kirche, sieht Augustinus den großen Nutzen des sinnlich wahrnehmbaren Gesanges in seiner Anziehungskraft. Er selbst habe diesbezüglich gelernt, diese Genüsse nicht mehr zu tief zu empfinden, denn „Ketten legen sie mir nicht mehr an; ich kann aufstehen und gehen, wenn ich es will."[247] So schreibt er aber auch im Brief an Consentius im Jahr 410, dass die süßen Klänge der Musik den Menschen erhalten, nähren und dadurch erfreuen können.[248] Über die Süße der Klänge hinaus kann Musik den Menschen auch Orientierung bieten. Als Beispiel dafür führt Augustinus insbesondere die Instrumente und ihre Eindeutigkeit bei Signalen an.[249] Auch der Klang der Orgel wird von Augustinus als den Menschen wohlklingend definiert.[250] Als Leitfaden für einen richtigen Umgang mit dem sinnlichen Erleben entwickelt Augustinus im sechsten Buch von *De musica* eine Theorie der Zuordnung von Klängen in Kategorien, welche darauf basiert, die Seele und ihre Sinneswahrnehmung von der Körperlichkeit zu befreien und zur Gotteserkenntnis zu führen. So definiert Augustinus zunächst in Erarbeitung mit seinem Schüler die fünf Zustände der klingenden Zahlen, welche vom Körperlichen zum Unkörperlichen geführt werden sollen. Damit will er erfassen, welche Arten von Zahlen oder vielmehr Rhythmen

---

247 Aug. conf. X,33,49. (Text und Übers. Fn. 176).

248 Vgl. Aug. ep. 120,5: nam et in theatris homines funiambulum mirantur, musicis delectantur; in illo stupetur difficultas, in his retinet pascitque iucunditas. (Text CSEL 34,2,708). „Denn in den Theatern sind die Menschen hingerissen von den Seiltänzern und werden von den Musikern erfreut. Bei jenen staunen sie ob der Schwierigkeit, bei diesen hält sie das Ergötzen und die Annehmlichkeit." Zur Wertschätzung der Kunst der Seiltänzer und Instrumentalmusiker schreibt Augustinus auch an Nebridius, vgl. Aug. ep. 9,3: si enim nostrorum corporum terrenorum et tardissimorum excitationes agendi organis musicis seu in funiambulo cetersque huiusce modi spectaculis innumerabilibus ad quaedam incredibilia peruenisse manifestum est... (Text CSEL 34,1,21). „Zwar haben ja auch wir mit unseren irdischen und höchst schwerfälligen Körpern aufregende Leistungen im Spielen der Musikinstrumente und in der Seiltänzerei oder in anderen derartigen unzählbaren Spektakeln hervorgebracht..."

249 Vgl. Aug. doctr. christ. II,I,1,1 für die Tuba im militärischen Kontext: et tuba sonante milites uel progredi se uel regredi et, si quid aliud pugna postulat, oportere nouerunt. (Text CCL 32,32). „Wenn die Tuba erklingt, wissen die Soldaten, dass sie vorrücken oder sich zurückziehen müssen, je nachdem, was die Schlacht erfordert." (Übers. K. Pollmann). Ähnlich auch Aug. doctr. christ. II,3,4: ad aures autem quae pertinent, ut dixi, plura sunt, in uerbis maxime. nam et tuba et tibia et cithara dant plerumque non solum suauem, sed etiam significantem sonum. (Text CCL 32,34). „Wie ich bereits gesagt habe, beziehen sich Zeichen aber meistenteils auf den Gehörsinn; am meisten geschieht dies durch Worte. Denn sowohl die Tuba als auch die Tibia und die Kithara geben meistens nicht nur einen süßen, sondern auch zeichenhaften Klang" (Übers. K. Pollmann, dort II,III,4,6). Hier ist die Parallele zum Pauluswort erkennbar, vgl. 1 Kor 14,7–8.

250 Vgl. Aug. serm. 360B,2 (= Dolbeau 25,248/9): si aliquis dulcis sonus esset quali solent humanae aures delectari, uelut organum et quorumque musicorum, non diceretur: *nec auris audiuit.* „Wenn es irgendeinen süßen Klang gäbe, durch den menschliche Ohren erfreut zu sein pflegen, so wie den der Orgel und anderer derartiger Musikinstrumente, würde nicht gesagt werden: *Was kein Ohr je gehört.*"

es gibt und wie diese an der Wahrnehmung und Erzeugung der Klänge Anteil haben.[251]
Die ersten vier Arten werden von Augustinus gleich erkannt und von seinem Schüler
auch derartig verstanden. Es handelt sich um folgende vier Parameter, die Augustinus
erfragt, indem er den Rhythmus des Verses *Deus creator omnium* zugrundelegt:

> Müssen wir deiner Meinung nach annehmen, dass diese Rhythmen nur im Klang
> sind, der gehört wird, oder auch in der auf die Ohren gerichteten Sinneswahrneh-
> mung des Hörenden oder auch in der Tätigkeit des Vortragenden oder, da der Vers
> ja bekannt ist, auch in unserem Gedächtnis?[252]

Die herausgefilterten Arten von Rhythmen lassen sich demnach bestimmen als 1. Rhythmen im Klang (*in sono*), 2. Rhythmen in der Sinneswahrnehmung (*in sensu audientis*),
3. Rhythmen des Vortragenden (*in actu pronuntiantis*), 4. Rhythmen in der Erinnerung/
im Gedächtnis (*in memoria*). Zu dieser Auflistung kommen nach etwas längerer Auseinandersetzung noch 5. Rhythmen im Sinnesvermögen des Hörenden selbst (*in naturali
iudicio sentiendi*) hinzu.[253] Damit erfassen Augustinus und sein Schüler alle möglichen
Arten der körperlichen und unkörperlichen Klänge. In der Folge führt Augustinus im
Detail aus, welcher Art die von ihnen definierten Klangwelten sind. Indem die Beziehun-
gen der Rhythmus-Arten zueinander aufgedeckt werden, entsteht das Muster einer Wertung der genannten Arten. Diese Wertung soll es erleichtern, die Klänge von der körperlichen zur geistigen Ebene einzuordnen, um letztlich zur Gotteserkenntnis zu gelangen.
Entwickelt Augustinus zunächst eine fünfstufige Systematik der wertenden Rhythmen,
sortiert er im Rahmen seiner Argumentation die Klänge und ihre Wahrnehmung neu

---

251 Augustinus verwendet den Terminus *numerus*, der begrifflich sowohl „Zahl" als auch „Rhyth-
     mus" bedeuten kann. Schon Neumaier hat darauf hingewiesen, dass die Übersetzung mit Rhyth-
     mus die Theorie stärker erhellt als der Begriff Zahl, den z.Bsp. Perl in seiner Übersetzung von *De
     musica* anführt und dass Augustinus selbst den griechischen Term Rhythmus mit dem lateini-
     schen *numerus* gleichsetzt, vgl. Neumaier (1989), 80.

252 Aug. mus. VI,II,2: ubinam esse arbitreris, id est in sono tantum, qui auditur, an etiam in sensu au-
     dientis, qui ad aures pertinet, an in actu etiam pronuntiantis, an, quia notus versus est, in memoria
     quoque nostra hos numeros esse fatendum est? (Text und Übers. F. Hentschel).

253 Vgl. Aug. mus. VI,IV,5: ...apparuisse nobis quintum genus, quod est in ipso naturali iudicio
     sentiendi, cum delectamur parilitate numerorum uel, cum in eis peccatur, offendimur. [...] sine
     quibusdam numeris in se latentibus hoc sensum nostrum nullo modo agere potuisse. „...uns eine
     fünfte Art erschienen ist. Diese befindet sich im natürlichen Urteil der Empfindung, wenn wir
     an der Gleichmäßigkeit von Rhythmen Gefallen finden oder Anstoß nehmen, sobald dort Feh-
     ler begangen werden. [...], dass nämlich unser Sinnesvermögen ohne gewisse in ihm verborgene
     Zahlen in keiner Weise handeln könnte." (Text und Übers. F. Hentschel). Generell zur Theorie
     der Rhythmen vgl. Keller (1993), 129–135; Hentschel (1999) im einführenden Kommentar und
     ausführlicher Hentschel (1994), 195–197; Gersh (2009), 309–311; Scheerer (2010), 36–43; Albrecht
     (1994), 102–106; Edelstein (1929), 99–106.

und kommt zu dem Schluss, dass es ihrer nunmehr sechs Arten gibt.[254] Diese werden moralisch bewertet und anschließend hierarchisch in folgender Reihe angeordnet:[255]

1.
Urteilende
(*n. iudiciales*)

2.
Gefühlsmäßige
(*n. sensuales*)

3.
Hervorgehende
(*n. progressores*)

4.
Wahrgenommene
(*n. occursores*)

5.
Erinnerte
(*n. recordabiles*)

6.
Körperliche
(*n. sonantes/corporales*)

Die letztlich entwickelte Systematik der musikalischen Rhythmen lässt sich von oben nach unten hinsichtlich ihrer Körperlichkeit verstehen. So sind die urteilenden Rhythmen (*n. iudiciales*) an oberster Stelle zu sehen, da Verstand und Geist allein in der Lage sind, über Klänge zu urteilen. Dabei besteht das Urteil des Verstandes nicht nur in der Beurteilung des Klanges selbst, sondern auch in der Beurteilung des sinnlichen Wohlgefallens – die Vernunft kann sich also entkoppeln vom Körperlichen und die sinnliche Empfindung in ihrer Genauigkeit überprüfen. Durch diese Urteilsfähigkeit kann der

---

254 Vgl. dazu Scheerer (2010), 35, der Föllmi (1994), 32 widerlegt: Die Erweiterung der Kategorien aus didaktischen Gründen erfolgt notwendigerweise und stellt keine Überarbeitung dar.

255 Hentschel beispielsweise ordnet die Rhythmen nicht pyramidisch, sondern fasst sie als nach unten führende Linie (von *n. sensuales* bis *n. corporales*) und stellt die *n. iudiciales* daneben, vgl. Hentschel (1999), XXVI. Dieses Schema verfolgt er, um die interdependenten Abhängigkeitsverhältnisse v.a. der mittleren Rhythmen zueinander darzustellen. Dennoch können, basierend auf der Argumentation Augustins, auch die unbewusst ablaufenden Prozesse der mittleren *numeri* niemals ohne die Hoheit der *iudiciales* gedacht werden, so dass ein ledigliches Danebenstellen die Argumentation nicht in Gänze zu erfassen scheint.

Verstand einordnen, ob die gehörten Klänge auch emotional gerechtfertigt sind.[256] Die gefühlsmäßigen Rhythmen (*n. sensuales*) sind diejenigen Rhythmen, die die moralische Wertung im inneren Hören vornehmen: Dabei erkennt das innere Ohr wiederkehrende Rhythmen und beurteilt sie für gut oder schlecht, bevor die Ratio als Urteilende an oberster Stelle die letztgültige Bewertung vornimmt. An dritter Stelle stehen die Rhythmen, die aus der menschlichen Aktivität hervorgehen und daher diesen Namen tragen (*n. progressores*). Dabei kann der Mensch aktiv oder aber auch passiv musizieren, indem er beispielsweise akustisch hörbar singt, oder sich aber das Lied nur im inneren Ohr vorstellt und dadurch hervorbringt. Die vierte Stufe umfasst die wahrgenommenen Rhythmen, die der Mensch über sein Gehör aufnimmt, aber nicht selbstständig hervorbringt, sondern nur als solche wahrnimmt (*n. occursores*). Die fünfte Stelle nehmen die erinnerten Rhythmen (*n. recordabiles*) ein, die der Mensch in seinem Inneren speichert, ohne sie abzurufen. Erst durch das Einüben gelangen sie aktiv in das Gedächtnis. Sie stehen aufgrund ihrer Abhängigkeit von der dritten Stufe der *numeri progressores* an fünfter Stelle.[257] An der untersten Stelle in der Hierarchie stehen die körperlichen Rhythmen (*n. corporales*), die alle klingenden Rhythmen beinhalten und sich ausserhalb des menschlichen Körpers befinden. Sie stehen neben den anderen Rhythmen und sind von ihnen unbeeinflusst, da sie nicht zwingend vom Menschen wahrgenommen werden, wie zum Beispiel das Fallen von Regentropfen.[258] Dieses von Augustinus dargelegte Schema dient ihm zur Verdeutlichung, dass die Wahrnehmung der Klänge hierarchisch angeordnet ist und sich im stufenweisen Aufstieg der genannten *numeri* der Weg vom körperlichen zum unkörperlichen Rhythmus vollzieht. So erhebt er sich letztlich, ausgehend von dem Schema der Beurteilung der Rhythmen, über den Körper und stellt für Augustinus rein geistig ein Abbild des Aufstieges des Menschen zur Gotteserkenntnis dar.

---

256 Vgl. dazu auch Nowak (1975), 198–202, der in den *n. iudiciales* eine Verbindung der pythagoreisch-platonischen Tradition (in Bezug darauf, dass Schönheit und Zahl eine Einheit bilden) mit der Plotinischen Vorstellung des Schönen (in Bezug darauf, dass das Schöne als Ganzes zwar schön, in einzelnen Teilen aber unschön sein könne, so dass die Seele nur das als schön empfindet, was ihr verwandt ist) sieht, so dass von Augustinus letztlich die Zahl bzw. der Rhythmus als „innere Form des Hörens, als im Hören zählende Seele aufgefasst" (Ders. 202) wird. Vgl. dazu auch Hentschel (1999), XXV–XXVI.

257 Diese Zuteilung der *n. recordabiles* unternimmt Augustinus erst im letzten Schritt, da er diesen Rhythmen zunächst eine ranghöhere Position zuschreibt. Da sie aber aufgrund ihrer Anlage abhängig von den *n. progressores* sind, sortiert er sie neu an die fünfte Stelle, vgl. Aug. mus. VI,3,4 und VI,3,6. Nowak (1975), 201f. weist den mittleren, subjektiven Stufen eindeutige Sinnbilder zu, die terminologische Einfachheit bringen: So stellen die *n. progressores* den Willen, die *n. recordabiles* das Gedächtnis und die *n.occursores* die Perzeption dar.

258 Die Rhythmusphänomenologie des sechsten Buches wurde in der Forschung schon früh in ihrer Bedeutung erfasst. Vgl. dazu v.a. Hentschel (2012), 132–134 und Neumaier (1989), 79–82.

6.3.2   Zum 11. Buch der *Confessiones* – Zeit und Musik im Einklang

Das elfte Buch der *Confessiones*, welches in der Literatur auch immer wieder das Buch über die Zeit genannt wird, beschäftigt sich hauptsächlich mit dem Zeitvollzug und dem Zusammenhang von Gegenwart, Vergangenheit und Zukunft.[259] Augustinus leitet in das Thema ein, indem er postuliert, dass Gottes Stimme ewig ist, sie aber dennoch im Vollzug offenbar nur zeitlich erfasst werden kann, da Klang vergänglich ist, und diese Vergänglichkeit sowohl beim Vollzug des Klanges durch den eingesetzten Klang passiert als auch im Ohr des Hörenden, dem Rezeptoren.[260] Da Gottes Wort aber auch im Schweigen ertönt und in Gottes Reich nichts je verklingt, muss das Ewige als das Ganze gegenwärtig sein und die Zeit demgegenüber als nicht gegenwärtig benannt werden.[261] Gott ist als Schöpfer aller Dinge auch der Schöpfer der Zeit.[262] Verzweifelt bittet Augustinus ihn um eine Erkenntnis, wie Zeit mess- und erfahrbar sei. Augustinus geht dabei an den Ausgang des Messens der Zeit zurück: Diese vollzieht sich ja im Erleben langer und kurzer Episoden, die sich im Menschen in der Vergangenheit oder Zukunft vollziehen.[263] Der mensch-

---

259   Vgl. dazu Störmer-Caysa (1997), die mit dem von Augustinus verwendeten Begriff *distentio animi* operiert, so dass die Frage nach der Zeit aus dem 11. Buch heraus als Erstreckung des Geistes gefasst werden kann. Umfassender zum 11. Buch mit Kommentar und Text vgl. Flasch (1993), bes. 109–159 (zur Einbettung in die philosophischen Traditionsstränge der Zeittheorien der Antike) und 204–212 (zum moralisch-religiösen Aspekt der Augustininischen Zeittheorie) sowie v.a. Brachtendorf (2005), 236–265 und die Aufsatzsammlung von Fischer/Hattrup (2006).

260   Vgl. Aug. conf. XI,6,8: sed quomodo dixisti? numquid illo modo, quo facta est uox de nube dicens, *hic est filius meus dilectus?* illa enim uox acta atque transacta est, coepta et finita. sonuerunt syllabae atque transierunt, secunda post primam, tertia post secundam atque inde ex ordine, donec ultima post ceteras silentiumque post ultimam. unde claret atque eminet, quod creaturae motus expressit eam, seruiens aeternae uoluntati tuae ipse temporalis. (Text CCL 27,198). „Aber wie hast du gesprochen? Etwa so, wie eine Stimme aus dem Wolken ertönte und sagte: *Dies ist mein geliebter Sohn?* Denn diese Stimme wurde erzeugt und verklang; sie begann und sie endete. Die Silben erklangen und verschwanden, die zweite nach der ersten, die dritte nach der zweiten und so weiter der Reihe nach bis hin zur letzten und bis zum Schweigen nach der letzten. Daraus wird klar, dass diese Stimme durch Veränderung eines Geschöpfs erzeugt war; sie diente deinem ewigen Willen, war aber selbst zeitlich." (Übers. K. Flasch).

261   Vgl. Aug. conf. XI,7,9: uocas itaque nos ad intellegendum uerbum, deum apud te deum, quod sempiterne dicitur et eo sempiterne dicuntur omnia. neque enim finitur, quod dicebatur aliud, ut possint dici omnia, sed simul ac sempiterne omnia; alioquin iam tempus et mutatio et non uera aeternitas nec uera immortalitas. (Text CCL 27,198). „So rufst du uns also zur geistigen Erkenntnis des Wortes, das Gott ist bei Gott, das ewig gesprochen wird und durch das alle Dinge ewig gesprochen werden. Dort verklingt nicht, was gesagt wurde. Dort wird nicht danach etwas anderes gesagt, damit alles gesagt werden kann. Dort ist alles ewig und zugleich, sonst gäbe es dort schon Zeit und Veränderung und nicht wahre Ewigkeit und wahre Unsterblichkeit." (Übers. K. Flasch).

262   Vgl. Aug. conf. XI,13,16: omnia tempora tu fecisti et ante omnia tempora tu es, nec aliquo tempore non erat tempus. (Text CCL 27,202). „Alle Zeiten hast du gemacht. Vor allen Zeiten bist du, und es gab nicht irgendeine Zeit, in der es noch keine Zeit gab." (Übers. K. Flasch).

263   Vgl. Aug. conf. XI,15,18: et tamen dicimus longum tempus et breue tempus, neque hoc nisi de praeterito aut futuro dicimus. (Text CCL 27,203). „Und doch nennen wir die Zeit lang und kurz, allerdings nur bei Vergangenem und Zukünftigen." (Übers. K. Flasch).

lichen Seele weist Augustinus die Fähigkeit zu, die Dauer von Zeit wahrzunehmen und zu messen.[264] Dennoch vollzieht sich alles Erleben der Zeit notwendigerweise in der Gegenwart – so gibt es im eigentlichen Sinne keine drei Zeitstufen (Vergangenheit – Gegenwart – Zukunft), sondern nur das gegenwärtige Erleben der jeweiligen Zeitstufe durch die Erinnerung, Anschauung oder Erwartung.[265] Somit vermag der Mensch aber nur relativ zu messen: Werden in Gedichten die Zeiteinheiten gegliedert in Verse, Versfüße, Silben und Silbenquantitäten, dienen diese alle aber nur einem Messen im Gedächtnis.[266] So erfasst der Mensch ein relatives Maß in dem Zwischenraum zwischen einem Anfang und einem Ende und misst in seinem Gedächtnis. Zu diesem Schluss kommt Augustinus über das Erfassen der Verse des Hymnus *Deus creator omnium*.[267] So kann auch die Vorstellung eines langen Tones im Gedächtnis den zweifachen Vollzug des Tones hervorbringen: den des Abmessens im inneren Ohr (Gedächtnis), und den des realen Erklingens. Diesen innerlichen Vollzug des Abmessens beschreibt Augustinus folgendermaßen:

> Ich will ein Lied vortragen, das ich auswendig kann. Bevor ich beginne, richtet sich meine Erwartung auf das Ganze. Habe ich begonnen, dann richtet sich mein Gedächtnis auf den Teil, den ich zum Vergangenen hinübergelegt habe. Das Leben dieser meiner Tätigkeit spaltet sich dann auf in die Erinnerung an das bereits von mir Vorgetragene (Das Vergangene) und in die Erwartung dessen, was ich noch vortragen werde (Das Zukünftige). Was in der Gegenwart lebt, ist meine Aufmerk-

---

264 Vgl. Aug. conf. XI,15,19: uideamus ergo, anima humana, utrum praesens tempus possit esse longum, datum enim tibi est sentire moras atque metiri. (Text CCL 27,203). „Sehen wir also zu, menschliche Seele, ob die gegenwärtige Zeit lang sein kann, denn dir wurde die Fähigkeit gegeben, Dauer wahrzunehmen und zu messen." (Übers. K. Flasch).

265 Vgl. Aug. conf. XI,20,26: Quod autem nunc liquet et claret, nec futura sunt nec praeterita, nec proprie dicitur, tempora sunt tria, praeteritum, praesens, et futurum, sed fortasse proprie diceretur, tempora sunt tria, praesens de praeteritis, praesens de praesentibus, praesens de futuris. sunt enim haec in anima tria quaedam et alibi ea non uideo, praesens de praeteritis memoria, praesens de praesentibus contuitus, praesens de futuris expectatio. (CCL 27,206/7). „Das aber ist jetzt evident und klar: Zukünftiges und Vergangenes sind nicht; die Behauptung, es gebe drei Zeiten, Vergangenheit, Gegenwart und Zukunft, trifft nicht im strengen Sinne zu. Im strengen Sinne müsste man wohl sagen: Es gibt drei Zeiten, die Gegenwart von Vergangenem, die Gegenwart von Gegenwärtigem und die Gegenwart von Zukünftigem. Denn diese drei sind in der Seele in einem gewissen Sinne, und anderswo finde ich sie nicht: Die Gegenwart des Vergangenen als Erinnern, die Gegenwart des Gegenwärtigen als Anschauen, die Gegenwart des Zukünftigen als Erwarten." (Übers. K. Flasch).

266 Diese zunächst eindeutige Unterscheidung wird von Augustinus in Relation zur vergehenden Zeit im Klangvollzug gesetzt und näher bestimmt, vgl. Aug. conf. XI,26,33: sed neque ita comprehenditur certa mensura temporis, quandoquidem fieri potest, ut ampliore spatio temporis personet uersus breuior, si productius pronuntietur, quam longior, si correptius. [...] inde mihi uisum est nihil esse aliud tempus quam distentionem. (Text CCL 27,211). „Aber auch so erfassen wir nicht das genaue Maß der Zeit. Denn es kann vorkommen, dass ein kurzer Vers, der langsam vorgetragen wird, für einen längeren Zeitraum zu hören ist als ein langer, der schnell vorgetragen wird. [...] So kam ich zu der Ansicht, Zeit sei nichts anderes als eine Art Ausdehnung." (Übers. K. Flasch).

267 Zur genaueren Analyse der Silbenquantitäten des Hymnus vgl. Aug. conf. XI,27,35.

samkeit: Was zukünftig war, wird durch sie hindurch hinübergebracht, dass es so das Vergangene werde. Je mehr sie tätig ist, um so mehr vermindert sich die Erwartung und verlängert sich die Erinnerung. Kommt die ganze Tätigkeit zu Ende, ist die ganze Erwartung verbraucht und in die Erinnerung eingetreten.[268]

Diese Erklärung des Gedächtnisvollzuges, welches Augustinus mit dem Begriff der Erwartung beschreibt, wird von ihm am Beispiel des Liedes eingängig beschrieben: So wie der Mensch sich erinnert, wie das Lied erklingen soll, wird er es wiedergeben und nach dem Vollzug ganz in seiner Erinnerung aufheben. Er erlebt also innerlich ein Vorher, Nachher und Währenddessen. Dieses Modell gilt Augustinus für alle sich vollziehenden Dinge im menschlichen Leben. Er wendet es ebenso auf die Handlungen des einzelnen an wie auf die gesamte Menschheit und ihren Lebensvollzug in Geschichte und Zukunft.[269] Daran knüpft sich für Augustinus wesentlich der Unterschied zwischen menschlicher und christlicher Erwartung: So wie der Mensch sich in seinen Handlungen ausrichtet in Erwartungshaltungen, so wird der Christ sein Leben auf den Himmel richten, wo er das ewiges Loblied und ewige Freude schauen wird, die nur das Ewige im Ganzen erfahren lassen:

> Wer ein bekanntes Lied singt oder hört, der unterliegt beim Erwarten der kommenden Klänge und bei der Erinnerung an die verklungenen einer Veränderung der Stimmung; sein Sinn spaltet sich auf. Aber dir, dem unveränderlichen Ewigen, dem wahrhaft ewigen Schöpfer der Geister, geschieht so etwas nicht.[270]

Der Mensch, der demnach über die Erwartungshaltung im Vollzug des Liedes verfügt, ist im Menschlichen noch gespalten, wie er es im Leben nach dem Tod nicht mehr sein kann:

---

268 Aug. conf. XI,28,38: dicturus sum canticum, quod noui. antequam incipiam, in totum expectatio mea tenditur, cum autem coepero, quantum ex illa in praeteritum, decerpsero, tenditur et memoria mea, atque distenditur uita huius actionis meae in memoriam propter quod dixi et in expectationem propter quod dicturus sum. praesens tamen adest attentio mea, per quam traicitur, quod erat futurum, ut fiat praeteritum. quod quanto magis agitur et agitur, tanto breuiata expectatione prolongatur memoria, donec tota expectatio consumatur, cum tota illa actio finita transierit in memoriam. (Text CCL 27,214. Übers. K.Flasch). Zu dieser Episode vgl. auch Nightingale (2011), 88–91.

269 Vgl. Aug. conf. XI,28,38: et quod in toto cantico, hoc in singulis particulis eius fit atque in singulis syllabis eius, hoc in actione longiore, cuius forte particula est illud canticum, hoc in tota uita hominis, cuius partes sunt omnes actiones hominis, hoc in toto saeculo filiorum hominum, cuius partes sunt omnes uitae hominum. (Text CCL 27,214). „Dasselbe wiederholt sich in einer längeren Tätigkeit, von der dieses Lied vielleicht eine Art Abschnitt ist, es wiederholt sich im ganzen Leben eines Menschen, dessen Teile alle Handlungen dieses Menschen sind. Es wiederholt sich in der ganzen Menschheitsgeschichte, deren Teile alle Menschenleben bilden." (Übers. K. Flasch). Vgl. dazu auch Brachtendorf (2005), 244–246.

270 Aug. conf. XI,31,41: neque enim sicut nota cantantis notumue canticum audientis expectatione uocum futurarum et memoria praeteritarum uariatur affectus sensusque distenditur, ita tibi aliquid accidit incommutabiliter aeterno, hoc est uere aeterno creatori mentium. (Text CCL 27,215/6. Übers. K. Flasch).

Gott selbst fängt ihn auf und ist dann seine ganze Gegenwart. Die Erwartungshaltungen des Vergangenen und Zukünftigen werden damit hinfällig, da der Christ im Leben nach dem Tod ganz im Gegenwartsvollzug Gottes aufgeht. Damit postuliert Augustinus die Vorstellungen Platons über Zeit, die er als permanente Gegenwart von der Ewigkeit her denkt, in einer neuen Übertragung auf den christlichen Gott und seine Schöpfung.[271]

Augustins Musikanschauung setzt sich aus mehreren Aspekten zusammen, die sich nach Entstehungszeit und Zweck der Schrift entwickeln. Definiert er zunächst die Vorrangstellung des Singens über andere Wege der Tonerzeugung in einem den musiktheoretischen Schriften seiner Zeit entlehnten dreigliedrigen Schema (Luft – Blasen – Schlagen), nimmt die größte Rolle in seiner Auseinandersetzung mit der Musik die moralische Rechtfertigung der Musiktheorie und Musikpraxis in ihrer von ihm konträr verstandenen Positionierung ein. Zentral an der von ihm postulierten Überlegenheit der Musiktheorie über die Musikpraxis ist die Bedeutung der Messbarkeit der Musik durch ein richtiges Abmessen der ihr zugrunde liegenden Zahlen. Auf der Basis des nach seiner Bekehrung gezogenen Schlusses, dass Gott in diesen Zahlen zu finden sei, vollzieht sich im sechsten Buch von *De musica* eine Kehrtwende in der Beurteilung der Musik an sich. Durch eine weiterführende Analyse und Untergliederung der musikalischen Phänomene in determinierte Begriffe versucht er die Sinnlichkeit der Musik in ein rein rationales Schema zu pressen, um die Verführungskraft zu minimieren. Dabei leiten ihn Fragen nach der Musik in der Zeit und der Zeit in der Musik, die ihn auch im elften Buch der *Confessiones* beschäftigen. Um die christliche Sicht des omnipotenten Schöpfers von Welt, Zeit und Musik miteinander in Einklang zu bringen, entwirft Augustinus das Modell einer ständigen Gegenwärtigkeit auch in den vergangenen und zukünftigen Zeitstufen. Spielten in den vorhergehenden Schriften vornehmlich die Rhythmen, Maße und die Zählbarkeit die dominierende Rolle, ändert Augustinus jetzt die Ausrichtung auf den Aspekt der *memoria*. Dass der Mensch, der noch nicht zu Gott gefunden hat, sich notwendigerweise innerlich spaltet zwischen diesen Stufen, ist eine Folge des In-der-Welt-Seins. Dieser Konflikt wird sich für den Christen im Leben nach dem Tod durch die Überwindung der Zeitbegriffe in einer einzigen andauernden Ewigkeit auflösen.

---

271 Vermutlich fussen die Überlegungen Augustinus auf Plotins Weiterführung der Platonischen Idee der Zeit. Platon entwickelt seine Vorstellungen zu Zeit und Ewigkeit im *Timaios*, in welchem er die Zeit als permanente Gegenwart definiert und diese somit von der Ewigkeit her denkt, vgl. Tim. 33a–b (göttlicher Demiurg); 37c–39e (die Zeit als Abbild der Ewigkeit); 41e5+42d5 (Die Planeten als Werkzeuge der Zeit). Plotin hingegen befürwortet auch die Vorstellung der Zeit als Abbild der Ewigkeit (vgl. Plot. enn. 3,7), überführt diesen Gedanken aber weiter in seine Lehre vom *nous* und dem *hen* und stellt die Seele in den Mittelpunkt. Einführend dazu vgl. Westermann (2002), 709–717; bes. 711 sowie Brachtendorf (2005), 251–254 unter Berücksichtigung der Positionen Plotins und des Aristoteles.

6.4   Gottes Stimme klingt:
Die allegorische Auslegung der Musikinstrumente

Bei der allegorischen Auslegung der Instrumente kommen aufgrund der Schriften des Alten Testaments die dort im Buch der Psalmen genannten Instrumente hinzu, die nicht zwingend Teil der spätrömischen Musikkultur sind. Am deutlichsten sticht dabei die Auslegung des Psalterion heraus, eines Leierinstrumentes des alten Orients, welches Augustinus der Kithara anhand von Bau- und Spielweise in der Auslegung gegenüberstellt. Neben den Saiteninstrumenten werden auch Blas- und Perkussionsinstrumente allegorisch ausgelegt.[272]

6.4.1   Saiteninstrumente: Die Leiertypen Psalterion und Kithara

Mehr als zwanzig Mal erfolgt in der Psalmen der Aufruf, Gott mit Psalterion und Kithara Lob zu singen. Darüber hinaus findet sich auch der Aufruf zum Lobe mit nicht näher bezeichnetem Saitenspiel.[273] In der Exegese des Psalters verweist Augustinus ausdrücklich auf die enge sprachliche Verbindung von *psallere* mit dem Instrument Psalterion und betont, dass dieses seinen Namen aufgrund der Funktion der musikalischen Begleitung der Psalmen bekommen habe.[274] In der Auslegung des 146. Psalmes erklärt Augustinus, wie der begleitete Psalmengesang vonstatten gehe:

> Ein Psalm ist kein Lied wie jedes andere, sondern er wird von einem Psalterium begleitet gesungen. Ein Psalterium ist ein Instrument, das mit Gesang einhergeht, wie die Leier, wie die Kithara oder derartige andere Instrumente, die erfunden wurden, um Lieder zu begleiten. Derjenige aber, der Psalmen singt, soll also nicht nur mit seiner Stimme psallieren, sondern dasjenige Instrument, welches Psalterium genannt wird, aufnehmen und es mit Hilfe seiner Hände in Harmonie mit seiner Stimme bringen.[275]

---

272   Einführend zur Musikinstrumentenallegorese vgl. Giesel (1978), 39–45 (Entstehung) und 76–82 (Augustinus).

273   Es handelt sich hier um die Psalmen 32,2; 42,4; 56,8; 70,22; 80,2; 91,3; 97,5; 107,2; 146,7; 150,3 (Kithara), 32,2; 48,4; 56,8; 80,2; 91,3; 107,2; 143,9; 149,3; 150,3 (Psalterion). Vgl. dazu Anhang 2: Auswertung der Psalmen bzgl. musikalischen Inhalts) sowie die Auflistung bei Giesel (1978), 123f.; 136; 150.

274   Vgl. dazu auch Kapitel 4.3.2 (Die Musikinstrumente im Psalmenkommentar des Euseb), 129–136. In Aug. civ. dei 15,17 benennt Augustinus in Anlehung an Gen 4,18–22 Jubal als den Erfinder von Kithara und Psalterion.

275   Aug. en. ps. 146,2: psalmus quippe cantus est, non quilibet, sed ad psalterium. psalterium autem quoddam organum est cantilenae, sicut lyra, sicut cithara, et huiusmodi organa, quae inuenta sunt ad cantandum. qui ergo psallit, non sola uoce psallit; sed assumpto etiam quodam organo, quod uocatur psalterium, accedentibus manibus uoci concordat. (Text CCL 40,2122).

Augustinus benennt in dieser Stelle den Unterschied zwischen den Saiteninstrumenten, die zur Begleitung der Stimme gespielt werden. Dabei werden Leier und Kithara zur Begleitung von Liedern verwendet, das Psalterion aber in seiner Sonderfunktion als Begleitung der Psalmen präsentiert. In dieser Darstellung ist die instrumentale Begleitung des Psalmengesanges durch ein Saiteninstrument überaus wichtig für die Aufführungspraxis der Psalmen: Erst durch den Zusammenklang von Stimme und Saitenspiel wird die Harmonie des Gesanges als Gotteslob herbeigerufen. Ein Vergleich des Instrumentes und seiner Spielweise gibt Augustinus in dem Bild von Körper und Seele, da auch die Seele auf dem Körper spiele wie der Musiker auf dem Psalterion.[276] Die Auslegungshorizonte dieses Instrumentes liegen bei Augustinus in dessen baulicher, organologischer Anlage der Form, in der Anzahl der Saiten oder im Vergleich zum Saiteninstrument Kithara. Am häufigsten hebt Augustinus dabei die Saitenzahl hervor, da er in der Zehnzahl eine Übereinstimmung mit dem Dekalog sieht. Für ihn verkörpern die zehn Saiten des Psalterions die zehn Gebote, wie er markant in der Exegese des 143. Psalmes unterstreicht:

> *Auf dem zehnsaitigen Psalterium werde ich dir spielen.* Mit den Worten, *auf einem zehnsaitigen Psalterion,* weist er auf das Gesetz mit den zehn Geboten hin. Auf diesen zehn Saiten werde ich dir Psalmen vorspielen, auf diesen will ich in deiner Gegenwart dir frohlocken, auf diesen will ich dir das neue Lied singen, denn die Erfüllung des Gesetzes ist die Nächstenliebe (Röm 13,10). Diejenigen, die die Liebe nicht haben, mögen das Psalterium mit sich führen, aber sie können nicht dazu singen. Ich hingegen, möge ich auch noch in den Gewässern des Widerspruches schwimmen, werde dir ein neues Lied singen. Niemals soll das Getöse dieser Gewässer die Musik meines Psalteriums ertränken. *Auf dem zehnsaitigen Psalterium werde ich dir spielen.*[277]

Der Gedanke des neuen Liedes, welcher schon im ersten Abschnitt dieses Kapitels für die Vokalpraxis eine wesentliche Rolle spielte, zeigt sich also hier auch erweitert auf die Instrumentalpraxis: Wenn der Mensch die zehn von Gott gegebenen Gebote rechtmäßig befolgt, bringt er ihm im übertragenen Sinne auf dem Psalterion ein rechtes Instrumentallied dar.[278] Diese Übereinstimmung des Instrumentes mit den Geboten deklariert er

---

276   Vgl. Aug. en. ps. 48,1,5: *aperiam in psalterio propositionem meam,* quod est iam loqui per corpus, sic enim utitur anima corpore, quomodo utitur citharista psalterio. (Text CCL 38,554). *„Auf dem Psalterium möchte ich dartun, was ich zu sagen habe,* womit er Sprechen auf körperliche Art und Weise meint, da die Seele auf dem Körper spielt, wie ein Musiker auf dem Psalterion."

277   Aug. en. ps. 143,16: *in psalterio decem chordarum psallam tibi.* in psalterio decem chordarum, in lege decem praeceptorum: ibi tibi psallam, ibi tibi gaudeam, ibi tibi cantem canticum nouum; quia plenitudo legis caritas est. ceterum qui non habent caritatem, portare psalterium possunt, cantare non possunt. ego itaque, inquit, inter aquas contradictionis cantabo tibi canticum nouum; et numquam strepitu suo facient aquae contradictionis, ut obmutescat psalterium meum: *in psalterio decem chordarum psallam tibi.* (Text CCL 40,2084).

278   Gott selbst lässt die zehn Gebote von oben herab erklingen, vgl. Aug. en. ps. 32,2,1,6: haec omnia praecepta dei sunt, sapientia donante data sunt, desuper sonant. (Text CCL 38,252). „Alle diese

als perfekte Korrespondenz.[279] Diejenigen aber, die das Spiel des Psalterions nicht beherrschen, tragen ihr Instrument nur unnütz umher und können das neue Lied nicht musizieren. Damit projiziert Augustinus auf das Instrument und die Anzahl seiner Saiten das Bild der rechten Lebensführung, die zu einem schönen musikalischen Ergebnis führen kann. Wenn der Mensch aber unrechtmäßig lebt, bleibt ihm das Lied und damit die Musik verwehrt.[280] Auch in der Auslegung des 91. Psalms will er seinen Zuhörern verdeutlichen, dass das Instrument gut gespielt werden müsse, um in Wort und Tat übereinzustimmen:

> Das zehnsaitige Psalterium repräsentiert die zehn Gebote des Gesetzes. Aber wir müssen zu unserem Psalterium singen und es nicht nur mit uns herumtragen. [...] *Auf dem zehnsaitigen Psalterium, mit einem Lied auf der Kithara*: Dies bedeutet, dass sowohl Worte als auch Tat erforderlich sind. *Mit einem Lied* beinhaltet Worte, *auf der Kithara:* Taten. [...] Spreche und handle aufrichtig, wenn du zur Begleitung der Kithara singen möchtest.[281]

Augustinus bezieht sich in dieser Auslegung neben dem Psalterion auch auf die Kithara, die schon im Psalmvers benannt ist, und versieht sie mit dem Symbolgehalt der Taten. In der zweiten Auslegung zum 32. Psalm, die hinsichtlich der Exegese von Kithara und Psalterion sehr reich ist, warnt Augustinus seine Zuhörer direkt, sich nicht den weltlichen Instrumenten zuzuwenden, sondern die Instrumente auf rein geistiger Ebene zu verstehen.[282] Auch die Kithara, die hier ganz richtig auch als Instrument des Theaters aufgefasst wird, spielt in der Auslegung der Psalmen eine Rolle. Im exegetischen Vergleich kommt diesen beiden Saiteninstrumenten die zahlenmäßig höchste Aufmerksamkeit zu, da beide Saiteninstrumente nach der Aufforderung des Psalmisten in vielen Psalmenstellen gemeinsam zum Lobe Gottes gespielt werden.[283] In der Psalmenauslegung erläutert Augustinus auch den Vers *Ich will dir bezeugen, mein Gott, auf der Leier* (Ps 42,5) und zeigt seinen Zuhörern im Anschluss daran auf, dass der Mensch sowohl das Psalterion als

---

Gebote kommen von Gott. Sie wurden uns gegeben als Geschenk der göttlichen Weisheit und erklingen uns von oben herab."

279 Vgl. Aug. en. ps. 32,2,1,6: praecepta enim legis decem sunt; in decem praeceptis legis habes psalterium. perfecta res est. (Text CCL 38,251). „Es gibt nämlich zehn Gebote, und in diesen zehn Geboten hast du das Psalterium. Es ist die vollkommene Angelegenheit."

280 Vgl. dazu auch Kap. 6.1.3 (Die ideale Musikpraxis), 260–265, worin Augustinus auch den Gedanken der rechten Lebensführung mit dem Singen des neuen Liedes gleichsetzt.

281 Aug. en. ps. 91,5: dechachordum psalterium significat decem praecepta legis. sed cantare in illo opus est, non portare psalterium. [...] *in psalterio decachordo, cum cantico in cithara,* hoc est, uerbo et opere. *cum cantico,* uerbo; *in cithara,* opere. [...] propter hoc et loquere bene, et fac bene, si uis habere canticum cum cithara. (Text CCL 39,1282).

282 Vgl. Aug. en. ps. 32,2,1,5: *Confitemini Domino in cithara, in psalterio decem chordarum psallite ei.* nemo conuertat cor ad organa theatrica. (Text CCL 38,250). „*Lobt den Herrn auf der Kithara, auf dem zehnsaitigen Psalterium singt ihm Psalmen.* Aber niemand von euch soll dabei das Herz zu den Instrumenten des Theaters hinwenden."

283 So in Aug. en. ps. 32,2; 42,5; 56,16; 70,2,11; 80,4–5; 91,5; 146,2; 149,8; 150,6.

auch die Kithara spielen kann. Beiden Instrumenten ist gleich, dass sie in der Hand gehalten und mit den Fingern gezupft werden.[284] Aus dieser Spielweise heraus legt Augustinus aus, dass die Instrumente im übertragenen Sinn für körperliche Aktivitäten stehen. Auch unterstreicht er, dass beide Instrumente gut sind, sofern sie gut gespielt werden.[285] Die wesentlichen Unterschiede zwischen Psalterion und Kithara verortet Augustinus in ihrer Bauweise. Er schreibt dem Psalterion zu, dass dessen Resonanzraum nach oben gewölbt sei, wohingegen der Schallkasten der Kithara sich an ihrem Boden befinde:

> Aber jener Raum, der den Saiten Klang verleiht, jener gewölbte, hölzerne Raum, der herabhängt und bei Berührung erklingt, weil er mit Luft gefüllt ist, befindet sich bei einem Psalterion im oberen Teil. Bei der Kithara hingegen befindet sich dieser konkave, hölzerne Klangkörper am unteren Ende.[286]

Diese Benennung des unterschiedlich gelagerten Resonanzraumes bei beiden Saiteninstrumenten unternimmt Augustinus, um den Unterschied zwischen der menschlichen und der göttlichen Sphäre aufzuzeigen. Die Zuordnung der Klänge erfolgt unterschiedlos als gut, da beide in Gottes Ohren als angenehm empfunden würden. Darüber hinaus aber liege der Unterschied zwischen beiden Instrumenten vornehmlich in ihrer übergeordneten Sinnhaftigkeit: So verkörpere das Psalterion den Geist, die Kithara den Körper des Menschen.[287] Eine weitere Auslegung dieser Metapher der oben bzw. unten angelegten Resonanzräume liegt in der Ausrichtung des Lobpreises:

---

284 Vgl. Aug. en. ps. 42,5: utrumque hoc manibus portatur et tangitur, et significat opera quaedam nostra corporalia. (Text CCL 38,477). „Beide werden in den Händen gehalten und angeschlagen, und dies steht für unsere körperlichen Werke." Diese Gemeinsamkeit wird für alle angeführten Vergleichsstellen zwischen Psalterion und Kithara festgestellt.

285 Vgl. Aug. en. ps. 42,5: utrumque bonum, si quis norit psallere, si quis norit citharizare. (Text CCL 38,477). „Beide sind gut, wenn jemand weiß, wie er gut psalliert, wenn jemand weiß, wie er gut auf der Kithara spielt."

286 Aug en. ps. 56,16: sed illum locum unde sonum accipiunt chordae, illud concauum lignum quod pendet et tactum resonat, quia concipit aerem, psalterium in superiore parte habet. cithara autem hoc genus ligni concauum et resonans in inferiore parte habet. (Text CCL 39,705–706). Fast wortgenau auch in Aug. en. ps. 70,2,11: ...concauum illud lignum cui chordae supertenduntur ut resonent, in superiore parte habet psalterium, cithara in inferiore. (Text CCL 39,970). „...der gewölbte hölzerne Raum jener, über den die Saiten gespannt wurden, dass sie erklingen können, befindet sich beim Psalterion im oberen Teil, bei der Kithara im unteren." Wie auch in Aug. en. ps. 42,5: sed quia psalterium istud organum dicitur, quod de superiore parte habet testudinem; illud scilicet tympanum et concauum lignum cui chordae innitentes resonant; cithara uero idipsum lignum cauum et sonorum ex inferiore parte habet. (Text CCL 38,477). „Aber das Psalterium wird zu denen Instrumenten gezählt, weil es den Klangkörper im oberen Teil hat, jenen, man denke nur an das Tympanon, auch gewölbten, hölzernen Teil, über den die Saiten zum Klingen darüber gespannt sind. Bei der Kithara aber befindet sich dieser hölzerne, konkave Klangkörper am unteren Teil." Vgl. auch Aug. en. ps. 150,6.

287 Vgl. Aug. en. ps. 70,2,11: et quia spiritus desuper, caro de terra, significari uidetur per psalterium spiritus, per citharam caro. (Text CCL 39,970). „Da unser Geist von oben her kommt und unser

Das Psalterium repräsentiert jemanden, der Gott von oben her lobpreist, die Kithara jemanden, der ihm von unten Lob zuteil kommen lässt. [...] Wie wir schon in Verbindung mit einem anderen Psalm erklärt haben, hat das Psalterium seinen Klangkörper am oberen Ende, und die Saiten sind daran geknüpft, was einen besseren Klang erzeugt. Eine Kithara hat ihren Klangkörper am unteren Ende.[288]

Eine weitere Auslegungslinie folgt der oberen, definiert den Anteil aber als Melodie, die einerseits vom Himmel, andererseits von der Erde geschickt werden.[289] An allen genannten Stellen ist ablesbar, dass die Kithara als menschliches Instrument zur Verfügung steht und Gebet, Melodie oder Lobpreis darstellen kann, der von der Erde aus nach oben in den Himmel geschickt wird. Die Kithara versinnbildlicht also den Wunsch des Menschen, mit Gott und dem Himmel in Verbindung zu treten. Auch stellt sie das Instrument des spätrömischen Kulturraumes dar, welches den Zeitgenossen vertrauter war als das Psalterion. Die Anlage des Schallkastens ist tatsächlich am Fuss des Instrumentes zu verorten und bildet damit sein Fundament. Das Psalterion hingegen steht in der Auslegung für die Kommunikation aus der anderen Richtung; gleichzeitig aber auch für die Leichtigkeit beim Gehorchen von Gottes Gesetz.[290] Dabei ist das Instrument des Psalters nicht im spätrömischen Reich verbreitet, da es seiner Verwendung und seinem Spielkontext nach aus dem Nahen Osten stammt und vornehmlich im frühen jüdischen Kult verwendet wurde. Auch dies könnte ein Grund sein, warum Augustinus diese Form der Auslegung für das Instrument wählt: Die zuhörenden Menschen haben vermutlich kein Bild dieses Instrumentes vor Augen, so dass sie es leichter in den himmlischen Raum der Imagination der Engelsmusik verorten können.

Über den Vergleich mit dem Psalterion hinaus erfährt die Kithara aber auch Beachtung im Zusammenhang mit guten Taten, durch welche der Mensch Gott singen soll. So sagt Augustinus in der Auslegung des 97. Psalms:

Spielt unserem Herrn Psalmen auf der Kithara, auf der Kithara und mit der Stimme der Psalmen. Psalliert ihm, nicht nur mit der Stimme; nehmt die Arbeit auf, so dass

---

Fleisch von der Erde, so scheint es, dass das Psalterium unseren Geist repräsentiert und die Kithara unser Fleisch."

288 Aug. en. ps. 150,6: psalterium est de superioribus laudans deum, cithara de inferioribus laudans deum; [...] iam quippe in alio psalmo exposuimus psalterium desuper habere sonorum illud lignum, cui neruorum series, ut meliorem sonum reddat, incumbit: quod lignum cithara inferius habet. (Text CCL 40,2195).

289 Vgl. Aug. en. ps. 80,5: tamquam illud sit de caelo, hoc de terra. (Text CCL 39,1123). „Es ist so, als ob die Melodie jener vom Himmel, und dieser von der Erde her stammte."

290 Vgl. Aug. en. ps. 42,5: quando ergo ex praeceptis dei aliquid agimus, iussis eius obtemperantes et obaudientes ad implenda praecepta eius; ubi facimus et non patimur, psalterium est. faciunt enim ita et angeli; non enim aliquid patiuntur. (Text CCL 38,477–478). „Wenn wir also irgendetwas gemäß den göttlichen Geboten tun, indem wir dessen Anordnungen gehorchen und auf die von ihm implementierten Gebote hören; wo wir dieses tun und nicht leiden, dort ist das Psalterium. So nämlich machen es auch die Engel, und sie erleiden nämlich nichts."

du nicht einfach nur singst, sondern auch handelst. Jeder, der singt und handelt, psalliert dem Herrn auf der Kithara und dem Psalterium.[291]

Somit steht das Spiel der Kithara zum Gesang auch hier für die guten Taten, die Gott zum Lobe gereichen. Die Spielweise, die Kithara mit einem Plektrum anzuregen, wird von Augustinus im Vergleich zur menschlichen Zunge aufgegriffen. Denn so wie das Plektrum die Saiten der Kithara anschlage, so werde auch beim Sprechen die Zunge bewegt, um Silben hervorzubringen.[292] Ein weiterer von Augustinus berücksichtigter Aspekt der Saiteninstrumente ist die unterschiedliche Spannung der Saiten, welche im Zusammenklang Harmonie hervorrufen können:

> Das ist es, was Harmonie, ein Begriff aus der Musik, bedeutet: Wo wir klar die Sehnen, die Saiten sehen können, die auf der Kithara gespannt sind. Wenn alle Saiten den gleichen Ton erzeugen, gibt es kein Lied; unterschiedliche Spannung in den Saiten bringt eine Vielzahl an Tönen hervor. Aber eine Vielzahl an Tönen, die durch den Verstand verbunden sind, bringt keine Schönheit für die Betrachter hervor, sondern Lieblichkeit für die Zuhörer.[293]

Die klangliche Süße der Kithara wird demnach aus unterschiedlichen Spannungsverhältnissen hervorgebracht. Wenn alle Saiten über die gleiche Stimmung und damit Spannung verfügen, erfolgt keine Harmonie.

Somit werden die von Augustinus erwähnten Saiteninstrumente in ihrer exegetischen Verwendung vornehmlich in den Bereichen der Organologie fassbar: Für Augustinus ergibt sich aus der Anzahl der Saiten, ihren Schwingungsverhältnissen und der Anlage des Resonators der Anlass ihrer exegetischen Auslegung. Sie werden spiritualistisch als Körper oder Geist aufgegriffen und stehen für den Dekalog, die Harmonie oder das himmlische und menschliche Lob Gottes.[294]

---

291 Aug. en. ps. 97,5: *psallite domino deo nostro in cithara, in cithara et uoce psalmi.* psallite, non uoce sola; adsumite opera, ut non tantum cantetis, sed et operemini. qui cantat et operatur, psallit in cithara et in psalterio. (Text CCL 39,1374).

292 Vgl. Aug. serm. 243,4: dentes enim non tantum nos adiuuant ad mandendum, uerum etiam ad loquendum; sicut plectrum neruos, sic linguam nostram, ut syllabas sonet, percutientes. (Text PL 38,1145). „Die Zähne sind nämlich nicht nur dazu da, uns beim Kauen zu helfen, sondern auch beim Sprechen; ebenso wie das Plektrum die Saiten anschlägt, derartig wie bei unserer Zunge, so dass Silben erklingen."

293 Aug. serm. 243,4: unde uocatur etiam harmonia; quod uerbum dictum est de musica: ubi uidemus certe in cithara neruos distentos. si omnes nerui similiter sonent, nulla est cantilena. diuersa distensio diuersos edit sonos; sed diuersi soni ratione coniuncti, pariunt, non uidentibus pulchritudinem, sed audientibus suauitatem. (Text PL 38,1145).

294 Zur Bedeutung der Saiteninstrumente in den Schriften Augustins im Rahmen der Ethoslehre vgl. Darmstädter (1996), 101–108. Allgemeiner die Übersicht bei Giesel (1978), 123–135 (Kithara), 136–149 (Psalterion), 150–159 (Psalterion–Kithara) zur Auslegung der Saiteninstrumente bei den Kirchenvätern.

6.4.2　Blasinstrumente: Tibia, Trompete, Horn, Orgel

Entgegen der häufigen Auslegung der Saiteninstrumente spielen die Blasinstrumente eine zahlenmäßig nicht so große Rolle in der augustinischen Exegese. Die Tibia als zentrales römisches Blasinstrument wird von Augustinus nicht spiritualistisch ausgelegt, sondern anhand ihrer besonderen Spielweise als Beispiel angeführt.[295] Die Anregung der Blasinstrumente über den Atem bildet dabei die Leitidee. Da die Tibia aus zwei Rohren bestehe, auf denen ein Mensch gleichzeitig spielen könne, sei dieses Bild auch dem Vergleich mit dem heiligen Geist dienlich. Diesem sei nichts unmöglich, was selbst dem Menschen in dieser Hinsicht möglich sei.[296] Auch der Mensch verfüge darüber hinaus über die Möglichkeit, durch die Anregung beider Rohre eine klangliche Harmonie zu erzeugen. Dieses Bild wird von Augustinus auch auf den heiligen Geist übertragen, der beide Rohre gleichermaßen in Harmonie versetzen könne.[297] Ein weiteres Bild zeichnet Augustinus über die Arten der Furcht, die in den Rohren der Tibia verkörpert seien: So spielen beide Rohre zusammen in der Furcht, wovon die eine von der Angst, verdammt zu sein, berichte und die andere von der Angst, hilflos zurückzubleiben. Die Angst vor Verdammung könne durch die Barmherzigkeit verbannt werden, die andere würde immer bestehen bleiben.[298] So zeigt Augustinus, dass die Rohre die gleiche Emotion transportieren, da sie auch mit einem Atem angeregt würden. Allerdings versieht er jedes Rohr dann mit einer Zuweisung, die den Psalmen bzw. dem Johannesevangelium entstammt: Die Barmherzigkeit, auf die er verweist, wird in 1 Ioh 4,18 *Furcht gibt es in der Liebe nicht, sondern die vollkommene Liebe vertreibt die Furcht* zur Sprache gebracht, die immerwährende Gottesfurcht entstammt Ps 18,10 *Die Furcht des Herrn ist rein, sie besteht für immer.* Ein anderes Beispiel, das Augustinus für die Spielweise der Tibia aufzeigt, ist das der ein-

---

295　Generell erscheint kein Doppelrohrblattinstrument in den biblischen Schriften des Psalters, da in den orientalischen Kulturen der Frühzeit eher die Flöte im Rahmen der Blasinstrumente verwendet wurde. Aber auch sie spielt für das Buch der Psalmen keine Rolle, wenngleich es sich beim Terminus 'ûgāv um eine Flöte handeln könnte. Vgl. die tabellarische Aufstellung in Kapitel 4.3.1 (Das Instrumentarium im Buch der Psalmen), 123–129.

296　Vgl. dazu Aug. Io. ep. tr. IX,5: si unus flatus inflat duas tibias, non potest unus Spiritus inplere duo corda, agitare duas linguas? (Text PL 35,2048). „Wenn sogar ein einziger Hauch zwei Rohre der Tibia zum Klingen bringen kann, wie soll da nicht der eine Geist auf zwei Saiten gleichzeitig spielen, und zwei Sprachen sprechen können?"

297　Vgl. Aug. Io. ep. tr. IX,9: Uno spiritu inplentur ambae tibiae; non dissonant. noli aures auertere; adhibe intellectum. (Text PL 35,2052). „Ein einziger Geist erfüllt die beiden Tibiae und sie sind nicht in Dissonanz. Wende nicht die Ohren ab, sondern wende deinen Verstand an."

298　Vgl. Aug. Io. ep. tr. IX,8: audiuimus duas tibias consonantes. Illa de timore dicit et illa de timore: sed illa de timore quo timet anima ne damnetur, illa de timore quo timet anima ne deseratur. Ille est timor quem caritas excludit; ille est timor permanens in saeculum saeculi. (Text PL 35,2051). „Wir haben die beiden Tibiae im harmonischen Zusammenklang gehört. Jene spricht von der Furcht, und diese spricht auch von der Furcht. Aber jene spricht von der Furcht, weil sie fürchtet, dass die Seele verdammt werde, diese spricht von der Furcht, weil sie fürchtet, dass die Seele verlassen werde. Bei jener ist es die Furcht, dass die Liebe fernhalte, bei dieser die Furcht, für alle Ewigkeit fortzubestehen."

deutigen Kunstfertigkeit ihres Spielers. So zieht Augustinus in der Auslegung des 121. Psalms den Tibiaspieler als Beispiel für Wahrhaftigkeit heran:

> Und wenn doch auf diese Weise ein Hochmütiger als jemand erscheinen wollte, der er nicht ist, so sagen wir in dem Sinne, wie wenn jemand vorgäbe, ein Tibiaspieler (*choraules*) zu sein, obwohl er es aber nicht ist. Er könnte schnell nämlich schnell auf die Probe gestellt werden, wenn die Leute ihm sagten, „Sing! Wir wollen sehen, ob du ein Tibicen bist." Wenn er es nicht könnte, würde er entlarvt werden, falsche Behauptungen gemacht zu haben, um als etwas zu erscheinen, was er nicht ist.[299]

So steht der Tibia-Spieler für eine eindeutige Überprüfbarkeit seines Könnens: Keiner, der in dieser Kunst nicht ausgebildet ist, kann sie einfach nachahmen, da es sogar jedem Laien auffallen würde, wenn der Spieler sich fälschlicherweise als Tibicen ausgäbe. Die Tibia wird also in diesem Kontext nur hinsichtlich ihrer Kunstfertigkeit wiedergegeben: Es benötigt gewisse Fertigkeiten, um sie spielen zu können.

Die Aufforderung der Psalmen, Gott mit Trompeten und Hörnern zu loben, erfordert eine weitere Auslegung dieser Instrumente durch Augustinus. Dabei spielt vornehmlich die Auslegung des 97. Psalmes eine Rolle, bei dem im sechsten Vers die Trompeten und Hörner zum Lobe Gottes aufgefordert werden: *Zum Schall der Trompeten und Hörner/ jauchzt vor dem Herrn, dem König!* (Ps 98,6) Beide Instrumente werden aufgrund ihrer Beschaffenheit, ihres Materials und ihrer Fertigung ausgelegt. Zum Horn sagt Augustinus, dass es härter als das Fleisch sei, da es sich von ihm abgelöst habe.[300] Hier steht also der Aspekt der Härte und der Stärke der materiellen Beschaffenheit des Instrumentes im Vordergrund. Augustinus spricht nicht über Klang oder Verwendung, sondern stützt sich auf den Aspekt der Stärke, um dazu aufzurufen, den fleischlichen Genüssen und Leidenschaften zu entsagen.[301] Der Mensch muss also, wenn er zum Lobe Gottes wie ein Horn klingen will, das Körperliche überwinden. Dabei ist es in Augustins Argumentationsgang wichtig, dass das Horn an sich durch seine Entstehung immer an das Fleisch gebunden ist, da es dort entspringt, aber selber stärker als dieses ist und es demnach überwinden kann.[302] Im übertragenen Sinn bedeutet das, dass der Mensch, wenn

---

299 Aug. en. ps. 121,8: et utinam sic uellet superbus uideri quod non est, ut uellet uideri, uerbi causa, choraula, cum choraula non esset. cito enim probaretur; diceretur ei: canta; uideamus utrum choraula sis. non posset; inueniretur falso se uideri uoluisse quod non erat. (Text CCL 40,1808).

300 Vgl. Aug en. ps. 97,7: cornu excedit carnem; necesse est ut carnem superando sit firmum, firmum ad perdurandum, et capax uocis. sed unde hoc? quia carnem superauit. (Text CCL 39,1375). „Das Horn scheidet sich vom Fleisch; das ist nötig, damit es dem Fleisch an Härte überlegen sei, es ist stark und haltbar und fähig, Töne hervorzubringen. Warum das so ist? Weil es dem Fleisch überlegen ist."

301 Vgl. Aug. en. ps. 97,7: qui uult esse tuba cornea, superet carnem. quid est, superet carnem? transcendat carnales affectus, uincat carnales libidines. (Text CCL 39,1375). „Jeder, der ein klangvolles Horn sein möchte, muss das Fleisch überwinden. Was heißt es, das Fleisch zu überwinden? Es bedeutet, fleischliche Leidenschaft zu überwinden und fleischliche Begierden zu besiegen."

302 Vgl. Aug. en. ps. 97,7: cornu et carni haeret, et carnem excedit; et quamquam de carne oriatur, superat carnem. si es ergo ex carnali spiritalis, adhuc carne calcas terram, et spiritu erumpis in caelum.

er vom Fleischlichen zum Spirituellen gelangt, seine Erdung nicht verliert, wenngleich er diese als nichtig ansieht.

Für die Trompete verfolgt Augustinus einen anderen allegorischen Ansatz. Hier geht es weniger um das Material, aus dem das Instrument gefertigt wird, als um die Art der Fertigung selbst. So verweist Augustinus darauf, dass die Trompete ein aus Bronze gefertigtes Instrument ist. Dieses müsse, um zu seiner typischen länglichen, schlanken Form zu gelangen, gehämmert werden. Dieses Hämmern wird von Augustinus gleichgesetzt mit dem Auspeitschen oder Prügeln:

> Wenn Hämmern notwendig ist, kann das nur Auspeitschen repräsentieren; du wirst also die schmiedbare Trompete sein, gezogen in eine Form zum Lobe Gottes, wenn du durch das Erleiden von Beschwerlichkeiten Fortschritte machst. Die Beschwerlichkeiten sind das Hämmern, und deine Verbesserung ist die Verlängerung.[303]

Die Fertigung der Trompete durch das Beschlagen des Metalls zu seiner länglichen Form verkörpert für Augustinus die weltlichen Beschwerden der Bestrafung und des Auspeitschens. Diese Beschwerlichkeiten muss der Mensch ertragen, um zu einem rechtmäßig erklingenden Musikinstrument Gottes werden zu können. Durch das das Rohr verlängernde Hämmern kann sich der Mensch verbessern und verkörpert damit selbst die Trompete. An einer anderen Stelle der Auslegung personifiziert statt des Menschen auch der Prophet Hiob die Trompete.[304] Weiter schreibt Augustinus der Trompete eine ausgezeichnete klangliche Klarheit zu.[305] Auch die Orgel wird von Augustinus als Bild verwendet, in welchem er ihre Funktionsweise mit der der menschlichen Lunge vergleicht:

> Schließlich dienen selbst die Lungen dem Willen und sind doch, nächst dem Gehirnmark, die weichsten Eingeweide und deshalb in die Brusthöhle verlegt, um den Atem ein- und auszuführen und wie Blasebälge der Schmiedestätten oder der Orgeln die Stimme des sprechenden, schreienden, singenden Menschen und die Luft des Atmenden, des Blasenden nach außen zu schicken.[306]

(Text CCL 39,1376). „Das Horn hängt am Fleisch, und das Fleisch wird von ihm geschieden; und obwohl es vom Fleisch herrührt, überragt es das Fleisch. Wenn du also, aus dem fleischlichen Körper heraus, geistig bist, insofern als das Fleisch auf der Erde verbleibt, wirst du den Geist in den Himmel erheben."

303 Aug. en. ps. 97,6: si tundendo, ergo uapulando. eritis tubae ductiles, ad laudem dei productae, si cum tribulamini proficiatis: tribulatio tunsio, profectus productio est. (Text CCL 39,1374).

304 Vgl. Aug. en. ps. 97,6: tuba ductilis erat Iob. (Text CCL 39,1374). „Hiob war eine solche geschmiedete Trompete." Dessen Prophezeiungen werden von Augustinus als *o sonum fortem! o sonum dulcem!* beschrieben.

305 Vgl. Aug. en. ps. 150,6: *laudate eum in sono tubae*: propter laudis excellentissimam claritatem. (Text CCL 40,2195). „Lobt ihn mit dem Klang der Trompete: Neben dem Lob erhabenste Klarheit." Auch hier lässt sich die Anlehnung an das Pauluswort erkennen.

306 Aug. civ. dei XIV,24: pulmones denique ipsi omnium, nisi medullarum, mollissimi uiscerum et ob hoc antro pectoris communi, ad spiritum ducendum ac remittendum uocemque emittendam

Der Mechanismus der Blasebälge der antiken Orgel verkörpern hier sinnbildlich den Atem und die daraus generierte Stimme, die sprechen, schreien oder singen kann. Über diese Stelle hinaus findet die Orgel in der Psalmenauslegung keinerlei Berücksichtigung. Von den angeführten Blasinstrumenten stellt Augustinus die Tibia und die Orgel hinsichtlich ihres auf Atem begründeten Einsatzes dar. Die Trompete und das Horn hingegen werden weniger wegen ihrer klanglichen Disposition als aufgrund von Material und Fertigung rezipiert. Augustinus stellt durch sie sinnbildlich das Bestreben des Menschen dar, sich für Gottes Lob demütig den Umständen hinzugeben: Der Mensch muss die Widrigkeiten und Bestrafungen des Lebens ertragen, damit er vom Körperlichen zum Geistigen gelangen kann.[307]

6.4.3 Perkussionsinstrumente: Tympana

Die Tympana begegnen in der allegorischen Auslegung im Zusammenhang mit den Aufforderungen der Psalmen, sie neben anderen Instrumenten auch zum Lobe Gottes erklingen zu lassen. In diesem Fall steht bei Augustinus die Fertigung und das Material des Tympanons im Vordergrund, welches durch das gespannte Fell eine Sonderrolle unter den bisherigen Instrumenten verkörpert. Durch die Verwendung von totem, gestreckten Material stellt Augustinus den Vergleich zur Kreuzigung Jesu Christi her. Auch das Türhämmern Davids (1 Sam 21,14) wird von ihm als Vorzeichen der Kreuzigung Jesu beurteilt:

> *Er trommelte,* denn eine Trommel kann nur durch das Aufziehen von Haut auf einen Holzrahmen gefertigt werden, also war Davids Trommeln eine Voraussage dafür, dass Christus gekreuzigt werden solle. *Er trommelte* jedoch *an die Tore der Stadt;* und was können *die Tore der Stadt* anderes sein, als unsere Herzen, welche wir vor Christus verschlossen haben, welche aber von der Trommel, die sein Kreuz war, uns Sterblichen die Herzen öffnete?[308]

---

seu modificandam, sicut folles fabrorum uel organorum, flantis, respirantis, loquentis, clamantis, cantantis seruiunt uoluntati. (Text CCL 48,447. Übers. C. Perl).

307 Auch hier weiterführend zur Verbindung von Ethoslehre und Blasinstrumenten vgl. Darmstädter (1996), 109–111. sowie allgemeiner mit einer klaren Übersicht der Auslegungshorizonte der Blasinstrumente bei Giesel (1978), 101–122 (Tuba), 167–172 (organum).

308 Aug. en. ps. 33,2,2: *Et tympanizabat,* quia tympanum non fit nisi cum corium in ligno extenditur; et tympanizabat Dauid significans quod crucifigendus esset Christus. *Tympanizabat* autem *ad ostia ciuitatis;* quae sunt ostia ciuitatis, nisi corda nostra quae clauseramus contra Christum, qui de tympano crucis aperuit corda mortalium? (Text CCL 38,283). Vgl. dazu auch Aug. en. ps. 33,1,2,40; Aug. en. ps. 33,1,3,2; Aug. en. ps. 33,1,8,31; und Aug. en. ps. 33,1,9,1. In einer weiteren Auslegung verbindet Augustinus das Tympanon mit dem Psalterion, da beide Instrumente durch ihre Streckung die Kreuzigung Jesu verkörperten, vgl. Aug. en. ps. 149,8: in tympano corium extenditur, in psalterio chordae extenduntur: in utroque organo caro crucifigitur. (Text CCL

Das Hämmern Davids an die Tore der Stadt dient dem Vergleich mit der Trommel, da das Trommeln an das tote Holz der toten, aufgespannten Haut der Trommel vergleichbar sei. Die Tore der Stadt werden zu verschlossenen Herzen, die Trommel hingegen symbolisiert das Kreuz und die Kreuzigung.[309] Dabei steht insbesondere der Aspekt der gestreckten Haut auf Holz im Vordergrund der allegorischen Auslegung, die unterschiedlich erfolgt. So kann das Strecken und Trocknen der gespannten Haut auch im positiven Sinn als die Abkehr vom Fleischlichen und Körperlichen gesehen werden:

> Eine Trommel lobpreist Gott, wenn unser Fleisch sich einem Wandel unterzogen hat und es keine Spur weltlicher Verderbtheit mehr enthält, denn eine Trommel ist aus getrockneter und fest aufgespannter Haut gemacht.[310]

Dieser Wandel wird von Augustinus auch in der Aufforderung zum Trommeln ausgedrückt: Durch das Trommeln kann die Aufgabe des Fleisches vollzogen werden.[311] Neben der Auslegung als Kreuzigung Jesu oder der Entsagung des Fleischlichen können die Tympana auch im Kontext des Bibelwortes *Gott, sie sahen deinen Einzug, / den Einzug meines Gottes ins Heiligtum: / voraus die Sänger, die Saitenspieler danach, / dazwischen Mädchen mit kleinen Pauken* (Ps 68,26) begegnen. Zur Auslegung der Rolle der Tympana spielenden Mädchen zieht Augustinus die jungen Kirchen heran, die von den jungen Mädchen personifiziert würden.[312] Die Tympana hingegen würden von den Mädchen

---

40,2183). „Beim Tympanon ist die Haut gestreckt, beim Psalterium die Saiten: In beiden Instrumenten wird das Fleisch gekreuzigt."

309 So auch in Aug. en. ps. 33,2,7: certe enim ipse pendebat in cruce, quando tympanizabat; et cum penderet in cruce, emisit spiritum. (Text CCL 38,286). „Es ist nämlich gewiss, dass er leibhaftig am Kreuz hing, als getrommelt wurde, und während er am Kreuz hing, gab er seinen Geist auf." Aus der Vorstellung der aufgespannten Haut resultiert hier das Bild der Kreuzigung.

310 Aug. en. ps. 150,7: Tympanum laudat deum, cum iam in carne mutata nulla est terrenae corruptionis infirmitas. De corio quippe fit tympanum exsiccato atque firmato. (Text CCL 40,2195).

311 Vgl. Aug. en. ps. 80,4: Et uerum est quod tympanum, quod de corio fit, ad carnem pertinet. Psalmus ergo spiritalis est, tympanum carnale. ergo plebs dei, congregatio dei, accipe psalmum et date tympanum: accipe spiritalia et date carnalia. (Text CCL 39,1122). „Und es ist wahr, dass das Tympanum, welches aus toter Haut gemacht ist, zum Fleisch gehört. Der Psalm ist also eine geistige Sache, das Tympanum eine fleischliche. Somit, Volk Gottes, Versammlung Gottes, vernehmt den Psalm und gebt das Tympanum: vernehmt das Geistige und gebt das Fleischliche."

312 Vgl. Aug. en. ps. 67,34,1: iidem autem principes *in medio adolescentularum tympanistriarum*, in ministerio scilicet honorabili; nam ita sunt in medio ministri praepositi ecclesiarum nouarum; hoc enim est, *adolescentularum*: carne edomita deum laudantium; hoc enim est, *tympanistriarum*, eo quod tympana fiant corio siccato et extento. (Text CCL 39,893). „Die Vornehmsten liefen *in der Mitte junger Mädchen, die die Tympana spielten*, freilich ein ehrwürdiges Amt ausübend, da sie nämlich in der Mitte der Vorsteher der neuen Kirchen sind. Diese jungen Kirchen aber sind die *jungen Mädchen*, welche, durch das Bändigen des Fleisches Gott loben, diese nämlich sind *die Spieler der Tympana*, und dies ist so, weil die Tympana aus dem Aufspannen getrockneter Haut gemacht sind."

gespielt, um den Vorzug der Geistigkeit über die Körperlichkeit darzustellen.[313] Damit stehen die Tympana aufgrund ihrer Fertigung und des Materials entweder für die Kreuzigung Jesu oder dienen der Auslegung des 68. Psalms, da diese Instrumente dort im königlichen Gefolge gespielt werden. Die Verwendung des Tympanon als Metapher für die Kreuzigung liegt in ihrer materiellen Beschaffenheit: Die ausgestreckte, ausgetrocknete Haut, die auf das runde Holz gespannt wird, um zu klingen, steht damit für den Körper Jesu, der an das Kreuz genagelt wird, um die Prophezeiung zu erfüllen. Auch die Entkörperlichung der Mädchen als junge Kirchen verwendet das Bild der Tympana als Sieg des Geistes über den Körper. Damit ist dieses Instrument nicht hinsichtlich seines Klanges, sondern ausschließlich hinsichtlich seines Materials rezipiert.[314]

Der Umgang des Menschen mit Gott und der Musik ist, so zeigt sich in diesem letzten Teil, von Gott durch den Psalter kommuniziert und wird von Augustinus für den Menschen ausgelegt. Dabei geht es um eine rein geistige Herangehensweise an die Instrumente des Psalters, die jeweils theologische Grundlagen der christlichen Religion verkörpern. Augustinus begreift die Instrumente damit als etwas, wodurch Gott spricht und sich dem Menschen zeigt – ganz plastisch in der Anschaulichkeit, aber ganz und gar spirituell in der Auslegung. Hauptsächlich bieten die Instrumente aufgrund ihrer Organologie einen Anknüpfungspunkt für die Allegorese. Der eigentliche Anlass, die Instrumente allegorisch auszulegen, ergibt sich für Augustinus zum einen aus ihrem Vorkommen und ihrer Bedeutung in den biblischen Schriften, zum anderen aber auch aus der besonderen Anschaulichkeit der Instrumente und ihrem Vermögen, durch Klang Gefühle zu wecken. Sie dienen als „Ohröffner" für Gottes Botschaft und wollen von Augustinus eher als Demonstration seiner exegetisch-rhetorischen Kunstfertigkeit verstanden werden. Die Notwendigkeit einer allegorischen Auslegung der Instrumente aufgrund ihrer besonderen Attraktivität ist zu dieser Zeit durch eine gelungene Allegorese und bewährte Exegese bereits aufgehoben. Auch ist die Gefahr gebannt, dass die Gemeinde die Beteiligung von Instrumentalmusik an den Gottesdiensten wünscht. Somit ist es Augustinus auch möglich, die positiven organologischen Funktionen der Instrumente aufzuzeigen: Der Vergleich des Psalterions mit dem Dekalog etwa oder die Kithara als menschliches Instrument, welches Gott Lob singt. Hervorstechend ist der Deutungshorizont des Tympanons, welches in der Auslegung überaus positiv als Überwindung des Körpers gelten kann, und im Bild der Kreuzigung gipfelnd Heil und Erlösung bringt. Den Blasinstrumenten kommt bei der augustinischen Exegese kein großer Raum zu. Anders als bei Chrysostomos werden keine Vergleiche zwischen dem menschlichen und dem göttlichen Atem gezogen, der das Instrument anregt. Die Tibia wird, da sie in den Psalmen selbst keine Rolle spielt, von Augustinus kaum rezipiert; wenn doch, betont und anerkennt er jedoch die Kunstfertig-

---

313 Vgl. Aug. en. ps. 67,35,1: ecclesiae sunt adolescentulae, noua gratia decoratae; ecclesiae sunt tympanistriae, castigata carne spiritaliter sonorae. (Text CCL 39,894). „Die Kirchen sind wie Jungfrauen, die mit neuer Gnade geschmückt wurde; die Kirchen sind die Spieler der Tympana, geistig klangvoll, weil sie ihr Fleisch fest unter Kontrolle haben."

314 Zu den Auslegungshorizonten des Tympanon bei den frühen Väter vgl. auch Giesel (1978), 160–166.

keit ihres Spielers. Damit zeigt sich das göttliche Wirken vornehmlich im Vergleich mit den Saiteninstrumenten: Ihnen weist Augustinus im Rahmen der Allegorese die höchste Bedeutung in der Hierarchie der Instrumente zu. In den zarten Klängen der Saiteninstrumenten, die im römischen Reich den höchsten künstlerischen Rang einnehmen, lässt sich Gottes Stimme hören, und nur mit ihnen lässt sich Gott angemessen von allen Seiten, nämlich von oben vom Himmel und von unten, von der Erde, preisen.

6.5   Fazit zum Niederschlag der Musik in Augustins Schriften

Der rechte Umgang des Menschen mit Gott und der Musik ist von Gott durch den Psalter kommuniziert und wird von Augustinus für den Menschen ausgelegt. Dabei geht es um eine rein geistige Herangehensweise an die Instrumente des Psalters, die jeweils theologische Grundlagen der christlichen Religion verkörpern. Darüber hinausgehend aber ist es vor allem Gottes Stimme, die im Menschen wirkt und die ihn dazu animiert, selbst Musik und Klang zu seinem Lobe zu werden. Insbesondere die Metapher des neuen Liedes spielt immer wieder eine Rolle im Schrifttum Augustins, ebenso wie die Fähigkeit des Menschen, Gott in Gesang und Musik ein Instrument zu sein. Dabei verweist er immer wieder auf die reiche, von Gott geschaffene Musikkultur im Himmel. Das Verständnis von Musik zum Lobe Gottes entspringt ganz aus dem Verständnis Gottes als Schöpfer aller Dinge. Damit ist Musik etwas Gottgewolltes, muss aber, um wirklich dem Lobe dienen zu können, vom Menschen aufrichtig und ernsthaft dargebracht werden. Es ist Augustinus aufgrund seiner eigenen biographischen Haltung zur Musik immer wieder ein Anliegen, die Menschen vor der verführerischen Kraft der Musik zu warnen, der man nur mit klarem Kopf begegnen dürfe. Dabei steht für ihn die Textgebundenheit der Musik an erster Stelle, da sie dem Menschen hilft, das rechte Maß im Umgang mit der Musik einzuhalten und diese mit Vernunft genießbar zu machen. Das Sich-Verlieren in der Musik, welches er am eigenen Leibe in seiner Jugend immer wieder erfahren hat und welches er den anderen religiösen Gruppierungen zuschreibt, wird von ihm dabei als große Gefahr für den Menschen eingestuft. Auf der anderen Seite weiß er um die Anziehungskraft der Gesänge, die ihn selbst, als er noch nicht fromm und tugendhaft war, in seinem neuen Glauben aufgefangen haben. Verortet Chrysostomos die ideale Musikpraxis ausschließlich in den dem Menschen nur schwer erreichbaren himmlischen Sphären der Märtyrer, biblischen Gleichnissen oder aber deren Nachahmung durch die tugendhaften Witwen, so begreift Augustinus diese als Teil des menschlichen Strebens auf der Erde. Praktisch jeder kann teilhaben an einer idealen Musikpraxis, da ein jeder sie selbst mit dem Lob der eigenen Stimme und der Tat des Herzens verkörpern kann. Augustinus operiert weniger mit den Idealen eines Vorbildes als mit der Übereinstimmung von Herz und Verstand in einer musikalisch eindeutigen Sprache. Derartig begreift er auch die Teilhabe der Gläubigen an den Gesängen in den Gottesdiensten und schätzt den Stellenwert des Gemeindegesanges hoch ein, wovon eine außergewöhnlich häufige Erwähnung des Singens in den *sermones* zeugt. Der Einfluss des Ambrosius, der für Augustinus als Maßstab für den hohen Stellenwert des Gemeindegesanges genommen wird, zeigt sich auch darin, dass Augustinus den ambrosianischen Hymnen immer wieder in seinen Schriften einen Platz einräumt und sie zitiert. Darüber hinaus finden vor allem die Iubilatio und das Alleluia einen festen Platz in der Auseinandersetzung mit den liturgischen Gesängen, wobei insbesondere das zeitlich auf die fünfzig Tage zwischen Ostern und Pfingsten beschränkte Alleluia von ihm freudig erwartet wird. Die besondere Stellung, die Augustinus dem Alleluia als *sempiternus hymnus* einräumt, kommt dem *Trisagion* des Chrystostomos gleich – allerdings nicht bezogen auf die Realpräsenz des Herrn in einer Verbindung von Himmel und Erde, wie es bei Chrysostomos der Fall ist, sondern in Anbetracht des Sakramentes der Taufe. Die Hymnengesänge, die Augustinus nach seiner eigenen Taufe hört, bleiben in ihm von größtem Nachhall als Bestätigung, den richtigen Glauben gefunden zu haben. Derartig will auch Augustinus in seiner Gemeinde die Alleluia-Gesänge verstanden wissen. Diese Gesänge, die sich nur einmal jährlich wiederholen, erneuern den Bund der Christen im Gesang und verbinden sie in dem Gedanken an die Auferstehung mit ihrem Stifter. Hinsichtlich der theoretischen Seite der Musik schätzt Augustinus, dass sie zum einen als Teil des Bildungskanons eine Schlüsselrolle zwischen den literarischen und mathematischen Wissenschaften einnimmt und zum anderen ein Zeugnis von Gott in den Rhythmen der Natur gibt. So kann die Beschäftigung mit den den Klängen zugrunde liegenden Rhythmen den Menschen zur Gotteserkenntnis führen. In seiner phänomenologischen Analyse der *scientia musica* zeigt Augustinus die Prozesse der Rhythmen in Körper und Geist auf, welche letztlich von den *numeri iudiciales* in eine rechte Ordnung überführt werden. Die Abhängigkeit aber jeden Klanges und Rhythmus von der Zeit selbst zeichnet das Verständnis Augustins nach, Gott als Begründer aller Dinge in der Zeit auffassen zu wollen. Da die ewige Gegenwart letztlich nur bei Gott zu finden ist, wird alles menschliche Erleben innerhalb der drei Zeitstufen hinfällig: Das Schöne wird nur bei Gott vollendet werden in einer Ewigkeit, in der sich das Gestern, das Heute und das Morgen miteinander verbinden.

7 Resümee –
Musik als Argument bei Laktanz, Euseb, Chrysostomos und Augustinus

Die Musik stellt sich im Schrifttum der hier untersuchten Kirchenväter als ein vielbeachteter Gegenstand dar, der auf verschiedenen Ebenen diskutiert wird. Es ist offensichtlich, dass sowohl die Musik als auch die Sorge um die richtige Art des Musizierens eine Kernfrage der noch jungen christlichen Kirche darstellt. Alle vier Quellenautoren zeichnen das Bild einer Musikkultur, die in ihrer Anwendung und ihrer Alltagstauglichkeit innerhalb der Gemeinde dynamisch diskutiert wird. Aber auch im abstrakten Sinn denken die Kirchenväter über den Nutzen, die Tradition und die Wirkung von Musik intensiv nach und geben Handreichungen zum Umgang mit ihr. Sie ist ein Thema, dass alle etwas angeht, da sie unmittelbare Fragen nach Identität und Standort in der Gesellschaft berührt. Die Schaffung einer eigenen Musikkultur und deren Positionierung in der Gesellschaft erfolgt nicht ausschließlich isoliert im Rahmen einer Gemeindekultur, sondern auch anhand der Betrachtung und Bewertung der Musik der Anderen, seien es die Heiden, die Juden oder innerchristliche Gruppierungen wie die Arianer und Donatisten.

Die Leitfrage, die sich alle vier Autoren stellen, ist die Frage nach dem rechten Gebrauch und dem rechtmäßigen Genuss von Musik. Ihnen allen ist die Dichotomie der Musik zwischen den Polen von Ausgelassenheit und Kontemplation offenbar und sie suchen nach einer konstruktiven Möglichkeit, damit im liturgischen Raum angemessen umzugehen. Der übergeordnete Wille, Gott Lob zu singen, spornt die Väter an, sich auf eine Musikkultur im liturgischen Raum einzulassen. Die Übernahme des Vokalen entstammt dabei eindeutig der judenchristlichen Herkunft der ersten Gemeinden. Vermutlich aber handelt es sich nicht um die konkrete Übernahme der synagogalen Gesänge, sondern vielmehr um die Übernahme der Technik und Praxis des Singens.

In der Ausbreitung der Christen über das Römische Reich entwickelt sich aus dem ursprünglich judenchristlichen Bedürfnis des Lobgesanges das Bewusstsein einer eigenen musikalischen Identität in Abgrenzung von der umgebenden heidnischen Kultur: Der Gesang erscheint der schon größeren Christengemeinde als ein selbstbewusstes musikalisches Mittel zur Demonstration ihrer religiösen Identität. Dabei zeichnet sich diese Zeit hinsichtlich der Schöpfung neuer Gesänge durch hohe Kreativität aus, die vor allem im Osten des Reiches zu einem sogenannten ‚Hymnenfrühling‘ führt. Dieses selbstbewusste Betonen der eigenen Vokalkultur in der Abgrenzung von der instrumental geprägten heidnischen Musikkultur löst sich im vierten Jahrhundert auf. Jetzt dreht sich die innerchristliche Auseinandersetzung nicht mehr darum, ob Instrumente in Kult und Privatraum genutzt werden dürfen, sondern vielmehr darum, welche Art des Gesangsstils die orthodoxe ist. Die Auseinandersetzungen mit Donatisten, Arianern und

Manichäern zeugen von einer Diskussion, die sich ausschließlich im Inneren der christli-
chen Gemeinde ansiedelt: Was die Musik der Heiden betrifft, so ist man schon im dritten
Jahrhundert zu einem Konsens gelangt, der als moralischer Topos immer wieder in den
Schriften der Kirchenväter erscheint. Dies geschieht aber, abgesehen von einigen wenigen
Fällen, scheinbar nicht aus akuter Bedrohung heraus, sondern aus einer Äußerung der
Überlegenheit. Die heidnische Musikpraxis wird nur noch im Rahmen einiger Bräuche
rezipiert, so zum Beispiel im Rahmen von Hochzeiten, Beerdigungen und in der Ausein-
andersetzung mit den Mysterienkulten sowie der Theaterkultur.

Diese Äußerungen in den Quellen treten aber deutlich hinter der innerchristlichen
Diskussion zur Vokalpraxis zurück. So dominiert der liturgische Gesang als einzig legitime Art der Musikausübung im privaten und öffentlichen Raum die Aussagen der
vier untersuchten Väter. Mit der Institutionalisierung der Kirche als Gesamtheit von
Lebenspraxis und religiöser Ausrichtung vollzieht sich auch die Kanonisierung des Gesanges im Gottesdienst und im häuslichen Rahmen. Die kreative Neuschöpfung von
Hymnen wird im vierten Jahrhundert nach einem längeren Prozess der Ablehnung durch
die Kirchenväter schließlich eingedämmt und begegnet nur noch in der Auseinandersetzung mit häretischen Gruppierungen. Insbesondere der Konflikt mit den Arianern und
den ihnen zugeschriebenen antiphonalen Gesängen wird zu einer Angelegenheit um die
richtige Art der Vokalpraxis und die Zulässigkeit von Hymnendichtung. So spiegelt sich
der Prozess einer Strukturierung der Kirche, der sich in Politik, Gesellschaft und Kultur
deutlich zeigt, auch im Umgang der frühen Christen mit der Musik wider: Sie wird ein
ganz selbstverständlicher Teil der christlichen Lebenswelt und bildet das Außen und Innen ebenso wie die richtige moralische Lebensführung ab.

Dennoch verbleiben auch in der christlichen Sprache Spuren der antiken Musikkultur, die sich vornehmlich durch die symbolische Umdeutung der Musikinstrumente in
einen christlichen Kontext hinein zeigt. Die Sinnentleerung der Musikinstrumente von
ihrem praktischen Spielkontext hin zu einer rein spiritualistischen Ausdeutung zeigt klar
den Zeitgeist auf, der im dritten Jahrhundert von den Christen formuliert wurde: Musik dient dem Lobe Gottes, da sie seiner Schöpfung entspringt. Da sich aber die heidnische Musikpraxis dieser Vorstellung nicht im richtigen Sinne unterordnen kann, muss
sie diesbezüglich moralisch korrekt umgedeutet werden. So werden auch die heidnischen
Musikinstrumente in diesen christlichen Kosmos hineingenommen, werden von ihrem
heidnischen Schmutz befreit und erstrahlen im Rahmen der wundersamsten Allegorien
in einem rein christlichen Licht, gleichsam so, als ob sie niemals in einem anderen Kontext existiert hätten.

Letztlich wird auch am Umgang mit den Instrumenten die geistige Grundlage in den
Paulusbriefen deutlich. Bis auf Laktanz verweisen alle hier untersuchten Kirchenväter
in ihren Schriften immer wieder auf den Begründer der ersten Gemeindestrukturen in
Anlehnung an Wort und Taten des Apostels. Über den Äußerungen des Euseb, Chrysostomos und Augustinus zur Musikkultur schwebt das Pauluswort, so dass die Christen sich letztlich doch in diesem Bereich als Vertreter einer Schriftreligion offenbaren,
wenngleich die ersten apologetischen Unternehmungen der Frühzeit dies so vehement
abgelehnt hatten.

Aus der Detailanalyse der vier Autoren ergeben sich deutliche Übereinstimmungen im Umgang mit und im Denken über Musik. An erster Stelle ist der bei allen untersuchten Autoren gleichwertige Nutzen einer Vokalpraxis im liturgischen Rahmen zu benennen. Alle vier Autoren schätzen die Vokalpraxis und räumen ihr einen großen Anteil im Alltag ein. Als Begründung dafür nennen alle vier Autoren die Überzeugung, dass die Fähigkeit zu singen dem Menschen von Gott gegeben wurde und ihn somit in die Pflicht stellt, sein Instrument zu sein. Der Mensch darf also nicht nur, sondern er muss sogar Gott lobsingen um ein sinnerfülltes Leben zu führen. Die Musikpraxis ist also in erster Linie zweckgebunden. Daneben bietet sie auch Kontemplation und Bestärkung des Geistes und wird in diesem Sinn auch bewusst von den Kirchenvätern anempfohlen. In der Vokalpraxis liegt für die Christen die Möglichkeit, sich eines Herzens und einer Stimme im Glauben zu versichern, sich zu konstituieren und eine festere Gemeindebindung hervorzubringen. Die Beteiligung der Gemeinde ist dabei unmittelbar und hoch. Im Gegensatz zur stark hierarchisierten Synagogalpraxis integriert die christliche Musikausübung alle fest in den liturgischen Rahmen. Die Psalmodie kann formal *una voce* oder responsorial erfolgen. Zwar wird ab dem dritten Jahrhundert die Institution des Vorsängers sicher bezeugt, dennoch hat die Gemeinde einen festgefügten Ort der Partizipation. Im Rahmen der Responsorialgesänge kann sie sich beteiligen durch Antwortverse oder Akklamationen. Im Rahmen der *una voce* Gesänge beteiligen sich alle, egal ob Priester, Lektor oder Gemeindemitglied geschlossen eines Herzens am Gesang. Diese einheitlichen, erhebenden Gesänge bezeichnen Chrysostomos und Augustinus als Hymnen, die im Rahmen der Eucharistiefeier von allen getauften Christen feierlich zur Wandlung gesungen werden. Die erste Einweihung in diese Gesänge nach der Taufe beim Osterfest vollzieht sich unter starker emotionaler Beteiligung, wie Augustinus noch am Ende seines Lebens bezeugt. Generell spiegelt der Ausschluss der noch nicht getauften Christen von diesen Gesängen eine Besonderheit wider. Damit bekommen die Hymnen eine Symbolkraft, die sie auch zum Anziehungspunkt für Interessierte und Andersgläubige werden lässt und somit kräftig nach außen wirkt. Neben dieser liturgischen Praxis berichten die Kirchenväter auch von außerkirchlicher Vokalpraxis, zumeist im Rahmen des häuslichen Mahls und der christlichen Festkultur bei Hochzeiten und Todesfällen sowie bei der Erziehung.

Dieser in den Quellen sehr prominente Aspekt der christlichen Musikpraxis wird auch anhand der Auseinandersetzung mit den heidnischen Musikbräuchen diskutiert. Dabei stehen Überlegungen zur Verortung der Musik in der heidnischen Geisteswelt im Vordergrund. Besonders die Vorstellungen der Pythagoreer zur Verbindung von Seele und Musikinstrument werden in diesem Rahmen vor allem von Laktanz und Euseb diskutiert. Dabei verbinden sich neuplatonische Vorstellungen von der göttlichen Lenkung des Kitharöden mit der des Gedankens vom unbeseelten Instruments, mit welchem der Mensch bei Aristoxenos gleichgesetzt wird. Diese Vorstellung des göttlichen Kitharöden wird später von Augustinus im Rahmen der Allegorese zum Bild schlechthin. Daneben stellen aber auch die platonischen Ideen von Erziehung mit und durch Musik einen viel diskutierten Gegenstand dar, der vornehmlich von Euseb sowie von Augustinus dargestellt und für gut befunden wird.

So leitet auch hier die Idee vom „rechten Gebrauch" den Nutzen von Musik ein, der sich auch im Umgang mit den Bildungsgütern beobachten lässt. Euseb allerdings zeigt sich dem Nutzen von Bildung im Rahmen der Erziehung nicht aufgeschlossen, da für ihn die Kenntnis der freien Künste zu keinerlei Gotteserkenntnis führen kann. Von allen hier untersuchten Vätern stellt er, neben Laktanz, im Rahmen seiner historiographischen Darstellung die Musik als Argument am stärksten in den Rahmen des Altersbeweises. Augustinus wie auch Laktanz verwenden die Musik als Argument für ein gottgefälliges Leben. Darüber hinaus aber gilt Augustinus die Musik anlässlich der Probleme seines Umfeldes stärker als Indikator für die richtige religiöse Identität, da er die orthodoxe Art der Gesänge in Abgrenzung zur Musikpraxis der Manichäer, Donatisten und Arianer definiert. Auf eine ähnliche Art verwendet Chrysostomos die Musik als Argument der moralischen Orientierung und somit der richtigen religiösen Identität; im Gegensatz zu den anderen Autoren aber bleiben seine Darstellungen immer stark liturgisch verhaftet. Seine Sicht auf die Musik erfolgt ähnlich wie bei Euseb immer unter dem Aspekt der Funktionalität. Anders als Augustinus und Laktanz, die von der ästhetischen Schönheit von Klang und Sprache stark beeinflusst sind, verwendet Chrysostomos Sprache und Musik als Mittel zur Suggestion der Gläubigen. Allen vier Kirchenvätern ist gemeinsam, dass die Bewertung der Musik aus moralischer Perspektive stark mit ihrer sinnlich-erlebbaren Seite zusammenhängt. Keiner von ihnen spricht sich gegen den Gesang selbst aus, jeder aber beurteilt ihn anhand der Parameter des moralisch Guten oder Schlechten. Es ist ihnen ein Anliegen, den Gläubigen einen Weg der Differenzierung aufzuzeigen, so dass sowohl in den Predigten als auch in den Schriften der Musik und ihrer Beurteilung ein großer Raum zukommt.

Die Auseinandersetzung um die Musik im dritten und vierten Jahrhundert stellt nur einen kleineren Ausschnitt aus der größeren Diskussion der Kirchenväter über den Umgang mit der antiken Kultur und dem jüdischen Erbe dar. Aufs Große übertragen aber vollzieht sich durch die Befürwortung der Musik im christlichen Alltag eine Wende, die zum Merkmal einer grenzüberschreitenden Identität wird. In der Innovation einer neuen, überwältigenden Art eines Gemeindegesanges steckt eine gänzlich neue Art, über Musik nachzudenken, sie zu verwenden und als Sprache nutzbar zu machen. Die Christen schaffen mit dem globalen Einsatz ihrer Vokalpraxis eine neue Dimension der Einbindung des Einzelnen in eine Gemeinschaft über ein antikes Medium, dessen qualitative Möglichkeiten sie erkannt haben und selbstbewusst benutzen. Kräftig dringt der christliche Gesang aus dem Raum der Kirche in die Gesellschaft hinein, und wird so gleichermaßen zu einem Symbol für die Christen und zu einem Beginn einer neuen Ära.

8 Verzeichnisse

8.1 Quellenverzeichnis

Ambrosius
Epistulae
T: Sancti Ambrosi Opera. Pars Decima. Epistularum liber decimus. Epistulae extra coll-
ectionem gesta concili Aquileiensis. Recensuit Michaela Zelzer. Wien 1982. (= CSEL
82,3)

Exameron
T: Sancti Ambrosi Opera. Pars Prima. Exameron. Recensuit Carolus Schenkl. Wien 1897.
(= CSEL 32,1).

Explanatio Psalmorum XII
T: Sancti Ambrosi Opera. Pars Quarta. Pars sexta. Explanatio Psamorum XII. Recensuit
M. Petschenig. Wien 1919. (= CSEL 64,8).

Expositiones in Lucam
T: Sancti Ambrosi Opera. Pars Quarta. Expositio euangelii secundum Lucam. Recensuit
Carolus Schenkl. Wien 1902. (= CSEL 32,4).

Hymnen
Ü: Ambroise de Milan. Hymnes. Texte établi, traduit et annoté sous la direction de Jacques Fontaine par J.-L. Charlet. Paris 1992.

Apostolische Konstitutionen
T+Ü: Les Constitutions Apostoliques. Tome I. Livres I–II. Introduction, texte critique,
traduction et notes par Marcel Metzger. Paris. 1985. (= SC 320).
T+Ü: Les Constitutions Apostoliques. Tome II. Livres III–VI. Introduction, texte critique, traduction et notes par Marcel Metzger. Paris. 1986. (= SC 329).
T+Ü: Les constitutions apostoliques. Tome III. Livres VII et VIII. Introduction, texte
critique, traduction et notes par Marcel Metzger. Paris 1987. (= SC 336).

Apuleius

T+Ü: Apuleius: Der goldene Esel – Metamorphosen Libri XI. Lateinisch-deutsch. Hrsg.
von Edward Brandt und Wilhelm Ehlers. Düsseldorf/Zürich 1998.

Aristophanos

T: N. G. Wilson: Aristophanis Fabulae. Oxford 2007. (TLG).

Ü: Aristophanes: Die Wolken. Übersetzt und für Zeitgenossen des späten 20. Jahrhunderts zubereitet von Manfred Fuhrmann. Zürich 1977.

Aristoxenos

T: Wehrli, Franz (Hrsg.): Die Schule des Aristoteles. Texte und Kommentar. Aristoxenos. Basel 1945.

T+Ü: Die Fragmente des Aristoxenos aus Tarent. Neu herausgegeben und ergänzt, erläutert und übersetzt von Stefan Ikarus Kaiser. Hildesheim, Zürich u.a. 2010. (= Spudasmata; Bd. 128).

Augustinus

Confessiones

T: Sancti Augustini Confessionum Libri XIII. Edidit Lucas Verheijen. Turnhout 1981. (= CCL 27).

Ü: Aurelius Augustinus: Die Bekenntnisse. Übertragung, Einleitung und Anmerkung von Hans Urs von Balthasar. Einsiedeln 1985.

Ü: Aurelius Augustinus: Bekenntnisse. Aus dem Lateinischen übersetzt und herausgegeben von Kurt Flasch und Burkhard Mojsisch. Stuttgart 2008.

Ü: Aurelius Augustinus. Confessiones – Bekenntnisse. Lateinisch-deutsch. Übersetzt von Wolfgang Thimme. Düsseldorf/Zürich 2004.

Contra Faustum Manichaeum

T: Sancti Aurelii Augustini Contra Faustum libri triginta tres (XXXIII). Recensuit Iosephus Zycha. Wien 1891. (= CSEL 25,1,251–797).

Ü: Saint Augustine: Answer to Faustus, a Manichaean. Introduction, translation and notes by Roland Teske. New York 2007. (= WoSA I,20).

Contra mendacium

T: Sancti Aurelii Augustini Contra mendacium. Recensuit Iosephus Zycha. Wien 1891. (CSEL 41,469–528).

Ü: Aurelius Augustinus: Die Lügenschriften. Eingeleitet, übersetzt und kommentiert von Alfons Städele. Paderborn u.a. 2013. (= Augustinus Opera; Bd. 50,1).

De civitate Dei

T: Sancti Aurelii Augustini De ciuitate Dei. Libri I–X. Curauerunt Bernardus Dombart et Alphonsus Kalb. Turnhout 1955. (= CCL 47).

T: Sancti Aurelii Augustini De ciuitate Dei. Libri XI–XXII. Curauerunt Bernardus Dombart et Alphonsus Kalb. Turnhout 1955. (= CCL 48).

Ü: Aurelius Augustinus. Der Gottesstaat – De ciuitate dei. Zwei Bände. In deutscher Sprache von Carl Johann Perl. Paderborn 1979.

De doctrina christiana

T: Sancti Aurelii Augustini De doctrina christiana. Cura et studio Iosephi Martin. Turnhout 1962. (= CCL 32).

Ü: Augustinus. Die christliche Bildung (De doctrina christiana). Übersetzung, Anmerkungen und Nachwort von Karla Pollmann. Stuttgart 2002.

De libero arbitrio libri tres

T: Sancti Aurelii Augustini De libero arbitrio libri tres. Cura et studio W. M. Green. Turnhout 1970. (= CCL 29,211–321).

T+Ü: Aurelius Augustinus: *De libero arbitrio* – Der freie Wille. Eingeleitet, übersetzt und herausgegeben von Johannes Brachtendorf. Paderborn u.a. 2006 (= Augustinus Opera; Bd. 9).

De magistro

T: Sancti Aurelii Augustini De magistro. Cura et studio Klaus-Detlef Daur. Turnhout 1970. (= CCL 29).

Ü: Augustinus: Philosophische Spätdialoge. Die Größe der Seele. Der Lehrer. Eingeleitet, übersetzt und erläutert von Karl-Heinrich Lütcke und Günther Weigel. Zürich und München 1973.

De moribus ecclesiae catholicae et de moribus Manichaeorum

T: Sancti Aurelii Augustini Opera De moribus ecclesiae catholicae et de moribus manichaeorum libri duo. Recensuit Johannes B. Bauer. Wien 1992. (= CSEL 90).

T+Ü: Augustinus: Die Lebensführung der katholischen Kirche und die Lebensführung der Manichäer. Zweisprachige Ausgabe. Eingeleitet, kommentiert und herausgegeben von Elke Rutzenhöfer. Paderborn, München u.a. 2004. (= Augustinus Opera; Bd. 25).

De musica

T+Ü: Aurelius Augustinus: De musica. Bücher I und VI. Vom ästhetischen Urteil zur metaphysischen Erkenntnis. Eingeleitet, übersetzt und mit Anmerkungen versehen von Frank Hentschel. Hamburg 2002. (Verwendet den aktuellsten Text von Jacobssen).

Ü: Aurelius Augustinus: Musik – De musica libri sex. Zum ersten Mal in deutscher Sprache von Carl Perl. Paderborn 1962.

De natura boni

T: Sancti Aurelii Augustini De natura boni liber. Recensuit Iosephus Zycha. Wien 1892. (= CSEL 25,2,855–889).

T+Ü: Augustinus: *De natura boni* – Die Natur des Guten. Einleitung, lateinischer Text, Übersetzung und Kommentierung von Brigitte Berges, Bernd Goebel und Friedrich Hermanni. Paderborn 2010. (= Augustinus Opera; Bd. 22).

De opere monarchorum
T: Sancti Aurelii Augustini De opere monarchorum. Recensuit Iosephus Zycha. Wien 1900. (= CSEL 41,529–596).
Ü: Aurelius Augustinus. Die Handarbeit der Mönche. Übertragen und erläutert von Rudolph Arbesmann. Würzburg 1972.

De ordine
T: Sancti Aurelii Augustini De ordine libri duo. Recensuit Pius Knöll. Wien 1922. (= CSEL 63).
Ü: Augustinus. Philosophische Frühdialoge: Über die Ordnung. Eingeleitet, übersetzt und erläutert von Ekkehard Mühlenberg. Hrsg. v. Carl Andresen. Zürich und München 1972.

De trinitate
T: Sancti Aurelii Augustini De Trinitate libri 15: libri 13–15. Cura et studio W. J. Mountain auxiliante Fr. Glorie. Turnhout 1968. (= CCL 50a).
Ü: Aurelius Augustinus: De trinitate (Bücher VIII–XI, XIV–XV, Anhang Buch V). Neu übersetzt und mit Einleitung herausgegeben von Johann Kreuzer. Lat.-dt. Hamburg 2001. (= Philosophische Bibliothek; Bd. 523).

Enarrationes in Psalmos
T: Sancti Aurelii Augustini Enarrationes in Psalmos I–L. Textum edendum curauerunt D. Elegius Dekkers und Iohannes Fraipont. Turnhout 1956. (= CCL 38).
T: Sancti Aurelii Augustini Enarrationes in Psalmos LI–C. Textum edendum curauerunt D. Elegius Dekkers und Iohannes Fraipont. Turnhout 1956. (= CCL 39).
T: Sancti Aurelii Augustini Enarrationes in Psalmos CI–CL. Textum edendum curauerunt D. Elegius Dekkers und Iohannes Fraipont. Turnhout 1956. (= CCL 40).
T: Sancti Aurelii Augustini Enarrationes in Psalmos 119–133. Edidit Franco Gori. Wien 2001. (= CSEL 95,3).
T: Sancti Aurelii Augustini Enarrationes in Psalmos 134–140. Edidit Franco Gori. Wien 2002. (= CSEL 95,4).
Ü: Saint Augustine: Expositions of the Psalms 121–150. Translation and notes by Maria Boulding. New York 2004. (= WOSA III/20).

Epistulae
T: S. Aurelii Augustini Hipponiensis Episcopi Epistulae. Recensuit Al. Goldbacher. Pars I. Ep. I–XXX. Wien 1895. (= CSEL 34,1).
T: S.Aurelii Augustini Hipponiensis Episcopi Epistulae. Recensuit Al. Goldbacher. Pars II. Ep. XXXI–CXXIII. Wien 1898. (= CSEL 34,2a).

T: S. Aurelii Augustini Hipponiensis Episcopi Epistulae. Recensuit Al. Goldbacher. Pars III. Ep. CXXIV–CLXXXIV A. Wien 1904. (= CSEL 44).

T: S. Aurelii Augustini Hipponiensis Episcopi Epistulae. Recensuit Al. Goldbacher. Pars IV. Ep. CLXXXV–CCLXX. Wien 1911. (= CSEL 57).

Ü: Saint Augustine: Letters 1–99. Translation and notes by Roland Teske. New York 2001. (= WOSA II/1).

Ü: Saint Augustine: Letters 100–155. Translation and notes by Roland Teske. New York 2003. (= WOSA II/2).

Ü: Saint Augustine: Letters 156–210. Translation and notes by Roland Teske. New York 2004. (= WOSA II/2).

Ü: Des heiligen Kirchenvaters Aurelius Augustinus ausgewählte Briefe. Aus dem Lateinischen übersetzt von Alfred Hoffmann. München 1917. (= BKV I,29).

In epistulam Iohannis ad Parthos tractatus decem

T: Sancti Aurelii Augustini In epistolam Joannis ad Parthos tractatus decem. Paris 1841. (= PL 35,1977–2062).

Ü: Aurelius Augustinus: Homélies sur la première épître de St. Jean. Traduction par Jeanne Lemouzy. Paris 2008. (= Oeuvres de St. Augustin 76).

In Iohannis Evangelium tractatus CXXIV

T: Sancti Aurelii Augustini In Iohannis Euangelium tractatus CXXIV. Textum edendum curauit D. Radbodus Willems. Turnhout 1954. (= CCL 36).

Regula

T: La règle de saint Augustin. I. Tradition manuscrite par Luc Verheijen. Paris 1967, 417–437.

Ü: Augustinus von Hippo: Regel für die Gemeinschaft. Mit Einführung und Kommentar von Tarsicius Jan van Bavel. Ins Deutsche übertragen von Ludger Horstkötter. Würzburg 1990.

Retractationes

T: Sancti Aurelii Augustini Retractationum Libri II. Edidit Almut Mutzenbecher. Turnhout 1984. (= CCL 57).

Ü: Aurelius Augustinus. Die Retractationen in zwei Büchern. In deutscher Sprache von Carl Johann Perl. Paderborn 1976. (= Aurelius Augustinus' Werke; Bd. 18).

Sermones

T: Sancti Augustini Sermones. Accurante J. P. Migne. Paris 1863. (= PL 38).

T: Sancti Augustini Sermones. Accurante J. P. Migne. Paris 1865. (= PL 39).

T: Sancti Aurelii Augustini Sermones de Vetere Testamento. Sermones I–L. Recensuit Cyrillus Lambot. Turnhout 1961. (= CCL 41).

T: Sancti Aurelii Augustini Sermones in Matthaeum I (s. 51–70). Ediderunt P.-P. Verbraken, L. De Coninck, B. Coppieters 't Wallant, R. Demeulenaere. Turnhout 2008. (= CCL 41Aa).

T: Sancti Augustini Sermones post Maurinos reperti. Studio ac diligentia D. Germani Morin. Romae 1930. (= Miscellanea Agostiniana 1).

T: Nouveau sermons de saint Augustin pour la conversion des païens et des donatistes. II. Edidit par Francois Dolbeau. REAug 37 (1991), 271–288.

T: Augustin d'Hippone: Vingt-six sermons au peuple d'Afrique. Retrouvés à Mayence, édités et commentés par Francois Dolbeau. Paris 1996.

Ü: Augustinus von Hippo: Predigten zu den alttestamentlichen Propheten (sermones 42–50). Einleitung, Text, Übersetzung und Anmerkungen von Hubert R. Drobner. Frankfurt 2013. (= Patrologia XXIX).

Ü: Augustinus von Hippo: Predigten zum österlichen Triduum (sermomes 218–229D). Einleitung, Text, Übersetzung und Anmerkung von Hubert R. Drobner. Frankfurt 2006. (= Patrologia XVI).

Ü: Augustinus von Hippo: Predigten zu Kirch- und Bischofsweihe. (sermones 336–340/A). Einleitung, Text, Übersetzung und Anmerkungen von Hubert R. Drobner. Frankfurt 2003. (= Patrologia IX).

Ü: Saint Augustine Sermons (51–94) on the New Testament. Translation and notes by Edmund Hill. New York 1991. (= WOSA III/3).

Ü: Saint Augustine Sermons (94A–147A) on the New Testament. Translation and notes by Edmund Hill. New York 1992. (= WOSA III/4).

Ü: Saint Augustine Sermons (148–183) on the New Testament. Translation and notes by Edmund Hill. New York 1992. (= WOSA III/5).

Ü: Saint Augustine Sermons (184–229Z) on Liturgical Season. Translation and notes by Edmund Hill. New York 1993. (= WOSA III/6).

Ü: Saint Augustine Sermons (230–272B) on Liturgical Season. Translation and notes by Edmund Hill. New York 1993. (= WOSA III/7).

Ü: Saint Augustine Sermons (341–400) on Liturgical Seasons. Translation and notes by Edmund Hill. New York 1995. (= WOSA III/10).

Sermo ad Caesariensis ecclesiae plebem

T: Sancti Aurelii Augustini Scripta contra Donatistas. Pars III. Sermo ad Caesariensis ecclesiae plebem. Recensuit par M. Petschenig. Wien 1910. (= CSEL 53,167–178).

Ü: Aurelius Augustinus: Traités anti-donatistes. Vol. V. Übersetzt von G. Finaert. Desclée de Brouwer 1965. (= Bibliothèque Augustienne. Oeuvres de Saint Augustin 32).

Sermo de post tractatum

T: Aurelius Augustinus: Sermo de post tractatum. In: Germain Morin: Études, textes, découvertes. Paris 1913, 303. (= Anecdota Maredsolana; Bd. 1).

Basilius von Caesarea

Ad adolescentes

T+Ü: F. Boulenger: Saint Basile: Aux jeunes gens sur la manière de tirer profit des lettres Helléniques. Paris 1965.

Ü: Basilius von Caesarea: Mahnwort an die Jugend über den nützlichen Gebrauch der heidnischen Literatur. Aus dem Griechischen übersetzt von Anton Stegmann. München 1925. (= BKV 1,47).

Homiliae in psalmos

T: S. Basilius Caesariensis episcopus: Homiliae in Psalmos. Jean-Paul Migne. Paris 1857 (= PG 29).

Ü: Basilius von Caesarea: Homilie über Psalm 1. Prooemium. In: Hermann Josef Sieben: Sechzehn Kirchenvätereinführungen von Hippolyt bis Cassiodor. Paderborn 2011, 89–93.

Bibel

Septuaginta

T: Id est Vetus Testamentum graece iuxta LXX interpretes edidit Alfred Rahlfs. Duo uolumina in uno. Stuttgart 1979.

T: Id est Vetus Testamentum graece iuxta LXX interpretes edidit Alfred Rahlfs. Duo uolumina in uno. Editio altera quam recognouit et emendauit Robert Hanhart. Stuttgart 2006.

Vulgata

T: Biblia sacra iuxta Vulgatam uersionem. Adiuuantibus Bonifatius Fischer. Recensuit et breui apparatu instruxit Robertus Weber. Stuttgart 1983.

Altes Testament

Ü: Einheitsübersetzung der Heiligen Schrift. Das Alte Testament. Psalmen. Ökumenischer Text. Stuttgart 1980.

Ü: Psalmen 51–100. Übersetzt und ausgelegt von Frank-Lothar Hossfeld und Erich Zenger. Freiburg, Basel, Wien 2000. (= HthKAT).

Ü: Psalmen 101–150. Übersetzt und ausgelegt von Frank-Lothar Hossfeld und Erich Zenger. Freiburg, Basel, Wien 2008. (= HthKAT).

Neues Testament

Ü: Der Brief an die Epheser. Übersetzt und erklärt von Gerhard Sellin. Göttingen 2008. (= KEK; Bd. 8).

Ü: Der Brief an die Kolosser und an Philemon. Übertragen und erklärt von Eduard Lohse. Göttingen 1977. (= KEK; Bd. 9,2).

Canones

T: I canoni dei concili della chiesa antica. A cura die Angelo di Berardino; I. I Concili Greci. Hg. von C. Noce, C. Dell'Osso e D. Ceccarelli Morolli. Roma 2006. (= SEA; Bd. 95).

Cassiodor

T: Magni Aurelii Cassiodori Expositio Psalmorum I–LXX. Turnhout 1958. (= CCL 97).

Ü: Cassiodor: Psalmenkommentar. Prooemium („Prolog"). In: Hermann Josef Sieben: Sechzehn Kirchenvätereinführungen von Hippolyt bis Cassiodor. Paderborn 2011, 233–256.

Chrysostomos

Adversus Iudeaos Orationes VIII (Adv. Iud.)

T: ΤΟΥ ΙΩΑΝΝΟΥ ΤΟΥ ΧΡΥΣΟΣΤΟΜΟΥ – S.P.N. Joannis Chrysostomi Orationes VIII aduersus Judaeos. Paris 1862. (= PG 48,843–942).

Ü: Johannes Chrysostomos: *Aduersos Iudaeos.* Acht Reden gegen die Juden. Eingeleitet und erläutert von Rudolf Brändle. Übersetzt von Verena Jegher-Bucher. Stuttgart 1995.

Catecheses baptismales (Catech. bapt.)

T+Ü: Johannes Chrysostomos: Catecheses baptismales – Taufkatechesen. Griechisch-deutsch. Erster Teilband. Übersetzt und eingeleitet von Reiner Kaczynski. Freiburg 1992. (= FC 6,1).

De inani gloria et de educandis liberis (Educ. lib.)

T+Ü: A.-M. Malingrey: Jean Chrysostome – Sur la vaine gloire et l'éducation des enfants. Paris 1972. (= SC 188).

Ü: Johannes Chrysostomos: Über Hoffart und Kindererziehung. Besorgt und ins Deutsche übertragen von Joseph Glagla. Paderborn 1968.

Expositiones in Psalmos (Expos. in Ps.)

T: ΤΟΥ ΙΩΑΝΝΟΥ ΤΟΥ ΧΡΥΣΟΣΤΟΜΟΥ – S.P.N. Joannis Chrysostomi Expositio in Psalmos. Paris 1862. (= PG 55,35–528).

Homilia II dicta postquam reliquiae martyrum

T: ΤΟΥ ΙΩΑΝΝΟΥ ΤΟΥ ΧΡΥΣΟΣΤΟΜΟΥ – S.P.N. Joannis Chrysostomi Homiliae XI hactenus non editae et ad historiam illius aeui multum conferentes. Homilia II. Paris 1862. (= PG 63,467–472).

Homilia de Baptismo Christi (Bapt. Chr.)

T: ΤΟΥ ΙΩΑΝΝΟΥ ΤΟΥ ΧΡΥΣΟΣΤΟΜΟΥ – S.P.N. Joannis Chrysostomi In Homiliam de Baptismo Christi et de Epiphania. Paris 1862. (= PG 49,363–372).

Homilia in Sanctos Martyres (De sanct. Mart.)
T: ΤΟΥ ΙΩΑΝΝΟΥ ΤΟΥ ΧΡΥΣΟΣΤΟΜΟΥ – S.P.N. Joannis Chrysostomi Ad Homiliam in Sanctos Martyres. Paris 1862. (= PG 50,705–712).

Homiliae IX de poenitatia (De poenit. hom.)
T: ΤΟΥ ΙΩΑΝΝΟΥ ΤΟΥ ΧΡΥΣΟΣΤΟΜΟΥ – S.P.N. Joannis Chrysostomi Homiliae IX de Poenitatia. Paris 1862. (= PG 49,277–350).
Ü: Ausgewählte Schriften des heiligen Chrysostomus, Erzbischof von Konstantinopel und Kirchenlehrer. Übersetzt von Joh. Chrysostomus Mitterrutzner. Kempten 1890. (= BKVı,3).

Homiliae XXI de statuis ad populum Antiochenum (stat.)
T: ΤΟΥ ΙΩΑΝΝΟΥ ΤΟΥ ΧΡΥΣΟΣΤΟΜΟΥ – S.P.N. Joannis Chrysostomi Homiliae XXI de Statuis ad populum Antiochenum habitae. Paris 1862. (= PG 49,15–222).
Ü: Des heiligen Kirchenlehrers Johannes Chrysostomos 21 Homilien über die Bildsäulen. Aus demUrtext übersetzt von Joh.Chrysostomos Mitterrutzner. Kempten 1874. (= BKVı,22).

Homiliae XII in epistolam ad Colossenses (In ep. ad Col. hom.)
T: ΤΟΥ ΙΩΑΝΝΟΥ ΤΟΥ ΧΡΥΣΟΣΤΟΜΟΥ – S.P.N. Joannis Chrysostomi Homiliae XII in Epistolam ad Colossenses. Paris 1862. (= PG 62,299–392).
Ü: Des heiligen Kirchenlehrers Johannes Chrysostomus Erzbischofs von Konstantinopel Kommentar zu den Briefen des hl. Paulus an die Philipper und Kolosser aus dem Griechischen übersetzt von Wenzel Stoderl. Kempten, München 1924. (= BKVı,45).

Homiliae XLIV in epistolam primam ad Corinthios (In ep. I ad Cor. hom.)
T: ΤΟΥ ΙΩΑΝΝΟΥ ΤΟΥ ΧΡΥΣΟΣΤΟΜΟΥ – S.P.N. Joannis Chrysostomi Homiliae XLIV in Epistolam primam ad Corinthios. Paris 1862. (= PG 61,9–382).
Ü: Ausgewählte Schriften des heiligen Chrysostomus, Erzbischofs von Konstantinopel, Kirchenlehrer. Übersetzt von Alois Hartl. Kempten 1881. (= BKVı,72).

Homiliae XXX in epistolam secundam ad Corinthios (In ep. II ad Cor. hom.)
T: ΤΟΥ ΙΩΑΝΝΟΥ ΤΟΥ ΧΡΥΣΟΣΤΟΜΟΥ – S.P.N. Joannis Chrysostomi Homiliae XXX in Epistolam secundam ad Corinthios. Paris 1862. (= PG 61,381–610).
Ü: Ausgewählte Schriften des heiligen Chrysostomus, Erzbischofs von Konstantinopel, Kirchenlehrer. Übersetzt von Alois Hartl. Kempten 1887. (= BKVı,72).

Homiliae XXIV in epistolam ad Ephesios (In ep. ad Eph. hom.)
T: ΤΟΥ ΙΩΑΝΝΟΥ ΤΟΥ ΧΡΥΣΟΣΤΟΜΟΥ – S.P.N. Joannis Chrysostomi: Homiliae XXIV in Epistolam ad Ephesios. Paris 1862. (= PG 62,9–176).
Ü: Des heiligen Kirchenlehrers Johannes Chrysostomus Erzbischofs von Konstantinopel Kommentar zu den Briefen des hl. Paulus an die Galater und Epheser aus dem Griechischen übers. von Wenzel Stoderl. Kempten, München 1936. (= BKV2,15).

Homiliae XXXIV in epistolam ad Hebraeos (In ep. ad Hebr. hom.)
T: ΤΟΥ ΙΩΑΝΝΟΥ ΤΟΥ ΧΡΥΣΟΣΤΟΜΟΥ – S.P.N. Joannis Chrysostomi Homiliae XXXIV in Epistolam ad Hebraeos. Paris 1862. (= PG 63,9–236).
Ü: Des heiligen Kirchenlehrers Johannes Chrysostomus Homilien über den Brief an die Hebräer. Aus dem Urtexte übers. von Joh. Chrysostomus Mitterrutzner. Kempten, 1884. (= BKV1,77).

Homiliae XC in Matthaeum (In Matth. hom.)
T: ΤΟΥ ΙΩΑΝΝΟΥ ΤΟΥ ΧΡΥΣΟΣΤΟΜΟΥ – S.P.N. Joannis Chrysostomi Homiliae XC in Matthaeum. Paris 1862. (= PG 57,13–472).
T: ΤΟΥ ΙΩΑΝΝΟΥ ΤΟΥ ΧΡΥΣΟΣΤΟΜΟΥ – S.P.N. Joannis Chrysostomi Homiliarum in Matthaeum continuatio. Paris 1862. (= PG 58,471–794).
Ü: Des heiligen Kirchenlehrers Johannes Chrysostomus Erzbischofs von Konstantinopel Kommentar zum Evangelium des hl. Matthäus aus dem Griechischen übers. von Joh. Chrysostomus Baur. Kempten, München 1915. (BKV1,32).

Homiliae XV in epistolam ad Philippenses (In ep. ad Philipp. hom.)
T: ΤΟΥ ΙΩΑΝΝΟΥ ΤΟΥ ΧΡΥΣΟΣΤΟΜΟΥ – S.P.N. Joannis Chrysostomi Homiliae XV in Epistolam ad Philippenses. Paris 1862. (= PG 62,299–392).
Ü: Des heiligen Kirchenlehrers Johannes Chrysostomus Erzbischofs von Konstantinopel Kommentar zu den Briefen des hl. Paulus an die Philipper und Kolosser aus dem Griechischen übers. von Wenzel Stoderl. Kempten, München 1924. (= BKV1,45).

Homiliae XXXII in epistolam ad Romanos (In ep. ad Rom. hom.)
T: ΤΟΥ ΙΩΑΝΝΟΥ ΤΟΥ ΧΡΥΣΟΣΤΟΜΟΥ – S.P.N. Joannis Chrysostomi Homiliae XXXII in Epistolam ad Romanos. Paris 1862. (= PG 60,583–682).
Ü: Des heiligen Kirchenlehrers Johannes Chrysostomus Erzbischofs von Konstantinopel Kommentar zum Briefe des hl. Paulus an die Römer aus dem Griechischen übers. von Josef Jatsch. Kempten, München 1922. (= BKV1,39 und 42).

Homiliae XI in epistolam primam ad Thessalonichenses (In ep. I ad Thess. hom.)
T: ΤΟΥ ΙΩΑΝΝΟΥ ΤΟΥ ΧΡΥΣΟΣΤΟΜΟΥ – S.P.N. Joannis Chrysostomi Homiliae XI in Epistolam primam ad Thessalonichenses. Paris 1862. (= PG 62,391–468).
Ü: Des heiligen Kirchenlehrers Johannes Chrysostomus Homilien über die Brief an die Thessalonicher. Aus dem Urtexte übers. von Narcissus Liebert. Kempten 1883. (= BKV1,75).

Homiliae XI in epistolam primam ad Timotheum (In ep. I ad Tim. hom.)
T: ΤΟΥ ΙΩΑΝΝΟΥ ΤΟΥ ΧΡΥΣΟΣΤΟΜΟΥ – S.P.N. Joannis Chrysostomi Homiliae XI in Epistolam primam ad Timotheum. Paris 1862. (= PG 62,501–600).
Ü: Des heiligen Kirchenlehrers Johannes Chrysostomos Erzbischofs von Konstantinopel Kommentar zum Briefe des hl. Paulus an die Timother. Aus dem Griechischen übersetzt von Jan Wimmer. München 1883. (= BKV1,74).

In illud: Vidi Dominum

T: ΤΟΥ ΙΩΑΝΝΟΥ ΤΟΥ ΧΡΥΣΟΣΤΟΜΟΥ – S.P.N. Joannis Chrysostomi Homiliae VI in Oziam seu de Seraphinis. Paris 1859. (PG 56,93–142).

T+Ü: Jean Chrysostome: Homélies sur Ozias. (in illud, Vidi Dominum). Introduction,
texte critique, traduction et notes par Jean Dumortier. Paris 1981. (= SC 277).

Sermo cum presbyter fuit ordinatus

T: ΤΟΥ ΙΩΑΝΝΟΥ ΤΟΥ ΧΡΥΣΟΣΤΟΜΟΥ – S.P.N. Joannis Chrysostomi Homilia
cum presbyter fuit ordinatus Paris 1862. (= PG 48,693–700).

T+Ü: Jean Chrysostome. Sur le sacerdoce. Dialogue et Homélie. Introduction, texte critique, traduction et notes par Anne-Marie Malingrey. Paris 1980. (= SC 272,388–418).

Sermo post reditum a priore excilio

T: ΤΟΥ ΙΩΑΝΝΟΥ ΤΟΥ ΧΡΥΣΟΣΤΟΜΟΥ – S.P.N. Joannis Chrysostomi sermo
post reditum a priore excilio. Paris 1859. (= PG 52,439–442).

Ü: Des heiligen Kirchenvaters Johannes Chrysostomos Reden. Ausgewählte Schriften.
Übersetzt von Matthias Schmitz. Kempten 1879. (= BKVI,13).

Cicero

De natura deorum

T+Ü: M. Tulli Ciceronis De natura deorum libri III – Vom Wesen der Götter. Drei Bücher. Lateinisch-deutsch. Herausgegeben, übersetzt und erläutert von Wolfgang Gerlach und Karl Bayer. München und Zürich 1990. (= Sammlung Tusculum).

T+Ü: Marcus Tullius Cicero: Tusculanae disputationes. Gespräche in Tusculum. Lateinisch–deutsch. Mit ausführlichen Anmerkungen neu herausgegeben von Olof Gigon.
Düsseldorf/Zürich 1998.

Clemens Alexandrinus

Paidagogos

T: Clemens Alexandrinus: Paidagogos. Für den Schulgebrauch ausgewählt von P. Josef
Fischer. Münster 1964.

Ü: Clemens von Alexandrien: Der Erzieher. Aus dem Griechischen übersetzt von Otto
Stählin. München 1934. (= BKV2,8).

Stromata

T: Clemens Alexandrinus: Stromata I–VI. Hrsg. von Otto Stählin. Leipzig 1906. (= GCS
15).

Ü: Clemens Alexandrinus: Die Teppiche. Deutscher Text nach der Übersetzung von
Franz Overbeck. Basel 1936.

Codex Theodosianus

T: Theodosiani Libri XVI cum constitutionibus sirmondianis. Edidit Theodor Mommsen. Berlin 1954.

T+Ü: Les Lois Religieuses des Empereurs Romains de Constantin à Théodose II. (312–438). Vol. 1. Code Théodosien Livre XVI. Texte Latin Th. Mommsen. Traduction Jean Rougé. Paris 2005. (= SC 497).

Cyprian

T: Sancti Cypriani Episcopi Opera De zelo et livore. Cura et studio M. Simonetti. Turnhout 1976, 73–86. (= CCL 3A).

Ü: Des heiligen Kirchenvaters Caecilius Cyprianus sämtliche Schriften. Über Eifersucht und Neid. Aus dem Lateinischen übersetzt von Julius Baer. München 1918. (= BKV 1,34).

Cyrill von Jerusalem

T+Ü: Cyrill von Jerusalem: Mystagogicae Catecheses – Mystagogische Katechesen. Übersetzt und eingeleitet von Georg Röwekamp. Freibug u.a. 1992. (= FC 7).

Egeria/Aetheriae peregrinatio

T+Ü: Egeria: Itinerarium – Reisebericht. Lateinisch-deutsch. Mit Auszügen aus Petrus Diaconus: De locis sanctis – Die heiligen Stätten. Übersetzt und eingeleitet von Georg Röwekamp. Freiburg, u.a. 1995. (= FC 20).

Eusebius von Caesarea

Commentaria in Psalmos

T: ΕΥΣΕΒΙΟΥ ΤΟΥ ΠΑΜΦΙΛΟΥ ΥΠΟΜΝΗΜΑΤΑ ΕΙΣ ΤΟΥΣ ΨΑΛΜΟΥΣ. Commentaria in Psalmos. Paris 1857. (= PG 23).

T: ΕΥΣΕΒΙΟΥ ΤΟΥ ΠΑΜΦΙΛΟΥ ΥΠΟΜΝΗΜΑΤΑ ΕΙΣ ΤΟΥΣ ΨΑΛΜΟΥΣ. Commentaria in Psalmos supplementum. Paris 1857. (= PG 24,9–76).

De laudibus Constantini

T: Eusebius Caesariensis: Tricennatsrede an Constantin. Hrsg. von Ivar A. Heikel. Leipzig 1902. (= GCS 7,195–223).

T: ΕΥΣΕΒΙΟΥ ΤΟΥ ΠΑΜΦΙΛΟΥ ΕΙΣ ΚΟΝΣΤΑΝΤΙΝΟΝ ΤΟΝ ΒΑΣΙΛΕΑ ΤΡΙΑΚΟΝΤΑΕΤΗΡΙΚΟΣ. De laudibus Constantini oratio in eius tricennalibus habita. Paris 1857. (= PG 20,1315–1440).

Ü: H. A. Drake: In Praise of Constantine. Berkeley/L.A./London 1976.

De vita Constantini

T+Ü.: Eusebius von Caesarea: De Vita Constantini – Über das Leben Konstantins. Griechisch-deutsch. Übersetzt und kommentiert von Horst Schneider. Turnhout 2007. (= FC 83).

Demonstratio evangelica

T: Eusebius Caesariensis: Demonstratio euanglica. Hrsg. v. Ivar A. Heikel. Berlin 1913. (= GCS 23).

T: ΕΥΣΕΒΙΟΥ ΤΟΥ ΠΑΜΦΙΛΟΥ ΕΥΑΓΓΕΛΙΚΗΣ ΑΠΟΔΕΙΞΕΩΣ ΒΙΒΛΙΑ ΔΕΚΑ. Demonstratio euanglica. Paris 1857. (= PG 22,9–789).

Historia ecclesiastica
T: Eusebius Werke. Die Kirchengeschichte. Die Bücher I bis V. Hrsg. v. Eduard Schwartz. Bearbeitet von Theodor Mommsen. Erster Teil. Leipzig 1903. (= GCS 9,1).
T: Eusebius Werke. Die Kirchengeschichte. Die Bücher VI bis X. Hrsg. v. Eduard Schwartz. Bearbeitet von Theodor Mommsen. Zweiter Teil. Leipzig 1908. (= GCS 9,2).
T: Eusebius Werke. Die Kirchengeschichte. Hrsg. v. Eduard Schwartz. Die lat. Übersetzung des Rufinus. Bearbeitet von Theodor Mommsen. Dritter Teil. Einleitungen, Übersichten und Register. Leipzig 1909. (= GCS 9,3).
T: ΕΥΣΕΒΙΟΥ ΤΟΥ ΠΑΜΦΙΛΟΥ ΕΚΚΛΗΣΙΑΣΤΙΚΗΣ ΙΣΤΟΡΙΑΣ ΒΙΒΛΙΑ ΔΕΚΑ. Historia ecclesiastica. Paris 1857. (= PG 20).
Ü: Eusebius von Caesarea: Kirchengeschichte. Hrsg. und eingeleitet von Heinrich Kraft. Übersetzt von Philipp Haeuser, durchgesehen von Armin Gärtner. Darmstadt 1981.

Praeparatio evangelica
T+Ü: Eusèbe de Césarée: La préparation évangélique. Livre I. Introduction, texte grec, traduction et commentaire par Éduard des Places. Paris 1974. (= SC 206).
T+Ü: Eusèbe de Césarée: La préparation évangélique. Livre II–III. Introduction, texte grec, traduction et commentaire par Éduard des Places. Paris 1976. (= SC 228).
T+Ü: Eusèbe de Césarée: La préparation évangélique. Livre IV–V,1–17. Introduction, traduction et annotation par Odile Zink. Texte grec révisé par Éduard des Places. Paris 1979. (= SC 262).
T+Ü: Eusèbe de Césarée: La préparation évangélique. Livre XI. Introduction, traduction et commentaire par Geneviève Favrelle. Texte grec révisé par Éduard des Places. Paris 1982. (= SC 292).
T+Ü: Eusèbe de Césarée: La préparation évangélique. Livre XII–XIII. Introduction, texte grec, traduction et annotation par Éduard des Places. Paris 1983. (= SC 307).
T+Ü: Eusèbe de Césarée: La préparation évangélique. Livre VIII–IX–X. Introduction, traduction et notes des livres VIII et X par Guy Schroeder et Éduard des Places. Texte grec révisé par Eduard des Places. Paris 1991. (= SC 369).
T+Ü: Eusèbe de Césarée: La préparation évangélique. Livre XIV–XV. Introduction, texte grec, traduction et annotation par Éduard des Places. Paris 1987. (= SC 338).

Firmicus Maternus
T+Ü: Iuli Firmici Materni De errore profanarum religionum – Vom Irrtum der heidnischen Religion. Übertragen und erläutert von Konrat Ziegler. München 1953.

Galen
De sanitate tuenda
T+Ü: Galen: Hygiene. Volume I: Books 1–4. Edited and translated by Ian Johnston. Cambridge 2018. (= LCL 535).

De usu partium (UP)

T: *ΓΑΛΗΝΟΥ ΠΕΡΙ ΧΡΕΙΑΣ ΜΟΡΙΩΝ ΙΖ'* – Galeni De usu partium libri XVII. Libros 1–8 continens. Ad codicum fidem recensuit Georgius Helmreich. Lipsiae 1907.

Ü: Margret T. May: Galen. On the usefulness of the parts of the body. Περὶ χρείας μορίων. De usu partium. Translated from Greek with an Introduction and Commentary. I, Ithaca, New York 1968.

Peri phōnēs

T: Galen „Über die Stimme". Testimonien der verlorenen Schrift „Peri phōnēs". Pseudo-Galen „De uoce et anhelitu". Kommentar vorgelegt von Hans Baumgarten. Göttingen 1962.

Hieronymus

Epistulae

T: S. Eusebii Hieronymi epistularum Pars I Epistulae I–LXX. Recensuit Isidorus Hilberg. Vindobonae/Lipsiae 1910. (= CSEL 54).

T: S. Eusebii Hieronymi epistularum Pars II Epistulae LXXI–CXX. Recensuit Isidorus Hilberg. Vindobonae/Lipsiae 1912. (= CSEL 55).

Ü: Des heiligen Kirchenvater Eusebius Hieronymus ausgewählte Briefe. Übersetzt von Ludwig Schade. Kempten, München 1936/1937. (= BKV2,16/18).

De viris illustribus

T+Ü: Sophronius Eusebius Hieronymus: De uiris illustribus – Berühmte Männer. Mit umfassender Werkstudie herausgegeben, übersetzt und kommentiert von Claudia Barthold. Mülheim/Mosel 2010.

Hilarius von Poitiers

T: Sancti Hilarii Pictauiensis episcopi Tractatus super psalmos. Instructio Psalmorum. In Psalmos I–XCI. Cura et studio J. Doignon. Turnhout 1997. (= CCL 61).

Ü: Hilarius von Poitiers: Psalmenkommentar. Prooemium („Unterweisung über die Psalmen"). In: Hermann Josef Sieben: Sechzehn Kirchenvätereinführungen von Hippolyt bis Cassiodor. Paderborn 2011, 49–62.

Ignatius von Antiochien

T: P. T. Camelot: Ignace d'Antioche. Polycarpe de Smyrne. Lettres. Martyre de Polycarde. Paris 1969. (= SC 10).

Ü: Die apostolischen Väter. Die sieben Briefe des Ignatius von Antiochien. Aus dem Griechischen übersetzt von Franz Zeller. München 1918. (= BKV 1,35).

Isidor von Sevilla

T: Isidori Hispalensis Episcopi Etymologiarum siue Originum libri XX. Tomus I. Libros I–X Continens. Edidit W. M. Lindsay. Oxford 1911. (= Oxford Classical Texts).

Ü: Die Enzyklopädie des Isidor von Sevilla. Übersetzt und mit Anmerkungen versehen von Lenelotte Möller. Wiesbaden 2008.

Konstantin der Große
T+Ü: Konstantin: Oratio ad sanctorum coetum – Rede an die Versammlung der Heiligen. Eingeleitet und übersetzt von Klars Martin Girardet. Freiburg 2013. (= FC 55).

Laktanz
De ave Phoenice
T: L. Caeli Firmiani Lactanti Carmen De Aue Phoenice. Recensuerunt Samuel Brandt et Georgius Laubmann. Wien 1893, 135–147. (= CSEL 27,1).

De ira
T+Ü: Lactantius: De ira Dei – Vom Zorne Gottes. Lateinisch und deutsch. Eingeleitet, herausgegeben, übertragen und erläutert von Heinrich Kraft und Antonie Wlosok. Darmstadt 1957.

De mortibus persecutorum
T+Ü: Laktanz: De mortibus persecutorum – Die Todesarten der Verfolger. Übersetzt und eingeleitet von Alfons Städele. Turnhout 2003. (= FC 43).

De opificio dei
T+Ü: Lactance: L'ouvrage du Dieu Créateur. Tome I. Introduction, texte critique, traduction par Michel Perrin. Paris 1974. (= SC 213).
T+Ü: Lactance: L'ouvrage du Dieu Créateur. Tome II. Commentaire et index par Michel Perrin. Paris 1974. (= SC 214).
T+Ü: Lactance: De opificio Dei – La création de Dieu. Texte établi, traduit et annoté par Béatrice Bakhouche et Sabine Luciani. Turnhout 2009.
Ü: Des Lucius Caelius Firmianus Lactantius Schrift „Gottes Schöpfung". Aus dem Lateinischen übersetzt von Aloys Hartl. München 1919. (= BKV 1,36).

Divinae institutiones
T: Lucius Caecilius Firmianus Lactantius: Diuinae institutiones et epitome diuinarum institutionem. Recensuit Samuel Brandt. Prag 1890. (= CSEL 19).
T: Lucius Caecilius Firmianus Lactantius: Diuinarum institutionum libri septem. Libri I et II. Ediderunt Eberhard Heck et Antonie Wlosok. Monachii et Lipsiae 2005. (= Bibliotheca Teubneriana).
T: Lucius Caecilius Firmianus Lactantius: Diuinarum institutionum libri septem. Libri III et IV. Ediderunt Eberhard Heck et Antonie Wlosok. Berlin 2007. (= Bibliotheca Teubneriana).
T: Lucius Caecilius Firmianus Lactantius: Diuinarum institutionum libri septem. Libri V et VI. Ediderunt Eberhard Heck et Antonie Wlosok. Berlin 2009. (= Bibliotheca Teubneriana).

T: Lucius Caecilius Firmianus Lactantius: Diuinarum institutionum libri septem. Liber VII. Ediderunt Eberhard Heck et Antonie Wlosok. Berlin 2011. (= Bibliotheca Teubneriana).

Ü: Lactantius: Divine Institutes. Translates with an introduction and notes by Anthony Bowen and Peter Garnsey. Liverpool 2007. (= Translated Texts for Historians; Vol. 40).

Ü: Laktanz: Diuinae Institutiones. Buch 7: De uita beata. Einleitung, Text, Übersetzung und Kommentar von Stefan Freund. Berlin, New York 2009. (= Texte und Kommentare; Bd. 31).

Ü: Wolfram Winger: Personalität durch Humanität. Das ethikgeschichtliche Profil christlicher Handlungslehre bei Lactanz. Denkhorizont – Textübersetzung – Interpretation – Wirkungsgeschichte. Teil 1. Frankfurt 1999. (= Forum Interdisziplinäre Ethik; Bd. 22).

Epitome

T: Lucius Caecilius Firmianus Lactantius: Diuinae institutiones et epitome diuinarum institutionem. Recensuit Samuel Brandt. Prag 1890. (= CSEL 19).

T: L. Caeli Firmiani Lactanti Epitome Diuinarum institutionum. Ediderunt Eberhard Heck et Antonie Wlosok. Stuttgart und Leipzig 1994.

Ü: Lucius Caelius Firmianus genannt Lactantius: Göttliche Unterweisungen in Kurzform. Eingeleitet, übersetzt und erläutert von Eberhardt Heck und Gudrun Schickler. Leipzig 2001.

Nicetas von Remesiana

T: Nicetas von Remesiana: De psalmodiae bono. Edidit C. H. Turner. In: Journal of Theological Studies 24 (1923), 233–241. (= PLS 3,191–198).

Ü: Hermann Josef Sieben: Voces. Schlüssel zum Psalter. Sechzehn Kirchenvätereinführungen von Hippolyt bis Cassiodor. Paderborn 2011, 137–146.

Odae Salomonis

T+Ü: Die Oden Salomos. Text, Übersetzung und Kommentar von Michael Lattke. 3 Bände. Göttingen 1999–2005. (= Novum testamentum et orbis antiquus; Bd. 41,1–3).

Ovid

T+Ü: Publius Ovidius Naso: *Fasti* – Festkalender. Lateinisch-deutsch. Auf der Grundlage der Ausgabe von Wolfgang Gerlach neu übersetzt und herausgegeben von Niklas Holzberg. Berlin 2012.

Palladius

T: Palladius: Dialogue sur la vie de Jean Chrysostome. Tome I. Introduction, texte critique, traduction et notes par Anne-Marie Malingrey. Paris 1988. (= SC 341).

Ü: Palladius: Das Leben des heiligen Johannes Chrysostomos. Hrsg. und übers. von Lothar Schläpfer. Düsseldorf 1966.

Paulinus von Mailand
T: Vita Sancti Ambrosii a Paulino eius notario ad beatum Augustinum conscripta. In: Sancti Ambrosii Mediolanensis Episcopi Opera Omnia. Paris 1882. (= PL 14,29–50).
Ü: Das Leben des heiligen Ambrosius. Die Vita Paulinus und ausgewählte Texte aus den Werken des Heiligen und anderen Zeitdokumenten. Eingeleitet von Ernst Dassmann. Übersetzt von Ilona Opelt. Düsseldorf 1967.

Philon von Alexandria
De vita contemplativa
T+Ü: Philon d'Alexandrie: ΠΕΡΙ ΒΙΟΥ ΘΕΩΡΗΤΙΚΟΥ Η ΙΚΕΤΩΝ. De vita contemplativa. Introduction et notes de F. Daumas. Traduction de P. Miquel. Paris 1963. (= Les Œuvres de Philon d'Alexandrie; Traite 29).
Ü: Philon von Alexandria. Die Therapeuten. Übersetzt von Karl Bormann. Berlin 1964, 44–70. In: Die Werke in deutscher Übersetzung. Hrsg. v. L. Cohn, I. Heinemann, M. Adler und W. Theiler; Bd. 7.

Platon
De re publica (πολιτεία)
T+Ü: Platon: ΠΟΛΙΤΕΙΑ – Der Staat. Bearbeitet von Dietrich Kurz. Griechischer Text von Émile Chambry. Deutsche Übersetzung von Friedrich Schleiermacher. Darmstadt 1971. (= Platon: Werke in acht Bänden griechisch und deutsch; Bd. 4).

Leges (νόμοι)
T+Ü: Plato: Gesetze Buch I–VI. Bearbeitet von Klaus Schöpsdau. Griechischer Text von Édouard Des Places. Deutsche Übersetzung von Klaus Schöpsdau. Darmstadt 1977. (= Plato: Werke in acht Bänden; Bd. 8,1).

Phaidon
T+Ü: Platon: Phaidon. Bearbeitet von Dietrich Kurz. Griechischer Text von Léon Robin und Louis Méridier. Deutsche Übersetzung von Friedrich Schleiermacher. Darmstadt 1974. (= Platon: Werke in acht Bänden griechisch und deutsch; Bd. 3).

Timaios
T+Ü: Platon: Timaios. Griechisch/Deutsch. Übersetzung, Anmerkungen und Nachwort von Thomas Paulsen und Rudolf Rehn. Stuttgart 2009.

Plinius der Ältere
T+Ü: Gaius Plinius Secundus: Naturkunde. Lateinisch-deutsch. Herausgegeben und übersetzt von Roderich König. Darmstadt 1973–1997.

Plinius der Jüngere
T+Ü: C. Plini Caecilii Secundi Epistularum Libri Decem. Lat.-dt. ed. Helmut Kasten. München, Zürich 1984.

Plotin

Enneaden

T+Ü: Plotins Schriften. Griechisch-deutsch. Übersetzt von Richard Hauser, Band I. Hamburg 1957.

Plutarch

T+Ü: Plutarch's Lives. II. Themistocles and Camillus; Aristides and Cato maior, Cimon and Lucullus. with an english translation by Bernadotte Perrin. London, Cambridge, Mass. 1959. (= LCL III).

Porphyrios

T: Porphyrii de Philosophia ex oraculis haurienda. Librorum reliquiae. Editit Gustavus Wolff. Hildesheim 1962. (Nachdruck der Ausgabe Berlin 1856).

Prudentius

Ü: Prudentius. Das Gesamtwerk. Eingeleitet, übersetzt und kommentiert von Wolfgang Fels. Stuttgart 2011. (= Bibliothek der Mittellateinischen Literatur; Bd. 9).

Quintilian

T: Marcus Fabii Quintiliani Institutionis oratoriae libri XII. Ed. L. Radermacher et V. Buchheit. Lipsiae 1971. (= Bibliotheca Teubneriana).

Ü: Marcus Fabius Quintilianus: Ausbildung des Redners. Zwölf Bücher. Zwei Bände. Herausgegeben und übersetzt von Helmut Rahn. Darmstadt 1972 /1975.

Socrates Scholasticus

T: Socrates Scholasticus: Historia ecclesiastica. Hg. v. G. C. Hansen. Berlin 1995. (= GCS. N.F. 1)

T+Ü: Socrate de Constantinople: Histoire Ecclésiastique. Livres IV–VI. Traduction Pierre Maraval. Paris 2006. (= SC 505).

Sozomenos

T+Ü: Sozomenos: Historia ecclesiastica – Kirchengeschichte. Griechisch-deutsch. Zweiter Teilband. Übersetzt und eingeleitet von Günther Christian Hansen. Turnhout 2004. (= FC 73/2).

T+Ü: Sozomenos: Historia ecclesiastica – Kirchengeschichte. Griechisch-deutsch. Vierter Teilband. Übersetzt und eingeleitet von Günther Christian Hansen. Turnhout 2004. (= FC 73/4).

Tertullian

Apologeticum

T+Ü: Tertullian: Apologeticum – Verteidigung des Christentums. Lat.-dt. Herausgegeben, übersetzt und erläutert von Carl Becker. München 1961.

De oratione
T: Quinti Septimi Florentis Tertulliani Opera. Ex Recensione Augusti Reifferscheid et Georgii Wissowa. Pars I. De oratione. Wien 1890. (= CSEL 20/1,180–200).

Theodoret
T: Theodoret. Kirchengeschichte. Hrsg. von L. Parmentier und F. Scheidweiler, 2. Auflage. Berlin 1954. (= GCS 44,1–349).
T+Ü: Histoire Ecclésiastique. Tome I. Livres I.–II. Traduction Pierre Canivet. Paris 2006 (= SC 501).
T+Ü: Histoire Ecclésiastique. Tome II. Livres III–V. Traduction Pierre Canivet. Paris 2009. (= SC 530).
Ü: Des Bischofs Theodoret von Cyrus Kirchengeschichte. Aus dem Griechischen übersetzt und mit Einleitung und Anmerkungen versehen von Andreas Seider. Kempten, München 1926. (= BKV 1, 51).

Vegetius
T+Ü: Publius Flavius Vegetius Renatus: Epitoma rei militaris. Abriss des Militärwesens. Lateinisch und deutsch von Friedhelm L. Müller. Stuttgart 1997.

Zosimos
T+Ü: Zosime: Histoire nouvelle. Livre V. Texte établi et traduit par François Paschoud. Paris 1986.

8.2   Hilfsmittel

Lexika und Wörterbücher

griechisch
Lampe
A Patristic Greek Lexicon. Edited by G. W. H. Lampe. Oxford 1961.

LSJ
Greek-English Lexicon compiled by Henry George Liddell and Robert Scott. A new Edition revised and augmented throughout by Henry Stuart Jones. Oxford 1961.
A Greek-English Lexicon. Compiled by Henry George Liddell and Robert Scott. Revised and augmented throughout by Sir Henry Stuart Jones. Oxford 1968.

lateinisch
OLD
Oxford Latin Dictionary. Fascicle II. Calcitro – Demitto. Oxford 1969.
Oxford Latin Dictionary. Fascicle V. Libero – Pactum. Oxford 1976.

ThesLL

Thesaurus Linguae Latinae. Editus auctoritate et consilio academiarum quinque germa-nicarum (Berolinensis, Gottingensis, Lipsiensis, Monacensis, Vindobonensis). Volu-men III. C-Coms. Leipzig 1906–1912.

Thesaurus Linguae Latinae. Editus auctoritate et consilio academiarum quinque germa-nicarum (Berolinensis Gottingensis Lipsiensis Monacensis Vindobonensis). Volumen VI. Pars Prior F. Leipzig 1912–1926.

Thesaurus Linguae Latinae. Editus auctoritate et consilio academiarum quinque germa-nicarum (Berolinensis, Gottingensis, Lipsiensis, Monacensis, Vindobonensis). Volu-men VIII. M. Leipzig 1936–1946.

Georges

Karl-Ernst Georges: Der neue Georges. Ausführliches Lateinisch-deutsches Handwör-terbuch. Aus den Quellen zusammengetragen und mit besonderer Bezugnahme auf Synonymik und Antiquitäten unter Berücksichtigung der besten Hilfsmittel ausgear-beitet von Karl-Ernst Georges. Zwei Bände. Hrsg. von Thomas Baier. Darmstadt 2013.

8.3   Literaturverzeichnis

Abert (1905): Hermann Abert: Die Musikanschauung des Mittelalters und ihre Grund-lagen. Halle 1905.

Ahrens (1998): Christian Ahrens: s.v. Trompete. In: MGG Sachteil 9 (1998), 876–897.

Albrecht (1993): Michael von Albrecht: Zu Augustins Musikverständnis in den *Confessio-nes*. In: Philantropia kai eusebia. Festschrift für A. Diehle zum 70. Geburtstag. Hrsg. von G. Most, H. Petersmann, A. Ritter. Göttingen 1993, 1–16.

Albrecht (1994): Michael von Albrecht: Musik und Befreiung. Augustinus' De musica. In: International Journal of Musicology 3 (1994), 89–114.

Albrecht (2012): Michael von Albrecht: s.v. Laktanz. In: Geschichte der römischen Litera-tur. Band 2. Berlin und Boston 2012, 1370–1384.

Alexandrescu (2010): Cristina-Georgeta Alexandrescu: Blasmusiker und Standartenträ-ger im römischen Heer. Untersuchungen zu Benennung, Funktion und Ikonographie. Cluj-Napoca 2010. (= Imagines; Bd.1).

Althoff (1999): Jochen Althoff: Zur Epikurrezeption bei Laktanz. In: Zur Rezeption der hellenistischen Philosophie in der Spätantike. Akten der 1. Tagung der Karl-und-Ger-trud-Abel-Stiftung vom 22.–25. September 1997 in Trier. Hrsg. von Therese Fuhrer und Michael Erler. Stuttgart 1999, 33–53. (= Philosophie der Antike; Bd. 9).

Andresen (1978): Carl Andresen: s.v. Antike und Christentum. In: TRE 3 (1978), 50–99.

Andresen (2009): Carl Andresen: Altchristliche Kritik am Tanz – ein Ausschnitt aus dem Kampf der alten Kirche gegen heidnische Sitte. In: Ders.: Theologie und Kirche im Horizont der Antike. Gesammelte Aufsätze zur Geschichte der Alten Kirche. Hrsg. v. P. Gemeinhardt. Berlin/NewYork 2009, 92–137 (Nachdruck von 1961).

Arens (1961): Anton Arens: Die Psalmen im Gottesdienst des Alten Bundes: eine Untersuchung zur Vorgeschichte des christlichen Psalmengesanges. Trier 1961. (= Trierer theologische Studien; Bd. 11).

Auf der Maur (2003): Hansjörg auf der Maur: Die Osterfeier in der alten Kirche. Aus dem Nachlaß herausgegeben von R. Meßner und W. G. Schöpf. Mit einem Beitrag von Clemens Leonhard. Münster 2003. (= Liturgica Oenipontana; Bd. 2).

Bardy (1988): Gustave Bardy: Menschen werden Christen. Das Drama der Bekehrung in den ersten Jahrhunderten. Freiburg 1988.

Barker (1989): Andrew Barker (Hrsg.): Greek Musical Writings. Volume II. Harmonic and Acoustic Theory. Cambridge 1989.

Barnes (1981): Timothy D. Barnes: Constantine and Eusebius. Cambridge/London 1981.

Baumeister (2009): Theofried Baumeister: Martyrium, Hagiographie und Heiligenverehrung im christlichen Altertum. Rom, Freiburg, Wien 2009.

Baur I (1929): P. Joh. Chrysostomos Baur: Johannes Chrysostomos und seine Zeit. Band 1. München 1929.

Baur II (1930): P. Joh. Chrysostomos Baur: Johannes Chrysostomos und seine Zeit. Band 2. München 1930.

Bautz (1991): Friedrich Wilhelm Bautz: s.v. Eusebius von Caesarea. In: BbKl I (1991), 1561–1564.

Bayertz (2012): Kurt Bayertz: Der aufrechte Gang. Eine Geschichte des anthropologischen Denkens. München 2012.

Becker (1996): Heinz Becker: Zur Entwicklungsgeschichte der antiken und mittelalterlichen Rohrblattinstrumente. Hamburg 1996.

Beierwaltes (1975): Werner Beierwaltes: Aequalitas numerosa. Zu Augustins Begriff des Schönen. In: Wissenschaft und Weisheit 38 (1975), 140–157.

Beierwaltes (2014): Werner Beierwaltes: Platonismus im Christentum. Frankfurt 2014. (= Philosophische Abhandlungen; Bd. 73).

Bélis (1985): Annie Bélis: La Théorie de l'Âme chez Aristoxène de Tarente (Theory of Soul by Aristoxenos). In: Revue de Philologie, de Littérature et l'Histoire anciennes 59, (1985), 239–246.

Bélis (1999): Annie Bélis: Les Musiciens dans l'Antiquité. Paris 1999.

Bender (1983): Albrecht Bender: Die natürliche Gotteserkenntnis bei Laktanz und seinen apologetischen Vorgängern. Frankfurt 1983. (= Europäische Hochschulschriften, Reihe XV; Bd. 26).

Benoît/Munier (1994): André Benoît und Charles Munier: Die Taufe in der Alten Kirche. 1.–3. Jahrhundert. Bern 1994. (= Traditio Christiana; Bd. 9).

Bernhard (1990): Michael Bernhard: Rezeption des antiken Fachs im Mittelalter. Darmstadt 1990. (= GMTh 3).

Berg (2011): Stefan Berg: Spielwerk. Orientierungshermeneutische Studien zum Verhältnis von Musik und Religion. Tübingen 2011. (= Religion in Philosophy and Theology; Bd. 60).

Besseler (1931): Heinrich Besseler: Die Musik des Mittelalters und der Renaissance. Potsdam 1931. (= Handbuch der Musikwissenschaft).

Betz (1998): Hans Dieter Betz: s.v. Antike und Christentum. In: RGG 1 (1998), 542–546.

Bienert (1981): Wolfgang A. Bienert: s.v. Dionysius von Alexandrien. In: TRE 8 (1981), 767–771.

Blankenburg (1989): Walter Blankenburg: s.v. David. In: MGG 3 (1989), 39–47.

Böhlig (1980): Alexander Böhlig: Die Gnosis. Dritter Band. Der Manichäismus. Zürich und München 1980.

Bölling (2009): Jörg Bölling: Musicae Utilitas. Zur Bedeutung der Musik im Adventus-Zeremoniell der Vormoderne. In: Adventus. Studien zum herrscherlichen Einzug in die Stadt. Hrsg. von Peter Johanek und Angelika Lampen. Köln, Weimar, Wien 2009, 229–266.

Borgeaud (1988): Philippe Borgeaud: The Cult of Pan in Ancient Greece. Chicago 1988.

Bouchier (1921): E. S. Bouchier: A Short History of Antioch. 300 B.C.–A.D. 1268. Oxford 1921.

Brachtendorf (2005): Johannes Brachtendorf: Augustins „Confessiones". Darmstadt 2005.

Brakke (2006): David Brakke: Self-differentation among Christian Groups: the Gnostics and their Opponents. In: The Cambridge History of Christianity. Volume I. Origins to Constantine. Edited by Margaret M. Mitchell and Frances M. Young. Cambridge 2006, 245–260.

Brändle (1998): Rudolf Brändle: s.v. Johannes Chrysostomos. In: RAC 18 (1998), 426–503.

Brändle (1999): Rudolf Brändle: Johannes Chrysostomos. Bischof – Reformer –Märtyrer. Stuttgart 1999.

Braun (1994): Joachim Braun: s.v. Biblische Musikinstrumente. In: MGG 1 (1994), 1503–1537.

Braun (1999): Joachim Braun: Die Musikkultur Altisraels, Palästinas: Studien zu archäologischen, schriftlichen und vergleichenden Quellen. Freiburg 1999.

Braun (2005): Joachim Braun: Musik und Musikinstrumente. In: Neues Testament und antike Kultur. Hrsg. von K. Erlemann, K.-L. Noethlichs, Kl. Scherberich und J. Zangenberg. Neukirchen-Vlyn 2005, 259–263.

Braun (2006): Joachim Braun: On Jewish Music: Past and Present. Frankfurt 2006.

Broek (1972): Roelof van den Broek: The Myth of the Phoenix. According to Classical and Early Christian Traditions. Leiden 1972.

Brown (1973): Peter Brown: Augustinus von Hippo. Eine Biographie. Frankfurt 1973.

Brown (1980): Peter Brown: Welten im Aufbruch: Die Zeit der Spätantike von Mark Aurel bis Mohammed. Bergisch-Gladbach 1980.

Brown (1986): Peter Brown: Die letzten Heiden. Eine kleine Geschichte der Spätantike. Berlin 1986.

Brucker (2013): Ralph Brucker: „Hymnen" im Neuen Testament? In: Verkündigung und Forschung 58 (2013), 51–60.

Brucker (2014): Ralph Brucker: A sample article: ᾄδω. In: The Reception of Septuagint Words in Jewish-Hellenistic and Christian Literature. Edited by Eberhard Bons, Ralph Brucker and Jan Joosten. Tübingen 2014. (= WUNT 2. Reihe; Bd. 367).

Brucker (2016): Ralph Brucker: Zum ‚Sitz im Leben‘ des Septuaginta-Psalters. In: Die Septuaginta – Orte und Intention. 5. Internationale Fachtagung veranstaltet von Septuaginta Deutsch (LXX.D), Wuppertal 24.–27. Juli 2014. Hrsg. von Siegfried Kreuzer, Martin Meiser und Marcus Sigismund. In Verbindung mit Martin Karrer und Wolfgang Kraus. Tübingen 2016, 564–579.

Bücher (1899): Karl Bücher: Arbeit und Rhythmus. Leipzig 1899.

Burkert (2003): Walter Burkert: Antike Mysterien. Funktionen und Gehalt. München 2003.

Burkhardt (1853): Jakob Burckhardt: Die Zeit Constantin’s des Großen. Basel 1853.

Busch (2015): Anja Busch: Die Frauen der theodosianischen Dynastie. Macht und Repräsentation kaiserlicher Frauen im 5. Jahrhundert. Stuttgart 2015.

Cabrol (1950): Ferdinand Cabrol: s.v. Alleluia. Acclamation liturgique. In: DACL 1,1 (1907), 1229–1246.

Campenhausen (1929): Hans von Campenhausen: Ambrosius von Mailand als Kirchenpolitiker. Berlin, Leipzig 1929.

Cantalamessa (1981): Raniero Cantalamessa: Ostern in der Alten Kirche. Bern u.a. 1981. (= Traditio Christiana; Bd. IV).

Carriker (2003): Andrew Carriker: The Library of Eusebius of Caesarea. Leiden/Boston 2003.

Caspari (1908): Walter Caspari: Untersuchungen zum Kirchengesang im Altertum. In: Zeitschrift für Kirchengeschichte XXIX (1908), 2. Ht. 123–153; 3. Ht. 251–266; 4. Ht. 441–478.

Chadwick (1984): Henry Chadwick: Early Christian Thought and the Classical Tradition. Studies in Justin, Clement, and Origen. Cambridge 1984.

Chalatsi (1999): Eleni Chalatsi: Kyknos melodos. Schwan und Schwanengesang in der griechischen Antike. Berlin 1999.

Charlet (1997): Jean-Louis Charlet: Die Poesie. In: Neues Handbuch der Literaturwissenschaft. Band 4. Spätantike. Mit einem Panorama der byzantinischen Literatur. Hrsg. von Lodewijk J. Engels und Heinz Hofmann. Wiesbaden 1997, 495–564.

Chase (2000): Michael Chase: s.v. Porphyrios. In: DNP 10 (2000), 174–180.

Chesnut (1977): Glenn F. Chesnut: The First Christian Histories. Eusebius, Socrates, Sozomen, Theodoret and Evagrius. Paris 1977. (= Théologie Historique; Bd. 46).

Cook (2010): John Granger Cook: Roman attitudes towards the Christians. From Claudius to Hadrian. Tübingen 2010. (= WUNT; Bd. 261).

Corbin (1960): Solange Corbin: L’Église à la Conquête de sa Musique. Paris 1960.

Cosgrove (2006): Charles H. Cosgrove: Clement of Alexandria and Early Christian Music. In: Journal of Early Christian Studies 14,3 (2006), 255–282.

Crocker/Hiley (1990): The New Oxford History of Music. Volume II. The Early Middle Ages to 1300. Edited by Richard Crocker and David Hiley. Oxford 1990.

Danassis (1971): Antonios K. Danassis: Johannes Chrysostomos. Pädagogisch psychologische Ideen in seinem Werk. Bonn 1971. (= Abhandlungen zur Philosophie, Psychologie und Pädagogik; Bd.64).

Darmstädter (1996): Beatrix Darmstädter: Das Präscholastische Ethos in patristisch-musikphilosophischem Kontext. Tutzing 1996. (= Musica Mediaevalis Europae Occidentalis; Bd.1).

Dassmann (1992): Ernst Dassmann: Weltflucht oder Weltverantwortung. Zum Selbstverständnis frühchristlicher Gemeinden und zu ihrer Stellung in der spätantiken Gesellschaft. In: Jahrbuch für Biblische Theologie 7 (1992), 189–208.

Dassmann (2004) Ernst Dassmann: Ambrosius von Mailand. Leben und Werk. Stuttgart 2004.

Davies (1999): Jon Davies: Death, Burial and the Rebirth in the Religions of Antiquity. London und New York 1999.

Deichgräber (1967): Reinhard Deichgräber: Gotteshymnus und Christushymnus in der frühen Christenheit. Untersuchungen zu Form, Sprache und Stil der frühchristlichen Hymnen. Göttingen 1967.

Delbey (1998): E. Delbey: L'Élégie *De ave Phoenice*: une Poétique nouvelle de la Métamorphose pour une Esthétique du *decus* chez Lactance. In: R.É.L. 76 (1998), 216–225.

Delling (1990): G. Delling: s.v. ὕμνος κτλ. In: ThWNT 8 (1990), 492–506.

Demandt (1972): Alexander Demandt: Geschichte als Argument. Drei Formen politischen Zukunftsdenken im Altertum. Konstanz 1972.

Demandt (2007): Alexander Demandt: Die Spätantike. Römische Geschichte von Diocletian bis Justinian 284–565 n. Chr. München 2007. (= HdAW III,6).

Demuth (2012): Stefan Demuth: Das Mythische in der Natur. Die Entstehung der Tier- und Pflanzenarten in der antiken Mythologie. Regensburg 2012.

Dodds (1985): Eric Robertson Dodds: Heiden und Christen in einem Zeitalter der Angst. Aspekte religiöser Erfahrung von Mark Aurel bis Konstantin. Frankfurt 1985.

Dohmes (1938): Ambrosius Dohmes: Der Psalmengesang des Volkes in der eucharistischen Opferfeier der christlichen Frühzeit. In: Liturgisches Leben 5 (1938), 128–151.

Dölger (1920): Franz Joseph Dölger: Sol Salutis. Gebet und Gesang im christlichen Altertum. Mit besonderer Rücksicht auf die Ostung in Gebet und Liturgie. Münster 1920. (= Liturgiegeschichtliche Forschungen; Bd. 4/5).

Dölger (1934): Franz Joseph Dölger: Klingeln, Tanz und Händeklatschen im Gottesdienst. In: Antike und Christentum 4 (1934), 245–265.

Drecoll (2007): Volker Henning Drecoll: Liturgie bei Augustin. In: Augustin Handbuch. Hrsg. v. Volker Henning Drecoll. Tübingen 2007, 224–232.

Dreßler (2014): Jan Dreßler: Wortverdreher, Sonderlinge, Gottlose: Kritik an Philosophie und Rhetorik im klassischen Athen. Berlin 2014 (= Beiträge zur Altertumskunde; Bd. 331).

Droge (2006): A. J. Droge: Self-definition vis-à-vis the Graeco-Roman World. In: The Cambridge History of Christianity. Volume I. Origins to Constantine. Edited by Margaret M. Mitchell and Frances M. Young. Cambridge 2006, 230–244.

Druet (1990): Francois-Xavier Druet: Language, Images et Visages de la Mort chez Jean Chrysostome. Namur 1990.

Eckhardt (2015): Benedikt Eckhardt: Meals in the Cults of Cybele and Attis. In: D. Hellholm et al. (eds.): Sacred Meal, Communal Meal, Table Fellowship and the Eucharist. Tübingen 2015, 1779–1794.

Edelstein (1929): Heinz Edelstein: Die Musikanschauung Augustins nach seiner Schrift De musica. Ohlau 1929.

Eggebrecht (1991): Hans Heinrich Eggebrecht: Musik im Abendland. Prozesse und Stationen vom Mittelalter bis zur Gegenwart. München 1991.

Ehrenforth (2005): Karl Heinrich Ehrenforth: Geschichte der musikalischen Bildung: eine Kultur-, Sozial- und Ideengeschichte in 40 Stationen. Von den antiken Hochkulturen bis zur Gegenwart. Mainz 2005.

Eichhorn (1996): Andreas Eichhorn: Augustinus und die Musik. In: Musica 50/5 (1996), 318–323.

Engberding (1950): Hieronymus Engberding: s.v. Alleluia. In: RAC 1 (1950), 293–299.

Eppinger (2015): Hercules in der Spätantike: die Rolle des Heros im Spannungsfeld von Heidentum und Christentum. Wiesbaden 2015 (= Philippika; Bd. 89).

Erbelding (2013): Susanne Erbelding: „Buhlknaben", „Martern und Plagen"? Rituale und Priester im Kult der Großen Mutter. In: Imperium der Götter. Isis – Mithras – Christus. Kulte und Religionen im Römischen Reich. Hrsg. v. Badisches Landesmuseum Karlsruhe 2013, 94–101.

Evenepoel (1993): W. Evenepoel: The Place of Poetry in Latin Christianity. In: Early Christian Poetry. A Collection of Essays. Edited by J. den Boeft and A. Hilhorst. Leiden (1993), 35–60. (= Supplements to Vigiliae Christianae; Bd. 22).

Feichtinger (1991): Barbara Feichtinger: Der Traum des Hieronymus – ein Psychogramm. In: Vigilia Christianae 45 (1991), 54–77.

Fellerer (1972): Karl Gustav Fellerer: Geschichte der katholischen Kirchenmusik. Band I. Von den Anfängen bis zum Tridentinum. Kassel u.a. 1972.

Feldmann (1980): Erich Feldmann: Christus-Frömmigkeit der Mani-Jünger. Der suchende Student Augustinus in ihrem „Netz"? In: Pietas. Festschrift für Bernhard Kötting. Hrsg. v. Ernst Dassmann und K. Suso Frank. Münster 1980. (= Jahrbuch für Antike und Christentum. Ergänzungsband 8), 198–216.

Festugière (1959): André-Jean Festugière: Antioche païenne et chrétienne: Libanius, Chrysostome et les Moines de Syrie. Avec un Commentaire archéologique sur l'Antiochikos par Roland Martin. Paris 1959. (= Bibliothèque des Écoles Francaises d'Athènes et de Rome; Bd. 149).

Fischer (1972): Balthasar Fischer: Rez. Heltmut Leeb: Die Psalmodie bei Ambrosius (1967), in: ThRv 68 (1972), 397f.

Fischer (1982): Balthasar Fischer: Psalmus est libertatis laetitia. Zum Psalmenlob des Ambrosius. In: Ders.: Die Psalmen als Stimme der Kirche. Gesammelte Studien zur christlichen Psalmenfrömmigkeit. Hrsg. v. Andreas Heinz anlässlich des 70. Geburtstages von Prof. Dr. Balthasar Fischer am 3. Sep. 1982. Trier 1982, 97–102.

Fischer/Hattrup (2006): Norbert Fischer und Dieter Hattrup (Hg.): Schöpfung, Zeit und Ewigkeit. Augustinus: Confessiones 11–13. Paderborn 2006.

Fittkau (1953): Gerhard Fittkau: Der Begriff des Mysteriums bei Johannes Chrysostomos. Eine Auseinandersetzung mit dem Begriff des „Kultmysteriums" in der Lehre Odo Casels. Bonn 1953. (= Theophaneia; Bd. 9).

Flasch (1993): Kurt Flasch: Was ist Zeit? Augustinus von Hippo, das XI. Buch der Confessiones. Historisch-philosophische Studie. Text, Übersetzung, Kommentar. Frankfurt am Main 1993.

Flasch (1994): Kurt Flasch: Augustin. Einführung in sein Denken. Stuttgart 1994.

Fleischhauer (1978): Günter Fleischhauer: Etrurien und Rom. 2. ergänzte Auflage. Leipzig 1978. (= Musikgeschichte in Bildern).

Foley (1996): Edward Foley: Foundations of Christian Music. The Music of pre-constantinian Christianity. Collegsville 1996.

Föllmi (1994): Beat A. Föllmi: Das Weiterwirken der Musikanschauung Augustins im 16. Jahrhundert. Bern 1994.

Fontaine (1968): Jacques Fontaine: Aspects et Problèmes de la Prose d'Art latine au IIIe siècle. La Genèse des Styles latins chrétiens. Torino 1968.

Fontaine (1980): Jacques Fontaine: Études sur la Poésie latine tardive d'Ausone à Prudence. Paris 1980.

Fontaine (1981): Jacques Fontaine: Naissance de la Poésie dans l'Occident chrétien. Esquisse d'une Histoire de la Poésie latine chrétienne du IIIe au VIe siècle. Paris 1981.

Fontaine (1982): Jacques Fontaine: Christentum ist auch Antike. Einige Überlegungen zu Bildung und Literatur in der lateinischen Spätantike. In: Jahrbuch für Antike und Christentum 25 (1982), 5–21.

Fontenrose (1988): Joseph Fontenrose: Didyma. Apollo's Oracle, Cult and Companions. Berkeley 1988.

Franz (1994): Ansgar Franz: Tageslauf und Heilsgeschichte. Untersuchungen zum literarischen Text und liturgischen Kontext der Tagzeitenhymnen des Ambrosius von Mailand. St. Ottilien 1994. (= Pietas liturgica; Bd. 9).

Franz (2000): Ansgar Franz: Die Alte Kirche. In: Kirchenlied und Gesangbuch. Quellen zu ihrer Geschichte. Ein hymnologisches Arbeitsbuch. Hrsg. von Christian Möller. Tübingen, Basel 2000, 1–28. (= Mainzer hymnologische Studien; Bd. 1).

Franz (2002): Ansgar Franz: Tradition und Innovation in der Liturgie der Alten Kirche, dargestellt am Beispiel des liturgischen Gesanges. In: Martin Klöckener und Benedikt Kranemann (Hg.): Liturgiereformen. Historische Studien zu einem bleibenden Grundzug des christlichen Gottesdienstes. Teil I: BiblischeModelle und Liturgiereformen von der Frühzeit bis zur Aufklärung. Münster 2002, 97–120. (= Liturgiewissenschaftliche Quellen und Forschungen; Bd. 88)

Franz/Eberhardt (2013): Ansgar Franz und Johannes Eberhardt: s.v. Musik II (Vokalmusik). In: RAC 25 (2013), 247–283.

Freudenberger (1967): Rudolf Freudenberger: Das Verhalten der römischen Behörden gegen die Christen im 2. Jh. Dargestellt am Brief des Plinius an Trajan und den Reskripten Trajans und Hadrians. München 1967.

Friedländer (1922): Ludwig Friedländer: Darstellungen aus der Sittengeschichte Roms in der Zeit von Augustus bis zum Ausgang der Antonine. Zehnte Auflage. Band 1 und 2. Leipzig 1922.

Fuhrer (1998): Therese Fuhrer: s.v. Hymnos, Hymnus. III. Der christliche Hymnus. In: DNP (1998), 794–797.

Fuhrer (2014): Therese Fuhrer: Das Interesse am menschlichen Scheitern – Antike Konstruktionen des ‚Niedergangs' einer Kultur. In: Décadence. "Decline and Fall" or "Other Antiquity"? Hrsg. v. Marco Formisano und Therese Fuhrer. Heidelberg 2014, 19–33.

Fuhrmann (1994): Manfred Fuhrmann: Rom in der Spätantike. Porträt einer Epoche. Zürich 1994.

Furley (1998): William D. Furley: s.v. Hymnos, Hymnus. I. Der griechischeHymnos. In: DNP 5 (1998), 788–791.

Furley/Bremer (2001): William D. Furley, Jan Maarten Bremer: Greek Hymns. Selected Cult Songs from the Archaic to the Hellenistic Period. Two Volumes. Tübingen 2001. (= Studien und Texte zu Antike und Christentum; Bd. 9).

Fürst (2008): Alfons Fürst: Die Liturgie der Alten Kirche. Geschichte und Theologie. Münster 2008.

Gamber (1969): Klaus Gamber: Ordo Missae Africanae. Der nordafrikanische Meßritus zur Zeit des hl. Augustinus. In: Römische Quartalschrift für christliche Altertumskunde und Kirchengeschichte 64 (1969), 139–153.

Gärtner (1985): Michael Gärtner: Die Familienerziehung in der Alten Kirche. Eine Untersuchung über die ersten vier Jahrhunderte des Christentums mit einer Übersetzung und einem Kommentar zu der Schrift des Johannes Chrysostomos über Geltungssucht und Kindererziehung. Köln und Wien 1985. (= Kölner Veröffentlichungen zur Religionsgeschichte; Bd. 7).

Gärtner (1988): Hans Armin Gärtner: Die römische Literatur in Text und Darstellung. Band 5. Kaiserzeit II. Stuttgart 1988.

Gatzemeier (2010): Susanne Gatzemeier: Lukrezzitat und -paraphrase bei Laktanz. In: Fremde Rede – Eigene Rede. Zitieren und verwandte Strategien in antiker Prosa. Hrsg. v. Ute Tischler und Alexandra Binternagel. Frankfurt 2010, 155–173.

Gatzemeier (2013): Susanne Gatzemeier: Ut ait Lucretius. Die Lukrezrezeption in der lateinischen Prosa bis Laktanz. Göttingen 2013.

Geerlings (1997): Wilhelm Geerlings: Libri platonicorum. Die philosophische Bildung Augustins. In: Platon in der abendländischen Geistesgeschichte. Hrsg. v. T. Kobusch und B. Mojsisch. Darmstadt 1997, 60–70.

Gemeinhardt (2007): Peter Gemeinhardt: Das lateinische Christentum und die antikepagane Bildung. Tübingen 2007. (= Studien und Texte zu Antike und Christentum; Bd. 41).

Gerhards (2011): Albert Gerhards: Die Entstehung und Ausbreitung des Christentums. Liturgische Entwicklung und Herausbildung gottesdienstlicher Formen. In: GdKM I (2011), 21–26.

Gerhards (2014): Albert Gerhards: Orte der Kirchenmusik. In: Der Gottesdienst und seine Musik in zwei Bänden. Hrsg. v. Albert Gerhards und Matthias Schneider. Band I. Laaber 2014, 51–61. (= Enyzklopädie der Kirchenmusik; Bd. 4, 1).

Gérold (1931): Théodore Gérold: Les Pères de l'Église et la Musique. Paris 1931. (= Études d'Histoire et de Philosophie religieuses; Bd. 25).

Gérold (1932): Théodore Gérold: La Musique en moyen Âge. Paris 1932. (= Les Classiques français du moyen Âge; Bd. 73).

Gersh (2009): Stephen Gersh: The metaphysical Unity of Music, Motion, and Time in Augustine's De musica. In: Christian Humanism. Essays in Honor of Arjo Vanderjagt. Edited by Alasdair A. MacDonald, Zweder R. W. M. von Martels and Jan R. Veenstra. Leiden, Boston 2009, 303–316.

Gibbon (1776–89): Edward Gibbon: History of Decline and Fall of the Roman Empire. London 1776–1789.

Gibson (2005): Sophie Gibson: Aristoxenus of Tarent and the Birth of Musicology. New York 2005. (= Studies in Classics; Bd.9).

Giebel (1990): Marion Giebel: Das Geheimnis der Mysterien. Antike Kulte in Griechenland, Rom und Ägypten. Zürich und München 1990.

Giesel (1978): Helmut Giesel: Studien zur Symbolik der Musikinstrumente im Schrifttum der alten und mittelalterlichen Kirche (von den Anfängen bis zum 13. Jahrhundert). Regensburg 1978. (= Kölner Beiträge zur Musikforschung; Bd. 94).

Gigon (1966): Olof Gigon: Die antike Kultur und das Christentum. Gütersloh 1966.

Gnilka (1980): Christian Gnilka: *Usus iustus*. Ein Grundbegriff der Kirchenväter im Umgang mit der antiken Kultur. In: ABG 24 (1980), 34–76.

Gnilka (1984): Christian Gnilka: *Chrêsis*. Die Methode der Kirchenväter im Umgang mit der antiken Kultur. Bd. 1: Der Begriff des „rechten Gebrauchs". Basel und Stuttgart 1984.

Gnilka (1988): Christian Gnilka: Prudentiana. In: Michael Wissemann (Hg.): Roma renascens. Beiträge zur Spätantike und Rezeptionsgeschichte. Ilona Opelt von ihren Freunden und Schülern zum 9.7.1988 in Verehrung gewidmet. Frankfurt u.a. 1988, 78–87.

Gnilka (1993): Christian Gnilka: *Chrêsis*. Die Methode der Kirchenväter im Umgang mit der antiken Kultur. Bd. 2: Kultur und Conversion. Basel und Stuttgart 1993.

Groß-Albenhausen (1999): Kirsten Groß-Albenhausen: Imperator christianissimus. Der christliche Kaiser bei Ambrosius und Johannes Chrysostomos. Frankfurt 1999. (= Frankfurter althistorische Beiträge; Bd. 3).

Grote (2012): Andreas E. J. Grote: s.v. Opere monarchorum (De -). In: AL 4 (2012), 310–317.

Grözinger (1982): Karl Erich Grözinger: Musik und Gesang in der Theologie der frühen jüdischen Literatur. Tübingen 1982. (= Texte und Studien zum antiken Judentum; Bd. 3).

Günther (2015): Jutta Günther: Zwischen Identitätsstiftung und kultureller Abgrenzung: Zum Musikwandel in der Spätantike. In: DIE TONKUNST (2015), 395–401.

Günther (2017): Jutta Günther: Frühchristliche Vorstellungen zu Entstehung und Funktion der Psalmodie. In: Über den Ursprung von Musik. Mythen – Legenden – Geschichtsschreibungen. Hrsg. von Sascha Wegner. Würzburg 2017, 59–71.

Hahn (2007): Frances Hickson Hahn: Performing the Sacred. Prayers and Hymns. In: Jörg Rüpke (Hg.): A Companion to Roman Religion. Malden, Mass. 2007, 235–248.

Hahn/Klein (2011): Ferdinand Hahn und Hans Klein (Hg.): Die frühchristliche Prophetie. Ihre Voraussetzungen, ihre Anfänge und ihre Entwicklung bis zum Montanismus. Eine Einführung. Neukirchen-Vluyn 2011. (= Biblisch Theologische Studien; Bd. 116).

Handschin (1981): Jacques Handschin: Musikgeschichte im Überblick. Wilhelmshaven 1981.

Hannick (1978): Christian Hannick: Byzantinische Musik. In: Herbert Hunger: Die hochsprachliche profane Literatur der Byzantiner. Zweiter Band. München 1978, 181–219.

Hannick (1986): Christian Hannick: s.v. Hymnen II. orthodoxe Kirche. In: TRE 15 (1986), 762–770.

Hannick (2011): Christian Hannick: Byzantinische Musik. In: Geschichte der Kirchenmusik. Band I. Hrsg. von Wolfgang Hochstein und Christoph Krummbacher. Laaber 2011, 70–85.

Harnack (1893): Adolf von Harnack: Geschichte der altchristlichen Litteratur bis Eusebius. Leipzig 1893.

Harnack (1924): Adolf von Harnack: Die Mission und Ausbreitung des Christentums in den ersten drei Jahrhunderten. Zwei Bände. Leipzig 1924.

Harrauer/Hunger (2006): Christine Harrauer und Herbert Hunger: Lexikon der griechischen und römischen Mythologie. Purkersdorf 2006.

Hartenstein (2007): Friedhelm Hartenstein: „Wach auf, Harfe und Leier, ich will wecken das Morgenrot" (Psalm 57,9) – Musikinstrumente als Medien des Gotteskontakts im Alten Orient und im Alten Testament. In: Musik, Tanz und Gott. Tonspuren durch das Alte Testament. Hrsg. v. Michaela Geiger und Rainer Kessler. Stuttgart 2007, 101–127. (= Stuttgarter Bibelstudien; Bd. 207).

Hattler (2013): Chr. Hattler (Hrsg): Imperium der Götter. Isis – Mithras – Christus. Kulte und Religionen im Römischen Reich. Hrsg. v. Badisches Landesmuseum Karlsruhe 2013.

Hauck (1933): Hauck: s.v. ἅλας. In: ThWNT 1 (1933), 229.

Hauschild (2007): Wolf-Dieter Hauschild: Lehrbuch der Kirchen- und Dogmengeschichte. Band 1. Alte Kirche und Mittelalter. Gütersloh 2007.

Haussig (1959): Hans-Wilhelm Haussig: Kulturgeschichte von Byzanz. Stuttgart 1959.

Häußling (1990): Angelus A. Häußling: Akklamationen und Formeln. In: Gottesdienst der Kirche. Handbuch der Liturgiewissenschaft. Hrsg. v. Hans Bernhard Meyer. Teil 3: Gestalt des Gottesdienstes. Regensburg 1990, 220–226.

Heck (1987): Eberhard Heck: MH ΘΕΟΜΑΧΕΙΝ oder: Die Bestrafung des Gottesverächters. Untersuchungen zu Bekämpfung und Aneignung römischer religio bei Tertullian, Cyprian und Lactanz. Frankfurt 1987 (= Studien zur Klassischen Philologie; Bd. 24).

Heck (1988): Eberhard Heck: Lactanz und die Klassiker. Zu Theorie und Praxis der Verwendung heidnischer Literatur in christlicher Apologetik bei Lactanz. In: Philologus 132 (1988/1), 160–179.

Heck (2003): Eberhard Heck: Nochmals: Lactantius und Lucretius. Antilucrezisches im Epilog des lactanzischen Phoenix-Gedichts? In: International Journal of the Classical Tradition, 9 (2003), 509–523.

Heck (2005): Eberhard Heck: *defendere-instituere*. Zum Selbstverständnis des Apologeten Lactanz. In: L'Apologétique chrétienne gréco-latine à l'Époque prénicénienne. Sept Exposés suivis de Discussions. Vandoeuvres – Genève 13–17 Septembre 2004. Genève 2005. (= Entretiens sur l'Antiqité classique; Tome LI), 205–240.

Heinen (1998): Heinz Heinen: Das spätantike Ägypten. In: Ägypten in spätantik-christlicher Zeit. Einführung in die koptische Kultur. Hrsg. von Martin Krause. Wiesbaden 1998, 35–56.

Heinz (2007): Andreas Heinz: Die Bedeutung der Zeit Konstantins (306–337) für die Liturgie der Kirche. In: Konstantin der Grosse: Der Kaiser und die Christen – die Christen und der Kaiser. Hrsg. v. M. Fiedrowicz. Trier 2007, 139–182.

Heiser (2012): Andreas Heiser: Die Paulusinszenierung des Johannes Chrysostomos. Epitheta und ihre Vorgeschichte. Tübingen 2012. (= Studien und Texte zu Antike und Christentum; Bd. 70).

Hengel (1987): Martin Hengel: Das Christuslied im frühen Gottesdienst. In: Weisheit Gottes – Weisheit der Welt. Band 1. Festschrift für Joseph Kardinal Ratzinger zum 60. Geburtstag. Hrsg. v. Walter Baier. St. Ottilien 1987, 357–404.

Hensellek/Schilling (1991): Specimina eines Lexicon Augustinianum (SLA) erstellt aufgrund sämtlicher Editionen des CSEL von Werner Hensellek und Peter Schilling. Wien. 1987sqq.

Hentschel (1994): Frank Hentschel: Sinnlichkeit und Vernunft in Augustins „De musica". In: Wissenschaft und Weisheit. Franziskanische Studien zu Theologie, Philosophie und Geschichte. Bd. 57/1 (1994), 189–200.

Hentschel (2012): Frank Hentschel: s.v. Musica (De-). In: AL 4 (2012), 130–137.

Hesse (2015): Michael Hesse: Die Eucharistie als Opfer der Kirche. Antwortsuche bei Odo Casel – Karl Rahner – Hans Urs von Balthasar. Regensburg 2015. (= Bonner Dogmatische Studien; Bd. 56).

Heuß (2007): Alfred Heuß: Römische Geschichte. 10. Aufl. Paderborn 2007.

Holum (1982): Kenneth G. Holum: Theodosian Empresses. Women and Imperial Dominion in Late Antiquity. Berkeley and Los Angeles 1982.

Holzhausen (2000): Jens Holzhausen: s.v. Pan. In: DNP 9 (2000), 221–223.

Horn (1994): Christoph Horn: Augustins Philosophie der Zahlen. In: Revue des Études Augustiniennes 40 (1994), 389–415.

Huber (1969): Wolfgang Huber: Passa und Ostern: Untersuchungen zur Osterfeier der alten Kirche. Berlin 1969.

Hübinger (1968): Paul Egon Hübinger (Hrsg.): Kulturumbruch oder Kulturkontinuität im Übergang von der Antike zum Mittelalter. Darmstadt 1968.

Hübner (1993): Wolfgang Hübner: Hören und Sehen in der Klassifikation der mathematischen Wissenschaften bei Platon und Augustinus. In: Vermittlung und Tradierung von Wissen in der griechischen Kultur. Hrsg. v. Wolfgang Kullmann und Jochen Althoff. Tübingen 1993, 353–374.

Hübner (2012sqq.): Wolfgang Hübner: s.v. Musica. In: AL 4 (2012sqq.), 123–130.

Hucke (1953): Helmut Hucke: Die Entwicklung des christlichen Kultgesangs zum Gregorianischen Gesang. In: RQ 48 (1953), 147–194.

Hunger (1978): Herbert Hunger: Die hochsprachliche profane Literatur der Byzantiner. Zwei Bände. München 1978. (= HdAW XII,5,1–2).

Illert (2000): Martin Illert: Johannes Chrysostomos und das antiochenisch-syrische Mönchtum. Studien zu Theologie, Rhetorik und Kirchenpolitik im antiochenischen Schrifttum des Johannes Chrysostomos. Zürich 2000.

Inowlocki (2011): Sabrina Inowlocki: Eusebius' Construction of a Christian Culture in an Apologetic Context: Reading the *Praeparatio evangelica* as a Library. In: Reconsidering Euseb. Hrsg. v. Sabrina Inowlocki und Claudio Zamagni. Leiden/Boston 2011, 199–223.

Jacob (2010): Christoph Jacob: Das geistige Theater. Ästhetik und Moral bei Johannes Chrysostomos. Münster 2010.

Jaeger (1963): Werner Jaeger: Das frühe Christentum und die griechische Bildung. Berlin 1963.

Jammers (1973): Ewald Jammers: Das Alleluia in der gregorianischen Messe. Münster 1973.

Jenny (1986): Markus Jenny: s.v. Hymnologie. In: TRE 15, (1986), 770–778.

Jenny/Lipphardt (1996): Markus Jenny und Walther Lipphardt: s.v. Hymnologie. In: MGG 4 (1996), 459–464.

Jungmann I+II (1958): Josef Andreas Jungmann: Missarum sollemnia: eine genetische Erklärung der römischen Messe. Zwei Bände. Wien u.a. 1958

Jürgens (1972): Heiko Jürgens: Pompa Diaboli. Die lateinischen Kirchenväter und das antike Theater. Stuttgart 1972. (= Tübinger Beiträge zur Altertumswissenschaft; Bd. 46).

Kaczynski (1974): Reiner Kaczynski: Das Wort Gottes in Liturgie und Alltag der Gemeinden des Johannes Chrysostomos. Freiburg 1974.

Kahlos (2007): Maijastina Kahlos: Debate and Dialogue. Christian and Pagan Cultures c. 360–430. Hampshire 2007.

Kaniuth (1974): Agathe Kaniuth: Die Beisetzung Konstantins des Großen. Aalen 1974 (= Breslauer historische Forschungen; Bd. 18).

Kany (2012): Roland Kany: Laktanz. In: Hilpert, Konrad (Hg.): Christliche Ethik. Leben und Werk bedeutender Moraltheologen. Freiburg 2012, 71–86.

Kasper (2010): Kasper, Walter Kardinal: „Rom". In: Erinnerungsorte des Christentums. Hrsg. von Christoph Markschies. München 2010, 107–128.

Keil (2007): Werner Keil: Basistexte Musikästhetik und Musiktheorie. Paderborn 2007.

Keller (1993): Adalbert Keller: Aurelius Augustinus und die Musik. Untersuchungen zu „De musica" im Kontext seines Schrifttums. Würzburg 1993. (= Cassiciacum; Bd. 44).

Kelly (1995): J. N. D. Kelly: Golden Mouth. The Story of John Chrysostom – Ascetic, Preacher, Bishop. London 1995.

Kendeffy (2015): Gábor Kendeffy: Lactantius as Christian Cicero, Cicero as Shadow-like Instructor. In: The Brill's Companion to the Reception of Cicero. Edited by William H. F. Altmann. Leiden 2015, 56–92.

Kessler (2007): Rainer Kessler: David musicus. Zur Genealogie eines Bildes. In: Musik, Tanz und Gott. Tonspuren durch das Alte Testament. Hrsg. v. Michaela Geiger und Rainer Kessler. Stuttgart 2007, 77–99. (= Stuttgarter Bibelstudien; Bd. 207).

Klein (2004): Richard Klein: *Spectaculorum voluptates adimere...* Zum Kampf der Kirchenväter gegen Circus und Theater. In: Theater, Theaterpraxis und Theaterkritik im kaiserzeitlichen Rom. Hrsg. von Joachim Fugmann, Markus Janka, Ulrich Schnitzer und Helmut Seng. Leipzig 2004, 155–173.

Klein (2006): Holger A. Klein: Sacred Relics and Imperial Ceremonies at the Great Palace of Constantinople. In: Visualisierungen von Herrschaft. Frühmittelalterliche Residenzen – Gestalt und Zeremoniell. Internationales Kolloquium, 3./4. Juni 2004 in Istanbul. Hrsg. von Franz Alto Bauer. Istanbul 2006, 79–99. (= BYZAS; Bd. 5).

Kleinheyer (1989): Bruno Kleinheyer: Sakramentliche Feiern I. Die Feiern der Eingliederung in die Kirche. Regensburg 1989. (= Gottesdienst der Kirche: Handbuch Liturgiewissenschaft. Teil 7,1).

Klöckener (1994): Martin Klöckener: s.v. Alleluia. In: AL 1 (1994), 239–241.

Klöckener (1998): Martin Klöckener: Die Bedeutung der neu entdeckten Augustinus Predigten (*Sermones Dolbeau*) für die liturgiegeschichtliche Forschung. Aus: Augustin prédicateur (395–411). Actes du Colloque International de Chantilly (5–7 septembre 1996). Édités par Goulven Madec. Paris 1998, 129–170.

Klöckener (2002a): Martin Klöckener: s.v. Cura mortuorum. In: AL 2 (2002), 175–182.

Klöckener (2002b): Martin Klöckener: s.v. Festa sanctuorum et martyrum. In: AL 2 (2002), 1281–1305.

Klöckener (2004): Martin Klöckener: s.v. Hymnus. In: AL 3 (2004), 456–463.

Kolb (1980): Frank Kolb: Der Bußakt von Mailand: Zum Verhältnis von Staat und Kirche in der Spätantike. In: Boockmann, Hartmut; Jürgensen, Kurt; Stoltenberg, Gerhard (Hg.): Geschichte und Gegenwart. Festschrift für Karl Dietrich Erdmann. Neumünster 1980, 41–74.

Kolb (1987): Frank Kolb: Diocletian und die erste Tetrachie. Improvisation oder Experiment in der Organisation monarchischer Herrschaft? Berlin, New York 1987. (= Untersuchungen zur antiken Literatur und Geschichte; Bd. 27).

Korbacher (1963): Joachim Korbacher: Außerhalb der Kirche kein Heil? Eine dogmengeschichtliche Untersuchung über Kirche und Kirchenzugehörigkeit bei Johannes Chrysostomos. München 1963.

Köster (2011): Anette Köster: Trink- und Mahlgemeinschaften im archaischen und klassischen Griechenland. Funktionen, Mechanismen und Kontexte. Berlin 2011.

Kraft (1966): Heinrich Kraft: Die Kirchenväter bis zum Konzil von Nicäa. Bremen 1966.

Krämer (2007): Torsten Krämer: Augustinus zwischen Wahrheit und Lüge. Literarische Tätigkeit als Selbstfindung und Selbsterfindung. Göttingen 2007. (= Hypomnemata; Bd. 170).

Kristionat (2012): Jessica Kristionat: Zwischen Selbstverständlichkeit und Schweigen. Die Rolle der Frau bei den Manichäern. Heidelberg 2013.

Kroll (1968): Josef Kroll: Die christliche Hymnodik bis zu Klemens von Alexandrien. Darmstadt 1968.

Kunst (2006): Christiane Kunst: Familie und Kindheit. Spätantike. Aus: Christes, Johannes; Klein, Richard und Lüth, Christoph (Hg.): Handbuch der Erziehung und Bildung in der Antike. Darmstadt 2006, 45–57.

Kunst (2006a): Christiane Kunst: Jugend. Spätantike. Aus: Christes, Johannes; Klein, Richard und Lüth, Christoph (Hg.): Handbuch der Erziehung und Bildung in der Antike. Darmstadt 2006, 79–88.

Kurzschenkel (1971): Winfried Kurzschenkel: Die theologische Bestimmung der Musik: neuere Beiträge zur Deutung und Wertung des Musizierens im christlichen Leben. Trier 1971.

Lane Fox (1986): Robin Lane Fox: Pagans and Christians. London 1986.

Lane Fox (2015): Robin Lane Fox: Augustine. Conversions to Confessions. New York 2015.

Lanéry (2008): Cécile Lanéry: Ambroise de Milan Hagiographe. Paris 2008. (= Collection des Études augustiniennes: Série Antiquité; 183).

Laqueur (1929): Richard Laqueur: Eusebius als Historiker seiner Zeit. Berlin und Leipzig 1929.

Lattke (1991): Michael Lattke: Hymnus. Materialien zu einer Geschichte der antiken Hymnologie. Freiburg 1991. (= Novum Testamentum et Orbis Antiquus; Bd. 19).

Lattke (1998): Michael Lattke: Die Oden Salomos in ihrer Bedeutung für Neues Testament und Gnosis. Freiburg und Göttingen 1998. (= Orbis Biblicus et Orientalis 25, 1–4).

Laube-Przygodda (1980): Gerda Laube-Przygodda: Das alttestamentliche und neutestamentliche musikalische Gotteslob in der Rezeption durch die christlichen Autoren des 2. bis 11. Jahrhunderts. Regensburg 1980. (= Kölner Beiträge zur Musikforschung; Bd. 104).

Lauster (2014): Jörg Lauster: Die Verzauberung der Welt. Eine Kulturgeschichte des Christentums. München 2014.

Lawergren/Bröcker (1996): Bo Lawergren und Marianne Bröcker: s.v. Leiern. In: MGG 5 (1996), 1011–1038.

Leeb (1967): Helmut Leeb: Die Psalmodie bei Ambrosius. Wien 1967. (= Wiener Beiträge zur Theologie; Bd. 18).

Leitner (1906): Franz Leitner: Der gottesdienstliche Volksgesang im jüdischen und christlichen Altertum. Ein Beitrag zur jüdischen und christlichen Kultgeschichte. Freiburg 1906.

Leonhard (2014): Clemens Leonhard: Which Hymns were sung in Ancient Christian Liturgies? In: Literature or Liturgy? Early Christian Hymns and Prayers in their Literary and Liturgical Context in Antiquity. Edited by Clemens Leonhard and Hermut Löhr. Tübingen 2014, 175–194.

Leppin (1992): Hartmut Leppin: Histrionen. Untersuchungen zur sozialen Stellung von Bühnenkünstlern im Westen des Römischen Reiches zur Zeit der Republik und des Principats. Bonn 1992. (= Antiquitas 1. Abhandlungen zur alten Geschichte; Bd. 41).

Leppin (1996): Hartmut Leppin: Von Constantin dem Großen zu Theodosius II. Das christliche Kaisertum bei den Kirchenhistorikern Socrates, Sozomenos und Theodoret. Göttingen 1996. (= Hypomnemata; Bd. 110).

Liebeschuetz (2006): J. H. W. G. Liebeschuetz: Ecclesiastical Historians on their own Times. In: Ders.: Decline and Change in Late Antiquity. Religion, Barbarians and their Historiography. Aldershot 2006, 151–163.

Lieu (2006): Judith Lieu: Self-definition vis-à-vis the Jewish Matrix. In: The Cambridge History of Christianity. Volume I. Origins to Constantine. Edited by Margaret M. Mitchell and Frances M. Young. Cambridge 2006, 214–229.

Löhr (2014): Hermut Löhr: What can we know about the Beginnings of Christian Hymnody? In: Literature or Liturgy? Early Christian Hymns and Prayers in their Literary and Liturgical Context in Antiquity. Edited by Clemens Leonhard and Hermut Löhr. Tübingen 2014, 157–174.

Lohse (1977): Eduard Lohse: Einleitung. In: Die Briefe an die Kolosser und an Philemon. Göttingen 1977 (= KEK; Bd. IX,2), 27–31.

Loofs (1924): Friedrich Loofs: Paulus von Samosata. Eine Untersuchung zur altkirchlichen Literatur- und Dogmengeschichte. Leipzig 1924. (= Texte und Untersuchungen zur Geschichte der altchristlichen Literatur; Bd. 44,5).

Lutz-Bachmann (1992): Matthias Lutz-Bachmann: Hellenisierung des Christentums? In: Spätantike und Christentum: Beiträge zur Religions- und Geistesgeschichte der griechisch-römischen Kultur und Zivilisation der Kaiserzeit. Hrsg. v. Carsten Colpe, Ludger Honnefelder, Matthias Lutz-Bachmann. Berlin 1992, 77–98.

Malingrey (1979): Anne-Marie Malingrey: La Controverse Antijudaique dans l'Oeuvre de Jean Chrysostome d'apres les Discours Adversus Iudaeos. In: De l'Antijudaisme antique á l' Antisemitisme contemporain. Lille 1979, 87–104.

Margoni-Kögler (2004sqq.): Michael Margoni-Kögler: s.v. lector. In: AL 3 (2004sqq.), 922–923.

Markschies (1997): Christoph Markschies: Zwischen den Welten wandern. Strukturen des antiken Christentums. Frankfurt 1997.

Markschies (2002): Christoph Markschies: Ambrosius. Ein wahrer Bischof. In: Theologen der christlichen Antike. Eine Einführung. Hrsg. v. Wilhelm Geerlings. Darmstadt 2002, 129–147.

Markschies (2006): Christoph Markschies: Das antike Christentum. Frömmigkeit, Lebensformen, Institutionen. München 2006.

Markschies (2011): Christoph Markschies: Die Herausbildung des christlichen Liedes im Kontext der antiken Musik- und Religionspraxis. In: Berliner Theologische Zeitschrift 28 (2011), 211–229.

Markus (1980): Robert A. Markus: The Problem of Self-Definition: From Sect to Church. In: Jewish and Christian Self-Definition. Volume I. The Shaping of Christianity in the second and third Centuries. Edited by E. P. Sanders. Philadelphia 1980, 1–15.

Marrou (1957): Henri-Irénée Marrou: Geschichte der Erziehung im klassischen Altertum. Freiburg 1957.

Marrou (1995): Henri-Irénée Marrou: Augustinus und das Ende der antiken Kultur. Paderborn 1995.

Martimort (1963/65): Aimé Georges Martimort: Handbuch der Liturgiewissenschaft. Zwei Bände. Freiburg 1963–1965.

Martin/Quint (1990): Jochen Martin und Barbara Quint (Hg.): Christentum und antike Gesellschaft. Darmstadt 1990. (= Wege der Forschung; Bd. 649).

Martin (1997): Ralph P. Martin: A Hymn of Christ. Philippians 2:5–11 in recent Interpretation and in the Setting of Early Christian Worship. Downers Grove, Illinois 1997.

Maur (1959): Ivo auf der Maur: Mönchtum und Glaubensverkündung in den Schriften des hl. Johannes Chrysostomos. Fribourg 1959. (= Paradosis; Bd. 14).

Mayer (1996–2002): Cornelius Mayer: s.v. Eucharistia. In: AL 2 (1996–2002), 1151–1157.

Mayer/Müller/Förster (2013): C. Mayer, Chr. Müller und G. Förster (Hg.): Das Schöne in Theologie, Philosophie und Musik. Beiträge des XI. Würzburger Augustinus Studientages vom 16./17. Juli 2011. Würzburg 2013.

McKinnon (1965): James W. McKinnon: The Meaning of the Patristic Polemic against Musical Instruments. In: Current Musicology, Jan 1 (1965), 69–82.

McKinnon (1979/80): James W. McKinnon: The Exclusion of Musical Instruments from the Ancient Synagogue. In: Proceedings of the Royal Musical Association, Vol. 106 (1979/80), 77–87.

McKinnon (1987): James W. McKinnon: Music in Early Christian Literature. Cambridge 1987.

McKinnon (1990): James W. McKinnon: The Patristic Jubilus and the Alleluia of the Mass. In: Cantus Planus. Papers read at the Third Meeting Tihany, Hungary, 19–24 September 1988. Budapest 1990, 61–70.

McKinnon (2000): James W. McKinnon: Music. In: The Early Christian World. Vol. II. Edited by Philip F. Esler. London/New York 2000, 773–790.

McKinnon (2001): James W. McKinnon: Liturgical Psalmody in the Sermons of St. Augustine: An Introduction. In: The Study of Medieval Chant. Paths and Bridges, East and West. In Honor of Kenneth Levy. Edited by Peter Jeffery. Cambridge 2001, 7–24.

Meer (1951): Frederik van der Meer: Augustinus, der Seelsorger. Leben und Wirken eines Kirchenvaters. Köln 1951.

Merkelbach (1995): Reinhold Merkelbach: Isis regina, Zeus Sarapis: die griechisch ägyptische Religion nach den Quellen dargestellt. Stuttgart und Leipzig 1995.

Messmer (1974): Ernst Messmer: Laktanz und die Dichtung. München 1974.

Michel (1976): Alain Michel: In hymnis et canticis. Culture et Beauté dans l'Hymnique chrétienne latine. Louvain et Paris 1976.

Mitchell (2000): Margaret M. Mitchell: The Heavenly Trumpet. John Chrysostom and the Art of Pauline Interpretation. Tübingen 2000. (= Hermeneutische Untersuchungen zur Theologie; Bd. 40).

Mitchell/Joyce (1965): T. C. Mitchell und R. Joyce: The Musical Instruments in Nebuchadrezzar's Orchestra. In: Notes on some problems in The Book of Daniel. Authors: D. J. Wiseman; T. C. Mitchell and R. Joyce; W. J. Martin; K. A. Kitchen. London 1965, 19–27.

Molthagen (1970): Joachim Molthagen: Der römische Staat und die Christen im zweiten und dritten Jahrhundert. Göttingen 1970.

Momigliano (1970): Arnaldo Momigliano: Das Christentum und der Niedergang des Römischen Reiches. In: Der Untergang des Römischen Reiches. Hrsg. von Karl Christ. Darmstadt 1970, 404–424.

Moore (2012): Tim Moore: Music in Roman Comedy. Cambridge 2012.

Moreau (1966): Jacques Moreau: s.v. Eusebius von Caesarea. In: RAC 6 (1966), 1052–1088.

Morlet (2011): Sébastian Morlet: Eusebius' Polemic Against Porphyry: A Reassessment. In: Reconsidering Euseb. Hrsg. v. Sabrina Inowlocki und Claudio Zamagni. Leiden/Bosten 2011, 119–150.

Mühlenberg (2002): Ekkehard Mühlenberg: Wenn Augustin die Bibel unvorbereitet auslegt. Augustins sermo 352. In: Vergegenwärtigung des AltenTestaments. Beiträge zur biblischen Hermeneutik. Festschrift für Rudolf Smend zum 70. Geburtstag. Hrsg. v. Christoph Bultmann, Walter Dietrich und Christoph Levin. Göttingen 2002, 196–210.

Mühlenkamp (2008): Christine Mühlenkamp: „Nicht wie die Heiden". Studien zur Grenze zwischen christlicher Gemeinde und paganer Gesellschaft in vorkonstantinischer Zeit. Münster 2008. (= Jahrbuch für Antike und Christentum, Ergänzungsband. Kleine Reihe 3).

Müller (2009): Jutta Müller: Spätantike Musik im Spannungsfeld von Heiden und Christen. In: Janina Göbel und Tanja Zech (Hrsg.): Exportschlager – Kultureller Austausch, wirtschaftlicheBeziehungen und transnationale Entwicklungen in der antiken Welt. Humboldts Studentische Konferenz der Altertumswissenschaften. München 2009, 233–251.

Näf (2011): Beat Näf: Städte und ihre Märtyrer. Der Kult der Thebäischen Legion. Freiburg/Schweiz 2011.

Nägele (1905): Anton Nägele: Über Arbeitslieder bei Johannes Chrysostomos. Patristisch-Literarisches zu K. Büchers ‚Arbeit und Rhythmus'. Leipzig 1905. (= Berichte über die Verhandlungen der Königl. Sächs. Gesellschaft der Wissenschaften, Philologisch-historische Klasse; Bd. 57,5).

Nat (1977): Pieter G. van der Nat: Zu den Voraussetzungen der christlichen lateinischen Literatur: Die Zeugnisse von Minucius Felix und Laktanz. In: Christianisme et Formes littéraires de l'Antiquité tardive en Occident. Vandoevres-Genève 23–28 Août 1976. Genf 1977, 191–234.

Naumann (1983): Friederike Naumann: Die Ikonographie der Kybele in der phrygischen und der griechischen Kunst. Tübingen 1983. (= Istanbuler Mitteilungen 28).

Neumaier (1986): Wilfried Neumaier: Was ist ein Tonsystem? Eine historisch-systematische Theorie der abendländischen Tonsysteme, gegründet auf die antiken Theoretiker Aristoxenos, Eukleides und Ptolemaios, dargestellt mit Mitteln der modernen Algebra. Frankfurt 1986. (= Quellen und Studien zur Musikgeschichte von der Antike bis in die Gegenwart; Bd. 9).

Neumaier (1989): Wilfried Neumaier: Antike Rhythmustheorien. Historische Form und aktuelle Substanz. Amsterdam 1989. (= Heuremata. Studien zu Literatur, Sprachen und Kultur der Antike; Bd. 11).

Nickel (1999): Rainer Nickel: s.v. De opificio Dei. In: Lexikon der antiken Literatur. Düsseldorf und Zürich 1999, 243.

Nightingale (2011): Andrea Nightingale: Once Out of Nature. Augustine on Time and the Body. Chicago 2011.

Norden (1913): Eduard Norden: Agnostos Theos. Untersuchungen zur Formengeschichte religiöser Rede. Leipzig 1913.

Nowak (1975): Adolf Nowak: Die „numeri judicales" des Augustinus und ihre musiktheoretische Bedeutung. In: Archiv für Musikwissenschaft 33/3 (1975), 198–207.

Nowak (1999): Adolf Nowak: Augustinus. Die Bedeutung Augustins in Geschichte, Theorie und Ästhetik der Musik. In: FZMw Jg. 2 (1999), 55–77.

O'Meara (1969): John J. O'Meara: Porphyry's Philosophy from Oracles in Eusebius's *Praeparatio evangelica* and Augustine's dialogues of Cassiciacum. Paris 1969.

Ogilvie (1978): Robert Maxwell Ogilvie: The Library of Lactantius. Oxford 1978.

Paoli-Lafaye (1986): Elisabeth Paoli-Lafaye: Les „lecteurs" des Textes liturgiques. In: Saint Augustin et la Bible. Ed. par Anne-Marie la Bonnardière. Paris 1986, 59–74. (= Bible de tous les Temps; Bd. 3).

Paulsen (1996): Henning Paulsen: s.v. Ignatius von Antiochien. In: RAC 17 (1996), 933–953.

Paverd (1991): Frans van de Paverd: St. John Chrysostom, The Homilies on the Statues. Rom 1991.

Perl (1955): Carl Perl: Augustinus und die Musik. In: Augustinus magister. Congrès international Augustinien. Paris, 21–24 septembre 1954. Band 3: Actes. Paris 1955, 439–452.

Perrin (1979): Michel Perrin: Homo christianus. Christianisme et Tradition antique dans l'Anthropologie de Lactance. Tome I et II. Thèse présentée devant l'Université de Paris IV. Lille 1979.

Peterson (1955): Erik Peterson: Das Buch von den Engeln. Stellung und Bedeutung der Heiligen Engel im Kultus. München 1955.

Pfeiffer (2013): Stefan Pfeiffer: Die religiöse Praxis im thebanischen Raum zwischen hoher Kaiserzeit und Spätantike. In: Frank Feder und Angelika Lohwasser (Hg.): Ägypten und sein Umfeld in der Spätantike. Vom Regierungsantritt Diokletians 284/285 bis zur arabischen Eroberung des Vorderen Orients um 635–646. Akten der Tagung vom 7.–9.7. 2011 in Münster. Wiesbaden 2013, 59–80.

Piepenbrink (2005): Karen Piepenbrink: Christliche Identität und Assimilation in der Spätantike. Probleme des Christseins in der Reflexion der Zeitgenossen. Frankfurt 2005. (= Studien zur Alten Geschichte; Bd. 3).

Pink (2014): Johanna Pink: Ägypten von der Spätantike bis zur Gegenwart. München 2014.

Poerner (1913): Iohannes Poerner: De curetibus et corybantibus. Halle 1913.

Pöhlmann (1970): Egert Pöhlmann: Denkmäler altgriechischer Musik: Sammlung, Übertragung und Erläuterung aller Fragmente und Fälschungen. Nürnberg 1970. (= Erlanger Beiträge zur Sprach- und Kunstwissenschaft; Bd. 31).

Pöhlmann (1996): Egert Pöhlmann: s.v. Hymnus. I. Antike. In: MGG 4 (1996), 464–472.

Pöhlmann (2001): Egert Pöhlmann: Documents of ancient Greek Music: the extant Melodies and Fragments. Edited and transcribed with Commentary by Egert Pöhlmann and Martin L. West. Oxford 2001.

Pöschl (1993): Viktor Pöschl: Lieder als Modelle für göttliche Ordnung bei Augustin. In: Philantropia kai eusebia. Festschrift für A. Dihle zum 70. Geburtstag. Hrsg. von G. Most, H. Petersmann, A. Ritter. Göttingen 1993, 355–362.

Prassl (2004): Franz Karl Prassl: s.v. Iubilatio (iubilare). In: AL 3 (2004), 776–779.

Prostmeier (2002): Ferdinand R. Prostmeier: s.v. Ignatius von Antiochien. In: LACL (2002), 346–348.

Psaroudakes (2002): Stelios Psaroudakes: The Aulos of Argithea. In: Ellen Hickmann, Anne D. Kilmer und Ricardo Eichmann (Hg.): Studien zur Musikarchäologie III. Rahden/Westfalen 2002, 335–366.

Puech (1979): Henri-Charles Puech: Sur le Manichéisme et autres Essais. Paris 1979.

Quasten (1930): Johannes Quasten: Musik und Gesang in den Kulten der heidnischen Antike und christlichen Frühzeit. Münster 1930. (= Liturgiegeschichtliche Quellen und Forschungen; Bd. 25).

Quasten (1954): Johannes Quasten: s.v. carmen. In: RAC 2 (1954), 901–910.

Quasten (1973): Musik und Gesang in den Kulten der heidnischen Antike und christlichen Frühzeit. Münster 1973. Zweite Auflage. (= Liturgiegeschichtliche Quellen und Forschungen; Bd. 25).

Rahlfs (1915): Alfred Rahlfs: Die alttestamentlichen Lektionen der griechischen Kirche. In: Mitteilungen des Septuaginta-Unternehmens der Königlichen Gesellschaft der Wissenschaften zu Göttingen. Band 1. Berlin 1909–15, 119–230.

Riethmüller (1989): Die Musik des Altertums. Hrsg. von Albrecht Riethmüller und Frieder Zaminer. Laaber 1989. (= Neues Handbuch der Musikwissenschaft; Bd. 1).

Rist (1997): Josef Rist: s.v. Dionysios, Bischof v. Alexandrien. In: DNP 3 (1997), 646.

Rist (2000): Josef Rist: s.v. Paulos von Samosata. In: DNP 9 (2000), 428–429.

Rist (2007): Josef Rist: Gottesgeschenk oder Sündenfall? Realität und Mythos der sogenannten Konstantinischen Wende. In: Konstantin der Grosse: Der Kaiser und die Christen – die Christen und der Kaiser. Hrsg. v. M. Fiedrowicz. Trier 2007, 31–67.

Ritter (1978): Adolf-Martin Ritter: s.v. Arianismus. In: TRE 3 (1978), 692–719.

Roetzer (1930): P. Wunibald Roetzer: Des Heiligen Augustinus Schriften als liturgiegeschichtliche Quelle. Eine liturgie-geschichtliche Studie. München 1930.

Rohmann (2013): Gregor Rohmann: Tanzwut. Kosmos, Kirche und Mensch in der Bedeutungsgeschichte eines mittelalterlichen Krankheitskonzepts. Göttingen 2013. (= Historische Semantik; Bd. 19).

Roots (1987): Peter A. Roots: The *De opificio Dei*: The Workmanship of God and Lactantius. In: Classical Quarterly 37/II (1987), 466–486.

Roscher (1978): Ausführliches Lexikon der griechischen und römischen Mythologie. Hrsg. v. W. H. Roscher. Zweiter Band. Leipzig 1890–1894. Zweite Nachdruckauflage Hildesheim 1978.

Rosen (2015): Klaus Rosen: Augustinus. Genie und Heiliger. Eine historische Biographie. Darmstadt 2015.

Roth (1973): A. Roth: Pascha und Hinübergang durch Glaube, Hoffnung und Liebe. (Augustinus, Brief 55 an Januarius). In: Mélanges Christine Mohrmann. Nouveau Recueil offert par ses anciens Élèves. Utrecht 1973, 96–107.

Rühling (2013): Susanne Rühling: Melodien für die Götter – Geräusche für die Dämonen. In: Imperium der Götter. Isis – Mithras – Christus. Kulte und Religionen im Römischen Reich. Hrsg. v. Badisches Landesmuseum Karlsruhe 2013, 102–103.

Runia (1993): David T. Runia: Philo in Early Christian Literature. A Survey. Minneapolis 1993.

Runia (2000): David T. Runia: s.v. Philon von Alexandreia. In: DNP 9 (2000), 850–856.

Sallmann (1990): Klaus Sallmann: Christen vor dem Theater. Aus: Blänsdorf, Jürgen (Hrsg.): Theater und Gesellschaft im Imperium Romanum. Tübingen 1990, 243–259.

Sallmann (1997): Klaus Sallmann: Die Fachwissenschaften und ihre Ausbildung in der spätantiken Enzyklopädie. In: Lodewijk J. Engels und Heinz Hofmann (Hrsg.): Spätantike. Mit einem Panorama der byzantinischen Literatur. Wiesbaden 1997, 195–233. (= Neues Handbuch der Literaturwissenschaft; Bd. 4).

Salzmann (2008): Michele R. Salzmann: Pagans and Christians. In: The Oxford Handbook of Early Christian Studies. Edited by Susan Ashbrook Harvey and David G. Hunter. Oxford 2008, 186–202.

Sauer (2013): Jochen Sauer: Eine Anthropologie der Erkenntnis in Laktanz' Argumentation für den Monotheismus. In: Monotheistische Denkfiguren in der Spätantike. Hrsg. v. Alfons Fürst, Luise Ahmed, Christian Gers-Uphaus und Stefan Klug. Tübingen 2013, 129–144.

Saxer (1980): Victor Saxer: Morts, Martyrs, Reliques en Afrique chrétienne aux premiers Siècles. Les Témoignages de Tertullien, Cyprien, et Augustin à la Lumière de l'Archéologie africaine. Paris 1980. (= Théologie historique; Bd. 55).

Saxer (1988): Victor Saxer: Les Rites de l'Initiation chrétienne du IIᵉ au VIᵉ siècle. Esquisse historique et signification d'après leurs principaux Témoins. Spoleto 1988. (= Centro Italiano di Studi sull'alto medioevo 7).

Schäublin (1981): Christoph Schäublin: s.v. Diodor von Tarsus. In: TRE 8 (1981), 763–767.

Scheerer (2010): Christoph Scheerer: Musik als ethische Disziplin. Zu einem zentralen Aspekt in Augustins früher Schrift De musica. In: FeRA 13 (2010), 30–51.

Scheithauer (1996): Andrea Scheithauer: Die Rolle der Querflöte im Musikleben der Griechen und Römer. In: International Journal of Musicology 5 (1996), 9–23.

Scheithauer (1998): Andrea Scheithauer: Kaiser und Musik in der Historia Augusta. In: Bonamente, G.; Heim, F.; Callu, J.P. (Hg.): Historiae Augustae Colloquium Argentoratense VI. Bari 1998, 297–311.

Schindler (2009): Alfred Schindler: Hagiographie und Hagiologie in Augustins Werk, vor allem in den Confessiones. In: Autobiographie und Hagiographie in der christlichen Antike. Hrsg. v. J. van Oort und D. Wyrwa. Leuven 2009, 89–129.

Schlange-Schöningen (2003): Heinrich Schlange-Schöningen: Die römische Gesellschaft bei Galen. Berlin 2003. (= Untersuchungen zur antiken Literatur und Geschichte; Bd. 65).

Schlesinger (1970): Kathleen Schlesinger: The Greek Aulos. A Study of its Mechanism and of its Relation to the modal System of Ancient Greek Music. Followed by a Survey of the Greek Harmoniai in Survival or Rebirth in Folk-Music. Groningen 1970.

Schlier (1933): Heinrich Schlier: s.v. ᾄδω, ᾠδή. In: ThWNT 1 (1933), Band 1. Tübingen 1933, 163–165.

Schlötterer (1953): Reinhold Schlötterer: Die kirchenmusikalische Terminolgie der griechischen Kirchenväter. München 1953.

Schmitz (1975): Josef Schmitz: Gottesdienst im altchristlichen Mailand. Eine liturgiewissenschaftliche Untersuchung über Initiation und Meßfeier während des Jahres zur Zeit des Bischofs Ambrosius (†397). Köln Bonn 1975. (= Theophaneia; Bd. 25).

Schneider (1954): Carl Schneider: Geistesgeschichte des antiken Christentums. Zweiter Band. München 1954.

Schnusenberg (1981): Christine Schnusenberg: Das Verhältnis von Kirche und Theater. Dargestellt an ausgewählten Schriften der Kirchenväter und liturgischen Texten bis auf Amalarius von Metz (a.d. 775–852). Bern 1981.

Schott (2011): Jeremy M. Schott: Eusebius' Panegyric on the Building of Churches (HE 10.4.2–72): Aesthetics and the Politics of Christian Architecture. In: Reconsidering Eusebius. Collected Papers on Literary, Historical, and Theological Issues. Ed. by S. Inowlocki and C. Zamagni. Leiden/Boston 2011, 177–197.

Schuberth (1968): Dietrich Schuberth: Kaiserliche Liturgie. Die Einbeziehung von Musikinstrumenten, insbesondere der Orgel in den frühmittelalterlichen Gottesdienst. Göttingen 1968. (= Veröffentlichungen der Evangelischen Gesellschaft für Liturgieforschung; Bd. 17).

Schubert (2001): Werner Schubert: Musik in der christlichen Spätantike im Spiegel der Ἐκκλησιαστικὴ ἱστορία des Sokrates von Konstantinopel. In: B. Bäbler und H. G. Nesselrath (Hg.): Die Welt des Sokrates von Konstantinopel. Studien zu Politik, Religion und Kultur im späten 4. und frühen 5. Jh. n. Chr. München, Leipzig 2001, 140–158.

Schulz (2014): Verena Schulz: Die Stimme in der antiken Rhetorik. Göttingen 2014.

Schuster/Walla (1969): Marialuise Schuster geb. Walla: Der Vogel Phoenix in der antiken Literatur und der Dichtung des Laktanz. Wien 1969. (= Dissertationen der Universität Wien; Bd. 29).

Seidel (1994): Hans Seidel: s.v. Musik und Religion I. Altes und Neues Testament. In: TRE (1994), 441–446.

Seidel (1989): Hans Seidel: Musik in Altisrael: Untersuchungen zur Musikgeschichte und Musikpraxis Altisraels anhand biblischer und außerbiblischer Texte. Frankfurt 1989.

Seidel (1997): Hans Seidel: s.v. Psalm. I. Der vor- und frühchristliche Psalm. In: MGG 7 (1997), 1853–1862.

Sellin (2008): Gerhard Sellin: Einleitung. In: Der Brief an die Epheser. Übersetzt und erklärtvon Gerhard Sellin. Göttingen 2008, 49–64. (= KEK; Bd. 8).

Sendrey (1969): Alfred Sendrey: Music in Ancient Israel. London 1969.

Sieben (1977): Hermann Josef Sieben: Der Psalter und die Bekehrung der VOCES und AFFECTUS. Zu Augustinus, Conf. IX,4,6 und X,33. In: Theologie und Philosophie. Vierteljahresschrift 52 (1977), 481–497.

Sieben (2011): Hermann Josef Sieben: Schlüssel zum Psalter. Sechzehn Kirchenvätereinführungen von Hippolyt bis Cassiodor. Paderborn 2001.

Slusser (1996): Michael Slusser: s.v. Paulus von Samosata. In: TRE 26 (1996), 160–162.

Smith (1984): J. A. Smith: The Ancient Synagogue, the Early Church and Singing. In: Music&Letters 65,1 (1984), 1–16.

Söhngen (1961): Oskar Söhngen: Theologische Grundlagen der Kirchenmusik. In: Leiturgia. Handbuch des evangelischen Gottesdienstes. Band IV. Kassel 1961, 1–266.

Söhngen (1967): Oskar Söhngen: Theologie der Musik. Kassel 1967.

Speyer (1989): Wolfgang Speyer: Frühes Christentum im antiken Strahlungsfeld. Band 1. Tübingen 1989. (= WUNT; Bd. 50).

Stäblein (1949): Bruno Stäblein: s.v. Alleluia. In: MGG1, Bd. 1 (1949–51), 331–350.

Stäblein (1955a): Bruno Stäblein: s.v. Frühchristliche Musik. In: MGG1, Bd. 4 (1955), 1036–1064.

Stäblein (1955b): Bruno Stäblein: s.v. Gemeindegesang, A: Mittelalter. In: MGG1, Bd. 4 (1955), 1636–1649.

Stäblein (1956): Bruno Stäblein: s.v. Gloria. In: MGG1, Bd. 5 (1956), 302–320.

Stäblein (1957): Bruno Stäblein: s.v. Hymnus, B: Der lateinische Hymnus. In: MGG1, Bd. 6 (1957), 993–1018.

Stäblein (1962): Bruno Stäblein: s.v. Psalm, B: Lateinischer Psalmengesang im Mittelalter. In: MGG1, Bd. 10 (1962), 1676–1690.

Stäblein (1984): Bruno Stäblein: Musik und Geschichte im Mittelalter. Gesammelte Aufsätze. Göppingen 1984.

Stäblein (1985): Bruno Stäblein: Lateinischer Psalmengesang im Mittelalter. In: Musikalische Gattungen in Einzeldarstellungen. Band 2: Die Messe. Kassel 1985, 152–171.

Störmer-Caysa (1997): Uta Störmer-Caysa: Augustins philologischer Zeitbegriff. Ein Vorschlag zum Verständnis der *distentio animi* im Lichte von „De musica". Berlin 1997. (= Abhandlungen der sächsischen Akademie der Wissenschaften zu Leipzig. Philologisch-historische Klasse. Band 74, Heft 3).

Strässle (2009): Thomas Strässle: Salz. Eine Literaturgeschichte. München 2009.

Strobel (1997): Karl Strobel: s.v. Bithynia et Pontus. In: DNP 2 (1997), 700–702.

Strutwolf (1999): Holger Strutwolf: Die Trinitätstheologie und Christologie des Eusebius von Caesarea. Eine dogmengeschichtliche Untersuchung seiner Platonismusrezeption und Wirkungsgeschichte. Göttingen 1999 (= Forschungen zur Kirchen- und Dogmengeschichte; Bd. 72).

Studer (2004): Basil Studer: Die historische Theologie des Eusebius von Cäsarea. In: Adamantius 10 (2004), 138–166.

Sutkowska (2014): Olga Sutkowska: s.v. Tibia. In: Lawrence Libin (Hg.): The Grove Dictionary of Musical Instruments. Second edition. Vol. 5. New York 2014, 1–3.

Sutkowska (2015): Olga Sutkowska: Archäologische Auloi/Tibiae-Funde mit Mechanismen. In: DIE TONKUNST 9 (2015), 412–412.

Thraede (1994): Klaus Thraede: s.v. Hymnus. In: RAC 16 (1994), 915–946.

Tiersch (2002): Claudia Tiersch: Johannes Chrysostomos in Konstantinopel (398–404). Weltsicht und Wirken eines Bischofs in der Hauptstadt des Oströmischen Reiches. Tübingen 2002.

Tloka (2005): Jutta Tloka: Griechische Christen – christliche Griechen. Plausibilisierungsstrategien des antiken Christentums bei Origenes und Johannes Chrysostomos. Tübingen 2005.

Ursprung (1931): Otto Ursprung: Die Katholische Kirchenmusik. Potsdam 1931 (= Handbuch der Musikwissenschaft).

Uthemann (1992): Karl Heinz Uthemann: s.v. Johannes Chrysostomos. In: BbKL 3 (1992), 305–326.

Uthemann (1994): Karl-Heinz Uthemann: s.v. Paulus von Samosata. In: BbKL 7 (1994), 66–89.

Uthemann (1997): Karl-Heinz Uthemann: Die Kunst der Beredsamkeit: Pagane Redner und christliche Prediger. In: Spätantike. Mit einem Panorama der byzantinischen Literatur. Hrsg. v. Lodewijk J. Engels und Heinz Hofmann. Wiesbaden 1997, 265–320. (= Neues Handbuch der Literaturwissenschaft; Bd. 4).

Vendries (1999): Christophe Vendries: Instruments à Cordes et Musiciens dans l'Empire Romain: Étude historique et archéologique (IIᵉ siècle av. J.-C./Vᵉ siècle ap. J.-C.). Paris 1999.

Vendries/Brulé (2001): Christophe Vendries und Pierre Brulé: Chanter les Dieux. Musique et Religion dans l'Antiquité greque et romaine. Rennes 2001.

Vendries/Péché (2001): Christophe Vendries et Valérie Péché: Musique et Spectacles à Rome et dans l'Occident Romain: sous la République et le Haute-Empire. Paris 2001.

Vendries (2004): Christophe Vendries: Musique romaine. In: ThesCRA II (2004), 397–416.

Verbraken (1987): Pierre-Patrick Verbraken: Le Sermon 57 de saint Augustin pour la Tradition de l'Oraison dominicale. In: Homo Spiritalis. Festgabe für Luc Verheijen. Hrsg. v. C. Mayer. Würzburg, 1987, 411–424.

Vermaseren (1977): Maarten J. Vermaseren: Cybele and Attis. The Myth and the Cult. London 1977.

Vogt (1965): Joseph Vogt: Der Niedergang Roms. Metamorphose der antiken Kultur von 200 bis 500. Zürich 1965.

Volk (2006): Konrad Volk: Vom Mythos zur Fachdisziplin: Antike und Byzanz. Darmstadt 2006. (= GMTh 2).

Vollenweider (2010): Samuel Vollenweider: Hymnus, Enkomion oder Psalm? Schattengefechte in der neutestamentlichen Wissenschaft. In: NT-Studies 56 (2010), 208–231.

Wallace-Hadrill (1960): D. S. Wallace-Hadrill: Eusebius of Caesarea. London 1960.

Wallraff (2001): Martin Wallraff: Christus versus Sol. Sonnenverehrung und Christentum in der Spätantike. Münster/Westfalen 2001. (= Jahrbuch für Antike und Christentum, Ergänzungsband 32).

Wallraff (2013): Martin Wallraff: Sonnenkönig der Spätantike. Die Religionspolitik Konstantins des Großen. Freiburg 2013.

Walter (2006): Jochen Walter: Pagane Texte und Wertvorstellungen bei Lactanz. Göttingen 2006.

Wagner (1911): Peter Wagner: Einführung in die gregorianischen Melodien. Band I: Ursprung und Entwicklung der liturgischen Gesangsformen bis zum Ausgang des Mittelalters. Leipzig 1911.

Weismann (1972): Werner Weismann: Kirche und Schauspiele. Die Schauspiele im Urteil der lateinischen Kirchenväter unter besondererBerücksichtigung von Augustin. Würzburg 1972. (= Cassiciacum; Bd. 27).

Wellesz (1947): Egon Wellesz: Eastern Elements in Western Chant: Studies in the early History of ecclesiastical Music. Boston 1947. (= Monumenta Musicae Byzantinae Subsidia; Bd. 2).

Wellesz (1957): The New Oxford History of Music. Volume I. Ancient and Oriental Music. Edited by Egon Wellesz. London 1957.

Wellesz (1959): Egon Wellesz: Die Musik der byzantinischen Kirche. Köln 1959. (= Das Musikwerk; 13).

Wellesz (1961): Egon Wellesz: A History of byzantine Music and Hymnography. Oxford 1961.

Wendler (2005): Jürgen Wendler, Wolfram Seidner, Ulrich Eysholdt (Hg.): Lehrbuch der Phoniatrie und Pädaudiologie. Stuttgart 2005.

Werner (1959): Eric Werner: The sacred Bridge. The Interdependence of Liturgy and Music in Synagoge and Church during the first Millenium. London 1959.

West (1992): Martin L. West: Ancient Greek Music. Oxford 1992.

Westermann (2002): Hartmut Westermann: s.v. Zeitkonzeptionen. In: DNP 12/2 (2002), 709–717.

Whitby (2001): Mary Whitby: s.v. Kaiserzeremoniell. In: RAC 19 (2001), 1135–1177.

Wilken (1983): Robert Louis Wilken: John Chrysostom and the Jews. Rhetoric and Reality in the Late Forth Century. Berkeley, Los Angeles, London 1983. (= The Transformation of the Classical Heritage IV).

Wille (1967): Günther Wille: Musica Romana. Zur Bedeutung der Musik im Leben der Römer. Amsterdam 1967.

Wille (1973): Günther Wille: Aufstieg und Niedergang der Römischen Musik. In: ANRW I,4 (1973), 971–997.

Willing (2008): Meike Willing: Eusebius von Cäsarea als Häreseograph. Berlin 2008.

Winkelmann (1977): Friedhelm Winkelmann: Probleme der Zitate in den Werken der oströmischen Kirchenhistoriker. In: Das Korpus der griechischen christlichen Schriftsteller. Historie, Gegenwart, Zukunft. Hrsg. v. Johannes Irmscher und Kurt Treu. Berlin 1977, 195–208.

Winkelmann (1991): Friedhelm Winkelmann: Euseb von Kaisareia. Der Vater der Kirchengeschichte. Berlin 1991.

Wiora (1962): Walter Wiora: Jubilare sine verbis. In: In memoriam Jacques Handschin. Ediderunt H. Anglès, G. Birkner, Ch. van den Borren, Fr. Brenn, A. Carapetyan, H. Husmann, C.-A. Moberg. Strassbourg 1962, 39–65.

Wlosok (1960): Antonie Wlosok: Laktanz und die philosophische Gnosis. Untersuchungen zu Geschichte und Terminologie der gnostischen Erlösungsvorstellung. Heidelberg 1960.

Wlosok (1989a): Antonie Wlosok: s.v. L. Caecilius Firmianus Lactantius. In: Handbuch der lateinischen Literatur der Antike. Band 5. Restauration und Erneuerung: Die lateinische Literatur von 284 bis 374 n. Chr. Hrsg. von Reinhart Herzog. München 1989, 375–404.

Wlosok (1989b): Antonie Wlosok: Zur lateinischen Apologetik der constantinischen Zeit (Arnobius, Lactantius, Firmicus Maternus). In: Gymnasium. Zeitschrift für Kultur der Antike und humanistische Bildung. Hrsg. von Franz Bömer und Ludwig Voit. Band 96. Heidelberg 1989, 133–148.

Wlosok (1990): Antonie Wlosok: s.v. Lactantius. In: TRE 20 (1990), 370–374.

Wlosok (1990a): Antonie Wlosok: Die Anfänge christlicher Poesie lateinischer Sprache: Laktanzens Gedicht über den Vogel Phoenix. In: Res humanae – res divinae. Kleine Schriften. Hrsg. von Eberhard Heck und Ernst A. Schmidt. Heidelberg 1990, 250-278.

Wlosok (1990b): Antonie Wlosok: Originalität, Kreativität und Epigonentum in der spätrömischen Literatur. In: Res humanae – res divinae. Kleine Schriften. Hrsg. v. E. Heck und E. A. Schmidt. Heidelberg 1990, 233–249.

Wlosok (1990c): Antonie Wlosok: Wie der Phoenix singt. In: Musik und Dichtung. Neue Forschungsbeiträge, Viktor Pöschl zum 80. Geburtstag gewidmet. Hrsg. von Michael von Albrecht und W. Schubert. Frankfurt 1990, 209–222.

Wurst (2007): Gregor Wurst: Manichäismus um 375 in Nordafrika und Italien. In: Augustin Handbuch. Hrsg. v. Volker Henning Drecoll. Tübingen 2007, 85–92.

Zaminer (2000): Frieder Zaminer: s.v. Musikinstrumente. Griechenland. In: DNP 8 (2000), 543–551.

Zerfass (2008): Alexander Zerfass: Mysterium mirabile. Poesie, Theologie und Liturgie in den Hymnen des Ambrosius von Mailand zu den Christusfesten des Kirchenjahres. Tübingen 2008. (= Pietas Liturgica Studia; Bd. 19).

Ziegler (1995): Gabriele Ziegler: Der *iubilus*. Seine Beschreibung und Deutung bei Origenes, Augustinus und im frühen Mittelalter. In: Origenes. Vir ecclesiasticus. Hrsg. v. W. Geerlings. Bonn 1995, 95–100.

Zschätzsch (2002): Anemone Zschätzsch: Verwendung und Bedeutung griechischer Musikinstrumente in Mythos und Kult. Rahden/Westfalen 2002. (= Internationale Archäologie; Bd.73).

Internetadressen

www.moisa.org.com. Letzter Abruf 10.7.2019.
www.musicarchaeology.org. Letzter Abruf 10.7.2019.
www.ictmusic.org/group/music-archaeology. Letzter Abruf 10.7.2019.

8.4   Abkürzungsverzeichnis

ABG	Archiv für Begriffsgeschichte, Hamburg 1955–heute.
AL	Augustinus-Lexikon, hrsg. von Robert Dodaro, Cornelius P. Mayer, Andreas E. J. Grote (Hrsg.), Basel 1986–heute.
ANRW	Aufstieg und Niedergang der Römischen Welt. Geschichte und Kultur Roms im Spiegel der neueren Forschung, Berlin 1970–heute.
BbKL	Biblisch-biographisches Kirchenlexikon, hrsg. von Friedrich Wilhelm Bautz und Traugott Bautz, Hamm 1975–2015.
BKV	Bibliothek der Kirchenväter. (Reihe 1: 1869–1888; Reihe 2: 1911–1938).
CCL	Corpus Christianorum Series Latina. Turnhout 1953–heute.
CJ	Codex Justinianus.
CSEL	Corpus Scriptorum Ecclesiasticorum Latinorum, Wien 1866–heute.
DACL	Dictionnaire d'Archéologie chrétienne et de Liturgie, hrsg. von Fernand Cabrol und Henri Leclercq, Paris 1907–1953.
DNP	Der Neue Pauly. Enzyklopädie der Antike, hrsg. von Hubert Cancik, August Pauly, Manfred Landfester. Stuttgart, Weimar 1996–2003.
FC	Fontes Christiani. Zweisprachige Neuausgabe christlicher Quellentexte aus Altertum und Mittelalter, Brepols 1990–heute.
FeRA	Frankfurter elektronische Rundschau der Altertumskunde.
Fn.	Fußnote.
FZMw	Frankfurter Zeitschrift für Musikwissenschaft.
GCS	Die griechischen christlichen Schriftsteller der ersten Jahrhunderte, Berlin-Brandenburgische Akademie der Wissenschaften, Berlin 1897–heute. GdKM Geschichte der Kirchenmusik. Laaber, 2011–heute.
GMTh	Geschichte der Musiktheorie, hrsg. von Frieder Zaminer, Darmstadt 1984–heute.
HdAW	Handbuch der Altertumswissenschaft, begründet von Iwan von Müller, München 1885–heute.
HthKAT	Herders theologischer Kommentar zum Alten Testament, hrsg. von Erich Zenger, 1998–heute.
KEK	Kritisch-exegetischer Kommentar über das Neue Testament, begründet von Heinrich A. W. Meyer, hrsg. von Ferdinand Hahn, Göttingen 1844–heute.
LACL	Lexikon der antiken christlichen Literatur, hrsg. v. Siegmar Döpp und Peter Bruns, Freiburg 1998.

LCL	Loebs Classical Library, begründet von James Loeb, London und Harvard 1912–heute.
LSJ	H. G. Liddell, R. Scott, A Greek-English Lexikon, überarbeitet und ergänzt durch H. Stuart Jones Oxford 1985.
LThK	Lexikon für Theologie und Kirche, hrsg. von Walter Kasper et al., Freiburg, Basel, Rom, Wien 1993–2001.
MGG1	Die Musik in Geschichte und Gegenwart. Allgemeine Ezyklopädie der Musik, hrsg. von Friedrich Blume, Kassel 1949–1986.
MGG2	Die Musik in Geschichte und Gegenwart. Allgemeine Ezyklopädie der Musik, hrsg. von Ludwig Finscher, Kassel, Basel 1994–2008.
OLD	Oxford Latin Dictionary, hrsg. von Peter G. W. Glare, Oxford 1968–1982.
PG	Patrologia cursus completus, series graeca. Ed. J. P. Migne, Paris 1858–1860.
PL	Patrologia Latina cursus completus, series latina. ed. J. P. Migne, Paris 1858–1860.
RAC	Reallexikon für Antike und Christentum, Sachwörterbuch zur Auseinandersetzung des Christentums mit der antiken Welt, hrsg. von Georg Schöllgen et al., Stuttgart 1950ff.
RE	Paulys Realencyclopädie der classischen Altertumswissenschaft, hrsg. von Georg Wissowa, Stuttgart 1890–1980.
RechAug	Recherches Augustiniennes et Patristique, Paris, Turnhout 1900–2014.
RQ	Römische Quartalschrift für christliche Atlertumskunde und Kirchengeschichte, begründet von Anton de Waal, Rom 1887–heute.
SC	Sources chrétiennes, Paris: Les Editions du Cerf, 1941–heute.
SEA	Studia Ephemeridis Augustinianum, Roma, Institutum Patristicum Augustinianum, 1967–heute.
ThesCRA	Thesaurus Cultus et Rituus antiquorum, Los Angeles 2004–heute.
ThesLL	Thesaurus Linguae Latinae, Leipzig 1900–Stuttgart 1991.
ThRv	Theologische Revue, hrsg. von der Katholisch-Theologischen Fakultät der Westfälischen Wilhelms-Universität Münster, 1902–heute.
ThWNT	Theologisches Wörterbuch zum Neuen Testament, hrsg. von Gerhard Friedrich, Stuttgart, Berlin, Köln 1933–1973.
TLG	Thesaurus Linguae Graecae, University of California 1972–heute.
TRE	Theologische Realenzyklopädie, hrsg. von Gerhard Krause und Gerhard Müller, Berlin, New York 1977–2004.
WoSA	The Works of Saint Augustine. A Translation for the 21st Century. ed. John E. Rotelle, New York, 1990–heute.
WUNT	Wissenschaftliche Untersuchungen zum Neuen Testament, Tübingen 1950–heute.

9 Anhänge

Anhang 1: Zur Zählweise der Psalmen

MT (hebr. Text)	LXX (griech. Text)	Vulgata (lat. Text)	Anmerkungen
Ps 1–8	Ps 1–8	Ps 1–8	Zählung gleich
Ps 9,1–21	Ps 9,1–21	Ps 9A,1–21	LXX/Vg zählt 9+10 als je einen Psalm
Ps 10,1–18	Ps 9,22–39	Ps 9B,1–18	
Ps 11–113	Ps 10–112	Ps 10–112	hebr. Zählung geht eins voraus (+1)
Ps 114,1–8	Ps 113,1–8	Ps 113A,1–8	griech. zählt 114 und 115 als einen Psalm
Ps 115,1–18	Ps 113,9–26	Ps 113B,1–18	
Ps 116,1–9	Ps 114	Ps 114	griech. als zwei Ps gezählt.
Ps 116,10–19	Ps 115	Ps 115	Ps 115 beginnt mit V10
Ps 117–146	Ps 116–145	Ps 116–145	hebr. Zählung +1
Ps 147,1–11	Ps 146	Ps 146	griechisch als zwei Ps gezählt
Ps 147,12–20	Ps 147,1–9	Ps 147,12–20	Ps 147 beginnt mit V12
Ps 148–150	Ps 148–150	Ps 148–150	Zählung gleich

Anhang 2:
Die Auswertung der Psalmen bezüglich musikalischen Inhalts

Auflistung der Psalmen mit musikalischem Inhalt (hebr. Zählung)

Ps 7/9/13/18/21/27/28/30/33/40/42/43/44/45/47/49/57/59/61/65/66/68/69/71/75/78/81/87/
89/92/95/96/98/100/101/104/105/106/108/119/135/137/138/144/146/147/148/149/150

Auflistung der Psalmen, in denen Instrumente genannt werden (hebr. Zählung)

Ps 33/43/45/47/49/57/68/71/81/92/98/108/137/144/147/149/150

Auswertung des musikalischen Inhaltes (nach der Einheitsübersetzung)

singen

musikalischer Inhalt im Wortlaut	Psalmen
Singt dem Herrn	9,12/13,6/96,2
Ich singe ihm nachts	42,9
Ich aber will deine Macht besingen	59,17
Dir gebührt Lobgesang/ Lobsinge seinem Namen	65,2/66,4/100,4/106,12/108,4/147,12/ 148,6 119,164 (7x am Tage singe ich dir Lob)
Ich weihe mein Lied dem König/ Ich will dir ewig singen	45,2 89,2
Singt dem Herrn ein neues Lied	33,3 (mit Instrumenten, s. unten) 40,4 96,1/98,1/149,1
Ich will ihm danken mit meinem Lied	28,7/65,2/69,31
Darum singt dir mein Herz	30,13
Er legte mir ein neues Lied in den Mund, einen Lobgesang auf ihn	40,4
Sie (Weiden und Täler) jauchzen und singen ihm	65,14
Deinem Namen zu singen ist schön/gut	92,2/147,1
..vor ihm jauchzen mit Liedern	95,2/98,4

musikalischer Inhalt im Wortlaut	Psalmen
Sie sollen singen von den Wegen des Herrn	138,5
An den Ufern wohnen die Vögel des Himmels, aus den Zweigen erklingt ihr Gesang	104,12
Zum Lobgesang wurden mir deine Gesetze	119,54
Sieben Mal am Tag singe ich dein Lob	119,16
Von mir singen die Zecher beim Wein (Spott)	69,13
Spottlied der Völker	44,15
den jungen Mädchen sang man kein Brautlied	78,63
Dort (Babylon) verlangten unsere Zwingherren Lieder: „Singt uns Lieder vom Zion"	137,3
Wie könnten wir singen diese Lieder des Herrn?	137,4

singen und spielen

musikalischer Inhalt im Wortlaut	Psalmen
dem Namen des Herrn will ich singen und spielen	7,18/9,3/18,50/21,14/27,6/30,5/47,7/57,8/ 59,18/61,9/68,5/68,33/71,23/75,10/101,1/ 104,33/105,2/108,2/135,3/138,1/146,2/
Singt ihm ein neues Lied, greift voll in die Saiten und jubelt laut	33,3
Spielt ihm ein Psalmenlied	47,8
Spielt zum Ruhm seines Namens	66,2
Stimmt an den Gesang, schlagt die Pauke, die liebliche Laute, dazu die Harfe	81,3
voraus die Sänger, die Saitenspieler danach, dazwischen Mädchen mit kleinen Pauken (Einzug Gottes)	68,26
Spielt dem Herrn auf der Harfe, auf der Harfe zu lautem Gesang	98,5
Ein neues Lied will ich dir singen, auf der zehnsaitigen Harfe will ich dir spielen	144,9
Stimmt dem Herrn ein Danklied an, spielt unserem Gott auf der Harfe	147,7

Instrumente

musikalischer Inhalt im Wortlaut	Psalmen
Preist den Herrn mit der Zither, spielt für ihn auf der zehnsaitigen Harfe	33,2
Ich will dich auf der Harfe loben	43,4
Aus Elfenbeinhallen erfreut dich Saitenspiel	45,9
der Herr beim Schall der Hörner	47,6/150,3
Wacht auf, Harfe und Saitenspiel	57,9/108,3
Ich enthülle mein Geheimnis beim Harfenspiel	49,5
Ich will dir danken mit Saitenspiel, ich will dir auf der Harfe spielen	71,22
Stoßt in die Posaune bei Neumond	81,4
zur zehnsaitigen Laute, zur Harfe, zum Klang der Zither	92,4
Zum Schall der Trompeten und Hörner	98,6
Wir hängten unsere Harfen an die Weiden in jenem Land (babylon)	137,2
Seinen Namen sollen sie loben beim Reigentanz, ihm spielen auf Pauken und Harfen	149,3
lobt ihn mit Harfen und Zither	150,3
lobt ihn mit Pauken und Tanz	150,4
lobt ihn mit Flöten und Saitenspiel	150,4
lobt ihn mit hellen Zimbeln/mit klingenden Zimbeln	150,5

Tanz/Klatschen

musikalischer Inhalt im Wortlaut	Psalmen
Du hast mein Klagen in Tanzen verwandelt	30,12
Ihr Völker alle, klatscht in die Hände	47,2
Und sie werden beim Reigentanz singen	87,7
Seinen Namen sollen sie loben beim Reigentanz	149,3

Vorkommen der musikalischen Anweisung **sela**: 71 Mal in den Psalmen insgesamt, im Schnitt 1/2x.

Register

Quellenregister

Ambrosius
Ambr. ep. 75a,34 ▷ 239
Ambr. exam. III,1,5 ▷ 244
Ambr. exam. V,23 ▷ 245
Ambr. in Luc. 7,238 ▷ 245
Ambr. in ps. 1,9 ▷ 244

Apostolische Konstitutionen
Const. Apost. II,57,21 ▷ 221
Const. Apost. VIII,13,15–16 ▷ 223
Const. Apost. VIII,14,1 ▷ 223

Apuleius
Apul. met. 11,9,4 ▷ 105
Apul. met. 11,10 ▷ 105

Aristophanos
Aristoph. nub. 112–115 ▷ 57

Augustinus
Aug. c. Faust. 13,18 ▷ 271
Aug. c. Faust. 15,6 ▷ 271
Aug. c. Faust. 22,94 ▷ 269
Aug. c. mend. 7,18 ▷ 264
Aug. civ. dei II,5 ▷ 279
Aug. civ. dei VII,24 ▷ 278–279
Aug. civ. dei VIII,6 ▷ 292
Aug. civ. dei X,20 ▷ 222
Aug. civ. dei XIV,24 ▷ 286, 310
Aug. civ. dei XVI,3 ▷ 270
Aug. civ. dei XXII,8 ▷ 248
Aug. civ. dei XXII,24 ▷ 249–250
Aug. conf. I,11,17 ▷ 210
Aug. conf. III,6,10 ▷ 267
Aug. conf. IV,15,27 ▷ 260

Aug. conf. IV,16,30 ▷ 282
Aug. conf. V,9,17 ▷ 222
Aug. conf. VIII,12,29 ▷ 215
Aug. conf. IX,4,8 ▷ 228
Aug. conf. IX,6,14 ▷ 240
Aug. conf. IX,7,15 ▷ 241
Aug. conf. IX,7,16 ▷ 240
Aug. conf. IX,12,29 ▷ 254–255
Aug. conf. X,6,8 ▷ 261
Aug. conf. X,33,49 ▷ 272, 294
Aug. conf. X,33,50 ▷ 239, 293
Aug. conf. XI,6,8 ▷ 298
Aug. conf. XI,7,9 ▷ 298
Aug. conf. XI,13,16 ▷ 298
Aug. conf. XI,15,18 ▷ 298
Aug. conf. XI,15,19 ▷ 299
Aug. conf. XI,20,26 ▷ 299
Aug. conf. XI,26,33 ▷ 299
Aug. conf. XI,28,38 ▷ 300
Aug. conf. XI,31,41 ▷ 300
Aug. doctr. christ. II,I,1,1 ▷ 294
Aug. doctr. christ. II,3,4 ▷ 294
Aug. doctr. christ. II,11,16 ▷ 228
Aug. doctr. christ. II,17,27 ▷ 285
Aug. doctr. christ. II,18,28 ▷ 273, 283
Aug. doctr. christ. IV,7,19 ▷ 272
Aug. en. ps. 18,2,1 ▷ 260, 273–274
Aug. en. ps. 18,2,1,6 ▷ 262
Aug. en. ps. 21,2,24 ▷ 238
Aug. en. ps. 32,2,1,5 ▷ 225, 304
Aug. en. ps. 32,2,1,6 ▷ 303–304
Aug. en. ps. 32,2,1,8 ▷ 252–253
Aug. en. ps. 33,2,2 ▷ 311
Aug. en. ps. 33,2,7 ▷ 312

Ortsregister

Personenregister

Sachregister

Philippika. Altertumswissenschaftliche Abhandlungen / Contributions to the Study of Ancient World Cultures

Herausgegeben von / Edited by Joachim Hengstl, Elizabeth Irwin, Andrea Jördens, Torsten Mattern, Robert Rollinger, Kai Ruffing und Orell Witthuhn

---

133: Steffi Grundmann

Haut und Haar

Politische und soziale Bedeutungen des Körpers im klassischen Griechenland

2019. XIV, 594 Seiten, 7 Abb., gb
170x240 mm
ISBN 978-3-447-11285-7
⊙E-Book: ISBN 978-3-447-19909-4   je € 118,– (D)

Das Zusammenleben in den griechischen *póleis* beruhte auf persönlichen Begegnungen, die maßgeblich durch die Wirkung des äußerlich sichtbaren Körpers geprägt waren. Haut und Haar lassen sich in diesem Zusammenhang als einflussreiche Körperzeichen verstehen, die politische, soziale, rituelle, ökonomische und rechtliche Bedeutung erlangen. Auch wenn sie als Oberfläche des Körpers so gewöhnlich und selbstverständlich sind, dass sie nicht hinterfragt werden, tragen sie doch kulturell tief verwurzelte und miteinander verflochtene Bedeutungen in sich.
Bisher sind Haut und Haar in der altertumswissenschaftlichen wie körpergeschichtlichen Forschung kaum beachtet worden. Diese Lücke füllt Steffi Grundmann für das 5. und frühe 4. Jahrhundert v.Chr., indem sie das spezifische Verhältnis von Haut und Haar sowie die Bedeutungen untersucht, die ihrer Farbe und den verschiedenen mit ihnen verbundenen Körperpraktiken zugeschrieben wurden. Um unterschiedliche Rede- und Handlungssituationen vergleichen zu können, werden Geschichtsschreibung, Medizin, Gerichtsreden sowie Tragödie und Komödie einer differenzierten, philologisch und historisch-kritisch angelegten Textanalyse unterzogen. Auf diese Weise wird ein besseres Verständnis der griechischen Kultur erlangt und eine fremde, aber in manchen Details doch vertraute Perspektive auf den Körper rekonstruiert, die dazu anregt, moderne Vorstellungen über antike Körper zu hinterfragen.

134: Uroš Matić

Body and Frames of War in New Kingdom Egypt

Violent Treatment of Enemies and Prisoners

2019. XIV, 422 pages, 29 plates, 2 tables, hc
170x240 mm
ISBN 978-3-447-11302-1
⊙E-Book: ISBN 978-3-447-19925-4
In Preparation   ca. € 98,– (D)

Body and Frames of War in New Kingdom Egypt deals with the relation between violence and the bodies of enemies and prisoners of war in New Kingdom Egypt (ca. 1550/1070 BC) through the lens of "frames of war" (J. Butler). Archaeological, textual and pictorial sources on military violence (torture, mutilation, execution) are examined with various methods. Numerous attestations of caging, branding and marking, cutting off hands, cutting off phalli, cutting off ears, eyes gouging, strangling, burning, impaling and decapitation of enemies are analysed in detail and compared with treatments of the dead in the Underworld and criminals in ancient Egypt.
Uroš Matić for the first time comprehensively compares divine and state violence in ancient Egypt. He discusses evidence from physical-anthropology (skeletal remains) and chooses a constructivist approach to textual and pictorial representations of violence. Bodies of enemies are understood as objects and media of violence. Several theoretical models are consulted in the examination of the material. It is argued that there was a difference in violent acts committed by the king and those committed by the soldiers. The king treats the enemies in the same way as deities and demons treat the dead in the Underworld. The violence committed by soldiers, on the other hand, is mundane and has no religious background. This difference strengthened the divine nature of the king.

VERLAG ⬡ PUBLISHERS
HARRASSOWITZ

Philippika. Altertumswissenschaftliche Abhandlungen / Contributions to the Study of Ancient World Cultures

Herausgegeben von / Edited by Joachim Hengstl, Elizabeth Irwin, Andrea Jördens, Torsten Mattern, Robert Rollinger, Kai Ruffing und Orell Witthuhn

---

135: Henning Schunk

Arrians *Indiké*

Eine Untersuchung der Darstellungstechnik

2019. VIII, 316 Seiten, 5 Diagramme, 93 Tabellen, gb
170x240 mm
ISBN 978-3-447-11282-6
⊙E-Book: ISBN 978-3-447-19906-3   je € 78,– (D)

Im zweiten nachchristlichen Jahrhundert verfasste Flavius Arrianus eine Geschichte Alexanders d.Gr. (*Anabasis*); dieser schloss er ein dichotomes Werk über Indien (*Indiké*) an, in dem er geographische und ethnographische Informationen (*Ekbolé*) mit der Schilderung der Flottenfahrt des Nearchos (*Paráplous*) verband. Arrianus gibt an, er folge in seinem Werk dem (heute nicht mehr erhaltenen) Fahrtenbericht, den Nearch ca. 500 Jahre zuvor über seine Fahrt von Indien nach Mesopotamien im Auftrag Alexanders verfasst hatte. Unter anderem aus diesem Grund wurde der Fahrtenbericht in der Moderne als Werk Nearchs angesehen, das Arrian mehr oder weniger wortgetreu in seine Schrift übernommen habe.

Henning Schunk wendet sich in seiner philologisch-literaturwissenschaftlichen Untersuchung gegen eben diese Kompilationsthese und beleuchtet die Frage nach der Originalität der Schrift und nach dem Umgang Arrians mit seinen Quellen. Die Studie vergleicht dafür Arrians literarische Techniken im *Paráplous* der *Indiké* mit dem literarischen Charakter seiner *Anabasis*. Auf diese Weise kann gezeigt werden, dass auch der *Paráplous* eine literarische Komposition Arrians ist. Dabei interpretiert Schunk u.a. nach dem Prinzip des ‚close reading', zeigt intertextuelle Bezüge auf, stellt Überlegungen zum Adressatenkreis und zur literarischen Gattung an und fragt nach der Autorenintention. Über das Herausarbeiten der nicht nur in der *Anabasis*, sondern auch in der *Indiké* enthaltenen Bezüge zu Herodot, Thukydides, Xenophon und Homer kann Schunk zudem aufzeigen, dass sich Arrian auch mit diesem Werk bewusst in historiographische Traditionen einordnet.

136: Constanze Graml

The sanctuary of Artemis Soteira in the Kerameikos of Athens

2019. Ca. 350 Seiten, 8 attachments, 65 plates, gb
210x297 mm
ISBN 978-3-447-11286-4
⊙E-Book: ISBN 978-3-447-19910-0
In Preparation   ca. € 148,– (D)

In 1890, a newly discovered sanctuary was excavated in the necropolis on the famous Kerameikos of Athens. Guided by the ancient written sources and the expectations of his day, the excavator Kyriakos Mylonas interpreted the precinct as an Imperial Roman sanctuary of the goddess Hekate. In ancient texts, this deity is commonly associated with magical rituals and binding spells, and lead tablets used for such purposes have been found in graves all over the Greek world, including those of the Kerameikos necropolis. Due to the location of the sanctuary among the tombs and Mylonas' interpretation of the site as belonging to this striking deity, researchers came to treat it as an unambiguously attested cult place of Hekate, even though the archaeological discoveries had not yet been fully published.

This volume is dedicated to this task. By conducting an in-depth analysis of the site's entangled excavation and research history together with a new investigation of the actual archaeological findings, Constanze Graml not only re-dates the district to the Hellenistic period, but also reassigns it to the goddess Artemis Soteira. Based on these results, the sanctuary's embedding and role in the cult topography of Athens and Attica can finally be seen in new light.

VERLAG PUBLISHERS

HARRASSOWITZ